V&R

ABHANDLUNGEN
DER AKADEMIE DER WISSENSCHAFTEN
IN GÖTTINGEN

PHILOLOGISCH-HISTORISCHE KLASSE
DRITTE FOLGE
Nr. 180

VANDENHOECK UND RUPRECHT IN GÖTTINGEN

1989

Untersuchungen zu Handel und Verkehr der vor- und frühgeschichtlichen Zeit in Mittel- und Nordeuropa

Teil V
Der Verkehr
Verkehrswege, Verkehrsmittel, Organisation

Bericht über die Kolloquien der Kommission
für die Altertumskunde Mittel- und Nordeuropas
in den Jahren 1980 bis 1983

herausgegeben von
Herbert Jankuhn, Wolfgang Kimmig, Else Ebel

Mit 118 Abbildungen

VANDENHOECK UND RUPRECHT IN GÖTTINGEN

1989

Gefördert mit Mitteln der Bund-Länder-Finanzierung
— Akademienprogramm —

Vorgelegt von Herrn H. Jankuhn in der Sitzung vom 6. November 1987

CIP-Titelaufnahme der Deutschen Bibliothek

Untersuchungen zu Handel und Verkehr der vor- und
frühgeschichtlichen Zeit in Mittel- und Nordeuropa. —
Göttingen: Vandenhoeck u. Ruprecht.
(Abhandlungen der Akademie der Wissenschaften in Göttingen,
Philologisch-Historische Klasse; . . .)
Literaturangaben
Teil 5. Der Verkehr. — 1989
Der *Verkehr:* Verkehrswege, Verkehrsmittel, Organisation;
Bericht über die Kolloquien der Kommission für die Altertumskunde
Mittel- und Nordeuropas in den Jahren 1980 bis 1983 /
hrsg. von Herbert Jankuhn . . . — Göttingen: Vandenhoeck u. Ruprecht, 1989.
(Untersuchungen zu Handel und Verkehr der vor- und
frühgeschichtlichen Zeit in Mittel- und Nordeuropa; Teil 5)
(Abhandlungen der Akademie der Wissenschaften in Göttingen,
Philologisch-Historische Klasse; Folge 3, Nr. 180)
ISBN 3-525-82464-5
NE: Jankuhn, Herbert [Hrsg.]; Akademie der Wissenschaften
⟨Gottingen⟩ / Kommission für die Altertumskunde Mittel- und
Nordeuropas; Akademie der Wissenschaften ⟨Göttingen⟩ /
Philologisch-Historische Klasse: Abhandlungen der Akamie . . .

Satz: Schriftsatzstudio Kurt Grohs, Landolfshausen
Druck: Hubert & Co., Göttingen

Inhalt

Einleitung

Der fünfte Teil der Untersuchungen zu Handel und Verkehr der vor- und frühgeschichtlichen Zeit in Mittel- und Nordeuropa behandelt das Rahmenthema „Verkehr". Der Zeitraum, der hierbei insgesamt berücksichtigt wird, reicht vom dritten vorchristlichen Jahrtausend bis hinein in das frühe Mittelalter, umfaßt also gut dreitausend Jahre. Die Quellen, die für diese Untersuchungen herangezogen wurden, sind naturgemäß von recht unterschiedlichem Charakter. Ist man für die ersten vorchristlichen Jahrtausende in Mitteleuropa und auch noch für das erste nachchristliche Jahrtausend in Nordeuropa vorwiegend auf archäologische Zeugnisse angewiesen, so kommen mit dem Vordringen der Römer auf keltisches und germanisches Gebiet schriftliche Nachrichten in Form von Berichten, Steininschriften und Bildzeugnissen hinzu, die Aufschluß über die damals herrschenden Verkehrsverhältnisse geben. Sie werden im 8./9. Jahrhundert ergänzt zunächst durch das Zeugnis, das die germanische Sprache und Namengebung ablegt, und noch später dann durch einheimische literarische Quellen.

Die hier vorgelegten einander ergänzenden Studien gliedern sich in archäologische, historische und sprachhistorische Beiträge. Als erstes erbringt Hajo Hayen in seiner Arbeit „Bau und Funktion der hölzernen Moorwege" den Nachweis, daß schon vom beginnenden dritten Jahrtausend vor Christi Geburt an mit Wegen zu rechnen ist, die die großen nordwesteuropäischen Hochmoore befahrbar machten. Aus der Bauweise der Wege und aus den im Zusammenhang mit ihrer Erforschung gefundenen Kultfiguren und Wagenresten ist zu schließen, daß es sich hier um ein vorgermanisches Binnenverkehrsnetz handelt, das privat und wirtschaftlich genutzt wurde und keine Anzeichen für eine militärische Verwendung aufweist. Das stimmt gut mit dem Ergebnis überein, das Dieter Timpe in seiner Untersuchung der Relation zwischen „Wegeverhältnissen und römischer Okkupation" erzielt. Er stellt die Frage nach den Kenntnissen, die die Römer von der Kommunikationsinfrastruktur rechts des Rheines besaßen, und nach den Methoden, mit denen sie Germanien zu erobern suchten. Wesentlich ist dabei die Antwort auf die Frage, inwieweit sich die Römer des einheimischen germanischen Wegenetzes bedienten, dessen zumindest teilweise Kenntnis man bei ihnen voraussetzen darf. Die vorhandenen Wege bedurften von Anfang an einer Verbesserung, um sie mit römischen Truppen benutzen zu können. Es ist jedoch sehr ungewiß, wieweit landeinwärts solche Arbeiten möglich gewesen wären. Es ist sicher nicht undurchführbar gewesen, das germanische Land zu durchdringen, doch blieb es bei dem Versuch. Im Rheinland und hinter dem raetischen Limes sind römische Straßen vorhanden, im Gebiet der Varusschlacht jedoch nicht. Mit diesem linksrheinischen Straßennetz und seiner Organisation durch die römische Besatzung beschäftigt sich Helmut Bender. In seiner Studie „Verkehrs- und Transportwesen in der römischen Kaiserzeit" beschreibt er den Bau und die Beschaffenheit der zivilen und militärischen Straßen, ihre Erhaltung und die Organisation des staatlichen Kurierwesens und des Transportsystems. Die Benutzer dieser Straßen werden vorgestellt — kaiserliche Kuriere, Gesandte, Beamte, Bischöfe, Soldaten — und ihre Gründe, eine Reise nach Germanien zu unternehmen. Während auf der germanischen Seite des Rheines so gut wie kein größeres und weiterführendes Straßennetz vorhanden war, gab es auf der römischen Seite ein wohlausgebautes Straßensystem, das bis weit in das Mittelalter hinein Bestand gehabt hat. Parallel zu der Untersuchung des Rheingebietes stellt René Wyss („Geschichte der Alpenpässe und des Paßverkehrs in frühgeschichtlicher Zeit") die Situation im Alpenraum dar. Er behandelt die Zeitspanne von der Jungsteinzeit bis in die Römerzeit, und auch hier wird erkennbar, daß sich mit dem Vordringen der Römer nach Norden die Verkehrsverhältnisse grundlegend änderten.

Strategische Gesichtspunkte für die Benutzung von Pässen und Saumstraßen wurden bestimmend. Auch hier darf man bei der Beurteilung der Verkehrsverhältnisse — wie bei den vorherigen Beiträgen — nicht unterschätzen, daß sich mit Einsetzen der Römerzeit die Quellenlage bedeutend besserte. Neben den archäologischen Zeugnissen stehen der Forschung jetzt auch die schriftlichen Quellen zur Verfügung.

Anschließend an die Untersuchung der römerzeitlichen Verkehrsbedingungen behandelt Walter Janssen das Thema „Reiten und Fahren in der Merowingerzeit". Hier ist es um die schriftliche Überlieferung schlecht bestellt; die Aussagen stützen sich in der Hauptsache auf archäologische Zeugnisse. Auch Janssen sieht seine Untersuchungen aus der Perspektive einer Fortdauer römischer Traditionen im frühen Mittelalter, vor allem in den ehemals römischen Provinzen nördlich der Alpen sowie im unmittelbaren Limesvorland. Er stellt fest, daß es im frühen Mittelalter sowohl die ersatzlose Aufgabe einer römischen Straßenführung gibt als auch das Fortleben dieser Routen. Das innerörtliche Straßennetz der merowingisch-karolingischen Zeit ist jedoch schwer faßbar. Ein Neubau von Kunststraßen ist für das frühe Mittelalter nicht nachweisbar. Haupttransportmittel waren auch hier Pferd und Wagen, wie sich aus den Funden ableiten läßt. Da diese Funde jedoch hauptsächlich aus Bestattungen stammen, sind nur vorsichtige Schlüsse auf die Alltagswirklichkeit möglich.

Lothar Voetz und Heinrich Tiefenbach suchen das Problem von einer anderen Seite anzugehen und von der Sprache her Aufschlüsse über die Wegeverhältnisse in dieser Zeit zu erhalten. Lothar Voetz untersucht die „zentralen Wegebezeichnungen im Althochdeutschen"; das vorhandene althochdeutsche Wortmaterial ist jedoch stark von seiner lateinischen Vorlage abhängig, sodaß nur ein vorsichtiges Ergebnis präsentiert werden kann. Es läßt sich innerhalb der Wegebezeichnungen eine bestimmte Hierarchie feststellen, die sich in ihrer Relation zueinander bis heute nicht sehr geändert hat, obwohl die materielle Beschaffenheit der Straßen natürlich eine ganz andere war, als es die heutige ist. Die Bezeichnung *strāza*, die vorwiegend für eine innerstädtische Straße

-gebraucht wird, nimmt dabei den ersten Platz ein. Sie ist höherrangig in Bezug auf das weitaus häufiger verwendete *uueg*, auf *pfad* und *stīga*; *heristrāza* bezeichnet eine über Land führende breitere Straße, *gazza* eine innerstädtische Gasse. Heinrich Tiefenbach, der sich mit den „Furtnamen" beschäftigt, stellt fest, daß man seit der Karolingerzeit zwei sich deutlich voneinander abhebende Typen unterscheiden kann: Furtnamen mit appellativischem und Furtnamen mit onomastischem Bestandteil. Interessant ist hier der Bereich, aus dem die Bezeichnungen stammen (Moor, Schilf, Wiese, Baumbewuchs). Außer auf die einheimischen Namen geht Tiefenbach auch kurz auf nichteinheimische Namenwörter wie *-port* oder *-drecht* ein. Die deutschen Portnamen kommen jedoch ausschließlich in den ehemals römischen Provinzen vor und deuten auf frühe Entlehnung hin.

Standen bisher die Verkehrswege zu Lande im Mittelpunkt der Untersuchungen, so sind die nun folgenden Beiträge — aus recht unterschiedlicher Sicht heraus — dem Verkehr zu Wasser gewidmet. Zunächst gibt Detlev Ellmers einen ausführlichen Forschungsbericht über die „Archäologie der Binnenschiffahrt in Europa nördlich der Alpen". Hier steht die Schiffahrt auf Flüssen und Seen zur Diskussion, und natürlich nimmt dabei der Rhein wieder den zentralen Platz ein. Ellmers hebt neue Forschungsansätze hervor und betont, daß nicht mehr wie bisher einzelne Epochen getrennt voneinander betrachtet werden dürfen, sondern daß das gesamte Material erfaßt werden müsse. Er sieht den Verkehr zu Wasser und zu Lande als Einheit an, bezieht die Landstationen zum Einsatz von Wasserfahrzeugen und die Ufermärkte mit in seine Überlegungen ein. Sein besonderes Augenmerk gilt hierbei den Schiffbautraditionen und der Sozialgeschichte der Binnenschiffahrt.

Die übrigen drei Beiträge sprechen Einzelprobleme an.

Władyslaw Filipowiak stellt an einigen Beispielen — Menzlin, Wollin, Stettin, Stargard — die Entwicklung der Häfen an der Odermündung zwischem dem 9. und 12. Jahrhundert dar. Ostseeschiffahrt ist seit dem 6./7. Jahrhundert nachweisbar. Im 9./10. Jahrhundert gab es dort voll entwickelte Hafenanlagen, die sich in nichts von den übrigen Häfen der Ostsee oder Nordeuropas unterschieden. Den aus derselben Zeit stammenden Hafen Dorestad an der Nordsee stellt W. A. van Es vor. Auch diese Anlagen gehen in ihren Anfängen auf das letzte Drittel des 7. Jahrhunderts zurück und erlebten ihre Blütezeit im 9. Jahrhundert.

Ole Crumlin-Pedersen schließlich zeigt in seinem Beitrag „Schiffstypen aus der frühgeschichtlichen Seeschiffahrt in den nordeuropäischen Gewässern" grundlegende Züge bei der Tradierung der Schiffsbaukunst von einer Generation zur nächsten auf. Er behandelt dabei den Zeitraum zwischen dem 4./5. Jahrhundert, aus dem die Funde aus dem Nydamer Moor stammen, bis hin zum Jahre 1300, auf das ein in Bergen gefundenes Schiff, das ca. 150 Tonnen geladen hatte, datiert wird. Da bei den Funden naturgemäß die Lastschiffe überwiegen (sie strandeten wegen ihrer schwierigen Manövrierbarkeit leichter), tritt auch die Frage auf, wie alt die Aufspaltung in Last-, Kriegs- und Passagierschiffe im Norden wohl sein könne. Die Funde, die darüber Aufschluß geben können, reichen jedoch nur bis in das 9./10. Jahrhundert zurück, und eine Antwort darauf, ob es im Norden schon zur Römer- oder Völkerwanderungszeit Lastschiffe gab, konnte bis jetzt noch nicht gegeben werden.

Auch in diesem Bande zeigt es sich, daß man, wenn sich die einzelnen Forschungsdisziplinen gegenseitig unterstützen, durchaus zu einem abgerundeten Bild von den Verkehrsverhältnissen, so wie sie sich in den ersten Jahrtausenden geschichtlicher Nachweisbarkeit im Europa nördlich der Alpen darstellen, kommen kann. Auf der einen Seite haben wir das mit einem Infraverkehrsnetz ausgestattete Germanien der vorrömischen Zeit, wo Wegverbindungen zwischen den einzelnen Siedlungen oft durch schwer durchdringbare Wälder und über Moore nachweisbar sind, auf der anderen Seite das durch die Römer angelegte Fernverkehrsnetz. Man erkennt auch die Grenzen, die den Eroberungszügen der Römer durch die germanischen Verkehrsverhältnisse gesetzt waren. Das wiederum bedingt eine kulturell ganz anders geartete Entwicklung, die sich auch noch in späterer Zeit in den ehemals römischen Provinzen zeigt. Das Fernstraßensystem der Römerzeit wurde bis weit in das Mittelalter hinein übernommen, wie sich bei den archäologischen Untersuchungen der Verhältnisse der Merowinger- und Karolingerzeit sowie bei der Durchsicht des althochdeutschen Wortschatzes gezeigt hat. Erst vom 9. Jahrhundert an, als die Hochseeschiffahrt zunehmend an Bedeutung gewann, konnte der Norden den Anschluß an die kulturelle Entwicklung Mitteleuropas erreichen. Es ist die Zeit der ersten Städtegründungen in Nordeuropa, die Häfen erlebten ihre erste Blütezeit, wie die Ausgrabungen an Nord- und Ostsee beweisen, und die Schiffsbautechnik nahm einen starken Aufschwung; die Schiffe wurden größer und seetüchtiger. Zwei Meilensteine treten somit bei der Verkehrserschließung Mittel- und Nordeuropas deutlich hervor: die straßenbauliche Leistung der Römer in den ersten nachchristlichen Jahrhunderten und die achthundert Jahre später einsetzende nordgermanische Hochseeschiffahrt. Für Mittel- und Nordeuropa bedeutet das jeweils den wesentlichen und für die weitere Entwicklung folgenschweren Schritt von einer Kommunikationsinfrastruktur zu einem Fernverkehrssystem.

ELSE EBEL

HAJO HAYEN

Bau und Funktion der hölzernen Moorwege:
Einige Fakten und Folgerungen

1. Vorbemerkungen

Die seit 1947 vom Verfasser vorgenommenen Arbeiten zur Erforschung der hölzernen Moorwege setzen eine mehrfach unterbrochene Serie von Vorhaben fort, die ab 1812 in nordwestdeutschen Hochmooren durchgeführt wurden. Während man sich vorher auf zufällig beobachtete oder entdeckte Funde beschränkte, konnten sie nun planmäßig erkundet und gesucht werden. So kam es zur Kenntnis eines reichen Fundmateriales, das unterschiedliche zeitliche, bautechnische oder funktionale Verknüpfungen zuließ.

Die großräumig durchgeführten Arbeiten erforderten spezielle Methoden und Hilfsmittel. Sie wurden durch einen Auftrag der DFG, aus Forschungsmitteln des Landes Niedersachsen und mit der Hilfe zahlreicher Spender finanziert. Umfangreichere, teilweise grundlegende Arbeiten konnten jetzt mehrere Jahre lang mit Mitteln der Stiftung Volkswagenwerk durchgeführt werden (Hayen 1985).

Hölzerne Moorwege sind in der Regel die einzigen erhalten gebliebenen Reste der ur- und frühgeschichtlichen Straßennetze. Sie blieben mit allen Einzelheiten in ihrem ungestörten baulichen Zusammenhang so erhalten, wie sie der Hochmoortorf eingebettet hat. Spuren und Merkmale der Bearbeitung und der Abnutzung der hölzernen Bauteile, — während ihrer Nutzung in den Boden gekommene Holzelemente und zu Bruch gegangene Wagenteile (Hayen 1983) — blieben wie frisch angefertigt erhalten. So werden handwerklichtechnische Aussagen, Hinweise zur Verkehrsführung und Transportgeschichte, Fakten zur Nutzung, Sicherung und Funktion der Wege möglich. Dazu kommen teilweise sehr genaue Datierungen und die Einordnung der Bauten in Umweltverhältnisse durch Nutzung moorbotanischer und anderer naturwissenschaftlicher Methoden. Durch die Art der Konservierung und den Fossilinhalt des einbettenden Torfes ergeben sich Aussagen, die aus anderen Böden nicht möglich sind und die dort gewonnenen archäologischen Fakten ergänzen oder zusammenfassen können.

Im Folgenden werden lediglich die befahrbar breiten Bauten, Bohlenwege und Pfahlwege, ausgewertet. Die Darstellung des gesamten Fundvorrates wird als Materialvorlage an anderer Stelle erfolgen.

2. Datierungen

Daten wurden auf archäologischem Wege, durch C^{14}-Bestimmung oder durch dendrochronologische Untersuchung (Schmidt 1988, im Druck) gewonnen. Radiokarbonwerte sind mit den anderen nicht direkt vergleichbar. Es wurde versucht, sie durch Kombination mit dendrochronologischen Daten vergleichbar zu machen, indem zu verschiedenen Objekten beide Methoden genutzt wurden. Die Herkunft der hier mitgeteilten Daten wird jeweils gekennzeichnet:

Durch **dendrochronologische Untersuchung** von Eichenholz erhaltene Daten erhalten den Zusatz **nC** oder **vC**.

Durch Kopplung mit dendrochronologischen Vergleichsdaten **veränderte C^{14}-Werte** erhalten den Zusatz **AC** oder **BC**.

Archäologisch datierte Werte werden durch **v. Chr.** oder **n. Chr.** gekennzeichnet. Ebenso die allgemeinen, nicht auf ein bestimmtes Objekt bezogenen Angaben. Kulturphasen werden nur als datierende Bezeichnung genutzt.

3. Fundgebiete

Fundgebiete schließen nach Möglichkeit jeweils ein geschlossenes, größeres Hochmoorgebiet mit seinem Umfeld ein, oder, wo es dieses nicht gibt, ein Areal mit sich ähnelnder, benachbarter Moorsituation. In ihnen nachgewiesene Funde werden gesondert gezählt und durch ein in eine Klammer gesetztes Kürzel gekennzeichnet. Diese Kürzel werden im Folgenden erläutert, ihre Lage und Grenzen können der Abb. 1 entnommen werden.

Das **Fundgebiet Le** erstreckt sich von Apen und Detern im Süden bis zur ostfriesischen Nordseeküste im Norden. In seinem Kern findet sich das „Oldenburgisch-Ostfriesische Zentralmoor" mit dem Lengener Moor als namengebende Mitte.

Das **Fundgebiet Bou** umfaßt westlich der Ems den deutschen und niederländischen Teil des Bourtanger Moores. Die Zählung der Moorwege beginnt im niederländischen Teil mit I (Bou), im deutschen Gebiet mit LI (Bou).

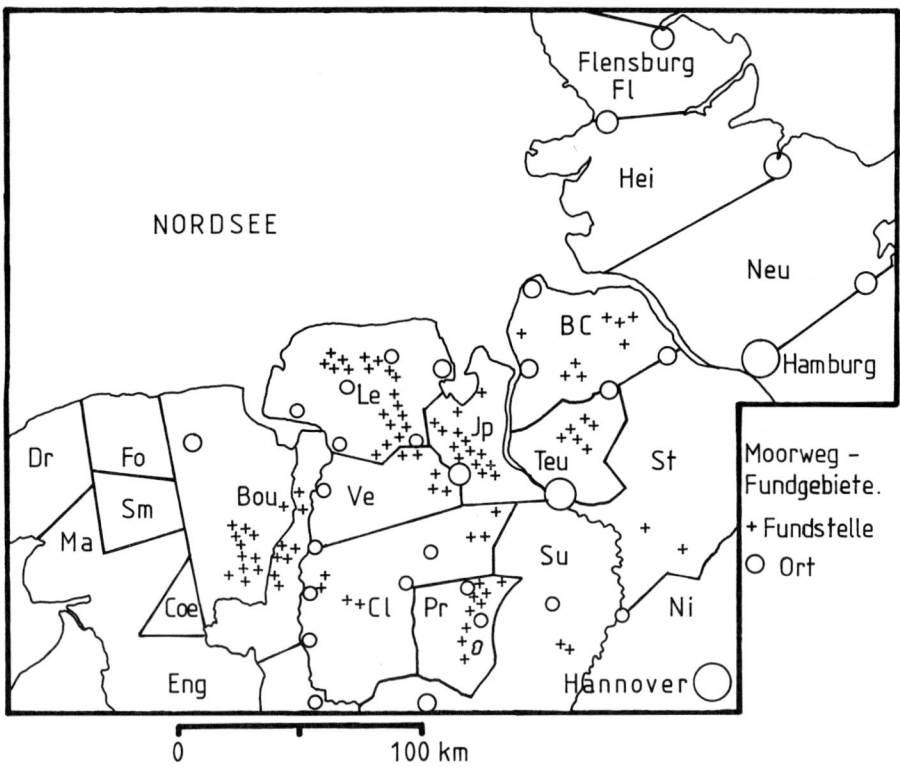

Abb. 1: Karte der Fundgebiete. Erläuterung im Text.

Das **Fundgebiet Ve** grenzt im Westen zwischen Leer und Lathen an die Ems und reicht im Osten bis nach Oldenburg. Es enthält das großflächige Vehne-Moor (Hayen 1979 b; 1980 b.).

Das **Fundgebiet Cl** grenzt im Westen zwischen Lathen und Rheine an die Ems und reicht nach Osten bis an die Linie Bramsche-Essen-Delmenhorst. Es enthält mehrere Hochmoorgebiete.

Das **Fundgebiet Pr** enthält das Große Moor am Dümmer zwischen Golden-stedt im Norden und Bohmte im Süden. Seine Bezeichnung ist vom Namen des ersten beispielhaften Bearbeiters, *Hugo Prejawa*, abgeleitet (Prejawa 1894; 1896. Hayen 1979 a).

Das **Fundgebiet Ip** umfaßt im wesentlichen das rund 50 km lange Randmoor westlich der Unterweser zwischen Jadebusen und Hunte. Sein Kern ist das Ipweger Moor (Hayen 1958 b; 1963; 1969).

Das **Fundgebiet BC** reicht zwischen den Mündungen der Weser und Elbe von Cuxhaven bis Bremervörde.

Das **Fundgebiet Teu** umfaßt zwischen Bremen und Bremervörde das Gebiet des Teufelsmoores.

Das **Fundgebiet Su** erstreckt sich westlich der Weser von Bremen nach Süden.

Das **Fundgebiet St** reicht von Stade im Norden bis nach Walsrode im Süden.

Das **Fundgebiet Ni** findet sich östlich der Weser, im Süden und Osten der Stadt Nienburg.

Das **Fundgebiet Neu** befindet sich nördlich der Linie Hamburg-Lübeck. Etwa in seiner Mitte liegt Neumünster.

Das **Fundgebiet Hei** reicht bis an die Linie Husum-Schleswig. In seinem mittleren Teil liegt Heide.

Das **Fundgebiet Fl** ist nach Flensburg benannt. Es reicht nach Norden bis an die Deutsch-Dänische Grenze.

Die in den nördlichen Niederlanden liegenden Fundgebiete wurden durch Casparie festgelegt. Er teilte seine unpublizierten Angaben mit, wofür ich meinen Dank ausspreche.

Das **Fundgebiet Fo** enthält das Fochteloer Veen.

Das **Fundgebiet Sm** enthält die Smildervenen.

Das **Fundgebiet Dr** schließt das Drachsterveen ein.

Das **Fundgebiet Ma** erfaßt die Moore bei Makkinga.

Das **Fundgebiet Coe** schließt den Raum Coevorden ein.

Das **Fundgebiet Eng** bezieht sich auf das Engbertsdijksveen.

Diese Gebiete wurden so abgegrenzt, daß sie nach Möglichkeit geschlossene Hochmoorbereiche und die zu ihnen gehörenden Fundkomplexe umfassen. Die Karte (Abb. 1) zeigt die in ihren Grenzen nachgewiesenen, sicher belegten Funde und Fundgruppen (senkrechte Kreuze), nicht aber deren Wegrichtungen. Die Zahl der eingetragenen Kreuze ist geringer als die der tatsächlichen Funde, weil sie auch mehrere Objekte einer Stelle zusammenfassen können. Aus ihrer Anordnung kann nicht der Verlauf von Weglinien abgeleitet werden, ihre Verbreitung hängt von der räumlichen Ausdehnung der Hochmoore ab. Funde der Fundgebiete östlich der Weser wurden im wesentlichen noch nicht durch Grabungen untersucht, nordöstlich der Elbe vorerst nur als Nachricht ausgewertet. Sie sind zum Teil nicht eingetragen worden.

4. Verzeichnis der im Text erwähnten Moorwege

Bundesrepublik Deutschland:

Fundgebiet Pr

I	(Pr)	letztes Jahrhundert v. Chr.
II	(Pr)	450 v. Chr.
III	(Pr)	8. Jahrhundert BC
IV	(Pr)	223 nC
V	(Pr)	8. Jahrhundert v. Chr.
VI	(Pr)	45 vC
VII	(Pr)	2620 BC
VIII	(Pr)	8. Jahrhundert v. Chr.

IX   (Pr). . . . . . 8. Jahrhundert v. Chr.
X   (Pr). . . . . . 8. Jahrhundert v. Chr.
XXV   (Pr). . . . . . 5. Jahrhundert BC

Fundgebiet Le
I   (Le). . . . . . 300 BC bis 100 AC
II   (Le). . . . . . 9. Jahrhundert n. Chr.
III   (Le). . . . . . undatiert. Latènezeit?
VIII   (Le). . . . . . 2300 BC
IX   (Le). . . . . . 713 vC
XIV   (Le). . . . . . „Sandstrahl", Bronzezeit
XV   (Le). . . . . . 2350 BC
XVIII   (Le). . . . . . 2100 BC (Bronzehiebe)
XXI   (Le). . . . . . 717 vC

Fundgebiet Ip
VII   (Ip). . . . . . 2060 BC (Bronzehiebe)
XII   (Ip). . . . . . 712 vC („Hünenbrügge")
XIX   (Ip). . . . . . undatiert. Conneforde
XXII   (Ip). . . . . . 13.—20. Jahrhundert. „Holten strate".
XXXVI   (Ip). . . . . . 1356 vC
XLII   (Ip). . . . . . 129 vC
XLIII   (Ip). . . . . . 350 BC

Fundgebiet Cl
I   (Cl). . . . . . 430 AC
VIII   (Cl). . . . . . undatiert (Ahlhorn)

Fundgebiet Teu
I   (Teu). . . . . 8. Jahrhundert v. Chr. Gnarrenburg

Fundgebiet BC
XXIV   (BC). . . . . undatiert
XXVIII   (BC). . . . . ältere oder mittlere Bronzezeit.
XXXII   (BC). . . . . 250 AC

Fundgebiet Neu
Fundgebiet Neu
I   (Neu). . . . 400 AC
II   (Neu). . . . 685 AC

Fundgebiet Su
IV   (Su). . . . . . undatiert

Moorwege in der DDR

Malchiner See   . . . . 13.—14. Jahrhundert n. Chr.
Göttwitzer See   . . . . 11.—13. Jahrhundert n. Chr.
Sukow   . . . . 8.—9. Jahrhundert n. Chr.

Dänemark
  Skalsådalen   . . . . 750 BC

Niederlande
  Fundgebiet Bou
  I (Bou)   . . . . 350 BC

England
  Abbots way   . . . . 2000 BC

Irland
  Corlea I   . . . . 147 vC

Dieses Verzeichnis umfaßt nur einen Teil der in den Mooren untersuchten oder beobachteten Holzwege. Schmale, nicht befahrbare Wege wurden mit einer Ausnahme nicht aufgenommen, sie werden auch im folgenden Text nicht besprochen.

5. Definition und Abgrenzung der Hölzernen Moorwege

Moorwege dienten dazu, die nicht immer betretbare, ohne Frost nicht befahrbare sumpfige Oberfläche des Moores dauernd begehbar, vielfach auch befahrbar zu machen. Dieser Zweck konnte durch Konstruktionen verschiedener Art erreicht werden.

Holzbauten erreichten ihr Ziel durch weitgehende Druckverminderung, d.h. durch möglichst starke Vergrößerung der belasteten Fläche.

Steinbauten, die zu Beginn der Vermoorung wenig mächtige Moorteile überbrückten, die Endpunkte von über dem tieferen Moor errichteten Holzbauten mit dem festen Boden verbanden oder als Pflasterung auf einem tragenden Unterbau anderer Art über das Moor hinwegführten, erreichten ihr Ziel in den meisten Fällen durch eine Erhöhung des festen Mooruntergrundes.

Kies-, Sand- oder Schotterwege erreichten ihr Ziel durch Vergrößerung der belasteten Fläche. Sie benötigten im Moore einen gewöhnlich aus Holz bestehenden Unterbau.

Mörtelwege hatten eine aus Sand oder Kies bestehende Fahrbahn, die durch Mörtel oder andere, verbindend wirkende Substanzen verfestigt wurde. Wege dieser Art wurden in der älteren Literatur erwähnt. Sachberichte liegen nicht vor, neuere Untersuchungen sind nicht bekannt.

Dammbauten wurden aus Moorsoden, Erdplaggen, seltener Sand oder Kies, aufgebaut. Sie erreichen ihr Ziel, auf die Mooroberfläche gebracht, durch gleichmäßige Verteilung der Last und Befestigung der Fahrbahn. Sie benötigten in der Regel keinen hölzernen Unterbau. Ihr Baumaterial wurde neben ihnen aus dem Moor entnommen. So entstanden seitliche Gräben, die zur Trockenhaltung beitrugen.

Die durch die Oberfläche der Hochmoore als Baugrund gegebenen Bedingungen führten dazu, daß überwiegend Holzbauten genutzt wurden. Sie ließen sich dem Moor am besten anpassen und entsprachen am ehesten den gegebenen Möglichkeiten der Bautechnik und des Transportes. Diese „hölzernen Moorwege" sollen in dieser Arbeit dargestellt werden.

Man hat leider allzuoft nur die hölzernen Moorwege betrachtet. So wurden Steinbauten oder Dammwege zumeist gar nicht untersucht. Da sie zum größten Teil in den Randteilen der Hochmoore lagen, sind sie inzwischen fast ganz durch Landbaumaßnahmen beseitigt worden. Ihre Kenntnis kann die mit den Holzwegen erreichbaren Fakten merkbar ergänzen. So erscheint es wertvoll, die noch faßbaren Bauten dieser Art intensiv zu bearbeiten. Es ist in erster Linie den dänischen Archäologen zu verdanken, daß eine Reihe gut untersuchter Steinbauten bekannt wurde. Hinzu kommen Untersuchungen aus den Niederlanden und Nordwestdeutschland (Alkaersig 1939, Kunwald 1944, 1945, 1961, 1964..., Casparie 1983, Hayen 1970).

Der Ausdruck „Pflaster" wird hier nicht auf Steinbauten beschränkt. Im folgenden bezeichnet er eine geschlossene, aus einzelnen Elementen zusammengefügte Fläche. So ist die Deckschicht eines Bohlenweges ebenso ein Pflaster wie die Fahrbahn einer Steinstraße.

Es gibt Holzpflaster, die zwar äußerlich den hölzernen Moorwegen gleichen, jedoch kein Moor überqueren. Ihre Funktion ist eine andere, nämlich die Herstellung der Befahrbarkeit durch Aufbringen einer festen Decke auf einen an sich festen, in seinen oberen Teilen jedoch instabilen, verschlammten, tief zerfahrenen, vernäßten, verunreinigten oder zu lockeren Untergrund.

Wie Bohlenwege oder Pfahlwege aussehende hölzerne Fahrbahnen findet man vielfach in älteren Orten unter der oft noch heute genutzten Durchfahrtstraße. Sie werden bei Baumaßnahmen sichtbar. Man hat sie im Mittelalter in Ortsdurchfahrten erbaut, nachdem die vorher vorbeiführenden Wege hindurchgeleitet wurden. Dazu trugen die festen Märkte bei, aber auch andere räumliche, kommerzielle oder obrigkeitliche Gründe. So verließen diese Straßen die Linie der urgeschichtlichen Höhenwege.

Ortsdurchfahrten wurden aber durch den hinaufgebrachten Straßenkot, Abfälle, Unrat und benachbarte Düngerhaufen schnell unbrauchbar. Ihre Oberfläche verschlammte und wurde vielfach fast unbegehbar oder befahrbar. Dies konnte man durch Holzpflaster abstellen, über denen, sobald der Schlamm wieder angewachsen war, erneut gepflastert wurde. In nassen Zeiten geschah dies besonders schnell.

Die Bauweise der Holzpflaster gleicht sich weitgehend. Je nach ihrem Zweck und der Beschaffenheit des Untergrundes hat man einen Unterbau aus unteren Längshölzern benutzt oder auf ihn verzichtet. Vereinzelt war er sogar mehrschichtig aus Längs- und Querhölzern aufgebaut. Die Fahrbahn bestand aus querliegenden Hölzern, die man in einigen Fällen durch senkrechte Bauelemente fixierte. Ob man solche Fahrbahnen immer gleich mit Erde abdeckte, wie es noch jetzt für Forstwege gefordert wird, kann bei Grabungen nur ausnahmsweise erkannt werden.

Auch auf trockenen Lockerböden sollten Holzpflaster eine feste Fahrbahn geben. Bohlenwege in Mooren gleichen den Holzpflastern in manchen Einzelheiten. So wird es im Bauvorgang, in der Holzbeschaffung und Holzbearbeitung Gleichheiten geben. In ihrer Funktion beschränken sich die Holzpflaster jedoch darauf, eine feste Unterlage zu bieten. Ihre Belastbarkeit ist schon vom Untergrund her ausreichend gegeben. Holzpflaster waren in mittelalterlichen bis neuzeitlichen Orten oder Städten eine durchaus übliche Lösung, die man im nördlichen Europa überall kannte. Wenige Beispiele lassen sie bis in neolithische Siedlungen zurückverfolgen.

6. Der Aufbau eines Bohlenweges

Zur Erläuterung dient ein einfacher Typ eines Bohlenweges. Er findet sich beispielsweise in Teilstrecken des Bauwerkes XXXVI (Ip). Zwei Reihen schmaler, voreinander gelegter Bohlen liegen parallel zueinander auf dem Baugrund. Sie werden bei seiner Errichtung zuerst verlegt, ihr Zwischenraum mißt knapp zwei Meter. Diese „unteren Längshölzer" dienen als „Unterbau" des Weges. Sie tragen die quer auf ihnen liegenden 2,40 bis 3,00 m langen Eichenbohlen der „Deckschicht". Diese stoßen mit ihren Längsseiten fast lückenlos aneinander und bilden eine mehr oder weniger ebene Fläche. Verbleibende kleine Lücken werden mit kleineren Abfallhölzern verfüllt. Unebenheiten gleicht man auf dieselbe Art aus, man kann aber auch Bohlen durch Holzkeile anheben, die man zwischen sie und das untere Längsholz schiebt. Ist eine Bohle zu dick, läßt sich ihre untere Seite über dem unteren Längsholz einkerben, bis sie die gewünschte Höhenlage hat. Solche „Falze" erscheinen schon in der älteren Bronzezeit.

In Profilschnitten läßt sich auf den Bohlen bei guter Erhaltungsbedingung eine stark zersetzte, durchmischte Torfschicht erkennen, in der Eriophorum- und Heidereste angereichert sein können. Diese „Wegerde" besteht aus Überbleibseln von Moorsoden, die seitwärts des Moorweges von der Oberfläche genommen und als „Auflage" über das Holz gebreitet werden. Sie schützen vor stärkerer Abnutzung und Verwitterung. Wo die Auflage fehlt, sind die Hölzer schnell angefault.

So besteht der Grundaufbau eines Bohlenweges aus mehreren übereinander liegenden Schichten.

1. Unterbau

Mindestens zwei Reihen unterer Längshölzer liegen in Längsrichtung des Weges, parallel zueinander. Man kann Balken, Bohlen, Pfähle oder dünne Stämme verwenden und sie mit anderen Hölzern verstärken. Dieser Unterbau gleicht die Unregelmäßigkeiten des Baugrundes aus und bietet den Bohlen der Deckschicht eine gleichmäßig hohe, ebene Unterlage.

2. Deckschicht

Eng nebeneinander quer zur Richtung des Weges gelegte Bohlen, auch Balken oder Pfähle, dienen je nach Breite als Fahrbahn oder Lauffläche. Kleinere

Hölzer finden Verwendung zum Ausgleich von Lücken oder Unregelmäßigkeiten.

3. Auflage

Vom Moor genommenes Material verebnet und schützt die Hölzer der Deckschicht und macht sie bei Nässe befahrbar.

4. Oberbau

Einige Bohlenweg-Typen besitzen „obere Längshölzer", die auf den Seiten der Deckschicht befestigt sind und ihr einen verstärkten Zusammenhalt geben.

Zu 1

Auf sehr nassen und weniger tragfähigen Teilen des Baugrundes konnte der Unterbau durch weitere untere Längshölzer verdichtet und verstärkt werden. Wenn man Unebenheiten ausgleichen mußte und dazu das Verfüllen mit Torf nicht ausreichte, kam es zur Verlegung verdämmender Holzlagen. Andererseits konnte auf ebener, festerer Oberfläche der Unterbau auch völlig fehlen. In Anpassung an die Beschaffenheit des Baugrundes wechselte die Ausführung des Unterbaues im Verlauf der meisten Wege.

Zu 2

Die Breite der Deckschicht bestimmt ihre Nutzbarkeit. Breite Wege können befahren werden, schmale eignen sich vorwiegend für Fußgänger.

Bei ausreichender Auflage konnten die Ränder eines Holzweges über die Breite der Deckschicht hinaus so dicht und fest durchwurzelt sein (Eriophorum, Ericaceae, Molinia coerulea Mch.), daß beiderseits des Holzbaues belastbare Streifen entstanden (Hayen 1979 a, 81). Sie trugen mindestens das Gewicht eines unbeladenen Fahrzeuges. Damit erweiterte sich die befahrbare Breite des Bohlenweges VI (Pr) wenigstens in Teilstrecken auf rund 3 m.

Die Begegnung zweier Wagen erforderte eine belastbare Breite, die zwei Achslängen Raum bot. Das bedeutete nach gefundenen Achsen (Hayen 1983 b, 436 ff) 300 bis 340 cm. Begegnungen verlangten belastbare Seitenstreifen, auf denen man ein Fahrzeug zur Seite stellen konnte. Verkehr in einer Richtung benötigte lediglich die Breite der Spurweite der Wagen (120 cm).

Zu 3

In der Literatur wurde mehrfach anstelle der Auflage ein auf die Hölzer gebrachter Sanddamm erwähnt. Er ließ sich in keiner Grabung finden. Beobachtet wurden lediglich hauchdünne Sandschichten, die von Hufen und Rädern in das Moor hineingetragen waren. Das auf den Wegen fließende und versickernde Wasser hat diesen Sand zwischen und unter die Hölzer getragen.

7. Grundformen der hölzernen Moorwege

Die hölzernen Moorwege zeigen mehrere immer wieder vorkommende Grundformen. Diese werden durch die in der Deckschicht verwendeten Holzformen und die Richtung der Hölzer eindeutig bestimmt. Das Aussehen der Deckschicht kann bei Grabungen einwandfrei und endgültig geklärt werden, es entscheidet die Zuordnung. Dazu ist der Unterbau der Wege nicht geeignet, da er durch Anpassung an die Eigenarten des Baugrundes vielfach variiert werden kann.

Die von den technischen Gegebenheiten der Deckschicht bestimmten Grundformen werden im Folgenden benannt. Sie können, insbesondere durch senkrechte Bauelemente und unterschiedliche Oberbauten, in Typen unterteilt werden. Dies gilt für alle planmäßig gebauten Moorwege.

7.1 Die Nullform

Wenn jedoch ein hölzerner Moorweg sehr schnell und unvorbereitet gebaut werden mußte, außerdem nur einmal oder kurzzeitig benötigt wurde, kam es zu Behelfsbauten. Ihre Ausführung war ein Zufallsergebnis. Man verfügte nicht über Vorplanungen und einheitliches Baumaterial. Es mußten Materialien und Gegenstände genutzt werden, die vielleicht ursprünglich anderen Zwecken gedient hatten. Da solchen Wegen jede durchgehende bauliche Ordnung fehlt, werden sie als Nullform der hölzernen Moorwege bezeichnet. Zu ihr kam es am ehesten bei Kriegsereignissen, Jagdplänen und anderen einmaligen Ereignissen.

Es seien drei Beispiele genannt. Preußische Soldaten überbauten 1812 südlich der Stadt Riga ein Moor. Dazu holte die Truppe Balken und anderes Holz aus den Häusern der Umgebung (Conwentz 1897, 10 f). Gleiches geschah, als der Bischof von Münster, C.B. von Galen, im Jahre 1665 in die Niederlande einrückte. Er ließ zur Überbrückung des Bourtanger Moores Türen, Fensterrahmen, Balken und andere Bauteile aus Häusern holen, nahm Bäume und anderes, gerade erreichbares Material hinzu, soweit es schnell beschafft werden konnte. — Ein Bischof aus Osnabrück soll einen mehrere hundert Meter langen Weg für Jagdzwecke bauen lassen haben. Er ließ Teile der Häuser requirieren (Prejawa 1896, 159 f).

Es hat immer auch Moorwege gegeben, deren bautechnische Beschaffenheit durch fehlende Sachkenntnis, knappe Zeit oder ungeeignetes Material ein Ergebnis des Zufalles war. Sie fügen sich keiner Grundform ein.

Grundformen

Die oft ähnlichen oder gar gleichen Anforderungen, die man an die Moorwege stellen mußte, ergaben sich aus den Bedingungen des Baugrundes, den wenigen Formen des Baumateriales und verkehrstechnischen Forderungen. Sie führten zu einer Reihe technischer Formen, die man immer wieder benutzte (Abb. 2).

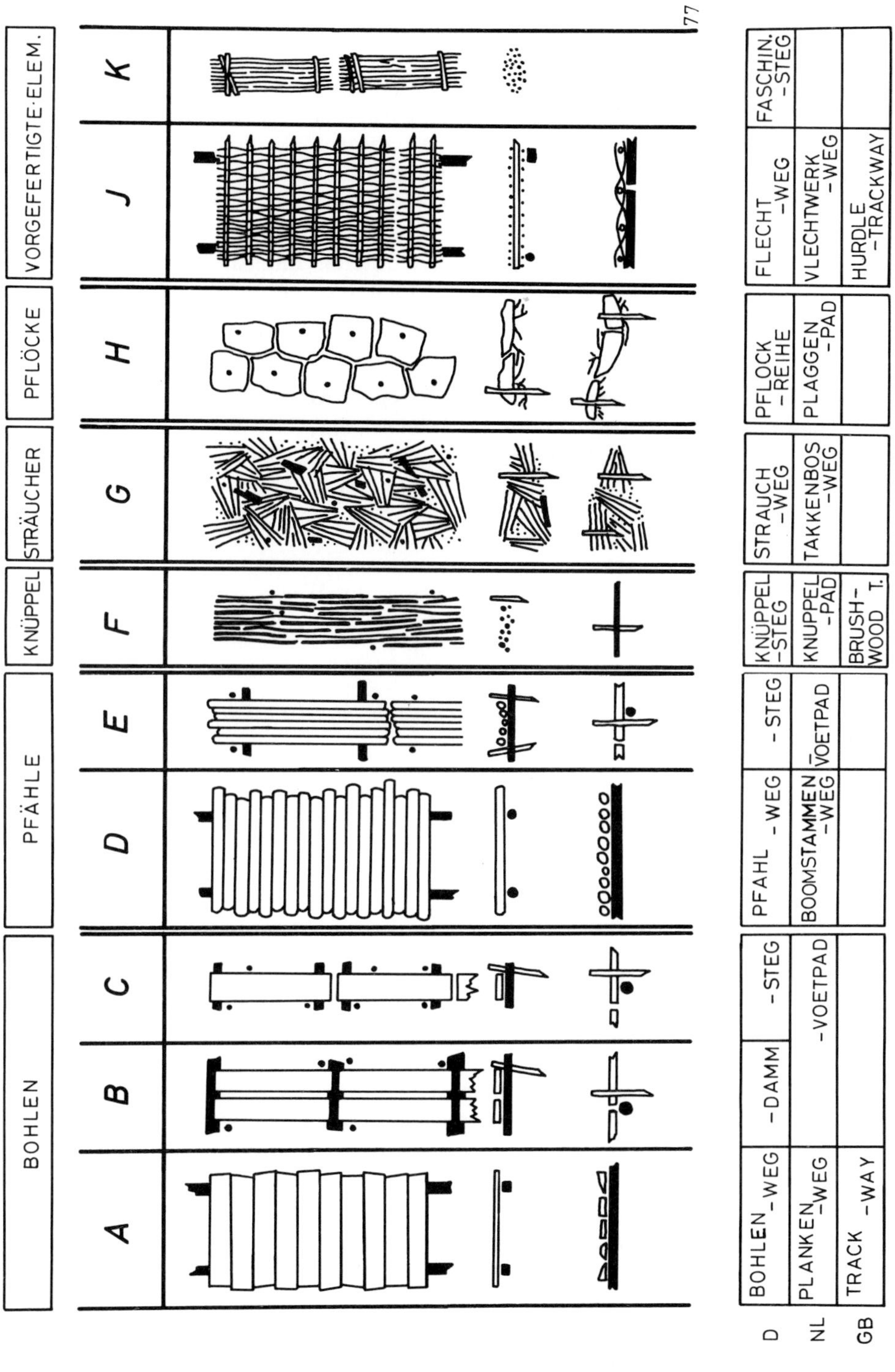

	A	B	C	D	E	F	G	H	J	K
	BOHLEN	PFÄHLE		KNÜPPEL		STRÄUCHER	PFLÖCKE	VORGEFERTIGTE·ELEM.		

	BOHLEN-WEG	-DAMM	-STEG	PFAHL-WEG	-STEG	KNÜPPEL-STEG	STRAUCH-WEG	PFLOCK-REIHE	FLECHT-WEG	FASCHIN.-STEG
D										
NL	PLANKEN-WEG	-VOETPAD		BOOMSTAMMEN-WEG	VOETPAD	KNUPPEL-PAD	TAKKENBOS-WEG	PLAGGEN-PAD	VLECHTWERK-WEG	
GB	TRACK-WAY					BRUSH-WOOD T.			HURDLE-TRACKWAY	

Abb. 2: Grundformen der hölzernen Moorwege.

7.2 Die Deckschicht besteht aus Bohlen

Grundform A: *Bohlenweg*

Die Deckschicht besteht aus quer zur Richtung des Weges liegenden Bohlen. Sie liegen dicht an dicht und bilden eine nahezu lückenlose Fläche.

Es können alle Bohlenformen zur Verwendung kommen. Liegen Halbbohlen auf ihrer flachen Seite, so kann die Deckschicht wie ein Pfahlweg a u s s e h e n.

Der Unterbau besteht gewöhnlich aus unteren Längshölzern. Sie bilden zumeist zwei oder drei Reihen, können jedoch auch verdichtet oder gar mehrschichtig verlegt sein, in anderen Fällen auch fehlen.

Grundform B: *Bohlendamm*

Bohlen liegen in Längsrichtung des Weges. M i n d e s t e n s   z w e i   Bohlen nebeneinander ergeben die Breite der Deckschicht.

Der Unterbau besteht naturgemäß in der Regel aus unteren Querhölzern, die meistens unter den Enden der Bohlen liegen. Dieser Unterbau kann verstärkt sein, aber auch völlig fehlen.

Grundform C: *Bohlensteg*

E i n z e l n e   Bohlen liegen in Längsrichtung des Weges voreinander und formen die schmale Lauffläche. Ihr Unterbau gleicht dem des Bohlendammes.

7.3 Die Deckschicht besteht aus Pfählen

Grundform D: *Pfahlweg*

Pfähle liegen quer zur Richtung des Weges. Sie schließen sich weitgehend lückenlos zur Deckschicht zusammen. Der Unterbau gleicht dem des Bohlenweges.

Grundform E: *Pfahlsteg*

Pfähle liegen längs, d.h. in Richtung des Weges. Sie sind oft recht lang und schließen sich zur Lauffläche zusammen. Der Unterbau besteht meistens aus unteren Querhölzern. Er kann verdichtet sein, aber auch völlig fehlen.

Grundform EE: *Pfahldamm*

Der Unterbau der unter E beschriebenen Deckschicht besteht aus einer deutlich dammartig aufgeschichteten Lage von Strauchbündeln, Knüppeln und (oder) anderen Hölzern. Er kann durch quer hineingelegte Stücke verstärkt sein.

7.4 Deckschicht und Unterbau fallen zusammen

Grundform F: *Knüppelsteg*

In der Längsrichtung des Weges liegende Knüppel formen eine Lauffläche. Man findet sie zumeist in einer, seltener in mehreren Schichten. Als Unterbau wurden Querhölzer bisher nur vereinzelt beobachtet.

Grundform FF: *Knüppeldamm*
Die unter F dargestellte Lauffläche liegt auf einer starken, dammförmigen Packung aus längsliegenden Knüppeln, Sträuchern und anderen Hölzern. Vereinzelt erscheinen auch quergelegte Teile.

Grundform FW: *Knüppelweg*
Quer zur Richtung des Weges liegende Knüppel bilden eine geschlossene Schicht als Fahrbahn oder Lauffläche. Diese Grundform ließ sich bisher in Grabungen nicht nachweisen (van Zeist und Casparie 1966, 114).

Grundform G: *Strauchweg*
Strauchwege bestehen aus einer in wechselnder Mächtigkeit verlegten, wenig geordneten Schicht aus Sträuchern, Strauchbündeln, anderen Hölzern und Abfällen. Sie wurde der wechselnden Höhenlage des Baugrundes angepaßt.

7.5 Deckschicht aus Moorsoden („Plaggen")

Grundform H: *Pflockreihe*
Zu einem Weg zusammengelegte Heidesoden, die aus mit Heide bewachsenen, dicht durchwurzelten Teilen der Mooroberfläche geschnitten wurden, dienen als tragende Fläche. Sie werden von senkrecht oder schräg in den Boden getriebenen Holzstäben festgehalten. Bei Grabungen findet man nur die in Reihen oder Doppelreihen stehenden Stäbe, die Moorsoden wurden zu Torf.

Grundform HH: *Sodenweg*
Zu einem Weg zusammengelegte, nicht aufgehäufte Moorsoden, die man nicht mit Pflöcken befestigt hat. Sie sind bei Grabungen nur ausnahmsweise erkennbar.

7.6 Deckschicht aus vorgefertigen Elementen

Grundform I: *Flechtweg*
Außerhalb des Moores hergestellte Flechtmatten werden zur Deckschicht zusammengelegt. Ihr Unterbau besteht aus Quer- und (oder) Längshölzern. Er kann beliebig gestaltet sein oder völlig fehlen.

Grundform K: *Faschinensteg*
Strauchbündel (Faschinen) liegen längs voreinander. Sie dienen in geringer Breite, ein oder zwei Bündel, als Lauffläche. Die Faschinen erfüllen gleichzeitig die Funktionen der Deckschicht und des Unterbaues. Zusätzliche Querhölzer erscheinen möglich, wurden jedoch noch nicht beobachtet.

Grundform KK: *Faschinenweg*
Dicht zusammengefügte, vorwiegend quer zur Richtung des Weges gerichtete Strauchbündel bilden einen Weg. Er kann befahrbar sein. Eindeutige Funde liegen jedoch noch nicht vor.

Diese Grundformen geben lediglich bautechnische Befunde an und können durch Grabungen verbindlich bestimmt werden. Sie erfordern keinerlei Zuordnungen nicht bautechnischer Art, wie es die ältere Literatur mehrfach durch Hinweise auf bestimmte Erbauer („Römerwege") oder Zwecke versuchte.

8. Einige Typen der Grundform A: Bohlenwege

Hölzerne Moorwege wurden den Bedingungen des jeweiligen Baugrundes, des verfügbaren Baumateriales, der vorgesehenen Zweckbestimmung und des geplanten Aufwandes angepaßt. Die Qualität des Baugrundes und die Art des erreichbaren Baumateriales konnten im Verlauf eines Weges mehrfach wechseln, so daß auch die gewählten bautechnischen Lösungen geändert werden mußten. Dies führte zu Variationen und Ergänzungen der Grundform, die als Typen gesehen werden. Man hat sie bei handwerklicher und wegebaulicher Eignung immer wieder benutzt und neu gebaut. Die wichtigsten Typen der Grundform A mögen diese Zusammenhänge erläutern.

Typ	Aa	Die Deckschicht wird nicht durch zusätzliche Elemente fixiert.
	Aa 1.	Die Bohlen der Deckschicht liegen ohne Unterbau auf dem Baugrund.
	Aa 2.	Die Bohlen der Deckschicht liegen auf unteren Längshölzern.
	Aa 3.	Die Unterseite mancher oder aller Bohlen ist mit Falzen versehen, die über die unteren Längshölzer fassen.
Typ	Ab	Pflöcke fixieren die Hölzer der Deckschicht.
	Ab 1.	Pflöcke zwischen den Enden der Bohlen, keine Lochung.
	Ab 1.1.	Pflöcke erscheinen unregelmäßig.
	Ab 1.2.	Pflöcke erscheinen regelmäßig.
	Ab 2.	Pflöcke in Lochungen
	Ab 2.1.	Lochungen erscheinen unregelmäßig.
	Ab 2.2.	Lochungen erscheinen regelmäßig.
Typ	Ac	Spangen fixieren die Deckschicht.
	Ac 1.	Spangen kommen nicht regelmäßig vor.
	Ac 2.	Spangen erscheinen regelmäßig.
Typ	Ad	Lochbohlen und obere Längshölzer fixieren die Deckschicht.
	Ad 1.	Lochbohlen in zwei Reihen.
	Ad 2.	Lochbohlen in drei Reihen.

8.1 Bohlenwege ohne senkrechte Bauelemente

In der einfachsten Form ließ sich ein Bohlenweg aus Bohlen bilden, die ohne Unterbau quer zur Fahrtrichtung voreinander gelegt wurden (Abb. 4, Typ Aa 1.) Dafür konnte der Baugrund eingeebnet oder mit Strauchwerk und Holzabfällen belegt werden. Oft blieb er unverändert. Die Bohlen wurden nicht durch zusätzliche Hilfsmittel an ihrem Platz festgehalten. Als Beispiele seien genannt:

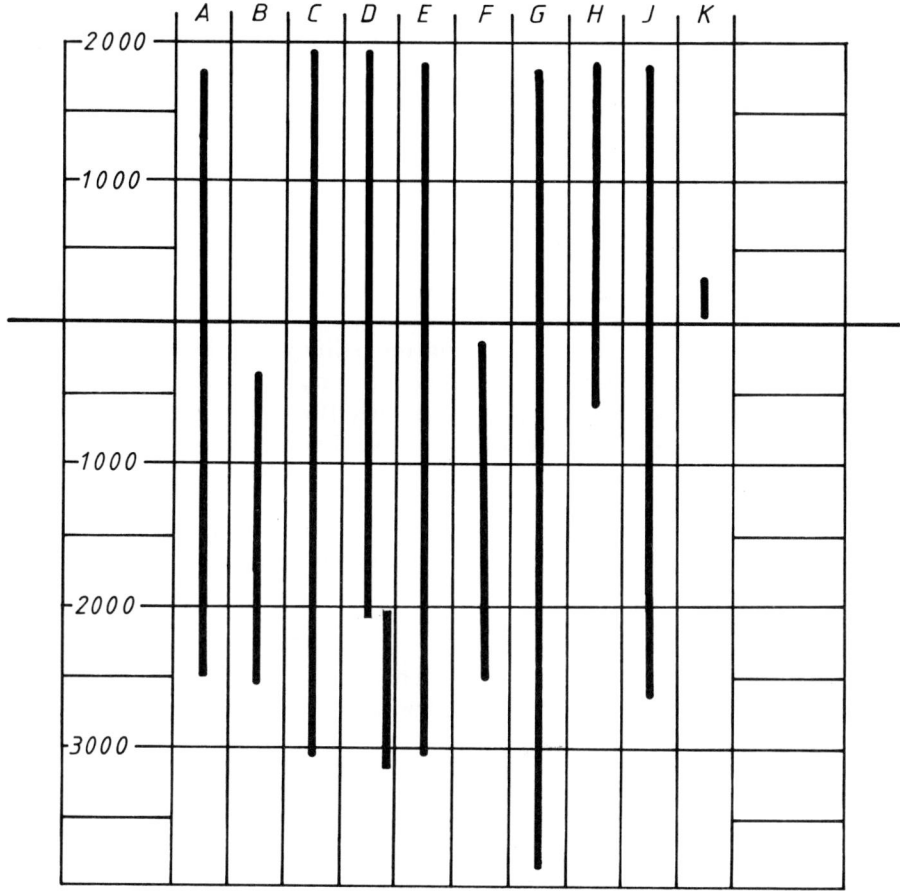

Abb. 3: Zusammenfassung der zeitlichen Nachweise der Grundformen hölzerner Moorwege.

D: I (Cl).— I (Neu). — Malchiner See.
GB: Abbots way.

Durch einen Unterbau aus unteren Längshölzern konnte man Unebenheiten und die unterschiedliche Dichte des Baugrundes ausgleichen, die Belastbarkeit der Fahrbahn erhöhen und ihre ebene Verlegung erleichtern. Blieben
die Bohlen der Deckschicht nicht fixiert, so kam es zum Typ Aa 2. Als Beispiele seien genannt:

D: XXXVI (Ip). — I (Cl).
   XXIV (BC). XXVIII (BC).
   XXXII (BC). I (Neu).
Ir: Corlea I.
DK: Skalsådalen (Viborg amt).

In Wegen des Typs Aa 3. waren in die Unterseiten der Bohlen F a l z e eingeschnitten (eingehauen), die über die unteren Längshölzer faßten. Sie verhinderten seitliches Verrutschen, fixierten also die einzelnen Bauelemente und waren
zugleich geeignet, die Höhenlage der Bohlen-Oberseiten genau zu regeln. Als
Beispiel sei genannt:

D :   XXXVI (Ip)

8.2 Bohlenwege mit Pflöcken

Man kann die Bohlen der Deckschicht mit Hilfe von Pflöcken, die neben
ihnen oder durch sie hindurch in den Boden geschlagen werden, fixieren. Im
Typ Ab 1.1. stehen sie zwischen den Enden der Bohlen, kommen aber nicht
neben jeder Bohle, also unregelmäßig, vor. Als Beispiel sei genannt:

D :   XLII (Ip).

Im Typ Ab 1.2. ist neben jedes Bohlenende ein Pflock gesetzt. — Wirksamer
sind Pflöcke, die durch Lochungen der Bohlenenden getrieben wurden. Im Typ
Ab 2.1. erscheinen sie unregelmäßig. Als Beispiele seien genannt:

D :   XLII (Ip).IV (Pr). Göttwitzer See.

Regelmäßige, das heißt in jedes Bohlenende gestemmte Lochungen formen
das klassische Bohlenwegbild des Typs Ab 2.2. Als Beispiele seien genannt:

D :   VI (Pr). II (Pr).
        I (Pr). XXV (Pr).

8.3 Bohlenwege mit Spangen

Auf die Ränder der Deckschicht gelegte obere Längshölzer heißen „Spangen", wenn sie durch in Lochungen stehende Pflöcke gehalten werden. Spangen tragen zur Fixierung der Deckschicht bei. Wenn sie nur hin und wieder,
also nicht regelmäßig, vorkommen, kennzeichnen sie den T y p Ac 1. Er
erscheint vielfach dort, wo ein Weg über sehr nasse, wenig tragfähige und die
Bohlen aufschwimmen lassende Schlenken führte. Als Beispiele seien genannt:

D :   XLII (Ip). II (Pr).
        VI (Pr).

Wurden Spangen lückenlos aufgebracht, erscheinen sie also regelmäßig, so
kam es zum Typ Ac 2 (Abb. 6). Als Beispiele seien genannt:

D :   IX (Le). IV (Su). II (Neu).
        Sukow.

8.4 Bohlenwege mit Lochbohlen, Typen Ad 1 und Ad 2

Lochbohlen sind senkrechte Bauelemente, die aus dreikantig gespaltenen Eichenbohlen geformt wurden. Ihr unteres, in den Boden getriebenes Ende war gewöhnlich durch Beilhiebe als Spitze geformt. Das aus der Mooroberfläche herausragende obere Ende enthielt eine rechteckige, hochkant gestellte Lochung. Die Größe der Lochbohlen schwankt (Abb. 6). Lochbohlen reichten als Bauelement niemals bis in den Sanduntergrund der Moore hinab, sie steckten lediglich im Torf. So waren sie nicht Träger eines Brückenjoches und leiteten die auf den Weg drückende Last nicht zum tragenden Sanduntergrund ab. Lochbohlen erfüllten zwei Aufgaben. Sie fixierten den Weg auf dem Moor und verbanden seine Elemente zu einer zusammenhängenden, tragenden Fläche. Solche Wege konnten sich mit dem „Atmen des Moores" heben und senken, ohne ihren baulichen Zusammenhang zu verlieren. Echte Brücken, deren Joche fest im Sanduntergrund stehen, konnten dieser Auf- und Abbewegung der Mooroberfläche nicht folgen. Ihre Fahrbahn wurde, wenn sie der Mooroberfläche auflag, zerrissen (Beispielsweise in den sog. römischen Sumpfbrücken).

In der östlichen Hälfte des Bohlenweges XII (Ip) standen die Lochbohlen in den Rändern der Deckschicht, also in zwei Reihen (Typ Ad 1). Ihre Abstände maßen in der Regel 1,2 bis 2,0 m, in Ausnahmefällen bis zu 5 m (Abb. 6). Durch die Lochungen ihrer Köpfe hat man zuerst untere Längshölzer geschoben. Streckenweise kam ein unter der Mitte der Fahrbahn liegendes weiteres, jedoch unbefestigtes Längsholz hinzu. Quer auf diesen Hölzern lagen die Bohlen der Deckschicht. Sie waren am richtigen Platz gelocht oder eingekerbt, so daß die Köpfe der Lochbohlen freiblieben. Über der Deckschicht hatte man obere Längshölzer durch die Lochbohlen geschoben. Sie lagen auf den Enden der Bohlen und wurden durch zwischengetriebene Keile gespannt.

Dieser Aufbau war so wirksam, daß die Deckschicht des Weges bis zur Grabung ihre Ordnung beibehalten hat, obwohl das Moor im Fundgebiet starkem Vernässungswechsel ausgesetzt war und somit kräftige Höhenveränderungen zu erwarten sind.

In längeren Strecken waren die Lochbohlen nach Norden gekippt, ihre gelochten Köpfe zerfallen oder zerbrochen. Es zeigte sich, daß im Grabungsfeld 03-79 die gesamte Deckschicht um 1,20 m nach Norden verschoben war. Das ist die Folge eines Moorrutsches, der nach der Einbettung des Weges erfolgt sein muß. Der lockere Weißtorf nahm ihn mit. Die liegenden Hölzer der Fahrbahn zerrten die oberen Enden der Lochbohlen in eine schräge Lage, zogen einige ganz aus ihrem Platz heraus, ließen die meisten jedoch dort zurück. Insbesondere diejenigen, deren untere Enden in den festeren Schwarztorf hinabreichten. Der war nicht am Rutsch beteiligt und hielt sie fest. Es zeigt sich, daß schräg stehende Lochbohlen, wenn sie in die gleiche Richtung zeigen, sekundär verändert wurden.

Die Kopfenden der Lochbohlen sind gewöhnlich zerfallen. Dies ist die Folge der mechanischen Beanspruchung (Rutsch, Füße, Räder...), aber auch der

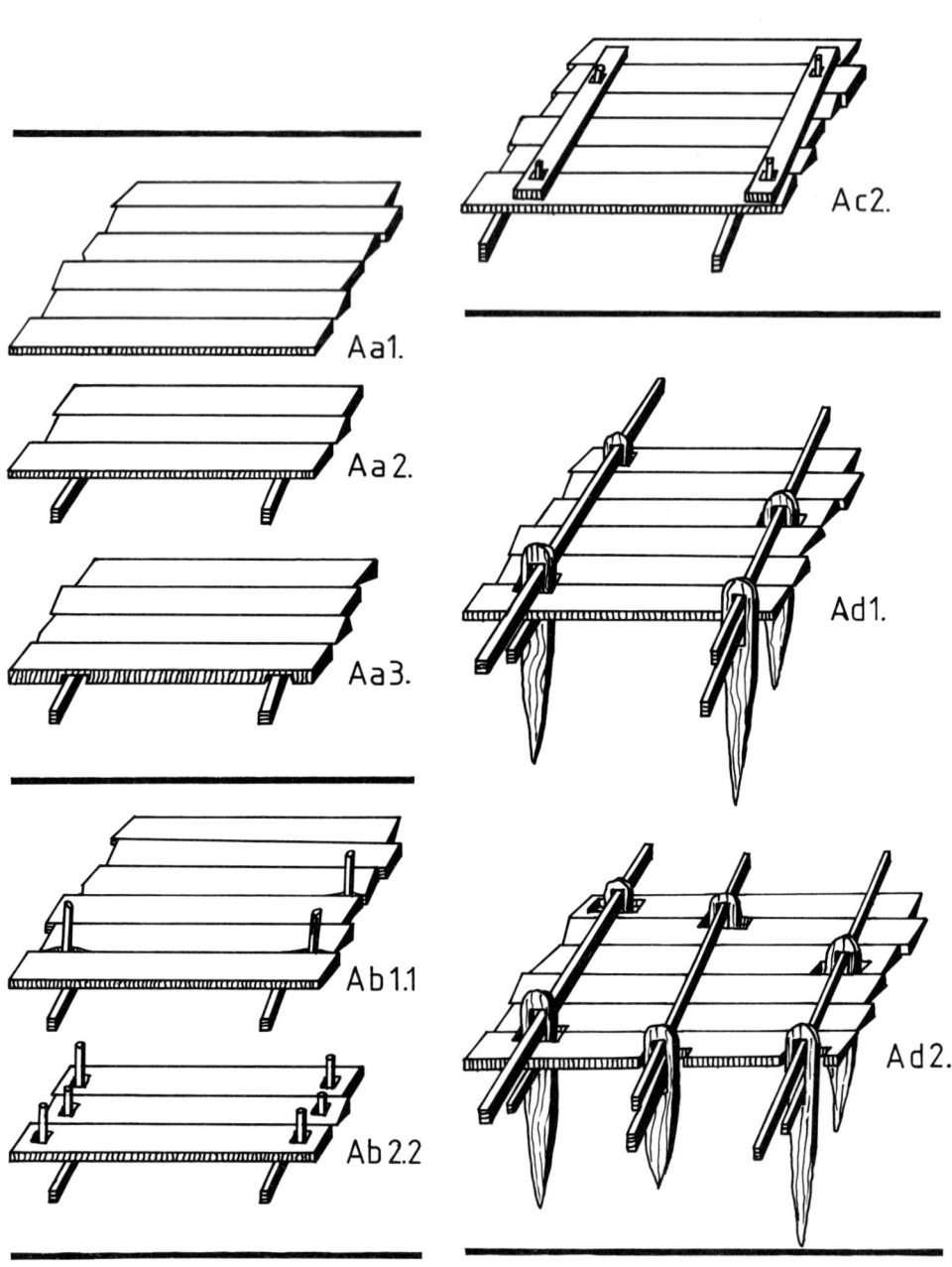

Abb. 4:
Bohlenwege, Typen Aa 1. bis Ab 2.2.

Abb.6:
Bohlenwege, Typen Ac 2. bis Ad 2.

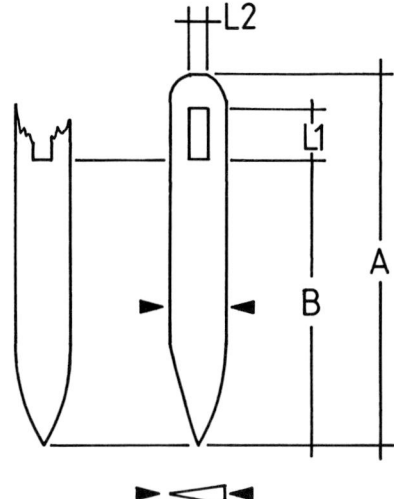

Abb. 5: Lochbohlen. Form und Meßschema.
Bei zerstörtem Kopfende „Gabelbohlen" (links).

Fäulnis dieser in die Luft reichenden Teile. Lochbohlen erscheinen dann wie „Gabelbohlen" (Abb. 5).

Der Bohlenweg III (Pr) war durch drei Reihen Lochbohlen verankert (Typ Ad 2). Sie reichten bis zu 1,5 m tief hinab, konnten aber auch einen halben Meter „kurz" sein. Man hat sie sorgfältig in gerader Linie in das Moor gesetzt. Auch sie fixierten untere und obere Längshölzer sowie die Deckschicht (Abb. 6).

Der Bau eines solchen Weges beginnt mit dem Einsetzen der Lochbohlen. Sie müssen so exakt in gerader Linie stehen, daß man die zumeist als Leiste gespaltenen unteren Längshölzer hindurchschieben kann. Es ist zu erwarten, daß dabei Leinen benutzt wurden, möglicherweise Maßbänder. Im Fundmaterial wurden sie jedoch noch nicht beobachtet.

Es fällt auf, daß neuerdings untersuchte Lochbohlen-Wege sich in ihren handwerklichen Spuren und bautechnischen Lösungen weitgehend gleichen. Sie finden sich zudem in einem begrenzten Teil Nordwestdeutschlands, zwischen der Ems und Elbe (Abb. 7). Alle bestehen aus bestem Eichenholz, ihre Deckschicht aus dreikantig gespaltenen Bohlen. Zwei Reihen Lochbohlen wurden an vier Wegen beobachtet, drei Reihen an vier anderen.

Einige durch dendrochronologische Untersuchung gewonnene Datierungen des Baujahres fallen beinahe zusammen (712, 713, 717 v. Chr.). Aus Wegen dieses Typs erhaltene C^{14}-Daten sind aus dem Bohlenweg III (Pr): 580 BC (aus Holz, das älter ist als das Baudatum); aus dem Bohlenweg X (Pr): 600 BC (aus einem dreiteiligen Scheibenrad, älter als das Baudatum); aus dem

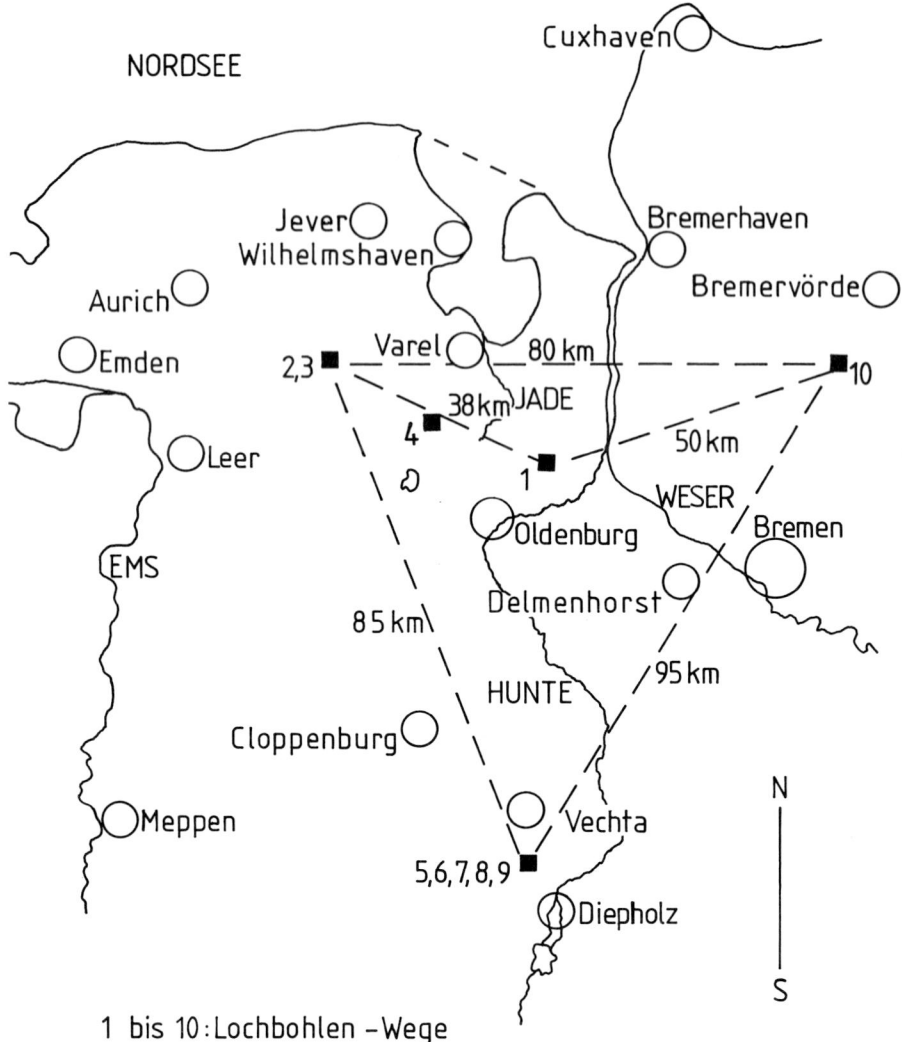

NORDSEE

Cuxhaven

Jever
Wilhelmshaven

Bremerhaven

Aurich

Bremervörde

Emden   2,3   Varel   80 km   10

38 km JADE

4

50 km

Leer   1

WESER   Bremen

EMS

Oldenburg

Delmenhorst

85 km

95 km

HUNTE

Cloppenburg

N

Meppen   Vechta

5,6,7,8,9

Diepholz

S

1 bis 10 : Lochbohlen - Wege

Abb. 7: Räumliches Vorkommen der Lochbohlenwege.

Bohlenweg V (Pr): 505 BC (aus einem im Weg gefundenen Drehschemel. Etwas zu alt). Sie fallen nach dendrochronologischem Maß wahrscheinlich auch in das achte Jahrhundert v. Chr. So können alle praktisch gleichzeitig sein, in ein enges Zeitfeld gehören, was natürlich an früher untersuchten Bauten nicht mehr belegt werden kann. Zur weiteren Sicherung werden zur Zeit zusätzliche Daten ermittelt. Ein Weg lag im unteren Weißtorf, zwei im SWK

(Schwarztorf-Weißtorf-Kontakt), fünf im Schwarztorf. Damit zeigt sich der ungleiche Ablauf der Torfbildung, also auch die zur Bauzeit unterschiedliche Beschaffenheit der Mooroberflächen.

Die dendrochronologische Untersuchung der Bohlen ergab darüber hinaus, daß einige Bohlen der 35 km voneinander entfernten Wege XII (Ip) und IX (Le) aus den gleichen Bäumen gespalten waren. Man nutzte also für beide Baustellen Holz desselben Waldes.

In den Bohlenwegen III (Pr) und XII (Ip) hat man je eine nach Wegnahme der alten Deckschicht unbefahrbare Baustelle durch einen seitlich angefügten Holzweg umgangen (Abb. 8). Solche „Umgehungswege" wurden bisher aus keinem anderen Bauwerk bekannt. Sie werden als bautechnische Eigenart einer bestimmten, für die Pflege der Bauten zuständigen, Baukolonne gesehen.

Ähnlich waren Teile der Bohlenwege XII (Ip) und IX (Le) bei einer Reparatur vollständig weggenommen worden. Lediglich kleinere Holzabfälle blieben zurück. Man legte jeweils einen neuen Unterbau aus kastenförmig angeordneten langen Stangen. Lange untere Längshölzer wurden von unter ihnen liegenden Querhölzern getragen (Abb. 8). Da auch dies bisher in anderen Moorwegen noch nicht beobachtet wurde, kann man sie wieder auf den gleichen Bautrupp zurückführen. Nimmt man die Umgehungswege hinzu, so sind XII (Ip), III (Pr) und IX (Le) dem gleichen Bauvorgang zuzuordnen. Damit bestätigen sich ihre eng zusammenliegenden Baudaten.

Man kann erwarten, daß in wenigen Jahren mehrere Wege des Lochbohlen-Typs vom gleichen oder einigen zusammengehörenden Bautrupps errichtet, gepflegt und repariert worden sind. Nicht nur der Bauvorgang wurde zentral geplant und geleitet, auch die Pflege und Erneuerung dieser Bauten zentral gehandhabt.

9. Grundform D: Pfahlweg

Die Bauweise der Pfahlwege gleicht weitgehend der der Bohlenwege (A). Die Deckschicht besteht aus quergelegten Pfählen, die zumeist sauber hergerichtet und sorgfältig entastet wurden. Man suchte Stammabschnitte etwa gleicher Dicke und ungefähr gleicher Länge aus. Es gibt jedoch auch einige Pfahlwege, die diese Sorgfalt nicht aufweisen, einen ungeordneten, rohen Eindruck machen und noch kurze Aststümpfe tragen. Man erkennt zwar Spuren der Bearbeitung, sie erscheinen jedoch flüchtig und ungeordnet.

Der Unterbau der Pfahlwege ist ebenso variabel wie der der Grundform A. Gewöhnlich findet man zwei bis drei untere Längshölzer. Es können weitere hinzukommen, sie können aber auch völlig fehlen.

Die Breite der Deckschicht schwankt, wenn sie befahrbar war, wie bei Bohlenwegen zwischen 2,2 und 3,3 m. Lediglich im dritten Jahrtausend v. Chr. maß sie 3,5 bis 4 m. Diese „sehr breiten, befahrbaren Pfahlwege" kennzeichnen das neolithische Verkehrswesen. Beispiele sind: XV (Le). VII (Pr). VIII (Le).

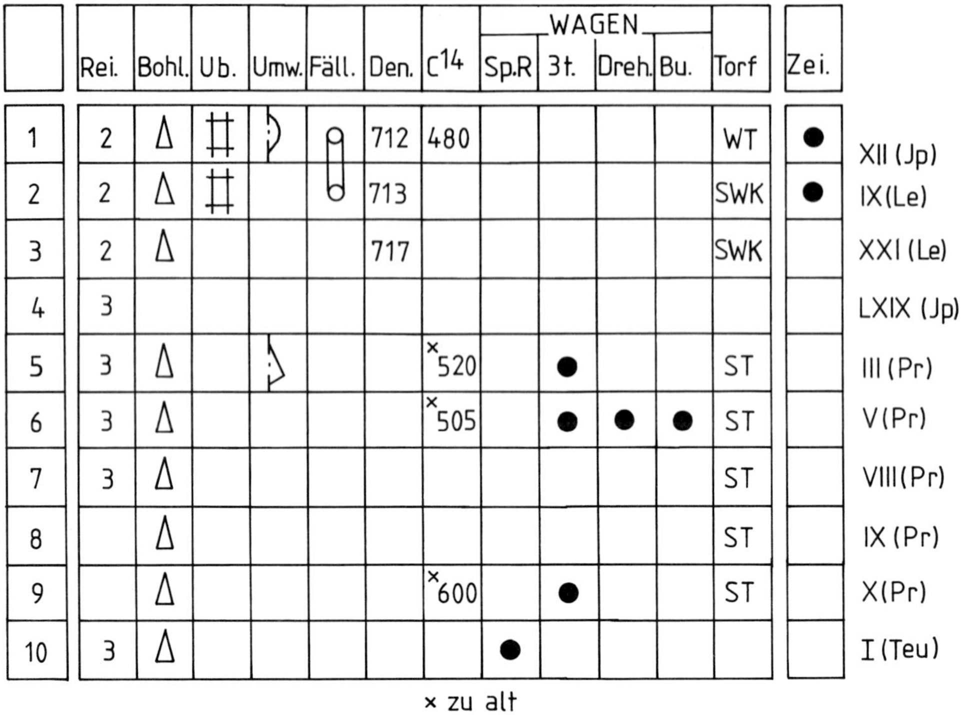

	Rei.	Bohl.	Ub.	Umw.	Fäll.	Den.	C14	Sp.R	3t	Dreh.	Bu.	Torf	Zei.	
1	2	△	⊞	☽	◖	712	480					WT	●	XII (Jp)
2	2	△	⊞		◖	713						SWK	●	IX (Le)
3	2	△				717						SWK		XXI (Le)
4	3													LXIX (Jp)
5	3	△		☽			×520	●				ST		III (Pr)
6	3	△					×505	●	●	●		ST		V (Pr)
7	3	△										ST		VIII (Pr)
8		△										ST		IX (Pr)
9		△					×600	●				ST		X (Pr)
10	3	△						●						I (Teu)

× zu alt

Abb. 8: Eigenarten der Lochbohlen-Wege,
Erläuterungen der zeichnerischen Zusammenfassung.

Die Anzahl der den Unterbau tragenden Lochbohlenreihen beträgt entweder 2 (Nr. 1—3) oder 3 (Nr. 4—7, 10) (Rei). Alle Deckschichten bestanden aus radial gespaltenen Eichenbohlen (Bohl). In Nr. 1 und 2 verlegte man in reparierten Teilstrecken einen „kastenförmigen" Unterbau (Ub). Er kommt in anderen Wegen nicht vor. Baustellen umgehende „Umgehungswege" (Umw) fanden sich in Nr. 1 und 4. Auch sie gibt es in anderen Wegen nicht. Vom gleichen Fällungsplatz, teilweise aus den gleichen Bäumen kamen Bohlen in Nr. 1 und 2 (Fäll). Nur in ihnen fanden sich Zeichen auf Bohlen (Zei). Sie wurden in keinem anderen Bohlenweg gefunden. Aus dendrochronologischen Daten ergibt sich die praktisch gleichzeitige Erbauung von Nr. 1 und 2 (Den), Nr. 3 liegt im gleichen Jahrzehnt. Da er jedoch den Weg Nr. 2 im Gelände fortsetzt, wird auch er zur gleichen Zeit gebaut worden sein. Die zu diesen dendrochronologischen Daten ermittelten C14-Daten (C^{14}) gleichen denen von Nr. 5,6 und 9, wobei zu berücksichtigen ist, daß letztere durch die Art der Probengewinnung zu alt sind. Es ist wahrscheinlich, daß Nr. 1, 2, 3, 5, 6 und 9 zeitgleich sind. Sie gehören in die letzte Hälfte des achten Jahrhunderts v. Chr. und können einem einzigen Unternehmen zugerechnet werden. Die Wege 7, 8, 10 und 4 gleichen diesen Wegen in ihrer Bauweise und im Baumaterial. Zu ihnen kann kein ergänzendes Material mehr gewonnen werden. Sie können jedoch, da andere Bauten dieses Typs nicht vorhanden sind, dem gleichen Bauvorgang zugeordnet werden.

Ergänzende Angaben zeigen Funde von Wagenteilen (Sp. R. = Speichenrad, 3t = dreiteiliges Scheibenrad, Dreh = Drehschemel, Bu = lose Buchse) und die Lage des Fundhorizontes im Torf (WT = Weißtorf, SWK = Schwarztorf — Weißtorf-Kontakt, ST = Schwarztorf).

10. Einige Typen der Grundform D

Typ Da: Die Deckschicht wird nicht durch zusätzliche Elemente fixiert.

      Da 1:   Die Pfähle der Deckschicht liegen ohne Unterbau auf dem Baugrund.

      Da 2:   Die Pfähle der Deckschicht liegen auf unteren Längshölzern.

Typ Db: Pflöcke fixieren die Hölzer der Deckschicht.

      Db 1:   Pflöcke stehen zwischen den Enden der Pfähle.

      Db 1.1.: Pflöcke unregelmäßig verteilt.

      Db 1.2.: Pflöcke erscheinen regelmäßig.

      Db 2:   Pflöcke in Lochungen.

      Db 2.1.: Pflöcke unregelmäßig.

      Db 2.2.: Pflöcke regelmäßig.

Typ Dc: Spangen fixieren die Deckschicht.

      Dc 1.:   Spangen erscheinen unregelmäßig.

      Dc 2.:   Spangen erscheinen regelmäßig.

(Zur Erläuterung vergl. Abb. 4 der Grundform A.)

Pfahlwege finden sich in den ausgedehnten großen Hochmooren der nördlichen Niederlande und im nördlichen Niedersachsen. Jüngere Nachweise sind aus Skandinavien und dem östlichen Europa bekannt. Ihr Aufbau gleicht dem der Bohlenwege, beide Grundformen gehören ihrer Nutzbarkeit nach funktional zusammen. Sie weisen technische Übereinstimmungen auf. Beide Grundformen können bis in die vorindustrielle Gegenwart nachgewiesen werden. Ein wesentlicher Unterschied ergibt sich aus dem für den Bau der Pfahlwege geringeren Arbeitsaufwand und der einfacheren Materialbeschaffung.

11. Typenwechsel innerhalb eines Moorweges

Der Pfahlweg XVIII (Le) weist in seiner ganzen Länge den Bautyp Da 2 auf. Längere Wege tun dies nur selten. Es kommt vor, daß ihre Erbauung von beiden Endpunkten her zugleich in das Moor hinein erfolgte. Dabei waren zwei Arbeitsgruppen tätig. Sie trafen im Bohlenweg XII (Ip) in der Mitte des Moores zusammen. Dort wichen die eingehaltenen Richtungen etwas voneinander ab, es entstand ein Knick. Die von Westen gekommene Gruppe baute einen anderen Typ als die von Osten gekommene. Am Ort des Zusammentreffens lagerte man neben der Fahrbahn Ersatzbohlen, auch wurde ein Kultpfahl aufgestellt (Abb. 9).

Für den Bohlenweg XLII (Ip) standen in der Südhälfte gute, sorgfältig ausgewählte Eichenbohlen zur Verfügung. Die von Norden entgegengekommene Baukolonne nutzte den vor dem Rand des Hochmoores stockenden Erlenbruchwald und erbaute einen Pfahlweg, der vorwiegend aus Erlenpfählen bestand.

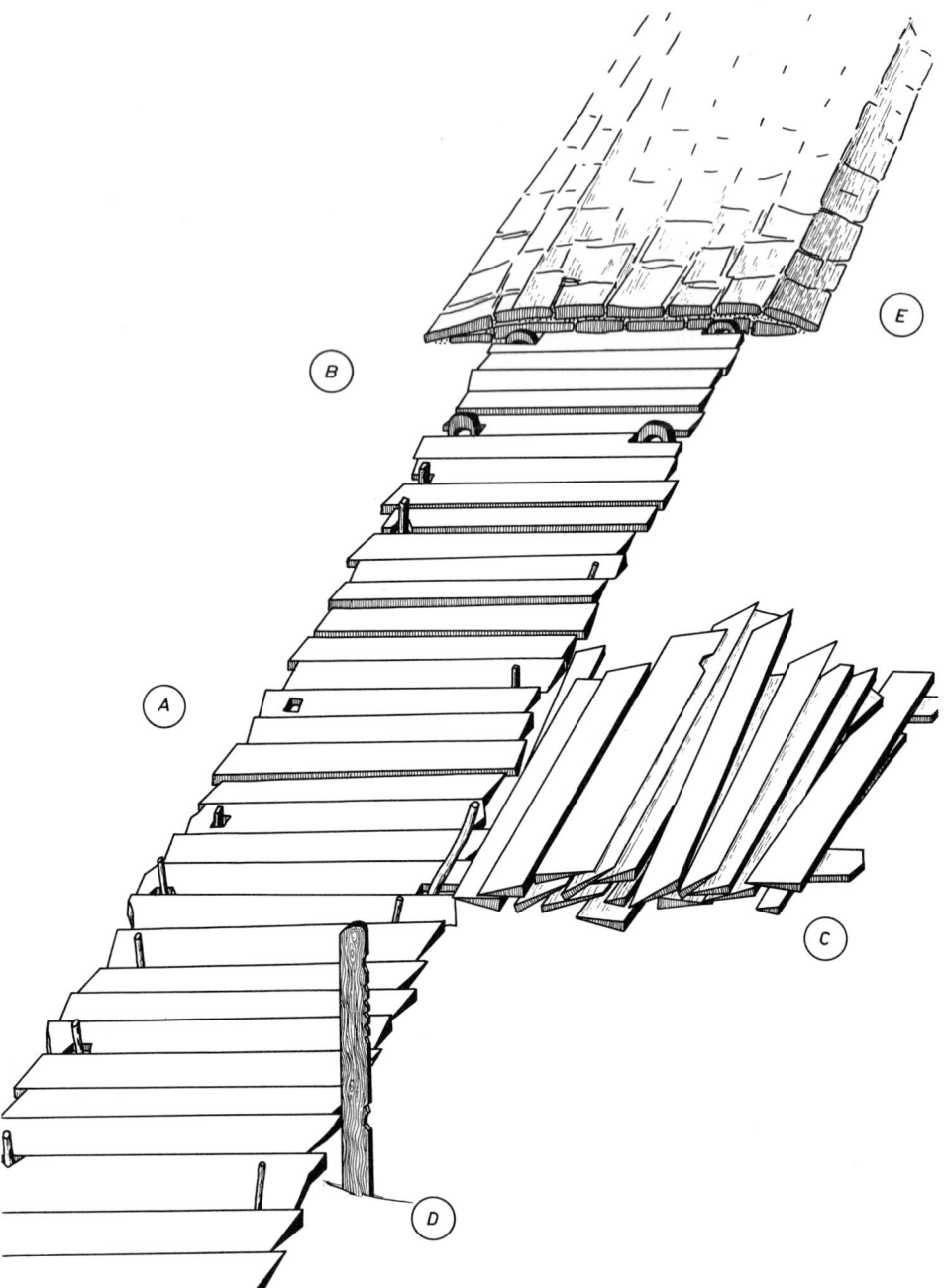

Abb. 9: Bohlenweg XII (Ip). Rekonstruktion bei Station 2750 m. Reserveholz (C) neben der Fahrbahn. Kennzeichnung der Grenze zweier „Baubereiche" durch eine kultisch orientierte Kerbbohle als Wegmarke (D). Wechsel der Typen: B mit Lochbohlen, A mit Pflöcken. E = Auflage.

Im Bohlenweg I (Bou), der „Valther brug", — er war etwa 12 km lang —, wechseln Teilstrecken verschiedener Bohlenweg-Typen mit solchen des Pfahlweges in unregelmäßiger Folge ab.

Es fällt auf, daß die sehr breiten neolithischen Pfahlwege ihren Typ in ganzer Länge beibehalten haben.

So zeigt sich, daß der Wechsel des Bautyps unterschiedliche Gründe haben kann. Mehrere Bautrupps konnten ein verschiedenartiges Materialangebot nutzen. Wechselhafte Beschaffenheit des Baugrundes konnte Typenwechsel erzwingen. Durch Neuverlegung der Deckschicht bei Reparaturen konnte es zu Abweichungen kommen. So kam es um so eher und häufiger zum Typenwechsel, je länger ein Weg war, um so langzeitiger er genutzt und dabei repariert werden mußte. Typenwechsel ist also eine ganz normale Erscheinung. Der durch Ausgrabungen erfaßbare bauliche Schlußbestand eines Moorweges ergibt sich aus Nutzungsschäden und mehr oder weniger zahlreichen baulichen Veränderungen, die sie erzwungen haben. Nur kurzzeitig genutzte oder sehr kurze Wege werden gewöhnlich ein gleichförmiges Aussehen bewahrt haben, wenn man von einigen Ausnahmen absieht, in denen der Typ in längeren Bauten konsequent beibehalten wurde.

Günstige Befunde machen es möglich, primäre und sekundäre Bauphasen zu unterscheiden, in eine Abfolge zu bringen und dadurch Veränderungen zu erklären.

Aber schon die Erbauung eines Moorweges konnte zu Teilstrecken unterschiedlicher Typen oder gar Grundformen führen. So werden Rückschlüsse möglich auf die Tätigkeit mehrerer Handwerkergruppen und die Herkunft des von ihnen genutzten Materiales.

12. Das Baumaterial der hölzernen Moorwege

Als Baustoff wurde nur Holz genutzt. Für das Verständnis der wegebaulichen und handwerklichen Techniken ist es erforderlich, die zur Verwendung gekommenen Holzformen und Holzarten zu definieren.

Holzarten

Man nutzte das Holz fast aller im Wald erreichbaren Holzarten. So kann ihre Bestimmung als Bestätigung oder Ergänzung der pollenanalytisch erzielbaren Nachweise genutzt werden. Im Neolithikum bevorzugte man Weichhölzer wie Erle und Birke, sie wurden für Bauzwecke ausgewählt. Eiche erscheint nur in geringer Menge, ließ sich jedoch perfekt bearbeiten. Seit der älteren Bronzezeit baute man Bohlenwege vielfach allein aus Eichenholz, das aus bemerkenswert sorgfältig ausgesuchten, gerade gewachsenen, astfreien Stämmen bester Qualität gewonnen wurde. Man spaltete nun radial, das heißt zum Kern der Stämme hin. Gleiches gilt für die Hallstattzeit. Seit der Latènezeit jedoch läßt die Qualität der verarbeiteten Eichenhölzer deutlich nach. Jetzt kam es in einzelnen Fällen sogar zur Nutzung aller im Walde fällbaren Holzarten unterschiedlicher Form, so „wie sie vor der Axt gefallen waren" (Beispiel: Bohlenweg VI (Pr) in Teilstrecken.). Sie wurden nicht mehr ausgelesen. Mehrfach war auch das gespaltene Eichenholz schwächer, nicht mehr astfrei oder gerade gewachsen. Es fällt allerdings auf, daß Holz der Eibe (Taxus baccata L) nicht in Moorwegen erscheint.

HOLZFORMEN

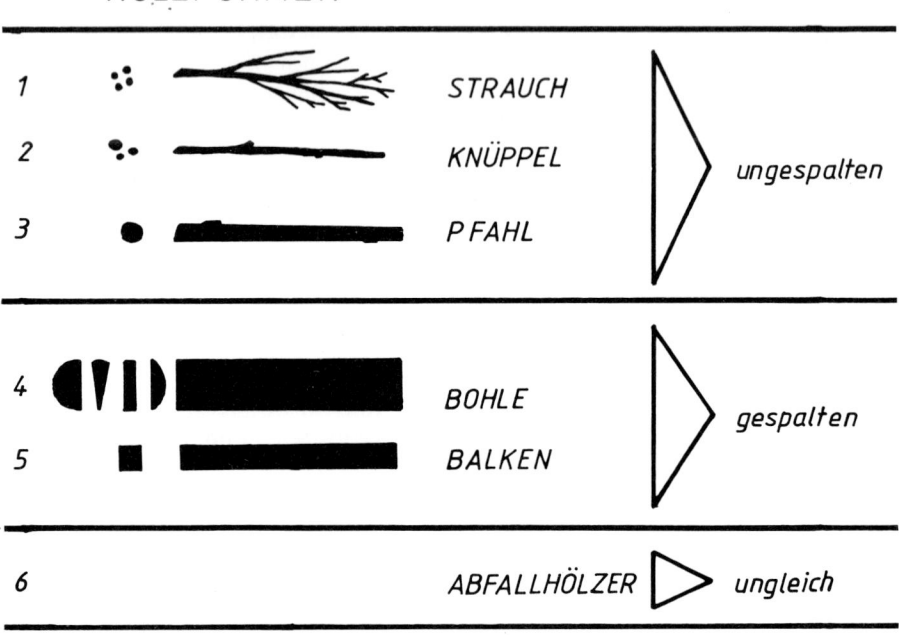

Abb. 10: Definition der Holzformen. Weiteres im Text.

Holzformen (Abb. 10)

Moorwege enthalten Hölzer unterschiedlicher Stärke, Form und Bearbeitungsweise, soweit sie für den Bauzweck geeignet waren. Je höher die Anforderungen an Haltbarkeit, Belastungsfähigkeit und Verkehrseignung stiegen, je ungünstiger der Baugrund war und je weiter sich die handwerklich-technischen Fähigkeiten entwickelt hatten, um so mehr wurde auf gleichmäßige, handwerksgerecht bearbeitete, normgerechte Hölzer Wert gelegt. Man wählte sie erkennbar aus den im Wald vorhandenen Bäumen so aus, daß sich gleichgeformte, in der Deckschicht zusammenpassende Elemente ergaben. Im Nordabschnitt des Bohlenweges XLII (Ip) waren es gerade gewachsene Abschnitte von

Erlen- und Birkenstämmen, die in etwa gleicher Länge abgetrennt waren. Gleiches ließ sich im Pfahlweg XVIII (Le) beobachten. — Der Bohlenweg XXXVI (Ip) enthält aus starken Eichenstämmen zum Kern hin gespaltene Bohlen. Auch sie sind in ungefähren Grenzen gleich lang. Man hat ihre Längen jedoch nicht exakt bemessen. Sie bewegen sich in einem Bereich, der keine genaue Ermittlung einer Maßeinheit erlaubt.

Neben den sorgfältig ausgewählten Hölzern gab es zu jeder Zeit auch Stücke, die nur einfach abgetrennt, nicht weiter bearbeitet und flüchtig oder gar nicht gespalten waren. Nach ihrer Größe, Stärke und Form lassen sich mehrere Holzformen unterscheiden:

Holzformen
1. Ungespaltene Hölzer
   1.1. Sträucher
   1.2. Knüppel
   1.3. Pfähle

2. Gespaltene Hölzer
   2.1. Bohlen
   2.2. Balken

3. Ungleiche Hölzer
   3.1. Abfallhölzer
   3.2. Hauspäne

1.1. Sträucher

Dieser Begriff wird hier nicht im botanischen Sinne verwendet, sondern als Kennzeichnung einer Materialgruppe. Er umfaßt daher auch Zweige oder feineres Astwerk von Bäumen.

Sträucher wurden vielfach, besonders auf sehr nassem Baugrund, als erster Unterbau eines Weges benutzt. Sie sind zumeist durch einen oder mehrere Beilhiebe, mit einem Hiebmesser oder durch einen glatten Schnitt abgetrennt. Seltener hat man sie einfach abgebrochen.

Vielfach legte man Sträucher bündelweise nieder. Nur selten waren sie zusammengeschnürt, wie es noch heutzutage mit „Faschinen" geschieht. Es ist jedoch noch kein Fund bekannt, in dem die Zusammenschnürung der Sträucher mit einem biegsamen Zweig, Seil oder Riemen eindeutig untersucht werden konnte.

1.2. Knüppel

Knüppel sind schwächere Stäbe, von denen die Seitentriebe, soweit sie vorhanden waren, entfernt wurden. Aus Hasel und Weide konnte man sie zweigfrei gewinnen, insbesondere bei Stammausschlag. Sie sind nur wenige Zentimeter stark und von unterschiedlicher Länge. Sie eigneten sich zur Herstellung schmaler Gehflächen, sonst zur Einebnung von Unebenheiten oder zum Schließen von Lücken eines Bohlenbelages in befahrbaren Moorwegen.

Knüppel sind weniger sperrig als Sträucher, daher auch transportfreudiger. In einer dichten Lage auf das Moor gebracht bilden sie eine feste, elastische Fläche. Man kann sie nicht aus stark verzweigten Holzarten gewinnen.

1.3. Pfähle

Pfähle sind längere, ungespaltene, im Querschnitt runde Abschnitte schwächerer Baumstämme. In großer Länge werden sie Stangen genannt und sind besonders gerade von Kiefern, Birken und Erlen bekannt. Man nutzte Pfähle zur Hauptsache quergelegt als Deckschicht von Pfahlwegen. Stangen erscheinen längsgelegt in schmalen Moorwegen, sonst im Unterbau befahrbarer Moorwege.

2.1. Bohlen

Bohlen gewann man durch Spalten von Stammabschnitten. Sie sind sparsamer, transportfreundlicher und handlicher zu verwenden, lassen sich überdies zu komplizierteren Bauten nutzen.

Frisches Eichenholz ließ sich leicht und in gewünschter Form spalten. So wurden Sägeschnitte an Moorwegbohlen bisher nicht beobachtet. Die Gewinnung und Formung durch Spalten und mit der Axt war zeitsparend, auch als geeignete Sägen bekannt waren. Man erkennt regelmäßig deutliche Spuren der Axt. Die im Weg nach unten gerichtete Seite der Bohlen blieb nach dem Spalten oft ungeglättet und zeigt lange, durch das Abreißen des Holzes entstandene Spaltrisse. Die nach oben gerichtete Seite hat man in manchen Fällen mit Beil oder Dechsel geglättet.

Die einfachste Form einer Bohle entsteht durch einmaliges Spalten eines Stammes. Es ist die Halbbohle (Abb. 11). Nochmaliges Spalten durch die Mitte des Stammes ergibt Viertelbohlen. Spaltet man mehrfach zum Kern hin, so entstehen mehr oder weniger kräftige Dreikantbohlen, die schließlich bei geringer Dicke der äußeren Kante „wie Apfelsinenscheiben" aus dem Stamm herausgelöst werden können. Durch sie ließ sich das Holz des Stammes am günstigsten nutzen, man konnte ein Mehrfaches der Wegstrecke belegen, als es bei den anderen Spaltarten möglich war. Diese Dreikantbohlen wurden seit der älteren Bronzezeit im Wegebau genutzt und oft allein verwendet. Ihre Herstellung war jedoch schon vorher möglich.

Die erwähnten Bohlenformen gewann man durch Spalten von Stämmen durch den Kern, d.h. durch den Mittelpunkt ihres Querschnittes. Diese Spaltweise ist im holzanatomischen Aufbau der Stämme, insbesondere bei der Eiche, vorgebildet. Man konnte jedoch auch quer durch den Stamm spalten und breitere Vierkantbohlen erhalten.

2.2. Balken

Balken entstanden entweder durch Spalten oder durch Abbeilen des äußeren Holzes. Sie erhielten einen mehr oder weniger quadratischen Querschnitt. Man findet Balken in hölzernen Moorwegen nur vereinzelt, — eher in Brücken, die im Verlauf eines Weges auch in Mooren erforderlich sein konnten.

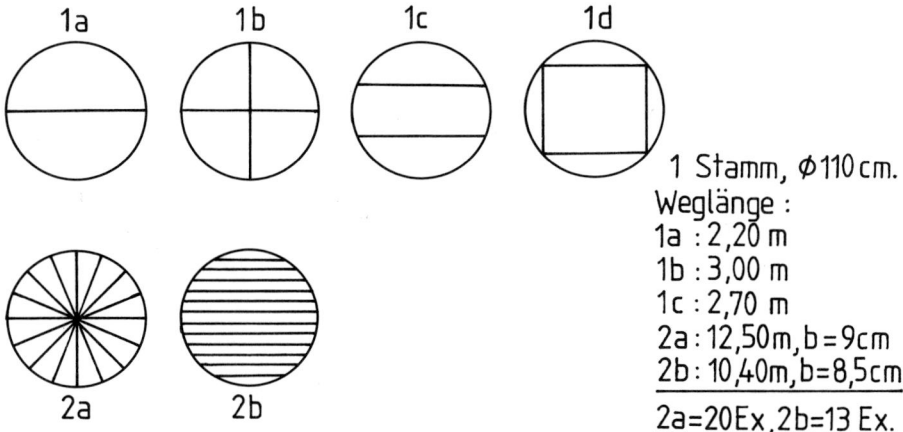

Abb. 11: Formen des Spaltens und ihre Ergiebigkeit, gemessen durch die aus einem Stamm-abschnitt herstellbare Weglänge.

3.1. Abfallhölzer

Hölzerne Abfälle findet man in den unterschiedlichsten Schichten der Moorwege. Man hat sie zum Ausfüllen von Lücken, Unebenheiten oder von neben dem Holzbau entstandenen Gruben benutzt. Interessant sind Wagenteile, die nach Unfällen ausgebaut und im Gelände zurückgelassen wurden, sowie unbrauchbar gewordene Gegenstände, die als Abfall aus benachbarten Wohnplätzen auf den Weg gekommen sind.

3.2. Hauspäne

Hin und wieder findet man Hauspäne, die während der Erbauung des Weges oder bei einer Reparatur durch Anpassung von Hölzern an örtliche Gegebenheiten entstanden. Sie zeigen, daß manche Bohlen an Ort und Stelle passend hergerichtet werden mußten. Zum Bautrupp gehörten also auch Holzfachleute („Zimmerleute"). Die Fertigstellung der Bohlen selbst geschah jedoch nicht im Moor, durch sie entstandene Späne findet man nicht.

13. Gewinnung des Baumateriales

Auf frisch geborgenen Moorhölzern blieben Hieb- und Schnittspuren häufig so perfekt erhalten, als seien sie gerade erst entstanden. Sie geben deutliche Hinweise auf die Techniken der Holzbearbeitung. Pfähle und Bohlen der Wege VII (Pr) und XV (Le) zeigen die Technik des Baumfällens mit Steinbeilen. Die Enden der Hölzer weisen flach verlaufende Hiebspuren auf. Man hat in

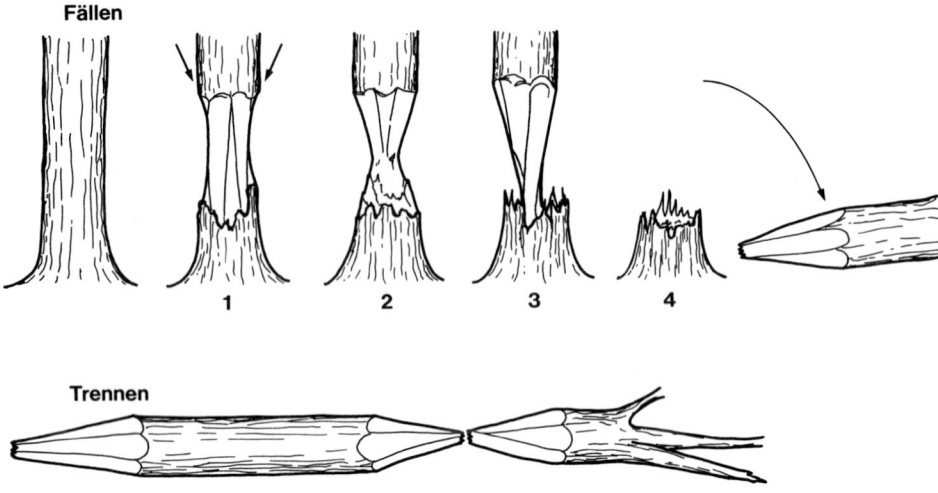

Abb. 12: Fällen und Trennen mit dem Steinbeil. Nach Befunden aus XV (Le), VIII (Le) und VII (Pr).

einem flachen Winkel rund um den Stamm herum in das Holz geschlagen und jeweils lange, dünne Späne abgelöst. So formte man eine Art „Bleistiftspitze" und schlug solange weiter, bis der Stamm im verbliebenen Rest seines Kernes abbrach (Abb. 12). Auf die gleiche Weise hat man die Krone vom Schaft des Stammes getrennt und den Stamm in Stammabschnitte gewünschter Länge zerlegt. Hiebe und Brüche konnten an zahlreichen Beispielen in völliger Klarheit erkannt werden. Sie zeigten aber auch, daß man Steinbeile durchaus auch quer zur Faserrichtung schlagen konnte und ihr Hieb dann schneidend wirkte. Allerdings drangen Hiebe nicht scharf und eng in das Holz ein, sondern verursachten unscharfe Abgrenzungen der Schlagmarken. — Das in der Literatur nach völkerkundlichen Vorbildern vielfach angenommene Fällen stärkerer Bäume durch Abbrennen oder nach vorherigem Ringeln, also Abtöten des Baumes, konnte hier nicht beobachtet werden (Coles 1973, 19). Augenscheinlich war das Schlagen saftfrischer Bäume vorzuziehen, da in sie die Hiebe besser eindrangen als in trockenes Holz. Gleiches gilt auch für das Spalten der Stämme.

Ganz anders die Arbeit mit Metallgeräten. Dies zeigen die Enden der in der frühesten Bronzezeit gefällten Pfähle des Pfahlweges XVIII (Le) (Abb. 13). Man erkennt stets das keilförmig schräg-geschlagene Fällungsende und das quer durch den Stamm abgetrennte Zerlegungsende der Bäume. Alle Hiebgrenzen sind eng und scharf in das Holz eingeschnitten und geben die Form der Schneide, manchmal in ganzer Breite, getreu wieder. Das Zerlegen der Stämme zu Stammabschnitten erfolgte durch quer über den Stamm in 2 Rei-

FÄLLEN

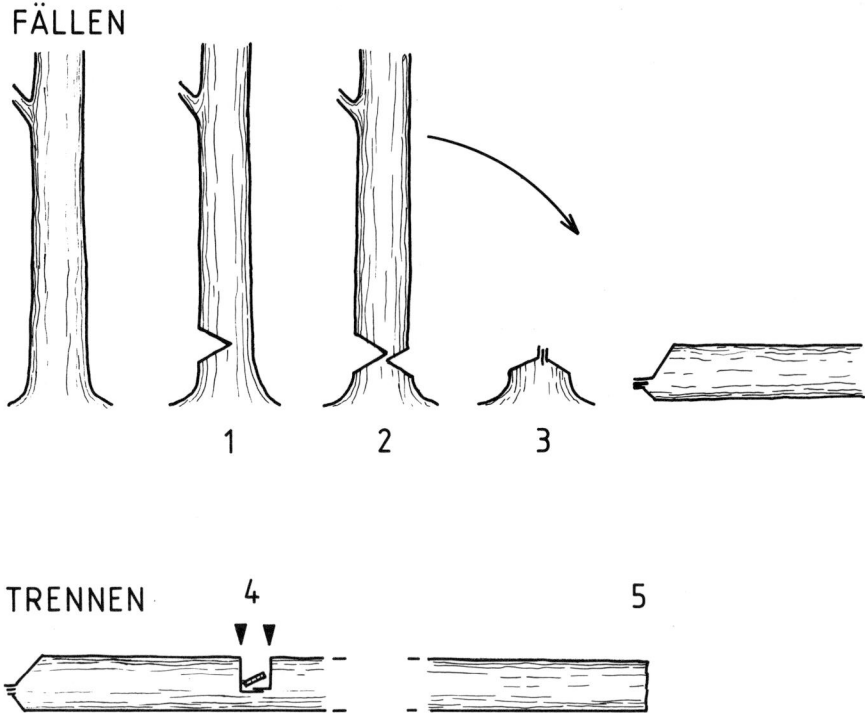

1   2   3

TRENNEN   4   5

Abb. 13: Fällen und Trennen mit Metallbeilen.

hen aneinandergefügte senkrechte Hiebe, zwischen denen das Holz absplitterte. Trennungsenden zeigen daher eine ebene Fläche.

Bohlen wurden aus möglichst gerade gewachsenen, astfreien Stammabschnitten durch Spalten gewonnen. Bei Längen von 2 bis 3,5; in Einzelfällen bis zu 4,5 m war es möglich, aus einem Baum bis zu drei Stammabschnitte herauszutrennen. Sie wurden zuerst quer durch die Mitte gespalten, danach jede Hälfte für sich zerlegt. Der Spaltvorgang läßt sich aus vereinzelt noch vorhandenen Druckspuren der Keile rekonstruieren. Im als Strauchweg gebauten Abschnitt des Bohlenweges III (Le) konnte im Südgeorgsfehner Moor ein Werkplatz untersucht werden. Auf ihm hat man Baumaterial für den Weg hergerichtet. Der Platz lag in einem nassen, dichten Bruchwald, der von schilfbewachsenen Rinnen durchzogen war. Aus ihm ließen sich Bäume holen.

Die Grabung (1957 A) zeigte, daß man Teile der Fahrbahn zweimal durch Sträucher erhöht hatte. Als die am tiefsten gelegene, älteste Fahrbahn freigelegt war, lag längs neben ihr der 40 cm starke, astfreie Stamm einer gefällten Eiche. An seiner Außenseite und vor seinem Ende hatte man, mit Zwischenräumen von 20 bis 30 cm, angespitzte eichene Bohlen senkrecht in den Boden getrieben. Sie ragten etwa einen Meter hoch auf. Parallel dazu stand, 1,40 m entfernt, eine zweite Reihe eingerammter Bohlen. Zwischen beiden Reihen lagen auf einer 5 bis 10 cm starken Schicht aufgebrachten Sandes zahlreiche Späne und durch Beilhiebe abgetrennte Hölzer. Dazwischen bis zu 45 cm lange Keile, die man aus Eichenholz hergestellt hatte. Ein kürzerer Keil war besonders sorgfältig geformt, seine Schlagseite 13 cm breit.

Ähnlich geformte schmale Eichenholzkeile fanden sich 1977 im nördlichen Abschnitt des Bohlenweges VI (Pr), jedoch ohne Zusammenhang mit einem Werkplatz. Auch sie lassen eine keilförmige Seite und die entgegengesetzt gerichtete Schlagfläche erkennen.

Vor und in den Lücken der senkrecht stehenden Bohlen befand sich eine dicke Schicht aus abgebrochenen, feinsten Zweigen, vor allem der Birke. Sie sind abgebrochen und zu Boden gefallen, als man zwischen den Bohlen Sträucher zusammenpreßte und bündelte.

Der neben der Fahrbahn des Weges liegende Stamm zeigte auf seiner Oberfläche zahlreiche durch Beilhiebe verursachte Hiebspuren und Beschädigungen. Er war der Klotz, auf dem Sträucher durch Beilhiebe zerlegt und Hölzer hergerichtet wurden.

Stammabschnitte wurden frei auf dem Boden liegend zu Bohlen zerlegt. Wie dies geschah, läßt sich aus Erlenstämmen erkennen, die aus Halbrundbohlen wieder zusammengefügt werden konnten (Bohlenweg I (Le); VI (Pr); XLII (Ip)). Nicht ganz gerade Stämme legte man so auf den Boden, daß ihre Krümmung aufwärts gerichtet war. Dies zeigen die wieder zusammengelegten Stämme, auch heutige Holzfäller verhalten sich so. Fester Halt konnte durch Abstützen und Unterlegen kleinerer Hölzer erreicht werden.

Der Spaltvorgang begann am dickeren Ende des Stammes. In einen mit der Axt geschlagenen Spalt wurde ein schlanker Eichenkeil getrieben. Dazu benutzte man einen hammerförmigen oder keulenartigen Schlägel. Solche „Keulen" finden sich regelmäßig auf und neben Bohlenwegen. Ihr Schlagkopf weist meistens deutliche Schlagmarken auf.

Wenn so der erste Spalt eingerissen war, setzte man in sein erreichtes Ende einen weiteren schlanken Keil. Durch ihn konnte der Riß manchmal bis an das andere Ende des Stammes geführt werden, der Stamm aus dem Bohlenweg XLII (Ip) benötigte dazu drei Keile. Sie wurden in Richtung der Holzfaser in den Stamm getrieben und führten den Riß an einer Seite des Stammabschnittes im Holz entlang. Um ihn nun durch die ganze Dicke des Stammes laufen zu lassen, mußte man den etwa in der Mitte befindlichen Keil ganz hindurch oder tiefer hineintreiben. Bei diesem Vorgang war es möglich, den Riß in der gewünschten Richtung laufen zu lassen. Wenn er aus ihr herauslief, wurde mit der scharfen Axt korrigiert, indem man die störenden Faserbündel abtrennte. — Bei starken Stämmen, man spaltete Bäume, die 1,2 m und mehr dick waren, war es erforderlich, auch breite Keile in den Riß zu treiben.

So kam man insbesondere in der Bronzezeit und Hallstattzeit zumeist zu einem erstaunlich geraden Verlauf der Spaltflächen, d.h. zu Bohlen, deren

Dicke in ganzer Länge gleichbleibend war. Im Bohlenweg VI (Pr) zeigte es sich jedoch (Grbg. Hayen 1976), daß durchaus auch flüchtig und ungleichmäßig gearbeitet worden ist. Es fanden sich immer wieder Bohlen, denen, da eine sorgfältige Lenkung des Risses fehlte und das Holz nicht ausgewählt worden war, eine ungleichmäßige Form gegeben war. Man hatte den Riß zwar am Ende des Stammes richtig angesetzt, ihn dann jedoch unkorrigiert schräg durch das Holz laufen lassen. Er war oftmals zu früh aus der Seite des Stammabschnittes herausgetreten. Andere Bohlen waren im Querschnitt ungleich stark. Spaltvorgänge dieser Art deuten die eilige oder flüchtige Behandlung der Hölzer an.

In den Spaltflächen verblieben gewöhnlich mehr oder weniger stark herausgehobene Faserbündel. Sie machten die Bohlenseiten uneben. In sorgfältig gearbeiteten Wegen hat man sie durch Dechselhiebe entfernt, die Bohlen also geglättet.

Die gefällten Bäume wurden am Fällungsplatz zerlegt, gespalten und bearbeitet. So hat man sie auch dort gelocht (Abb. 14). Die Arbeitsspuren zeigen, daß dies gewöhnlich mit Hilfe eines Keiles oder Meißels geschehen ist. Er wurde zweimal quer zur Faserrichtung so tief in das Holz geschlagen, daß es dazwischen herausbrach oder herausgebrochen werden konnte (Aa 1). Dies geschah auch von der Gegenseite der Bohle aus und hatte zur Folge, daß manche Lochung in der Mitte verengt war (Aa 2). Wenn die beiden Einschnitte sich nicht genau voreinander befinden, läßt sich diese Technik genau erkennen.

Die Abbildungen Ab und Ac zeigen, wie mit der gleichen Technik auch längere oder endständige Lochungen erzeugt werden können. Daneben hat man schon im Neolithikum gebohrt (Ba) und aus zwei Bohrungen längliche Lochungen hergestellt (Bb). Allerdings kaum für den Wegebau, sondern im Wagenbau, wenn verzapft oder verdübelt werden sollte. Daneben erscheinen geschnitzte Lochungen (C).

Schon am Fällungsplatz werden auch die vorgefertigten Bauelemente hergestellt worden sein. Ruten und Knüppel waren das Rohmaterial für die Anfertigung der Flechtmatten. Sie sind seit dem Neolithikum nachweisbar und lassen sich im Deichbau fast unverändert bis in die Neuzeit finden. Man steckt meistens 12 oder 13 Knüppel mit ihren angespitzten Enden senkrecht in einer Reihe in den Boden. Ihre Zwischenräume messen um 25 cm. Sie dienen als Grundgerüst der Flechtmatte und werden mit dünneren Ruten oder Zweigen umflochten. Dazu nahm man Weidenruten oder Haselstäbe, auch Erlenzweige.

Auf diese Art entstanden feste, rechteckige Matten von beispielsweise 2,75 mal 1,3 m Größe. Sie ertrugen Belastungen federnd, ohne zu zerbrechen und waren daher zum Befestigen eines weichen Baugrundes gut geeignet.

Auch Strauchbündel (Faschinen) sind vorgefertigte Bauelemente.

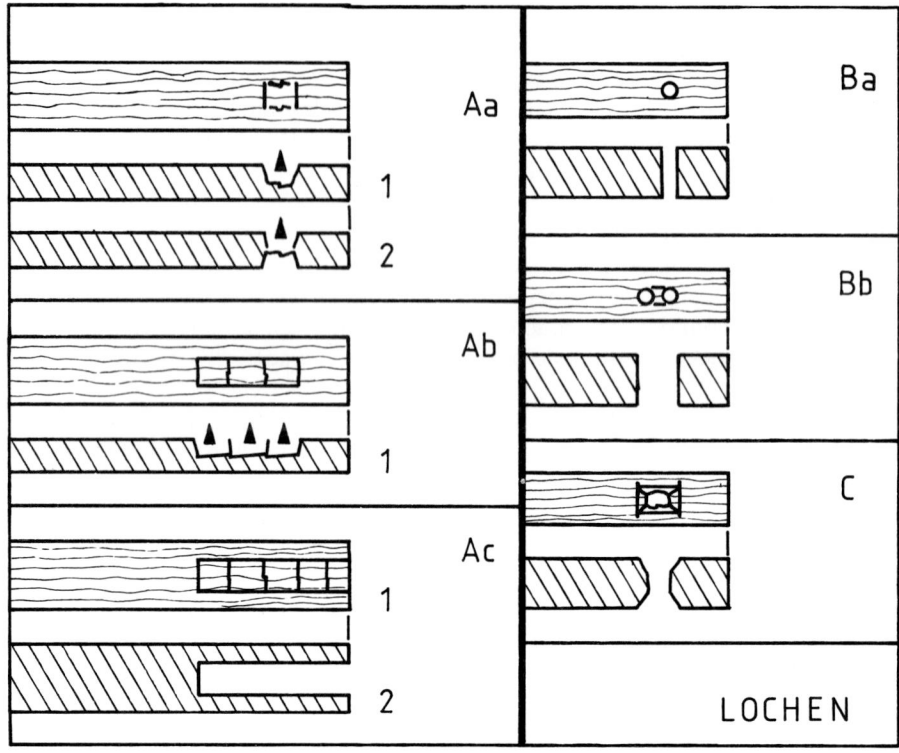

Abb. 14: Das Lochen der Bohlen. Weiteres im Text.

14. Zeichen auf Bohlen, Markierung oder Beschriftung?

Mehrere Bohlen des hallstattzeitlichen Bohlenweges XII (Ip) waren auf der nach oben gerichteten Seite durch Hiebe schmaler Beile eingekerbt worden. Man hatte sie markiert. Die stets etwa gleich geformten Kerben fanden sich meist zu zweien, entweder in der Längsrichtung der Bohle voreinander gesetzt oder quer zu ihr, also nebeneinander angeordnet. Sie werden als Zimmermannsmarken gedeutet. Die Zeichnung (Abb. 15) zeigt, daß nur einmal ein einzelner Hieb als Marke auftrat, mehrfach eine Zweiergruppe auf einem Bohlenende erschien, einige Bohlen aber auf jedem Ende eine Zweiergruppe trugen.

Hiervon abweichend zeigte die Bohle Nr. 7 eine mit dem Messer eingeschnittene Rinne oder gerade Linie auf ihrer Mitte (Raths 1933). Aus der Fläche der Bohle Nr. 8 standen zwei Dreiecke heraus, die beim Verebnen der Bohlenseite (mit dem Dechsel) zurück geblieben waren. Sie zeigen mit den Spitzen zuein-

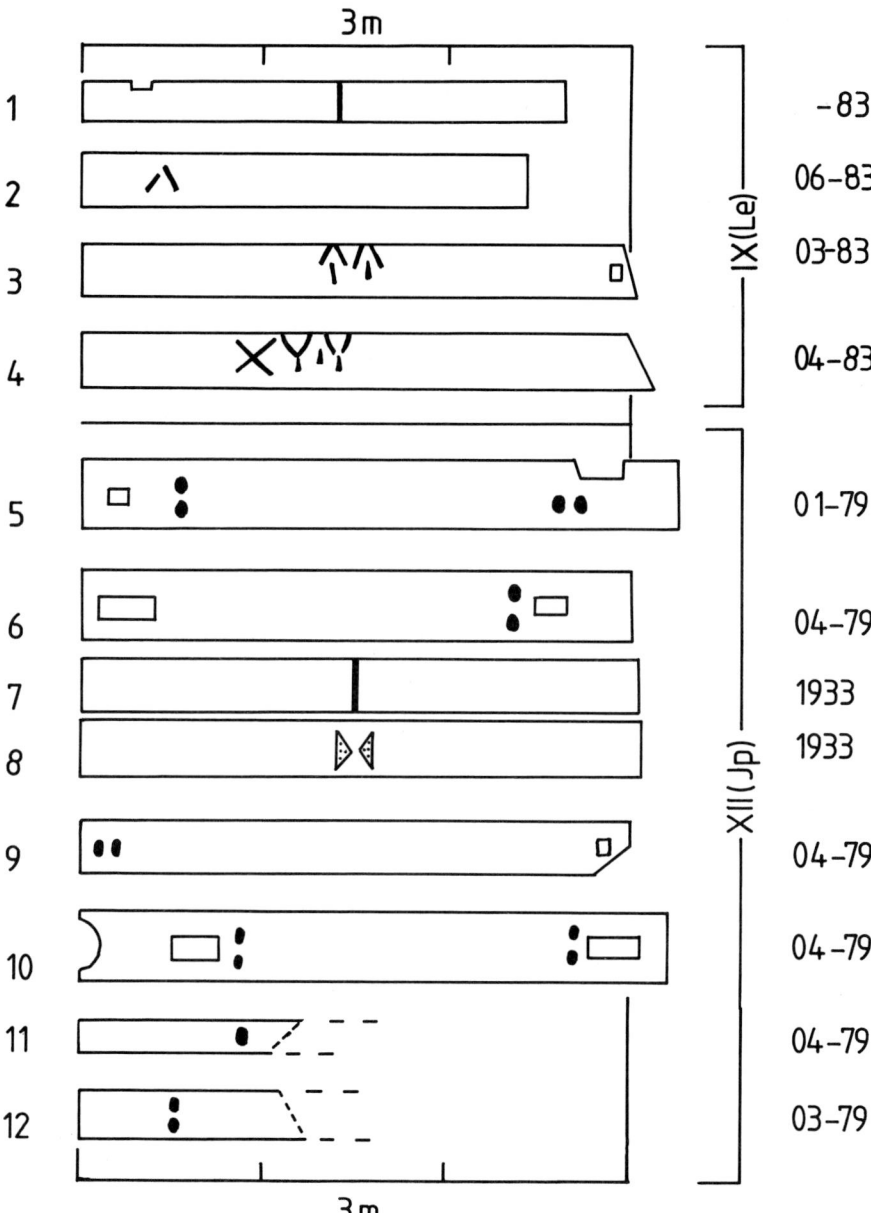

Abb. 15: Zeichen auf Bohlen. Weiteres im Text.

ander. Die Zahl der markierten Bohlen aus diesem Bohlenweg ist noch gering, sie ließe sich jederzeit durch Grabung vermehren. Diese Feststellung ist aktuell, da eine Teilstrecke von 300 m Länge gegenwärtig durch Drainagearbeiten gefährdet ist, — Mittel zur Grabung aber nicht zur Verfügung stehen.

Aus der gleichen Zeit liegen vom durch das gleiche Bauunternehmen erbauten Bohlenweg IX (Le) weitere Zeichen vor. In die nach oben gerichtete Fläche zweier Bohlen war jeweils eine kurze Zeile aus Zeichen geschnitten, die wie Schriftzeichen wirken (Bohle 3,4). Andere Bohlen trugen jeweils ein Zeichen (Bohle 1,2). Da während der Nutzung des Weges die Oberseite der Bohlen den Verkehrsteilnehmern gar nicht sichtbar gewesen ist, auf ihr lag ja die Wegerde, muß man alle Zeichen vor oder während des Bauvorganges eingekerbt haben. Es ist erkennbar, daß sie mit dem Messer in das feste Eichenholz geschnitten wurden. Das war zweifellos schwierig, anstrengend und zeitraubend und kann daher nicht als nebensächliche, nutzlose Spielerei gesehen werden. Es ist zu erwarten, daß ihre Anbringung bewußt und überlegt geschah. Dies sind keine Zimmermannsmarken mehr. Diese Zeichen können den Benutzern des Weges nichts gesagt haben. Da in ihrer Nähe keine herausgeschnittenen Späne gefunden wurden, kann man sie auch schon vor dem Baubeginn angebracht haben. Ihr Ort in der Deckschicht, die erste und letzte Bohle einer durch Reparatur erneuerten Fläche waren markiert, deutet aber doch auf einen baulichen Zusammenhang hin und spricht gegen eine mit der Holzgewinnung zusammenhängende Bedeutung.

Während sich die beschriebenen Zeichen auf den Breitseiten von Bohlen fanden, wurde bei ihrer Konservierung durch R. Schneider vor dem schmalen Ende einer Bohle ein weiteres Zeichen gefunden. Es bestand aus zwei erkennbar in das Holz geschnittenen Vertiefungen. In ihren Schnittwänden finden sich längsgerichtete Streifen, wie sie beim Ziehen eines Messers entstehen. Der Einschnitt B (Abb. 16) ist 2 cm tief, der kürzere Einschnitt A bis zu einem Zentimeter.

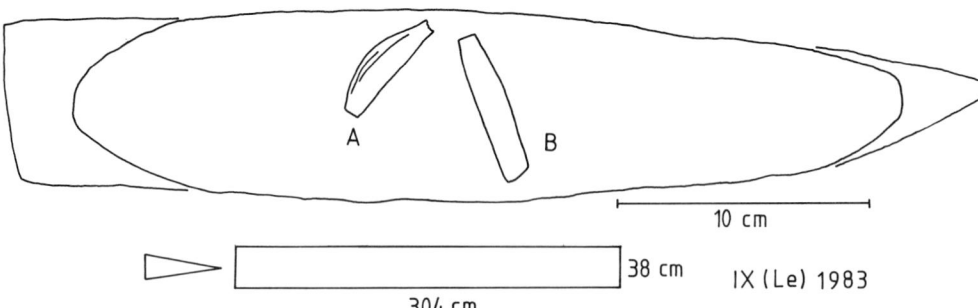

Abb. 16: Einkerbungen vor dem Ende einer Bohle. Weiteres im Text.

Die Schnitte sind wie ein V angeordnet, stehen aber nicht miteinander in Verbindung. Sie finden sich in der Mitte des Endes der Bohle. A ist 4,5 cm lang, B 6 cm, beide sind 1,3 bis 1,5 cm breit. Die Bohle ist insgesamt 304 cm lang und wurde 1983 in der reparierten Strecke der Grabungsflächen 03 und 04-83 gefunden. Ihre Seiten sind frei von weiteren Zeichen.

Hinweise auf den Sinn dieser Zeichen mögen sich aus dem Aufbau des Weges ergeben. Inzwischen ist versucht worden, durch Rettungsgrabung des letzten Wegrestes zu weiteren Markierungen zu kommen. Es gab keine neuen Funde. Immerhin erkennt man, daß die hier gefundenen Zeilen und Einzelzeichen etwa sechs verschiedene, wie Buchstaben aneinandergereihte Marken belegen. Dies kann ihre Nutzung in Art einer Schrift möglich machen. Die Möglichkeit, durch weitere gekennzeichnete Hölzer zu ergänzenden Beobachtungen zu kommen, ist jetzt nur noch im Bohlenweg XII (Ip) gegeben. Der zeitliche und bautechnische Zusammenhang dieser beiden Wege ist in der Darstellung des Lochbohlentyps aufgeschlüsselt worden.

15. Längenmaße

Die mittleren Längenmaße der Bohlen wiederholen sich im Verlauf mancher Wege, in manchen Fällen gleichen sie sich im Bereich einer Holzlieferung oder Reparaturstelle weitgehend. Die tatsächlichen Einzelmaße können dabei deutlich voneinander abweichen. Sie sind außer vom angestrebten Maß auch abhängig vom verfügbaren Holz und anderen Faktoren. Es ist daher nicht möglich, aus dem Baumaterial genaue „genormte Größen" oder Einheiten eines Maßsystemes zu errechnen.

15.1. Ein Meßstock

Erste Meßgeräte konnten 1975 aus dem Bohlenweg I (Le) und 1976 aus dem Bohlenweg VI (Pr) geborgen werden. Im Grabungsfeld 16—76 hatte man zwischen den Hölzern des Unterbaues einen sorgfältig bearbeiteten Rundstab schräg in den Torf hinuntergestoßen (Abb. 17). Dieser Stab war entrindet, sein Äußeres sorgfältig geglättet. Er besitzt außer wenigen, wohl bei der Glättung entstandenen, schwachen Schnittspuren (in der Nähe des dünneren Endes) keinerlei Gestaltung durch Einkerbungen. Man hat die Enden des Stabes mit sorgfältigen, kurzen, glatten Schnitten schwach kuppelförmig abgerundet. Das ursprünglich gerade gewesene Stück ist nun schwach gekrümmt.

Wenn seine Gesamtlänge ein Maß bezeichnen sollte, kann dies nur am noch geraden Stück gemeint gewesen sein. Seine Länge betrug 89,2 cm.

Da der Stock keine Einteilung aufweist, kann er zum Messen nur die Gesamtlänge gegeben haben. Es war ein für eine bestimmte Aussage geeigneter Meßstock. Man konnte ihn nur wie eine Schablone zur Übermittlung einer einzigen, bestimmten, vielfach wiederkehrenden Größe benutzen.

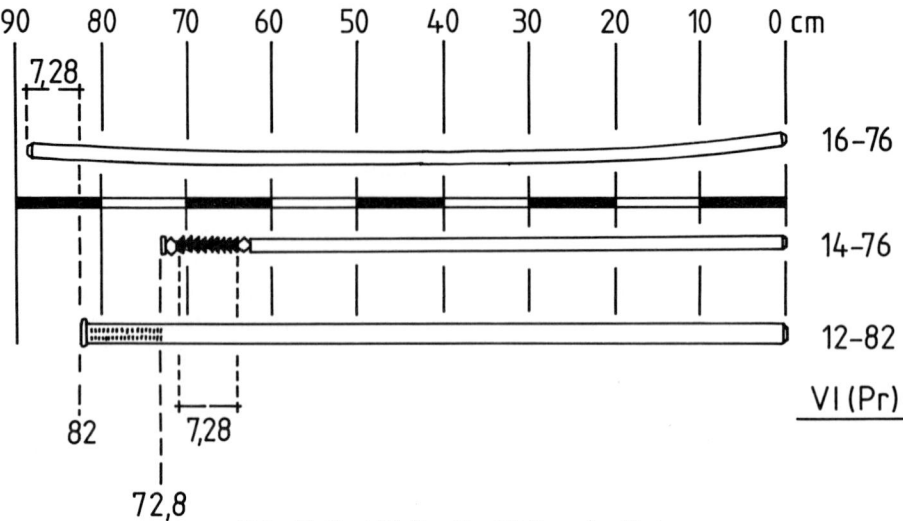

Abb. 17: Drei Meßgeräte. Weiteres im Text.

Der Ausdruck Meßstock bezeichnet ein Gerät, das von einem Maßsystem unabhängig sein kann und lediglich eine in der Praxis benötigte Größe festhält.

15.2. Ein Maßstock

Im Grabungsfeld 14—76 des Bohlenweges VI (Pr) lag neben dem Weg, in der Höhe der Deckschicht, zwischen einigen unbearbeiteten zerbrochenen Stäben, ein sorgfältig bearbeiteter Stock. Er fiel durch ein Ende auf, das auf eine vorher nicht beobachtete Art beschnitzt war. Dieser Stock lag waagerecht im Torf, er war vollständig und unverändert erhalten. Leider wurde er bei der Entdeckung durchgeschnitten, — beide Teile können jedoch fehlerfrei zusammengefügt werden (Abb. 17, 18).

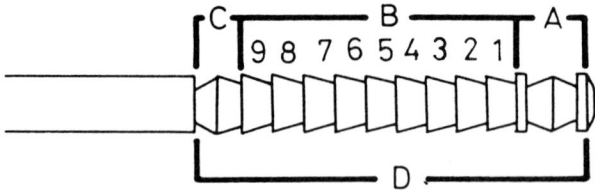

Abb. 18: Schematische Darstellung zum Maßstock aus dem Grabungsfeld 14—76.
Weiteres im Text.

Der Rundstab ist entrindet, sein Äußeres sorgfältig geglättet. Das dickere Ende wurde durch kurze kleine Schnitte schwach kuppelförmig hergerichtet. Die letzten, etwa 10 cm des dünneren Endes hat man auf eine bemerkenswerte Weise durch Schnitzen geformt. Dort zeigen sich drei Teilabschnitte. Das Mittelstück (B) besteht aus neun gleichbreiten, umlaufenden Abschrägungen (B1—B9).

Die Strecke B grenzt zum Schaft hin an einen Doppelkonus (C), zum Ende des Stockes hin an einen weiteren (A2). A2 und C gleichen sich nicht in der Länge. A2 wird zusätzlich von zwei schmalen Ringen (A1 und A3) eingefaßt, die wiederum nicht gleichbreit sind. A1 grenzt an das auch schwach kuppelförmig geschnittene dünnere Ende des Stockes (A0).

Die gesamte Länge des geschnitzten Teiles mißt 10,2 cm. Wenn das kuppelförmige Endstück nicht einbezogen wird, sind es 10,1 cm. $D = A + B + C = 10,1$ cm. Hierbei wird A0 nicht mitgerechnet, weil es der übliche Abschluß der Stabenden ist und sich durch seine Form nicht zur Weitergabe einer exakten Länge eignet.

Die Teilstrecke B ist in neun praktisch gleich lange Abschnitte (B1—B9) unterteilt. Ihre Längen schwanken um den Stab herum ein wenig, so wie es an einem von Hand geschnitzten Objekt auch bei größter Sorgfalt zu erwarten ist. Sie messen zwischen 8,8 und 7,4 mm. Damit kommen Differenzen bis zu 1,4 mm vor. Anders ausgedrückt schwanken die gemessenen Werte um bis zu ± 0,7 mm um den Mittelwert. Diese geringen Abweichungen zeigen deutlich, daß man einen Mittelwert darstellen wollte. Er kann aus den einzelnen Messungen abgeleitet werden: B1 = 8,8 mm; B2 = 7,9 mm; B3 = 7,4 mm; B4 = 7,9 mm; B5 = 7,8 mm; B6 = 8,3 mm; B7 = 8,3 mm; B8 = 8,3 mm; B9 = 8,0 mm. Alle Werte wurden auf einer Längsseite des Stabes gemessen und treffen nur auf ihr zu. Die gesamte Länge betrug 72,8 mm. Das durch Division erhaltene mittlere Maß der neun Einheiten B1 bis B9 ergibt etwa 8,1 mm. Dies ist die kleinste, auf dem Maßstock dargestellte Einheit. Sie wird fortan durch einen hochgestellten Strich bezeichnet werden:

$$1' = 8,1 \text{ mm}$$

Die Summe der neun „eingestrichenen" Einheiten (B1 bis B9) ergibt die Länge B. Sie wird als nächstgrößere Einheit betrachtet:

$$1'' = 9' = 72,8 \text{ mm}$$

Die gesamte Länge des Stabes wurde mit 72,8 cm bestimmt. Dies ist das genaue Zehnfache der zweigestrichenen Einheit:

$$1''' = 10'' = 90' = 72,8 \text{ cm}$$

Damit war dieser Stock geeignet, als Maßstock unterschiedliche Maßeinheiten anzugeben.

15.3. Ein Kerbstab

Im Bohlenweg VI (Pr) steckte 1982 ein mit zahlreichen, in Reihen angeordneten kleinen Kerben verzierter Stab senkrecht im Torf. (Grabungsfeld 12—82). Wir fanden ihn unter der Deckschicht neben dem mittleren unteren Längsholz. Dort hatte man ihn in den Boden getrieben, dabei mehrfach geknickt und zerbrochen. Weitere Brüche scheinen durch den Druck der auf ihn liegenden Hölzer des Weges entstanden zu sein. Das verzierte Ende (Abb. 17) des Stabes war im Moor nach oben gerichtet. Alle Teile konnten ohne erneute Beschädigung mit der bloßen Hand geborgen werden, sie ließen sich mit einiger Mühe praktisch lückenlos wieder zusammenfügen.

Der Stab bestand aus durchnäßtem Weichholz und war sehr druckempfindlich. Gleich nach der Bergung wurde seine Länge mit 81 bis 82,5 cm bestimmt. Sie kann durch die Beschaffenheit der Bruchstellen nicht exakt ermittelt werden. Wir nehmen sie rechnerisch mit 82 cm(r) an. Dann ist der verzierte Kopf unter seinem runden „Deckel" 9,2 cm lang, der Deckel allein 0,6 cm dick. Der Querschnitt des Stabes war im Ausgangsmaterial rund, er wurde durch Schnitzen achteckig gestaltet. Dies geschah mit erkennbarer Sorgfalt. Im verzierten Kopfteil tragen zehn Schnittkanten in 9,2 cm Länge je eine Reihe flacher, quergerichteter Kerben. Sie wurden jeweils mit zwei Messerschnitten angebracht und sind rhombisch geformt. Wir zählten in jeder Reihe zwischen 17 und 23 Stück. Ihre Anzahl stimmt also nicht überein, die Kerben liegen auch nicht genau nebeneinander.

Zum Zweck dieses bewußt und mit großer Sorgfalt geformten Stabes kann nur wenig gesagt werden. Es fällt auf, daß die Länge des nicht verzierten Schaftes 82 minus 9,2 = 72,8 cm beträgt. Dieser Wert gleicht der Gesamtlänge des Maßstockes aus dem Feld 14—76. Dort wurde die Länge seiner gekerbten Reihe B als ein Zehntel der gesamten Länge, das sind 7,28 cm bestimmt. Nun ist der Meßstab aus 16—76 insgesamt etwas mehr als 89 cm lang, also rund 7 cm länger als der Kerbstab. Dies kann wiederum der Länge 7,28 cm entsprechen.

Bei aller Skepsis gegenüber so eng gefaßten Maßangaben, — sie sind jedoch für Längenvergleiche erforderlich —, kann bei diesen Funden nicht übersehen werden, daß auffallende Übereinstimmungen bestehen. Vielleicht nähern wir uns durch sie dem Zweck solcher Stäbe, deren innere Verwandtschaft erkennbar wurde.

15.4. Überprüfung der erkannten Maßeinheiten

Es ist zu fragen, ob man solche Maßeinheiten wirklich genutzt hat. Dies kann nur durch Prüfung der Maßverhältnisse an anderen Fundstücken geschehen.

Nur dann, wenn die Verwendung der Einheiten in anderen Objekten erkennbar ist, können sie als Maßeinheiten nachgewiesen werden.

Als erstes bieten sich die in den gleichen Fundkomplexen angetroffenen Wagenteile an. Sie sind zeitgleich und gehören zum gleichen handwerklichen Kreis. Einige ihnen ähnliche Fundstücke anderer Herkunft werden in die Betrachtung einbezogen.

Im Grabungsfeld 19—76 des Bohlenweges VI (Pr) lag das mittlere Stück einer hölzernen Wagenachse. Der noch fast vollständige Achsblock war im Wagen auf der Seite liegend montiert („brettförmiger Achsblock", vgl. Hayen 1983 b, 441, Typ II A 2/4). Seine Befestigung erfolgte durch zwei Holzdübel, für die Bohrungen vorhanden sind. Die Mittelpunkte dieser Bohrungen sind genau 8″ voneinander entfernt.

Aus dem Feld 20—76 kam ein spangenförmiger Riegel eines Oberwagens. In seinen verbreiterten Enden befinden sich Lochungen, deren Mittelpunkte exakt 9″ voneinander entfernt sind. Auch hier hat man wieder dort das genaue Maß verwendet, wo das Stück zu anderen Teilen des Wagens passen mußte.

Ein ebenso geformtes, jedoch nur 48,5 cm langes, spangenförmiges Holzobjekt aus dem Seemoor bei Steden (Kreis Osterholz, Niedersachsen) befindet sich im Niedersächsischen Landesmuseum Hannover (Inv. Nr. 923:29). Es wurde bisher als Teil eines zusammengesetzten Rinderjoches angesehen. In ihm sind die Mittelpunkte der Lochungen genau 5″ voneinander entfernt. Die Datierung dieses Stückes ist unsicher, es wird vorerst der älteren Eisenzeit zugerechnet.

Im Feld 21—76 des Bohlenweges VI (Pr) befand sich ein dreifach gelochtes, schmales Brett, das als Querverschluß eines Oberwagens gedeutet wurde. Seine, den Enden benachbarten, gleich großen runden Öffnungen sind 8″ voneinander entfernt, so wie die Lochungen der Wagenachse. Hier wurden allerdings ihre Mittelpunkte nicht genau getroffen.

Ein im Grabungsfeld 11 bis 12—76 gefundener hölzerner Reibnagel mit verdicktem Kopf gehört zum Drehelement des Vorderwagens. Sein Schaft ist genau 2″ lang. Der Durchmesser des Schaftes beträgt 4′, der des verdickten Kopfes 6′.

Auch Fundstücke aus anderen Gebieten lassen sich heranziehen. So wurde aus der slawischen Befestigung von Warder (Kreis Segeberg, Schleswig-Holstein) eine vollständige hölzerne Wagenachse geborgen (Struve 1972). Sie wird in das Ende des neunten oder das zehnte Jahrhundert datiert und konnte nach der Konservierung untersucht werden. Der Achsblock war wiederum brettförmig geschnitten. In ihm befinden sich drei gleich weite, senkrechte Bohrungen für die Verdübelung am Wagen. Die mittlere Lochung befindet sich nicht genau in der Mitte der gesamten Länge. Ihr Mittelpunkt ist jedoch von denen der seitwärts angebrachten Lochungen jeweils genau 3″ entfernt. Der Abstand der beiden äußeren Bohrungen mißt daher, von Mittelpunkt zu Mittelpunkt, 6″. — Der 81,5 cm lange Achsblock ist länger als der im Bohlenweg VI (Pr) gefundene, der 73,0 cm mißt. Die Spurweite beträgt 119 bis 120 cm.

Aus dem Kirchenmoor von Dejbjerg (Bølling herred, Rinkøbing amt, Dänemark) hat man von 1881 bis 1883 Reste zweier hölzerner Wagen aus dem letzten Jahrhundert v. Chr. geborgen. Zu den gut erhaltenen Teilen gehören mehrere Stücke mit Bohrungen. Sie mußten zu anderen Teilen des Wagens passen, da sie mit ihnen durch Dübel verbunden waren.

Ein vorderes Tragebrett (vgl. Hayen 1983, 458) ist vollständig erhalten geblieben. Seine gesamte Länge beträgt 13″. Eine mittlere Bohrung, durch die am Vorderwagen ein eiserner Reibnagel führte, ist von den beiden seitlichen Bohrungen, die zum Verdübeln der Zugarme gedient haben, gleich weit entfernt. Nach beiden Seiten hin mißt der Abstand vom Mittelpunkt der mittleren bis zum inneren Rand der äußeren Bohrung genau 5″. Damit sind also die inneren Ränder der äußeren Bohrungen genau 10″ oder 1‴ voneinander entfernt.

Die beiden im Jahre 1881 gefundenen hinteren Enden der Langwagenspreize sind von je einer Bronzehülle und einem ornamentierten Bronzeblech umgeben. In ihnen befinden sich jeweils zwei senkrechte Lochungen. Eine weitere für die Verdübelung mit dem Tragebrett (Querschnitt rund), weiter rückwärts, mit viereckigem Querschnitt, für die Befestigung der Achse. Die Mittelpunkte dieser Lochungen haben einen Abstand von 1″.

Die beiden 1883 gefundenen vollständigen Zugarme sind jeweils genau 7″ lang.

Das hintere Tragebrett des 1881 gefundenen Wagens enthält zwei senkrechte Bohrungen von je 3′ Weite. Ihre Mittelachsen sind 11″ voneinander entfernt.

Auch diese als Beispiel genommenen Teile der Dejbjerg-Wagen zeigen, daß Abstände, Längen und Zwischenräume, die beim Zusammenbau des Wagens und zum Einfügen von Ersatzteilen genau passen mußten, mit den gefundenen Maßeinheiten gemessen wurden.

Es ist erkennbar, daß die Nutzung bestimmter Maßeinheiten üblich war und Maßstöcke benutzt wurden. Allerdings beschränkt sich ihre Nutzung auf Längen, die man genau einhalten mußte. Dies war bei Moorwegteilen nur selten der Fall, dort genügte gewöhnlich das Einhalten der ungefähren Längen oder Breiten. Wenn wirklich einmal die Bohlen einer Holzlieferung von genau gleicher Länge waren, hatte man sie aus einem Stammabschnitt gespalten.

16. Der Bau eines Bohlenweges

Für die Erbauung der größeren hölzernen Moorwege waren Probleme technischer und organisatorischer Art zu lösen. Sie können den durch Grabungen erhaltenen Befunden teilweise entnommen und annäherungsweise kalkuliert werden. Die ausgewählten Grundformen und Typen unterscheiden sich durch die an ihre Erbauer gestellten handwerklichen Anforderungen und den nötigen Bauaufwand. Zu ihnen ergeben sich Fragen nach dem Zeitbedarf, der Größe der erforderlichen Materialmenge, dem Personalbedarf und nach den Transportanforderungen. Ihre Kenntnis führt weiter zu Schlüssen handwerklich-technischer Art, auf die Organisation der Arbeit, die landschaftlichen Einbindungen und Auswirkungen des Baues sowie seine Bedeutung in verkehrsgeschichtlicher und wirtschaftlicher Hinsicht. Alle hier mitzuteilenden Werte und Vorgänge werden aus ergrabenen Befunden abgeleitet. Sie sind als Näherungswerte zu sehen, die sich auf den Bohlenweg VI (Pr) beziehen.

16.1. Vorbereitende Tätigkeiten

Der eigentlichen Bautätigkeit gehen die vorbereitende Erkundung der Linienführung und die Schätzung des erforderlichen Aufwandes voraus.

Die Linie

Im Moor ist die Linie des geplanten Bauwerkes zu erkunden. Das ist sein angenäherter späterer Verlauf, der Endpunkt und Anfangspunkt verbindet. Er muß einerseits baufeindliche Hindernisse oder Moorteile vermeiden, andererseits das Moor in möglichst geringer Länge so überbrücken, daß Anschluß an weiterführende Wege des allgemeinen Straßennetzes gewonnen werden konnte. Die dabei ermittelte Beschaffenheit des Baugrundes ermöglichte die Auswahl des geeigneten Bautyps, der natürlich außerdem den gedachten verkehrstechnischen Anforderungen genügen mußte. Aus ihm und der geschätzten oder gemessenen Länge des Weges ergaben sich Anhaltswerte für die erforderliche Art und Menge des Baumateriales. Man konnte die Linie im Moor durch eingesetzte Stangen markieren, wie es zum Beispiel die Straßenbauer der Römer taten.

Zur Art der Längenbestimmung ergab sich bisher noch kein Befund. Ein spätes Beispiel ergibt sich aus den Berichten des Deutschen Ritterordens (Wigand von Marburgs Chronik, Anhang. Zitiert in Conwentz 1897, 19f.). Als zwischen 1384 und 1393 Kriegszüge vorbereitet wurden, erkundeten Ortskundige („Leitsleute") die Verkehrsverhältnisse. Nach ihren Berichten waren Moore und Gewässer zu überbrücken, dichte Wälder zu räumen. So heißt es im Bericht 21: Man hat drei Moore zu überbrücken, „das bruch ꝛ seelis lank" (1 Seil = 43,11 m). Im Bericht 25: „Dazwischen hat man ein Moor von 1 1/2 Seilen Breite zu überbrücken". Bericht vom 29.7.1384: „Da ist ouch ein clein bruch, das is kume einis halbin seiles breit, das man ouch brückin müs".

So wurden für den Bau der Moorwege ihre erforderliche Richtung und Länge vorbereitend erkundet. Die Längen hat man mit Meßbändern in „Seilen" gemessen. Eine ähnliche Technik kann auch in der Ur- und Frühgeschichte angewendet worden sein, Funde liegen aus Moorwegen jedoch dazu noch nicht vor.

Ermittlung des Baumaterialbedarfes

Die für den Bau erforderliche Holzmenge konnte angenähert aus seiner Länge errechnet werden. Der Bohlenweg VI (Pr) war 4255 m lang. Die aus den in ihm gefundenen Holzachsen ermittelte Tragfähigkeit der damaligen Vierradwagen zeigt, daß eine Wagenladung die Bohlen für rund 2,5 m der Deckschicht tragen konnte. So waren für den Bohlenweg VI (Pr) rund 1700 Wagenladungen erforderlich. Weitere Fuhren mußten Längshölzer, Strauchwerk und Pflöcke, während des Bauvorganges auch Versorgungsgüter, heranschaffen. So kann mit mehr als 2000 Wagenladungen gerechnet werden.

Auswahl der abzuholzenden Waldfläche

Auswahl und Erwerb der zu nutzenden Waldfläche mußten dem eigentlichen Bauvorgang vorausgehen. Sie mußte in genügender Menge Bäume enthalten, die nach ihrer Holzart, der Wuchsform und dem Bestandesalter geeignet waren und außerdem eine nicht zu geringe Bestandsdichte aufweisen. Dabei war es wahrscheinlich nicht erforderlich, nur vom Menschen unbeeinflußt gebliebene „Urwälder" zu nutzen. Es liegen Beobachtungen vor, die auf Waldpflege mit Lenkung der Wuchsform oder gar Kultivierung dichtwüchsiger Bestände hindeuten. Überwallte Hiebflächen sind die Folgen des Asthiebes an wachsenden Bäumen. In den Bohlenwegen VI (Pr) und XII (Ip) bestand ein Teil des Unterbaues aus sorgfältig entasteten, schlanken, auffallend gerade gewachsenen, langen Kiefernstämmen. Ihre Astwirbel sind deutlich erkennbar. Die Äste in der oberen Hälfte waren mit glatten Schnitten oder Hieben nach der Fällung ganz kurz abgetrennt worden. Diese „frischen" Hiebe fehlen in der unteren Stammhälfte. Dort finden sich Narben und Überwallungen, diese Äste hat man zur Lebenszeit der Bäume entfernt.

Im Forstbetrieb unserer Zeit ist das „Aufästen" wachsender Bäume bekannt. Unerwünschte Äste und Zweige werden möglichst nahe am Stamm glatt abgetrennt. Damit sollen die äußere Form und der gerade Wuchs verbessert werden. Diese „Grünästung" dient der Baumpflege und fördert die „Geradschaftigkeit" (Fürst 1888, 35 ff.). So entstandene Schnittflächen werden durch Überwallen abgedeckt, während Aststümpfe Faulstellen erzeugen.

Die bis zu 7 m langen, geraden Kiefernstämme der Bohlenwege sind außerhalb des Moores gewachsen. Sie können nur aus dichtgeschlossenen Waldbeständen gekommen sein, die ohne gründendes und pflegendes Eingreifen der Menschen wohl kaum entstanden sind. Nimmt man das Entasten dazu, so entsteht der deutliche Verdacht auf Waldbau oder wenigstens Waldpflege.

Der Auswahl der zu nutzenden Waldfläche mußte ihr Erwerb folgen. Es kann nicht ermittelt werden, ob er durch Kauf, Tausch, Entnahme aus Gemeinbesitz oder anders erfolgt ist. Da es keine Hinweise auf eine militärische Nutzung gibt, ist wohl kaum an einen gewaltsamen Erwerb zu denken.

16.2. Materialgewinnung vor dem Bau des Weges

Die Gewinnung und grobe Bearbeitung des Holzes wurde dem Bau des Weges vorangestellt und konnte sich über mehrere Jahre erstrecken. Es ist der zweite Arbeitsabschnitt. Man fällte die Bäume und zerlegte, entastete, spaltete sie am Fällungsplatz. Zugleich erfolgte die grobe Herrichtung durch Lochung und andere Bearbeitung. Im günstigsten Fall lag die Holzgewinnungsfläche in der Nähe eines Endpunktes der Linie des Weges. Man kann sie durch Grabungen nicht mehr lokalisieren, da sie auf trockenem Boden lag. Dies wäre nur dann möglich, wenn der Baumbestand auf Niedermoor wuchs und sein Horizont im abgelagerten Torf erhalten blieb. Es ist jedoch in manchen Fällen möglich, aus den genutzten Holzarten die für sie geeigneten Standorte zu erschließen und im Gelände einzuengen. — Die dendrochronologische Untersuchung der Bohlen der Wege IX (Le) und XII (Ip) hat gezeigt, daß sie Bohlen enthielten, die aus den gleichen Eichen herausgespalten sind. Diese beiden Wege sind 38 km voneinander entfernt und durchqueren ganz verschiedene Moore (Abb. 7). Der Fällungsplatz wird irgendwo zwischen ihnen gelegen haben. So hat man für den Abtransport der Bohlen Entfernungen in Kauf genommen, die mindestens die Hälfte ihre Abstandes betrugen. Da Wasserwege fehlen, konnten die Transporte nur auf Wagen oder Schlitten erfolgen. — Man hat anscheinend vorwiegend im Winterhalbjahr im Walde gearbeitet (Abb. 19).

	Wald	Moorrand	Moor	Hilfskräfte
1	Erwerb der Fläche		Auswahl der Linie Oberfläche d.M. weiterf. Wege Schätzung:Holzbedarf	Vermesser Anwerben:Wander = handwerker
2	Fällen grobe Bearbeitung (±Winter) ▶	Zwischenlager		Waldarbeiter Fahrer
3			Materialstapel neben ▶der Linie (Winter)	Fahrer
4			im trockenen Sommer Kennzeichnen d.Trasse 2 Baustellen: Verebnen,Unterbau, Deckschicht,Oberbau, Auflage,Feinbear= beitung der Hölzer ▶Resttransporte	Wanderhandwerker Fahrer Versorgung: Nahrung,Unterkunft, Lohn,Wagen,Tiere, Futter,Geräte

Abb. 19: Bau eines Bohlenweges, Planungsschema. Weiteres im Text. Schwarze Dreiecke kennzeichnen erforderliche Transporte.

Das Zwischenlager

Am Fällungsplatz selbst erfolgte die grobe Bearbeitung des Baumateriales. Die so erhaltenen Stücke mußte man an den nächsten befahrbaren Weg oder Geländestreifen bringen („Rücken"). Dort blieben sie, bis man sie in ein am Rande des Moores gelegenes Zwischenlager bringen konnte („Abtransport").

Der Erhaltungszustand der in Bohlenwegen enthaltenen Hölzer zeigt, daß sie dort gewöhnlich nur kurze Zeit gelagert wurden. Sie enthalten nämlich nur in ganz seltenen Fällen Fraßspuren von Insekten, die in am Boden liegendem trockenem Holz leben, wie z.B. Ameisen, oder Pilzbefall. Am stehenden Baum entstandener Pilzbefall (mit Pilzkörpern) und Fraßgänge großer Insektenlarven allerdings finden sich gelegentlich. Zu ihnen scheint es am stehenden Baum, also vor der Fällung, gekommen zu sein.

Die herzustellende und zu lagernde Holzmenge läßt sich aus dem Bohlenweg VI (Pr) ableiten. Für seine Länge von 4255 m benötigte man etwa 23800 Bohlen von 25 cm Breite. Dies ist ein Mittelwert, da die Breiten schwanken. Mehr als die Hälfte war radial gespalten, der Rest bestand aus Vierkantbohlen. Für sie brauchte man rund 4700 Stammabschnitte. Wenn aus jedem Baum zwei Stammabschnitte entnommen werden konnten, mußte eine Waldfläche von rund 18 ha verfügbar sein. Da von beiden Rändern des Moores aus zugleich in dieses hineingebaut wurde, hatte man vor jedem Ende rund 9 ha abzuholzen. Diese Schätzung bezieht sich auf die Eichenbohlen der Deckschicht. Jedes Zwischenlager hatte also 11000 bis 12000 Bohlen aufzunehmen.

Es ist zu erwarten, daß zwei Arbeitsgruppen zu gleicher Zeit für die Holzbeschaffung und Bereitstellung des Materiales eingesetzt wurden. Ihr Personalbedarf (Waldarbeiter und Fuhrleute) und die Anzahl der beigegebenen Fahrzeuge war von der verfügbaren Zeit abhängig. Wenn für schnellstens zu bauende Wege keine Vorwegnahme der Holzbeschaffung möglich war, erhöhte sich der Personal- und Fahrzeugbedarf erheblich.

16.3. Materialtransporte zur Baustelle

Auch die Verbringung des Baumateriales vom Zwischenlager in das Moor hinein mußte dem Bauvorgang vorweggehen. Für sie eignet sich nur die Zeit harten Frostes. Durch ihn wurde das Befahren und Betreten auch des ungebahnten Moores möglich. Noch bis in die Neuzeit hat man die sog. „Winterbahn" genutzt, um Vieh zu treiben oder Fuhren über das Moor zu bringen.

Im Moor wurde das Baumaterial so neben der markierten Linie verteilt, daß es beim späteren Bau überall in der erforderlichen Menge und Beschaffenheit zur Hand war. Als Transportmittel konnten Schlitten und Wagen genutzt werden, deren zerbrochene Holzachsen im Unterbau mancher Wege gefunden wurden. Schwere Hölzer konnte man von Tieren schleppen lassen (Seilzug), wie es bei Holzfällern noch jetzt üblich ist. Es wurden Fuhrleute und Helfer benötigt.

16.4. Die Trasse

Bevor man mit dem Bau beginnen konnte, hatte man die Trasse genau festzulegen. Dies war nur in der frostfreien Zeit möglich, nur dann konnte die

Beschaffenheit und Tragfähigkeit des Baugrundes genügend genau ermittelt werden. Sie änderte sich im Hochmoor oft von einem Jahr zum anderen. Die Trasse wich daher oft von der vorgeplanten Linie ab, sie konnte um sie pendeln. Jetzt zeigt sich auch die Notwendigkeit etwaiger baulicher Sonderlösungen, wie das Ausgleichen unterschiedlicher Höhenlagen, das Durchdämmen von Wasserläufen oder tieferen Schlenken, die Verstärkung des Unterbaues oder gar der Bau einer Brücke.

Es ist anzunehmen, daß auch hierbei Stäbe zur Kennzeichnung des Baugrundes eingesetzt wurden. Aus Grabungen können bisher auf sie keine Hinweise abgeleitet werden. Diese Tätigkeit erforderte nur wenig Personal. Da man jetzt Stäbe und andere Hölzer dem im Moor bereitgestellten Material entnehmen konnte, genügten etwa zwei oder drei Personen, die allerdings mit den wegebaulichen Anforderungen der Mooroberfläche vertraut sein mußten.

16.5. Der Bauvorgang

Der Bau des Weges selbst konnte nur in der frostfreien Zeit des Sommers erfolgen und frühestens im Juni beginnen. Größere Niederschläge konnten ihn jedoch auch dann verhindern. — Wenn die Arbeitsgruppen vorwiegend aus Bauern bestanden, mußte man die Termine der Grasgewinnung und Ernten in Rechnung stellen und möglicherweise Unterbrechungen der Tätigkeit in Kauf nehmen. Auch dies macht den Einsatz geübter Handwerker wahrscheinlich.

Am Bohlenweg VI (Pr) begann der Bau an beiden Ufern des Moores zugleich. Die Baustellen bewegten sich auf der vorgezeichneten Trasse allmählich aufeinander zu, bis sie schließlich in der Mitte des Moores zusammentrafen.

Verebnung des Baugrundes

Der Bauvorgang läßt sich in mehrere Phasen oder Teiltätigkeiten zerlegen. Als erstes war der Baugrund einzuebnen. Höhendifferenzen zwischen Bulten und Schlenken glich man mit Hilfe von Holzspaten und Haumessern aus. Mit ihnen wurden auch Heide- oder Wollgrassoden von benachbarten Bulten abgetrennt oder abgeschnitten. Man befestigte mit ihnen die weniger tragfähigen Teilstrecken. Ihre Schnittflächen kann man unter den Hölzern mancher Wege noch jetzt im Torf erkennen, soweit die Soden nicht erneut durchwurzelt wurden. Außer Abfallhölzern hat man im Baugrund keine moorfremden Stoffe beobachtet. — Flächen, die schon weitgehend eben waren, ließ man unverändert. Ihr niedergedrückter Bewuchs findet sich unter den Bohlen. Es gibt allerdings auch Wegstrecken, deren Baugrund man nicht verebnet hat, obwohl dies angebracht gewesen wäre. Ihre Deckschicht folgt dann dem Auf und Ab der Bulten und Schlenken und gibt uns ein Maß für deren Höhendifferenzen im unbeeinflußten Hochmoor.

Das Verebnen erforderte nach der Vorstellung heutiger Moorarbeiter etwa acht Männer.

Verlegen des Unterbaues

Etwa vier Männer sollen ausreichen, um die Hölzer des Unterbaues auf den vorbereiteten Baugrund zu legen. Sie hatten sie von den benachbarten Materialstapeln zu holen und in Reihen niederzulegen. Auf weniger tragfähige Stellen wurden zur Verstärkung weitere Längshölzer gebracht. Tiefere Schlenken verbaute man mit kreuz und quer gelegten Hölzern oder Strauchwerk bis in die gewünschte Höhe.

Bau der Deckschicht

Als dritter Takt der in das Moor hineinwandernden Baustellen konnten nun die Bohlen der Deckschicht auf den Unterbau gebracht werden. Zum Herantragen und Verlegen kam die Feinbearbeitung der Hölzer hinzu. Für sie brachten ein oder zwei Holzarbeiter zur Konstruktion passende Lochungen und Falze an. Sie sorgten dafür, daß alle Bauteile zueinander paßten. Dabei abgefallene Späne finden sich hin und wieder. Zugleich wurden Pflöcke in den Boden getrieben und obere Längshölzer oder Spangen angebracht. Für diesen Teil der Baustelle reichten etwa 5 oder 6 Arbeiter aus.

Die Herstellung der Auflage

Die fertige Deckschicht mußte verebnet und abgedeckt werden. Man füllte Unebenheiten und Lücken aus und deckte den Holzbau mit vom Moor genommenen Heide- oder Wollgrassoden ab. Entnahmegruben für solches Material fanden sich neben dem Bohlenweg I (Le). Sie konnten durch ihre Füllung mit Holzabfällen erkannt werden.

Erst die Auflage machte den Bohlenweg gebrauchsfertig. Aus Eichenholz geschnittene, hierzu benutzte Schaufeln oder Spaten sind mehrfach gefunden worden (Hayen 1978, 9). Als Transporthilfen kommen Tragen, Körbe oder Schleifbretter in Frage. — Natürlich muß damit gerechnet werden, daß an der Baustelle irgendwelches Material fehlte. Es konnte, zusammen mit Versorgungsgütern, auf dem schon fertigen Teil des Weges herangebracht werden.

Schätzung des Personalbedarfes

Das für diese Tätigkeitsfolge erforderliche Personal läßt sich nach den Vorstellungen heutiger Moorarbeiter schätzen. Danach brauchte eine Baustelle etwa 30—35 Personen. In beiden Baukolonnen zusammen also 60—70 Männer, solange die Holzgewinnung, Herstellung und Anfuhr vorweg erfolgten.

16.6. Dauer des Bauvorganges

Der Bau des Weges begann mit der Kennzeichnung und Festlegung seiner Trasse. Der Bauvorgang führte von beiden Ufern des Moores aus in dieses hinein. Er war beendet, wenn die „wandernden Baustellen" in der Weite des Moores zusammentrafen.

Während die vorbereitenden Arbeiten auf mehrere Jahre verteilt werden konnten, mußte der Bau selbst möglichst ohne Unterbrechung erfolgen. Die erforderliche Bauzeit kann geschätzt werden.

Im Bohlenweg VI (Pr) hatte jede Arbeitsgruppe etwa die Hälfte des Weges, das sind rund 2100 m, zu bauen. Es ist in jeder Richtung eine Tagesleistung von 50 bis 100 m zu erwarten. Bezieht man wie in modernen Planungen unvorhersehbare Verzögerungen ein, so ist die reine Bauzeit mit 40 bis 50 Tagen zu veranschlagen.

Das Planungsschema (Abb. 19) setzt eine zentrale, zielbewußte Leitung der Arbeiten voraus. Nur sie ermöglichte die vorbereitenden Tätigkeiten und koordinierte die Arbeiten. Schon frühzeitig mußte man die erforderlichen Hilfskräfte verpflichten, möglicherweise auch geübte Baukolonnen anwerben. Es waren ihre Unterbringung, Versorgung und „Entlohnung" sicherzustellen. Die Beschaffung, technische Versorgung und sachgerechte Nutzung der Transportmittel, die Haltung der Zugtiere, mußten geregelt werden. Die zentrale Lenkung war überörtlich wirksam, sie wirkte sich auf beiden Seiten des Moores aus. Es bleibt jedoch offen, ob sie von einer politischen oder wirtschaftlichen Macht getragen wurde.

Der hier für den Bohlenweg VI (Pr) dargestellte und kalkulierte Bauvorgang kann in angenäherten Werten angegeben werden. Er wird in anderen Bauten je nach dem gewählten Bautyp und den Gegebenheiten des Baugrundes eine andere Größenordnung haben können. Dazu sollen Vergleichswerte an anderer Stelle veröffentlicht werden.

17. Funktion, Nutzbarkeit und Sicherung der Moorwege

17.1. Technische Funktion und Nutzbarkeit

Die Hölzer der Deckschicht verteilen das auf ihnen lastende Gewicht auf eine größere Fläche. Sie umfaßt mindestens eine Bohle mit den sie tragenden Teilen des Unterbaues. Je mehr Hölzer im Bohlenweg zu einer zusammenhängenden tragenden Fläche verbunden sind, um so weiter verteilt sich die Last, um so geringer wird der auf den Baugrund wirkende Druck (Druck = Gewicht der Last: Auflagefläche). Die Größe dieses Druckes bestimmt in erster Linie den Wirkungsgrad eines Bohlenweges. Sie kann durch bauliche Maßnahmen verringert werden (Hayen 1957, 156 ff.). Die günstigste Lösung dieser Aufgabe ist die Herstellung einer großflächig zusammenhängenden Deckschicht. Sie wurde bei verhältnismäßig geringem Holzverbrauch durch den Lochbohlentyp gelöst. Er erfüllt auch die zweite Aufgabe des Bohlenwegbaues und schafft einen festen Fahrgrund, in den Räder und Füße nicht eindringen können.

17.2. Die Tragfähigkeit

In und neben Bohlenwegen befahrbarer Breite finden sich immer wieder zu Bruch gegangene hölzerne Wagenachsen, Räder und andere Wagenteile. Ihre Anzahl beweist, daß ein reger Fahrverkehr geherrscht haben muß. Hufschalen von Rindern und Pferden dokumentieren die Art der Zugtiere. Augenzeugenberichte zeigen mehrfach, daß die Moorwege Fußgänger, Tiere und Fahrzeuge auch in größerer Menge tragen konnten. Kolonnen von Marschierenden, Fahrzeugen und Tieren sind mehrfach nachgewiesen. So wurde im Jahre 1476 die 2,5 m breite Deckschicht des Pfahlweges XXII (Ip) von einer Truppe benutzt, die etwa 700 mit Raubgütern beladene Wagen, 15 Geschütze, Reiter und Fußgänger mitführte.

Man kann also davon ausgehen, daß die befahrbar breiten hölzernen Moorwege durchaus große Lasten tragen konnten und auch geeignet waren, einem dichten Verkehr standzuhalten. Sie waren in der Regel kein Notbehelf.

17.3. Die Dauer der Nutzbarkeit

Die Dauer der Nutzbarkeit kann lediglich dann auf dendrochronologischem Wege angenähert ermittelt werden, wenn durch Reparaturen später gefälltes Holz eingebaut wurde. Ein gepflegter, in Ordnung gehaltener Moorweg konnte bis zu dem Zeitpunkt benutzt werden, wo die links und rechts benachbarte Mooroberfläche deutlich an Höhe gewonnen hatte. Dann sammelte sich Wasser auf der Fahrbahn, in das sich nach kurzer Zeit die Torfmoospolster hineinschoben. Sie betteten den Weg ein. — Bis zum Vorliegen weiterer Daten kann man für die mögliche Nutzungsdauer 20 bis 30 Jahre als Höchstmaß annehmen. Nur wenige Bohlenwege wurden durch Aufbringen neuer Holzlagen soweit erhöht, daß man sie über diese Spanne hinaus weiterhin nutzen konnte. Der Bohlenweg I (Le) zeigt, daß dies im Aufwand dem Bau eines neuen Weges gleichkam. Er bestand in Teilstrecken aus vier Bauphasen, für die der Baugrund jeweils durch Abfälle und Moorsoden eingeebnet und erhöht worden war. Andere Bauten wurden aus der Nutzung genommen, wenn sie zu sehr vernäßt waren und durch in ihrer Nähe neu gebaute Parallelwege ersetzt.

17.4. Die nutzbare Breite

Solange keine Pflöcke oder Oberbauteile vorhanden waren, konnte die Fahrbahn in ganzer Länge der querliegenden Bohlen belastet werden. In vielen Moorwegen fallen jedoch die mit Pflöcken versehenen Seitenstreifen als Fahrbahn aus. Da ein Gegenverkehr durch Belastung des außerhalb der Hölzer liegenden, fest durchwurzelten Seitenstreifens möglich wurde, genügte die engere Fahrbahn durchaus. Zu Ausweichstellen verbreiterte Teile der Fahrbahn wurden bei Grabungen nicht beobachtet. Es hat sie als übliche Einrichtung nicht gegeben.

Der Oberbau der Lochbohlen-Bohlenwege war besonders tritt- und druckempfindlich. Seine Zerstörung konnte den baulichen Zusammenhang der Wege auflösen. So durften die Seitenstreifen nicht befahren werden. Zwischen ihnen blieb im Bohlenweg XII (Ip) eine nutzbare Fahrbahnbreite von 2,5 m.

17.5. Abnutzung der Fahrbahn

Die Hölzer der Deckschicht wurden in der Regel durch die Auflage gut geschützt. Sie ist jedoch im Bereich der Räder und Hufe immer wieder neu bewegt, gemischt, verschoben und durchlüftet worden. So wurde sie zur Wegerde, in der sich z.B. Bodenmilben nachweisen ließen (Bohlenweg XLII (Ip)). In Teilflächen konnten Hölzer wieder frei an der Luft liegen und zersetzenden Vorgängen ausgeliefert sein. Dies geschah in einem randlichen Streifen des gleichen Bohlenweges so, daß die Enden mehrerer Bohlen zu Fasern zerfallen waren, während ihre anderen Teile und benachbarte Bohlen gut erhalten waren. — Im Mittelfeld einer Teilstrecke des Bohlenweges I (Cl) war das Holz völlig zerfallen, während in den Wegrändern die Enden der Bohlen gut erhalten am richtigen Platz lagen (Hayen 1965a) (Abb. 20). — Zur Instandhaltung hölzener Moorwege gehörte demnach auch die Ergänzung der Auflage, ohne die die Nutzbarkeit der Fahrbahn eingeschränkt werden konnte.

Zu Störungen kam es jedoch auch, wenn in Naßzeiten breitflächig das Moor überströmendes Wasser Teile der Deckschicht, die nicht ausreichend festgehalten waren, anhob und seitwärts verdriftete. Dies ist im Bohlenweg XXI (Le) geschehen. Man hatte, als seine Hölzer einem Moorbrand zum Opfer gefallen waren, auf ihre Reste eine neue Deckschicht gelegt. Deren Bohlen wurden nicht durch die saugende Wirkung des nassen Torfes festgehalten und konnten leicht vom Wasser angehoben und umgelagert werden.

17.6. Technische Wartung und Sicherung

Es zeigte sich, daß man zur Erhaltung der Nutzbarkeit die Bohlenwege warten und pflegen mußte. Dazu gehörte auch die Kennzeichnung der Fahrbahn.

17.6.1. Richtungszeichen

Der sich auf den Holzwegen einfindende Bewuchs hatte zur Folge, daß sie auf der gleichförmigen Oberfläche eines Hochmoores nicht leicht zu überschauen waren. In einiger Entfernung konnte man ihre Richtung nicht mehr erkennen. Man mußte sie kennzeichnen. Im Nordabschnitt des Bohlenweges XLII (Ip) erschienen in den Wegrändern außer den Pflöcken die zwischen den Bohlen steckenden Fußenden stärkerer (8—10 cm) Birkenstangen. Sie wiederholten sich in Abständen von bis zu 50 m. Dort jedoch, wo der Baugrund sehr naß gewesen war, folgten sie einander schon nach wenigen Metern. Sie hatten keine erkennbare bauliche Funktion. Ihr aus dem Boden ragender Teil ist stets an der Luft zerfallen, er scheint höher herausgeragt zu haben. Wir deuten diese Stücke als W e g m a r k e n, die den Verlauf des Weges markierten. Ähnliche Beobachtungen gibt es vom Strauchweg II (Le). Dort war in der Mitte des Moores eine 30 cm breite, zugespitzte Bohle mitten in der Fahrbahn eingerammt worden. Sie reichte etwa 1,8 m tief, müßte also hoch aus dem Weg herausgeragt haben. Der oberirdische Teil war an der Luft zerfallen, seine Form ist nicht bekannt.

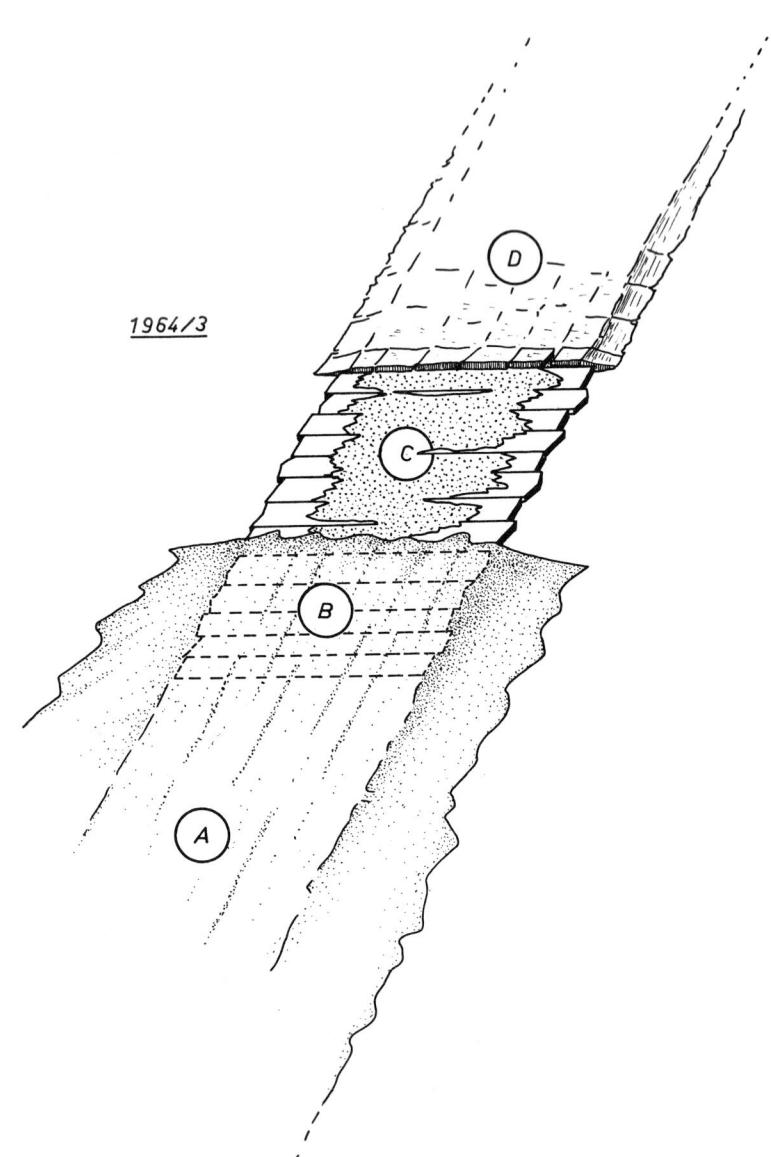

1964/3

Abb. 20: Bohlenweg I (CI), Anfangsabschnitt im Westen.
A: Weiterführender Sandweg
B: Erste Bohlen, noch mit Sand abgedeckt.
C: Bohlenweg. Alle Bohlen in der Spurweite der Wagen zerstört.
D: Bohlenweg mit Auflage und weitgehend unzerstörtem Holz.

Ähnliches ist vom Bohlenweg II (Neu) bekannt. Unmittelbar neben der Deckschicht war ein 25 cm dicker Eichenpfahl in das Moor gerammt und mit acht Pflöcken verkeilt worden. Man hatte das untere Ende mit der Axt zur Spitze geschlagen. Der Pfahl stand in der Mitte des Moores und wird als Richtungsmarke gedeutet (Kellermann 1949, 97).

Einige Pflöcke des Bohlendammes VII (Ip) waren in Resten des oberen Teiles als Strauch erhalten geblieben. Diese Sträucher haben so hoch aus der alten Mooroberfläche herausgeragt, daß sie als Richtungsmarken gedient haben können.

Auch die Endpunkte von Bohlenwegen können als „Einfahrt" markiert gewesen sein. Im Pfahlweg VIII (Cl) standen vor den Enden mehrere größere Findlinge. Der südliche Endpunkt des Bohlenweges IX (Le) war durch zwei senkrecht stehende Pfosten gekennzeichnet. Sie ragten bei der Grabung noch rund 50 cm hoch auf (Schroller 1936, 75).

17.6.2. Reparaturen

Die Hölzer der Deckschicht wurden durch Abrieb oder Stöße abgenutzt, durch Einsinken in zu lockeren Baugrund oder bei schwerer einseitiger Belastung zerbrochen. Sie zerfielen, wenn sie der Luft ausgesetzt waren und konnten durch falsche Behandlung oder Alterung unbefahrbar werden. Andere Wegteile konnten bei zu starker Vernässung der Mooroberfläche aus ihrem Zusammenhang gelöst, auseinandergerissen oder fortgeschwemmt werden. So war eine regelmäßige Überwachung der Wege, insbesondere nach dem Winter und nach Naßzeiten, erforderlich. Ebenso die wiederholte Erneuerung gefährdeter Teile der Fahrbahn. Die Ergänzung und Verebnung der Auflage wird zur täglichen Arbeit der Wegwärter gehört haben.

Ihre Tätigkeit konnte am Bohlenweg XLII (Ip) erkannt werden. Sie haben kürzere Teilstrecken der Deckschicht vollständig entfernt. Die weggenommenen Bohlen waren in der Fundschicht nicht mehr vorhanden, man scheint sie weggebracht zu haben. Einige Baustellen wurden vor der Erneuerung der Deckschicht neu verebnet und dann mit frisch herangebrachten Bohlen abgedeckt. Diese wichen in den Abmessungen und der Form der Lochungen von den Bohlen der älteren Deckschicht ab. Andere Baustellen hat man nicht mehr erneuert, weil der Weg aus der Nutzung genommen wurde. In ihnen liegt nur noch der Unterbau.

Im Bohlenweg XII (Ip) hat man aus einer Baustelle die Deckschicht entfernt. Sie war nun unpassierbar und wurde durch einen speziell gebauten „Umgehungsweg" wieder begehbar gemacht. Er konnte von Fußgängern und einzelnen Tieren passiert werden. In manchen Wegen hat man die Pflöcke des ersten Bauabschnittes mit den Bohlen weggenommen, in anderen Wegen blieben sie zurück und finden sich nun unter den neuen Bohlen, ohne eine bauliche Funktion zu besitzen (Bohlenweg VI (Pr)).

Es konnte in keinem Fall beobachtet werden, daß man alte Bohlen neu verlegt hätte. Von ihnen fanden sich lediglich vereinzelte kleinere Bruchstücke. Man erkennt, daß Schäden regelmäßig repariert wurden. Dazu wurde auch

Reserveholz in das Moor gebracht. Neben dem Bohlenweg XII (Ip) lag dort ein Stapel normal hergerichteter Bohlen, wo der Bautyp wechselte (Abb. 9).

Wo aber blieb das ausgebaute Holz? Augenzeugen berichteten aus späterer Zeit, daß altes Holz im Moor verbrannt wurde. Hinweise dieser Art konnten nur im Bohlenweg II (Neu) beobachtet werden. Dort war in einer nicht zum Abschluß gekommenen Baustelle die Deckschicht in größerer Länge entfernt worden, der Unterbau jedoch noch vorhanden. Abgenutzte, zerbrochene und verfaulte Bohlen hatte man zu Haufen zusammengeworfen, Stapel neuer Bohlen lagen zum Einbau bereit. Verbranntes Kleinholz und angebrannte Bohlen zeigen eine Feuerstelle (Kellermann 1949, 97).

Noch 1875 konnte Conwentz (1897, 12) bei einer Rußlandreise beobachten, wie ein rund 60 km langer Moorweg im Gouv. Perm „andauernd ergänzt wird, sobald eine Strecke desselben in den Boden einsinkt".

17.6.3. Kultische Sicherung

Am Bohlenweg XLII (Ip) hatte man eine kurze Wegstrecke, deren technische Gestaltung nicht ausreichte, durch die Einrichtung eines kleinen Kultplatzes unter den „Schutz der Götter" gestellt. Man hatte den Bohlenweg ohne bauliche Rücksichtnahme unverändert über einen mit Schilftorf fast gefüllten Wasserlauf (Moordurchfluß) hinweggebaut. Er reichte aber als Baugrund nicht aus, auf dem lockeren Baugrund zerbrachen die Bohlen.

Nördlich dieser Fläche standen zwei aus Eichenbohlen geschnittene flache Holzfiguren. Neben ihnen lagen zahlreiche anders geformte Hölzer. Die links und rechts der Fahrbahn stehenden Figuren zeigten eine männliche und eine als weiblich gekennzeichnete Idolform (Hayen 1865b, 1971). Ihre Formgebung läßt kultische Bezüge und Formen erkennen. — Die Rekonstruktion des Kultplatzes ist soweit möglich, daß seine Ordnung erkannt werden kann. Alle Teile wurden gewaltsam zerstört, die unbeschädigten Figuren auf der Mooroberfläche niedergelegt und mit Torf abgedeckt. Man hat sie „verborgen", wodurch sie auch auffallend gut erhalten blieben (Abb. 21, 22).

Im gleichen Bohlenweg fanden sich drei kürzere Baustellen, deren unbrauchbare Deckschicht man entfernt hatte. Daneben stand jeweils ein Figurenholz. Auch sie waren vom Fußende abgebrochen und niedergelegt worden. Diese Hölzer markierten die Baustellen. Ihre Formung und Kennzeichnung zeigt, daß sie darüber hinaus eine kultische Funktion erfüllten. (Abb. in Hayen 1971).

Die Aufstellung dieser Hölzer wird erst dann erfolgt sein, als der Verkehr behindert oder gefährdet wurde und damit eine Baumaßnahme nicht umgangen werden konnte. So kann man erwarten, daß die Aufstellung der Holzfiguren durch e i n e P e r s o n o d e r P e r s o n e n g r u p p e vorgenommen wurde, d i e f ü r d i e P f l e g e d e s W e g e s, seine W a r t u n g, technische S i c h e r u n g u n d kultische S i c h e r u n g zugleich verantwortlich war.

Noch im Mittelalter konnte die technische mit der kultischen Aufgabe eines Wegewärters gekoppelt sein. Eine Furt im Bohlenweg XXII (Ip) wurde vom 13. bis 16. Jahrhundert von einem Mönch geistlich betreut und zugleich befahrbar gehalten.

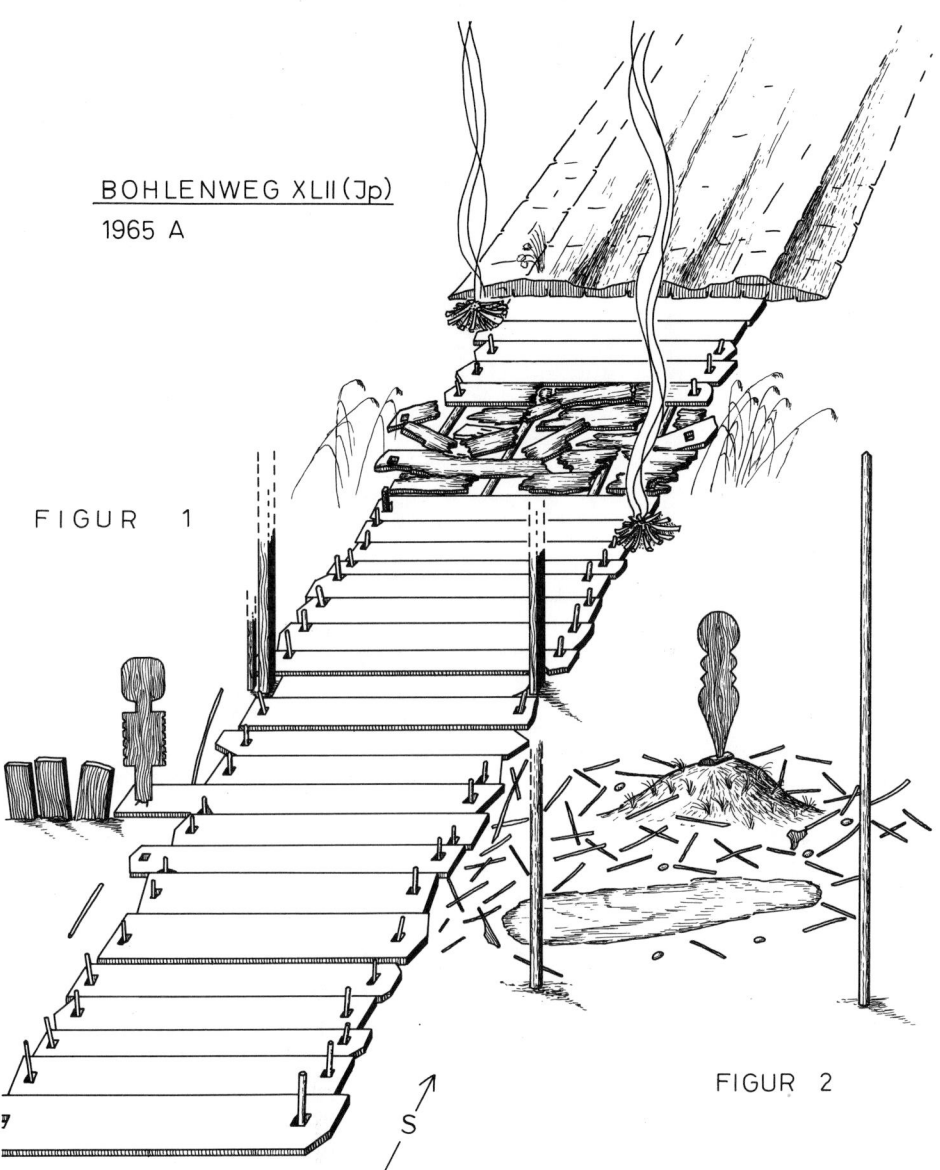

BOHLENWEG XLII (Jp)
1965 A

FIGUR 1

FIGUR 2

S

Abb. 21: Bohlenweg XLII (Ip), Kultplatz 1965. Rekonstruktion mit erfaßten Befunden (Stufe 1).

BOHLENWEG XLII (Jp)

1965 A, zweite Stufe d. Rekonstruktion

Abb. 22: Bohlenweg XLII (Ip), Kultplatz 1965. Rekonstruktion mit erschließbaren Ergänzungen (Stufe 2).

Kultfiguren lassen sich auch aus anderen Moorwegen nachweisen. Der älteste Fund kam aus dem Bohlenweg XV (Le) und gehört in das dritte Jahrtausend v. Chr. Erwähnt seien dazu der Bohlenweg XII (Ip) aus dem achten Jahrhundert v. Chr. und der Bohlenweg IV (Pr) aus der römischen Kaiserzeit (Hayen 1985, 33f.).

Alle gefundenen Holzfiguren hat man, als ihre Wege aus der Nutzung genommen wurden, aus ihrer Aufstellung herausgenommen und im Moor niedergelegt. Die meisten horizontal in der Fundschicht, eine wurde kopfunter in den Boden gedrückt. Die Wegnahme vom ursprünglichen Standort geschah gewöhnlich ohne Zerstörung des Stückes. Zumeist kam es zur Überdeckung mit Torf. Dieses „Verbergen der Kultgegenstände" erfolgte dann, wenn ihre (schützende) Funktion nicht mehr benötigt wurde.

17.6.4. Militärische Sicherung

In älteren Fundberichten werden mehrfach „Schanzen und Wälle" erwähnt, die Zugänge zu Moorwegen militärisch sichern sollten (Prejawa 1898, Knoke 1895). Es kam jedoch niemals zu ihrer ausreichenden Untersuchung und verbindlichen Zuordnung. Solche Bauten oder Anlagen sind inzwischen nicht mehr feststellbar.

So bleibt die Frage nach der zweifellos in manchen Fällen erforderlichen militärischen Sicherung vorgeschichtlicher hölzerner Moorwege offen. Geht man davon aus, daß an keinem der untersuchten Wege militärische Anlagen oder Spuren von Kämpfen festgestellt werden konnten, so ist ihre militärische Zweckbestimmung unwahrscheinlich. Die vielfach und auch jetzt noch vorgenommene Gleichsetzung der Moorwege mit den schriftlich überlieferten pontes longi der Römer ist nicht haltbar. Die neueren naturwissenschaftlichen Datierungsmöglichkeiten der Moorarchäologie ergaben bisher kein mit den Römern verknüpfbares Baudatum. Es kommt hinzu, daß Moorwege sicher römischen Ursprunges, die man in der oberrheinischen Tiefebene untersuchen konnte („römische Sumpfbrücken"), Bauformen zeigen, die in Moorwegen nicht erscheinen. Sumpfbrücken werden von bis in den Untergrund der Moore hinabreichenden Brückenjochen getragen. Ihre auf der Mooroberfläche liegende Deckschicht konnte sich nicht mit der Oberfläche des Moores auf- und abwärts bewegen, sie mußte beim Atmen des Moores zerstört werden. Die in den hölzernen Moorwegen nachgewiesenen Grundformen sind der Mooroberfläche so angepaßt gewesen, daß sie Höhenveränderungen folgen konnten, ohne den baulichen Zusammenhang zu verlieren. Sie stehen bautechnisch in keinem Zusammenhang mit römischen Bauten.

17.6.5. Beendigung der Befahrbarkeit

Wenn man einen Moorweg nicht mehr nutzen wollte oder konnte, entfernten seine Wegwärter aufgestellte Kultfiguren und verbargen sie im Moor. Der Zeitpunkt, zu dem ein Weg aus der Nutzung genommen wurde, konnte durch die Höhenzunahme der Mooroberfläche bestimmt sein, aber auch eintreten, wenn kein Interesse an seiner Existenz mehr vorhanden war oder einfach die über den Moorweg führende Transportlinie nicht mehr genutzt wurde oder werden sollte. Natürlich ist die Beendigung der Nutzung auch aus kultischen oder anderen Gründen möglich.

Es liegen Beobachtungen vor, die deutlich machen, daß man den Zugang zu einem Weg unterbrochen hat. So waren beide Einfahrten des Pfahlweges XVIII (Le) entfernt worden. Sein südliches Ende fehlte in drei Metern Länge. Alle Hölzer der Fahrbahn waren entfernt, sie konnten auch in der Nähe nicht gefunden werden. Nur ein Rest des Unterbaues lag noch vor. Der gute Erhaltungszustand der benachbarten Deckschicht zeigte, daß Reparaturen nicht erforderlich waren.

Mehrere Meter weit hatte man auch die Deckschicht des Bohlenweges IX (Le) beseitigt. Die dabei abgebrochenen oberen Enden der senkrecht stehenden Lochbohlen lagen regellos in der Fläche. Sie waren nicht verwittert und zeigen, daß Deckschicht und Oberbau noch vollständig vorhanden gewesen sind, als sie entfernt wurden. Diese absichtliche Zerstörung konnte den Weg unterbrechen.

18. Transportgeschichtliche Aussagen

18.1. Moorwege waren Teile des Straßennetzes

Moorwege befahrbarer Breite konnten Teilstrecken des ur- oder frühgeschichtlichen Straßennetzes sein. Sie sind jetzt gewöhnlich seine einzigen Reste und bieten bei systematischer Bearbeitung einen deutlichen ersten Anhalt für die Rekonstruktion.

Es ist erkennbar, daß der Bohlenweg VI (Pr) als Querverbindung genutzt wurde zwischen zwei von Süden nach Norden gerichteten, auf der Höhe des festen Bodens verlaufenden Fernwegen. Zwischen ihnen überbrückte der Bohlenweg ein großflächiges Geländehindernis, dessen Umgehung gar nicht oder nur bei erheblichem Zeitaufwand möglich gewesen wäre. So war der Bohlenweg in den w e i t r e i c h e n d e n V e r k e h r eingefügt und wurde in seiner Einrichtung bestimmt durch die Erfordernisse, Wünsche, Techniken und Möglichkeiten der dem Handel dienenden Transporte. Natürlich hatten auch die im Umfeld des Moores Wohnenden Vorteile. Es läßt sich jedoch sagen, daß nicht nur der Zugang zum jenseits des Moores lebenden Nachbarn erreicht werden sollte. Ihn hätte man auch durch weniger aufwendige Bauten gewinnen können. Wenn man, wie bei modernen Kalkulationen auch, erwartet, daß die K o s t e n dem erzielbaren N u t z e n entsprechen mußten oder sogar ein „Gewinn" erzielt werden sollte, so lohnte sich der für manche Wege eingesetzte Bauaufwand nur, wenn überörtliche Verbindungen genutzt werden konnten. Dies waren mit Wahrscheinlichkeit Handelsverbindungen.

Gleiches kann aus der Situation anderer Moorwege erschlossen werden. Die große Länge mehrerer sehr breiter Moorwege fällt schon für das dritte Jahrtausend v. Chr. auf. Der Weg XV (Le) (Hayen 1985, 8 ff.) konnte über mehr als drei Kilometer ermittelt werden. In seiner Verlängerung nach Norden folgt ein weiterer, im Schwarztorf liegender, jedoch kürzerer Weg gleicher Bauart. Seine Untersuchung steht noch aus. So wurde nördlich eines Megalithgrabes, das auf einem Vorsprung des festen Bodens steht, ein enger Teil des Hochmoores überbrückt. Der angenähert in Nord-Süd-Richtung verlaufende Bau verbindet die Auricher Geest mit dem nördlich des Moores gelegenen festen Boden des Raumes Dunum. Ihm folgt nach Norden die Marsch bis an die Nordseeküste. Auf diesen Raum war der steinzeitliche Weg gerichtet. Parallel zu ihm verlief im Moor später der „Sandstrahl" XIV (Le). Seine nach Norden gerichtete Fortsetzung wurde durch bemerkenswerte Funde und eine Grabhügelreihe bekannt. Sie sind bronzezeitlicher Herkunft. Auch die Lage im Torfprofil macht die bronzezeitliche Stellung des Weges wahrscheinlich, seine Untersuchung ist noch nicht abgeschlossen.

Selbst die heutige Bundesstraße hat seit dem Mittelalter die Richtung dieser Moorwege beibehalten, sie fällt beinahe mit dem Sandstrahl zusammen. Inzwischen liegen Hinweise auf einen weiteren tiefliegenden Moorweg vor, der zwischen den beiden urgeschichtlichen Bauten die gleiche Richtung einhält. Er konnte noch nicht untersucht werden. Damit hat man seit mehr als 4000 Jahren die Zielrichtung der Transporte beibehalten.

Der Bohlenweg XII (Ip) (Hayen 1985, 16 ff.) durchquerte im achten Jahrhundert v. Chr., mehr als 6450 m lang, von Westen nach Osten das Ipweger Moor. Er verband die westlich benachbarten hochliegenden Böden mit einem dem östlichen Weganfang vorgelagerten schiffbar gewesenen Nebenarm der Weser. So war der Höhenweg mit dem Wasserweg verbunden.

Ähnlich der Bohlenweg XLII (Ip). Er durchquerte 4200 m lang das Witte-Moor bei Hude. Sein südliches Ende begann am hochgelegenen Sandboden, das nördliche Ende erreichte einen schiffbar gewesenen Seitenarm der Hunte, die wiederum in die Weser mündet. Parallel zu ihm verband hundert Jahre zuvor der Pfahlweg XLIII (Ip) die Hunte mit dem festen Boden. Wasserwege sind mit den Höhenwegen zusammen das weitreichende Rückgrat des Verkehrsnetzes.

In mehreren Fundgebieten wurden Anhäufungen benachbarter, sich zeitlich folgender hölzerner Moorwege beobachtet. Sie sind auf gleiche Weise in das weiterführende Verkehrsnetz eingebunden und zeigen, daß das Interesse an ihrer Transportrichtung über eine teilweise lange Zeit gleichgeblieben ist. Aus solchen Gruppen (Hayen 1985, Karte p. 15) ergeben sich nicht nur die Möglichkeit, dieses Interesse zeitlich abzugrenzen, sondern auch Phasen seiner intensiven Nutzung von solchen mit Unterbrechungen abzugrenzen. Das erlaubt Zugänge zur Handels- oder Transportgeschichte.

18.2. Erweiterte Möglichkeiten

Die Überquerung eines „ungebahnten Moores" mit Wagen und Herden war nur bei hartem Frost möglich. Güter, die beispielsweise zwischen der Flußmarsch östlich des Ipweger Moores und dem hochgelegenen festen Boden in seinem Westen ausgetauscht werden sollten, mußte man bis zum Frost lagern.

Das Moor ließ sich kaum umgehen, nur sehr lange Wasserwege führten vor seinem Südende entlang.

Erst im Winter waren Transporte über das Moor hinweg möglich. Ein Bohlenweg jedoch ließ sich fast das ganze Jahr hindurch benutzen. Er erweiterte die Transportmöglichkeiten bedeutend und machte sie von jahreszeitlichen Beschränkungen weitgehend unabhängig. Er fiel allerdings aus bei Nebel, wenn die Mooroberfläche von Wasser überströmt wurde oder nach einem Moorrutsch.

Dieses Beispiel möge genügen. Es läßt sich auf andere Fundgebiete sinngemäß übertragen. Moorwege erweiterten die Transportmöglichkeiten.

18.3. Phasen der Transportgeschichte

Die handwerklich-technischen Gestaltungen der Moorwege und der auf ihnen genutzten Fahrzeuge sind in vielfacher Weise voneinander abhängig. Es besteht eine Wechselbeziehung ihrer Möglichkeiten und Anforderungen. Durch Zusammenschau beider Fundgruppen lassen sich gegenwärtig neun grundlegende Phasen definieren (T1 bis T9), die durch handwerkliche Lösungen abgrenzbar und unterteilbar sind. Diese Kombination wurde als Grundlage des Einstieges in Transportphasen genutzt, sie muß in der Zukunft durch weitere Fakten ergänzt, korrigiert oder bestätigt werden.

T1: *Phase der radlosen Transporte.*
     Vor 3500 v. Chr.

Funde und indirekte Nachweise von R a d f a h r z e u g e n fehlen. Das Fundmaterial enthält lediglich schmale, nicht befahrbare hölzerne M o o r w e g e. Sie waren ihrer Breite und Konstruktion nach nur für Fußgänger geeignet, zum Teil auch für einzeln gehende Tiere. So ist der Einsatz von Menschen als Träger möglich. Daneben kann es Tragtiere und schmale Hilfsmittel zum Schleifen gegeben haben. Ihr Nachweis durch Funde steht noch aus. Schlitten oder andere gleitende Fahrzeuge sind unwahrscheinlich, da die Holzteile dieser Wege keine ebene Fahrbahn boten. Wege dieser Art konnten im nördlichen Niedersachsen (Ipweger Moor) und in den Somerset-levels untersucht werden (Hayen 1963, Coles 1986).

H a n d w e r k l i c h e   M ö g l i c h k e i t e n belegen quer durch den Stamm gespaltene Bohlen, mit Steingeräten bearbeitete Hölzer und abgerundet viereckige Lochungen in Bohlen. Man nutzte in erster Linie Weichhölzer, daneben jedoch auch Eiche. Vielfach wurde Strauchwerk verbaut.

T2: *Phase des starren Vierradwagens. Das durch die seßhafte Wirtschaftsweise gestiegene ständige Transportbedürfnis führt zur Radfindung und ersten Wagennutzung.*
     Etwa 3500 bis 2100 v. Chr.

Früheste Nachweise des W a g e n s ergeben sich aus i n d i r e k t e n   N a c h w e i s e n. Sie lassen das Grundgerust des Vierradwagens mit Mitteldeichsel und

Doppeljoch erkennen. Abbildungen auf Gefäßen und plastische Darstellungen lassen vermuten, daß der Wagen schon entwickelt war, bevor er zu solcher Bedeutung gekommen ist, daß man ihn im Bild darstellte. Rinderpaare, die ein Doppeljoch tragen, weisen auf die Art der Zugtiere und ihrer Anspannung hin. Daneben gibt es auch Abbildungen zeitgleicher Zweiradwagen, die ebenfalls von zwei Rindern an der Mitteldeichsel gezogen wurden.

Direkte Nachweise sind zahlreiche Moorfunde einteiliger Scheibenräder mit fester Buchse (Hayen 1983b, 423, Grundform Bl. Hayen 1985, 35, Abb. 16. 1987, 122, Abb.). Sie wurden aus Bohlen hergestellt, die man aus mächtigen Eichenstämmen gespalten hatte, und verteilen sich zeitlich zwischen 3100 und 2100 v. Chr. Fundgebiete sind die Niederlande, Norddeutschland und Dänemark. Aus mehreren Brettern zusammengesetzte Scheibenräder sind aus Zürich bekannt. Auch sie sind gegen 3100 v. Chr. anzusetzen, gehören jedoch zu einem anderen Wagentyp. In ihnen und einem einteiligen Scheibenrad mit fester Buchse aus Dänemark werden erstmals an einer Radseite eingeschobene Leisten beobachtet.

Achsen wurden aus Rundhölzern oder viergeteilten schwachen Stämmen hergestellt. Auch sie blieben im Zusammenhang mit einteiligen Scheibenrädern auf den Holzwegen zurück. Bei einer Gesamtlänge von rund 2 m maß ihre Spurweite 1,50 m (Hayen 1985, 34, Abb. 15. 1987, 123.).

Diese Achsen trugen an den Enden Achsschenkel, um die sich die Räder gedreht haben. Sie waren also fest am Wagenboden befestigt und drehten sich nicht, wie die Funde aus Zürich, mit den Rädern zusammen. Die drehenden Räder haben auf den Achsschenkeln deutliche Schliffspuren hinterlassen. In die äußeren Enden der Achsschenkel hat man Achsnagellöcher gebohrt oder mit Feuersteinklingen geschnitten. Sie standen am Wagen senkrecht und nahmen den hölzernen Achsnagel auf, der das Abrutschen des Rades verhindern sollte. Zur Mitte hin war die Achse neben den Achsschenkeln ringförmig verdickt, so daß die Räder auch nicht nach innen rutschen konnten. Dazwischen befand sich der kräftige Achsblock. Seine Mitte war durchbohrt. Hier wurde die Achse mit Hilfe eines Holzdübels, dessen Reste am richtigen Platz gefunden wurden, am Wagenkasten befestigt. Zum Ring hin sind beide Enden des Achsblockes leicht verdünnt und zeigen weiche Schliffspuren. Dort hat man die Achse mit 4 cm breiten Lederriemen an den Rahmen des Kastenbodens gebunden. Ein Riemen wurde mit noch geschlossenem Knoten neben einer Achse gefunden. So waren die Achsen fest, zugleich aber auch elastisch, mit dem Rahmen des Wagenkastens verbunden.

Es wurden weitere Wagenteile geborgen. Der größte Teil einer Mitteldeichsel, eines Doppeljoches und des Kastenbodens ermöglichen einen ersten Versuch der Rekonstruktion des ganzen Fahrzeuges (Hayen 1985, 36, Abb. 1987, 125, Abb.). Hufschalen, die Rinder zwischen den Hölzern des Moorweges abgestreift haben, zeigen ihre Nutzung als Zugtier.

Außer den schon vorher bekannten schmalen Fußwegen erscheinen nun auch Flechtwege und die sehr breiten, befahrbaren, aus schweren Hölzern gebauten Pfahl- oder Bohlenwege. Ihre Fahrbahnen waren 3,5 bis 4 m breit und bis zu 6 km lang. Ihre nicht glatt gebauten, mit einer Auflage ver-

sehenen Fahrbahnen verlangten robuste Wagen. Für sie ist sicherlich keine
große Fahrgeschwindigkeit anzunehmen. Die Hölzer dieser Wege zeigen Bear-
beitungsspuren, die eindeutig auf das S t e i n b e i l zurückgeführt werden können. Manche Stämme sind quer durch den Stamm oder zu Vierteln gespalten.

Die große Breite dieser Wege war für das Fahren mit Fahrzeugen erforderlich, die keine schwenkbare Vorderachse besaßen. Ihre Vorderachse war starr
am Fahrzeug befestigt, die Richtung der Fahrt wurde durch seitliches Verschie-
ben der Mitteldeichsel, das kannten Zugtiere noch bis in das 19. Jahrhundert,
korrigiert. Dazu brauchen sie mehr Platz, als vor Wagen mit schwenkbarer
Vorderachse (Hayen 1983, 450, Abb.). Die querliegenden Bohlen der Deckschicht wurden schon von unteren Längshölzern getragen. Sie sind weder
gelocht noch durch senkrechte Pflöcke fixiert worden. Schon diese Wege hat
man durch Holzfiguren unter den Schutz der Götter gestellt (Hayen 1985,
33 f.).

T3: *Phase der lenkbaren Vierradwagen mit schwenkbarer Vorderachse und ver-
     größerter Haltbarkeit.*
     Etwa 2100 bis 1600 v. Chr.

Indirekte Nachweise des W a g e n s liegen aus Modellen vor. Hinzu kommen
Joche aus alpinen Seeufersiedlungen und das Modell eines Vierradwagens aus
Palaikastro als ältester Nachweis in Griechenland (Hayen 1986, 61).

Aus Mooren gibt es mehrere einteilige Scheibenräder mit fester Buchse,
deren Form den älteren Stücken gleicht. Es scheint zur Einführung der Vierradwagen mit s c h w e n k b a r e r V o r d e r a c h s e gekommen zu sein, da sonst die
wesentlich geringere Breite der Fahrbahnen nicht nutzbar war. Es ist anzustre-
ben, weiteres Material aus diesem Zeitraum zu ergraben.

Neben zahlreichen, vorwiegend im erweiterten Ortsbereich genutzten
schmalen Holzwegen aus Erlen- und Kiefernstämmen, Pfählen und Bohlen
gibt es Knüppelstege und Flechtmattenwege. Befahrbar breite P f a h l w e g e fallen durch ihre sorgfältige, einem vorgegebenen Plan genau folgende Bauweise
auf. Ihre Fahrbahn ist nur noch 2,3 bis 2,5 m breit. Die erforderliche Holzmenge war wesentlich geringer als für die sehr breiten Bauten der Phase T2.
Seit etwa 2100 v. Chr. zeigen die Bauhölzer eindeutige Hiebe von M e t a l l b e i -
l e n, also Bronzegeräten. Die kleineren Bauhölzer erleichterten den Transport
vom außerhalb der Moore gelegenen Fällungsplatz bis zur Baustelle. Die Nutzung der Metallbeile war sogleich mit neuen Methoden des Fällens und Spaltens verbunden. Daneben kann man noch für einige Zeit die Spuren von Steingeräten erkennen.

T4: *Phase der lenkbaren Vierradwagen leichterer Rollfähigkeit. Erstmals Spei-
     chenräder und sehr glatte, ebene Fahrbahnen. Zug durch Rinder und
     Pferde. Scheibenräder nun mit loser Buchse, vielfach auch zusammen-
     gesetzt.*
     Etwa 1600 bis 900 v. Chr.

M o o r f u n d e enthalten einteilige Scheibenräder. Sie sind jetzt kleiner, bestehen aus Erlenholz (vorher war es Eiche) und besitzen eine lose Buchse (Hayen

1983, 423, Grundform C1). Daneben werden zusammengesetzte Scheibenräder, meistens dreiteilig mit halbmondförmigen Öffnungen und loser Buchse, bekannt (Hayen 1983, 423, C4. Genauer 428, Abb. Ebenso Hayen 1981, 6, 8ff.). Ihre Teile wurden von wechselseitig eingeschobenen, teilweise gebogenen Leisten zusammengehalten. Ab etwa 1200 v. Chr. liegen Funde von Speichenrädern mit zusammengesetzten Radkranz vor (Hayen 1981a, 24f. 1978, 13ff.).

Indirekte Nachweise ergaben sich beispielsweise aus skandinavischen Felsbildern (Hayen 1986b, 114ff.). Diese zeigen seit rund 1500 v. Chr. Speichenräder an von Rindern gezogenen Vierradwagen. Diese waren erkennbar lenkbar. Die Zugkraft wurde über das Doppeljoch übertragen. Zeitgleich erscheinen auf Felsbildern in Skandinavien und den Grabstelen der Schachtgräber von Mykene auch Zweiradwagen (Hayen 1986, 63ff.) mit einfachen und mehrfachen Mitteldeichseln, die von Pferden unter Doppeljochen gezogen wurden.

Zahlreiche Moorwege sind schmale Fußwege und Flechtwege. Daneben gab es befahrbar breite Bauten (Breite der Fahrbahnen 2,3 bis 2,5 m). Sie waren jetzt aus radial gespaltenen Eichenbohlen zusammengesetzt. Man hat sie sorgfältig bearbeitet und durch Hiebe geglättet. Durch handwerkliche Maßnahmen wurden die Fahrbahnen stets auffallend eben verlegt. Damit machten sie schnelleres Fahren mit den leichteren, empfindlicheren Speichenrädern möglich. Als Zugtiere sind neben Rindern nun auch Pferde anzunehmen. Man muß erwarten, daß die Zugeinrichtungen vervollkommnet werden mußten. Erstmals werden aus Steinen gebaute Wege beobachtet, die auf gering mächtigen Moorteilen gebaut wurden. Dazu kommen Steinreihen („Stapfsteine, Trittsteine". Hayen 1970, 376ff.) durch beginnende Vermoorung, neben denen Tiere oder Fahrzeuge das Moor durchqueren konnten, wobei der Mensch „trockene Füße" behielt.

T5: *Phase perfekter Bautechnik der Wege und großer Vielfalt von Rad und Wagen. Die Vierradwagen sind zuverlässig lenkbar.*
Etwa 900 bis 400 v. Chr.

Indirekte und fremde Nachweise der Wagen liegen in großer Anzahl vor. Da sie jedoch meistens von Sonderfahrzeugen stammen und nicht den alltäglich genutzten Vierradwagen wiedergeben, soll hier nur das Bleimodell eines von Pferden gezogenen Vierradwagens aus Frög (Österreich) erwähnt werden. Es enthält Speichenräder, die Mitteldeichsel und Zugpferde.

Moorfunde zeigen aus Eichenbrettern zusammengesetzte, mehrteilige Scheibenräder. Für sie reichten Stämme geringerer Dicke als Ausgangsmaterial aus, auch ließen diese Räder sich nach Brüchen reparieren, was bei einteiligen Scheibenrädern nicht möglich war. Daneben erscheinen zunehmend ebene Speichenräder mit zusammengesetztem Radkranz. Vereinzelt finden sich nun auch leichtere Speichenräder, deren Radkranz aus einem oder zwei Hölzern zum Kreis gebogen war (Hayen 1983a, E1, E2). Achsen zeigen Spurweiten um 120 cm, sie waren seit T3 zu erwarten. Die Mitte der Vorderachsen ist oben verdünnt und bietet dem die Vorder- und Hinterachse verbindenden Langwagen Platz. Der Reibnagel, um den sich der Vorderwagen schwenken ließ, hatte seinen Platz gewöhnlich vor der Vorderachse. Er bestand durchweg aus Holz. Es gab jedoch schon Wagen mit einem Drehschemel (Hayen 1979a, 19), in dem der Reibnagel durch die Mitte der Vorderachse führte.

Außer Achsen mit balkenförmigem Achsblock gab es nun auch solche mit brettförmigem Mittelteil (Hayen 1983b, 441, Typen II A2). Sie werden zum Wagentyp der Zugarmwagen gehört haben (ebda 457 ff.). Als Zugtiere können Rinder und Pferde nachgewiesen werden. Funde zur Anspannung zeigen vorerst nur das Doppeljoch.

Schmale Moorwege und Flechtwege werden nach wie vor genutzt. Die befahrbar breiten Holzwege erscheinen in einer geschlossenen Region als technisch ausgereifte Lochbohlenkonstruktion. Ihre auf den Rändern der Deckschicht liegenden oberen Längshölzer durften nicht von Rädern oder Hufen zerdrückt werden. Wagen mußten daher genau und zuverlässig gelenkt werden können, die Zugtiere ausreichend trainiert sein.

Der Fund einer Spannachse („Welle") zeigt, daß hoch aufgeschichtete Ladungen mit Riemen oder Seilen festgezurrt werden konnten (Heu, Reisig ...) — Wasserläufe, die den Weg querten, hat man mit „echten Brücken", deren Tragejoche bis in den festen Untergrund des Moores gerammt wurden, überbrückt. Die Pflege der fertigen Wege läßt sich durch Reparaturstellen und Umgehungswege nachweisen. Daneben kam es zur Aufstellung von Kultfiguren.

Wege dieser Bauart wurden nur im oberen Torf verankert. Ihre Lochbohlen reichten nicht bis in den Untergrund der Moore. Alle Einzelteile waren fest miteinander zu einer großen tragenden Fläche verbunden. Sie konnten dem Atmen des Moores folgen, ohne ihren baulichen Zusammenhang zu verlieren.

Bohlen spaltete man geschickt aus ausgesuchten starken Eichenstämmen und lochte sie auf vielfältige Art. Es konnten Zimmermannsmarken und mit dem Messer geschnittene schriftartige Zeichen beobachtet werden. Alles Holz war von bester Qualität.

T6: *Phase vielfältiger Wagentypen. Seilzug führt zu besserer Nutzung der Zugkraft.*
Etwa 400 v. Chr. bis 400 n. Chr.

Neben vereinzelten einteiligen Scheibenrädern mit fester Buchse finden sich regelmäßig solche mit loser Buchse. Vielfach jedoch dreiteilige Scheibenräder mit halbmondförmigen Öffnungen. Sie erscheinen gehäuft in bäuerlichen Siedlungen (Hayen 1981a). Meistens gab es jedoch Speichenräder unterschiedlicher Bauweise, — hohe, sehr leicht gebaute neben kleineren, robusten; Biegefelgen neben zusammengesetzten Radkränzen. Holzachsen zeigen noch immer Spurweiten um 120 cm. Ihr Achsblock wird zunehmend verstärkt. Außer Wagen des Drehschemeltyps erscheinen solche mit Zugarmen. Ihre Achsen waren im mittleren Teil brettförmig. Noch immer steckt der Reibnagel in der Regel vor der Mitte des vorderen Achsblockes. Die erkennbaren Wagentypen waren verschiedenartigen Nutzungsformen zugeordnet. Für hohe Ladungen sind wieder Spannachsen vorhanden.

Pferd und Rind sind nachweisbar. Sie zogen nicht mehr nur unter dem Doppeljoch. Gegen 300 v. Chr. erscheint der erste Fund eines Ortscheites („Schwengel"), d.h. eines Holzes, das die Zugseile hinter dem Tier festhält und die Zugkraft auf die Vorderachse weiterleitet (Hayen 1983b, 465 f.). Hierzu muß man die Entwicklung des Einzeljoches, des Kummets und des Sielengeschirres erwarten. Der Seilzug an sich sollte schon frühzeitig zu erwarten sein, wenn auch nur, um mit einem oder zwei Tieren Stämme oder andere schwere Hölzer abzuschleppen (Bauholz, „Rücken" im Wald, beim Haus- und Wegebau).

Außer schmalen Moorwegen und Flechtwegen gab es wieder befahrbar breite hölzerne Moorwege. Ihr Aufbau ist einfacher geworden. Meistens hat man die Enden der Bohlen gelocht, so daß sie mit Pflöcken auf der Mooroberfläche fixiert werden konnten. Die Deckschicht lag auf unteren Längshölzern. Vertiefungen des Baugrundes waren mit Hölzern aufgefüllt. Das Bauholz war minderwertiger als vorher. Wege erreichten jetzt Längen von bis zu 12 oder mehr Kilometern. Ihr Bauaufwand war bemerkenswert groß. Reparaturen und die Aufstellung kultischer Holzfiguren sind erkennbar. Unter günstigen Bedingungen kam es zum Bau breiter steingepflasterter Wege oder Straßen. Trittsteine überbrückten furtartige Moorübergänge für Fußgänger.

Bei der Holzbearbeitung wurden Meßgeräte benutzt, die entweder ein festes Längenmaß angaben oder mehrere Längeneinheiten enthielten. Ihre Nutzung fand sich in Wagenteilen wieder.

T7: *Phase der Entwicklung größerer Tragfähigkeit durch Umformung der ebenen Speichenräder und der Achsen.*
Etwa 400 bis 1200 n. Chr.

Funde in Moor und Marsch belegen Speichenräder verschiedener Formen. Die Achsschenkel der Holzachsen waren stärker als vorher. Ihr Durchmesser stieg bis auf 8 cm an, vorher waren es 5 bis 6 cm. Das erhöhte die Tragfähigkeit, erforderte aber auch die Verstärkung der Räder und das sorgfältige Schmieren der Achse. Erstmals kam es zu Einrichtungen, durch die das Nachfüllen der Schmiermittel ohne Abnehmen der Räder möglich war.

Die Verstärkung der Räder läßt sich an konischen Speichen erkennen. Andere erhielten hohe Radkränze (Hayen 1983b, 431 f.) und eine dickere Nabe, so daß die freibleibenden Speichenschäfte kürzer wurden. Damit verringerte sich die Bruchgefahr bei seitwärts wirkendem Druck. Ein extremes Beispiel hierfür sind die Räder des Wagens aus Oseberg (Hayen 1986b, 136 ff.) und der Funde aus Haithabu (Hayen 1984a, 251 f.).

Bilddarstellungen des Osebergfundes zeigen, daß manche Wagen von einem Pferd an Zugseilen gezogen wurden, während die doppelte Mitteldeichsel des Oseberg-Wagens für zwei Tiere eingerichtet war und ein Doppeljoch erforderte. Aus anderen gleichzeitigen Abbildungen geht hervor, daß auch Vierradwagen eine Gabeldeichsel besitzen konnten und man zu ihr mehrere Zugtiere „im Tandem" voreinander spannen konnte. Dazu wurde das Kummet benutzt. Auch so zeigt sich das Bestreben, die Last zu vergrößern. Der Erleichterung von Transporten dienten abnehmbare muldenförmige Oberwagen und große, geschlossene Fässer, die auf die Oberwagenträger gelegt wurden und bei Bedarf mit Inhalt auf andere Fahrzeuge oder Schiffe geladen werden konnten. Dazu sei auf eine Abbildung des Teppichs von Bayeux (1066) verwiesen.

Hölzerne Moorwege befahrbarer Breite gibt es in unterschiedlicher Bauart. Immer mehr überwiegen Sträucher als Baumaterial. Daneben kamen echte Brücken von zum Teil großer Länge vor, auch erschienen hölzerne Kultfiguren und Kultsteine.

T8: *Phase des Sturzrades*
   Etwa 1200 bis 1400 n. Chr.

Erstmals lassen sich im Fundmaterial Sturzräder beobachten. Ihre schräggestellten Speichen stehen in asymmetrischen Naben. Sie erhöhen aus holzstatischen Gründen die Tragfähigkeit der Räder so sehr, daß vorher übliche Radtypen nicht mehr gebaut werden mußten (Hayen 1983b, 432f.). Scheibenräder gibt es nur noch in seltenen Fällen, das Sturzrad wurde zum „Rad an sich". Die nun erforderliche erneute Verstärkung des Wagens zeigt sich in weiterer Verdickung der Achsschenkel und der Verstärkung des Achsblockes durch ein auf ihn gelegtes starkes Holz („Achsfutter"). So waren Holzachsen nicht mehr elastisch, sie konnten nicht mehr schwingen. Die Gefahr eines Achsbruches war auf die Achsschenkel beschränkt. Der Reibnagel wird nun durch die Mitte der Vorderachse geführt, er besteht gewöhnlich noch aus Holz. Außerhalb der nordeuropäischen Tiefebenen erhalten Drehschemelwagen das Reibscheit. Es erhöht ihre Querstabilität. Sonderfahrzeuge werden mit Eisenreifen versehen. Zugtiere gingen unter dem Kummet oder im Sielengeschirr, Rinder noch unter dem Joch.

Zum Bau hölzerner Moorwege kam es nur noch selten. Moore überbrückte man zunehmend durch Dämme, die zwischen zwei Gräben aus Sträuchern und Moorsoden aufgeschichtet wurden. Ortsdurchfahrten hat man jedoch vielfach mit Holz gepflastert. Verschiedentlich finden sich in Furten oder Mooren breite Steinpflaster.

T9: *Phase weiterer Vergrößerung der Ladekapazität. Zunehmende Verwendung eiserner Bauteile.*
   Etwa 1400 bis gegen 1900 n. Chr.

Die weitere Vergrößerung der Lademöglichkeit führte zur erneuten Verstärkung der inzwischen konisch gewordenen Achsschenkel. Sie erhielten eiserne Bänder. Ihr anscheinend ältester im Original gefundener Nachweis liegt aus Haithabu vor und wird auf 1400 n. Chr. datiert. Seine Achsschenkel trugen oben und unten je einen in Längsrichtung verlaufenden breiten Eisenstreifen. Zugleich begann man auch andere Teile des Wagens mit Eisen zu verstärken, soweit sie durch Bruch oder Abrieb gefährdet waren. Räder konnten bis gegen 1900 „unbereift", das heißt ohne Eisenreifen bleiben, auf weichem Fahrgrund genügte ihr Holzbau vollkommen. Eiserne Radreifen bürgerten sich nur langsam ein, sie sind vom möglichen Aufwand abhängig und erscheinen daher vorwiegend an Prunkwagen, Sonderfahrzeugen und Geschützen.

Zugeinrichtungen nutzten durchweg das Ortscheit. Kummet und Sielengeschirr wurden allgemein üblich. Joche für Rinder wurden um 1800 allgemein verboten.

Moorwege wurden immer seltener. Die Qualität ihrer bautechnischen Ausführung nahm ab. Es kam zunehmend zum Ausbau mit Steinen gepflasterter Straßen auf festen Böden und über Moorpässe hinweg. Moorwege dieser Zeitspanne blieben nur ausnahmsweise erhalten. Man hat sie entweder beim Torfabbau beseitigt oder im Unterbau heutiger Wege und Straßen weiterbenutzt.

Zusammenfassende Bemerkungen

Moorwege reagierten in ihrer Ausführung besonders empfindlich auf die technischen Anforderungen des Verkehrs. Auf ihnen konnten Fahrzeuge nicht zur Seite ausweichen, wenn eine Wegstrecke gestört oder nicht gut geeignet erschien. Dies war nur auf über festen Untergrund führenden Wegen möglich. Moorwege sind Zwangspassagen, die den jeweiligen Forderungen entsprechen müssen. So kann man sie als Spiegelbild der Wagenentwicklung sehen, ihre Besonderheiten aus ihr erklären. Um diese Funktion darstellen zu können, war es erforderlich, auch auf die Entwicklung der Fahrzeuge einzugehen.

Da Moorwege dem gewöhnlichen Verkehr dienten, kam es nach Verkehrsunfällen auch zur Hinterlassung und Einbettung von Resten alltäglich genutzter Fahrzeuge. Sie geben den Zugang zur Kenntnis der tatsächlichen Leistungsfähigkeit der Transporte.

Das hierzu genutzte Fundmaterial entstammt größtenteils den großen nordwestdeutschen Hochmooren. Es wurde durch Hinweise auf Materialien anderer Herkunft ergänzt. Dabei zeigt sich, daß die Ausweitung der Ergebnisse aus anderen Quellen und gezielten weiteren Moorgrabungen erfolgen kann und zu wünschen ist.

Die Kombination der technisch voneinander abhängigen Moorwege und Wagen zeigt Grundphasen der Transportgeschichte. Sie beginnen mit einem Abschnitt, der das Rad noch nicht kannte, engen den Zeitpunkt der Rad- und Wagenfindung ein, zeigen die erste Nutzung lenkbarer Fahrzeuge und ihre weitere technische Entwicklung. Es werden Rückschlüsse möglich auf handwerkliche Gegebenheiten, auf durch den Handel gegebene transportgeschichtliche Anforderungen, auf soziale Verhältnisse und andere Fragestellungen.

Zusammenfassung und Ausblick

Moorwege machten die Oberfläche der Moore ständig befahrbar und begehbar.

Sie zeigen konstruktive Übereinstimmungen mit Holzpflastern und Brücken, können jedoch eindeutig von ihnen getrennt werden. Ihre Grundfunkfunktionen sind anderer Art. Sie wirken durch Verringerung des bei ihrer Nutzung entstehenden Druckes und durch Schaffung eines festen Fahrgrundes, nicht durch Ableitung des Druckes auf eine feste Unterlage.

Neben wenigen Steinpflastern, mit denen sie kombiniert sein können, fand man in Mooren zahlreiche Holzbauten. Ihr Vorkommen häuft sich in den nordwesteuropäischen echten großen Hochmooren.

Das Baumaterial bestand aus verschiedenartigen Holzformen. Seine Auswahl hing vom vorgesehenen Zweck der Anlage, von seiner Bauweise, dem vorgesehenen oder möglichen Aufwand und der Art des erreichbaren Rohmaterials ab.

Hölzerne Moorwege baute man in verschiedenen Grundformen, die sich aus der Praxis des Wegebaues ergeben haben und immer wieder vorkamen. Ihre Anwendung ist nicht an kürzere Zeiten oder Kulturperioden gebunden. Sie können also nicht als zeitgebundene typologische Reihe gesehen werden. Eine Ausnahme scheint lediglich durch einen Typ der Grundform Bohlenweg gegeben zu sein.

Jede Grundform zerfällt durch bautechnische Besonderheiten in eine Reihe von Typen. Nur selten bleibt der Typ im Verlauf eines Weges unverändert. Man hat ihn vielmehr wechselnden Anforderungen angepaßt. Sogar die Grundform kann innerhalb eines Weges wechseln. Solche Wechsel erlauben Rückschlüsse auf den Einsatz mehrerer Baukolonnen, auf wechselnde Eigenarten des Baugrundes und auf bautechnische Vorgänge.

Das Baumaterial mancher Wege wurde sorgfältig ausgewählt und mit erkennbarem handwerklichem Aufwand hergestellt. Andere Bauten enthielten nur flüchtig gespaltene oder unbearbeitet gebliebene Hölzer, die man ohne Auswahl einem Wald entnommen hatte. Sie dokumentieren die Zusammensetzung des genutzten Waldes, seine Wuchsart, das Alter der Bäume, die Bestandesdichte u.a.m. Solche waldgeschichtlichen Aussagen fehlen, wenn nur eine bestimmte Holzart in guter Qualität ausgewählt wurde. Sie kann allerdings Hinweise auf eine planmäßige Waldnutzung und Waldpflege ergeben.

Es ist möglich, den angenäherten Personal-, Material-, Transport- und Zeitaufwand mancher Bauvorgänge zu errechnen und die benötigte Waldfläche abzuschätzen. Der in manchen Fällen erforderliche sehr große Aufwand zeigt, daß eine umsichtige zentrale Vorbereitung und Lenkung der Arbeiten vorausgesetzt werden muß, die nur durch eine „finanziell" oder politisch ausreichende Macht ermöglicht werden konnte.

Schmale Wege waren nur begehbar und hatten ihren Ort zumeist im erweiterten Wohnbereich. Sie wurden hier nicht näher dargestellt. Breite, befahrbare Bauten können oft als Teil des weiterführenden Verkehrssystemes erkannt werden. Durch sie lassen sich Teile der urgeschichtlichen Straßennetze rekonstruieren. Wo der Moorwegbau durch Überbrückung einer Moorenge (Moorpaß) erleichtert werden konnte, kam es zur Häufung hölzerner Moorwege, die über lange Zeiträume hinweg für die immer wieder gleiche Transportrichtung erbaut wurden.

Der gleichzeitige Einsatz zweier Baukolonnen läßt sich mehrfach erschließen. Es gibt deutliche Hinweise auf die Nutzung spezialisierter, geschulter Handwerker, denen auch Vermessungskenntnisse zur Verfügung standen.

Befahrbar breite Moorwege können seit dem beginnenden dritten Jahrtausend v. Chr. nachgewiesen werden. Sie besitzen eine stabile Fahrbahn und entstanden durch den Zwang des Baugrundes. Schon damals zwang die große Ausdehnung mancher Hochmoore zu ihrer Überbrückung.

Die technische Pflege mancher Bauten wurde nachgewiesen. Reparaturen können bei Grabungen erkannt werden und zeigen das Vorhandensein von Wegwärtern. Sie sorgten auch für die kultische Sicherung solcher Teilstrecken, die man technisch nicht meistern konnte. Anzeichen für die militärische Nutzung und Sicherung der Moorwege fanden sich nicht.

Die zahlreichen in den Moorwegen gefundenen Wagenreste zeigen den Wirkungszusammenhang des urgeschichtlichen Landverkehrs, seine technischen Eigenarten und sein Leistungsvermögen. Die Zusammenschau von Weg und Wagen macht transportgeschichtliche Fakten kalkulierbar. Aus ihr ergeben sich Phasen der Transportgeschichte. Grundlage sind die im Moor fast unverändert erhalten gebliebenen hölzernen Fundstücke. Es gibt sie aus anderen Böden nicht.

Die bisher übliche Rekonstruktion urgeschichtlicher Verkehrslinien konnte im wesentlichen nur indirekt erschlossen werden. Die Moorfunde gehen dagegen von den Wegen selbst aus. Sie schließen eine bemerkbare Lücke. Außerdem lassen sie eine wesentlich genauere Datierung zu, können Zeiten intensiver Nutzung abgrenzen und die Einordnung in Klimaphasen, Umweltfaktoren und die Siedlungstätigkeit ermöglichen.

Die Moore Nordwestdeutschlands sind jetzt nur noch in geringen Restflächen vorhanden, die der Niederlande praktisch verschwunden. Ihre Reste werden immer noch großflächig abgebaut, verändert oder bei landwirtschaftlicher Nutzung durch tiefgehende Entwässerung dem fortschreitenden Zerfall ausgeliefert. Andere Flächen entzieht man der archäologischen Forschung durch Neuvernässung. So kommt es seit einer Reihe von Jahren im steigenden Umfang nur noch zu Rettungsgrabungen, die dem Zerfall zuvorkommen sollen. Die arbeitstechnischen Möglichkeiten erlaubten intensivere Arbeiten nur westlich der Weser. Zwischen ihr und der Elbe konnten Fundmitteilungen nur lokalisiert und punktuell geprüft werden. Zur gleichen Zeit haben sich neue methodische Möglichkeiten und Grabungstechniken entwickelt, die in Ablagerungen des dritten und vierten Jahrtausends zurückführen können, das heißt in die Zeit der Radfindung und der ihr folgenden frühesten Straßenbauten. Zur Erfassung der inzwischen möglichen Erkenntnisse reichen die zeitlich und personell gebenen Arbeitsmöglichkeiten nicht aus. Diese Situation ist auch deshalb zu bedauern, weil Moorfunde nicht austauschbare Urkunden sind, mit deren Hilfe dem üblichen archäologischen Material eigentümliche Material- und Erkenntnislücken überbrückt werden können.

20. Literaturverzeichnis

Alkaersig, S., 1939, En stensti i Vejen Mose. Fra Ribe Amt IX, 4, 117—122. Ribe.

Alten, F. von, 1879, Die Bohlwege (Römerwege) im Herzogthum Oldenburg. Oldenburg.

Ders., 1888, Die Bohlenwege im Flußgebiet der Ems und Weser. — Bericht über die Thätigkeit des Oldenburger Landesvereins für Alterthumskunde 6. Oldenburg.

Baumann, W. 1961, Slawische Siedlungsreste in den Torfschichten des Göttwitzer Sees bei Mutzschen. Ausgrabungen und Funde 6, 81—85. Berlin.

Beyle, M. und Kolumbe, E., 1933, Die Bohlwege im Wittmoor. Jahrbuch des Alster-Vereins 20, 13—16. Hamburg.

Casparie, W. A., 1983, De middeleeuwse Keienweg van Bronneger... Nieuwe Drentse Volksalmanak, 35—89. Assen.

Coles, J., 1973, Erlebte Steinzeit. München.

Coles, J. und B. J. Orme, 1975—1984, Somersets levels papers. Hertford.

Coles, B. und Coles, J., 1986, Sweet track to Glastonbury. London.

Conwentz, H., 1897, Die Moorbrücken im Thal der Sorge. Danzig.

Fürst, H., 1888, Illustriertes Forst- und Jagd-Lexikon. Berlin.

Hayen, H. 1957a, Neue Untersuchungen an hölzernen Moorwegen in nordwestdeutschen Hochmooren. — Die Kunde N. F. 8, 242—249.

Ders., 1957b, Zur Bautechnik und Typologie der vorgeschichtlichen und mittelalterlichen hölzernen Moorwege und Moorstraßen. — Oldenburger Jahrbuch 56, Teil 2, 83—170.

Ders., 1957c, Hölzerne Wege durch sumpfiges Moor. — Nordwest-Heimat 18, Beilage zu Nr. 202 der Nordwest-Zeitung 31. 8. 1957.

Ders., 1957d, Vorgeschichtlicher Werkplatz im Moor. — Nordwest-Heimat 26, Beilage zu Nr. 301 der Nordwest-Zeitung 28. 12. 1957.

Ders., 1958a, Zur Arbeitsweise des Oldenburgischen Oberkammerherrn von Alten bei der Untersuchung hölzerner Moorwege. — Oldenburger Jahrbuch 57, Teil 2, 123—143.

Ders., 1958b, Ipwegermoor B. Ergebnisse bis zum Dezember 1958. — Die Kunde N. F. 9, 33—48.

Ders., 1960, Erhaltungsformen der in den Mooren gefundenen Baumreste. — Oldenburger Jahrbuch 59, Teil 2, 21—49.

Ders., 1963, Zwei hölzerne Moorwege aus dem Fundgebiet Ipwegermoor B, Kreis Ammerland. — Neue Ausgrabungen und Forschungen in Niedersachsen 1, 113—131.

Ders., 1965a, Der Bohlenweg I (Bou) in der Dose zwischen Sprakel und Tinnen, Kreis Meppen, Reg.-Bez. Osnabrück. — Die Kunde N. F. 16, 74—94.

Ders., 1965b, Menschenförmige Holzfiguren neben dem Bohlenweg XLII (Ip) im Wittemoor (Gem. Berne, Landkreis Wesermarsch). — Oldenburger Jahrbuch 64, Teil 2, 1—25.

Ders., 1965c, Moorbotanische Untersuchungen zum Verlauf des Niederschlagsklimas und seiner Verknüpfung mit der menschlichen Siedlungtätigkeit. — Neue Ausgrabungen und Forschungen in Niedersachsen 3, 280—307.

Ders., 1969, Ein Kiefernwaldhorizont im Südteil des Ipweger Moores (Gemeinde Moorriem, Kreis Wesermarsch). — Neue Ausgrabungen und Forschungen in Niedersachsen 4, 329—347.

Ders., 1970, Der bronzezeitliche Stapfweg IV (St) im Moore bei Groß Heins, Kreis Verden. — Neue Ausgrabungen und Forschungen in Niedersachsen 6, 376—388.

Ders., 1971, Hölzerne Kultfiguren am Bohlenweg XLII (Ip) im Wittemoor (Gemeinde Berne, Landkreis Wesermarsch). — Die Kunde N. F. 22, 88—123.

Ders., 1972a, Vier Scheibenräder aus dem Vehnemoor bei Glum (Gemeinde Wardenburg, Landkreis Oldenburg). — Die Kunde N. F. 23, 62—86.

Ders., 1972b, ^{14}C-Daten von Wagenteilen aus Niedersachsen. — Nachrichten aus Niedersachsens Urgeschichte 41, 259 f.

Ders., 1973, Räder und Wagenteile aus nordwestdeutschen Mooren. — Nachrichten aus Niedersachsens Urgeschichte 42, 129—176.

Ders., 1975, Neue Untersuchungen am Bohlenweg I (Le) im Lengener Moor. Sommer 1973 und 1974. — Mitteilungen der Arbeitsgruppen der Ostfriesischen Landschaft 6, 12—18.

Ders., 1978, Moorarchäologische Untersuchungen. — Archäologische Mitteilungen aus Nordwestdeutschland 1, 1—18.

Ders., 1979a, Der Bohlenweg VI (Pr) im Großen Moor am Dümmmer. Materialhefte zur Ur- und Frühgeschichte Niedersachsens 15. Hildesheim.

Ders., 1979b, Funde aus dem Vehne Moor — Linie Edewecht-Bösel (Teil 1). — Archäologische Mitteilungen aus Nordwestdeutschland 2, 39—55.

Ders., 1980a, „Durch das Moor hinlaufende Blockwege in der Gegend von Lohne." — Lohne (Oldenburg) 980—1980, hg. vom Heimatverein Lohne. Vechta, 48—63.

Ders., 1980b, Funde aus dem Vehne-Moor. Das Gebiet der Esterweger Dose und des Schwaneburger Moores. — Archäologische Mitteilungen aus Nordwestdeutschland 3, 9—29.

Ders., 1980c, Gedanken zum Schutz von Moorresten. Oldenburg.

Ders., 1981a, Wagen der Furt Feddersen Wierde. — Einzeluntersuchungen zur Feddersen Wierde. Wagen, Textil- und Lederfunde, Bienenkorb, Schlackenanalysen, hg. W. Haarnagel. Wiesbaden, 1—75.

Ders., 1981b, Räder mit konischen Speichen. — Nachrichten aus Niedersachsens Urgeschichte 50, 303—310.

Ders., 1982, Bohlenwege — Brücken über die Moore. — Von Speerspitzen und Steingräbern. Emsland — Raum im Nordwesten, Bd. 4. Sögel, 84—95.

Ders., 1983a, Zwei in Holz erhalten gebliebene Reste von Wagenrädern aus Olympia. — Die Kunde N. F. 31—32, 135—191.

Ders., 1983b, Handwerklich-technische Lösungen im vor- und frühgeschichtlichen Wagenbau. — Das Handwerk in vor- und frühgeschichtlicher Zeit, Teil 2. Abhandlungen der Akademie der Wissenschaften in Göttingen. Phil.-Hist. Kl., 3. Folge, Nr. 129. Göttingen, 415—470.

Ders., 1983c, Das Doppeljoch aus dem Petersfehner Moor. — Archäologische Mitteilungen aus Nordwestdeutschland 6, 13—22.

Ders., 1984, Moorarchäologie in Niedersachsen. — Berichte zur Denkmalpflege in Niedersachsen 4, 132—135.

Ders., 1984a, Wagenreste aus Haithabu. In: Handelsplätze des frühen und hohen Mittelalters, 251 ff. Darmstadt.

Ders., 1985, Bergung, wissenschaftliche Untersuchung und Konservierung moorarchäologischer Funde. Archäologische Mitteilungen aus Nordwestdeutschland 8, 1—43. Oldenburg.

Ders., 1985b, Hölzerne Moorstraßen in Niedersachsens Mooren. — Ausgrabungen in Niedersachsen, Archäologische Denkmalpflege 1979—1984. Berichte zur Denkmalpflege in Niedersachsen, Beiheft 1, 40—44. Stuttgart.

Ders., 1986, Der Wagen im altgriechischen Kulturbereich. In Treue: Achse, Rad und Wagen, 60—79. Göttingen.

Ders., 1986a, Die Sahara — eine vergangene Wagenprovinz. Ebda, 80 ff.

Ders., 1986b, Der Wagen in europäischer Frühzeit. Ebda, 109—138.

Ders., 1987, Peatbog Archeology in Lower Saxony, West Germany. In: European Wetlands in prehistory, 117—136. Oxford.

Jørgensen, M.S. 1982, To jyske bronzealder-veje. Nationalmuseets arbejdsmark, 142—152. København.

Kellermann, 1949, Der Bohlenweg und der vorgeschichtliche Straßenbau. Hammaburg 2, 93—99. Hamburg.

Knoke, F., 1985, Die römischen Moorbrücken in Deutschland. Berlin.

Kunwald, G., 1944, En Oldtidsvej ved Tibirke Bakker. Fra Nationalmusseets arbejdsmark 70—89. København.

Ders., 1945, Oldtidsvejen over Tibirke Ellemose. Frederiksborgs Amts historiske Samfunds Aarbog, 3 ff. Frederiksborg.

Ders., 1961, Oldtidsvej i Broskov. Luxol Nr. 7 Naestved.

Ders., 1964, Oldtidsveje. In: Bure, Dansk veje, 7—18. København.

Maier, R., 1979, Ur- und frühgeschichtliche Denkmäler und Funde aus Ostfriesland. Hildesheim.

Michaelsen, K., 1938, Germanische Moorstraßen. — Germanen-Erbe 3, 66—79.

Müller-Brauel, H., 1898, Römerbrücken zwischen Elbe und Weser. Niedersachsen III, 24—26. Bremen.

Nieberding, C.H., 1819, Neuentdeckte alte Heerwege durch das Moor bei Lohne. — Oldenburgische Blätter 3, Sp. 243—246.

Piggot, St., 1983, The Earliest Wheeled Transport. London.

Prejawa, H., 1894, Die pontes longi im Aschener Moor und in Mellinghausen. — Mitteilungen des Historischen Vereins Osnabrück 19, 177—202.

Ders., 1896, Die Ergebnisse der Bohlweguntersuchungen in dem Grenzmoor zwischen Oldenburg und Preußen. — Mitteilungen des Historischen Vereins Osnabrück 21, 98—178.

Ders., 1898, Die frühgeschichtlichen Denkmäler in der Umgebung von Lohne im Amte Vechta. Bericht über die Thätigkeit des Oldenburger Landesvereins f. Altertumskunde und Landesgeschichte X, 1—28. Oldenburg.

Raftery, B., 1986, A wooden trackway of iron age date in Ireland. Antiquity Vol 60, 50—54. Cambridge.

Raths, 1933, Der Bohlenweg zwischen Bardenfleth und Loyerberg im Zuge der „Ostfriesischen Straße". — Nachrichten für Stadt und Land, 22. 10. 1933. Oldenburg.

Reinhardt, W., 1973, Zwei vorgeschichtliche Wege im Meerhusener Moor. — Probleme der Küstenforschung im südlichen Nordseegebiet 10, 59—64.

Schmidt, B., und R. Aniol, 1983, Die Arbeitsweise der Dendrochronologie und ihre Verbesserung durch Berücksichtigung von Weiserjahren. — Kölner Jahrbuch für Vor- und Frühgeschichte 16, 142—152.

Schmidt, B., und J. Freundlich, 1984, Zur absoluten Datierung bronzezeitlicher Eichenholzfunde. — Archäologisches Korrespondenzblatt 14, 233—237.

Schmidt, B., und H. Schwabedissen, 1978, Jahrringanalytische Untersuchungen an Eichen der römischen Zeit. — Archäologisches Korrespondenzblatt 8, 331—337.

Schoknecht, U., 1964, Ein mittelalterlicher Moorweg am Malchiner See. Ausgrabungen und Funde, 9, 219—222. Berlin.

Schuldt, E., 1963, Vorbericht über die Ausgrabungen im Gebiet der Alten Burg von Sukow... Ausgrabungen und Funde 8, 200—205. Berlin.

Ders., 1963a, Die Ausgrabungen im Gebiet der Alten Burg von Sukow... Jahrbuch für Bodendenkmalpflege in Mecklenburg, 217—238. Schwerin.

Schwabedissen, H., 1983, Ur- und Frühgeschichte und Dendrochronologie. — Archäologisches Korrespondenzblatt 13, 275—286.

Schroller, H., D. Wildvang und Grüss, 1936, Der Bohlweg von Oltmannsfehn-Okkenhausen, Kr. Leer. — Die Kunde 4, 73—81.

Starke, 1873, Die Moorbrücke im Wrisser Hamrich. — Jahrbuch der Gesellschaft für bildende Kunst und vaterländische Altertümer zu Emden 2,1.

Struve, K.W., 1972, Ausgrabungen auf den slawischen Burgen von Warder... Archäologisches Korrespondenzblatt 2/72, 61—67. Mainz.

Tewes, 1886, Die sogenannten Römerbrücken im Regierungsbezirk Stade. — Hannoverscher Courier 22. 12. 1886. Hannover.

Zeist, W. van und Casparie, W., 1966, Veenwegen uit het verre verleden. In: Wegen Nr. 606, 110—125. Utrecht.

Zylmann, P., 1933, Ostfriesische Urgeschichte. Hildesheim.

DIETER TIMPE

Wegeverhältnisse und römische Okkupation Germaniens

Einleitung

„(Varus) befand sich schon in schwer passierbaren Wäldern ... und da zeigten sich auf einmal (die Germanen) als Feinde statt als Untertanen ... Das Gebirge war schluchtenreich und uneben, und die Bäume standen dicht und riesig hoch, so daß die Römer, schon bevor die Feinde sie angriffen, schwer bedrängt wurden, weil sie Bäume fällen, Wege bahnen, notfalls Brücken schlagen mußten. Auch führten sie viele Wagen und Lasttiere mit sich wie im Frieden; nicht wenige Sklaven und Weiber und der übrige mächtige Troß zogen mit ihnen, so daß sie auch deswegen eine aufgelöste Marschordnung befolgten. Und dabei brachen Regen und Sturm über sie herein und brachten sie noch weiter auseinander. Der Erdboden wurde um die Wurzeln und Stämme schlüpfrig und ließ sie nur ganz unsicher marschieren; zerschmetterte und niederstürzende Baumkronen brachten sie in Verwirrung ...“ (Dio 56, 19, 5—20, 3). Die Sätze aus der berühmten Schilderung der Varus-Schlacht bei Cassius Dio veranschaulichen die Bedeutung der Wegeverhältnisse für die römische Okkupation und illustrieren die selbstverständliche Tatsache, daß Eroberung und Behauptung eines Landes auch an verkehrstechnische Voraussetzungen gebunden sind. — Den umgekehrten Sachverhalt, daß strategische und logistische Bedürfnisse eines Eroberers die verkehrsmäßige Erschließung eines Landes einleiten können — sei es in vorgegebenen Bahnen oder in ganz anderen —, illustrieren immerhin die im übrigen umstrittenen Worte, mit denen Florus im 2. Jahrhundert den Erfolg des Drusus in Germanien resümiert (2, 30, 25—27): „Nach dem Sieg ... verteilte Drusus zum Schutz der Provinz überall Besatzungen und Wachposten, an Maas, Elbe und Weser; am Rheinufer aber errichtete er fünfzig Kastelle. Bona und Gesoriacum verband er durch Brücken und sicherte sie durch Flotten. Den bis dahin nicht gesehenen und nicht betretenen hercynischen Wald erschloß er“. — Die beiden Aspekte verbinden sich zu der Frage: Wie verhielt sich die Kommunikations-Infrastruktur rechts des Rheines zu den Zielen, Möglichkeiten und Ergebnissen der römischen Okkupation? Und inwiefern berührte umgekehrt die Annexion des Landes zwischen Rhein und Elbe sein Kommunikations-System?

Die Frage, so allgemein gestellt, gehört indessen nicht zu denen, auf die Quellen eine bündige Antwort bereithalten; fast wird mit ihr nur eine Unbekannte zu einer anderen in Beziehung gesetzt. Denn ein vorrömisches Wegenetz in Germanien ist praktisch nicht bekannt, seine Erschließung aus Funden entweder unmöglich oder methodisch problematisch; das auf diesem Wege Erkannte bedarf der Stützung durch die historischen Indizien der Okkupationsgeschichte, statt diesen umgekehrt ein festes Relief geben zu können. Aber die isolierten, pauschalen und tendenziösen Trümmer der römischen Historiographie und die punktuellen archäologischen Zeugnisse der römischen Präsenz rechts des Rheins ergeben den erwünschten sachlichen Zusammenhang ebenso wenig. Es kann sich bei diesem Thema also nicht darum handeln, mit sicherem Griff ins volle Menschenleben die komplexe vergangene Wirklichkeit nachzuzeichnen, sondern eher darum, die Topographie eines historischen Problems zu skizzieren, wobei mehr auf die richtige Einschätzung der Proportionen im ganzen zu hoffen ist als auf die Tilgung weißer Flecken im einzelnen.

Die Fragestellung ist überdies von der Art, daß sie zwischen die Netze der etablierten Disziplinen fällt und von anders ausgerichteten wissenschaftlichen Lampen nur spärliches Licht erhält. Römische Straßenforschung (deren Stand Arbeiten von Chevallier, Herzig, Bender, Pekáry, Radke, Schneider repräsentieren[1]) klärt die Kommunikationsfragen im Okkupationsstadium nicht; von Konstruktion oder Rechtslage der *viae militares* ist z.B. nichts für die *pontes longi* zu gewinnen. — Altstraßenforschung wiederum (über die Denecke erstmals zusammenfassend orientiert, die Hayen hinsichtlich der Bohlenwege behandelte, während sie im übrigen noch ganz im topographischen Detail steckt[2]) kann ihre älteren Befunde kaum zeitlich differenzieren und bietet deshalb für eine chronologisch fixierte Frage wenig Hilfe. — Theoretische Verkehrsgeographie und Raumforschung gehen mit Hettner, Ratzel, v. Richthofen, Christaller u.a. auf ehrwürdige und tiefgreifende Ansätze zurück[3]; Darstellungen des heutigen Forschungsstandes sind vor allem Voppel und Otremba[4] zu entnehmen. Auch die Angebote dieser Disziplin scheinen aber, polarisiert zwischen wenig anwendbarer Raumphilosophie und ebenso wenig übertragbarer Analyse neuzeitlicher Verhältnisse, für unseren Fall schlecht einlösbar zu sein. — Ich will deshalb versuchen, den wenigen Zeugnissen ohne apriorisches Programm so viel allgemeine Auskünfte abzugewinnen, daß sie sich zu einer Modellvorstellung zusammenfügen, die wenigstens anschaulich ist, diskutiert und korrigiert werden kann.

---

[1] Th. Pekáry, Untersuchungen zu den röm. Reichsstraßen (Antiquitas 1, 17) 1968; G. Radke, RE S. 13 (1971), 1417 ff. s.v. viae publicae Romanae; R. Chevallier, Les voies romaines (Coll. U, série ,Hist. anc.') 1972; H. Herzig, Probleme des röm. Straßenwesens, in: ANRW II 1 (1974), 593 ff.; H. Bender, Röm. Straßen und Straßenstationen (Kl. Schriften z. Kenntnis d. röm. Besetzungsgesch. Südwestdeutschl. 13) 1975; H. Chr. Schneider, Altstraßenforschung (Erträge der Forsch.) 1982.

[2] D. Denecke, Methoden u, Ergebnisse d. historisch-geographischen u. archäolog. Untersuch. u. Rekonstruktion mittelalterl. Verkehrswege, in: H. Jankuhn, R. Wenskus (Hrsg.), Geschichtswiss. u. Archäologie (Vorträge u. Forschungen XXII) 1979, 433 ff.; H. Hayen, Hoops[2] 3 (1978), 175 ff. s.v. Bohlenweg.

[3] F. v. Richthofen, Vorles. ü. allg. Siedlungs- u. Verkehrsgeographie 1908; F. Ratzel, Politische Geographie[3] 1923; W. Christaller, Die zentralen Orte in Süddeutschland 1933[3] 1980; A. Hettner, Allg. Geographie d. Menschen III Verkehrsgeographie 1952; P. Schöller (Hrsg.) Zentralitätsforschung (Wege d. Forsch. 301) 1972.

[4] G. Voppel, Verkehrsgeographie (Erträge d. Forschung 135) 1980; E. Otremba-U. Auf d. Heide, Handels- u. Verkehrsgeographie (Wege d. Forschung 343) 1975.

I. Einschätzung und Kenntnis germanischer Kommunikationsverhältnisse vor der römischen Okkupation

1. Geographische Anschauung

Zur ältesten Anschauung vom mitteleuropäischen Norden der Oikoumene gehört nächst dem Wissen um sein extremes Klima die Erkenntnis seiner Unzugänglichkeit. Die Vorstellung einer unermeßlich großen Waldbarriere, eines riesigen natürlichen Verkehrshindernisses im Zentrum dieser Region prägt die literarischen Zeugnisse von Anfang an und beherrschte darum sicherlich auch die Köpfe der Praktiker. Für römisches Empfinden stellte deshalb das germanische Mitteleuropa nicht wie für das unsere bis zur deutschen Katastrophe eine lebensvolle, mannigfaltige Impulse aussendende, die Peripherie zusammenhaltende Mitte dar, sondern eher so etwas wie für uns die großen Wüsten, Salzsteppen oder Urwälder.

Diese Auffassung verdichtet sich im Begriff des hercynischen Waldes, den zuerst Aristoteles (meteor. 1, 13, 20) nennt, nördlich der Donau lokalisiert und als nach Höhe und Ausdehnung größtes Gebirge bezeichnet[5]. Eratosthenes und „gewisse Griechen" haben Caesar zufolge (B.G. 6, 24, 2) eine *fama* des großen Waldgebirges besessen; ob Poseidonios zu ihnen gehört oder womöglich sogar er, nicht Eratosthenes, Caesars eigentlicher, nicht namentlich genannter Gewährsmann ist[6], muß dahingestellt bleiben. Caesar scheint dem hercynischen Wald eine querrechteckige Erstreckung zuzuschreiben, nämlich (falls der Exkurs echt sein sollte!) über 60 Tagemärsche in west-östlicher, neun in nordsüdlicher Richtung vom Rheinknie bei Basel an gemessen; er reicht bis zu den Dakern und Anartern und umfaßt annähernd die gesamte Mittelgebirgszone; Strabo denkt sich (7, 290f. 292) den bei ihm nördlich der Donau liegenden Wald eher ringförmig[7]. Als das Wichtigste steht bei beiden Autoren fest: Die relative Undurchdringlichkeit dieses Gebietes im ganzen, die sich daraus ergebende Unkenntnis der geographischen Verhältnisse und die tiefe innere Beziehung seiner Bewohner zu dieser Grundgegebenheit ihres Landes. Denn wie die Skythen Steppenmenschen, sind die Germanen Waldmenschen par

---

[5] Vgl. H. S t r o h m , Meteor. (Arist., Werke in dt. Übers. XII, 1)[2] 1979, 160 z. St.; Mutmaßungen über die Herkunft des aristotelischen Wissens bei K. L e n n a r t z , Zwischeneuropa i.d. geogr. Vorstellungen u.d. Kriegführung der Römer i.d. Zeit v. Caes. bis Marc Aurel, Diss. Bonn 1969, 8f.

[6] So E. N o r d e n , Germ. Urgeschichte i. Tac. Germania[3] 1923, 38,2; Ptol. 2, 11, 5 bietet mit unlateinischem Ὀρκύνιος δρυμός die Namensform, die nach Caesar jene Griechen verwendeten.

[7] Die Angaben Strabos sind uneinheitlich und scheinen verschiedene Quellen zu kontaminieren; vgl. A.M. B e r t h e l o t , L'Europe occ. d'après Strabon et Agrippa, Rev. archéol. 6, 1 (1933), 9ff.; L e n n a r t z (wie A. 5), 42ff. Strabo 7, 290 heißt es vom Land nördlich der Alpen: ἐνταῦθα δ'ἐστὶν ὁ Ἑρκύνιος δρυμὸς καὶ τὰ τῶν Σοήβων ἔθνη, τὰ μὲν οἰκοῦντα ἐντὸς τοῦ δρυμοῦ καθάπερ τὰ τῶν Κοαδούων... Die Sueben werden hier vom hercynischen Wald umschlossen gedacht; entsprechend noch 292 ὁ δὲ Ἑρκύνιος δρυμὸς .. κύκλον περιλαμβάνων μέγαν.

excellence; bündig sagt Dionysios Periegetes, der Dichter-Geograph der frühen Kaiserzeit (285 f.): Die Germanen, die die Berge des hercynischen Waldes durchstreifen ('Ερκυνίου δρυμοῖο παραϑρῴσκοντες ὀρόγκους).

Natürlich ist der Wald nicht schlechthin undurchdringlich, aber er hindert seine Durchdringung. Deshalb bestimmt Strabo die Entfernung vom Rhein zur Elbe mit etwa 3000 Stadien (ca. 540 km) „Luftlinie" (viel zu lang also, wie auch bei Caesar) und drückt diesen Begriff so aus: „Wenn es gerade Wege dorthin gäbe, aber durch die Unebenheiten, Sümpfe und Wälder sind große Umwege nötig" (292). Es gibt also Wege, nur sind sie für den Fremden, namentlich den Eroberer, schwer zu finden und von den Einheimischen leicht zu verbergen. Aufschlußreich argumentiert Strabo (1, 10), daß die Germanen in Sümpfen und Wäldern und unzugänglichen Einöden Krieg führten. Er sagt τοπομαχεῖν, d.h. Stellungskrieg führen, sie benutzten also, meint er, ihre Naturhindernisse wie Befestigungen und künstliche Wehranlagen; denen, die das Land nicht kannten, machten sie „das Naheliegende ferner", hielten die Wege und die besten Möglichkeiten zur Versorgung mit Nahrung und anderen (notwendigen Gütern) verborgen. — Das ist zwar aus der Erfahrung des Zusammenbruchs der Okkupation gesehen, aber nichtsdestoweniger plausibel und zutreffend, gerade weil es nicht pauschal die absolute Unzugänglichkeit des Waldlandes und das Fehlen von Wegen behauptet, sondern die Schwierigkeit des Findens und Sichorientierens und damit die Abhängigkeit von einheimischer Information in den Vordergrund stellt.

Im Lichte dieser Einschätzung müssen die wiederkehrenden Ausdrücke beurteilt werden, der hercynische Wald sei bislang nicht betreten, undurchdringlich usw., bzw., die Römer hätten ihn erst erschlossen, geöffnet, zugänglich gemacht. Gewiß nicht gleichmäßig bewaldet, mehr oder weniger große Siedlungskammern freilassend, kennzeichnen das mitteleuropäische Waldgebiet in römischen Augen doch am ehesten die riesigen Urwaldbäume mit ihrem ungeheueren, verfilzten Wurzelwerk und den gewaltigen Kronen, über die sich Plinius (n.h. 16, 6) am eindrucksvollsten geäußert hat (vgl. auch Strabo 7, 292).

Der Wald ist indessen nur ein besonders signifikantes Verkehrshindernis. Mit zunehmender Landeskenntnis wuchs die Einsicht, daß Mitteleuropa überhaupt durch seine Geomorphologie unwegsam sei, bzw. dem Verkehr natürliche Hemmnisse ungewöhnlichen Ausmaßes entgegenstehen. „Das Land selbst", sagt bündig der Geograph Mela (3, 29), „ist durch seine vielen Flüsse unzugänglich, durch die vielen Berge beschwerlich und ist großenteils durch Wälder und Sümpfe unwegsam". Auch abgesehen von der Bewaldung gehört Germanien also durch die seine Oberfläche formenden Flüsse, Berge und vor allem Sümpfe zu den verkehrsmäßig ungünstigsten Gebieten des ganzen *orbis terrarum* und befindet sich insoweit in tiefem Gegensatz zum benachbarten Gallien.

Solche Anschauungen spiegeln die Kommunikationssituation und die Kommunikationsschwierigkeiten grundsätzlich zutreffend, aber sie konkretisieren die germanische Verkehrsgeographie nicht. Den hercynischen Wald lokalisieren zu wollen, wäre vergebliche Mühe, aber auch von den Einzelwäldern, deren Namen seit Caesar begegnen — *silva Bacenis, saltus Teutoburgiensis, silva Cae-*

sia, mons Taunus, hyle Gabreta, Abnoba mons — ist keine Vorstellung etwa über das Wegenetz oder die Verkehrsdichte, den Zustand der Vizinalwege oder ihrer Benutzbarkeit durch Wagen und dergleichen möglich. Das kaiserzeitliche Urteil der Verkehrsfeindlichkeit Germaniens findet in der erhaltenen Literatur keine Umsetzung in die Nennung von wenigstens relativ günstigen Verkehrsverbindungen, natürlichen Schlüsselpunkten wie Pässen oder Flußübergängen, von strategischen Positionen zur Beherrschung des Landes. Das schließt natürlich nicht aus, daß ein internes Wissen dieser Art vorausgesetzt werden kann und sogar muß. Aber die geographischen Vorstellungen der Literatur von Germanien bleiben auch hinsichtlich der Verkehrsverhältnisse, obwohl im ganzen deutlich und plastisch, doch auch undifferenziert und beschränkt auf das Typische.

Die ersten Grundlagen dieser geographischen Anschauungen und Kenntnisse waren griechische Forschung und Kombination, als deren Vertreter Pytheas, Eratosthenes und Poseidonios in verschiedenen Zusammenhängen erwähnt werden[8]. Ihr Wissensstand und Interesse wird vor allem auf den Küstenverlauf und vielleicht die Küstenschiffahrt bezogen gewesen sein (Plin. 2, 167. 246. 4, 96 ff. 37, 35 f.)[9]; für die Wegeverhältnisse des Binnenlandes waren sie von geringer Bedeutung. — Caesar beruft sich für die Kenntnis Galliens öfter auf Händlerinformationen. Es ist deshalb mehr als ein ethnologisches Zivilisationsindiz, daß ihm zufolge die Ubier sich dem Handelsverkehr am meisten öffnen (4, 3, 3), die östlich von ihnen wohnenden Sueben dagegen nur noch ihre Kriegsbeute verkaufen, aber nichts einführen (4, 2, 1); das Zivilisationsniveau der Germanen, das den Grad des regelmäßigen, überregionalen Austauschens durchweg nicht erreicht, verhindert damit auch eine genauere Kenntnis des Landes. Die Tätigkeit römischer Händler im grenznahen rechtsrheinischen Gebiet ist auch für die Zeit nach Caesar bezeugt; die Tötung solcher Leute durch Eingeborene (sicherlich aber nicht Ubier) wurde im Jahr 25 v. Chr. zum Anlaß einer zufällig überlieferten Strafexpedition genommen (Dio 53, 26, 4, anders 54, 20, 6)[10]. Andererseits ist über das Vordringen römischer Kaufleute ins germanische Hinterland (das für die Okkupationszeit als selbstverständlich anzusehen ist) nichts bekannt, im Zusammenhang der Varus-Katastrophe etwa werden Händler nicht erwähnt[11]. Reichweite und Umfang

---

[8] Vgl. D. Detlefsen, Die Entdeckung d. germ. Nordens im Altertum (Quellen u. Forsch. z. alt. Gesch. u. Geogr. 8) 1904; J. O. Thomson, History of anc. Geogr. 1948, 139 ff. 186 ff.

[9] Es ging der vorrömischen Forschung hier vor allem um den west-östlichen Zusammenhang der nördlichen Oikoumene; vgl. Verf., Hoops[2] 7, 328 ff.

[10] S. Verf., Z. Gesch. d. Rheingrenze zw. Caesar u. Drusus, Mon. Chiloniense (Fschr. Burck) 1975, 130.

[11] Vgl. Florus 2, 30, 36 f., wo aber die barbarische Rache an den *causarum patroni* ausgemalt wird. Tac. ann. 2, 62, 3 (römische *lixae ac negotiatores*, die der Handel an den Königssitz Marbods geführt hat) illustriert die Möglichkeiten unter etwas anderen Voraussetzungen.

des Handels und der daher zu gewinnenden Wegeinformationen scheinen demnach relativ begrenzt gewesen zu sein[12].

Die meisten und wichtigsten Kenntnisse über Verkehrsverhältnisse stammten zweifellos aus militärischer Erkundung, vor allem die allgemeinen und weitreichenden wie die Angaben über die Entfernung zwischen Rhein und Elbe (Vell. 2, 106, 2; Plin. n.h. 4, 96ff.; Strabo 7, 292), über die Erstreckung und Gestalt der Nordseeküste oder die Abfolge der Strommündungen. Die Commentarien Agrippas (bei Plin. n.h. 4, 81. 98. 99; divisio orbis terr. 14, 11 u. dimensuratio provinc. 8, 19) bildeten dafür die Grundlage[13]. Detailwissen über Kommunikationsverhältnisse bezogen die römischen Militärs naturgemäß hauptsächlich aus bundesgenössischen Informationen, was Caesar gelegentlich ausdrücklich bemerkt (B.G. 6, 9, 10. 29, 1). Selbst im Stadium der Okkupation hat es aber wegen der Natur des Landes nie eine vollständige Durchdringung und Kenntnis der Verkehrsgeographie gegeben; dies bestätigt die Formulierung des Plinius: „Germanien ist erst viele Jahre später (nämlich nach Agrippa d.h. zur Zeit der Okkupation) bekannt geworden und auch da nicht ganz (4, 98; vgl. Cons. Liv. 384ff.). Für das Land jenseits der Elbe stellt Strabo in bezeichnender Übertreibung jede Kenntnis in Abrede (294).

2. Zivilisatorische Erfahrung

Diese geographischen Anschauungen müssen ergänzt und können ausgefüllt werden durch Zeugnisse über den zivilisatorischen Habitus des Landes, sind doch Wegeverhältnisse nicht nur Konsequenz geographischer Konstanten, sondern auch Ausdruck des variablen Zivilisationsniveaus. Hierbei treten nun ganz verschiedene Aspekte hervor.

Grundlegend ist für den antiken Beobachter das zum Klischee vereinfachte Schema des west-östlichen Kulturgefälles. Germanien liegt nördlicher als Gallien, und damit hängt es gemäß der Klimatheorie zusammen, daß sich seine, den Galliern an sich verwandten Bewohner doch graduell von diesen unterscheiden, noch wilder, größer und blonder sind als sie (Strabo 4, 196. 7, 290). Was bei Galliern noch vorkommt, wie Freude an eingeführtem Vieh, gibt es bei Germanen nicht mehr (B. G. 4, 2, 1). Die Schilderung der Primitivität der Germanen enthält auch die topischen Züge der Unstetigkeit, Rechtlosigkeit und Verständnislosigkeit für höhere Zivilisationsgüter. Diese Aspekte sind weniger als Summe von Empirie denn als Formulierung einer ethnologischen Kulturstufenzuordnung zu verstehen; unmittelbare Folgerungen für die Ver-

---

[12] Der berühmte Ritter, der den ostpreußischen Bernstein auf direktem Wege erschloß (Plin. n.h. 37, 45), tat das erst in neronischer Zeit; s. D. Bohnsack, Hoops[2] 2, 292 (kein nennenswertes Fundaufkommen in der älteren RKZ).

[13] Vgl. D. Detlefsen, Ursprung, Einrichtung u. Bedeutung der Erdkarte Agrippas (Quellen u. Forschungen z. alten Gesch. u. Geogr. 13) 1906; A. Klotz, die geogr. commentarii d. Agrippa u. ihre Überreste, Klio 24, 1931, 38ff.; M. Reinhold, Marcus Agrippa 1933, 152ff.

kehrsverbindungen im Lande können deshalb nicht einmal im allgemeinen daraus gezogen werden. Ein weitergehender Abfall nach Osten, der etwa der Zivilisationsdifferenz zwischen nördlichen und südlichen Galliern entspräche und z.B. in einer zunehmenden Verdünnung der Verkehrswege sichtbar würde, wird übrigens nirgends behauptet. Die Zeichnung des ungeschlachten, rechtlosen, ökonomisch uninteressierten Primitiven ist, jenseits eines rheinnahen Streifen allenfalls, nicht geographisch differenziert (Mela 3, 24 ff. Plin. n. h. 16, 2).

Vor allem die Ödland- und Waldgrenzen, Ausdruck barbarischen Macht- und Furchtverhaltens (B. G. 6, 23, 1), erweist die Stämme als prinzipiell verkehrsfeindlich. Solche Grenzsäume kommen bei den nördlichen Belgern ausnahmsweise vor, bei den Germanen werden sie als Regelerscheinung hingestellt. Die größten dieser Waldgrenzen sollen hunderte von Meilen weit sein (B. G. 4, 3, 1—2) wie die *silva Bacenis,* die *nativus murus* gegen *iniuriae* und *incursiones* heißt (6, 10, 5). Hier wird offenbar natürlichen Wäldern der Zweck einer Grenzbarriere zugeschrieben; die Beobachtung vieler kleiner, abgeschlossener Siedlungskammern mag zu einer Deutung beigetragen haben, die in dieser Verallgemeinerung nicht zutreffen kann. Den Angaben über Ödlandgrenzen ist insbesondere nicht zu entnehmen, wie geartete und wie große Verkehrsräume damit getrennt wurden, und wie sich die Abgrenzung verkehrstechnisch auswirkte. Noch weniger klar ist, ob etwa der relativen Abschließung nach außen die Ausbildung eines internen Kommunikationsnetzes entsprach oder ob sie die Funktion zentraler Punkte begünstigt hat, wofür man schwache Hinweise finden könnte[14].

Zu der Abschließungstendenz steht nun aber die weit mehr betonte Mobilität der Germanen in einem latenten Gegensatz. Schon die allgemeine Vorstellung eines Halbnomadismus als Kulturzustand (Strabo) würde zur Annahme entsprechender Verkehrsmöglichkeiten nötigen. Vor allem gilt das für die echten großen Wanderzüge, namentlich den Kimbernzug. Die Gesamtzahl dieser Wandervölker beziffert die Marius-Vita Plutarchs (c. 11, 3) auf 300 000 Männer, was leicht die Vorstellung von einer Million Menschen erlaubt; auch bei beträchtlicher Reduktion der Zahl im Ursprungsgebiet gibt das eine außerordentliche Menschenmenge, zu der die oft erwähnten Wagen zu rechnen sind; sie alle konnten offenbar die germanischen Wege ohne unverhältnismäßige Schwierigkeiten und Verluste passieren. Überraschenderweise hätte diesem Zug, wenn die caesarische Nachricht (B. G. 2, 29, 4) über die Abstammung der Aduatucer von einem Depot der Kimbern glaubhaft sein sollte, das Vordringen in den Süden größere Schwierigkeiten als das Durchqueren des unwegsamen Germaniens bereitet; hier sind allerdings Zweifel angezeigt. Merkwürdigerweise ist der Kimbernzug nach unserer Kenntnis in Mitteleuropa nicht auf nennenswerten energischen Widerstand gestoßen[15]; der Bericht vom Auszug der

---

[14] B. G. 6, 10, 4 . . . Suebos omnes . . . penitus ad extremos fines se recepisse; ähnlich vielleicht Caes. B. G. 4, 38, 3 von Menapiern zu verstehen.

[15] Nur die Abwehr durch die Bojer ist bezeugt: Poseid. FGrHist 87, F. 31 = Strabo 7, 293.

Helvetier vermittelt eine Vorstellung davon, wie ein solcher Vorgang überhaupt verstanden werden, in welchen Formen er sich etwa abgespielt haben
kann.

Die Kimbern sind indessen kein singulärer Fall: Die langdauernde und
umfangreiche germanische Infiltration Nordgalliens, die Caesar andeutet, der
Zug Ariovists, die swebischen Vorstöße nach Westen, die zur Unterwerfung
von Tributär-Stämmen (wie den Ubiern) führten, sind sämtlich Unternehmungen, die eine Durchquerung germanischer Gebiete durch große Verbände voraussetzen und zeigen, daß die Wegeverhältnisse dies nicht ausschlossen. Und
zwar gab es hier sowohl die unendlichen Heerwürmer als auch schnelle Bewegungen einheitlicher Verbände. Zwanzig Tage ziehen dreiviertel der Helvetier
über die Saône (B. G. 1, 12, 2. 13, 1—2), sechs Tage lang marschieren die Teutonen am Lager des Marius vorbei (Plut. 18, 2); dann wieder ziehen sich solche
Scharen an einem strategischen Punkt, in einem Lager oder auf einem
Schlachtfeld, zusammen (z.B. B. G. 1, 21, 1). Als andererseits Caesar zur Plünderung des Eburonen-Gebietes einlädt und die Nachricht davon auch ins
Rechtsrheinische gelangt, ziehen 2000 sugambrische Reiter aus, um von der
Gelegenheit zu profitieren, überwinden auch den Rhein, offenbar erwartungsgemäß, *navibus ratisbusque*, und das alles geschieht anscheinend mit der gebotenen Schnelligkeit (B. G. 6, 35, 4—6). Ausdrücklich weist Caesar auf die
bemerkenswerte Angepaßtheit solcher Verbände an die Kommunikationsbedingungen des Landes hin: „Sümpfe und Wälder stellen für diese in Krieg
und Raubzügen groß gewordenen Krieger kein Hindernis dar" (6, 35, 7; vgl.
Tac. ann. 1, 64, 2 *Cheruscis sueta apud paludes proelia*). — Sogar Überraschungseffekte sind nicht ausgeschlossen: Die Menapier verteidigen das
rechte Rheinufer gegen Sweben-Angriffe, darauf ziehen sich die Sweben
scheinbar zurück, aber „kehrten nach einem Marsch von drei Tagen wieder
um, legten diesen ganzen Weg mit ihrer Reiterei in einer einzigen Nacht zurück
und überfielen die ahnungslosen und überraschten Menapier" (4, 4, 5). Hierbei
kann es nicht über Stock und Stein gegangen sein.

Auch die Zeugnisse über den kulturellen Habitus der Germanen erlauben
keine konkrete Vorstellung über Wegeverhältnisse. Sie betonen einerseits die
sich nach römischer Interpretation aus der Kulturstufe ergebende Feindseligkeit und Abgeschlossenheit der Stämme, die Rechtlosigkeit und Machtbestimmtheit der zwischen ihnen bestehenden Verkehrsbeziehungen im allgemeinen. Germanien ist demnach kein Verkehrsraum. Andererseits schließt dieser
Zustand in den Augen der antiken Beobachter einen hohen Mobilitätsgrad
nicht aus, derjenigen Mobilität freilich, die selbst nur ein Indiz barbarischer
Unstetheit und Unberechenbarkeit ist, nicht des friedlichen, zivilisationsfördernden und menschenverbindenden Verkehrs. Insofern schließen sich beide
Gesichtspunkte also nicht aus, sondern ergänzen sich, freilich nur unter dem
Gesichtspunkt der Kulturanthropologie. Realität und Praxis der Verkehrswege
kommen hierbei kaum in den Blick, und unser Informationsbedürfnis trifft
sich nur selten mit dem Interessengesichtspunkt der Quellen. Das wird erst
anders, als die politisch-militärische Begegnung mit den Germanen hinzukommt.

3. Geschichtliche Begegnung

Spätestens der gallische Krieg hat die Tatsache in den römischen Erfahrungshorizont gerückt, daß Landschaften mit großen geschlossenen Wald- und Sumpfdistrikten wie die nördliche Belgica, das Land zwischen Schelde und Rhein, Gebiete von extrem schwieriger Durchdringbarkeit darstellten, die sich dadurch von anderen barbarischen Landschaften deutlich unterschieden. Das militärische und politische Problem der Herrschaftssicherung hing hier unmittelbar mit den Verkehrsverhältnissen zusammen. Die Schwierigkeiten lagen dabei nicht in einem generell primitiven Kommunikationssystem, sondern in der Durchsetzung einer durch Wege grundsätzlich erschlossenen Landschaft mit Enklaven, die mit konventionellen Mitteln kaum zu öffnen waren und deshalb eine einheitliche Territorialherrschaft mehr oder weniger stark in Frage stellten. Diese Verhältnisse werden wohl an keiner Stelle anschaulicher und präziser geschildert als in Caesars Beschreibung des Eburonenlandes (Gegend von Tongern) (6, 34): Geschlossener Widerstand war zu Ende, die Feinde hatten sich dorthin zerstreut, wo ein entlegenes Tal, ein Waldgebiet, ein unzugänglicher Sumpf Schutz und Rettung versprachen. „Diese Lokalitäten waren nur der nächsten Nachbarschaft bekannt (*haec loca vicinitatibus erant nota*), und die Sache (gemeint ist das systematische Durchkämmen dieser Gebiete) verlangte große Umsicht, nicht, weil das Heer im ganzen dabei in Gefahr geraten wäre", wohl aber der einzelne, der sich zu weit entfernte. Denn „die Wälder verhinderten durch ihre *incerta* und *occulta itinera* das Eindringen in geschlossener Formation". Man hätte, wenn die verruchte Gesellschaft (*stirps hominum sceleratorum*) wirklich ausgeräuchert werden sollte, mehrere kleinere Abteilungen (*plures manus*) aussenden und die Truppen aufspalten müssen (*diducendi milites*). Blieben aber, wie es *instituta ratio* und *consuetudo exercitus Romani* forderten, die Manipel bei ihren Feldzeichen zusammen (das dürften hier Einheiten von etwa 100 bis 120 Mann sein), dann konnten sich die Barbaren dem Angriff im Schutz ihres Geländes entziehen. Caesar hielt sich deshalb lieber zurück[16]. — Mit hundert Mann großen Verbänden konnte man also in den Wald nicht eindringen, wäre aber stark genug gewesen; mit Bruchteilen davon wäre es zwar gegangen, aber auch gefährlich geworden.

Verhältnisse solcher Art sind nun nach römischer Erkenntnis in Germanien überall gegeben. Keineswegs gilt also das Land östlich des Rheins als schlechthin unwegsam; immer ist vielmehr die Unterscheidung zu beobachten zwischen den durch normale Verkehrsformen erschlossenen Räumen und den „*a-via*" (Tac., ann. 1, 63, 1), *latebrae, occulta saltuum* oder wie man sich sonst ausdrückt, Gebieten also, die zwar auch nicht völlig ungangbar waren, aber ihrem Charakter nach jenem Eburonenwald entsprachen. Mit den unendlich oft genannten „Wäldern und Sümpfen" ist bei nur etwas genauerem Sprachgebrauch kein Synonym für germanisches Land überhaupt gemeint, sondern

---

[16] Offenbar hat die lange Erklärung die Funktion, die zurückhaltende Entscheidung militärisch zu begründen.

solche *refugia*, die es allerdings in reicher Zahl gab. Vor diesem Hintergrund ist der so vage und rhetorisch klingende Sprachgebrauch der Quellen meist ganz sinnvoll zu verstehen. Heißt es etwa (ein beliebiges Beispiel!) ganz summarisch von Drusus (Suet. Cl. 1, 2), er hätte den germanischen Feind *penitus in intimas solitudines* getrieben, so bedeutet das: Ebenso wenig wie bei Caesars Eburonen gab es noch einen organisierten Widerstand; Drusus zersprengte die Gegner bis an den Anfang ihrer unzugänglichen Refugien (hatte also insofern Erfolg), konnte sie allerdings dort hinein so wenig verfolgen wie Caesar und mußte deshalb weiterhin mit ihnen rechnen (hatte also insofern keinen entscheidenden Erfolg). Wenn umgekehrt Tiberius nachgerühmt wird, er habe Marbod, der im Gebiet des von ihm begründeten *regnum* festsaß wie eine in der Erde verborgene Schlange, zum Herauskommen gezwungen (Vell. 2, 129, 3), so liegt dem Bild die gleiche Vorstellung zugrunde, wenn auch der Sachverhalt hier komplexer ist. Die römische Dauererfahrung mit diesen, vor allem naturräumlich begründeten Verhältnissen kann dann geradezu in einen ethnologischen Stempel umgeformt werden; in diesem Sinne sagt Frontin von Domitian (strat. 1, 3, 10): „Als die Germanen nach ihrer Sitte (*more suo!*) aus Wäldern und dunklen Verstecken (*e saltibus et obscuris latebris*) die Unsrigen immer wieder überfielen und einen sicheren Rückzug in die Tiefen der Wälder antraten..."

Zu dieser für Germanien typischen Situation tritt damit noch eine zweite, mit der ersten zusammenhängenden Schwierigkeit. Bei den geomorphologischen Verhältnissen in Germanien führen auch allgemeine, an sich unproblematische Verkehrsverbindungen so häufig durch Hohlwege, Waldschluchten, Sümpfe usw., daß bei politisch unsicheren Bedingungen auch hier eine Gefährdung römischer Truppen durch militärisch an sich unterlegene Eingeborene entstehen kann. Dies ist der Hintergrund der ebenfalls zahlreiche Male erwähnten, entweder tatsächlich eingetretenen oder nur befürchteten Überfälle auf troßbeladene Kolonnen, Marschgefechte in Wald und Sumpf, Hinterhalte und versteckte Fluchten.

Beide Konstellationen zusammengenommen machen für die römische Führung das Fatale der Kommunikationsverhältnisse in Germanien aus. Kaiser Caligula unternahm einen germanischen Feldzug, der entsprechend der Tendenz der ihm feindlichen Überlieferung als lächerliche Farce abgetan wird[17]. Er hätte einmal ein paar germanische Statisten jenseits des Rheins verstecken und nach dem Frühstück mit viel Getöse die Meldung bringen lassen, der Feind sei da. „Darauf stürzte er sich mit seinen Freunden und einem Teil der Praetorianerreiter in den nächsten Wald", dort errichtete er Siegestrophäen auf abgehauenen Bäumen, kehrte beim Dunkelwerden zurück und bezichtigte die Zurückgebliebenen der Feigheit (Suet. Cal. 45, 1); da haben wir im Zerrspiegel den ersten Typus. — An etwas späterer Stelle (51, 2) wird von einem anscheinend ernsthaften Vorgang, aber in der gleichen Tendenz berichtet: Der Kaiser bewegte sich rechts des Rheins inmitten seines Heeres im Reisewagen (*inter*

---

[17] s. J.P.V.D. Balsdon, The Emperor Gaius 1934, 76 ff.

angustias densumque agmen iter essedo [*fecit*]), also sicher und unimperatorisch bequem auf einer Heerstraße. Da bemerkte „jemand", wenn jetzt der Feind erscheine, werde es keine schlechte Panik geben. Prompt stieg Caligula aufs Pferd um, eilte kopflos zur Brücke zurück und ließ sich, als die durch den Troß versperrt war, über die Köpfe hinweg heben, um sich in Sicherheit zu bringen. Hier haben wir eine Parodie auf den zweiten Typus vor uns. — Wie all solche Wege praktisch aussahen und technisch beschaffen waren, läßt sich auch danach nicht sagen, aber ihre Funktion wird deutlich und ihre Gefährlichkeit verständlich.

II. Kommunikationsprobleme und Methoden der germanischen Okkupation

1. Kommunikationsprobleme und Eroberungsstrategie

Zwei einander ergänzende Aspekte der germanischen Verkehrsgeographie waren demnach der augusteischen Zeit völlig klar: Einerseits die generell schlechte Kommunikationslage dank der innergermanischen Waldbarriere, der Zahl und Richtung der Flüsse, der Unwegsamkeit der Mittelgebirge und der Sümpfe des Flachlandes sowie klimatisch bedingter Unpassierbarkeit und andererseits die speziell zivilisatorisch bedingt schlechte Kommunikationslage infolge Ausdehnung und Zahl unzugänglicher Refugien und der Gefährdung der Wegeverbindungen. Die Kommunikationsverhältnisse in Germanien legten deshalb die Okkupation dieses Landes nicht nahe, sondern setzten ihr ganz erhebliche Widerstände entgegen. Im Gegensatz zu Gallien, dessen Flußsystem, wie auch in der Antike immer gesehen[18], die Erschließung des Landes von der mittelmeerischen Ausgangsbasis her geradezu providentiell zu begünstigen schien, versperrte seine Natur Germanien eher gegen einen von Westen kommenden Eroberer.

Die Legionslager am Rhein markieren bekanntlich die Pforten, durch die sich die römische Strategie das Land eröffnete, nicht unbedingt, um es bis zur Elbe zu unterwerfen (denn dieses Ziel implizieren die Rheinbasen nicht)[19], aber für offensives Vorgehen rechts des Rheines. Das Lager Vetera gegenüber der Lippemündung ist die Kopfstation eines Weges durch das Flußtal, das am direktesten nach Osten führt, und der zwischen Teutoburger Wald und Eggegebirge ins Mittelgebirge eintritt und die Weser erreicht. Von Mainz führt die römische Einfallroute durch das Mainmündungsgebiet und die Wetterau über Lahn und Eder zur Weser oder durch das Kinzigtal zur Fulda. Diese Wege, die auf historischen Karten mit allzu sicheren Linien eingezeichnet zu werden pfle-

---

[18] Strabo 4, 188 f. nach Poseidonios (Diod. 5, 25, 3. 26, 3).
[19] s. Mon. Chilon. (wie A. 10) 141 f.; K. Christ, Z. aug. Germanienpolitik (Chiron 7, 1977, 149 ff.), in: Röm. Gesch. u. Wissenschaftsgesch. 1, 1982, 220 ff.; H. v. Petrikovits, Rheinische Gesch. I Altertum 1978, 54 f. 308.

gen, lassen sich teils aus den wenigen Lagern an der Lippe bzw. der später sicher bezeugten Wetteraustraße, teils aus einigen wenigen literarischen Angaben vermuten oder erschließen. Sie können aber im allgemeinen weder im Gelände lokalisiert und damit nach der technischen Seite beurteilt werden, noch lassen sie sich als Elemente eines Kommunikationssystems, also in verkehrsgeographischer und militärischer Hinsicht, begreifen. Sogar die dürftigen Exzerpte der Feldzugsberichte bestätigen, daß die strategischen Wege der römischen Eroberung und Wiedereroberung von jenen Einmarschrichtungen her allein nicht zu erschließen sind.

Umso wichtiger ist es, daß vom Beginn der Okkupationsfeldzüge des Drusus im Jahre 12 v. Chr. an der Seeweg nicht nur eine Rolle spielte, sondern durch Rheinkanal (*fossa Drusiana*) und Flottenstationen auch zielstrebig ausgebaut worden ist. Wir dürfen die Erwägungen, die Tacitus den Germanicus anstellen läßt (ann. 2, 5, 3 f.), auch seinem Vater Drusus unterstellen: „Der lange Troß lade zu Hinterhalten ein und sei schlecht zu verteidigen. Wenn man dagegen den Seeweg benutze, so stehe er ihnen selbst beliebig zur Verfügung, sei aber den Feinden unbekannt, man könne außerdem den Krieg zeitiger beginnen, die Legionen und die Truppenverpflegung gleichzeitig transportieren, mit frischen Kräften könnte namentlich die Kavallerie auf dem Wege über die Flußmündungen und Flußläufe mitten in Germanien operieren." Es gibt also keine germanischen Kriegsschiffe (ann. 2, 15, 2; von einem Kampf mit Schiffen der Brukterer wird aber berichtet: Strabo 7, 290), die römischen Truppen können sich nicht aus dem Lande ernähren, und die enormen Schwierigkeiten und Gefährdungen, denen die Landkriegsführung durch die weiten Wege und Transporte bei den kurzen Feldzugszeiten (vgl. die oben zitierte Betrachtung des Germanicus: *bellum maturius incipi*) ausgesetzt ist, werden deutlich. Mit der Seeroute hoffte die römische Führung außerdem schon bald[20], Zangenoperationen ausführen, die feindliche Koalition im Rücken fassen zu können.

Die Benutzung und etwaige Begünstigung dieses Wege ist im einzelnen so wenig zu fassen wie der Gebrauch der Landwege. Wir haben in Bentumersiel in der Emsmarsch einen wohl von der römischen Flotte benutzten Stapelplatz und Stützpunkt der augusteisch-tiberianischen Zeit kennengelernt[21], dem auch noch weitere Auskünfte abzugewinnen sein müßten, aber wir wissen trotzdem noch allzu wenig über Frequenz und Zeit dieser Route, über ihre Reichweite und Verflechtung in das Kommunikationssystem. Die archäologischen Indizien von Bentumersiel, aber auch die taciteischen Nachrichten zum Friesenaufstand von 28 n. Chr. (ann. 4, 72) sprechen für eine Versorgung römischer Truppen mit den Produkten des Marschlandes; der taciteische Germani-

---

[20] Cass. Dio 54, 32, 2; Stabo 7, 290 f.; Plin. n.h. 4, 97; Mon. Chilon. (wie A. 10) 143.

[21] Vgl. S c h m i d t , Peter, Der Handel d. RKZ u.d. frühen Mittelalters im niedersächsischen Küstengebiet, in: D ü w e l , K., J a n k u h n , H., S i e m s , H., T i m p e , D. (Hrsg.), Untersuchungen zu Handel und Verkehr der vor- und frühgeschichtl. Zeit in Mittel- und Nordeuropa. T. I (Abh. d. Akad. d. Wissenschaften in Göttingen, Phil.-Hist. Kl., III. Folge, Nr. 143), Göttingen 1985, S. 451 ff.

cus setzt dagegen an der angezogenen Stelle die Mitführung von umfangreichen Verpflegungstrossen voraus. Die Unfälle der Germanicus-Flotte scheinen auf geringe römische Erfahrung in den Küstengewässern und entsprechend seltene Benutzung dieser Route hinzuweisen; die archäologischen Indizien, aber auch literarische (wie das präzise Zusammenspiel zwischen Flotte und Heer) deuten dagegen auf Kenntnis und Eingespieltheit hin. Das sind zwar keine unaufhebbaren Widersprüche, aber doch gegensätzliche Akzentuierungen, die das Zufällige unserer Kenntnis beleuchten.

Sicher zu erkennen ist jedoch das Folgende: Die Bahnung strategisch sinnvoller und sicherer Wege zur Beherrschung des rechtsrheinischen Gebietes stieß, wie wir es nach allem Gesagten nicht anders erwarten können, auf große Schwierigkeiten. Die Einfallspforten der Flußmündungen von Lippe und Main lassen wenig Schlüsse darauf zu, wie sich von dort aus der Anschluß an ein innergermanisches Kommunikationsnetz unter praktisch-technischer und militärisch-politischer Hinsicht vollzog. Daß dies nie befriedigend gelang, beweist jedoch die Benutzung der Wasserwege, deren Zweck nicht die politisch überflüssige und militärisch unergiebige Unterwerfung der Küstenstämme war, sondern das Eindringen in das schwer erschließbare Binnenland. Das nach Norden hin orientierte Flußsystem bot dafür verhältnismäßig günstige Handhaben.

In der geographischen Konsequenz dieser Strategie lag die Erreichung und Benutzung der Elbe als der letzten Wasserstraße vor der Barriere der kimbrischen Halbinsel. Die in den literarischen Quellen wiederholt genannte Elblinie als Ziel der römischen Okkupation Mitteleuropas[22] ergab sich also zumindest auch aus dieser Voraussetzung. Nichts zu tun hat die Elbe mit angeblichen Weltherrschaftsabsichten der römischen Außenpolitik, die als Motiv der germanischen Okkupation so oft in Anspruch genommen worden sind[23]. Für Weltherrschaftsaspiranten ist die Elbe keine Grenze auf Dauer! Mit solchen Argumenten wird der Bereich des politischen Weltbildes, evtl. der politischen Ideologie, werden die großflächigen (wenn auch gewiß nicht unwichtigen!) Ornamente übertragbarer und vieldeutiger Gedankenschablonen mit realer Grenzpolitik verwechselt. Um das Motiv der römischen Eroberung, für die uns eine authentische Deutung ja nicht zur Verfügung steht, zu deuten, muß man von Tatsachen, nicht von Metaphern ausgehen. Die entscheidenden Tatsachen scheinen mir einerseits das dringende und mit wachsender Herrschaftsdichte in Gallien noch zunehmende Bedürfnis gewesen zu sein, das Vorfeld der Rheingrenze politisch und militärisch zu sichern, und andererseits die für die Römer fatale Verflechtung der germanischen Stämme und Stammeskoalitionen, die sie in eine zunächst nicht gewollte und an sich nicht wünschbare Eskalation der Eroberung hineinzwang[24].

---

[22] Das Material wird bei Christ (wie A. 19) 223 ff. vorgeführt und erörtert; ferner C. M. Wells, The German Policy of Augustus 1973, 172 f.; H. v. Petrikovits (wie A. 19).

[23] Die These ist bis zur Absurdität getrieben bei C. M. Wells (s. vor. Anm.); dazu H. v. Petrikovits, Gött. Gel. Anz. 228, 163 ff.

[24] Dazu Vf., Drusus a. d. Elbe, Rhein. Mus. 110, 1967, 289 ff.; ders., Arminius-Studien 1970, 81 ff.

Je weiter nach Osten die Vormarschwege reichten und je ferner die strategische Basis am Rhein damit rückte, desto schwieriger gestalteten sich aber die
militärischen Operationen. Im Zusammenwirken mit der Flotte und der
Abstützung der Landwege durch See- und Flußwege scheint eine begrenzte
Abhilfe gesucht worden zu sein. Die anschaulichste und nur wenig durch Übertreibung getrübte Illustration dafür liefert die Erzählung des Velleius vom
Feldzuge des Jahres 5 n. Chr. (2, 106 f.): „Schließlich wurde, was man vorher
nie zu hoffen gewagt hätte und auch noch nie in die Tat umgesetzt worden war,
das römische Heer mit seinen Feldzeichen 400 Meilen vom Rhein entfernt zur
Elbe geführt, die an den Gebieten der Semnonen und Hermunduren vorbei-
fließt. Und eben dahin war durch ein wunderbares Glück und die planende
Sorgfalt des Feldherrn (Tiberius) unter genauester Beobachtung des Zeitplanes
auch die Flotte gekommen. Sie hatte die Buchten des Ozeans durchfahren, war
aus einem vorher nie gehörten und bislang unbekannten Meer in die Elbe ein-
gelaufen und verband sich nun nach dem Sieg über eine Menge von Völkern
und beladen mit einer überreichen Fülle aller möglichen Versorgungsgüter mit
dem Heer des Feldherrn." Der Autor verschweigt allerdings nicht, daß dem
römischen Lager und Flottenstützpunkt gegenüber auf der anderen Seite des
Stromes, ein Stammesaufgebot in unzweideutig feindseliger Haltung die Bewegungen der Römer verfolgte. Und daß ein Häuptling dem Caesar seine rüh-
rende Huldigung darbringt (2, 107), kann nicht darüber hinwegtäuschen, daß
die Befriedung nur so weit reichte, wie die Wirkung des römischen *gladius*.
Augustus mußte seinen Legaten ausdrücklich verbieten, die Elbe zu überschreiten (Strabo 7, 291, vgl. 294), gegen den militärischen Elan und vernünftige politische Zweckmäßigkeitserwägung vielleicht, aber in klarer Erkenntnis,
daß es nicht noch weitergehen könnte[25].

Auch wenn an dieser Grenzsituation in den folgenden Jahren noch politische Änderungen eingetreten sein sollten[26], blieb diese Grenze höchst problematisch. Ich kann nur ein Argument wiederholen, das mir unverändert
durchschlagend erscheint: Ein Blick auf die Schlütersche Waldkarte[27], deren
Fehlerquellen dabei getrost vernachlässigt werden können, zeigt, daß die Elbe
durch das bei weitem größte, geschlossene Siedlungsgebiet, demgegenüber alle
anderen nur kleine, von Wald umschlossene Siedlungskammern darstellen,
fließt. Die römische Okkupation bis zur Elbe gewann eine markante Strom-
linie und den Anschluß der Binnenkommunikationen an die größte Wasserver-
bindung, aber sie machte an einer geopolitisch unmöglichen Grenze halt, die

---

[25] Strabo 7, 291; die Vell. 2, 107 geschilderte Situation erklärt sich vermutlich aus der
Befolgung dieser Anweisung; zur Erklärung des Zusammenhanges s. Verf., Saeculum
18, 292; Arminius-Studien 99.

[26] Die Unterwerfung der Semnonen (Res g. 26, 4 *Cimbrique et Charydes et Semnones et
eiusdem tractus alii Germanorum populi per legatos amicitiam meam et p.R. petierunt*)
dürfte in diese Zeit gehören; das lehrt der Zusammenhang der Stelle (Flottenexpedition) und
die Erwägung, daß Augustus diese *amicitia* nicht erwähnt hätte, wenn der Stamm danach
wieder rebelliert hätte.

[27] O. Schlüter, Die Siedlungsräume Mitteleuropas in frühgesch. Zeit I (Forschungen z.
dt. Landeskunde 63) 1952.

durch das suebische Siedlungszentrum mitten hindurchging und deshalb mehr Probleme erzeugte als löste[28].

2. Okkupation und einheimisches Wegesystem

Nach dem Umriß der Kommunikationsprobleme unter dem Gesichtspunkt der Eroberungsstrategie ist nun zu fragen, wie weit und mit welchem Ergebnis sich die Okkupation des einheimischen Wegenetzes bediente.

Generell ist ein hoher Grad von Kenntnis der germanischen Wegeverhältnisse in der Okkupationszeit vorauszusetzen. Die Varus-Schlacht entwickelte sich nach Dio daraus, daß Varus sich auf Grund einer falschen Anzeige gegen „entfernt wohnende" Stämme mit seinem Heer in Bewegung setzte. Er marschierte also in anderer Richtung auf anderen Wegen, als er sonst getan hätte, sollte sich aber (und tat das auch) in vermeintlich befreundetem Gebiet sicher fühlen (Dio 56, 19, 3 f.)[29]. Auf dem neu eingeschlagenen Weg wurde er zuerst von den Führern der Verschwörung begleitet, dann aber einvernehmlich von ihnen verlassen; das Problem der Ortskenntnis und Geländeorientierung stellte sich dabei nicht. Der Bericht setzt ebenso wie der entsprechende vom Besuch des Varus-Schlachtfeldes durch Germanicus eine weitflächige Kenntnis der Wegeverhältnisse voraus. — Aufschlußreich ist die Schilderung des Marser-Überfalls im Herbst 14 (ann. 1, 50, 1—3). Germanicus zieht durch die *silva Caesia* überraschend gegen die Marser und überlegt, ob er von zwei Wegen (*itinera* und *viae* werden synonym gebraucht) den kurzen und vielbenutzten (*breve et solitum*) oder den schwierigeren, weniger begangenen (*impeditius et intemptatum*) und deshalb unbewachten wählen solle; er entscheidet sich für den längeren und legt ihn mit Geschwindmarsch zurück. — Ähnlich heißt es vom Rückmarsch des Caecina im Jahre 15 von der Emsmündung aus (ann. 1, 63, 3—5), der Legat wäre angewiesen worden, die *pontes longi* so schnell wie möglich hinter sich zu bringen, obwohl er dabei auf bekannten Wegen marschierte (*quamquam notis itineribus regrederetur*). Diese Wege waren aber von L. Domitius Ahenobabus angelegt worden, also vor 15 bis 20 Jahren, sie waren inzwischen ‚*rupti vetustate*', altersschwach. Arminius überholt dann die römischen Kolonnen auf Abkürzungswegen (*compendia viarum*) durch den Wald, die anscheinend den Römern nicht bekannt oder nicht vertraut waren (vermutlich, weil sie nur die von ihnen selbst angelegten benutzten). — Ein in umgekehrte Richtung weisendes Beispiel enthält der taciteische Bericht (ann. 12, 27, 2 f.) über eine Strafexpedition gegen die Chatten im Jahre 50. Der Legat P. Pomponius schickt Auxilien, auch eine oder mehrere Alen, damit sie die chattischen Räuber überholten oder die Zerstreuten unvermutet umzingelten. Es werden nun zwei Kolonnen formiert, die verschiedene Wege einschlagen (einmal ein *iter*

---

[28] Vgl. dazu R. v. U s l a r , Arch. Fundgruppen u. germ. Stammesgebiete vornehmlich aus der Zeit um Christi Geb., Hist. Jb. 71, 1952, 1 ff.; V e r f ., Saeculum 18, 1967, 292 f.

[29] V e r f ., Arminius-Studien 98 ff.

laevum, also links des Weges verlaufend, den die verfolgten Chatten selbst ziehen, und ferner nach rechts gelegene *compendia*, die hier also bekannt sind). Die erste Abteilung kann die Heimziehenden umzingeln und überfallen, die zweite schlägt den Feind (also einen ganz anderen Verband) in einem Gefecht (12, 28, 1). Ganz plausibel ist der Vorgang nicht, detaillierte Kenntnis der Wegesituation geht jedoch aus der Darstellung zweifelsfrei hervor. Sie wird naturgemäß im rheinnahen Gebiet am größten gewesen sein, wo Tiberius in den Jahren nach der Varus-Katastrophe sogar die Jagd verbieten mußte (Suet. Tib. 19, 1); hier bewegte man sich offenbar auf ganz vertrautem Terrain.

Die Wege scheinen ein Kommunikationsnetz zu bilden, dessen Knotenpunkte die Siedlungsgebiete der Stämme sind. Die Wege laufen nämlich bei dem zitierten Überfall auf die *vici* der Marser zu, inmitten derer wohl das Tanfana-Heiligtum zu denken ist. Die Wege, auf denen Pomponius die Chatten verfolgt, führen zu deren Siedlungsgebieten, denn dorthin kehren sie beutebeladen zurück. Und als Germanicus im Jahr 15 gegen die Cherusker aufbricht, schickt er Caecina ‚*per Bructeros*' zur Ems (ann. 1, 60, 2), der Weg führt demnach über deren Siedlungszentren oder kann zumindest so gewählt werden. Das folgende Jahr beginnt mit dem Überfall des Legaten Silius mit einer *expedita manus* (einer schnellen Eingreiftruppe ohne schweres Gepäck) gegen die Chatten (ann. 2, 17, 1 f.), dabei hindert ihn der Regen, aber es gelingt, auf nicht erklärte Weise Frau und Tochter eines Chattenprinceps zu rauben und andere Beute zu machen; auch dieser Weg führte also zu den zentralen chattischen Siedlungsgebieten.

Nun entspricht das aller Wahrscheinlichkeit; es fragt sich eher, ob es auch andere Wege, Fernstraßen, etwa Höhen- und Küstenstrassen oder Passagen durch den Urwald[30] gegeben hat, die Siedlungen nicht berührten, nicht primär Verbindungen zwischen Siedlungskammern, Stammesgebieten, waren. Ganz sicher zu belegen sind solche Verbindungen leider nicht; von solcher Art könnte aber etwa der Weg an der Küste gewesen sein, auf dem der Legat P. Vitellius parallel zur Fahrt der Flotte zwei Legionen führte und der an der Weser endete (ann. 1, 70), im Herbst übrigens zeitweise unpassierbar war. Vielleicht gehört auch ein sehr merkwürdiger und kaum zu deutender Weg in diese Rubrik, derjenige, den Tiberius zu seinem sterbenden Bruder Drusus angeblich in Begleitung nur eines einzigen Führers zurücklegte (Val. Max. 5, 3, 3; Liv. per. 142; Dio 55, 2, 2)[31]; die Eile, das Risiko und die geographische Situation (von Mainz durch hessisch-thüringische Wälder) lassen hier daran denken, daß es sich um einen Fernweg durch den Wald handelte. Man gewinnt aber den Verdacht, daß solche Routen für die römische Okkupation keine wesentliche Bedeutung hatten, entweder, weil diese die Stammesgebiete aufsuchte, oder weil solche Passagen zu gefährlich waren.

---

[30] Beachtung verdient in diesem Zusammenhang Caes. B. G. 6, 25, 1 (der wahrscheinlich nachcaesarische Exkurs) *Hercyniae silvae … latitudo novem dierum expedito patet: non enim aliter finiri potest neque mensuras itinerum noverunt.*

[31] Dazu Verf., Rhein. Mus. 110, 306.

Bei den in der Überlieferung vor allem hervortretenden Wegetypen begegnet nun wieder die an Caesars Eburonenbericht schon entwickelte Unterscheidung. Die Wege führen zwar in die Siedlungskammern; von dort aus gibt es aber andere (ungewiß, wie weit auch ihrer Anlage, Breite usw. nach andere), die in den Wald münden und für Fremde unzugänglich bleiben. Außerhalb der Stammessiedlungsgebiete gab es offenbar nur verhältnismäßig wenig übergeordnete Durchgangsstraßen, aber viele Wirtschafts- und andere Wege, die den Eingeborenen für Rückzug und Sammlung zur Verfügung standen. So verlassen die Sueben ihre Dörfer, die sie dem Angriff Caesars ausgesetzt fürchten, und verbergen sich mit ihrer Habe in den Wäldern (B. G. 4, 19, 2)[32]; das Aufgebot der im Jahr 15 überfallenen Chatten gibt nach vergeblichem Widerstand und ebenso vergeblichen Verhandlungen die eigenen *pagi* und *vici* preis und zerstreut sich in die Wälder (ann. 1, 56, 2): Die Beispiele für dieses einfache Muster lassen sich vielfach vermehren, und nur wenige Fälle bieten ein abweichendes Bild, dort vor allem, wo ausnahmsweise vor der Waldgrenze Widerstand geleistet wird (so von den Sueben beabsichtigt (Caes. B. G. 4, 19, 3), von den Germanen unter Arminius bei Idistaviso tatsächlich geleistet, ann. 2, 16f. 19) und der Sieger die Geschlagenen in den Wald verfolgt (so anscheinend nach der Schlacht von Idistaviso und nach dem Sturm auf den Angrivarierwall, ann. 2, 20, 3: *impetus in silvas*). Die meisten römischen Befehlshaber werden sich auch in überlegener Stellung der Vorsicht Caesars befleißigt haben.

Aus den Wäldern waren aber römische Truppen auch auf den Durchgangswegen ständiger Gefährdung ausgesetzt. Diese bekannte Konstellation wurde von den Römern gefürchtet, von den Germanen gesucht (Angriff der Brukterer: ann. 1.51, 2—4). Sie konnte durch Manöver wie Scheinflucht, Überholung, Einkreisung sowie durch den Überraschungseffekt verstärkt werden. In den berühmten Fällen: Arbalo (Dio 54, 33, 3; Plin. n.h. 11, 55), Varusschlacht, *pontes longi*, hat sie zu einer wiederholt vorkommenden, typischen Situation geführt, in der die Katastrophe eintrat oder nur dadurch vermieden wurde, daß die Beutegier der Germanen den fast sicheren Erfolg wieder entgleiten ließ. Es sind also ganz deutlich zwei typische Gefährdungen, denen die Eroberer unter den Bedingungen der germanischen Wegesituation grundsätzlich nicht gewachsen waren, kaum gewachsen sein konnten: Einmal die unvermeidliche, aber bedenkliche Länge marschierender Kolonnen, die in unübersichtlichem Gelände, namentlich wieder im Walde, zersprengt werden konnten, sodann und vor allem der mitgeführte Troß. Da das römische Heer aus dem Lande nicht erhalten werden konnte, mußte irregulär viel Versorgungsgut mitgeführt werden (wenn nicht die Flotte den Nachschub sicherte); damit verlängerte sich jeder Zug noch weiter und büßte vor allem leicht seinen Zusammenhalt ein, wie am anschaulichsten aus der eingangs zitierten Schilderung der Varusschlacht hervorgeht. Die Notwendigkeit, das mitzunehmen, was es im Lande nicht gab, und die Begier, das zu bekommen, was man selbst nicht hatte, schlossen sich hierbei zu einem verhängnisvollen Zirkel.

---

[32] Caes. B. G. 4, 19, 2; merkwürdig ist die Bezeichnung des *refugium* als ‚locus delectus‘.

Dennoch, das muß demgegenüber betont werden, haben römische Disziplin und taktische Erfahrung offensichtlich unendlich viel öfter diese Probleme praktisch gemeistert als vor ihnen kapitulieren müssen. Es waren immer exzeptionell unglückliche Summierungen von Gefahrenmomenten, was eine akute Bedrohung auslöste (Schwierigkeit einer Wegstrecke und gleichzeitige Ungunst des Wetters oder Überraschungseffekt und zugleich Kopflosigkeit der Führung usw.). Andererseits fehlte es nicht an Versuchen, mit den Schwierigkeiten der Wegeverhältnisse fertig zu werden: Aussendung von Kundschaftern oder Vorausmarsch von leichten Truppen (ann. 1, 50, 3) gehört dazu, Aufschließen und Bildung einer Marschordnung, die auf gefährlicher Strecke die Abwehr erleichterte, in offenem Gelände Schwenkung gegen den Feind und Einsatz der Reiterei (z.B. ann. 2, 11; 1, 63), das sind taktische Antworten aus dem Arsenal römischer militärischer Erfahrung. Ob der Trost, die germanischen Lanzen wären beim Überfall aus dem Wald heraus ungeeignet und könnten also nicht sehr gefährlich werden, mehr als ein makabrer Scherz ist (ann. 2, 14, 2), mag dahingestellt bleiben.

Eine Kommunikationssituation, die infolge der geographischen Rahmenbedingungen, der Physis des Landes und einem besonders primitiven Zivilisationsstand mit der keiner anderen Grenzprovinz oder Kriegsgrenze (auch der illyrischen nicht) verglichen werden kann, verlangte freilich noch andere und grundsätzlichere Bewältigung als nur die geschickte Meisterung der gegebenen Wegeverhältnisse. Sie ist außer in einer befriedigenden politischen Gesamtordnung in spezifisch römischen Straßen- und Verkehrsmaßnahmen zu sehen.

3. Kommunikationspolitik der römischen Okkupation

Die römische Kriegsführung zielte darauf ab, den technisch weit unterlegenen germanischen Gegner zu stellen und zur Unterwerfung zu zwingen. Dessen wichtigster, ja einziger Bundesgenosse war seine Landesnatur, und es mußte deshalb den Eroberern darum gehen, mit deren besonderen Problemen fertig zu werden. Die handwerklichen und ingenieurmäßigen Fertigkeiten römischer Berufstruppen erlaubten auch außergewöhnliche Maßnahmen, um diesem Ziel näherzukommen.

Entsprechend der Erfahrung, daß Germanien durch seine Wälder unwegsam sei, galt es, sie zu „öffnen". Diese Absicht prägt bereits den sprachlichen Ausdruck und die bildliche Vorstellung, wenn so oft von eindringen, öffnen, in die Tiefe dringen, aufreißen und ähnlichem die Rede ist. So heißt es z.B. von dem gegen Marbod im Jahre 6 n. Chr. geplanten Zangenangriff, der Legat Sentius Saturninus habe den Auftrag erhalten, ‚per Cattos' die mit dem hercynischen Wald zusammenhängenden Wälder zu durchbrechen (*excisis continentibus Hercyniae silvis*) und die Legionen nach Boiohaemum zu führen (Vell. 2, 109, 5). Hier kann, da es sich um einen Jahresfeldzug handelt, keine zeitaufwendige Rodungsaktion gemeint sein; Sentius Saturninus muß den beträchtlichen Weg auf bereits gebahnten Pfaden zurückgelegt haben, aber, wie bei anderen Gelegenheiten auch, werden vorausbeorderte Genietruppen die Wege für das Heer gereinigt, Engstellen begradigt und schwer passierbare Stellen gangbar gemacht haben. In dieser Weise wird beim Marserfeldzug des Jahres 14 der Legat Caecina mit leichten Kohorten vorausgeschickt, um die Hindernisse des Waldweges zu beseitigen (*obstantia silvarum amoliri*; ann. 1, 50, 3), die Legionen folgen dann in mäßigem Abstand (*modico intervallo*). Zweifellos gab es für solche Pionierarbeiten einzuhaltende Normen und Erfahrungswerte, die wir aber nicht kennen. Aus einem klassischen Zeugnis über die römische Marschkolonne bei Josephus (B. J. 3, 115—126) ist in Verbindung mit der Breite von Lagertoren die normale Breite der Marschkolonne auf sechs Mann zu erschließen. Das führt nach einer Berechnung von G. Veith für ein Zwei-Legionen-Heer auf eine Länge der Truppenkolonne ohne Train von fünf bis sechs Kilometer[33]. Wenn, wie doch wohl wahrscheinlich, die für eine Sechser-reihe mindestens erforderliche Wegbreite von etwa fünf Metern auch nach Wegverbesserungen nicht vorausgesetzt werden konnte[34], so wurde der Zug entsprechend länger, wozu in jedem Falle die gar nicht schätzbare Länge des Train kommt. Ein solcher Zug konnte nicht durch unsicheres und unübersichtliches Gelände geführt werden.

Das vorhandene Wegesystem bedurfte deshalb vermutlich von Anfang an der Verbesserung und Ergänzung. Sie wurden vor allem gefunden in der Anlage breiter künstlicher Bahnen und Durchhaue durch die Wälder, Einfallsschneisen in das unzugängliche Land, die *limites*[35]. Für diese ursprüngliche Bedeutung des Wortes gibt es vier oft zitierte Zeugnisse: (1) Die Kriegführung des Tiberius bei seinem Wiedererscheinen am Rhein nach der Varuskatastrophe faßt Velleius (2, 120, 1) in die Worte zusammen: „Er geht zur Offensive über, dringt tiefer ein, öffnet die *limites*, verwüstet die Äcker, verbrennt die Häuser, zersprengt, was ihm entgegentritt". (2) Der Herbstzug gegen die Marser (Jahr 14) beginnt damit, daß der von Tiberius begonnene *limes* wieder freigelegt (oder weitergeführt?) und so der caesische Wald geöffnet wird (*silvam Caesiam limitemque a Tiberio coeptam scindit*; ann. 1, 50, 1); (3) im weiteren Verlauf seines Kommandos sichert Germanicus auch den Lippeweg durch neue *limites* (ann. 2, 7, 3 z.J. 16, (4) und Domitian läßt wieder die *limites* 120 Meilen in den Wald hineinhauen, um die *refugia* der Feinde freizulegen (Front. 1, 3, 10). — *Limites* sind das aufwendige Gewaltmittel, um mit den natürlichen Bastionen der Stammespopulationen fertig zu werden.

Es ist jedoch keineswegs klar, wie diese *limites* genau zu verstehen sind. Offensichtlich sollten auf ihnen auch römische Truppen ins Land gelangen können; die Anlage eines Lagers an oder auf einem *limes* (ann. 1, 50, 1. 1, 63, 5) macht das deutlich[36]. Damit ist aber nicht gesagt, daß sie im eigentlichen und

---

[33] J. K r o m a y e r , G. V e i t h , Heerwesen u. Kriegführung d. Griechen u. Römer 1928, 352.

[34] Auch die Viererreihe ist postuliert worden: K r o m a y e r - V e i t h , Heerwesen 187 f.

[35] Siehe A. O x é , Der Limes des Tiberius, Bo. Jh. 114, 1906, 99 ff.; W. G e b e r t , Limes, Bo. Jb. 119, 1910, 158 ff. bes. 185 ff.; E. F a b r i c i u s , RE 13, 1926, 572 ff. E. N o r d e n , Altgermanien 1934, 127 ff.

[36] *Castra in limite locat, bzw. castra metari in loco placuit;* vgl. G e b e r t , Bo. Jb. 119, 187 (weite, freie Bahn, auf der das Lager errichtet wurde unter Hinweis auf Caes. B. G. 3, 29).

primären Sinne Straßen waren. Die Reihenfolge bei Velleius: *arma infert —
penetrat interius — aperit limites* läßt eher auf eine Maßnahme schließen, die
die Invasion begleitete, als auf eine, die sie (wie der Bau einer Straße) erst ermöglichte. — Den wichtigsten Hinweis gibt wohl der taciteische Satz (ann.
2, 7, 1), Germanicus habe „alles" (*cuncta*, das gesamte Gebiet) zwischen Rhein
und Aliso durch neue *limites* und *aggeres* befestigt (oder: gesichert, *permunita*).
Zwischen Rhein und Aliso gab es nun die Straße an der Lippe, sie kann also
nicht gemeint sein, die *limites* waren etwas anderes. Offenbar gehörten sie aber
mit ihr zusammen zu einem verbesserten Gesamtkommunikationssystem,
indem durch sie die umgebenden Wälder durch breite Schneisen geöffnet und
übersichtlicher gemacht wurden. Diese Aktion entzog dem Feind eine Basis für
Überfälle und erhöhte so die Sicherheit der Militärstraße. Bei einem akuten
Bedürfnis konnte ein *limes* dann je nach Situation als strategische Einfall-
straße durch einen Wald, als direkter Weg zur Bedrohung und Erreichung von
refugia, als Entlastungsverbindung zum Zweck der Teilung von Verbänden und
zur besseren Raumkontrolle genutzt werden. Wir wissen aber viel zu wenig
über dieses System, um es uns konkret vorstellen, seine Erstreckung und Effek-
tivität einschätzen zu können, und dürfen nach einigen wenigen, unklaren literarischen Zeugnissen durchaus nicht sicher sein, auch nur alle seine Funktionen und Möglichkeiten richtig einzuschätzen.

So scheint es, als ob den *limites* im Waldgebiet im Sumpfland die *aggeres*
(Dammwege, z.B. ann. 1, 7, 3) oder auch *pontes* (Bohlenwege) entsprächen[37].
Sicher und eindeutig und damit hilfreich für das Verständnis der *limites* ist
aber auch das nicht. *Pontes* und *aggeres* werden so oft zusammen genannt, daß
es sich um zwei technisch verschiedene Verwirklichungen derselben verkehrs-
politischen Absicht zu handeln scheint. Germanicus hätte es, so Tacitus (ann.
2, 11, 1) zum Feldzug vom Jahre 16, für unverantwortlich gehalten, ohne vor-
herige Anlage von *pontes* und Befestigungen (*praesidia*, hier wahrscheinlich
Schanzen gemeint), die Legionen in den Kampf zu führen. Im Jahr zuvor läßt
er den Besuch des Varusschlachtfeldes damit vorbereiten, daß *pontes* und *aggeres* durch das sumpfige Gelände gebaut werden (ann. 1, 61, 1). *Aggeres* und
pontes werden auch in den Küstenniederungen angelegt, um das Heer dort
überhaupt entlangführen zu können (ann. 4, 73, 1). Es kann sich hierbei aber
sowohl um Neuanlage (wie offenbar im ersten Fall gedacht) wie auch um Befestigung und Verbesserung bereits bestehender natürlicher Trassen handeln
(so vielleicht in den beiden letzten Fällen). Soweit zu erkennen dient die Anlage
solcher Kunstbauten sowohl der taktischen Erschließung eines begrenzten
Gebietes (so beim Varusschlacht-Gelände) und ist damit anscheinend den
Wald*limites* verwandt, aber auch der Herstellung von Heerstraßen (wiederum
teils ganz neu, teils unter Verwendung älterer Naturwege). Dies ist bei den *pontes longi* und den *pontes* und *aggeres* an der Küste der Fall.

---

[37] Vgl. H. v. Petrikovits, Hoops[2] 5, 216 ff. s. v. Damm und Deich; H. Hayen,
Hoops[2] 3 (1978) 175 ff. s. v. Bohlenweg; pons = Dammweg, vgl. G. Radke, RE S. 13, 1444;
F. Lammert, RE 21, 2452.

Die *pontes longi* sind also untypisch höchstens durch ihre Länge und heißen ja deshalb wohl auch so, im übrigen aber ein normales Produkt römischer Pioniertruppen, das im Emsland so gut wie anderswo entstehen konnte und deshalb möglicherweise auch ganz anders ausgesehen hat als die Ergebnisse einheimischer, lokaler Wegebautradition[38].

Man wird insgesamt vermuten, daß die Beobachtungen über *limites* und über *aggeres* und *pontes* zusammengenommen werden dürfen und sie alle auf praktische Verwendungsmöglichkeiten römischer Kunstwege hinweisen, deren technische Realisierung sich nach den Geländebedingungen richtete. Man möchte weiter annehmen, daß es für derartige Anlagen Normen oder Erfahrungswerte gab, wenn diese gewiß auch den jeweiligen Gegebenheiten angepaßt werden konnten. Vermutlich mußten sie regelmäßig breiter sein als natürliche Wege, einmal, weil sie ja meistens unübersichtliches Gelände öffnen sollten, dann, weil sie wenigstens einer römischen Marschkolonne Platz bieten mußten. In zwei Fällen (Marserzug, ann. 1, 50, 1, vgl. A. 36; *pontes longi* 1, 63, 5) werden auf oder an *limes* bzw. *pontes* Marschlager geschlagen. Die *pontes longi* heißen zwar *angustus trames inter vastas paludes* (1, 63, 4), aber hier mag die Schmalheit relativ zur Weite der Sümpfe gemeint sein oder damit die Schwierigkeit des römischen Abwehrkampfes verdeutlicht werden.

Es bleibt die wichtige Frage, wo oder wie weit landeinwärts wir mit derartigen Erschließungen durch römische Wegebauten rechnen können. Der enorme Aufwand dafür läßt sich gar nicht ermessen, kann aber auch nicht unbegrenzt gewesen sein. Es fällt auf, daß *limites* nur im weiteren Vorfeld des Rheines erwähnt werden (bis Aliso, das nicht lokalisierbar ist), weiter ostwärts aber nicht. Das kann freilich an der Selektion der literarischen Quellen liegen; über die Friedenszeit unter römischer Herrschaft (7—1) v. Chr., 6—9 n. Chr.) haben wir fast keine Nachrichten, und doch ist sicherlich gerade in diesen Jahren viel zur Verbesserung der Verbindungen und zur Sicherung des Kommunikationssystems getan worden. Immerhin gehört die weitläufige und vermutlich aufwendige Anlage der *pontes longi* in diese Zeit. Aber unsere Kenntnis reicht hier nicht einmal für Mutmaßungen aus. Sicherlich haben römische Verbände überall, wo es nötig war, Bäume gefällt, Wege gebahnt und Brücken geschlagen, aber deshalb wissen wir noch nicht, ob es *limites* auch im Harz oder *aggeres* an der Weser oder Leine gegeben hat, wo sie unter Umständen ebenso nötig waren wie in der *silva Caesia* oder an der Lippe. Wir können ferner in keinem Falle erschließen, welchem strategischen Zusammenhang etwaige Wegebauten einzuordnen wären. Die teilweise so anschaulichen und eindrucksvollen Zeugnisse fügen sich nicht zur Vorstellung eines Systems römischer Wegebauten rechts des Rheines zusammen.

Nur an einem Ende läßt sich dieses Dunkel noch ein wenig aufhellen. Römische Wege-Kunstbauten werden oft in Verbindung mit Befestigungen, Schanzen oder ähnlichem genannt. Die Kastelle an der Lippe standen zur Zeit des

---

[38] H a y e n , wie Anm. 37 vermeidet deshalb mit Recht eine Identifizierung archäologischer Bohlenwege mit den *pontes longi*.

Germanicus (und wohl auch schon vor der Varusschlacht) mit einem System von *limites* und *aggeres* in Zusammenhang. Das Kastell, das Germanicus im Taunus *super vestigia paterni praesidii* errichtete, hat auch eine Straßenverbindung gesichert (ann. 1, 56, 1)[39]. Bei diesem Feldzug läßt Germanicus einen Legaten zur Befestigung der Straßen und zur Überbrückung der Flüsse zurück. Die Okkupationsfeldzüge gingen einher mit Sicherung strategischer Punkte und Schutzbauten aller Art, Eroberung mit Maßnahmen zur dauernden Behauptung, so daß Hinweise auf Stützpunkte umgekehrt auch einen Schluß auf das Kommunikationsnetz zulassen. Wenn sich unter Tiberius Flotte und Heer an der Elbe trafen, so setzt das nicht nur *mira felicitas* und *cura ducis* voraus, sondern, namentlich im Hinblick auf die exakte Zeitplanung, auch eine gewisse Infrastruktur. Und wenn die Flotte am linken Elbufer anlandete, so muß diese Landestelle die Kopfstation einer Straße gewesen und auch geblieben sein.

Römische Wegebauten und Maßnahmen zur Sicherung und Verbesserung der Kommunikationen unterlagen dem zeitlichen Verfall, aber sie waren nicht nur für den Tag gedacht. So konnte man auf die *pontes longi* zurückgreifen und einem Legaten diesen Weg anweisen, der lange Jahre vorher gebaut worden war; so taucht auch z.B. ein Punkt *Tropaea Drusi* als Ortsbezeichnung wieder auf (Ptol. 2, 11, 13 zwischen *Kanduon* und *Luppia*). Die Skepsis gegen die rhetorischen Gemälde des Florus besteht zu Recht, aber seine Vorstellung, daß an der Küste und den Flußläufen „überall" zur Sicherung der Provinz *praesidia* und *custodiae* errichtet worden wären, entspricht dem Bild, das wir uns von den Kommunikationsverhältnissen der Okkupationszeit machen dürfen. Und die Vorgeschichte der Varusschlacht bei Dio (56, 19, 1) enthält schließlich die wichtige Nachricht, daß die Germanen, um die römischen Kräfte zu zersplittern, vom Statthalter römische Detachements erbaten: „Zur Sicherung von gewissen Plätzen (φυλακῇ χωρίων τινῶν), zur Ergreifung von Räubern und zum Geleit von Lebensmitteltransporten". Dieses Verlangen war der römischen Führung einleuchtend, weil es ihren eigenen Intentionen entsprach.

Römische Kommunikationspolitik diente der Erschließung und Sicherung des okkupierten Landes; Wegebauten waren in diesem Programm kein Selbstzweck und müssen im Zusammenhang mit anderen Sicherungsmaßnahmen verstanden werden. Gründung von „Poleis", Winterlager im Land und wirtschaftliche Zentren (ἀγοραί) nennt Dio als Maßnahmen der Varuszeit zur Zivilisierung des Landes zwischen Rhein und Elbe (56, 18, 2). Das Umgekehrte gilt aber auch, und deshalb können die Hinweise auf *praesidia* und ähnliches als Hinweis darauf gelten, daß das römische Kommunikationsnetz in der Zeit der Okkupation tatsächlich das Land zwischen Rhein und Elbe umspannte und erschloß. Mehr als eine Modellvorstellung ergibt sich freilich auch daraus nicht; wären oder würden Bodenspuren solcher Anlagen gefunden, so würde man sie vermutlich für Schwedenschanzen halten, nicht für römische *praesidia*.

---

[39] Vgl. auch Zonares 10, 37 = Dio 56, 22, 2b (Situation nach der Varusschlacht) τὰς ὁδοὺς ἐτήρουν; danach lag das Kastell im Schnittpunkt von Wegen.

III. Das Scheitern der Okkupation und die Kommunikationsprobleme

Die großen Rückschläge der germanischen Okkupation, zuerst die nur schattenhaft erkennbare mehrjährige Rebellion um die christliche Zeitwende, die die Feldzüge des Tiberius in den Jahren 4 und 5 auslöste (Vell. 2, 105, 1, vgl. 104, 2 *immensum bellum*), und dann vor allem der Aufstand des Arminius und der Untergang des Varusheeres, haben Gelegenheit und Anlaß gegeben, mit der Eroberungsstrategie im ganzen auch die Kommunikationssituation zu überprüfen. Zu einer grundsätzlichen Änderung haben diese Krisen jedoch nicht geführt und auch nicht führen können. Die erste Wiedereroberung nennt der Lobredner des Tiberius, Velleius (2, 105, 1), ein *asperrimum et periculosissimum bellum*. Tiberius scheint darin mit höchster Aufmerksamkeit und unter möglichster Vermeidung von Risiken entlang der Lippe als Basis vorgegangen zu sein, um die benachbarten Stämme zur Unterwerfung zu zwingen; er wird hierbei die in den Germanicus-Feldzügen genannten taktischen und Wegebaumaßnahmen auch angewendet haben[40]. Erschließung der Tiefe des Landes, das Winterlager *in mediis finibus* an der Quelle eines Flusses, in dessen verderbter Gestalt „*Julia*' meistens die Lippe vermutet wird (Vell. 2, 105, 3), Überschreitung der Weser, schließlich die Erreichung der Elbe und die Vereinigung mit der Flotte (106): Diese wenigen Angaben über den Verlauf der Feldzüge sprechen für energische und systematische Kriegführung bei generell gleichbleibender Okkupationsstrategie.

Daß nach der Katastrophe im Teutoburger Walde die Gründe des Unglücks untersucht und in der Fahrlässigkeit und militärischen Unzulänglichkeit des Legaten gefunden wurden, läßt unsere Überlieferung noch deutlich erkennen[41]. Den schwierigen Wegeverhältnissen erkannten die Kritiker nur auslösenden Charakter zu. Instruktiv ist dafür der wertvolle Augenzeugenbericht über die Führung des Tiberius bei Sueton (Tib. 18 f.): Der Oberkommandierende versichert sich bei seinen wichtigen Entscheidungen der Zustimmung seines *consilium* und übt strengste Disziplin; er präzisiert den Befehlsweg und hält sich in Zweifelsfällen zu jeder Tages- und Nachtzeit persönlich zur Verfügung. „Als er im Begriffe war, den Rhein zu überschreiten, ließ er den ganzen Troß, für den ein bestimmtes Maß festgelegt worden war, nicht eher hinüber, als er, am Ufer anhaltend, die Ladungen der Fuhrwerke untersucht hatte (*vehiculorum onera*), damit ausschließlich Erlaubtes und Notwendiges (*concessa aut necessaria*) mittransportiert würde". Mit *omnis commeatus* scheint hier der Train des Gesamtheeres gemeint zu sein, der sonst meistens *impedimenta* heißt[42]; denn die Normierung der Trains der einzelnen Truppen verstand sich viel eher von selbst und bedurfte der Aufsicht des Oberkommandierenden kaum[43]. Die Maßnahme wirkt im Hinblick auf die Schilderung des Varus-

---

[40] Velleius nennt Germanicus mit Emphase den Schüler des Tiberius: 2, 129, 2.
[41] s. Verf., Arminius-Studien 120 ff.
[42] Kromayer-Veith, Heerwesen 313.
[43] Der Tadel an dem jagenden Legaten (ib. 19) zeigt, daß die Passage eine kritische Tendenz gegenüber den höheren Offizieren verfolgt.

zuges mit dem ungeordneten Durcheinander eines offenbar nicht begrenzten
Trosses verständlich; bedenkt man aber, daß Caesar anscheinend um der
Beweglichkeit willen auf Fahrzeugtrains überhaupt oder weitgehend verzichtet
zu haben scheint und sich mit Tragtieren begnügte[44], so wird deutlich, daß
auch rigorose Einschränkung und die Entschlossenheit eines fähigen Feldherrn
in Germanien (und zwar anscheinend aus Versorgungsgründen) nicht erreichen
konnten, was in Gallien möglich war.

Die Feldzüge des Germanicus kennzeichnet das Bemühen, durch überlegte
und straff durchgehaltene Marschordnung gegen Überfälle in jeder Lage
gewappnet zu sein; sogleich beim ersten Einmarsch im Jahr 14 beschreibt Tacitus (ann. 1, 51, 2) den Gefechtsmarsch im *agmen quadratum* ausführlich und
programmatisch[45]. — Von der Sicherung und Verbesserung der Wege durch
limites, pontes, praesidia war schon die Rede.

Die drei Maßnahmen der Wegesicherung, der Marschordnung und der
Reduktion des Train griffen ineinander und bildeten die taktischen Grundlagen einer Kriegführung, die mit verbesserten Methoden, aber auf grundsätzlich gleiche Weise wie früher die Wiederunterwerfung des Landes anstrebte. Es
kam darauf an, die in der Landesnatur begründeten Gefährdungen kleinzuhal-
ten und dazu den Wald zu öffnen, die Wege zu verbreitern und zu schützen,
die Truppe gegen Überfälle abwehrbereit und schlagkräftig zu halten. Aus-
schalten ließen sich die landestypischen Risiken, so lange die Stämme nicht
endgültig politisch befriedet waren, nicht völlig. So zeigten sich nach dem
Feldzugsbericht des Tacitus bereits bei dem ersten Marschgefecht (1, 51, 4) die
Gefahren eines Überfalles im Wald, um sich in den dramatischen Situationen
bei den *pontes longi* und nach der Schlacht von Idistaviso gesteigert zu wiederholen. Tiberius hielt auch deshalb Germanicus mit Recht die *eventus* und *casus*
seiner Feldzüge vor (Tac. ann. 2, 26, 2, wo vielleicht schonenderweise die Gefahren zur See betont werden) und das *taedium viarum et maris* (ann. 2, 14, 4)
unterstellt Germanicus selbst seinen Commilitonen.

Die Kommunikationsproblematik bestand trotz aller *limites* und *praesidia,*
trotz Lagerketten und Märschen im *agmen quadratum* weiterhin in der nicht
aufhebbaren Schwierigkeit, das germanische Land mit seinen Wäldern und
Sümpfen, Mittelgebirgen und Flußauen von der exzentrischen Rheinbasis her
bis zur Elbe zu durchdringen, und in der weiteren Schwierigkeit, gegen den
Widerstand seiner Bewohner bei nicht ausreichender Versorgungsmöglichkeit
aus dem Lande selber sichere Verbindungen für römische Truppen zu erschließen und offenzuhalten.

Unmöglich war die Lösung dieses Problems gewiß nicht, aber sie hing mehr
von militärischem Einsatz und politischem Willen ab als von technischen Möglichkeiten. Die Entscheidung, mit der Tiberius die Unterwerfungsfeldzüge seines Neffen beendete, entsprang einer Abwägung zwischen dem gegen die
Arminius-Koalition erforderlichen Einsatz und der Chance, auf andere, leich-

---

[44] Kromayer-Veith, Heerwesen 394 f.
[45] Kromayer-Veith, Heerwesen 421 f.

tere Weise dem Ziel einer Befriedung der Rheingrenze und ihres Vorfeldes näherzukommen. Damit wurden die innergermanischen Wegeverhältnisse überhaupt weniger wichtig, wenn auch in der rheinnahen Zone an dem Programm: Erschließung und Sicherung durch Öffnung des Landes und Zugänglichmachung der Refugien festgehalten wurde. Für das Land selber hatte die kurzfristige und exzentrisch orientierte römische Kommunikationspolitik keine Folgen; deshalb finden wir römische Straßen im Rheinland und hinter dem raetischen Limes, aber suchen vergeblich nach den *limites* durch den caesischen Wald, den Heerstraßen durch das Emsland und nicht zuletzt dem Varusschlachtfeld.

HELMUT BENDER

Verkehrs- und Transportwesen in der römischen Kaiserzeit*

I. Straßen

Aelius Aristides, der, wenn es um das Lob Roms geht, so oft bemühte Rhetor des 2. Jahrhunderts n. Chr., hat mit einem treffenden Satz die Leistungs-fähigkeit des römischen Straßensystems beschrieben: Er stellt fest, daß die Straßen dem Kaiser es ermöglichten, von Rom aus mit Briefen zu regieren[1]. Aurelius Victor schließlich, ein Historiker des 4. Jahrhunderts n. Chr., sieht das System von außen nach innen wirkend: Trajan habe besondere Sorgfalt auf den Ausbau der Straßen verwendet, „damit der Herrscher noch schneller erführe, was im gesamten Reich geschehe"[2]. Besser ist wohl kaum die Effi-zienz der römischen Straßen zu charakterisieren: durch schnelle und umfas-sende Information Sicherung der Herrschaft. Die neuzeitliche Forschung möchte ich mit einem Motto aus dem Buch von Joseph Hagen, dem bekanntest-en und wohl auch besten Kenner der Straßen der alten Rheinprovinz, kenn-zeichnen. Er setzte an den Anfang seines Werkes[3] eine Passage aus Nissens „Italischer Landeskunde": „Militärischen und politischen Erwägungen ver-dankt das römische Straßennetz seinen Ursprung, wirtschaftlichen Erwägun-gen seine dauernde Erweiterung und Vervollkommnung. Die Steinwege sichern in erster Linie dem Beamten und Soldaten rasches Fortkommen, leisten aber auch dem bürgerlichen Verkehre noch größere Dienste"[4]. Mit diesen Worten, die stellvertretend für viele bewundernde Äußerungen stehen mögen, sind bereits zwei wichtige Arten gekennzeichnet, nämlich zivile und militärische

---

* Der Haupttext der beiden Vorträge „Straßen — Brücken — Pässe" und „Römischer Reiseverkehr" am 14. November 1983 vor der Kommission für die Altertumskunde Mittel-und Nordeuropas der Akademie der Wissenschaften in Göttingen bei ihrer Tagung in Hede-münden wurde im wesentlichen für die Drucklegung unverändert übernommen, abgesehen von nur wenigen, einer gedruckten Form zukommenden Änderungen. Die Anmerkungen mit dem Literaturverzeichnis bilden somit eine wichtige Ergänzung. Was leider bei der Drucklegung nur in beschränktem Maße möglich war, ist eine Erläuterung des Themas mit Bildern, Plänen und Diagrammen. Hierzu dienten während der beiden Vorträge insgesamt 140 Diapositive.

[1] Aelius Aristides, XIV, 336, 9 (Dindorf); vgl. auch or. Rom. 26, 33.

[2] Aurelius Victor, Caesares 13, 5; Übersetzung der ganzen Textstelle bei Bender, Reise-verkehr 16; vgl. SHA, v. Ant. Pii 7, 12, wonach der Kaiser seine Residenz in Rom aufschlägt, um in der Zentrale in den raschen Besitz der von allen Seiten kommenden Nachrichten zu gelangen.

[3] J. Hagen, Römerstraßen der Rheinprovinz. Erläuterungen zum geschichtlichen Atlas der Rheinprovinz 8 (1931²) S. I.

[4] II. Nissen, Italische Landeskunde II (1902) 55.

Straßen, *viae publicae* und *viae militares*. Eine *via publica* kann als *via consularis* oder als *via praetoria* bezeichnet sein[5]. Damit werden keineswegs Nutzungsunterschiede hervorgehoben, vielmehr deuten sich darin graduelle Unterschiede in juristischem Sinne an, die in der Praxis keine Bedeutung erlangten. Untersuchungen zur *via militaris*[6], die neben juristischen und historischen Quellen vor allem die Epigraphik einbezogen, haben erst in neuester Zeit eine alte Streitfrage lösen helfen. Die *viae militares* wurden nicht ausschließlich vom Militär gebaut, benutzt und unterhalten, wie es etwa der Begriff nahelegen würde, sondern sie scheinen lediglich mehr als andere Straßen vom Militär beaufsichtigt worden zu sein. Sie waren, nach J. Šašel, „zur technischen Bezeichnung der Rückgratstraßen in militärisch verwalteten Provinzen" gekommen[7]. Neben den großen Block der „Viae publicae Romanae", so ist der umfassende RE-Artikel von G. Radke überschrieben[8], sind in staatsrechtlichem Sinne die *viae vicinales* und die *viae privatae* zu stellen. Die Vizinalstraßen durchlaufen „einen vicus oder verbinden zumeist zwei vici oder zwei viae publicae, ihre staatsrechtliche Einordnung kann als via publica oder via privata erfolgen. Sie stellen also teilweise das eigentliche Nahverkehrsnetz für den lokalen Verkehr dar". Die *via privata* verläuft auf nicht öffentlichem Grund, privatrechtlich beinhaltet sie jedoch das *ius eundi et agendi*, also das Recht des Gehens, Viehtreibens und auch, das ist wohl wichtig, das des Spazierengehens[9]. Die Regelung der Minimalbreite der *via publica* von 5—7 m mit je einem 3 m breiten Seitenstreifen, der weder bepflanzt noch bebaut werden durfte, wo selbst Ehrenstatuen für verdiente Bürger nicht aufgestellt werden durften, leitet schon zur Praxis über[10]. Ich beschränke mich hier auf die Kaiserzeit, weil der Straßenbau der ersten nachchristlichen Jahrhunderte in den nordwestlichen Provinzen des Imperium Romanum für Untersuchungen zu Handel und Verkehr in Mittel- und Nordeuropa von größerem Interesse ist als der im republikanischen Italien oder in den früh unter römischen Einfluß geratenen Ländern des Mittelmeerraumes. Man darf allerdings dabei eines nicht aus den Augen verlieren, nämlich daß wesentliche Grundlagen der Straßenbautechnik in den beiden letzten vorchristlichen Jahrhunderten geschaffen wurden. Die Leistungen sind uns Heutigen durchaus noch durch die Straßennamen, die die Erbauer ihnen gaben, geläufig. Ich erinnere an so bekannte Bei-

---

[5] S c h n e i d e r, Altstraßenforschung 21 mit der Diskussion der neueren Literatur.

[6] Ebd. 21; wichtigste Darstellung J. Š a š e l, Viae militares, in: Studien z.d. Militärgrenzen Roms II, Vorträge des 10. Internat. Limeskongresses i.d. Germania Inferior (1979) 235 ff.; R. R e b u f f a t, Via militaris, in: Latomus 46, 1987, 52 ff.

[7] Š a š e l a.a.O. (wie Anm. 6) 243; B e n d e r, Kurzenbettli 126; B e n d e r, Straßen 10 f.

[8] G. R a d k e, RE Suppl. XIII (1971) Sp. 1417 ff. (SD mit eigener Paginierung Sp. 1 ff.)

[9] Zitat nach S c h n e i d e r, Altstraßenforschung 18 f., wiederum mit Angabe der älteren Literatur; zu den itinera privata F. B e l t r a n L l o r i s u.F. A r a s a G i l, Hispania Antiqua 9—10, 1979—1980, 7 ff.

[10] Weitgehend nach S c h n e i d e r 19, der auf der breit angelegten Untersuchung von Th. P e k á r y, Untersuchungen zu den römischen Reichsstraßen. Antiquitas, Reihe 1, 17 (1968) fußt. In meiner Dissertation (B e n d e r, Kurzenbettli) hatte ich den Namen konsequent falsch geschrieben (P é k a r y); B e n d e r, Kurzenbettli 126.

spiele in Italien wie *Via Appia, Via Flaminia, Via Aurelia*[11]. Daß Benennungen nach den Erbauern sporadisch auch in der Kaiserzeit vorkommen, lehren Bezeichnungen wie *Via Traiana* als Parallelstraße zur *Via Appia* von Benevent nach Brindisi in Italien[12] oder die der *Via Claudia Augusta* aus der Poebene über die Alpen an die Donau[13]. Benennungen nach geographischen Regionen werden wir später z.B. mit der *Via Tauri* in der östlichen Türkei kennenlernen[14]. Eine Beschreibung von Straßen, Brücken und Pässen in den nordwestlichen Provinzen darf sich jedoch nicht allein auf lokale Befunde beschränken, weil so leicht Material aus anderen Gegenden des römischen Reiches übersehen wird, das zur Klärung mancher Probleme beitragen kann. In diesem Sinne ist die römische Straßenforschung tatsächlich nur mit Gesamtbezug auf das Imperium Romanum zu betreiben.

Zum Bau einer Straße gehören nicht allein die Trassierungen in gutem Gelände, sondern auch Kunstbauten wie Brücken, Dämme, Tunnels, Felsabtragungen auch mittels Sprengungen, Überquerung von Sümpfen auf Bohlenunterlagen. Die literarische Überlieferung, vor allem aber die Inschriften, geben darüber einen guten Aufschluß[15]. Als Beispiel führe ich eine Inschrift aus dem Taurus-Gebirge in der östlichen Türkei an, die von Neutrassierungen und Wiederherstellungen der wichtigsten Straßenverbindung aus Kleinasien nach Syrien berichtet. Es ist die Straße, die bereits die Griechen Xenophons 403 v. Chr. auf dem Wege nach Persien benutzten[16], die Alexander der Große mit seinem Heer vor der Schlacht bei Issos 333 v. Chr. entlangmarschierte[17]. Auch Caracalla ließ 217 n. Chr.[18] zur Vorbereitung seines Perserfeldzuges die

----

[11] R a d k e unter den einzelnen Straßennamen: Via Appia Sp. 78 ff., Via Flaminia Sp. 123 ff., Via Aurelia Sp. 198 ff. S c h n e i d e r passim; B e n d e r, Straßen 10 mit Abb. 36; „alle Wege führen nach Rom" oder Rom als Punkt, von dem alle Straßen Italiens ausgehen; vgl. dazu R a d k e Sp. 9—10 Abb. 1 oder die kürzlich veröffentlichte Karte Bull. Comm. 89, 1984, 66 mit Abb.

[12] B e n d e r, Straßen 11 mit Abb. 10, 1—2; R a d k e Sp. 96 f.

[13] R a d k e Sp. 193 ff.; den Streckenabschnitt nördlich des Alpenhauptkammes in Raetien behandelt H.-J. K e l l n e r, Die Römer in Bayern ²(1972) 35 f.; G. W a l s e r, Die röm. Straßen u. Meilensteine in Raetien. Kl. Schr. z. Kenntnis d. röm. Besetzungsgesch. Südwestdeutschlands 29 (1983) 7 ff., Meilensteine Nr. 1—16; vgl. noch R. N i e r h a u s, Die Westgrenze von Noricum und die Routenführung der Via Claudia Augusta, in: R. N i e r h a u s, Studien z. Römerzeit in Gallien, Germanien u. Hispanien (Hrsg. R. W i e g e l s). Veröffentl. d. Alemannischen Instituts Freiburg 38 (1977) 23 ff.

[14] AE 1969/70, 607: 217 n. Chr.; B e n d e r, Straßen 7.

[15] Zusammenfassend jetzt S c h n e i d e r, Altstraßenforschung 29 ff.; auf die Bedeutung der einzigen, in Afrika stationierten *legio III Augusta* für die Erschließung des Landes, vor allem durch den Bau von Straßen (Verf.: und Aquädukten), macht neuerlich B.E. T h o m a s s o n in: ANRW II 10.2 (1982) 23 f. aufmerksam.

[16] Xenophon, Anabasis 1.2, 21.

[17] W.W. T a r n, Alexander d. Große (1968) 26; Arrian, Anab. 2. 4, 2; W. T r e i d l e r, RE Suppl. IX (1962) Sp. 1361 f.

[18] Vgl. CIL III 227 = 12 118.

Straße ausbauen. Die erwähnte Meilensteininschrift[19] zählt dazu detailliert folgende Arbeiten auf: *Viam Tauri vetustate conlapsam conplanatis montibus et caesis rupibus ac dilatis itineribus cum pontibus institutis restituit. A. Pylas MP XV.* Das Formular dieser Inschrift macht deutlich, daß Caracalla die *Via Tauri*, also die Straße durch das Taurus-Gebirge, im Jahre 217 n. Chr. ausbessern, verbreitern und wiederherstellen ließ. Daraus wird deutlich, daß der Bau einer Straße überwiegend auf staatliche Initiative zurückging[20], der Kaiser ist „der oberste Bauherr, und zwar nicht bloß von einzelnen Straßen, sondern gleichzeitig von sämtlichen Viae publicae des ganzen Staates"[21]. Eine Meilensteininschrift aus Nordafrika, die von der Wiederherstellung der von Hippo Regius an der Küste ins Landesinnere nach Cirta, dem heutigen Constantine, führenden Straße berichtet[22], zählt weitere Arten von Straßenbauarbeiten auf: *Viam per Alpes Numidicas vetustate interruptam pontibus denuo factis paludibus siccatis labibus confirmatis restituit.* Die Begriffe *paludibus siccatis* und *labibus confirmatis*, d.h. Trockenlegung von Sumpfstrecken und Befestigung nach großen Bergstürzen, sind schöne termini technici.

Während auf den Straßenbauinschriften im republikanischen Italien als Straßenbauer Konsuln und Praetoren erscheinen, sind es in den Provinzen der Kaiserzeit stets nur die Kaiser selbst, die die Arbeiten von Statthaltern, Legaten und Prokonsuln beaufsichtigen lassen[23]. Mit den Arbeiten unmittelbar waren die *curatores viarum* betraut, denen eine Reihe von Fachleuten, etwa Vermessungsingenieure, zur Seite standen[24]. Eigentliche Bautrupps waren teilweise Spezialeinheiten der Armee, die durch Abkommandierung so erheblich zur Senkung der Straßenbaukosten beitrugen. Per Ausschreibung durch die *curatores viarum* wurden die eigentlichen Trassierungsarbeiten, Brücken- und Dammbauten an private Unternehmer, *mancipes* oder *redemptores* vergeben[25]. Der Bau der zu einer Straße gehörenden Stationen mit Herbergen, den *mansiones*, und Wechselstationen, den *mutationes*, oblag dem Amt der *praefectura vehiculorum.* Diese Staatsinstitution hatte wohl auch für den Bau und Unterhalt der Polizeistationen, den Beneficiarierposten, zu sorgen.

---

[19] Oben Anm. 14; R.P. H a r p e r, Anatolian Stud. 20, 1970, 149 ff.; im Überblick Tabula Imperii Byzantini (TIB) 2 (1981) — F. H i l d u. M. R e s t l e, Kappadokien, 263 f.; F. H i l d, Das byzantinische Straßensystem in Kappadokien. Veröffentl. Komm. Tabula Imperii Byzantini 2 (1977) 51 ff., bes. 57 f. mit Abb. 25 (Inschrift).

[20] W. E c k, Die staatliche Organisation Italiens i.d. hohen Kaiserzeit. Vestigia 28 (1979) 58.

[21] Zitat nach P e k á r y, Reichsstraßen 74; B e n d e r, Kurzenbettli 125.

[22] St. G s e l l, Inscriptions latines de l'Algerie I (1922) 377 Nr. 3875—3876: 152 n. Chr. Ähnlich die Straße auf den Aures (*mons Aurasius*) CIL VIII 10 230, die 145 n. Chr. von Vexillationen der *legio VI Ferrata* gebaut wurde; zu beiden P. R o m a n e l l i, Storia delle province Romane dell' Africa. Studi pubblicati dall' Istituto Italiano per la Storia Antica 14 (1959) 359 f. bzw. 353 f.; Wiederherstellung einer Straße nach starken Regenfällen (*viam...asiduis imbribus corruptam munivit*) CIL II 3270 (Spanien).

[23] S c h n e i d e r 46 ff.

[24] Speziell mit den *Curatores viarum* hat sich E c k a.a.O. (wie Anm. 20) 37 ff. u. 55 ff. befaßt.

[25] Ebd. 59 f.; B e n d e r, Kurzenbettli 131 ff.

„Die Kosten eines solchen Unternehmens mußten in den Provinzen von den Anliegern als den Grundstückseigentümern getragen werden. Da diese Beträge z.B. bei schwierigem Gelände sehr hoch sein konnten, halfen die Kaiser aus, indem sie aus ihrer Kasse Summen zuschossen"[26]; in Italien hat die „Kostenbeteiligung den Hauptanteil der Leistungen"[27] ausgemacht. So rühmt sich Hadrian in einer im Jahre 123/124 n. Chr. errichteten Inschrift[28], anläßlich der Renovierung eines 16 Meilen, das sind 23,7 km langen Stückes der Via Appia von sich aus 1 470 000 Sesterzen beigesteuert zu haben, die Anlieger jedoch nur 569 000 Sesterzen. Da wir weitere Angaben über Bausummen in Verbindung mit Meilenleistungen haben, ist es ohne weiteres möglich, den Preis für 1 Meile zu berechnen. Danach kostete die Erneuerung der Via Appia pro Meile, das ist 1,48 km, damals 108 958 Sesterzen. Eine Hochrechnung für den Neubau, die mit allem Vorbehalt von Pekáry durchgeführt wurde, ergab die Summe von 500 000 Sesterzen pro Meile. Eine Umrechnung auf heutige Verhältnisse ist allerdings nur schwer möglich, weil wir über die Kaufkraft eines Sesterzes nichts aussagen können.

Die bildlichen Zeugnisse zu Straßenbauarbeiten in römischer Zeit geben weitere Hinweise. Die Trajanssäule zeigt in ihrer überreichen Fülle von Reliefs u.a. den Straßenbau im von den Römern eroberten Dakien (Abb. 1): Soldaten sind gerade dabei, auf ein Holzrahmenwerk Kies zu schütten[29]. Moderne Befunde dazu sind unschwer beizubringen. Ich erwähne nur ein Teilstück der am Nordufer des Chiemsees in Oberbayern entlang laufenden Straße Augsburg—Salzburg. Hier wurden die über moorigem Untergrund verlegten Hölzer, mit einer Kiesschüttung darauf, freigelegt[30]. Die freilich nicht antik so benannte Via Mansuerisca im Hohen Venn in Belgien könnte eine exakte Kopie des Bauvorganges in Dakien sein[31]. Die Inschrift aus Nordafrika brachte Begriffe wie

---

[26] B e n d e r , Straßen 7; diese, von mir noch 1975 auf Grund der Darlegungen P e k á r y 's geäußerte Ansicht, wurde inzwischen, besonders nach den Untersuchungen von E c k , modifiziert; jetzt zusammenfassend S c h n e i d e r , Altstraßenforschung 61 ff.

[27] S c h n e i d e r , Altstraßenforschung 64.

[28] CIL IX 6075; ausführlich P e k á r y , Reichsstraßen 93 ff.

[29] B e n d e r , Straßen 8 mit Abb. 4. Zu den Aufgaben der Legionen gehörten gerade solche Pionierarbeiten; vgl. etwa die Bemerkung von R. S y m e : „The legionary is much more like an engineer and skilled artisan... Now in Dacia after the conquest there were roads, buildings and whole towns to be constructed": Laureae Aquincenses mem. V. K u z s i n s z k y dic. I, Diss. Pann. II, 10 (1938) 279; S c h n e i d e r , Altstraßenforschung 32 ff.; Flav. Josephus, bell. Iud. III 6,2 zu den Ingenieursoldaten der Legion: „...dann kamen die Straßenbauer, die die Aufgabe hatten, die gewundenen Wege gerade und schwer passierbares Gelände leichter gangbar zu machen sowie Sträucher, die dem Zuge im Wege waren, abzuholzen, damit das Heer nicht durch die Beschwernisse des Marschweges unnötig zu leiden hatte (Übersetzung H. E n d r ö s), ähnlich III 7, 3.

[30] W. C z y s z u. E. K e l l e r , Bedaium. Seebruck z. Römerzeit [2](1981) 36 mit Abb. 8—9; in Bayern häufiger beobachtet, z.B. O. B ö h m e , Bayer. Vorgeschbl. 24, 1959, 234; R. K n u s s e r t , ebd. 28, 1963, 158; A. S c h m e i d l u. G. K o s s a c k , Jahresber. Bayer. Bodendenkmalpflege 8/9, 1967/8 (1971) 9 ff.; während der Drusus-Feldzüge in Germanien angelegte Bohlenwege der Römer: Tacitus, ann. I 61 u. 63.

[31] J. M e r t e n s , Arch. Belgica 33 (1957) 39 Abb. 22; Abbildung auch bei R. C h e v a l l i e r , Les voies Romaines, Collection U (1972) 99 Abb. 14; neuere Untersuchungen dieser

Abb. 1: Trajanssäule in Rom. Bau einer Kiesstraße auf einer Unterlage aus Holzrahmenwerk (nach: Die Trajanssäule. Die Geschichte des ersten und zweiten dakischen Feldzuges. Kupferstiche aus dem Jahre 1667 von P.S. Bartoli, erklärt von E.A. Dzur, 1941, Bild 38—39).

paludibus siccatis und *labibus confirmatis*. In England gibt es eine Straße, die einen schönen Befund zeigt: große Steinplatten über moorigem Untergrund (Blackstone Edge)[32].

Die Luftbildarchäologie hat exzellente Aufnahmen römischer Straßen geliefert. Wegen des geradlinigen Verlaufs und ihres sehr dauerhaften Unterbaus können sie unschwer im Gelände erkannt werden. Die Via Claudia Augusta südlich von Augsburg (Abb. 2) zeigt dies sehr gut. Ein in der Mitte aufgewölbter Straßenkörper durchzieht als heller Kiesstreifen die Felder. Über dem Kiesdamm ist das Getreide schneller hell geworden, die grünen Flächen links und rechts sind Materialentnahmegruben, über denen das Getreide wegen der höheren Bodenfeuchtigkeit noch grün ist[33]. Die Chaussee Brunehaut in Belgien ist auf weite Strecken noch hervorragend zu erkennen[34].

Straße M.H. C o r b i a u, Arch. Belgica 235 (1981) mittelalterlicher Bohlenweg? Zu den Bohlenwegen in Norddeutschland H. H a y e n, Bau u. Funktion der hölzernen Moorwege, in diesem Band S. 11 ff.

[32] I.D. M a r g a r y, Roman Roads in Britain³ (1973) 403 f. mit Taf. 12b.

[33] Nach der vorzüglichen Farbaufnahme von G. Krahe in: Arch. Wanderungen um Augsburg. Hrsg. O. S c h n e i d e r, H. G u t m a n n u. W. R u c k d e s c h e l. Führer z. arch. Denkmälern in Bayern. Schwaben 1 (1977) Einbandrückseite.

[34] M.E. M a r i e n, Belgica Antiqua (1980) 65 Abb.; allgemein R. C h e v a l l i e r, Bull. Soc. Nat. Antiqu. France 1961 (1963) 129 ff.; gute Aufnahmen auch bei M a r g a r y (oben Anm. 32); R. C h r i s t l e i n u. O. B r a a s c h, Das unterirdische Bayern (1982) 176 ff.; noch differenzierter O. B r a a s c h, Luftbildarchäologie i. Süddeutschland. Kl. Schr. z. Kenntnis d. röm. Besetzungsgesch. Südwestdeutschlands 30 (1983) Taf. 10—11, 14—15 und bes. Taf. 18 mit römischer Straße und Feldeinteilung (bei Schwabmünchen); C h e v a l l i e r a.a.O. (wie Anm. 31) 125 ff.

Abb. 2: Untermeitingen (Bayern). Via Claudia Augusta südlich von Augsburg (vgl. Anm. 33; Photo G. Krahe).

Es ist sehr viel darüber geschrieben worden, ob die römischen Straßen durchgehend gepflastert waren. Befundmäßig ist das Bild eindeutig. Pflasterstraßen gibt es in den nordwestlichen Provinzen, abgesehen von Sonderfällen (vgl. oben Anm. 32), eigentlich nie; allenfalls in oder in der Nähe von Siedlungen erscheint diese sehr teure Art des Straßenbaus[35]. Das berühmteste Beispiel der sonst eher seltenen Art ist die Via Appia von Rom nach Brindisi. Sie wurde allerdings erst unter Hadrian zur Gänze gepflastert[36]. Sowohl der Bau wie auch der Unterhalt und die Reparatur sind unverhältnismäßig teuer. Die Via Egnatia in Griechenland ist ein weiteres Beispiel, wie überhaupt im Osten Pflasterung häufiger anzutreffen ist[37]. Kiesstraßen dagegen können schneller gebaut und leichter repariert werden.

Die einzige ausführliche Quelle zum römischen Straßenbau ist ausgerechnet ein Gedicht des Statius. Man ist sich aber darüber im klaren, daß hier der „Idealfall, nicht der Normalfall" geschildert wird[38]. *Statumen* (Fundament), *rudus* (Grobschüttung), *nucleus* (Feinschüttung) und *summum dorsum* aus *pavimentum*, also Platten oder *glarea*-Kies. Seitliche Befestigungen sind zugleich die Trottoirs, die *crepidines*[39].

Die Chaussee Brunehaut, deren belgischer Anteil einen Abschnitt der wichtigen Verkehrsader Bavai — Köln bildet, ist aus verschiedenen Aufschlüssen in Belgien, Holland und Deutschland bekannt. So sind wir sowohl über die Zeit der Anlage wie auch über den Aufbau gut unterrichtet. Bevor wir uns dieser Straße zuwenden, greifen wir noch einmal zurück und erinnern daran, wie Caesar die primitiven Wege in Gallien schildert. Einerseits will er seine Schwierigkeiten mit dem noch unwegsamen Gelände darstellen, andererseits hat er durchaus im Sinn, dem Leser in Rom vor Augen zu führen, welch herrliche

[35] Technischer Begriff für Pflasterung z.B. F r o n t i n , de aqu. 7, 6 . . . *quae sub Nerone principe primum strata est.* Stiftungen von Pflasterungen innerstädtischer Straßen sind häufiger belegt, z.B. ILS 7812 (Asisii), AE 1967, 565 (Lambaesis), IRT 330 (Leptis Magna); zusammenfassend S c h n e i d e r , Altstraßenforschung 78 ff.; in Trier waren die Straßen im 4. Jahrhundert n. Chr. mit Kalksteinplatten belegt: L. S c h w i n d e n in: Trier, Kaiserresidenz u. Bischofsstadt. Katalog d. Ausstellung 4. Mai — 10. Nov. 1984 (1984) 44; mustergültige Untersuchung durch R. S c h i n d l e r , Das Straßennetz des römischen Trier, in: Trierer Grab. u. Forsch. 14 (1979) 121 ff.; Fundber. aus Österreich 5, 1959, 106 (Bruck a.d. Leitha); zu Unterschieden in der Straßendecke (Kieselsteine = schwerer Wagenverkehr; Platten = Fußgänger) R.G. G o o d c h i l d , Kyrene u. Apollonia (1971) 68 Anm. 2.

[36] S c h n e i d e r , Altstraßenforschung 29 ff. L. Q u i l i c i , La Via Appia da Roma a Bovillae. Passeggiate nel Lazio 1 (1977) Abb. 39—40; zu einer *platea strata* in Timgad M. L e G l a y u. S. T o u r r e n c , Ant. Africaines 21, 1985, 116 ff.

[37] Gute Abbildung der Via Egnatia in T. C o r n e l l u. J. M a t t h e w s , Weltatlas der Alten Kulturen (1982) 147; F.W. W a l b a n k , Historia Einzelschr. 40 (1983) 131 ff.; R a d k e Sp. 252 ff.

[38] Statius, silv. 4.3, 40 ff.; ausführlicher Kommentar mit Text und Übersetzung: Statius, Silvae IV. Ed. with an english translation and commentary by K. M. C o l e m a n (1988) 12 ff. bzw. 102 ff. Zitat nach S c h n e i d e r , Altstraßenforschung 34; *vias sternendas silice in urbe, glarea extra urbem,* so Livius zum Jahre 174 v. Chr. (Liv. 41.27,5); dazu P e k á r y , Reichsstraßen 44 mit Anm. 37, 50.

[39] R a d k e Sp. 23—24 Abb. 2.

Straßen er damals schon in der Mitte des 1. vorchristlichen Jahrhunderts in Italien benutzen konnte[40]. Ob Agrippa bereits während seiner beiden Statthalterschaften in Gallien mit der Trassierung der Route Bavai—Köln beginnen ließ, ist unsicher. Überliefert ist, daß damals drei von Trier ausgehende Hauptstränge in Angriff genommen wurden: Trier—Mainz, Trier—Kölner Bucht und Trier—Niederrhein—Xanten[41]. Es ist wahrscheinlich, daß die Straße Bavai—Köln mit ihrer nördlichen Fortsetzung als Rheintalstraße zu den frühsten Ausbaustufen gehört. Der archäologische Befund liefert den Beweis. In Belgien, Holland und auch seit kurzem aus dem Rheinischen Braunkohlenrevier sind sehr frühe Funde entlang der Route bekannt. Die publizierten Straßenprofile[42] zeigen eine erstaunliche Gleichförmigkeit. Zwischen zwei etwa 25,00 m entfernten Gräben verläuft in der Mitte ein etwa 5—7 m breiter Kiesstreifen, der stellenweise beträchtliche Höhe erreichen kann. Die Gesamtbreite der Straße beträgt etwa 23,00 m, wobei die seitlichen, nicht ausgekiesten Streifen durchaus dem Verkehr dienten. Auf ihnen waren bei besserer Witterung die leichteren Fahrzeuge, um das Gerüttele zu vermeiden, normale Fußgänger und Reiter unterwegs. Auf dem Kiesband marschierten die Soldaten und wurden schwere Lasten transportiert[43]. Wie jedoch Bloemers zeigen konnte, war dies nur in der Frühzeit der Fall, später hat man auch z.B. in der Nähe von Maastricht die Seitenstreifen ausgekiest.

---

[40] Gedanken bei K. S c h u m a c h e r , Ber. RGK 3, 1906/1907, 14 f.; vgl. auch D. T i m p e in diesem Band.

[41] Ausführlich P e t r i k o v i t s , Rheinlande 54 und 145 f. mit Abb. 31; zur Tätigkeit des Agrippa in Gallien auch D. K i e n a s t , Augustus. Prinzeps u. Monarch (1982) 294 mit Anm. 139; P. L e m a n , Les Études Class. 53, 1985, 61 ff.; E. E t t l i n g e r , Die italische Sigillata von Novaesium. Novaesium IX. Limesforsch. 21 (1983) 106 ff.

[42] W. P i e p e r s in: Beitr. z. Arch. d. röm. Rheinlandes. Rhein. Ausgr. 3 (1968) 319 Abb. 1; R. B r u l e t , Doc. et Rapp. Soc. royale d'Arch. et de Paléontologie Chaleroi 54, 1969, 44 ff.; J.H.F. B l o e m e r s , Ber. Amersfort 23, 1973, 237 ff.; im Vicus von Jülich nun gute Aufschlüsse: M. P e r s e , Zusammenfassende Darstellung der archäologischen Strukturen der Jülicher Innenstadt anhand der Ausgrabungsergebnisse im Zuge der Kanalisierung 1987. Röm.-Germ. Museum Jülich (1988) 88 ff.; allgemein zu dieser Straße Katalog ‚Langs de Weg' des Thermenmuseums Maastricht, hrsg. M. P. S t u a r t u. Th. M. E. de G r o o t h (1988). Breite der südlichen Ausfallstraße der Colonia Ulpia Traiana (Xanten) 24 m und je zwei 1 m breite Straßengräben: H. B o r g e r , Bonner Jahrb. 160, 1960, 323; Breite der Westtorstraße in der Colonia Augusta Rauricorum (Augst) 20 m und je zwei 3 m breite Portiken: R. L a u r - B e l a r t , 31. Jahresber. Stiftung Pro Augusta Raurica 1966, S X; Ladenburg 24 m und je zwei ca. 1 m breite Straßengräben: H. K a i s e r , Archäolog. Ausgr. Baden-Württemberg 1983, 112; Breite der ‚Watling Street' in Verulamium (St. Albans) zwischen den beiden Straßengräben 28 m: Britannia 18, 1987, 329.

[43] Vgl. dazu die übereinstimmenden Angaben der offiziösen Quellen zu Straßenbreiten u.a. bei S c h n e i d e r , Altstraßenforschung 19 mit Anm. 10, 37; wie schon von S c h n e i d e r angedeutet, ist daher meine, in B e n d e r , Kurzenbettli 126 mit Anm. 749 geäußerte Ansicht zu differenzieren. Offensichtlich wurden die ursprünglich kiesfreien Streifen später befestigt (unwegsam geworden?); daß aber Wagenverkehr durchaus auch auf dem Kiesbett sich abwickelte, lehren — bei sorgfältig freigelegten Befunden — Karrengeleise in Kiesstraßen: z.B. nördliche Ausfallstraße von Kempten Bayer. Vorgeschbl. 21, 1956, 298.

Selbst schwierigstes Gelände bedeutete für die römischen Straßenbauer kein ernsthaftes Hindernis. Bekannt ist z.B. die Straße entlang der Donau durch das Eiserne Tor. Sie wurde zur Hälfte in den Felsen gehauen, teilweise jedoch über eine Holzsubstruktion geführt, die per Streben in den Felsen verankert war. In verschiedenen Inschriften wird das mit *montibus excisis, anconibus sublatis viam fecit* umschrieben[44]. Schwierig war auch der Bau einer Fahrstraße durch das Aures-Gebirge in Algerien im Jahre 145 n. Chr. Die Route führte von Lambaesis nach Biskra durch die gorges Tighannimine. P. Salama, der beste Kenner der römischen Straßen in Nordafrika, kann nicht umhin, von einer „ouverture d'une route acrobatique" zu sprechen[45]. Dort, wo es nötig war, wurden in den Felsen mächtige Einschnitte gelegt, selbst vor Tunnelbauten scheute man nicht zurück. Der Architekt Lucius Cocceius Auctus scheint zu Zeiten Agrippas der bekannteste Tunnelbauer gewesen zu sein. Die Crypta Neapolitana ist noch 700 m lang und 3,20 m breit. Sie wurde unter Claudius errichtet. Dammbauten waren nicht ungewöhnlich. Ein schönes Beispiel ist die Verbindung der Insel Djerba vor der tunesischen Südküste mit dem Festland. Ein Stück dieses ehemals 6 km langen Bauwerks ist heute noch erhalten[46].

Fährbetrieb, sei es auf Flüssen, Binnengewässern und zwischen Inseln oder Buchten, hat es auch gegeben. Eine Inschrift in Tunesien hat den Tarif festgehalten: „Was die Übersetzenden den Fährleuten geben müssen: Ein Reiter 4 Folles; ein Fussgänger 1 Follis; ein beladener Maulesel mit Treiber 4 Folles; ein unbeladener Maulesel mit Treiber 2 Folles; ein beladenes Kamel mit Treiber 5 Folles; ein unbeladenes Kamel mit Treiber 3 Folles; ein beladener Esel mit Treiber 4 Folles; ein unbeladener Esel mit Treiber 2 Folles"[47].

Es mutet wie ein Witz an, daß die Anlieger, die für die Kosten des Straßenbaus und den Unterhalt der Straße herangezogen wurden, auch noch die Aufstellung der Inschriften zu zahlen hatten, auf denen sich Kaiser und damit betraute Offizielle als Straßenbauherren feiern ließen[48]. Anders steht es mit den Meilensteinen[49]. Es sind höchst offizielle Dokumente, zu deren Formular und Aufstellung die Genehmigung des kaiserlichen Büros einzuholen war.

[44] E. Swoboda, Forschungen am obermoesischen Limes. Schriften der Balkankomm., Antiquar. Abt. 10 (1939) 62ff., bes. 80ff.; A. Mócsy, Pannonia and Upper Moesia (1974) 45ff.; J. Šašel, Journal Rom. Stud. 63, 1973, 80ff.; M. Gabričević, Arheološki Vestnik 22, 1972, 408ff.; Bender, Kurzenbettli 126 mit Anm. 761.

[45] Les voies romaines de l'Afrique du Nord (1951) 27; CIL VIII 10230, oben Anm. 22.

[46] Radke Sp. 25f. (Tunnel); A. Maiuri, Die Altertümer der Phlegräischen Felder. Führer durch die Museen u. Kunstdenkmäler Italiens 32 (1958³) 14ff., 147ff., 158ff.; H. v. Petrikovits, RGA ²Bd. 2, 216ff. (Damm und Deich). Der Einweihung des Tunnels am Fuciner See bei Avezzano wohnt die kaiserliche Familie bei: Plinius, nat. hist. 33, 63 bzw. 36, 124; zur Tunnelbauweise allgemein K. Grewe, Planung und Trassierung römischer Wasserleitungen. Schriftenreihe der Frontinus-Ges. Suppl. Bd. 1 (1985) 69ff.

[47] CIL VIII 24512; Radke Sp. 29; H. de Villefosse, CRAI 1906, 118ff.

[48] Pekáry, Reichsstraßen 124; Schneider, Altstraßenforschung 64.

[49] Lit. allgemein Radke Sp. 31ff.; Schneider, Altstraßenforschung 102ff.; Bender, Kurzenbettli 106f.

Schon während oder unmittelbar nach Abschluß der Bauarbeiten wurde die neu angelegte Strecke vermessen. Dies diente einerseits dazu, die Bausummen auf die Anlieger zu verteilen, andererseits, die in der Zentrale Rom geführten Karten und Routenverzeichnisse auf den neuesten Stand zu bringen. Meist in einer mittleren Entfernung von 2—3 m vom Rand der Straße wurden Distanzanzeiger, sog. *miliaria*, aufgestellt. Es handelt sich um bis zu 3 m hohe Steinsäulen, die mit ihrer Inschrift Auskunft über den Erbauer oder Wiederhersteller geben. Die Meilensteine konnten sowohl links wie auch rechts, vom Zählpunkt aus betrachtet, aufgestellt werden. Die Texte nennen die über die Arbeit Aufsicht Führenden oder den Ausführenden selbst. Die Entfernungsangaben, die zu und von einer Siedlung aus rechnen, dienen der Vermessung der Strecke. Als ein prachtvolles Beispiel der zahlreich erhaltenen Steine sei einer von der Via Traiana Benevent-Brindisi erwähnt (Abb. 3). Das Formular der 109 n. Chr. zu datierenden Inschrift lautet:[50] „Von Benevent 75 Meilen. Der Imperator Caesar, des göttlichen Nerva Sohn, Nerva Traianus, mit dem Beinamen Augustus, Germanicus, Dacicus, Oberpriester im 13. Jahr seiner tribunizischen Gewalt, Imperator zum 6. Mal, Konsul zum 5. Mal, Vater des Vaterlandes, hat den Weg von Benevent nach Brundisium mit seinem Geld bauen lassen." Der Stein war also in einer Entfernung von 75 Meilen = 111 km von Benevent aufgestellt. Die Arbeiten wurden, wie in Italien üblich, *pecunia sua*, d.h. mit Mitteln der kaiserlichen Kasse, finanziert[51]. Neben dem Hauptstrang erfolgte auch eine Erneuerung von verschiedenen Nebenstrecken, den *ramuli*. Auf dieses Ereignis hin brachte die Münzstätte Rom eigens eine Emission auf die Via Traiana heraus[52].

Ein Stein in Leptis Magna im heutigen Libyen ist ein sog. Caput-viae-Stein, d.h. er wurde am Anfang einer Strecke aufgestellt[53]. In diesem Fall ist es die von Leptis Magna 44 Meilen weit ins Landesinnere führende Strecke. Die Inschrift lautet: „Auf Befehl des Imperators Tiberius Caesar Augustus hat Lucius Aelius Lamia, der Proconsul, die Straße von der Stadt in das Binnenland auf einer Strecke von 44 Meilen ausführen lassen." (Zeit 14 n. Chr.). Recht eindrucksvoll ist auch der Meilenstein von Isny, dessen Kopie an der ehemaligen Römerstraße Kempten—Bregenz aufgestellt ist[54].

Es nimmt nicht wunder, wenn an manchen Plätzen ganze Meilensteinsammlungen zu Tage gefördert werden. Bei Hagen findet sich dazu eine recht instruktive Skizze. Bekannt sind auch die „Meilenstein-Versammlungen" am

---

[50] AE 1945, 83; Bender, Straßen 11 mit Abb. 9.

[51] Zur Finanzierung des Straßenbaus in Italien jetzt, nach den Untersuchungen von Eck (wie Anm. 20), Schneider, Altstraßenforschung 64.

[52] Vgl. oben Anm. 12.

[53] Bender, Straßen 67 mit Abb. S. 4 = AE 1936, 157; ein Stein in Worms, CIL XIII 9086, wird gleichfalls als caput-viae-Stein betrachtet. Abb. bei G. Illert, Führer z. vor- u. frühgesch. Denkmälern 13 (1969) Südliches Rheinhessen, Abb. auf S. 20; eine präzise Ortsangabe bietet z.B. auch die „Ausfahrtsszene" auf der Igeler Säule: der Wagen verläßt das Tor und fährt an einem im Hintergrund erkennbaren Meilenstein mit der Angabe L IIII (4 Leugen, d.h. 8,6 km von Trier) vorbei. Abb. bei Petrikovits, Rheinlande Bild 125.

[54] Walser a.a.O. (Anm. 13) 79f. Nr. 31 mit Abb. 20 (CIL III 5987).

Abb. 3: Cannae di Battaglia, Italien. Meilenstein von der Via Traiana
(vgl. Anm. 50; Photo H. Bender).

Trajansbogen in Timgad und am Caracallabogen in Djemila (beide im heutigen Algerien)[55]. Über 5.000 Meilensteine sind bekannt, und pro Jahr kommen
neue hinzu.

---

[55] H a g e n a.a.O. (wie Anm. 3) 19; P. R o m a n e l l i , Topografia e archeologia dell' Africa
Romana (1970) Taf. 11b (Timgad); P. S a l a m a , Revue Africaine 95, 1951, 213 ff. (Djemila).
Auf dem Radstädter Tauernpaß sind insgesamt sieben Meilensteine gefunden worden: F.
G l a s e r , Die römische Stadt Teurnia (1983) 154; G. W i n k l e r , Die römischen Meilensteine
in Noricum — Österreich. Schriften des Limesmuseums Aalen 35 (1985) 78 f. mit Abb. 31.

Die Miliarien können auch namenbildend für kleinere Stationen oder Straßendörfer werden. Besonders eindrucksvoll ist das z.B. für die Umgebung von Mailand[56]. Aber auch aus unseren Breitengraden erinnern Ortsnamen wie Detzem an der Ausoniusstraße von Bingen nach Trier, hergeleitet von *ad decimum lapidem*, oder Quint von *ad quintum lapidem* an ehemalige Meilensteinorte. Das Doppellegionslager auf dem Fürstenberg bei Xanten lag eben beim *sexagesimum ad lapidem*, wie Tacitus schreibt, also beim 60. Meilenstein von Köln aus gerechnet[57].

II. Brücken

Brückenbauten gehören zu den erstaunlichsten Ingenieurleistungen der Römer. Sie sind in vielen Ländern rings um das Mittelmeer erhalten. Neuere, zuverlässige Zusammenstellungen fehlen. Leider reicht die groß angelegte Übersicht von J. Briegleb nur bis in die vorrömische Zeit[58]. Grundsätzlich lassen sich Holz- und Steinbrücken unterscheiden. Nur kurz möchte ich hier Brücken in den Mittelmeerländern vorstellen, obwohl sich gerade dort glänzende Beispiele römischer Technik finden lassen. Auf der Iberischen Halbinsel sind mehrere Brücken zu erwähnen; in Salamanca rollt der heutige Schwerlastverkehr noch jetzt über das Bauwerk. Eine der schönsten Brücken überspannt den Tajo bei Alcantara an der spanisch-portugiesischen Grenze. Sie ist von den umliegenden Gemeinden errichtet worden. Die dem Kaiser Trajan gewidmete Bauinschrift hebt die gemeinsame Bautätigkeit hervor. Der mittlere Pfeiler dieser Brücke ist 40 m hoch[59].

In tiefem, reißendem Gewässer ist es nicht unproblematisch, Pfeilergründungen vorzunehmen. Deshalb war man bemüht, das Mitteljoch möglichst weit zu spannen, man ging bis zu 35 m[60]. Der darüber halbkreisförmig errichtete Bogen bedingt häufig einen Anstieg der Fahrbahn zur Mitte hin. Die unter Tiberius vollendete Brücke bei Beja in Tunesien ist ein gutes Beispiel. In den nördlichen Provinzen, wo ausreichendes Holzbaumaterial zur Verfügung stand, hat man das Sprengwerk über den Pfeilern natürlich in Holz errichtet. Die Brücke über die Donau, die Trajan 103—105 n. Chr. unter der Leitung des Architekten Apollodor bei Drobeta/Turnu Severin bauen ließ, ist von der Tra-

---

[56] Vgl. die Abbildung bei L. P a u l i , Die Alpen in Frühzeit u. Mittelalter (1980) 239 Abb. 135.

[57] H a g e n a.a.O. (wie Anm. 3) S. III f.; Tacitus, ann. I, 45.

[58] Die vorrömischen Steinbrücken des Altertums. Technikgesch. in Einzeldarstellungen 14 (1971); zusammenfassend S c h n e i d e r , Altstraßenforschung 65 ff., bes. 74 ff., der aber die wichtige Arbeit von H. C ü p p e r s , Die Trierer Römerbrücken. Trierer Grabungen u. Forsch. 5 (1969) nicht nennt.

[59] Dazu kurz B e n d e r , Straßen 9 mit Abb. 6—7; C h e v a l l i e r a.a.O. (Anm. 31) 102 ff. (sehr summarisch).

[60] Zur Spannweite vgl. z.B. W. W u r s t e r u. J. G a n z e r t , Arch. Anz. 1978, 301 Anm. 12; gute Aufnahmen kleinasiatischer Brücken im Euphrat- und Tigris-Gebiet jetzt bei J. W a g n e r , Antike Welt 16, 1985 Sondernummer, passim.

janssäule, aber auch aus einem Bericht des Historikers Dio bekannt[61]. Durch die Forschungen von H. Cüppers über die Trierer Römerbrücken und seit kurzem von einem Team von Wissenschaftlern über die Koblenzer Rheinbrücke können wir aus der Sicht der nordwestlichen Provinzen einiges zum Thema beisteuern[62].

Die Leistungen der Römer im Brückenbau wurden den Germanen zum ersten Mal von Caesar im Jahre 55 v. Chr. vor Augen geführt. In der unglaublich kurzen Zeit von nur 10 Tagen, die auch noch für die Beschaffung des Baumaterials ausreichten, gelang es den im Heere Caesars anwesenden Ingenieuren, den ca. 400 m breiten Rhein, vermutlich bei Neuwied, zu überbrücken. Die Bauarbeiten sind im 4. Buch des *bellum Gallicum* so detailliert beschrieben, daß es ohne weiteres möglich ist, das Bauwerk in seinen Grundzügen zu rekonstruieren. In technischem Sinne wird die Brücke als Pioniersteg bezeichnet. Wie eine überschlägige Rechnung ergab, waren immerhin 240—400 Pfähle für die Gründung notwendig[63]. Die Lebensdauer eines solches Pioniersteges, der die Durchfahrt selbst von kleinen Schiffen nicht erlaubt und leicht zu zerstören ist, kann als gering veranschlagt werden. Einen wesentlichen Fortschritt bedeutet die Pfahljochbrücke, wofür das Koblenzer Beispiel vom Jahre 49 n. Chr. gute Berechnungsunterlagen liefert. 25—28 Joche waren nötig, um mit 625—780 Pfählen in 3—4 Monaten den Brückenschlag fertigzustellen. Mittels eines umfangreichen Sprengwerkes wurde es möglich, die Joche weiter anzulegen. Die Lebensdauer einer Pfahljochbrücke, die im Gegensatz zum Pioniersteg auch schweren Wagenverkehr aufnehmen konnte, war allerdings begrenzt. „Die entscheidende Schwäche liegt bei demjenigen Teil eines jeden tragenden Pfahls, der sich zeitweilig im und zeitweilig außerhalb des Wassers befindet; hier droht Fäulnis"[64].

Die Pfahlrostbrücke und deren Weiterentwicklung, die Steinpfeilerbrücke, haben diese Schwierigkeiten überwunden. Sie sind praktisch unbegrenzt haltbar, was die Pfeiler der Trierer Römerbrücke ja eindeutig beweisen. In Trier wird die Pfahlrostbrücke von einer Steinpfeilerbrücke ersetzt. Zur Technik des Bauvorganges folgende Bemerkungen. Bei der Pfahlrostbrücke wird ein Steinpfeiler auf einem Pfahlrost errichtet, bei der Steinpfeilerbrücke erfolgt die Gründung unmittelbar auf dem bis zu einer tragenden Schicht ausgehobenen Flußuntergrund. Um beide Pfeilergründungen jedoch durchführen zu können, sind Spundwände nötig. Diese bedeuten einen enormen Arbeitsaufwand und damit eine Verlängerung der Bauzeit. Mit der Moselbrücke von Palzem-Stadtbredimus, die nach dendrochronologischen Untersuchungen 56 n. Chr.

---

[61] Cass. Dio 68, 13; K. Lehmann-Hartleben, Die Trajanssäule (1926) 137 Taf. 45 Nr. XCVIII/XCIX; Mócsy a.a.O. (Anm. 44) 98.

[62] Cüppers a.a.O. (wie Anm. 58); H. Fehr, B. Schmidt, F.-D. Schifferdecker u. E. Mensching, Bonner Jahrb. 181, 1981, 287 ff.

[63] Caesar, bell. Gall. 4, 17; Petrikovits, Rheinlande 50: „in den Augen von Galliern und Germanen eine Wunderleistung"; zum allgemeinen militärischen Ablauf ebd. 97 f.; Mensching (Anm. 62) 333 ff. mit Abb. 4.

[64] Mensching 330 Abb. 1, Zitat auf S. 331.

errichtet wurde, ist für den Nordwesten erstmals für die Mitte des 1. Jahrhunderts n. Chr. Spundwandtechnik bezeugt. Im Mittelmeerraum hat man das Verfahren sicherlich schon früher angewandt. Für die jüngere Römerbrücke in Trier berechnete Cüppers eine Bauzeit von 1—2 Jahren, in denen Arbeiten an den Spundwänden, den Ausschachtungen in den Senkkästen, den Pfeilerbauten, der Anlage des hölzernen Sprengwerkes und der Fahrbahn unterzubringen sind[65]. Die Kölner Römerbrücke ist durch ihre literarisch überlieferte Bauzeit um 310 n. Chr. bekannt. Konstantin der Große ließ durch dieses Bauwerk das auf rechtem Rheinufer 312 n. Chr. vollendete Kastell Deutz mit der Metropole verbinden[66].

Die Spätantike brachte überhaupt nochmals einen Höhepunkt in der Brückenbaugeschichte. Nach dem Verlust des Limesgebietes legte man zur Sicherung der linken eine ganze Reihe von Brückenköpfen auf der rechten Rheinseite an. Ich erwähne die spätkaiserzeitliche Reparatur der Brücke von Mainz nach Kastel; das Bauwerk ist auf einem Bleiabschlag eines Lyoner Medaillons dargestellt[67]. Von Valentinian ist überliefert, daß er persönlich die Arbeiten am Kastell Altrip mit seinem rechtsrheinischen Brückenkopf in Ladenburg am Neckar überwachte[68]. Vom Hochrhein sei neben dem Kastell Kaiseraugst mit seinem rechtsrheinischen Brückenkopf bei Wyhlen die recht bekannte Anlage von Zurzach/Rheinheim erwähnt. Hier ist die Brückenzone von zwei Kleinkastellen am linksseitigen und einem weiteren Kastell am rechtsseitigen Ufer geschützt[69].

Neben diesen bekannteren Bauwerken hat es natürlich eine Unmenge von kleineren Fluß- oder Sumpfüberquerungen gegeben. Für das hessische Rheingebiet sei hier eine Anlage erwähnt. Die Sumpfbrücke von Bickenbach im Zuge einer Römerstraße Dieburg—Gernsheim ist mindestens 300 m lang gewesen. „Sie bestand aus 4,5 m breiten Jochen·aus je 3 Eichenpfählen von etwa 5 m Länge, die Jochabstände betrugen 3 m"[70]. Nach einem dendrochronolo-

---

[65] Ebd. 331 ff. mit Abb. 2 (Pfahlrostbrücke) u. Abb. 3 (Steinpfeilerbrücke). Berechnungen der Bauzeiten 338 ff.

[66] Petrikovits, Rheinlande 182; St. Neu in: Führer z. vor- und frühgesch. Denkmälern 38 (1980) Köln II, 147 ff.; wegen der unregelmäßigen Abstände der steinernen Brückenpfeiler kann es sich nur um eine Pfahlrostbrücke mit hölzernem Sprengwerk handeln; Petrikovits, Rheinlande Bild 120.

[67] Petrikovits, Rheinlande Bild 122. Zur Wiedergabe der Brücke Konstantins des Großen über die untere Donau auf Münzen A. Alföldi, Zeitschr. f. Numismatik 36, 1926, 161 ff.

[68] Petrikovits, Rheinlande 207; zum Ladenburger Brückenkopf B. Heukemes, Fundber. Baden-Württemberg 6, 1981, 433 ff.

[69] Ph. Filtzinger, D. Planck u. B. Cämmerer (Hrsg.), Die Römer in Baden-Württemberg ³(1986) 301 f. mit Abb. 140 (Wyhlen), 381 f. mit Abb. 205 (Zurzach-Rheinheim), beide G. Fingerlin; vgl. auch die Beiträge in Archäologie der Schweiz 10, 1987, 13 ff. (M. Hartmann über Zurzach), 16 ff. (J. Bürgi über Brücken im Kanton Thurgau) und 23 ff. (K. Bänteli u. B. Ruckstuhl zu Stein am Rhein).

[70] W. Geyer, K. Landt, I. Kokes u. H. Schuler, Saalburg Jb. 34, 1977, 29 ff. (Befund); H.G. Simon, ebd. 42 ff. (Funde); D. Baatz u. F.R. Herrmann (Hrsg.), Die Römer in Hessen (1982) 242 ff. (Zitat 243), 464 ff. (Riedstadt-Goddelau); eine Sumpfbrücke jetzt auch in Bayern: K.II. Rieder, Das Archäolog. Jahr in Bayern 1984, 106 f.

gisch ermittelten Datum liegt die Bauzeit um 145 n. Chr. Gegen Ende des 2. Jahrhunderts n. Chr. wurden auf nun trockener gewordenem Moor Eichenpfähle verlegt und Kies darüber geschüttet. Damit hätte man ein gutes Beispiel für die Lebensdauer einer einfachen Pfahljochbrücke.

Die Fahrbahnbreite bei den vorher erwähnten, größeren Brücken liegt um 10 m, so daß bequem zwei Fuhrwerke aneinander vorbei konnten und auch den Fußgängern zu beiden Seiten ein noch sicherer Streifen reserviert blieb[71].

III. Pässe

Paßstraßen römischer Zeit hat es nicht nur in den von uns so genannten Alpen gegeben, obwohl die überreiche Literatur manchmal leicht den Eindruck der Einmaligkeit aufkommen läßt. Die Römer waren auch in anderen Ländern des Mittelmeergebietes vor schwierige Trassierungsprobleme im Hochgebirge gestellt. Generell ist dazu zu sagen, daß dort, wo man es für nötig erachtete, auch Fahrwege oder breitere Fahrstraßen über die Pässe gebaut wurden. Ein durchgehender Fahrverkehr ist eben aus praktischen Überlegungen notwendig, weil man beim Umladen auf Saumtiere sowohl Zeit wie auch zusätzliches Kapital investieren mußte. Und welcher Kaufmann, geschweige denn welche Armee wäre dazu bereit gewesen? Sind ferner an einer Paßstraße durch Meilensteine Bauarbeiten, Ausbesserungen oder Reparaturen an Brücken bezeugt, ist es schlechterdings unvorstellbar, daß sich die Erbauer und deren Beauftragte der Anlage oder Reparatur eines Saumpfades rühmten[72].

Zwei Inschriften zu Trassierungsarbeiten in nicht alpenländischen Regionen sind uns schon begegnet. Die nordafrikanische[73] von der Straße Hippo Regius-Cirta erwähnt Wiederherstellungsarbeiten an der *via per Alpes Numidicas*. Zwar liegt der Paß, der col de Fedjous, mit 540 m Meereshöhe nicht sehr hoch, doch ist der Abstieg nach Süden außerordentlich steil. Die Straße ist heute noch in großen Teilen erhalten. Die Via Tauri durch die Kilikische Pforte führt über einen Paß von 1050 m Höhe. Von der Trassierung her muß diese Strecke alle Zeit enorme Probleme geboten haben, so daß häufige Reparaturen notwendig waren[74].

Der Große St. Bernhard in der Westschweiz als die kürzeste Verbindung von Italien in die nordwestlichen Provinzen hat mehrfach Erwähnung in literarischen Quellen erfahren[75]. Von der Paßstraße sind auch eine ganze Reihe von

---

[71] Allgemein R a d k e Sp. 22 f.; P e k á r y , Reichsstraßen 22 ff. zur Breite der *via publica*.

[72] Gerade diesen Gedanken sollte man bei einer Diskussion, ob bestimmte Paßrouten nun mit Fahrzeugen oder nur mit Saumtieren bewältigt wurden, nicht außer Acht lassen.

[73] Vgl. oben Anm. 22 (G s e l l); zur Situation die Kartenbeilage bei S a l a m a (wie Anm. 45); ebd. Straße auf den *mons Aurasius* (Aures).

[74] Vgl. oben Anm. 16—19; zu den mitteleuropäischen Alpenstraßen P a u l i a.a.O. (Anm. 56) 235 ff.

[75] G. W a l s e r , Summus Poeninus. Historia Einzelschr. 46 (1984) mit der Zusammenstellung aller Quellen; vgl. auch den Beitrag von R. W y s s in diesem Band.

Meilensteinen bekannt[76]. Daß die Berge selbst im Winter kein unüberwindliches Hindernis bedeuteten, lehren verschiedene Berichte. Im März des Jahres 69 n. Chr. überquerte eine ganze Armee den Paß. Vitellius selbst, der mit diesem Marsch seine Ansprüche auf den Kaiserthron wahrnehmen wollte, marschierte mit einem anderen Kontingent zur gleichen Zeit über den Mt. Genèvre nach Italien[77]. Maximian eilte mitten im Winter des Jahres 291 n. Chr. zur Konferenz in Mailand über den Paß. Dem Panegyriker Mamertinus ist das eine besondere Passage wert: „Gegen den strengen Frost schützt Euch die Macht Eurer Majestät; während alles erfror, folgten Euch laue Frühlingslüfte und Sonnenschein. Geh doch, Hannibal, mit deiner Alpenreise". Konstantin der Große muß zur Winterszeit mit seinen Truppen über den Großen St. Bernhard gezogen sein. Zur Vorbereitung seines Italienfeldzuges gegen Maxentius ließ er nämlich im Jahre 308 — 312 n. Chr. an der Straße bauen. Sieben erhaltene Meilensteine berichten über die Arbeiten[78]. Einige tausend Anhänger wurden von Caesar mitten im Winter über die Alpen geholt, um in Rom eine Wahl entsprechend zu beeinflussen[79].

Zur besseren Orientierung in schwierigem Gelände oder bei einer Schneedecke wurden hölzerne Stangen aufgestellt; außerdem hielten sich Führer bereit[80]. Der Ausbau von Paßstraßen blieb jedoch auf das Notwendigste beschränkt, die Fahrspur war nur so breit, daß ein Wagengespann gut vorankam. Ausweichstellen in günstigem Gelände dürften nicht gefehlt haben.

Die bekannten Karrengeleise im Alpenvorland und weniger in den Alpen sind nicht unbedingt eine genuin römische Erfindung. Sie wurden an solchen Stellen auch künstlich angelegt, wo ein sicheres Fahren, etwa an Abgründen oder Steigungen, notwendig war. Die Spurbreite liegt in der Regel zwischen 0,90 und 1,10 m[81].

---

[76] Walser, Summus Poeninus 40 ff.

[77] G. Walser, Via per Alpes Graias. Historia Einzelschr. 48 (1986); Zu den Westalpen noch D. van Berchem, Les routes et l'histoire. Ges. Schr. Univers. Lausanne, Publ. Fac. des Lettres 25 (1982) passim; A. Grilli, Numismatica e Antichità Class., Quad. Ticinesi 14, 1985, 171 ff. (Strabon). Die detaillierte Beschreibung der Paßstraße bei Amm. Marc. 15.10,2 ff. ist besonders instruktiv.

[78] Walser, Summus Poeninus 50 mit Anm. 33; spätantike Inschrift an der Plöckenpaßstraße: CIL V 1862, Glaser a.a.O. (Anm. 55) 141; Winkler a.a.O. (Anm. 55) 40 f. Nr. D.

[79] M. Gelzer, Caesar (1960) 132 mit Anm. 187 (Cass. Dio 39.31,2); auch auf dem Magdalensberg in Kärnten gingen die Geschäfte im hohen Winter weiter: R. Egger, Die Stadt auf dem Magdalensberg. Ein Großhandelsplatz (1961) 32.

[80] Amm. Marc. 15.10,5.

[81] Lit. bei Schneider, Altstraßenforschung 36 mit Anm. 17; die Einbandabb. bei Walser a.a.O. (Anm. 13) ist beeindruckend (Karrengeleise südl. Klais bei Mittenwald — nicht wie in der Legende angegeben der Kiesdamm im Hofoldinger Forst — und Meilenstein von Isny). Karrengeleise ebd. Abb. 12—15; auf die differenzierte historisch-archäologische Betrachtungsweise von F. Mottas, Archäologie d. Schweiz 9, 1986, 124 ff. zu den Geleisestraßen im Jura weise ich besonders hin. Zu dem so oft abgebildeten „Felseinschnitt der römischen Straße über den Großen St. Bernhard" (Walser Abb. 9) möchte ich bemerken, daß gerade die fehlenden „Geleise" gegen römische Zeitstellung sprechen, auch die Breite der Rinne (2,60—2,70 m) ist völlig unrömisch (napolconische Abarbeitungen?). Karrengeleise

Um einen Eindruck von der Leistungsfähigkeit der römischen Straßen zu gewinnen, möchte ich dieses Kapitel mit einem Blick auf ein spezielles Datum der römischen Geschichte schließen. Es ist bekannt, daß einzelne römische Soldaten und ganze Armeen zu Fuß in Marsch gesetzt wurden. Binnen-, See- oder Meeresschiffahrt kam wegen der damit verbundenen Kosten und den von der Witterung abhängigen Fahrtzeiten nicht in Frage[82]. Daß sehr häufig Soldatengrabsteine von Militärs erzählen, die weitab von ihrem Standort begraben wurden, bedeutet noch nicht viel. Wenn wir aber erfahren, daß z.B. Legionen oder große Armeen unterwegs waren, so ist die Beanspruchung der römischen Straßen evident[83]. 194 n. Chr. zog die severische Armee nach Besiegung des Pescennius Niger im Osten gegen Clodius Albinus im Westen bis Lyon. So finden sich in Raetien eine Reihe von Meilensteinen von 195 n. Chr., die mit dem Hinweis auf Straßenbauarbeiten die Vorbereitung des Feldzuges anzeigen. 201 n. Chr. wurde die Armee wieder in den Osten abkommandiert, um an den Vorbereitungen des Partherfeldzuges teilzunehmen. Die Meilensteine von Raetien zeigen das wieder an. 212/213 brechen die Alamannen durch den Limes, so wurden für die vom Osten heranzuholende Armee die Straßen wieder instand gestellt. 217 n. Chr. ließ dann Caracalla im Osten die Routen erneuern. Die Via Tauri mit den uns schon geläufigen Inschriften weist auf solche Kriegsvorbereitungen hin. Die Armee, die eben noch am Alamannenfeldzug teilgenommen hatte, wurde nun in den Osten verlegt. So sind innerhalb eines Zeitraumes von wenig mehr als zwei Jahrzehnten die raetischen Straßen enorm beansprucht worden[84].

IV. Cursus publicus

Zur Erläuterung des Begriffs „Reisen auf Staatskosten" oder, wie man heute sagen würde „Dienstreisen" sei die Laufbahn des Kaisers Publius Helvius Pertinax einmal näher betrachtet. Dieser fing als einfacher Kohortenpräfekt im Jahre 160—163 in Syrien an, als Militärtribun wurde er nach Britannien versetzt, 166—167 war er dann als Alenpräfekt in Mösien. Nach Beendigung der *tres militiae* wechselte er in Italien kurz in den Zivildienst über, wo er an der

---

finden sich in den Ländern des Mittelmeerraumes vielfach, z.B. Tunesien P. T r o u s s e t , Ant. Africaines 12, 1978, 152 Abb. 12; eindrückliche Beispiele auch in Spanien, z.B. beim antiken Termantia in Kastilien.

[82] Allgemein B e n d e r , Reiseverkehr 13 ff.; vgl. auch die Bemerkungen von M.P. S p e i d e l , Ant. Africaines 11, 1977, 169 f.

[83] Plinius d.J., Paneg. 14,2 f. Vergleich der Entfernung Spanien—Germanien, ein *spatium*, das durch die schwierige Überwindung der Pyrenäen und der *Alpes immensique alii montes* unglaublich rasch durchmessen wurde; Legat der *legio VII Gemina* damals Traian, vgl. E. R i t t e r l i n g , RE XII, 2 (1925) Sp. 1635 f.; Marschrouten der *leg. X Gemina,* die zeitweilig auch in Nijmegen stationiert war (R i t t e r l i n g Sp. 1682) z.B. W. v a n E s , De Romeinen in Nederland (1972) 192 Abb. 135.

[84] W a l s e r , a.a.O. (Anm. 13) 13 ff.; Meilensteine in Raetien und Noricum B e n d e r , Straßen Abb. 12 (nach H.-J. K e l l n e r); letzter Neufund K. D i e t z , Das Archäolog. Jahr in Bayern 1985, 110 f.; ders., Germania 63, 1985, 75 ff.

Via Aemilia für die Getreideversorgung zuständig war. 169 bekleidete er wieder ein militärisches Amt, er war *praefectus classis Germanicae*, der Rheinflotte in Köln-Alteburg. 169/170 Finanzprocurator auf dem Balkan, 171 schließlich ein Sonderkommando in Pannonien. Nun erfolgte ein wichtiger Einschnitt im Leben des Pertinax: Er wurde in den Senatorenstand erhoben. Als Kommandeur einer Legion hatte er maßgeblichen Anteil an der Besiegung der Markomannen. Seine Verdienste wurden mit der Wahl zum Konsul des Jahres 175 belohnt. Er konnte sein Amt in Rom aber nicht antreten, weil er bereits mit dem Kaiser nach Syrien gegen den Thronprätendenten Avidius Cassius ziehen mußte. Nacheinander verwaltete Pertinax dann drei wichtige Provinzen. Abrupt wurde die Bilderbuchkarriere durch eine Verleumdungskampagne bei Hofe beendet, so daß er sich auf seine Güter in Ligurien zurückziehen mußte. 185 wurde Pertinax rehabilitiert, er wurde Statthalter von Britannien und, nach einem zivilen Amt in Rom, im Jahre 188 Prokonsul der wichtigsten Provinz, nämlich des für die Getreideversorgung Roms zuständigen Afrika. Die Stadtpräfektur in Rom und schließlich Konsul iterum zusammen mit dem Kaiser Commodus im Jahre 192 n. Chr. waren die letzten Stufen vor der Kaiserwürde im Jahre 193 n. Chr.[85].

Wie oft Pertinax in militärischem oder zivilem Amt auf den Straßen unterwegs war, läßt sich leicht ermessen[86]. Gleich zu Beginn seiner Karriere machte er eine, freilich unangenehme, Erfahrung mit einer Staatsinstitution. Um schneller nach Syrien zu gelangen, benutzte er den Cursus publicus, das staatliche Transportsystem, ohne dafür die Erlaubnis zu besitzen. Da er vom Statthalter Syriens dabei erwischt wurde, mußte er seine Reise zu Fuß fortsetzen[87].

Der Cursus publicus war nun das staatliche Kurier- und Transportsystem, das einen großen Teil des Verkehrsaufkommens auf den römischen Straßen zu organisieren und zu tragen hatte[88]. Sueton schreibt dem Augustus die Einführung eines gut funktionierenden Nachrichtensystems zu[89]. Wie erst kürzlich aufgefundenen Inschriften und Neuinterpretationen älterer zu entnehmen ist, darf Augustus damit auch als der Organisator der *vehiculatio*, des Cursus-publicus-Systems gelten[90]. Die entsprechende Passage bei Sueton lautet:

[85] H. W. Böhme, Römische Beamtenkarrieren. Cursus honorum. Kl. Schr. z. Kenntnis d. röm. Besetzungsgesch. Südwestdeutschlands 16 (1977) 59 ff.

[86] Böhme 68 Abb. 41.

[87] SHA v. Pert. 1,6.

[88] Lit. bei Bender, Reiseverkehr 76: E. J. Holmberg, Zur Geschichte des Cursus publicus (1933); [H.-G. Pflaum], Essai sur le cursus publicus sur le Haut-Empire romaine. Mém. prés. par divers savants à l'Acad. Inscr. et Bell-Lettres 14 (1940) Sonderdr.; jetzt Schneider, Altstraßenforschung 90 ff.; kurz L. Casson, Reisen in der Alten Welt (1976) 213 ff.; in Noricum: G. Winkler, in: ANRW II. 6 (1977) 228 mit Anm. 216—219.

[89] Sueton, Aug. 49,3.

[90] Grundlegend W. Eck, Chiron 5, 1975, 365 ff.; erst im Laufe des 4. Jahrhunderts n. Chr. scheint sich der Begriff *cursus publicus* durchgesetzt zu haben, die entsprechende früh- und mittelkaiserliche Bezeichnung dürfte noch *vehiculatio* gelautet haben (so nachdrücklich St. Mitchell, Jour. Rom. Stud. 66, 1976, 112 nach P.A. Brunt—A.H.M. Jones); ähnlich Begriffe wie *mansio-mutatio*: Bender, Kurzenbettli 132.

„Damit dem Augustus schneller und leichter über die Vorgänge in jeder Provinz gemeldet und rapportiert werden konnte, verteilte er anfänglich junge Leute, später Wagen in Abständen längs der Heerstraße. Das zweite System erwies sich als praktischer, weil so der gleiche Kurier die Nachrichten von Ort und Stelle bringen und nötigenfalls auch noch persönlich befragt werden konnte"[91]. Und weiter: „Auf allen Briefen gab Augustus immer genau die Tages- und Nachtstunde an, zu der sie aufgegeben worden waren"[92]. Augustus bzw. die Leiter der einzelnen Büros in Rom erhielten so die Möglichkeit, das Nachrichtensystem zu kontrollieren. Daß mit Hilfe des Cursus publicus nicht nur Kuriere unterwegs waren, sondern auch Güter und natürlich wichtige Personen in staatlichem Auftrag befördert wurden, liegt in der Natur der Sache. Unter Septimius Severus kam es zu einer Zweiteilung des Cursus:[93] *cursus velox* oder *celer*, Schnellpost, und *cursus clabularis*, Schwertransport. Pferde und Maulesel dienten dem Cursus velox als Zug- oder Reittiere, Ochsen dem Cursus clabularis. Die *praefectura vehiculorum* in Rom war unmittelbar dem Kaiser unterstellt, in den Provinzen „lag die Zuständigkeit entweder bei den Statthaltern oder bei den kaiserlichen Prokuratoren"[94]. Der Erlaubnisschein zur Benutzung der römischen Post hieß *diploma, evectio* oder *tractoria*. Die Dauer eines solchen Scheins, der nicht etwa nur für ein bestimmtes Land oder eine einzige Strecke Gültigkeit hatte, war auf die Regierungszeit eines Kaisers beschränkt. Das konnte beim plötzlichen Tod eines Herrschers schwerwiegende Probleme für die gerade auf Reise Befindlichen bedeuten[95]. Köstlich zu lesen ist die mit vielen Entschuldigungen vorgetragene briefliche Bitte des jüngeren Plinius in Bithynien an Trajan in Rom. Der Statthalter Plinius ersucht den Kaiser nachträglich um ein Diplom. Ohne für die Ausstellung des Erlaubnisscheins die Einwilligung des Kaisers zu haben, hatte er seine Frau mit dem Cursus publicus auf eine Reise zu ihrer Tante geschickt, um dieser wegen des Todes des Großvaters beizustehen[96].

Im Laufe der Jahrhunderte läßt sich eine kontinuierliche Entwicklung des Cursus publicus feststellen[97]; sie führte schließlich dazu, daß im Codex Theodosianus eine Zusammenfassung aller einschlägigen Bestimmungen erfolgte[98]. Die entsprechende Überschrift lautet *De cursu publico, angariis et parangariis*, also über den Kurier- und Transportdienst, über die Pflicht der Bevölkerung, für die staatlichen Postboten und den Transport Wagen und Zugtiere zu stellen. Hier sind aus den Jahren 315—407 n. Chr. 68 Erlasse

---

[91] Übersetzung nach A. Lambert.
[92] Sueton, Aug. 50.
[93] Holmberg a.a.O. (Anm. 88) 59 ff.; Bender, Reiseverkehr 9.
[94] Zitat Schneider, Altstraßenforschung 91.
[95] Etwa 68/69 n. Chr., als die Kaiser Nero, Galba, Otho, Vitellius und schließlich Vespasian kurz aufeinander folgten: Tacitus, Hist. 2, 54; Plutarch, Galba 8,5: Holmberg a.a.O. (Anm. 88) 53 ff.; Pflaum a.a.O. (Anm. 88) 58 ff.
[96] Plinius, ep. 10, 120—121; nicht ganz korrekt Bender, Reiseverkehr 14.
[97] „Il est un règle reçue qui veut que chaque service administratif, quel qu' 'l soit, ait une tendance à s'éntendre, à se ramifer": Pflaum a.a.O. (Anm. 88) 58.
[98] Cod. Theod. 8.5—6.

zusammengestellt; weitere ergänzende Bestimmungen, die sich vornehmlich mit dem Personal des Cursus publicus beschäftigen, sind über das ganze Gesetzeswerk verstreut[99].

Unter den Benutzern der Institution sind an erster Stelle die Kaiser zu nennen. Der Reiseplan wurde im voraus bekanntgegeben, damit die einzelnen, vom kaiserlichen Zuge berührten Stationen entsprechend verproviantiert oder, wenn nötig, instandgestellt werden konnten[100]. Daß die Organisation nicht immer vorzüglich klappte, zeigt die Klage von Constantius II., der bei Reisen in entlegene Gegenden nur mit Mühe ausreichende Zugtiere auftreiben konnte[101]. Die gefürchteten kaiserlichen Kuriere dürften die Hauptbenutzer der Post gewesen sein; sie waren Nachrichtenübermittler und hörten auf ihren Reisen auch viel; sie kontrollierten unauffällig den Verkehr auf den Straßen, erstatteten Meldungen über den Zustand der Routen und berichteten über die Stimmung im Volke. Die Kuriere scheinen in einem Spezialcorps zusammengefaßt gewesen zu sein. In chronologischer Reihenfolge führten sie vom 1. bis ins 4. Jahrhundert n. Chr. die Bezeichnungen *tabellarii/frumentarii/speculatores* und *agentes in rebus/curagendarii*[102]. Ein Grabdenkmal in Belgrad (Abb. 4) gehört zu den wenigen Darstellungen solcher Kuriere[103]. Wichtig für die Identifizierung ist neben der Inschrift (*speculatori legionis VII Claudiae*: Zeit 3. Jahrhundert n. Chr.) der Helfer, der ein Hoheitsabzeichen, eine Art Beneficiarierlanze, mit sich führt. Ein anderer Kurier, dieses Mal ein *frumentarius,* rühmt sich in seiner Grabinschrift, 40 Jahre in Diensten des Kaisers unterwegs gewesen zu sein[104]. In einer seiner Bekehrungsgeschichten schildert Augustinus[105] zwei Polizeiagenten aus dem kaiserlichen Stab in Trier. Diese streifen vor den Stadtmauern umher und treffen auf eine Hütte, in der einfache Christen ein Buch über das Leben des Heiligen Antonius lesen. Einen der *agentes in rebus* überzeugt die Heiligenlegende so sehr, daß er sich zum Christentum bekennt.

Es ist leider nicht möglich, hier sämtliche, durch literarische Quellen oder Inschriften bezeugte Benutzer des Cursus publicus ausführlich zu behandeln;

---

[99] Ausgewertet von Holmberg und dank des guten Indexes leicht zu erschließen.

[100] So dürften die durch die Meilensteine angezeigten Reparaturen von Straßen und Brücken öfters auf solche kaiserlichen Züge deuten (vgl. auch oben Anm. 84); vgl. etwa SHA, v. Alex. 45,2. Ausführlich jetzt H. Halfmann, Itinera principum. Geschichte und Typologie der Kaiserreisen im Römischen Reich. Heidelberger Althist. Beitr. u. Epigraph. Stud. 2 (1986) 65 ff., bes. 74 ff.

[101] Cod. Theod. 8.5,3. (= Cod. Iust. 12.50,2 = von 339 n. Chr.).

[102] Lit. (bis 1975) bei Bender, Kurzenbettli 131 f.; zum spätantiken *cursus publicus* M. Clauss, Der magister officiorum in der Spätantike (4.-6. Jahrhundert). Vestigia 32 (1980) 23 ff., bes. 45 ff.; F. Paschoud, Frumentarii, agentes in rebus, magistriani curiosi, veredarii: Problèms de terminologiè, in: Bonner Historia Augusta Colloquium 1979/1981. Antiquitas, Reihe 4 (1983) 215 ff.; vgl. ILS 2375 (Aquincum) *scola speculatorum.*

[103] CIL III 1650; Bender, Reiseverkehr Abb. 2; Weihung eines *frumentarius* mit Lanzendarstellung: CIL III 5579 = Vollmer IBR Nr. 24 Taf. 3, 24.

[104] CIL III 2063.

[105] Conf. 8.6, 15.

Abb. 4: Relief aus Viminacium (Belgrad, Nationalmuseum). Spekulator auf Reisen
(vgl. Anm. 103; Photo Nationalmuseum Belgrad).

dazu sei auf die reiche Literatur verwiesen[106]. Eine Aufzählung möge genügen: fremde Gesandte, die Bischöfe der frühen Kirche, Beamte, Soldaten und ihre Familien.

Unter den transportierten Sachen stehen neben den oben erwähnten Depeschen vor allem wichtige, dem Staatsinteresse dienende Güter[107] und schließlich das Gepäck der oben erwähnten Personen. Zu beachten ist ferner, daß die Gestellungspflicht der Anlieger besonders dann als drückend empfunden wurde, wenn Strecken außerhalb des allgemeinen Cursus-publicus-Netzes bereist wurden: Stellung von Tieren, Einquartierung und Beköstigung waren obligatorisch. Gemeindeeigene Rasthäuser schützten dann den einzelnen vor ungebetenen Gästen[108].

Die Benutzer des Cursus publicus waren jedoch zur Begleichung der in Anspruch genommenen Leistungen verpflichtet. Eine Inschrift aus Pisidien in der Türkei führt einige Preise für Wagen und Tiere an. Die Mittel dazu wurden anscheinend dem Reisenden vom Staate zur Verfügung gestellt[109]. Nun hatten die Anlieger sicherlich zu den Fixkosten für Wagen und Tiere noch Einkünfte aus Verköstigung und anderen Hilfestellungen. So kann die beklagte Gestellungspflicht nicht immer so drückend gewesen sein. Freilich sind auf der anderen Seite auch mehrfach Prozesse überliefert, wo sich Anlieger um jeden Meter der von ihnen zu versehenden Spanndienste an den Überlandstraßen stritten[110].

Naves cursoriae[111] dienten der Weiterleitung von Nachrichten und Gütern zur See oder auf großen Flüssen.

Das hervorragend organisierte Transportsystem zu Land und Wasser stand nur den in staatlichem Auftrag reisenden Personen und Sachen zur Verfügung. Beförderung von Privatpost oder von privaten Reisenden waren ausgeschlos-

---

[106] Holmberg a.a.O. (Anm. 88) 104ff. (Briefboten und Nachrichtenbeamten); Pflaum a.a.O. (Anm. 88) 122 (Les courriers impériaux).

[107] Cod. Theod. 12.12,6 untersagt unnützen Gesandtschaften an den Hof für die Rückreise die Benutzung des Cursus publicus (im Vergleich zu Cod. Theod. 12.12,9). Im Cod. Theod. sind eine ganze Reihe von Gütern erwähnt. Tac., Agr. 19 Pflicht der Britannier, Güter über weite Distanzen zu transportieren.

[108] Einquartierungsprobleme im 3./2. Jahrhundert v. Chr. M. Wörrle, Chiron 9, 1979, 89ff.; öffentliches Rasthaus in Phaenae (Kleinasien) IGR III 1119. Edikt des Präfekten von Ägypten Cn. Vergilius Capito (69. n. Chr.) IGR I 1262... Soldaten, Reiter, Polizisten, Centurionen, Tribunen und alle übrigen Personen, die durch die Gaue reisen, [dürfen] nicht beschlagnahmen noch Transportleistungen fordern, so sie nicht Diplome haben (Übersetzung H. Freis, Hist. Inschr. z. röm. Kaiserzeit. Texte z. Forsch. 49 [1984] 64 Nr. 36).

[109] Diese Inschrift wurde von Mitchell a.a.O. (Anm. 90) publiziert (Zeit des Tiberius); zusammenfassend Schneider, Altstraßenforschung 92ff.; Übersetzung der Inschrift (AE 1976, 653) bei Freis a.a.O. (Anm. 108) 51 Nr. 30.

[110] Pekáry, Reichsstraßen 135ff. (Die Angareia-Inschrift aus Phrygien: W. H. C. Frend, Journal Rom. Stud. 46, 1956, 46ff.).

[111] Holmberg a.a.O. (Anm. 88) 68ff.; folglich hat es auch eine Wasserpolizei gegeben, wie eine Inschrift eines *frumentarius* in Carnuntum erweist: W. Jobst, Provinzhauptstadt Carnuntum (1983) 84, 119f. mit Abb. 126 (= ILS 9093 – CSIR I/3 Nr. 331 Taf. 67).

sen[112]. Ausführlich hat sich die Forschung mit den Gestellungsverpflichtungen, überlieferten Erleichterungen für Italien und andere Provinzen oder Änderungen im gesamten System beschäftigt[113]. Die enorme Größe des Reiches und die zunehmende staatliche Beanspruchung der einzelnen Bürger und Kommunen veranlaßten die Verwaltung, fallweise zu helfen. Nach einer Münzemission Nervas vom Jahre 97 n. Chr. (Abb. 5) mit der Rückseitenlegende *vehiculatione Italiae remissa*[114] kann man „für Italien eine wesentliche Umorganisation erschließen; sie bestand mit einiger Wahrscheinlichkeit in der Entlastung der Gemeinden bei der Stellung der Wagen und der Zug- und Reittiere"[115]. Julian, dem man nach der Menge der aufgefundenen Inschriften und der im Codex Theodosianus enthaltenen Erlasse eine besondere Fürsorge um die Staatsinstitution nachsagen kann, verfügte z.B. die Einstellung des Cursus velox auf Sardinien[116].

Abb. 5: Sesterz des Nerva, Rückseite. Grasende Maultiere vor einem Wagen (vgl. Anm. 114; Photo Staatliche Münzsammlung München).

Auch für die Sicherheit des Straßenverkehrs war gesorgt. An neuralgischen Punkten, an Furten und Brücken etwa, an wichtigen Straßenkreuzungen oder Grenzübergängen waren Polizeiposten installiert. Die Mannschaft dazu, die

---

[112] Dazu W. Friedländer, Darstellungen aus der Sittengeschichte Roms [10](1922) I, 330 f.

[113] Zusammenfassend Schneider, Altstraßenforschung 90 ff.

[114] Bender, Reiseverkehr Abb. 1.

[115] Zitat nach Eck a.a.O. (Anm. 20) 99.

[116] Cod. Theod. 8.5, 16.

Beneficiarier, rekrutierte sich aus Truppenangehörigen des entsprechenden Armeekommandos[117]. Die abkommandierten Soldaten versahen ihren Dienst mehrere Jahre und stellten nach Beendigung ihrer Sonderaufgabe Inschriften in den zu den Stationen gehörenden kleinen Heiligtümern auf. Da die Bauten des Beneficiarierpostens von der Armee errichtet und unterhalten wurden, sind gestempelte Ziegel mit der Nennung der in einer Provinz stationierten Truppe sehr häufig an diesen Plätzen zu finden. So bieten die Inschriften und die gestempelten Ziegel gute Anhaltspunkte für ehemalige Beneficiarierposten. Eine Kartierung der einschlägigen Funde, etwa für die Schweiz durch V. v. Gonzenbach[118] und von C. B. Rüger[119] für Niedergermanien, zeigt ein eindeutiges Fundbild.

Geradezu sensationell ist die in den Jahren 1982 und 1983 vorgenommene Notgrabung im Beneficiarierheiligtum von Osterburken (Abb. 6) am äußeren Limes in Baden-Württemberg[120]. Hier wurde eine große Menge von Beneficiarierweihungen der Jahre 174 n. Chr.—230 n. Chr. noch in situ festgestellt.

Abb. 6: Osterburken (Baden-Württemberg), Benefiziarierweihebezirk. Zeichnerische Rekonstruktion (vgl. Anm. 120).

---

[117] Bender, Kurzenbettli 127; Schneider, Altstraßenforschung 116 ff.; die Lit. ist überreich, zumal öfters neue Inschriften gefunden werden (vgl. etwa unten Anm. 120): Bender, Straßen 20 f.

[118] Bonner Jahrb. 163, 1963, 76 ff.; dies., Jahresber. Ges. Pro Vindonissa 1967, 21 ff., bes. 29 f.

[119] Germania Inferior. Untersuchungen z. Territorial- u. Verwaltungsgesch. Niedergermaniens i.d. Prinzipatszeit. Beiheft Bonner Jahrb. 30 (1968) 109 ff. mit Beilage; wichtige Ergänzungen bei J. E. Bogaers, Bonner Jahrb. 172, 1972, 310 ff.; Petrikovits, Rheinlande 95, 120; M. Clauss, Archäolog. Korrespondenzbl. 6, 1976, 225 f.; letzter Nachtrag für die beiden germanischen Provinzen U. Schillinger-Häfele, Ber. RGK 58, 1977, 480 ff. Nr. 44—48.

[120] Römer in Baden-Württemberg (wie Anm. 69) 473 ff. (E. Schallmayer).

Die in 7 Reihen, chronologisch von Süd nach Nord auf ansteigendem Niveau aufgestellten Steine richten sich nach einem im Norden vorbeiführenden Weg. Östlich davon befand sich das Tempelchen mit Weihungen an die Nymphen, die *Dea Candida* und den *Genius loci*. Neben den Inschriften, die sich eindeutig als Beneficiarierweihungen zu erkennen geben, ist vor allem der Fund einer Beneficiarierlanze zu nennen. Das Stück aus Osterburken ist einem Exemplar aus Ehl im Museum Wiesbaden sehr ähnlich[121]. Ich erinnere an das Relief eines Speculators aus Belgrad, auf dem der auf dem Rücksitz hockende Helfer ein sehr ähnliches Stück mit sich führt[122].

Entgegen neueren Vermutungen hat es auch auf dem Paß des Gr. St. Bernhard mit aller Wahrscheinlichkeit einen Beneficiarierposten gegeben. Die von R. Degen[123] veröffentlichten Standarten-Fragmente sprechen meines Erachtens dafür, daß auf der Paßhöhe beim Übergang nach Italien ein zeitweilig besetzter Wachtposten existierte. Die Grabungen in Osterburken mußten sich leider auf den Bereich einer Baugrube beschränken, das eigentliche Wachtlokal und die Wohnung der Beneficiarier sind derzeit noch unbekannt[124].

Beliebt waren auch Weihungen an die Vierweg-Göttinnen. Ein Stein aus Stuttgart-Bad Cannstatt zeigt im Bildfeld oben die *quadruviae*, darunter die ausführliche Inschrift vom Jahre 230 n. Chr. des *beneficiarius consularis Serennius Atticus*. Die Polizeistation lag demnach an einer wichtigen Straßenkreuzung[125].

---

[121] B e n d e r , Reiseverkehr Abb. 3; Gh. B i c h i r , Geto-Dacii din Muntenia în epoca romana (1984) Taf. 52,8 (weitere Lanze).

[122] Vgl. oben Anm. 103, H a g e n a.a.O. (Anm. 3) S. XXI Abb. 10 (Beneficiarierweihung mit Lanzendarstellung).

[123] Zeitschr. Schweiz. Arch. u. Kunstgesch. 38, 1981, 244 ff.; meine in Helv. Arch. 10, 1979, 7 ff. erstmals gegebene Deutung wird von G. F a i d e r - F e y t m a n s , Helinium 20, 1980, 3 ff. bezweifelt, freilich auf Grund eines m.E. nicht so eindeutigen Befundes in Ephesos; dazu H. V e t t e r s , Anz. Österreich. Akad. Wiss. Phil.-Hist. Kl. 108, 1971, 100 f. mit Taf. 22 (eine *schola iuvenum*); d e r s ., Istanbuler Mitt. 25, 1975, 393 ff.; Beneficiarierlanze jetzt auch aus Gauting bei München, einer wichtigen Straßenstation: M. E g g e r , Das Archäolog. Jahr in Bayern 1984, 90 ff.; vgl. ILS 2400 (Numidia) mit der Erwähnung einer *scola beneficiarium*.

[124] Osterburken scheint bisher der einzige sichere Befund eines Benefiziarierpostens zu sein; vermutet für Köln von H. v o n P e t r i k o v i t s , Das röm. Rheinland. Archäolog. Forsch. seit 1945. Beihefte Bonner Jahrb. 8 (1960) 72 ff.; vermutet z.B. für Belgica: T. B e c h e r t , Röm. Germanien zwischen Rhein u. Maas (1987) 147; d e r s ., Antike Welt 10, 1979, 17 ff., wobei aber nicht deutlich genug zwischen Beneficiarierposten (Köln = Abb. 4) und Straßenstation, *mutatio* unterschieden wird (dazu vgl. unten Anm. 153—154). Für Gelduba vermutet von C.B. R ü g e r in: I. P a a r u. C.B. R ü g e r , Kastell Gelduba. Beitr. z. Arch. d. Röm. Rheinlandes II. Rhein. Ausgr. 10 (1971) 319. Den bisher umfangreichsten Fund von Benefiziarierinschriften aus Sirmium (83 Steininschriften) wird M. M i r k o v i ć veröffentlichen (Hinweis Vl. P o p o v i ć).

[125] B e n d e r , Straßen Abb. 14; *quadruviae*-Weihung aus Bonn, C.B. R ü g e r , Epigraph. Studien 12 (1981) 290 f. Nr. 4. Ein Quadruviae-Heiligtum in der Carnuntiner Zivilstadt M. K a n d l e r , Jahres. Österr. Arch. Inst. 56, 1985. 143 ff. bes. 165 f.; Weihung an der Plöckenpaßstraße G l a s e r a.a.O. (Anm. 55) 141 (CIL V 1863).

Die Überwachung der Straßen durch die Beneficiarier, durch die Kuriere und andere Posten gewährte in der Kaiserzeit allgemein einen guten Schutz[126]. Daß es aber durchaus zu Überfällen kam, lehren einige Inschriften[127].

Zusätzlich wurden die Straßen, vor allem dann in der späten Kaiserzeit, von Wachttürmen gesichert[128]. Überwachungsfunktionen nahmen schließlich auch die Zollstationen wahr, die an den Grenzen größerer Provinzsprengel eingerichtet waren[129].

V. Itinerarien und Tabula Peutingeriana

Mit der Aufstellung der Meilensteine war eine Ausmessung der neu gebauten oder wiederhergestellten Route möglich. Gleichzeitig wurden in Rom und in den anderen Verwaltungszentren die dort aufbewahrten Straßenbauten- und Routenverzeichnisse nachgeführt. Mit Hilfe dieses Materials war es leicht, eine Reise zu Lande exakt, sowohl zeitlich wie auch der Entfernung nach, vorauszuplanen. Im Itinerarium Antonini Augusti aus dem Anfang des 3. Jahrhunderts wird in überreicher Fülle ein Verzeichnis fast sämtlicher wichtiger Straßen mit Stationsorten und Entfernungen untereinander ausgebreitet[130]. Nach einer allgemeinen Überschrift setzt es sogleich mit einer Route in Nordafrika ein. Der Wegüberschrift mit der gesamten Entfernung der beschriebenen Strecke folgt eine Auflistung der einzelnen Orte und deren Entfernung voneinander. Die Wegführung der Strecke z.B. von Ungarn an den Rhein[131] geht über Augsburg, Bregenz, Basel nach Straßburg. Das kann nur bedeuten, daß dieser Teil des Itinerars nach dem Fall des Limes, also nach 260 n. Chr. entstanden ist. Das heißt ferner, daß die Routenverzeichnisse immer auf dem laufenden gehalten wurden. Es werden auch mehrere Möglichkeiten angegeben, um vom gleichen Ausgangspunkt zum selben Ort zu gelangen.

---

[126] Vgl. AE 1967, 575 aus Lambaesis, eine Weihung der *speculatores et beneficiarii* an den Konsul L. Vespronius Candidus Sallustius Sabinianus (174—176 n. Chr.).

[127] Z.B. AE 1908, 16 (Bender, Straßen 22); AE 1934, 179; CIL XIII 6429 (Nähe Darmstadt); Friedländer a.a.O. (Anm. 112) I, 353f.; Bender, Reiseverkehr 29f.; zu *latrones* in Pannonien Mócsy a.a.O. (Anm. 44) 195f.

[128] T. Bechert, Antike Welt 10, 1979, 19ff.; Schneider, Altstraßenforschung 119 mit Anm. 13: CIL VIII 22629; M. Labrausse, Les burgarii et les cursus publicus, in: Mélanges École Franç. Rome 56, 1939, 151ff.; vgl. auch die Karte Petrikovits, Rheinlande 225 Abb. 35 mit spätrömischen Wachttürmen an der Straße Bavai—Köln.

[129] Schneider, Altstraßenforschung 119f. mit Anm. 15 (Arbeiten von de Laet u. Vittinghoff). Vgl. die Karte der Mithraeen-Mithrasdenkmäler-Zollstationen-Beneficiarierposten bei J. Garbsch, Bayer. Vorgeschichtsbl. 50, 1985, 443f. mit Abb. 33 auf S. 452—53.

[130] Maßgebliche Ausgabe O. Cuntz (1929), Itineraria Romana I. Antonini Augusti itineraria provinciarum et maritimum; Bender, Kurzenbettli 128ff.; Schneider, Altstraßenforschung 123f.; vgl. auch die Aspekte, die E. W. Black, Oxford Jour. Archaeology 3, 1984, 109ff. herausgestellt hat; N. Reed, American Journal of Philology 99, 1978, 228ff. (bald nach 286 n. Chr.). Daß das Itinerarium Antonini eben *itinera* und nicht *viae* enthält, ist nach Rebuffa a.a.O. (Anm. 6) 64 mit Anm. 34 entscheidend.

Die Rheintalstraße ist mehrfach in verschiedenen Richtungen aufgeführt. Die Zusammenstellung bei Hagen[132] zeigt deutliche Differenzen oder Auslassungen, die nicht allein mit mittelalterlichen Abschreibfehlern erklärt werden können. Wenn bestimmte Orte nicht aufgelistet sind, so hängt das mit dem Unterschied der zu verschiedenen Zeiten durchgeführten und dann erstellten Routen zusammen. Der Wechsel von Meilenzählung zur Leugenzählung bedeutet Übergang von Ober- nach Niedergermanien beim Vinxtbach im Brohltal[133]. Eine Leuge mißt 2,22 km, im Gegensatz zur Meile von 1,48 km. Diese Änderung in den ehemals gallischen Bezirken ist gegen Ende des 2. Jahrhunderts n. Chr. festzustellen und wurde dann auch im 3. Jahrhundert n. Chr. auf das nördliche Obergermanien ausgedehnt[134].

Von einem solch wichtigen Dokument wurden, wohl überwiegend zum privaten Gebrauch, auch Auszüge hergestellt. Zwei Beispiele seien hier nur erwähnt[135]: Vier Silberbecher aus Vicarello in Mittelitalien mit einer Route von Cádiz nach Rom und ein achtseitiges Steinprisma aus Tongern in Belgien[136]. Die Fundstelle des letzteren ist insofern interessant, weil hier in den letzten Jahren, unmittelbar außerhalb der Stadtmauern, ein großer Magazinbau mit einer Herberge freigelegt wurde[137]. Wir werden später auf solche Gebäudetypen nochmals eingehen. Das achtseitige Steinprisma mißt 1,00 m im Durchmesser. Die Inschriften führen Straßen an, die von Tongern aus an den Rhein und weiter nach Straßburg und von Tongern aus nach Reims gingen. Die Fundstelle selbst, möglicherweise im Bereich des Forums, erinnert sehr an das *miliarium aureum* in Rom. Normalerweise dürften aber, wie u.a. die Angabe auf dem Grabmal von Igel erweist, die Entfernungen auf den Meilensteinen, Itinerarien und Karten von der Stadtgrenze aus, in Trier z.B. von der Moselbrücke, rechnen[138].

Das Itinerarium Burdigalense[139] ist die Stationszusammenstellung einer Reise von Bordeaux nach Jerusalem im Jahre 333 n. Chr.; Hin- und Rückreise[140] sind nicht gleich. Während es ins Heilige Land ausschließlich

---

[131] It. Ant. 241, 1—252, 5.
[132] H a g e n, a.a.O. (Anm. 3) S. V.
[133] It. Ant. 254, 3—4 im Vergleich z.B. 370, 7—371, 1. R e e d a.a.O. (Anm. 130) 234f.
[134] It. Ant. 252, 1—2 im Vergleich z.B. 239, 1—2.
[135] B e n d e r, Kurzenbettli 129.
[136] B e n d e r, Straßen Abb. 17 (Vicarello); B e c h e r t, Röm. Germanien (wie Anm. 124) 175 Abb. 216 (CIL XIII 9158 Tongern); eine Steinsäule mit Ortsnamen (CIL XII 3362) aus Südfrankreich neuerlich behandelt von M. C h a l o n — M. G a y r a n d, Rev. Arch. Narbonnaise 15, 1982, 405 mit Abb. 3.
[137] W. V a n v i n c k e n r o y e, Tongeren Romeinse Stad (1975) 59f. Abb. 26—27; Steinprisma ebd. 42 mit Abb. 17; J. M e r t e n s, Caesarodunum 20, 1985, 274 Abb. 6 Nr. 6 (Hinweis W. Vanvinckenroye).
[138] Vgl. oben Anm. 53; *miliarium aureum* P e k á r y, Reichstraßen 139, hier auch zum Anfangspunkt einer Zählung.
[139] C u n t z a.a.O. (Anm. 130) 549, 1 ff., vollständiger Titel *Itinerarium a Burdigala Hierusalem usque et ab Heraclea per Aulonam et per urbem Romam Mediolanum usque*; B e n d e r, Kurzenbettli 128; B e n d e r, Straßen 15f.; S c h n e i d e r, Altstraßenforschung 125.
[140] Vgl. B e n d e r, Straßen Abb. 16.

über Land geht, verläuft die Rückfahrt über Italien, also mit Übersetzen über das Adriatische Meer zwischen Aulona und Odrontum. Im Vergleich zum Itinerarium Antonini fällt auf, daß den Stationsorten jeweils kennzeichnende Wörter wie *mansio, mutatio* oder *civitas* vorangestellt sind. Das Verhältnis *mansio/civitas* zu *mutatio* beträgt 1:2 bis 1:3[141].

Beide Itinerarien, von denen das It. Burd. wohl mehr inoffiziellen Charakter hat, sind als *itineraria adnotata* zu bezeichnen; ein *itinerarium pictum et adnotatum* dürfte die Tabula Peutingeriana[142] sein. Diese weltberühmte, in einer mittelalterlichen Kopie des 12./13. Jahrhunderts[143] auf uns gekommene antike Straßenkarte läßt sich folgendermaßen deuten[144]. Sie enthält geographische Angaben, etwa Alpen, Schwarzwald oder Vogesen, Meer und Flüsse (Rhein), topographische Hinweise, etwa Lage eines bestimmten Ortes an einem Fluß oder See; sie enthält Straßen mit Entfernungsangaben und schließlich Symbole, die sog. Vignetten, zur Kennzeichnung der Orte mit Übernachtungsmöglichkeiten. Da die neuere Forschung sich sehr ausführlich mit dieser Karte beschäftigt hat[145], können wir kurz die Ergebnisse referieren. Das Vorbild ist wohl nicht vor dem 4. Jahrhundert n. Chr.[146] entstanden und stellt eine Straßenkarte dar, die mit ihren Vignetten (z.B. 429 mal ein Doppelturmpaar) und Hakenstationen auf die in den Itinerarien erwähnten *mansiones* (Übernachtungsstationen) und Reit- und Zugtierwechselstationen (*mutationes*) hinweist[147].

---

[141] Und nicht, wie von mir (Transport 148) geschrieben, umgekehrt.

[142] B e n d e r, Kurzenbettli 129 ff.; maßgebliche Ausgabe im Maßstab 1:1 jetzt: Tabula Peutingeriana, Codex Vindobonensis 324, mit Kommentar von E. W e b e r (1976); L. B o s i o, La Tabula Peutingeriana. Una descrizione pittorica del mondo antico. I monumenti dell'arte classica 2 (1983); E. W e b e r, Antike Welt 15, 1984, 2 ff.

[143] H. L i e b, Zur Herkunft der Tabula Peutingeriana, in: Die Abtei Reichenau. Neue Beitr. z. Gesch. u. Kultur d. Inselklosters, hrsg. H. M a u r e r. Bodensee—Bibliothek 20 (1974) 31 ff.

[144] Zu Vorläufern der Karte W e b e r (1976) 20 ff., vgl. auch B e n d e r, Kurzenbettli 129; wichtig die Bemerkung bei Frontin, de acqu. 100, 4, nach der den *curatores aquarum* Schreibtafeln, Karten und das für ihre Arbeit notwendige Gerät ausgehändigt werden sollen (M. H a i n z m a n n, Untersuchungen z. Gesch. u. Verwaltung d. stadtröm. Wasserleitungen. Diss. Univ. Graz 32 [1975] 43 f.); wie sehr offiziell der Besitz einer Weltkarte angesehen wurde, lehrt die Notiz bei Sueton, Dom. 10, 2, nach der der Kaiser Mettius Pompusianus, der eine auf Pergament gemalte Weltkarte besaß, umbringen ließ (vgl. dazu P. A r n a u d, Mélanges École Franç. Rome-Antiquité 95, 1983, 677 ff.); zur Weltkarte des Agrippa K i e n a s t a.a.O. (Anm. 41) 217 Anm. 187, 342 Anm. 132; zur Karte von Autun J. K ö n i g, Die gall. Usurpatoren von Postumus bis Tetricus. Vestigia 31 (1981) 151 Anm. 16.

[145] Vgl. Anm. 142, zusammenfassend S c h n e i d e r, Altstraßenforschung 126 ff. (vor allem die Arbeit von A.u.M. L e v i, Itineraria picta, 1967); in einem anderen Zusammenhang F. P r o n t e r a, Dialoghi di Archeologia 3, 1983, 137 ff.

[146] W e b e r, Antike Welt 15, 1984, 8: „...daß damals im 5. Jh. das Urbild überarbeitet worden ist" (unter Theodosius II., ca. 435 n. Chr.).

[147] Diese von mir 1975 in dieser Form gegebene Deutung scheint akzeptiert worden zu sein: S c h n e i d e r, Altstraßenforschung 129; mir nicht ganz verständlich E. W e b e r, Ein Kleinfund aus Carnuntum und die Tabula Peutingeriana, in: Röm. Österreich 8, 1980, 95 ff.; Umzeichnung einiger Vignetten, B e n d e r a.a.O. (wie Anm. 123) 5 Abb. Sehr wichtig für den

VI. Straßenstationen

Da in den letzten beiden Jahrzehnten eine ganze Reihe solcher Gebäude archäologisch untersucht wurde, ist es möglich, diese Theorie auch im Befund zu überprüfen[148].

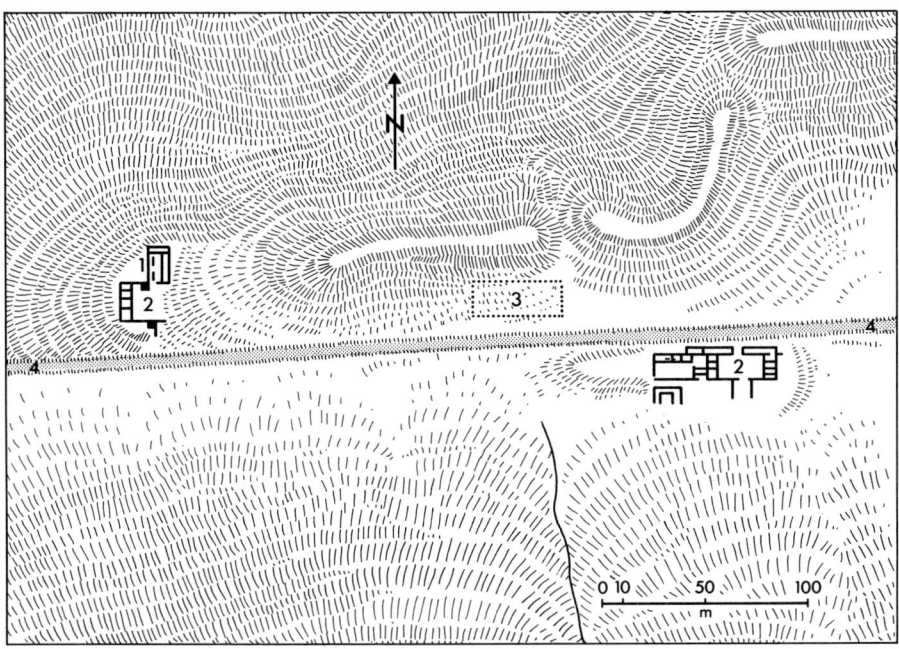

Abb. 7: Kl. St. Bernhard-Paß (Italien-Frankreich). 1 Tempel, 2 Rasthäuser, 3 Benefiziarierstation (?), 4 römische Straße (vgl. Anm. 123 = Bender 1979).

Auf der Paßhöhe des Kleinen St. Bernhard (Abb. 7) in den Westalpen[149] liegt auf der Südseite der römischen Straße ein großes Gebäude: Zwei Flügel fassen U-förmig einen Hof ein. Weiter nach Westen folgen zwei andere Gebäude, die leider nur in Teilen freigelegt worden sind. Es ist eine ansprechende Vermutung, in dem Gebäude 3 ein Amtslokal der Beneficiarier zu sehen. Im Gebäude 1—2 schließlich lag gegen Norden ein kleiner Tempel. Das

---

Bezug Doppelturmvignette der Tab. Peut. und U-förmigem Rasthaus ist die Darstellung der sog. Fahrt über das Gebirge auf der Igeler Säule: H. D r a g e n d o r f f u. E. K r ü g e r, Das Grabmal von Igel (1924) 76 Abb. 46. Gerade die Detailgenauigkeit (vgl. etwa die Ausfahrt mit dem Leugenstein, P e t r i k o v i t s, Rheinlande Bild 125) spricht für eine exakte Wiedergabe.

[148] B e n d e r, Kurzenbettli 133 ff.; B e n d e r, Straßen 19 ff., S c h n e i d e r, Altstraßenforschung 95 ff.

[149] B e n d e r, Straßen Abb. 25 (nach Barocelli).

Rasthaus 2 hat immerhin eine Straßenfront von 60 m. *In Alpe Graia* heißt diese Station in den Itinerarien bzw. auf der Tabula Peutingeriana[150]. Die Gebäude auf dem Großen St. Bernhard, *in summo Poenino,* sind sehr ähnlich[151]. In den Ostalpen ist es die *mansio* von Immurium-Moosham, die mit ihren verschiedenen Gebäudeteilen, den Herbergen, Werkstätten und einem Mithräum sehr schön den Typus wiedergibt[152]. Aus dem Rhein-Main-Gebiet sind einfache Stationen (*mutationes*) bei Bergheim (Abb. 8) an der Straße Bavai-Köln[153] und auf dem Brandsteig an der Kinzigtalstraße Straß-burg-Obere Donau[154] zu erwähnen. Große Herbergen, meistens in Verbindung mit einem Bad und deshalb auch inschriftlich öfters als *praetorium cum balineo* erwähnt, sind eine ganze Reihe bekannt. Ich greife hier nur ein paar Beispiele aus den nordwestlichen Provinzen heraus: Saalburg[155] oder Augusta

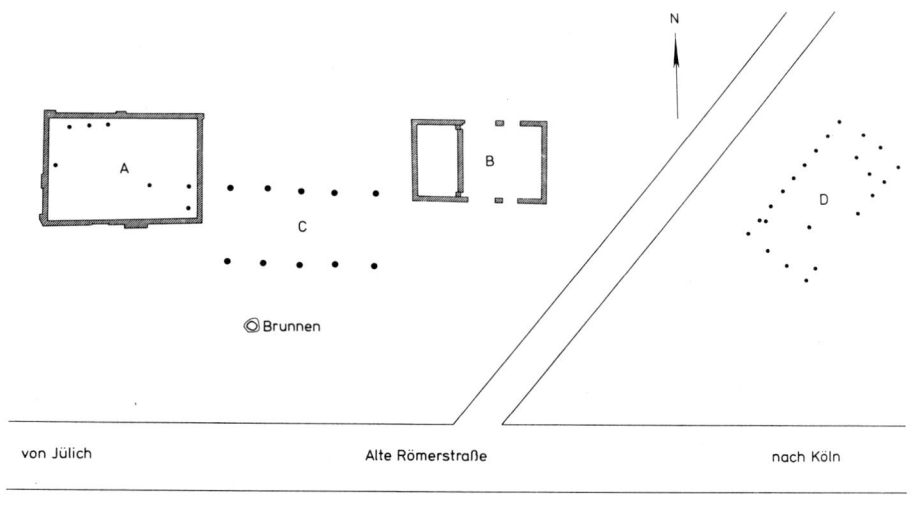

Abb. 8: Bergheim-Kenten (Nordrhein-Westfalen), Straßenstation (vgl. Anm. 153); Katalog 'Langs de Weg' (wie Anm. 42) 27 Abb. 4.

---

[150] It. Ant. 344, 3—4. 346, 10—11; Tab. Peut. Segm. II 3 m. Lit. jetzt W a l s e r a.a.O. (Anm. 77).

[151] Grundriß bei B e n d e r a.a.O. (Anm. 123) 8 Abb. (nach Barocelli); Lit. jetzt W a l s e r a.a.O. (Anm. 75); W. D r a c k u. R. F e l l m a n n, Die Die Römer in der Schweiz (1988) 372 ff., weitere ‚Pferdewechselstationen' in der Schweiz ebd. B o n d o (370 ff.), R i o m (491 ff.).

[152] B e n d e r, Straßen Abb. 26 (nach F l e i s c h e r).

[153] U. H e i m b e r g, Bonner Jahrb. 177, 1977, 569 f. mit Abb. 6.

[154] B e n d e r, Straßen Abb. 20 (nach N ä g e l e); letzter Überblick von G. F i n g e r l i n in: Die Römer in Baden-Württemberg a.a.O. (Anm. 69) 542 ff.

[155] D. B a a t z in: Die Römer in Hessen a.a.O. (Anm. 70) 472 mit Abb. 444; B e n d e r, Straßen Abb. 31—32.

Rauricorum, Augst bei Basel[156]: Eine große U-förmige Anlage mit einem Binnenhof und einem großen Südhof und vielen kleineren Kammern und mehreren Appartements, bestehend aus Wohnzimmer mit Eßecke und Schlafzimmer. Alle Zimmer hatten fließendes Wasser. Das Gebäude liegt am Schnittpunkt zweier wichtiger Straßen, die von SW bzw. SO das Stadtgebiet erreichen. Es liegt aber außerhalb der eigentlichen Stadtquartiere. Dies deshalb, weil das Befahren der Städte mit Wagen tagsüber verboten war.

Weitere Beispiele zu diesem Gebäudetypus bieten etwa Nida-Heddernheim[157], Kempten im Allgäu[158] oder Godmanchester in England[159]; die beiden letzteren sind jedoch Pilgerherbergen[160].

Es wurde oben bereits betont, daß der Cursus publicus privaten Reisenden nicht zur Verfügung stand. So muß es neben den offiziellen *mansiones* und *mutationes* mit ihren Herbergen, Polizeistationen, Ställen und Werkstätten sehr viele auf privater Basis organisierte Unterkunftsmöglichkeiten gegeben haben. In Olympia z.B. konnten hochgestellte Festbesucher im Leonidaion oder in den daneben erbauten Gästehäusern unterkommen[161]. Hadrian ließ in seiner weitläufigen Villa bei Tivoli eigens ein Gästehaus errichten[162]. Neben diesen wohl als luxuriös zu bezeichnenden Häusern gab es natürlich eine Menge von teilweise übel beleumdeten Herbergen. Die entsprechenden Begriffe lauten *taberna, popina* oder *deversorium*[163]. Am sichersten, bequemsten und billigsten war die Unterkunft bei einem gastfreundlichen Verwandten oder Bekannten[164].

---

[156] B e n d e r, Kurzenbettli (monographische Vorlage des Grabungsbefundes); B e n d e r, Straßen Abb. 27—30.

[157] I. Z e t s c h e - H u l d in: Die Römer in Hessen a.a.O. (Anm. 70) 282 ff. mit Abb. 210 (Lage Abb. 208).

[158] W. S c h l e i e r m a c h e r, Cambodunum-Kempten (1972) 36 ff. mit Abb. 17, dort auch Zusammenstellung weiterer Gebäude dieses Typs Abb. 18—19.

[159] Plan z.B. H. J. M. G r e e n, Roman Godmanchester in: Small Towns of Roman Britain, hrsg. W. R o d w e l l u. T. R o w l e y. British Arch. Rep. 15 (1975) 199 Abb. 11.

[160] Seit der Publikation des Befundes von Augst (B e n d e r, Kurzenbettli, 1975) hat sich das Material in erfreulicher Weise vermehrt, so daß es lohnend erscheint, eine neue Zusammenfassung später einmal zu versuchen. Der Befund z.B. von Rottweil, den ich seinerzeit mit A. R ü s c h diskutieren konnte (vgl. S c h n e i d e r, Altstraßenforschung 96), wird jetzt von M. K l e e, Arae Flaviae III, Der Nordvicus von Arae Flaviae. Forsch. u. Ber. z. Vor- u. Frühgesch. i. Baden-Württemberg 18 (1986) 16 ff. u. bes. 70 ff. anders gedeutet. Gerade im Hinblick auf den Befund in Tongern (vgl. Anm. 137) hoffe ich, auf die Rottweiler „Mansio" nochmals zurückzukommen. Einen wirklichen Fortschritt bedeutete auch, daß zu den frühen Inschriften aus Thrakien (CIL III 6123: *tabernas et praetoria per vias militares*; B e n d e r, Kurzenbettli 133) nun auch eine Ausgrabung an einem Fundpunkt dieser Inschriften stattgefunden hat: M. M a d ž a r o v, Archeologija (Sofia) 27, 1985, 36 ff.; R e b u f f a t a.a.O. (Anm. 6) 57 f. mit Anm. 18—19.

[161] B e n d e r, Reiseverkehr Abb. 14 (nach H. V. H e r r m a n n).

[162] B e n d e r, Reiseverkehr Abb. 30 (nach H. W i n n e f e l d).

[163] Ausführlich T. K l e b e r g, Hôtels, restaurants et cabarets dans l'antiquité romaine. Bibliotheca Ekmaniana 61 (1957); B e n d e r, Kurzenbettli 133 f.; Frontinus, de acqu. 76, 2—3 sogar — widerrechtlich — Kneipen und Freßlokale mit fließendem Wasser. Inschriftlich gesichertes Gasthaus (260 n. Chr.) an einer Straße in der östlichen Türkei: C. M a n g o, Oxford Journal Archaeology 5, 1986, 223 ff.

[164] Dazu kurz B e n d e r, Reiseverkehr 30.

VII. Reisende

Bevor wir nun versuchen, einige Angaben über Geschäftsreisen von Kaufleuten oder Händlern, über Erholungs- oder Bildungsreisen und über Pilger-
reisen zusammenzutragen, sind zwei Vorbemerkungen nötig. Man unterscheidet heute, grob gesprochen, zwei Arten von Reisen: solche in dienstlichem
Auftrag, also Geschäftsreisen, und Privatreisen, also Tourismus. Unterwegs
sein in dienstlichem Auftrag hieß in der Antike Reise mit dem Cursus publicus.
Tourismus, oder gar Massentourismus in unserem Sinne, gab es sicherlich
nicht[165]. Transport von schweren Gütern über weite Entfernungen hat es zu
Lande nicht gegeben. Massenstückgutverkehr blieb der Fluß- und Seeschifffahrt vorbehalten. Zwei Gründe waren dafür maßgebend. Landtransport war
nach einem im Jahre 301 angestellten Preisvergleich um ein mehrfaches teurer
als Wassertransport[166]. Zusätzlich waren Pferde und Maulesel wegen des
Systems der Anschirrung nicht in der Lage, größere Lasten zu ziehen. Wir werden nachher nochmals kurz darauf eingehen.

Inschriften von Kaufleuten sind in größerer Anzahl erhalten: Weinhändler,
Geschirrverkäufer, Mantelhändler, viele Sparten ließen sich aufzählen[167]. Die
Funktion der Händler war weniger die Vermittlung von exotischen Dingen,
obwohl natürlich auch darüber berichtet wird. Ihre Aufgabe lag vielmehr im
Weiterleiten der Güter, die auf dem Lande für die Stadt produziert wurden,
also Lebensmittel, oder im Gegenzug im Verhandeln von Fertigprodukten für
das Land. Den Kaufleuten oblag es also, durch Bereitstellung entsprechender
Wagen oder Tiere für den Absatz Sorge zu tragen. Daraus folgt, daß der klein-
räumige Verkehr Stadt-Land oder umgekehrt nicht zu gering zu veranschlagen
ist.

Die Einhaltung von Terminen ist für den heutigen Handelsverkehr eine
Grundvoraussetzung. In der Antike wird man das wohl auch versucht haben,
aber es gab zu viele Unabwägbarkeiten zu Lande und zu Wasser. Der Vorrang
des offiziellen, sozusagen des dienstlichen, Verkehrs auf den Straßen bedeutete
öfters Stillstand für den privaten: Kaiser mit ihrem großen Gefolge, Beamte,
Soldaten, wenn nicht ganze Truppenkontingente, Kuriere lähmten leicht den
Fluß des Verkehrs. Die Straßen standen jedoch — meist ohne Gebühren[168] —
jedermann zur Benutzung zur Verfügung. Offiziell zwischen Mitte November
und Mitte März (unsichere Zeit ab Mitte September bis Mitte Mai) war die
Schiffahrt auf hoher See eingestellt, während der übrigen Zeit konnten Sturm

---

[165] Casson a.a.O. (Anm. 88) 268 ff.; Motivation der Kaiserreisen Halfmann a.a.O.
(Anm. 100) 15 ff., 151 ff.

[166] Vgl. etwa T. Pekáry, Die Wirtschaft d. griech.-röm. Antike. Wiss. Paperbacks,
Soz.- u. Wirtschaftsgesch. 9 (1979) 91 f.

[167] H. v. Petrikovits, Röm. Handel am Rhein u.a.d. oberen u. mittleren Donau, in:
Untersuchungen z. Handel u. Verkehr d. vor- u. frühgesch. Zeit i. Mittel- u. Nordeuropa.
Teil I. Abhandl. Akad. Wiss. Göttingen. Phil.- Hist. Kl. III Nr. 143 (1985) 299 ff. (dort wei-
tere Lit.); Weinhandel auf dem Inn: H. Wolff, Bayer. Vorgeschichtsbl. 49, 1984, 87 ff.

und ungünstige Winde jeglichen Versuch einer Termineinhaltung zunichte machen[169].

Um das Risiko für den einzelnen Händler möglichst gering zu halten oder bei unglücklichem Verlauf einer Handelsreise den Verlust zu teilen, schlossen sich die Kaufleute zu Gilden oder Korporationen zusammen. Das hinderte freilich einzelne, besonders wagemutige Kaufleute nicht, weit ins Innere Germaniens oder z.B. Afrikas vorzudringen[170].

Ein Kaufmann, der mit einem Schiff auf dem Neckar verunglückt war, weihte den *Bonis Cassibus* nach seiner Rückkehr einen Altar[171]; Cornelius Aliquandus setzte, nach einem Relief in Karlsruhe, dem *Contubernium nautarum* (Schiffergilde) eine Inschrift[172]. Nach Ulpian[173] konnte ein Händler einer Korporation die während der Handelsreise getätigten Ausgaben in Anrechnung stellen: Miete für Gastwohnungen und Ställe, Frachtlöhne für Saumtiere, die Wagen und für sich selbst.

Bildungsreisen gingen niemals in so geschichtslose Länder wie die nordwestlichen Provinzen des Imperium Romanum. Sie lagen weit außerhalb des touristischen Interesses. Tacitus schreibt in seiner Germania[174], es scheine undenkbar, daß jemand nach Germanien auswandere und die blühenden Provinzen in Kleinasien und Nordafrika oder gar Italien verlasse. Freilich reiste Sabinus, ein Freund des Dichters Lukian, an die Atlantikküste, um das Phänomen von Ebbe und Flut zu studieren[175]. Bildungsreisen gingen meistens in den Osten: Griechenland, einige Inseln im Ägäischen Meer, das westliche Kleinasien mit Troja, Ägypten.

Das Modebad des 1. Jahrhunderts n. Chr. war Bajä am Golf von Neapel[176]. In den nordwestlichen Provinzen sind die Bäder von *Aquis Sulis*/Bath in England, *Aquae Granni*/Aachen, *Aquae*/Baden-Baden und *Aquae Helveticae*/ Baden in der Schweiz zu nennen. Nach den vielen Militärinschriften in diesen Orten zu urteilen, wurden die Soldaten zur Kur abkommandiert[177].

---

[169] Bender, Reiseverkehr 17ff.; Friedländer a.a.O. (Anm. 112) I, 363ff.; z.B. Transport eines Heeres aus Syrien nach Rom im Winter unmöglich: Flavius Joseph., bell. Iud. 4.11,1 (69 n. Chr.); sehr wichtig für die Schiffahrt im Mittelmeer waren die Windrichtungen, über die man bestens Bescheid wußte, vgl. etwa O. Höckmann, Antike Seefahrt (1985) 12 Abb. 1; Flußschiffahrt war mit Einschränkungen jederzeit möglich.

[170] Petrikovits (wie Anm. 167) 323ff.; Handel in die Germania libera J. Kunow, ebd. 430ff.; K. Godłowski ebd. 337ff.

[171] AE 1969/70, 436; Bender, Reiseverkehr Abb. 28; vgl. auch die Weihung CIL XIII 6450 vom gleichen Platz an den *genio nautarum*; ein *naufragium* ist in einer Kritzelinschrift auf einer Schüssel aus Heidenheim erwähnt: J. Hahn u. S. Mratschek, Fundber. Baden-Württemberg 10, 1985, 147ff., bes. 153f.

[172] Bender, Reiseverkehr Abb. 6 (CIL XIII 6324).

[173] Dig. 17, 2, 52 § 15.

[174] Tacitus, Germ. 2.

[175] Lucianus, Apog. 15.

[176] Schöne Schilderung bei Friedländer a.a.O. (Anm. 112) I, 405ff.; A. Krug, Heilkunst u. Heilkult. Medizin in der Antike (1985) 182f.

[177] Zu Militärbadeorten H. v. Petrikovits, Aquae Iasae, in: Arh. Vestnik 19, 1968, 89ff. (= Beitr. z. röm. Gesch. u. Archäolog., Beihefte Bonner Jahrb. 36 [1976] 479ff.); Bender, Reiseverkehr 22 (die Inschrift aus Rumänien CIL III 1571); H. Schönberger, Ber. RGK 66, 1985, 440B 17a (Aachen), 442 B 28 (Wiesbaden), 444 B 43a (Baden).

Hinweise in schriftlicher oder bildlicher Form zu Reisen über Land oder auf dem Wasser sind vielfach überliefert. Einige Beispiele dazu, die sowohl Transportmittel wie auch Arten der Fortbewegung darstellen, mögen hier als Erläuterung des Themas genügen.

Reisen zu Fuß dürften wohl am häufigsten gewesen sein: Vorladung zu einem Gerichtstermin, eine Pilgerreise zu einem bekannten Heiligtum in der Nähe oder in einer entfernteren Gegend, Soldaten auf dem Marsch, Besuch von Verwandten oder Fremden, Verkäufe oder Einkäufe auf dem Markt, Reise als Tourist[178]. Ein schönes Relief aus Stobi[179] (Abb. 9) zeigt eine Familie unterwegs: auf der rechten Seite die Mutter in einem großen, mantelartigen Überwurf, den sie über den Kopf gezogen hat; neben ihr ein Kind in einem typischen Reisemantel mit Kapuze (Cucullus); die beiden Männer auf der linken Seite halten in der Rechten den Wanderstab, und sie tragen über der Tunika eine *paenula* (Überwurf) und an den Füßen Schnürschuhe; der Mann ganz links hält ferner noch ein Behältnis in der anderen Hand.

Sänften konnten sich wohl nur reichere Leute leisten, zusammen mit den Trägern waren diese vor den Stadttoren zu mieten. Wie ein in wesentlichen Metallteilen erhaltenes Exemplar vom Esquilin in Rom zeigt, bestanden die Sänften aus dem Tragegestell, einer Fußkonstruktion zum Absetzen und dem Baldachin, der vor Sonne und Regen und, verbunden mit einem Vorhang, vor den Blicken Neugieriger schützte[180]. Eine Sänfte (*lectica*) konnte natürlich auch von einem Tiergespann getragen werden.

Fortbewegung mit einem Reittier, seien es nun Esel oder Maulesel/Maultier oder noch seltener ein Pferd, war nur den vermögenden Schichten vorbehalten. Da es aber weder Steigbügel noch feste und gut gepolsterte Sättel gab, bereitete die Reise auf dem Rücken eines Tieres nicht durchwegs Vergnügen. Die kaiserlichen Kuriere und die berittenen Truppenteile der Armee dürften hier die wahren Meister gewesen sein. Ein Relief aus Aesernia[181] in Mittelitalien (Abb. 10) zeigt eine Szene, in der ein Reisender im Kapuzenmantel und mit Maultier, nach der Inschrift zu urteilen, bei der Herbergswirtin gerade seine Rechnung bezahlt. Nach Aufzählung sämtlicher Posten, die auch akzeptiert werden (*convenit*), schließt der Dialog mit *faenum mulo A II; iste mulus me ad factum dabit.*

---

[178] Friedländer 389ff.; Bender, Reiseverkehr 21ff.

[179] Bender, Reiseverkehr 18; Casson a.a.O. (Anm. 88) Abb. 52 (nach S. 320); vgl. auch H. Braunert, Die Binnenwanderung. Bonner Hist. Forsch. 26 (1964) 111ff., 293ff.

[180] Bender, Reiseverkehr Abb. 22; CIL XIII 5708 Erwähnung einer Sänfte; eine Terrakottagruppe im Mus. Karlsruhe zeigt den Kasten mit einer Figur darinnen und zwei Trägern. Bevorzugtes Fortbewegungsmittel von Augustus und Domitian war die Sänfte, während der ‚Soldatenkaiser‘ Caracalla zu Fuß marschierte, vgl. Halfmann a.a.O. (Anm. 100) 86.

[181] Bender, Reiseverkehr Abb. 31 (CIL IX 2689).

Abb. 9: Stobi, Jugoslawien. Reisende Familie zu Fuß
(vgl. Anm. 179; Photo E. Keller).

Abb. 10: Relief aus Aesernia (Paris, Louvre). Reisender mit Maultier bei der Bezahlung
seiner Rechnung (vgl. Anm. 181; Photo Deutsches Archäolog. Institut Rom).

VIII. Wagen- und Schiffsverkehr

Darstellungen von Wagen jeglicher Art mit und ohne Zugtier sind in großer Anzahl erhalten; leider ist es nicht immer möglich, die auch vielfach überlieferten Namen mit den entsprechenden Funden in Einklang zu bringen. Auch dazu gibt es eine überaus reiche Literatur[182]. Eine grundsätzliche Bemerkung vorweg: Die Zugtiere konnten wegen der Art der Anschirrung keine zu großen Gewichte ziehen. Für Mittelalter und Neuzeit war ein gepolstertes Kummet selbstverständlich; dieses überträgt die Zugkräfte auf die Brust. Die antike Anschirrung kannte dagegen nur ein vom Ochsenjoch abgeleitetes, um den Hals gelegtes Zuggeschirr („Halsjoch")[183]. Der Nachteil liegt auf der Hand: je größer die Zugkräfte, desto höher der Druck auf den Hals und damit Abschnürung. Ein kürzlich veröffentlichter Grabfund aus Ungarn[184] zeigt die Anschirrung recht gut. Beiderseits einer Mitteldeichsel waren zwei Pferde über je ein Joch mit Bogen festgemacht. Es ist deutlich, daß das Geschirr Überträger der Kraft ist, nicht das Joch. Es ist eine ansprechende Vermutung, daß diese Art von Anschirrung nicht für Pferde und Maulesel gedacht war, sondern für Ochsen. Diese besitzen ja am Widerrist einen Buckel, wo das Joch gut aufliegen kann. Diese wenig effiziente Anschirrung war den antiken Menschen durchaus bewußt, aber man änderte sie nicht[185].

Generell lassen sich ein- oder zweiachsige Wagen unterscheiden[186]. Zu den Einachsern, die für Selbstfahrer gedacht waren, zählen *covinnus* und *cisium*[187]; die *cisarii* oder auch *iumentarii* sind Wagen- und Tiervermieter, die ihren Platz meist in der Nähe der Stadttore hatten[188]. *Carpentum* und *birota*

---

[182] Letzte Zusammenstellung von J. G a r b s c h , Mann und Roß und Wagen. Transport und Verkehr im antiken Bayern. Kat. d. Prähist. Staatsslg. München 13 (1986) 104 ff., dem jetzt noch anzufügen ist H. C h a p m a n , Roman vehicle construction in the north-west provinces, in: Woodworking Techniques before a.D. 1500, hrsg. S. Mc G r a i l . British Arch. Rep. Internat. Ser. 129 (1982) 187 ff.

[183] Vgl. die gute Skizze bei J. G. L a n d e l s , Die Technik in der antiken Welt (1979) 211 Abb. 56—57; dagegen G. R h a e p s a e t , L'Antiquite classique 48, 1979, 171 ff.; d e r s ., Trierer Zeitschr. 45, 1982, 215 ff.; J. S p r u y t t e , Early harness systems: experimental studies. Contribution to the study of the history of the horse (1983).

[184] S. K. P a l á g y i , Alba Regia 19, 1982, 7 ff., bes. 31 ff. mit Taf. 23—25.

[185] W. Ch. S c h n e i d e r , Animal laborans. Das Arbeitstier und sein Einsatz in Transport u. Verkehr d. Spätantike u. d. frühen Mittelalters, in: Settimane di Studio Spoleto 31 (1985) 459 ff.

[186] Generell zum Thema H. H a y e n , Handwerklich-technische Lösungen im vor- u. frühgesch. Wagenbau, in: Das Handwerk in vor- und frühgeschichtlicher Zeit. Teil II Archäolog. und philologische Beiträge. Abhandlungen Akad. Wiss. Göttingen. Phil. Hist. Kl. 3. Folge 123 (1983) 415 ff.; zu den Wagenfunden in Ungarn (Környe): E. B. B ó n i s , Folia Arch. 33, 1982, 118 ff.; P. R a t i m o r s k á , Arch. Ért. 109, 1982, 255 ff. Ein Wagenrad aus Schottland: G. M a c d o n a l d u. A. P a r k , The Roman Forts on the Bar Hill, Dumbartonshire (1906) 92 ff. mit Abb. 34.

[187] B e n d e r , Reiseverkehr 27 f.; G a r b s c h a.a.O. (Anm. 182) 46; vgl. die oben erwähnte Münze des Nerva (B e n d e r , Reiseverkehr Abb. 1).

[188] B e n d e r , Kurzenbettli 118 f. mit Anm. 645; L. F r a n z o n i , Collegium iumentariorum portae Ioviae in una nuova iscrizione veronese, in: Aquileia Nostra 57, 1986, 618 ff. Packpferde wurden *iumenta dossuaria* genannt: R. F r e i - S t o l b a , Archäologie der Schweiz 7, 1984, 134 f. mit Anm. 34; nach dem Preisedikt Diokletians (17,1 ff.) fuhr man für 1 Antoninian 10 Meilen weit.

sind schon mehr Repräsentationswagen. Beim *carpentum* finden wir einen
geschlossenen Wagenkasten, der von einem Baldachin überspannt wird[189].
Eine ganze Reihe von Münzprägungen der frühen Kaiserzeit weisen darauf hin,
daß besonders die Kaiserinnen in diesem Fahrzeug ausfuhren[190]. Die *birota*
bot zwei Personen im Fond Platz und hatte zusätzlich einen Kutschbock, von
dem aus die Lenkung durch einen Kutscher erfolgte. Ein Sarkophag-Relief in
Rom (Abb. 11) gibt eine solche Szene wieder: rechts die *birota* mit zwei Personen im Fond und dem Kutscher, links ein dem Gespann vorauseilender Diener,
der die Reisegesellschaft in der Herberge — übrigens ein typisches
Doppelturm-Vignettenhaus der Tabula Peutingeriana — ankündigt[191].

Abb. 11: Relief vom Esquilin, Rom (Museo Nazionale Romano, Rom). Wagenfahrt und
Ankunft vor dem Gasthaus (vgl. Anm. 191; Photo Deutsches Archäolog. Institut Rom).

Unter den zweiachsigen Wagen sind grundsätzlich solche mit drehbarer oder
starrer Vorderachse zu unterscheiden[192]. Ein starres Fahrgestell findet sich
offensichtlich bei *plaustrum* und *reda*. Der erstere wurde als Transportma-
schine in weitestem Umfang eingesetzt und ist deshalb sehr häufig im Rahmen
von Darstellungen landwirtschaftlicher Art anzutreffen, also als Bauernwagen,

---

[189] B e n d e r , Reiseverkehr Abb. 20; G a r b s c h a.a.O. (Anm. 182) 46 führt das *carpentum*
auch unter den vierrädrigen Wagen auf.
[190] Zum Problem G. L u c c h i , Riv. ital. Num. e Scienze affini 16, 1968, 131 ff.; W.
W e b e r , Das Ehrenrecht des Wagenfahrens in römischen Städten, in: Spätantike und frühes
Christentum. Ausstellung Liebieghaus Museum alter Plastik Frankfurt a.M. (1983) 308 ff.
[191] A. u. M. L e v i , Itineraria picta. Stud. e Mat. Museo Impero Rom. 7 (1967) Taf. 52;
ein Sesselwagen auf einem Relief in Aquileia: Katalog Spätantike und frühes Christentum
a.a.O (Anm. 190) 674 f. Nr. 250.
[192] Zuletzt G a r b s c h a.a.O. (Anm. 182) 47 ff.; vgl. die Abbildungen bei B e n d e r , Reiseverkehr Abb. 2 (Relief Belgrad), Abb. 11 (Grabstein Baden-Baden), Abb. 27 (Relief Beihin-
gen); *plaustrum* z.B. bei v a n K a e n e l (wie Anm. 210) 111 Abb. 12 (Orbe).

dem zwei oder mehr Ochsen vorgespannt wurden. Die *reda* hatte einen niedrigen Aufbau, sie war oben offen und wurde mit Gepäck und Personen beladen. Die Monumente zeigen meist zwei neben der Mitteldeichsel laufende Tiere, denen nach Bedarf noch weitere vorgespannt oder als Zugtiere beigegeben sind. Wie den Erwähnungen in Gesetzestexten zu entnehmen ist, dürfte die *reda* während der gesamten Kaiserzeit der geläufigste Miet- und Postwagen gewesen sein. Ein Gesetz vom Jahre 357 n. Chr.[193] befaßt sich mit den höchst zulässigen Zuladungen und der Bespannungsart.

Der Reisewagen schlechthin war die *carruca*[194]. Durch die bewegliche Vorderachse besser manövrierfähig und durch die Aufhängung des Wagenkastens[195] besser gefedert, konnte das Fahrzeug den höchst möglichen Reisekomfort gewähren. Funde von Wagenbestandteilen und bildliche Darstellungen[196] haben es ermöglicht, diesen Reisewagen mit genügender Genauigkeit zu rekonstruieren[197] (Abb. 12). Der Wagenkasten ist ganz geschlossen; der Kutscher, *mulio*, sitzt auf dem hohen Kutschbock. Ein Reisewagen, der auch als Schlafwagen hergerichtet werden konnte, wird als *carruca dormitoria* bezeichnet; literarisch überliefert sind Ausstattungen mit Entfernungsmessern und Reiseuhren[198].

Neptun als Beschützer der Schiffergilde, aber auch jedes Schiffsreisenden wurde bereits erwähnt; Merkur als der Gott des Handels und Herakles, der Wanderer über den gesamten Erdkreis, scheinen als Helfer bei Reisen über Land angerufen worden zu sein. Spezifisch gallisch-germanisch war Epona die Pferdegöttin, die sich auf einigen Darstellungen in Verbindung mit Reisen findet[199].

Die Forschung zur antiken Schiffahrt hat, beflügelt durch bedeutende Schiffsfunde in den nordwestlichen Provinzen, einen neuen Aufschwung erfahren, so daß sie fast schon zu einem speziellen Zweig der Archäologie geworden zu sein scheint[200]. Die Seeschiffahrt, die weitgehend, aber nicht

---

[193] Cod. Theod. 8. 5, 8.

[194] Grundlegend C. W. Röring, Untersuchungen z. röm. Reisewagen (1983).

[195] Nach einer Information im Wagenmuseum auf der Veste Coburg wurde die Erfindung einer Aufhängung des Wagenkastens erst in der beginnenden Neuzeit in Koczy wieder gemacht (Hochzeitskutschen von 1586 und 1599).

[196] Vgl. z. B. das bekannte Relief von Maria Saal: Walser a.a.O. (Anm. 13) Abb. 1. Einen wichtigen in situ-Befund stellen Teile eines Reisewagens aus Intercisa (Ungarn) dar: Zs. Visy, Arch. Ért. 112, 1985, 169 ff.

[197] Bender, Reiseverkehr, Frontispiz auf S. 4, Abb. 21 (Köln, nach Röring); Garbsch a.a.O. (Anm. 182) 47 ff. (München).

[198] Bender, Reiseverkehr 27 mit Abb. 17, dem Modell einer verstellbaren Reiseuhr (nach E. Buchner); nach SHA, v. Pert. 8, 7 *vehicula iter metientia et horas monstrantia* des Commodus.

[199] Bender, Reiseverkehr Abb. 27; G. Fellendorf-Börner, Fundber. Baden-Württemberg 10, 1985, 77 ff.

[200] O. Höckmann, Antike Seefahrt (1985), von einem Archäologen; A. Göttlicher, Die Schiffe der Antike (1985); L. Casson, Ships and seamanship in the ancient world ²(1985), mehr historisch-philologisch; G. Rupprecht, Die Mainzer Römerschiffe ³(1984), Ausgrabung.

Abb. 12: Köln, Römisch-Germanisches Museum. Rekonstruktion eines Reisewagens
(vgl. Anm. 194; Postkarte des Museums).

ausschließlich Küstenschiffahrt war, kann jetzt vor allem durch die Untersuchungen zahlreicher Wracks besser studiert werden[201]. So gewinnen wir nicht nur über die Schiffsbautechnik näheren Aufschluß, sondern auch wegen der Ladungen über das Handelsvolumen. „Das Schiff ist immer das leistungsfähigste und billigste Transportmittel gewesen. Lebenswichtig wird es, wenn ein Staat nicht in der Lage ist, seine Bevölkerung aus eigener Produktion mit Nahrungsmitteln zu versorgen" (Höckmann 74). Man hat errechnet, daß das römische Nordafrika für mehr als 300 Jahre pro Jahr 1/2 Mill. Tonnen Getreide nach Rom lieferte. Transportleistungen waren nur zu erbringen, wenn Sammlungen der Ernte im Lande, Transport und Verteilung entsprechend organisiert waren. Ernte und Verteilung, beide mit weniger Risiken behaftet, wurden vom Staat im Rahmen der *annona* abgewickelt, Transport zu Lande, zur See und auf den Flüssen lag in den Händen von privaten Reedern[202]. Aber nicht nur die Seefahrt im Mittelmeer war bedeutend, auch auf dem Atlantik, vor den Küsten Portugals, Spaniens, Frankreichs, Englands, Belgiens und der Niederlande muß es regen Schiffsverkehr gegeben haben; nur so können nämlich die Leuchttürme bei La Coruña im Nordwesten von Spanien[203], bei Dover[204] und Boulogne an der Kanalküste ihren Sinn haben.

Die Größe der seetüchtigen Schiffe wird von Höckmann eingehend beschrieben, Fracht- und Personenbeförderung schlossen sich nicht aus; den in den Piraeus verschlagenen Großfrachter Isis beschreibt Lukian ausführlich[205]: 55 m lang, 14 m breit und Höhe des Laderaumes bis zu 13 m. An einer anderen Stelle wird von 1.000 Passagieren gesprochen[206]. Der Apostel Paulus, der seine Reise von Palästina nach Rom ausführlich beschreibt[207], war mit 276 Mitpassagieren an Bord. Die als Küstenfahrt begonnene Tour

---

[201] Vgl. die instruktive Karte des Mittelmeerraums und das entsprechende Diagramm bei Cornell u. Matthews a.a.O. (Anm. 37) 93; Höckmann 186 Anm. 40; Petrikovits a.a.O. (Anm. 167) 327 ff. Die hier angeschnittene Frage, warum in den Quellen, abgesehen von Ägypten, bisher nur Transportunternehmen zu Wasser und nicht zu Lande Erwähnung finden, scheint mir dahingehend beantwortet werden zu können, daß man innerhalb einer Tagesreise von einem Flußsystem in ein anderes wechseln konnte. Eine spezielle Organisation zu Lande war daher nicht nötig; der Transport über die kurzen Landstrecken wurde auch von der Organisation der *nautae* und *navicularii* o.ä. übernommen. Hierzu paßt vorzüglich die Bemerkung von Strabo, Geogr. IV 1, 2, über den Vorteil der Flußsysteme in Gallien, die nur durch kurze Landstrecken verbunden seien. Auf der Tagung wurde mit D. Ellmers über diesen Punkt diskutiert; zur Schiffbarkeit kleiner Flüsse M. Eckholt, Archäolog. Korrespondenzbl. 16, 1986, 203 ff.

[202] Höckmann a.a.O. (Anm. 200) 76 ff.; dort auch Lit. zur *annona* 180 Anm. 28. Nach G. Rickman, Roman Granaries and Store Buildings (1971) 278 ff. dürfte die Annona als regelmäßige Abgabe, nach Sonderfällen im 3. Jahrhundert, erst von Diokletian eingeführt worden sein. Das könnte auch erklären, warum bei den ,mansiones' der mittleren Kaiserzeit noch keine *horrea* erscheinen.

[203] Bender, Reiseverkehr 25.

[204] Zusammenfassend B. Philp, The Excavation of the Roman forts of the Classis Britannica at Dover, 1970—1977. Kent Monogr. Ser. Rep. 3 (1981).

[205] Lucianus, Ploion 5 ff.; Rickman a.a.O. (Anm. 202) 7.

[206] Bender, Transportwege 153 f.

[207] Bender, Reiseverkehr 28 f. mit Abb. 23; Apostelgesch. 27,1—28,16.

endete vor Malta dank der Fürsorge der Mannschaft nur in einem Schiffbruch, also Verlust der Ladung, aber keiner Person. Zu diesem Unglück kam es aber offensichtlich nur deshalb, weil man zu spät im Jahr gestartet war.

Über Flußschiffe sind wir dank der neueren Wrackfunde (Pommeroeul in Belgien, Zwammerdam in den Niederlanden, Mainz und Oberstimm in Deutschland, Yverdon und Bevaix in der Schweiz) jetzt sehr gut unterrichtet[208]. Eine ganze Reihe von bildlichen Darstellungen, darunter auch neue Funde, helfen zusätzlich bei der Rekonstruktion antiker Schiffe. In vorrömisch-keltischer Tradition stehend und bestens geeignet für die Flußschiffahrt und seichte Ufer (Hafen nicht nötig) sind „plumpe Prähme mit flachem Boden ohne Kiel und Steven" (Höckmann 139). Bei diesem „Typ Zwammerdam" waren „Bug und Heck als flache Rampen" ausgebildet. Unter den Mainzer Schiffen fanden sich zwei weitere Typen: ein schnittiges Schnellboot mit Rudern und einem Mast, das Höckmann mit den literarisch überlieferten *lusoriae* identifiziert und ein anderes behäbigeres, möglicherweise die *navis iuridica* (Dienstreiseschiff)[209]. Treidelung auf den großen, aber auch auf kleineren Flüssen läßt sich nach den bildlichen Zeugnissen nachweisen: Grabmal von Igel oder ein Relief von Cabieres — d'Aignes an der Rhone[210].

IX. Reisegeschwindigkeit

Das klassische Werk von W. Riepl[211] hatte für lange Zeit einen Standard gesetzt, aus dem alle weiteren Autoren geschöpft haben. Erst vor wenigen Jahren ist eine neue Untersuchung zum Thema erschienen[212]. Ich stelle hier nur einige wichtige oder interessante Nachrichten zusammen.

---

[208] Lit. bei Höckmann a.a.O. (Anm. 200) 183 f.; Helv. Archaeolog. 5, 1974, 66 ff. u. B. Arnold, ebd. 20, 1989, 2 ff. (Yverdon u. Bevaix); zu Mainz Rupprecht a.a.O. (Anm. 200); Germania 66, 1988, 170 ff. (Oberstimm an der Donau). Da auf der Tagung D. Ellmers zur vor- und frühgeschichtlichen Binnenschiffahrt gesprochen hat, verweise ich auf diese Ausführungen. Es versteht sich von selbst, daß leistungsfähige Straßen auch ein gutes Transportwesen auf den Binnenflüssen oder zur See verlangen; beide ergänzen sich und hängen voneinander ab.

[209] O. Höckmann, Jb. RGZM 30, 1983, 403 ff., bes. 428 ff. zur Bedeutung der spätrömischen Kanal-, Rhein- und Donauflotte; ders., ebd. 33, 1986, 369 ff. Zum Schiffsverkehr auf der Donau allgemein Swoboda a.a.O (Anm. 44) 96 ff. Ein Schiffsfund vor der Kanalinsel Guernsey angezeigt in Britannia 18, 1987, 359. Nach Amm. Marc. 18.2.,3 und Libanius, or. 18,87 ließ Julian rheinaufwärts große Mengen von Getreide verschiffen.

[210] Bender, Reiseverkehr Abb. 24; W. Binsfeld, Treideln unter den Römern, in: Landeskundl. Vierteljahresbl. 23, 1977, 3 ff.; weitere Darstellungen zum Thema Schiffsverkehr M. Baltzer, Trierer Zeitschr. 46, 1983, 7 ff.; H.-M. von Kaenel, in: Ur- u. frühgesch. Archäologie d. Schweiz 5 (1975) 113 Abb. 15 (Rhone). Rickman a.a.O. (Anm. 202) 6 bringt den Vergleich (nach Philostratus, Vit. Apoll. Tyn. VII 16), daß die Hochtreidelung eines Schiffes auf dem Tiber von Ostia nach Rom 3 Tage, die Reise auf der Straße, entweder via Ostiensis oder via Portuensis, dagegen 2,5—3 Stunden dauere.

[211] Das Nachrichtenwesen des Altertums mit besonderer Rücksicht auf die Römer (1913); G. Reincke, Nachrichtenwesen RE XVI, 2 (1935) Sp. 1496 ff.; Friedländer a.a.O. (Anm. 112) I, 331 ff.

[212] W. Leiner, Die Signaltechnik der Antike (1982).

Zur See betrug die durchschnittliche Reisegeschwindigkeit in 24 Stunden 100—150 Seemeilen (180—270 km), so daß z.B. bei entsprechend günstigem Wind[213] die Strecke Ostia — Alexandria (2.000 km) in 10 Tagen bis 3 Wochen zu bewältigen war, und zwar auf direktestem Wege[214]. Die Rückfahrt, meist mit der Getreidefracht und von den Schiffen fast immer im Pulk im Herbst durchgeführt, dauerte wesentlich länger: der Küste von Palästina nach Norden folgend, der Südküste Kleinasiens entlang über Kreta, Malta nach Sizilien. Nicht ganz so schwierig gestaltete sich die Fahrt nach und von Nordafrika, wenn die wechselnden Windrichtungen im Frühjahr und Herbst berücksichtigt wurden. Im September und Oktober wehte der Schirokko von Süd nach Nord, so daß die Überfahrt (ca. 600 km) Puteoli — Carthago und umgekehrt selten mehr als 2—10 Tage erforderte[215].

Reisen zu Lande ließen sich, da weitgehend witterungsunabhängig, besser planen, so daß hierzu exaktere Angaben vorliegen. Ein zu einem neuen Garnisonsort versetzter Soldat hatte, wenn er nicht mit dem Cursus publicus reisen konnte, 30—36 km pro Tag mit 20 kg Gepäck zu gehen[216]. Eine ähnliche Distanz ergibt die Nachricht, daß ein vor Gericht Geladener 30 km pro Tag zurücklegen sollte. Diese Strecke kann man fast als Maßeinheit betrachten, da z.B. die Abstände der *mansiones* im Itinerarium Antonini (Anfang 3. Jahrhundert n. Chr.) in normalem Gelände im Schnitt 37 km betragen. Die kaiserlichen Kuriere legten pro Tag 70—88 km zurück bei fünf bis achtmaligem Reittierwechsel.

Interessant sind die Nachrichten über Spitzenleistungen. Als die beiden Mainzer Legionen 69 n. Chr. aufstanden (Tacitus, hist. 1.12,1), wurden vermutlich über Trier Kuriere nach Rom geschickt. Für die Strecke von 2.160 km benötigten sie 8—9 Tage, das bedeutete in 24 Stunden 240 km. Der Adlerträger der Mainzer *leg. IV Macedonica*, der die gleiche Nachricht dem Vitellius nach Köln überbrachte, brauchte für 180 km einen Tag. Tiberius schließlich, der spätere Kaiser, eilte 9 v. Chr. von Pavia in der Poebene an die Elbe zu dem erkrankten Drusus (ca. 1.000 km). Er benötigte für diese Strecke 2—3 Tage, d.h. pro 24 Stunden 300 km. Solche Spitzenleistungen dürfen uns allerdings den Blick nicht für den normalen Ablauf einer Nachrichtenübermittlung verstellen[217]. Eine vom gleichen Kurier von Rom nach Alexandria auf dem Landweg überbrachte Depesche brauchte 55 Tage: 7 Tage nach Brindisi, 25 nach Konstantinopel, 40 nach Antiochia in Syrien. Interessant schließlich, wie lange es dauerte, bis ein in Rom verkündetes Gesetz als Nachricht in den Provinzen eintraf. Als Caracalla im Oktober/November 212 n. Chr. per Gesetz allen freien

---

[213] Vgl. die Karte bei H ö c k m a n n a.a.O. (Anm. 200) 12 Abb. 1.
[214] Philo, Flaccus 26: Caligula empfiehlt dem Agrippa für die Rückreise nach Syrien den Weg über Alexandria mit Hilfe der schnellen Getreidesegler.
[215] Vgl. die Karte bei E. N. L u t t w a k , The grand strategy of the Roman Empire (1976) 82—83 Map 2.2.
[216] Zu den Marschleistungen der Soldaten vgl. die durch die Praxis erprobten Angaben bei M. J u n k e l m a n n , Die Legionen des Augustus. Kulturgesch. d. antiken Welt 35 (1986) 233 ff. (*miles impeditus* mit 47, 9 kg Gepäck = 3 Marschtage à 25 km, 1 Ruhetag; J u n k e l - m a n n 196 ff. *miles expeditus*).
[217] L u t t w a k a.a.O. (Anm. 215) 80 ff.

Reichsbewohnern das römische Bürgerrecht verlieh, gelangte dieser sehr entscheidende Erlaß erst am 13. Januar 213 in Germanien an und um den 3. März
213 in der westlichen Türkei[218]. Resignierend klingt eine Passage in der Rede
Agrippas an die Juden: „Denn gelangt ein böser Mann von ihnen zu uns, dann
steckt weder ein Befehl dahinter, noch kann der Westen alle seine Leute im
Osten kontrollieren, zumal es ja nicht einmal möglich ist, daß man dort rasch
über die hiesigen Vorkommnisse informiert wird"[219].

Casson hat in einer interessanten Passage das Reisetagebuch des Beamten
Theophanes aus Ägypten referiert; dieser reiste in einem der Jahre zwischen
317—323 n. Chr. mit dem Cursus publicus von Pelusium nach Antiochia.
Unter seinen Ausgaben führt er erhebliche Beträge für Essen und Trinken
an[220]; er reiste in Gesellschaft, bei einer täglichen Reisegeschwindigkeit von
23 km über 44 km bis 94 km pro Tag; er braucht 18 Tage, um ans Ziel zu
gelangen.

X. Ausblick

Der Cursus publicus wurde in den germanischen Reichen auf römischem
Boden weitergeführt[221] und hat auch im byzantinischen Reich fortbestan-
den[222], so daß sich in gewisser Form Kontinuität von der Antike ins frühe und
hohe Mittelalter ergibt[223]. Erst mit der industriellen Revolution und dem Ausbau eines europäischen Eisenbahnnetzes vom 19. Jahrhundert an haben sich
tiefgreifende Änderungen im Verkehrs- und Transportwesen ergeben[224]. Noch
im 18. Jahrhundert kam man, wie z.B. eine Aufstellung der Reisegeschwindig-

---

[218] P. Herrmann, Chiron 2, 1972, 519 ff., bes. 529.

[219] Flavius Joseph., bell. Iud. 2, 16, 4; auch 2, 10, 5: „durch Zufall wurde jedoch der
Briefbote auf seiner Seefahrt durch Meeresstürme drei Monate festgehalten, wogegen andere
Boten mit der Nachricht vom Tod des Gaius gut durchkamen, so daß Petronius die Todes-
nachricht 27 Tage vor dem erwähnten Drohbrief erhielt:" Allgemein F. Millar, Britannia
13, 1982, 1 ff., bes. 9 ff. Die Nachricht von der Ermordung des Pertinax in Rom (28.3.193)
erreicht den in Carnuntum weilenden Septimius Severus am 9.4.193 (2 Wochen = 1000 km),
sein Konkurrent Pescennius Niger erfährt davon erst später, weil er im Osten sich aufhält.
Septimius Severus bestreitet ihm daher das Erstrecht.

[220] Casson a.a.O. (Anm. 88) 221 f.

[221] Zusammengefaßt von Holmberg a.a.O. (Anm. 88) 143 ff.; H. J. Diesner, Philolo-
gus 112, 1968, 282 ff.; D. Claude, Geschichte der Westgoten (1970) 63 f., 95 f.

[222] Holmberg 148 ff.; G. Gascou, Travaux et memoires 9, 1985, 53 ff.; P. Schreiner, Städte und Wegenetz in Moesien, Dakien und Thrakien nach dem Zeugnis des Theo-
phylaktos Simokates, in: Miscellanea Bulgarica 2 (1986) 59 ff., bes. 65 ff.

[223] N. Ohler, Reisen im Mittelalter (1986); während der Diskussion nach dem Vortrag
wurde über diese Frage ausführlich gesprochen. K. Hauck verwies auf O. P. Clavadet-
scher, Schweiz. Zeitschr. f. Gesch. 5, 1955, 16 ff. und Bündner Urkundenbuch, bearb. E.
Meyer-Marthaler u. F. Perret I (1955) 382 f., 393 ff.; vgl. auch den Beitrag von W.
Janssen in diesem Band.

[224] Das muß der alte Goethe gespürt haben, als unter dem 6. Juni 1825 an K. F. Zelter
schrieb: „Eisenbahnen, Schnellposten, Dampfschiffe und alle möglichen Facilitäten der
Communication sind es, worauf die gebildete Welt ausgeht...".

keiten der Fahrpost von 1740 und 1795 zeigt, durchaus nicht schneller voran als in römischer Zeit: von Hamburg nach Madrid im Jahre 1740 etwa 480—576 Stunden oder 20—24 Tage (2430 km); dieselbe Strecke 1795 432 Stunden oder 18 Tage, mit dem Eilwagen dieselbe Strecke im Jahre 1795 ca. 283 Stunden, d.h. im Schnitt pro 24 Stunden 210 km[225].

Die römischen Straßen haben bis weit ins Mittelalter Bestand gehabt, und zwar weitgehend wohl deswegen, weil die Tiere wegen der Anschirrung keine zu hohen Lasten ziehen konnten. Das änderte sich erst, als im Laufe des 12. Jahrhunderts mit der Entwicklung eines festen Kummets und den daraufhin kräftigeren Pferden der Oberbau durch zu große Belastungen zerstört wurde[226]. Viele römische Wege haben, immer wieder ausgebessert, noch heute Bestand, wenn auch nur als Unterlage für eine moderne Teerstraße.

Aber das römische Verkehrs-, Transport- und Nachrichtenwesen war keineswegs einzigartig auf unserer Welt — und hier kehre ich zu den eingangs gebrachten Zitaten, nämlich Sicherung der Herrschaft durch Information, zurück: in China und im Reich der Inkas hat es sehr ähnliche Einrichtungen gegeben; die im Fernen Osten wurden von Marco Polo beschrieben, die in Südamerika ausführlich von Alexander von Humboldt[227].

Abkürzungs- und Literaturverzeichnis

Wenn nicht anders angegeben, gelten die „Richtlinien und Abkürzungsverzeichnisse für Veröffentlichungen der Römisch-Germanischen Kommission des Deutschen Archäologischen Instituts 3. Ausgabe 1975" im Bericht der Römisch-Germanischen Kommission (Ber. RGK) 55, 1974, 477 ff. Darüberhinaus werden folgende Siglen verwendet:

ANRW   = Aufstieg und Niedergang der römischen Welt, hrsg. H. Temporini u. W. Haase I (1972) ff.

Bender, Kurzenbettli = H. Bender, Archäologische Untersuchungen zur Ausgrabung Augst-Kurzenbettli. Ein Beitrag zur Erforschung der römischen Rasthäuser. Antiqua 4 (1975).

Bender, Reiseverkehr = H. Bender, Römischer Reiseverkehr. Cursus publicus und Privatreisen. Kleine Schriften zur Kenntnis der römischen Besetzungsgeschichte Südwestdeutschlands 20 (1978).

Bender, Straßen = H. Bender, Römische Straßen und Straßenstationen. Kleine Schriften zur Kenntnis der römischen Besetzungsgeschichte Südwestdeutschlands 13 (1975).

Bender, Transport = H. Bender, Mittel des Transports und Nachrichtenwesen in der römischen Antike, in: Humanistische Bildung 6, 1983, 137 ff.

---

[225] Vom Saumpfad zur Autobahn. 5000 Jahre Verkehrsgesch. i.d. Alpen. Bayer. Staatsbibliothek, Ausstellungskataloge 15 (1978) 55 Nr. 183; Bender, Transport 160 ff., dort auch zwei weitere Beispiele für ein ‚Reise-Buch der Posten- und Militair-Stationen' (1820) und zwei Straßenbauinschriften (1796/1797); vgl. auch die schöne Darstellung des napoleonischen Generalpostmeisters A. M. Lavallete von G. Mann, Frankfurter Allg. Ztg. 31. Dez. 1982 (Nr. 303), Beilage.

[226] Chevallier a.a.O. (Anm. 31) 206.

[227] Mir als Literatur zur Hand E. Hering, Wege u. Straßen der Welt o.J. (ca. 1938) 52 ff. (China), 204 ff. (Inka-Reich).

Pekáry, Reichsstraßen = Th. Pekáry, Untersuchungen zu den römischen Reichsstraßen. Antiquitas, Reihe 1, 17 (1968).

Petrikovits, Rheinlande = H. von Petrikovits, Die Rheinlande in römischer Zeit (1980). Fortdruck aus Rheinische Geschichte 1,1 Altertum [1](1978). Bild- und Dokumentarteil K. Ring.

Radke = G. Radke, Viae publicae Romanae. RE Suppl XIII (1971) Sp. 1417ff., Sonderdruck mit eigener Paginierung Sp. 1ff.

Schneider, Altstraßenforschung = H.-C. Schneider, Altstraßenforschung. Erträge der Forschung 170 (1982).

Der Text meines Beitrages geht teilweise auf die in den Publikationen Reiseverkehr — Straßen — Transport veröffentlichten Zeilen zurück. Im Hinblick darauf und auf die in Göttingen geplante Publikation wurde darauf verzichtet, den in München anläßlich des Symposiums „Alpenübergänge vor 1850" im Februar 1986 gehaltenen Vortrag „Straßen — Brücken — Pässe" in den Kongreßakten zu veröffentlichen. An neuerer Literatur, die in den Anmerkungen nicht besonders erwähnt ist, führe ich an:

Cartes et Figures de la Terre. Ausstellungskatalog Centre George Pompidou, Paris (1980).

Die Karte als Kunstwerk. Ausstellungskatalog Bayerische Staatsbibliothek, München (1979).

O. A. W. Dilke, Greek and Roman Maps (1985).

The History of Cartography. Vol. I: Cartography in Prehistoric, Ancient and Medieval Europe and the Mediterranean, hrsg. J. B. Harley u. D. Woodward (1987).

U. Lindgren, Alpenübergänge von Bayern nach Italien 1500—1850. Landkarten — Straßen — Verkehr. Mit einem Beitrag von L. Pauli (1986).

K. Greene, The Archaeology of the Roman Economy (1986), Kapitel 2: Transport in the Roman Empire 17ff.

G. Ürögdi, Hogyan utaztak a régi rómaiak? (Wie reisten die alten Römer?) (1979).

J. Wielowiejski, Na drogach i szlakach Rzymian (Auf den Straßen und Wegen der Römer) (1984).

RENÉ WYSS

Handel und Verkehr über die Alpenpässe

Handel und Verkehr bilden zwei Themenkreise, die in enger Wechselbeziehung zueinander stehen; Handel läßt sich ohne Verkehr nicht abwickeln, und anderseits zieht Verkehr unweigerlich auch Güteraustausch nach sich.

Aus archäologischer Sicht ist Handel, besonders in Form von Fernhandel[1] bedeutend leichter nachweisbar als die benützten Verkehrswege, welche sich für die prähistorische Zeit fast nur über Umwege belegen lassen, und nicht viel besser bestellt ist es um die Verkehrsmittel. Was die Verkehrswege betrifft, eignet sich für ihre Beurteilung die Gebirgsregion weitaus am besten. In ihr diktieren topografische Gegebenheiten den Verlauf der Handels- und Verkehrswege[2]. Aus der Vielzahl der möglichen Alpenübergänge heben sich einige wenige Verbindungen ab, die schon immer zu den bevorzugten Passagen gezählt haben und durch entsprechende Zeugnisse ausgewiesen sind. Zu diesen gehören vor allem Siedlungen[3] entlang der Paßlandschaften, wie sich solche in größerer Zahl im Vorder- und Hinterrheintal sowie im Oberhalbstein[4]

---

[1] J. M. de Navarro, Prehistoric Routes between Northern Europe and Italy Defined by the Amber Trade, in: The Geographic Journal LXVI, Nr. 6, 1925, S. 481—507. O.-H. Frey, Zum Handel und Verkehr während der Frühlatènezeit in Mitteleuropa, in: Untersuchungen zu Handel und Verkehr der vor- und frühgeschichtlichen Zeit in Mittel- und Nordeuropa, Abhandlungen der Akademie der Wissenschaften in Göttingen Nr. 143, Göttingen 1985, S. 231—257.

[2] P. Laviosa Zambotti, Funzione dei passi centrali alpini durante la preistoria, Jahrbuch der Schweizerischen Gesellschaft für Urgeschichte 40, 1949/50, s. 193—201. — R. Wyss, Alpenpässe, in: Reallexikon der Germanischen Altertumskunde, Bd. 1, 2. Neuauflage (1970), S. 191—194; mit Karte. — P. A. Donati, Sull'uso dei valichi alpini dal Gottardo al Bernina in epoca preromana, Quaderni Ticinesi di numismatica e antichità classiche VIII, Lugano 1979, S. 131—142. — L. Pauli, Die Alpen in Frühzeit und Mittelalter, München 1979.

[3] R. Wyss, Siedlungswesen und Verkehrswege, in: Ur- und Frühgeschichtliche Archäologie der Schweiz, Bd. 3, Die Bronzezeit, Basel 1971, S. 103—122. — A. C. Zürcher, Urgeschichtliche Fundstellen Graubündens, Schriftenreihe des Rätischen Museums Chur 27, Chur 1982. — Zur römischen und frühmittelalterlichen Besiedlung des östlichen Alpengebietes, seiner klimatischen Schwankungen und wirtschaftlichen Verhältnisse vgl. M. Bundi, Zur Besiedlungs- und Wirtschaftsgeschichte Graubündens im Mittelalter, Chur 1982.

[4] R. Wyss, Die archäologische Erforschung des Oberhalbsteins, Helvetia Archaeologica 29/30, 1977, S. 2—11; Motta Vallac, eine bronzezeitliche Höhensiedlung im Oberhalbstein, Helvetia Archaeologica 29/30, 1977, S. 35—55; Die Höhensiedlung Motta Vallac im Oberhalbstein (Salouf GR), Archäologie der Schweiz 5, 1982, S. 77—81; Archäologische Untersuchungen auf dem Rudnal, Jahresbericht des Schweizerischen Landesmuseums 92, 1983, S. 51—54. — J. Rageth, Die bronzezeitliche Siedlung auf dem Padnal bei Savognin, Helvetia Archaeologica 29/30, 1977, S. 12—24; Die bronzezeitliche Siedlung auf dem Padnal bei Savognin (Oberhalbstein GR), Grabungen 1971—1982, Jahrbuch der Schweizerischen

haben nachweisen lassen und über deren Struktur man vor allem durch die Grabungen auf Cresta bei Cazis mit einer 7 m mächtigen, die frühe, mittlere und späte Bronzezeit umfassenden Stratigrafie gut unterrichtet ist[5]. Dazu kommen Depotfunde von Händlern[6], in Form neuwertiger Güter und Ansammlungen von Rohstoff und Altmetall verschiedenster Ausprägung (Gußkuchen und Barren aller Formen sowie Brocken von solchen). Aber auch Einzelfunde entlang der Handelswege und Weihegaben bei Flußübergängen sowie auf Alpenpässen[7] bilden wertvolle Hinweise auf die Benützung[8] und Bevorzung bestimmter Durchgangswege durch die verwirrende und streckenweise schwer begehbare Gebirgsregion. Man denkt da an die fast unpassierbaren Schluchten durch die Viamala und Rofla sowie Albula, oberhalb von Thusis, oder die Schöllenen im Reusstal, die teilweise großräumige Umgehungen notwendig machten[9].

Der Ursprung des Verkehrs ist auf's engste verknüpft mit den Anfängen des Handels. Handel im eigentlichen Sinn war erst möglich, als die Gesellschaft in der Lage war, Nahrungsmittel und Verbrauchsgüter aller Art in größerem

---

Gesellschaft für Ur- und Frühgeschichte 59, 1976 bis 68, 1985; Römische Funde von Riom, Helvetia Archaeologica 29/30, 1977, S. 74—77. — S. N a u l i , Eine bronzezeitliche Anlage in Cunter/Caschligns, Helvetia Archaeologica 29/30, 1977, S. 25—34. — J. B i l l , Eine bronzezeitliche Lanzenspitze aus Riom, Helvetia Archaeologica 29/30, 1977, S. 56/57; Früh- und mittelbronzezeitliche Höhensiedlungen im Alpenrheintal im Lichte der Bronzeproduktion, Archäologisches Korrespondenzblatt 10, 1980, S. 17—21.

[5] Berichte über die laufenden Grabungen auf Cresta, Cazis, in: Jahresbericht des Schweizerischen Landesmuseums 56, 1947, S. 10/11; 58/59, 1949/50, S. 11; 60, 1951, S. 9—12; 62, 1953, S. 13/14; 63/64, 1954/55, S. 22; 66, 1957, S. 12/13; 68/69, 1959/60, S. 20/21; 70, 1961, S. 25; 72, 1963, S. 33/34; 74, 1965, S. 39—41; 76, 1967, S. 40—42; 78, 1969, S. 40—42; 79, 1970, S. 42—44; Monographie in Vorbereitung, in der Reihe Archaeologische Forschungen.

[6] R. W y s s , Technik, Wirtschaft und Handel, in: Ur- und Frühgeschichtliche Archäologie der Schweiz, Bd. 3, Die Bronzezeit, S. 123—144, insbesondere S. 142; Der Schatzfund von Erstfeld, Frühkeltischer Goldschmuck aus den Zentralalpen, Archaeologische Forschungen, Zürich 1975. — J. B i l l , Der Depotfund von Cunter/Burvagn, Helvetia Archaeologica 29/30, 1977, S. 63—73. — F. S t e i n , Bronzezeitliche Hortfunde in Süddeutschland, Saarbrücker Beiträge zur Altertumskunde 23, Bonn 1976; Katalog der vorgeschichtlichen Hortfunde in Süddeutschland, Saarbrücker Beiträge zur Altertumskunde 24, Bonn 1979, S. 91—98 und 207—217. — Wohl ebenfalls den Depotfunden der Alpenverkehrswege zuzurechnen: Cunter GR, Caschligns (vergl. S. N a u l i , Anm. 4); Domat/Ems GR (Hammer, Sichel, Beil); Oberriet SG, Montlingerberg (Hort antimonreicher Kupferbarren, freundliche Mitteilung Frau R. S t e i n h a u s e r).

[7] R. W y s s , Die Eroberung der Alpen durch den Bronzezeitmenschen, Zeitschrift für Schweizerische Archäologie und Kunstgeschichte 28, 1971, S. 130—145, insbesondere Kapitel über „Höhenfunde, Paß- und Paßwegfunde", S. 132—138.

[8] O. T s c h u m i , Ur- und Frühgeschichte des Amtes Frutigen und der Nachbargebiete, in: Das Frutigbuch, Bern 1938, S. 159—193, insbesondere Abschnitt über den bronzezeitlichen Paßverkehr, S. 173/174. — R. W y s s , Handel und Verkehr; in: Technik und Wirtschaft in ur- und frühgeschichtlicher Zeit, Einführungskurs in die ur- und frühgeschichtliche Archäologie der Schweiz, Bern 1983, S. 47—50.

[9] C h r . S i m o n e t t , Die Viamala, Alte und neue Ergebnisse zu ihren geschichtlichen Problemen, Bündner Monatsblatt 1954, S. 209—232. — H. E r b , G. T h . S c h w a r z , Die San Bernardinoroute von der Luzisteig bis in die Mesolcina in ur- und frühgeschichtlicher Zeit, Schriftenreihe des Rätischen Museums Chur 5, Chur 1969. — A. P l a n t a , Alte Wege durch die Rofla und die Viamala, Schriftenreihe des Ratischen Museums Chur 24, Chur 1980.

Umfang und über den Eigenbedarf hinaus zu produzieren. Sie hatte diesen Zivilisationsgrad, der an handwerkliche Spezialisierung gebunden ist, im wesentlichen erst zu Beginn der Bronzezeit erreicht, als sich bestimmte Berufsgruppen, vor allem im metallurgischen Bereich, herauszubilden begonnen hatten, die eine weitgehend vollberufliche Beschäftigung notwendig machten. Die gewerbliche Produktion als Voraussetzung für den Handel schließt indessen gewisse Vorstufen für Güteraustausch nicht aus[10]. Für steinzeitliche Verhältnisse jedoch dürfte es sich um Bewegungen von sehr bescheidenem Umfang gehandelt haben, die jedenfalls noch nicht an eigentliche Transportwege gebunden waren. Immerhin verdient festgehalten zu werden, daß offenbar schon auf horgenerzeitlicher Kulturstufe, wenn nicht gar früher, der Wagen als Transportmittel (über kurze Distanzen?) bekannt war. Belege hierzu bilden ein- und mehrteilige Scheibenräder, wie solche bereits in mehreren jungsteinzeitlichen Seeufersiedlungen zum Vorschein gekommen sind[11]. In diesem Zusammenhang ist auch die Kenntnis des Joches als Traktionsmittel zu erwähnen[12]. Fahrwege indessen, etwa in der Art von Knüppel- und Prügelwegen, wie sie aus Mooren Nordwesteuropas bekannt sind, fehlen bis heute aus dem Siedlungsgebiet auf Feuchtböden der Schweiz. Als Belege für neolithischen Tausch begehrenswerter Güter seien Geräte und Schmuck aus Kupfer[13], besonders auch die Doppeläxte[14], Muschelschmuck und gewisse Gesteinssorten für Beilklingen, wie Nephrit, Jade und Aphanit in Erinnerung gerufen[15]. Ähnlich verhält es sich mit dem Pressigny-Feuerstein und weiteren aus Frankreich importierten Varietäten von Flint[16].

[10] R. Wyss, Wirtschaft und Gesellschaft in der Jungsteinzeit, Monographien zur Schweizer Geschichte 6, Bern 1973; Kapitel Handel und Verkehr, S. 84—88.

[11] U. Ruoff, Die schnurkeramischen Räder von Zürich- „Pressehaus", Archäologisches Korrespondenzblatt 8, 1978, S. 275—283; Die Ufersiedlungen an Zürich- und Greifensee, Helvetia Archaeologica 45—48, 1981, S. 19—70. — R. Wyss, Ein neolithisches Radfragment aus dem Wauwilermoos, Helvetia Archaeologica 55/56, 1983, S. 145—152. — E. Woytowitsch, Die ersten Wagen der Schweiz: die ältesten Europas, Helvetia Archaeologica 61, 1985. — J. Winiger, Die Spätneolithikum der Westschweiz auf Rädern, Helvetia Archaeologica 71/72, 1987, S. 78—109. — Chr. Pugin, P. Corboud, A.-C. Castella, Une roue du Bronze final sur la station littorale de Corcelettes (Grandson VD), Archäologie der Schweiz 11, 1988, S. 146—154.

[12] Erinnert sei an die vorzüglich erhaltenen Neufunde aus den Feuchtbodensiedlungen von Fiavè und Lavagnone am Gardasee; R. Perini, Der frühbronzezeitliche Pflug von Lavagnone, Archäologisches Korrespondenzblatt 13, 1983, S. 187—195.

[13] B. S. Ottaway, Earliest Copper Artifacts of the Northalpine Region: Their Analysis and Evaluation, Schriften des Seminars für Urgeschichte der Universität Bern, Bern 1982.

[14] R. Wyss, Eine Doppelaxt aus Kupfer, Helvetia Archaeologica 17, 1974, S. 2—9.

[15] Zur Verbreitung der Aphanit-Artefakte vgl. Chr. Willms (Besprechung der Publikation über Egolzwil 4, Die Kleinfunde), Zeitschrift für Schweizerische Archäologie und Kunstgeschichte 42, 1985, S. 345—347. — J. Speck, Ein Rohbeil aus Aphanit aus der Ufersiedlung Cham ZG-St. Andreas, Mit einem Beitrag zur Erkenntnisgeschichte des Aphanits, Helvetia Archaeologica 75, 1988, S. 89—100. — R. Wyss, Das Wauwilermoos, ein steinzeitliches Siedlungsgebiet von europäischer Bedeutung, Zeitschrift für Archäologie 23, 1987 (im Druck). — R. Wyss, Neue Ausgrabungen in Egolzwil 3, 1988, Jahresbericht des Schweizerischen Landesmuseums 97, 1988 (im Druck).

[16] W. Pape, Importfeuerstein an Hoch- und Oberrhein, Archäologische Nachrichten aus Baden 29, 1982, S. 17—25.

Gegenwärtig ist der Große Sankt Bernhard der einzige in der Jungsteinzeit nachweisbar begangene Alpenübergang. Als eindrückliches Zeugnis hierfür seien die berühmten 29 Stelen und Fragmente von solchen auf dem Petit Chasseur in Sitten erwähnt, die zu einem Ahnenheiligtum gehörten und aus dem südalpinen Aosta mit entsprechenden Monumenten über den Alpenkamm ins Wallis gelangt sind[17], im Sinn einer Kulturströmung und -ausbreitung.

Für die Epochen der aneignenden Wirtschaftsformen ist davon auszugehen, daß für den Verkehr die Wasserstraßen eine weit bedeutendere Rolle gespielt haben als die Landverbindungen, was sich auch in den zahlreichen Funden von Einbäumen aus Linde, Pappel und Eiche wiederspiegelt. Insgesamt aber stellen Äußerungen von Güteraustausch und Verkehr für die Steinzeit eher Randerscheinungen dar.

Eine grundlegende Umgestaltung der bestehenden Verhältnisse vollzog sich mit dem Beginn der Bronzezeit, in welcher die Wirtschaft tiefgreifenden Veränderungen unterworfen war. Das Aufkommen von Bronze führte zu neuen Wertvorstellungen und ließ den Grundstoff dazu, das Kupfer, zu einem der begehrtesten Güter werden. Eine Folge davon war die intensive Kupferprospektion im Alpengebiet, verbunden mit der Entdeckung ausgedehnter Weideflächen[18]. Beides zusammen löste den Aufbruch in die Alpen und deren dauernde Besitznahme sowie die Begründung einer blühenden Alpwirtschaft aus. Die erzführenden Gebiete waren ausschlaggebend für die Gründung von Siedlungen. Sie bildeten die wirtschaftliche Basis für die Bergbau- und Erzgewinnung betreibende Bevölkerung. Aufgrund der bekannten Fundverhältnisse lassen sich im östlichen Alpengebiet förmlich Kupferstraßen nachzeichnen, so im Vorderrheintal mit den Höhensiedlungen Muota, Fellers, Ruschein und Siat sowie Waltensburg, um nur einige Beispiele anzuführen[19], aber auch im Hinterrheingebiet, im Schams[20] und vor allem im Oberhalbstein, das dank seiner Eigenschaft als Paßlandschaft für den Handel und Verkehr eine ganz beson-

---

[17] M.-R. Sauter, Suisse préhistorique des origines aux Helvètes, Neuenburg 1977, S. 64; S. 97/98; L'occupation des Alpes par les populations préhistoriques, in: Histoire et Civilisations des Alpes, Lausanne 1980, S. 61—94.

[18] O. Tschumi, Die Ur- und Frühgeschichte des Simmentals, in: Simmentaler Heimatbuch, Bern 1938, S. 110—154; Ur- und Frühgeschichte, in: Das Amt Thun, Eine Heimatkunde, Thun 1943, S. 136—168, insbesondere S. 149/150; R. Wyss, Die Eroberung der Alpen, a.o., ZAK 28, 1971.

[19] Dazu Lit. Anm. 3 und 4; ergänzend J. Rageth, Chr. Zindel, Zur Urgeschichte des bündnerischen Raumes, Separatdruck aus Terra Grischuna 2, 1977; Archäologie der Schweiz 2, 1979; J. Rageth, Spätbronzezeitliche Siedlungsreste aus Domat/Ems, Bündner Monatsblatt 9/10, 1985, S. 269—304.

[20] In der Schamser Talschaft hat man bis heute noch keine bronzezeitlichen Siedlungen aufgedeckt, obwohl solche aufgrund der Kupfererzvorkommen auf Taspegn und Ursera sowie der Fundsituation vorausgesetzt werden müssen; frühbronzezeitliches Gräberfeld beim Valtschiedtobel, oberhalb Donath, Jahrbuch der Schweizerischen Gesellschaft für Urgeschichte 50, 1963, S. 66/67; Quellopfer von Andeer/Pignia, A.C. Zürcher, Urgeschichtliche Fundstellen Graubündens, Schriftenreihe des Rätischen Museums Chur 27, 1982; in den Bau der Kirche von Reischen integrierte Felsgravierung in Form einer „Bündner Sonne".

dere Bedeutung erlangt hatte. Der Julier entwickelte sich zur wichtigsten Verkehrsader[21] zwischen Nord und Süd für die östlichen Landesteile und Süddeutschland, während dem Großen Sankt Bernhard für die Westschweiz eine ähnliche Bedeutung zugekommen sein mochte[22]. Daher sollen diese beiden Alpentransversalen, vor allem jedoch die östliche über den Julier aufgrund des fortgeschritteneren Forschungsstandes näher betrachtet werden. An ihr befindet sich eine wichtige inneralpine Niederlassung auf Motta Vallac über dem Taleingang, wo die Grabungen u.a. zur Freilegung metallurgischen Zwecken dienender Feuergruben führten, und eine noch bedeutendere auf dem Padnal am bergseitigen Ausgang von Savognin. Auch diese Siedlung hatte mit der Erzgewinnung zu tun und unmittelbar am Talweg gelegen zusätzlich auch mit Handel, wie u.a. aus einer Bernsteinkette als Beleg für fernen Güterverkehr ersichtlich ist. Noch wesentlich eindrücklichere Zeugnisse für die Bedeutung der Kupfergewinnung als entsprechende Siedlungsfunde bilden zwei metallurgischen Zwecken dienende gewerbliche Anlagen auf Caschligns über Cunter — man beachte den aus *castellum* hergeleiteten Namen — und dem über dem Padnal gelegenen Rudnal, wo vor wenigen Wochen eine abschließende Grabung stattgefunden hat[23]. Der Hügel — vor der Untersuchung hatte er die Form eines abgestumpften Kegels — bestehend aus Mauerzügen, Steinfüllung und Schlacken, schloß ein um 1500 v. Chr. erstelltes Bauwerk in Trockenmauertechnik, von 20 auf 8,5 m ein. Umfang und Bedeutung dieses epochemachenden Wirtschaftszweiges der Erzgewinnung lassen sich vor allem an den vielen, teilweise recht ausgedehnten Schlackenhalden ermessen, die sich aus den für jene Zeit typischen Plattenschlacken zusammensetzten[24]. Noch wesentlich deutlicher treten entsprechende Schutthalden serpentinischer Abbauzonen in Erscheinung, die im Oberhalbstein überall gegenwärtig sind und ihrer auffallenden Grünfärbung wegen nicht übersehen werden können[25]. Jüngste, an Kohlen aus Schlackenhalden vorgenommene Datierungen haben ihre bronze-

---

[21] A. Planta, Die römische Julierroute, Helvetia Archaeologica 25, 1976, S. 16—25; Der römische Fahrweg über den Julier und den Maloja, Archäologie im Grünen, Beilage von Archäologie der Schweiz 2, 1979. — F.E. König, Der Julierpass in römischer Zeit, Jahrbuch der Schweizerischen Gesellschaft für Ur- und Frühgeschichte 62, 1979, S. 77—99; mit eingehenden Literaturangaben.

[22] F. Stähelin, Die Schweiz in römischer Zeit, 3. Auflage, Basel 1927, Kapitel Straßen und Pässe, S. 337—388, insbesondere S. 344—348.

[23] Literatur vgl. Anm. 4.

[24] Die Erforschung der Schlackenhalden im Zusammenhang mit der prähistorischen Kupfererzgewinnung im Oberhalbstein wird von einer zu diesem Zweck gegründeten Arbeitsgemeinschaft betrieben; ihr gehören Vertreter des Bergbau-Museums in Bochum, der Bündner Kantonsarchäologie in Chur und des Schweizerischen Landesmuseums in Zürich an; eine Veröffentlichung der bisher in zahlreichen Geländegängen ermittelten Aufschlüsse hat E. Brun (CH-Dübendorf und Savognin) in Aussicht gestellt; ebenso werden die Grabungsergebnisse der ersten Untersuchung (1984) einer spätbronzezeitlichen Schlackenhalde in Tiragn ob Stierva GR zur gegebenen Zeit vorgelegt.

[25] V. Dietrich, Die sulfidischen Vererzungen in den Oberhalbsteiner Serpentiniten, Beiträge zur Geologie der Schweiz, Geotechnische Serie 49, Zürich 1972.

zeitliche Stellung bestätigt; einzelne gehören der Eisenzeit an[26]. Eine dieser Fundstellen liegt auf 2500 m Höhe, weit über der heutigen Waldgrenze. Daß derartige Aktivitäten, von denen wir erst im Verlauf der jüngsten Forschungen innerhalb der letzten zehn Jahre erfahren haben, Verkehrswege notwendig machten und Verkehrsadern entscheidend prägten, ist leicht einsehbar, ebenso die Auswirkungen auf den Güteraustausch. Nebenbei sei noch auf den landschaftsverändernden Aspekt, bedingt durch Rodungen zwecks Energiegewinnung, hingewiesen. Ausgedehnte, ihrer Wälder beraubte Weidegebiete präsentieren sich heutigentags deshalb ohne Baumbestand, so das Piz d'Err-Gebiet, besonders Alp Flix, mit einer ganzen Reihe Schlackenhalden, sowie Cotschens auf der gegenüberliegenden Talseite, und die ganze Paßlandschaft von Bivio an aufwärts, was offenbar auf die Gewinnung von Eisenerz zurückzuführen ist[27]. Hier soll kurz auf die Bedeutung romanischer Flurnamen eingegangen werden, die nicht nur für die Bergbauforschung, sondern auch für das Siedlungswesen und die Alpwirtschaft in prähistorischer Zeit recht aufschlußreich sind[28]. Der schon erwähnte, hochgelegene Erzaufschluß *avagna*, in welchem *vena*, die Ader enthalten ist, bedeutet nichts anderes als Erzader; in stark verschlüsselter Form erscheint sie auch bei Savognin in Sinwanyass, einem Zusammenzug von *sursum* und *vena,* was sich mit aufsteigender Erzader übersetzen läßt[29]. Ferner deutet ein großer Teil aller Bezeichnungen von Felskuppen und -ketten mit Cotchen[30], zu deutsch *rot*, auf Eisenerzvorkommen und entspre-

---

[26] Unveröffentlichte, am Physikalischen Institut der Universität Bern ermittelte C14-Daten zur Siedlungs- und Bergbauforschung des Schweizerischen Landesmuseums Zürich, im Oberhalbstein.

[27] In diesem Zusammenhang verdient eine alte Fundmeldung Beachtung: „Am Julier, gegenüber von Bual, in ungefähr 2000 m Höhe (...) wurden bei Erstellung einer Leitung bei einem Murmeltierloch Eisengußkuchen und Schmelzstücke gefunden, die dort offenbar zentnerweise im Boden liegen. Von Bergwerksbetrieben in der Juliergegend ist aus historischer Zeit nichts bekannt, auch kennt man keine baulichen Reste von Schmelzanlagen wie anderwärts in Graubünden. Es ist naheliegend, mit W. Burkhard, der uns den Fund meldet, an frühgeschichtliche, wenn nicht gar eisenzeitliche Werkstätten zu denken", in: Jahrbuch der Schweizerischen Gesellschaft für Urgeschichte 24, 1932, S. 119.

[28] R. Wyss, Archäologie der Kupfererz-Gewinnung in den Schweizer Alpen (Vortrag gehalten im Institut für Ur- und Frühgeschichte der Universität Freiburg i. Br., 1986); A. Schorta, Rätisches Namenbuch, Romanica Helvetica 63; J.U. Hubschmied, Alte Ortsnamen Graubündens, Bündnerisches Monatsblatt 1948, S. 33—50; L. Brunner, Die rätische Sprache entziffert, Bündner Monatsblatt, 1982, S. 161—165; Was lehren uns rätische Namen?, Bündner Monatsblatt 1983, S. 75—78; Das rätische Heidentum, Bündner Monatsblatt 1984, S. 20—26; M. Lichtenthal, Enträtselte Herkunft und Sprache der Räter, Bündner Monatsblatt 1983, S. 79—90.

[29] Heute wissen wir, daß diese hypothetische Erzader durch die Entstehung der Val Nandro aufgeschlossen worden ist; beidseits des Wildwassers (Ava da Nandro) befinden sich nämlich Bronze- und eisenzeitliche Schlackenhalden (Sogn Martegn, Parseiras unterhalb Parnoz, Tigignas Sot, mit Rudnal-ähnlichem Hügel) unmittelbar gegenüber der Siedlung auf dem Padnal.

[30] Da wo die scharlachroten Formationen zusätzlich in Verbindung mit Geländebezeichnungen, wie *furnus,* Schmelzofen, oder *fodina,* Grube, Herd auftreten, wird die vermutete Erzgewinnung zur Gewißheit, wie beispielsweise auch auf Cotschens über Marmorera, wo Höhlen, Schächte und Abraumhalden auf ihre Weise zur Klärung beitragen; in einem Seiten-

chende Abbauhalden. Hinweise auf ursprüngliche Formen der Bewirtschaftung von Alpen und Siedlungsstellen bilden das vermutlich gallische *attegia*, das vorrömische *barica* und das aus *capanna* hergeleitete, in vielen Varianten erscheinende *camanna*, welche alle für Hütte oder Schopf stehen und nur noch als Flurnamen an die einstige Gegenwart des Menschen erinnern. An eine abgegangene Sommersiedlung von Hirten über einem heute kaum mehr begangenen Saumpfad, der das Oberhalbstein über den Paß da Schmorras mit den Talschaften Avers und Schams verbindet, gemahnt nicht nur der Flurname Stavel veder, lateinisch *stabulum vetus* bzw. alte Siedlung, sondern eine ganze Ansammlung noch deutlich erkennbarer Ruinen. Beispiele dieser Art ließen sich unschwer vermehren.

In einem ähnlichen Zusammenhang wie die vorgängig erwähnten Bergbauaktivitäten stehen Depotfunde von Bronzen. Für sie liegen reichhaltige Zeugnisse, besonders aus dem Alpenraum vor: Verwahrfunde von Händlern, in Form von Ansammlungen werkstattfrischer Gegenstände, aber auch Gußkuchen aus Schmelzöfen, Barren und Altstoffware als Ergebnis eigentlicher Produktionsstätten[31]. Bronzegiessereien trifft man vorzugsweise an Kreuzungen bedeutender Handelswege und vor allem an den Toren zu den Alpen. Erinnert sei an die Depotfunde im Raum von Mels SG, wo die Walenseeroute ins Rheintal mündet. Eine gleiche Situation vermittelt Bellinzona, Treffpunkt der Wege über den Gotthard, von wo je eine Verzweigung über den Lukmanier ins Vorderrheintal und über den Nufenen ins Oberwallis führt, sowie San Bernardino, mit dem bekannten frühbronzezeitlichen Händlerfund von Arbedo-Castione[32], oder die Verwahrfunde verschiedenster Gattung in der Gegend des Thunersees[33] mit einer westlichen Abzweigung durch's Simmental, wo ebenfalls eine Ansammlung von Gußbrocken zum Vorschein gekommen ist; nicht zu vergessen auch der Inselberg von St-Triphon[34], am Ausgang des Rhonetals, in der Funktion als Siedlungsort mit Gießereibetrieb und gleichzeitig Handels-

---

tal der Val d'Err, die bei Tinizong vom Tal der Julia abgeht, befindet sich am Osthang der Pizza Grossa der Flurname Furnatschs, zwischen dem Steilhang Cotchna und einem weiteren erzführenden Schuttberg nördlich davon, mit einer Gipfelhöhe über 2800 m; ein Übergang südlich vom Schmorras-Paß heißt Fuorcla Cotschna; ihren Namen hat sie vom Durchblick auf die östlichen Felswände des Piz Grisch, der hier aus rötlichem hochwertigem Hämatit besteht. Diese Gegend ist voll von teils bestimmt auch vorrömischen Flurnamen, die von Ausgraben, Gruben, unterirdischen Gängen, Gießen und Öfen künden. Darüber soll an anderer Stelle berichtet werden.

[31] Vgl. Anm. 6.

[32] R. Ulrich, Die Gräberfelder in der Umgebung von Bellinzona, Kt. Tessin, Zürich 1914; Der Urnenfund von Castione, S. 45—47.

[33] O. Tschumi, Ur- und Frühgeschichte, in: Das Amt Thun, Thun 1943; Urgeschichte des Kantons Bern, Bern/Stuttgart 1953; Chr. Strahm, Ur- und Frühgeschichte der Gemeinde Thun, Thun 1964, S. 1—71; Renzenbühl und Ringoldswil, Die Fundgeschichte zweier frühbronzezeitlicher Komplexe, Jahrbuch des Bernischen Historischen Museums 45/46, 1965/1966, S. 321—371.

[34] G. Kaenel, Ph. Curdy, Hp. Zwahlen, Saint-Triphon, Le Lessus, (Ollon, Vaud), Du néolithique à l'époque Romaine, Cahiers d'archéologie Romande 30, Lausanne 1984. — G. Kaenel, Ollon VD, Saint-Triphon, Le Lessus, in: Le Valais avant l'histoire, Sion 1986, S. 176—183.

platz, wie wiederum mehrere Depotfunde nahelegen. An solchen Brennpunkten vorbei wickelte sich der regionale Güterverkehr, aber auch Fernhandel über das Gebirge hinweg ab[35], faßbar etwa an Grabbeigaben in Form von Muscheln und Schnecken aus dem Mittelmeer[36]. Die Begehung der Pässe wird auch an Weihefunden an die Alpen- und Hirtengottheiten[37] auf Übergängen offensichtlich, wie beispielsweise dem Grimsel, vom Berner Oberland ins Wallis, oder dem Flüela, vom Prättigau, mit Rohstoff-Depotfund von Schiers, ins Unterengadin. Die Bedeutung derartiger Schlüsselstellen für Handel und Verkehr hat sich ebenfalls in Ortsnamen niedergeschlagen, so etwa Chiavenna (clavis/chiave) am Ausgang des Splügenpaßweges. Einen nicht unbedeutenden Aspekt des Güteraustausches bildete der damit verbundene Ideenfluß und das Erwachen des Interesses für andersartige Verhältnisse. So gesehen war der Handel wiederholt Wegbereiter für Kulturströmungen, wenn nicht gar für Völkerverschiebungen und Kolonisationsvorgänge. Letzteres möchte man annehmen für die Ausbreitung der Träger der Laugener Kultur bzw. Melauner Kultur aus dem Trentino in eine kulturell völlig verschieden geartete nordalpine Umgebung[38]. Für die Ausbreitung des westlichen Stromes etschtalaufwärts haben sich Ofen- und Reschenpaß angeboten und im Anschluß ans Engadin Flüela- und Julierpaß, mit deutlichem kulturellem Niederschlag im Oberhalbstein, ferner auf Cresta, bei Cazis, sowie dem Gräplang bei Flums und dem Montlingerberg[39]. Zu den bedeutenden Pässen im östlichen Teil der Alpen gehörte der Julier, mit Zugang von Chur über die Lenzerheide und mehrere Talstufen des Oberhalbsteins auf die Höhe führend sowie

---

[35] M. Primas, Die Bronzefunde vom Montlingerberg (Kanton St. Gallen) — Ein Beitrag zur Frage des prähistorischen Verkehrs, Marburger Studien zur Vor- und Frühgeschichte, Festschrift zum 50jährigen Bestehen des Vorgeschichtlichen Seminars Marburg, Bd. 1, S. 107—122, Gladenbach 1977. — R. Wyss, Kostbare Perlenkette als Zeuge ältesten Fernhandelns in Zürich, Helvetia Archaeologica 45—48, 1981, S. 242—251.

[36] J. Heierli, W. Oechsli, Urgeschichte des Wallis, Mitteilungen der Antiquarischen Gesellschaft Zürich 24, 1896, S. 101—180, besonders S. 122; — Chr. Strahm, Ur- und Frühgeschichte der Gemeinde Thun, a.o. (Anm. 33).

[37] H. Erb, A. Bruckner, E. Meyer, Römische Votivaltäre aus dem Engadin und neue Inschriften aus Chur, Helvetia Antiqua, Festschrift E. Vogt, Zürich 1966, S. 223—232. — R. Wyss, Die Eroberung der Alpen, a.o. (Anm. 7), Kapitel Bedeutung und Aussage der Höhen- und Paßfunde, S. 138 ff.

[38] B. Frei, Urgeschichtliche Räter im Engadin und Rheintal?, Jahrbuch der Schweizerischen Gesellschaft für Ur- und Frühgeschichte 55, 1970, S. 135—139. — M. M. Maggetti, Risultati analisi mineralogiche-petrografiche della ceramica „Luco", Studi Trentini di Scienze Storiche LVIII, 1979, S. 3—19; Mineralogisch-petrographische Untersuchungen an Laugener Keramik — Ein Beitrag zum Keramikimport im alpinen Raum, Archäologisches Korrespondenzblatt 9, 1979, S. 393—400. — L. Stauffer-Isenring, Die Siedlungsreste von Scuol-Munt Baselgia (Unterengadin GR), Ein Beitrag zur inneralpinen Bronze- und Eisenzeit, Antiqua 9, Veröffentlichungen der Schweizerischen Gesellschaft für Ur- und Frühgeschichte, Basel 1983, insbesondere Besiedlung und Entsiedlung, S. 123/124, Handel und Paßverkehr, S. 134—137.

[39] Lit. zu Oberhalbstein vgl. Anm. 4; Cazis Anm. 5; Gräplang: F. Knoll, Burgenforschungskurs auf Gräpplang bei Flums, 1958—1985, Hefte 1—28; Montlingerberg: R. Steinhauser, Der Montlingerberg, ungedruckte Dissertation.

Verbindungen über das Engadin, Ofenpaß und Bernina ins östliche und mit Blick aufs Veltlin mit Tirano teils auch zentrale Oberitalien, — besonders wenn der von Maloja nach Süden über den Murettopaß nach Sondrio führende und erst im vergangenen Jahrhundert durch zollrestriktive Verordnung verödete Saumpfad in Erinnerung gerufen wird, — und einer westlichen Abzweigung bei Bivio über den Septimer[40] hinunter nach Casaccia im Bergell und nach Chiavenna ins zentrale Oberitalien mit Mediolanum im Mittelpunkt. Ein anderer Weg nach Chiavenn führte zunächst über den Julier zu den Engadiner Seen und diesen folgend nach Maloja und schließlich eine steil abfallende Talstufe umgehend, dem Hang entlang hinunter wiederum nach Casaccia. Eine weitere wichtige Verkehrsader bildete der San Bernardino als Verbindung zwischen Chur und Bellinzona durch das Domleschg, mit den äußerst schwierigen Passagen durch die Viamala[41] in die Talschaft des Schams und die anschließende Roflaschlucht, ins Hinterrheintal und auf die Paßhöhe. Die Hindernisse machten zum Teil weiträumige Umgehungen notwendig. Bereits in römischer Zeit führten diese Verhältnisse zur Anlage von Halbgalerien und weiteren Kunstbauten, wie beispielsweise auch entlang der Malojarampe und der Route über den Grossen St. Bernhard. Eingangs des Hinterrheintales eröffnete ein weiterer, gut begehbarer Alpenübergang in südlicher Richtung den direkten Zugang nach dem Schlüsselort Chiavenna und Como. Es ist der durch ein Paßopfer ausgewiesene Monte Splug[42], mit einer Höhe von 2113 m. Eine Variante zu ihm bildet der östliche, aus dem vorderen Averstal, bei Innerferrera abgehende,

[40] H. Conrad, Neue Festestellungen auf dem Septimer, Bündnerisches Monatsblatt 1934, S. 193—205; 1935, S. 366—377; 1938, S. 225—242. — W. Burkart, Archäologische Funde 1946/47 an der römischen Julier/Septimer-Route, Bündner Monatsblatt 1952, S. 89—95. — E. Poeschel, Der Name des Septimerpasses, Bündnerisches Monatsblatt 1946, S. 321—323. — G. A. Stampa, Zur Deutung des Flurnamens Set-Septimer, Bündner Monatsblatt 1954, S. 113—137; septem-septimus/settima/September(!) wird abgelehnt, set,, saeptum (surmeir. seat) in Zusammenhang mit seditare. — A. Planta, Zum Römerweg zwischen Maloja und Sils, Helvetia Archaeologica 37, 1979, S. 42—44; Verschiedene Wege und ein unvollendetes Sträßchen am Septimer, Bündner Monatsblatt 1979, S. 212—228. — Bei den wiederholten Versuchen zur Erklärung des Namens Septimer wird ausnahmslos von der Zahl septem und Abwandlungen hiervon oder sedare ausgegangen, jedoch nie vom Verbum separare, in der Bedeutung von trennen, scheiden, was für unseren Alpenübergang zwischen Nord und Süd nicht ganz so abwegig erscheint.
[41] H. Erb, Th. Schwarz, Die San Bernardinoroute wie Anm. 9. — B. Mani, Der Transitverkehr, in: Heimatbuch Schams, Chur 1958, S. 281—322. — A. Planta, Alte Wege durch Rofla und die Viamala, a.o. (Anm. 9); — ferner F. Braemer, Problèmes de circulation artistique à travers les Alpes, in: Actes du Colloque international sur les cols des Alpes, Bourg-en-Bresse 1969, S. 141—169.
[42] B. Mani, Von der alten Splügen- und Bernhardinstraße, Bündnerisches Monatsblatt 1936, S. 129—160. — Zum Paßopferfund auf dem Splügen: R. Wyss, Die Eroberung der Alpen, a.o. (Anm. 7), Kapitel Höhenfunde, Paß- und Paßwegfunde, S. 132—138. — R. Wyss, Eisenzeitliche Mooropfer aus dem Wauwilermoos, Helvetia Archaeologica 57—60, S. 131—138, insbesondere S. 135. — R. von Planta, Sprachliches und Geschichtliches aus dem Domleschg, Bündnerisches Monatsblatt 1938, S. 161—187, insbesondere S. 163. — R. Jenny, Graubündens Paßstraßen und ihre volkswirtschaftliche Bedeutung in historischer Zeit, mit besonderer Berücksichtigung des Bernhardinpasses, Chur 1963.

heute völlig in Vergessenheit geratene Passo da Niemet. Seit die Cuort viglia (alter Hof) nur noch aus zerfallenem Gemäuer besteht, eignet sich diese Passage vorzüglich für den Warenschmuggel. Sehr bald nach Chur biegt das Vorderrheintal rechtwinklig nach Westen in Richtung auf das Wallis um. Es weist zwei Übergänge von Bedeutung in den Süden auf, deren Benutzung durch archäologische Funde gesichert ist. Sie heißen Greina und Lukmanier. Die heute vom Verkehr weitabliegende und daher in Vergessenheit geratene Verbindung über die Greina bildete in prähistorischer Zeit das Eingangstor für das Vordringen der Träger der mittelbronzezeitlichen Crestaulta-Kultur ins nordalpine Lugnez. Eine ihrer Niederlassungen gründeten sie auf der Crestaulta[43], eine Hügelsiedlung unweit der kupfererzführenden Pizzas Ault und Serenastga. Von Bellinzona kommend, verzweigt sich der Weg beim noch völlig unerforschten, in mancher Beziehung mit Chiavenna vergleichbaren Olivone, in die Lukmanierroute[44] und den Saumpfad über die Greina (2359 m ü.M.), die von Süden her über eine steilabfallende Felsstufe erreicht wird. Auf diesem Weg, der nach Durchquerung des Greina-Hochtales die Überwindung eines weiteren Passes, den Diesrut, notwendig macht, sind auch Bevölkerungsgruppen der südalpinen Kelten aus dem Tessin ins Vorderrheintal vorgestoßen[45].

Westlich vom Lukmanier verbindet der Gotthard[46] die Zentralschweiz mit dem Tessin, und weitere Alpendurchgänge aus dem anschließenden Berner

---

[43] W. Burkart, Crestaulta, eine bronzezeitliche Höhensiedlung bei Surin im Lugnez, Monographien zur Ur- und Frühgeschichte der Schweiz 5, Basel 1946.

[44] C. Buholzer, Der Lukmanier als Verkehrsweg in alter und neuer Zeit, Bündnerisches Monatsblatt 1934, S. 273—283; besonderer Erwähnung bedarf die Freilegung eines vorzüglich erhaltenen Pilums auf dem Paßübergang anläßlich des Straßenbaus von 1876 sowie verschiedener römischer Münzen entlang des Weges auf der Alpensüdseite. — P. I. Müller, Der Lukmanier als Disentiser Klosterpaß im 12./13. Jahrhundert, Bündnerisches Monatsblatt 1934, S. 1—17, 33—54, 65—92. — B. Overbeck, Geschichte des Alpenrheintales in römischer Zeit auf Grund der archäologischen Zeugnisse, Münchner Beiträge zur Vor- und Frühgeschichte 21, 1973. — W. Schnyder, Handel und Verkehr über die Bündner Pässe im Mittelalter, Bd. 1/2, Zürich 1973.

[45] Erinnert sei an die Lugnezer Grabfunde mit Maskenfibel, vgl. A. C. Zürcher, Urgeschichtliche Fundstellen Graubündens, S. 30; ferner an das Gräberfeld Darvella bei Trun mit ausgeprägter südalpiner Komponente im Trachtbereich, vgl. A. Tanner, Die Latènegräber der nordalpinen Schweiz, Heft 4/1, Kantone Graubünden und St. Gallen, Seminar für Urgeschichte, Bern 1979. In den gleichen Zusammenhang ist die Inschrift von Raschlinas am Heinzenberg zu stellen, dazu Chr. Simonett, Stele aus Lumbrein GR, Sietschen, Jahrbuch der Schweizerischen Gesellschaft für Urgeschichte 50, 1963, S. 72; Inschrift von Präz am Heinzenberg, Raschlegnas; Die nordetruskische Inschrift von Raschlinas bei Präz (Fundbericht und Deutung), Bündner Monatsblatt 1959, S. 1—7; E. Risch, Die Räter als sprachliches Problem, in: Der heutige Stand der Räterforschung in geschichtlicher, sprachlicher und archäologischer Sicht, Schriftenreihe des Rätischen Museums Chur 10, Basel 1971, S. 12—19. — P. I. Müller, Zum mittelalterlichen Lukmanierweg, Bündner Monatsblatt 1984, S. 155—161.

[46] H. P. Nething, Der Gotthard, Thun 1976. — A. Wyss-Niederer, Sankt Gotthard, Via Helvetica, Lausanne 1979. — R. Wyss, Der Schatzfund von Erstfeld, wie Anm. 6.

Oberland bilden Grimsel[47] und Gemmi[48]. Diese Pässe jedoch führen, entsprechend den Pässen Flüela, Albula und Julier ins Engadin, zunächst ins Tal der oberen Rhone und von da an weiter durch das fundträchtige Binntal[49] über den Albrun (2409 m) ins Val d'Ossola, in das auch der bekanntere, von Brig ausgehende Übergang über den Simplon[50] mündet. Neben diesen beiden Verbindungen aus dem Oberwallis in die obere Po-Ebene ist als dritte und wohl bedeutendste westliche Alpentransversale in den Süden der Große St. Bernhard zu erwähnen, von dem noch die Rede sein wird. Neben diesen erstrangigen Nord-Südverbindungen existierten zahlreiche Saumpfade von nicht zu unterschätzender Bedeutung für den lokalen Güteraustausch. Nur für einige wenige von diesen ist die Begehung durch Funde nachweisbar, so etwa das Schlappiner Joch[51] oder den Tomülpaß[52]. Auf ihnen sind, wie auf einer ganzen Reihe der schon aufgezählten Hauptübergänge, Weihegaben von Waffen zum Vorschein gekommen. Es ist daher naheliegend, auch für weitere Joche,

---

[47] Der Grimsel ist nach Ausweis der Paß- und Paßwegfunde mit Sicherheit in ur- und frühgeschichtlicher Zeit begangen worden. Auf seine Bedeutung für den Fernhandel in Verbindung mit dem Simplon hat hauptsächlich O. T s c h u m i aufmerksam gemacht, bei der Behandlung des römischen Tempelbezirkes von Allmendingen bei Thun und des darin gefundenen Altars mit Weihe-Inschrift an die Alpgottheiten, vgl. O. T s c h u m i, Ur- und Frühgeschichte, in: Das Amt Thun, wie Anm. 18, S. 154 ff. — Thun hat eine mit Bellinzona vergleichbare Lage und bildet den Ausgangspunkt für folgende Passagen: Brünig und Susten — Gotthard in östlicher Richtung, Grimsel und via Kandertal-Lötschenpaß und Gemmi sowie via Simmental bzw. Rawilpaß ins südliche Quertal des Wallis und schließlich ebenfalls durch das Simmental gegen Westen über Jaunpaß, Saanenmöser, Pillon und Col des Mosses in die Westschweiz und das untere Wallis. — Drei Maskenfibeln aus Gräbern von Niederwichtrach haben ihren Weg in die Regio Lindensis, das heißt in die sumpfigen Aare-Niederungen der Region von Thun, aus der Gegend von Bellinzona über Simplon und Grimsel gefunden; O. T s c h u m i, Urgeschichte des Kantons Bern, Bern/Stuttgart 1953, Abb. 66, S. 114; auf dem gleichen Weg dürfte auch eine Silberdrachme Alexanders des Großen nach Meiringen gelangt sein, vgl. O. T s c h u m i, S. 287; eine gleichartige Maskenfibel aus Manching macht deutlich, daß neben der Fernhandelshypothese auch andere Erwägungen in Betracht gezogen werden müssen, vgl. W. K r ä m e r, Fremder Frauenschmuck aus Manching, Germania 39, 1961, S. 305—322. — K. A e r n i, Gemmi — Lötschen — Grimsel, Beiträge zur bernischen Paßgeschichte, Jahrbuch der Geographischen Gesellschaft Bern 51, 1973/74, S. 23—61.
[48] J. H e i e r l i, W. Ö c h s l i, Urgeschichte des Wallis, Mitteilungen der Antiquarischen Gesellschaft Zürich 24, 1896, S. 101—180, insbesondere S. 113. — O. T s c h u m i, Ur- und Frühgeschichte, in: Das Frutigbuch, wie Anm. 8 S. 173 ff. — W. L a u s b e r g, Die Gemmi, Geschichte eines Alpenübergangs, Hamburg 1975. — K. A e r n i, Die Entwicklung des Gemmipaßes, Ergebnisse aus der Erforschung von Gelände und historischen Quellen, Schweizerische Zeitschrift für Geschichte 29, 1979, S. 53—83.
[49] G. G r a e s e r, Aus der Ur- und Frühgeschichte des Kantons Wallis, Naters 1967.
[50] P. B u m a n n, Der Verkehr am Simplon. Ein Beitrag zur verkehrsgeographischen Entwicklung und Bedeutung der Alpentransversen, gezeigt am Beispiel des Simplons, Visp 1974. — P. A r n o l d, Simplon, Die vier Straßen, Brig 1975.
[51] F. H e w, Silvapina, Geschichtliches und anderes vom Schlappinerjoch und Schlappinertal, Bündnerisches Monatsblatt 1931, S. 129—142 und 171—182.
[52] R. W y s s, Die Eroberung der Alpen, a.o. (Anm. 7).

etwa von Nordbünden ins Bergell[53] und weiter nach Chiavenna oder vom Berner Oberland ins Wallis lokalen Paßverkehr anzunehmen. Für die Beurteilung des Durchgangsverkehrs während der Eisenzeit sind keine grundlegend neuen Elemente anzuführen, außer der von der ausgehenden Hallstattzeit an wirksam werdenden Benutzung der Gebirgsübergänge durch Kriegerscharen für Eroberungs- und Plünderzüge nach Italien sowie nach Zerstörung der boiischen Herrschaft über Oberitalien, besonders Einfälle in die am Südalpenfuß von den Römern gegründeten Städte. Damit im Zusammenhang dürften keltisch-rätische Weihefunde von Waffen auf Alpenübergängen[54] stehen und ebenso Schatzfunde von Imitationen massaliothischer Silberdrachmen. Ein solcher ist in Burvagn im Oberhalbstein an der Julierroute zum Vorschein gekommen[55]. Sehr viel seltener begegnet man jetzt sowohl im Mittelland als auch im Alpengebiet eisenzeitlichen Depotfunden. Aus letzterem sind lediglich drei am Handelsweg über den Gotthard gelegene Fundpunkte zu verzeichnen: das eine Vielzahl von bruchstückhaft überlieferten Altsachen umfassende Händlerversteck von Arbedo-Castione[56], nicht zu verwechseln mit dem frühbronzezeitlichen Depotfund, der Goldschatz von Erstfeld[57] und eine dem Wauwilermoorfund ähnliche Ansammlung von Handwerksgerät aus Altdorf[58] im Reusstal. Die übrigen eisenzeitlichen Verwahrfunde setzen sich — abgesehen von Münzhorten — ausschließlich aus Eisenbarrenfunden[59] zusammen und kommen außerdem fast nur entlang von Gewässern zum Vorschein. Sie sind daher als Hinweise für Fluß-Schiffahrt und überdies für Flußübergänge zu werten, ohne hier auf die Natur dieses „ferrum grave" einzutreten[60]. Ein solcher Barren typisch latènezeitlicher Machart ist wie erwähnt auch auf dem Monte Splug, dem direkten Verbindungsweg von Chur nach Chiavenna, aufgedeckt worden. Für den eisenzeitlichen Güterverkehr

---

[53] Das betrifft die drei hochgelegenen Übergänge Bergalgapaß (und dazu den Paß da la Duana) mit 2790 m sowie Paß dal Märc mit 2738 m aus dem Hinterrhein -Avers-Bergalgatal ins Val Bregaglia (Bergell) und den Paß da la Prasgnola, mit seiner „endlos scheinenden Himmelstreppe", mit 2724 m, aus der Val Madris (Madrisa, Name einer uralten Fruchtbarkeitsgöttin, macht prähistorische Besiedlung wahrscheinlich!), einem Seitental des Avers nach Soglio im Bergell und Chiavenna. Letzterer war für die wirtschaftliche Ausrichtung der Talbewohner und die historischen Ereignisse (Viehraub und Fehden) von einiger Bedeutung. — G. Conrad, Von der Fehde Chur-Como und den Friedensschlüssen zwischen den Schamsern und Cläfnern in den Jahren 1219 und 1428, Bündner Monatsblatt 1955, S. 1—21, 43—59, 126—150 (Viehraub!).
[54] R. Wyss, Archäologische Zeugnisse der Gaesaten, Zeitschrift für Schweizerische Archäologie und Kunstgeschichte 38, 1981, S. 227—238.
[55] J. Bill, Der Depotfund von Cunter/Burvagn, a.o. (Anm. 6).
[56] M. Primas, Zum eisenzeitlichen Depotfund von Arbedo (Kt. Tessin), Germania 50, 1972, S. 76—93.
[57] R. Wyss, Der Schatzfund von Erstfeld, a.o. (Anm. 6).
[58] E. Scherer, Die vorgeschichtlichen und frühgermanischen Altertümer der Ur-Schweiz, Mitteilungen der Antiquarischen Gesellschaft Zürich 27, 1916, S. 189—276; S. 212. — J. Speck, Ein latènezeitliches Eisengerätdepot von Altdorf, Der Geschichtsfreund 139, 1986, S.5—22.
[59] H.-M. von Kaenel, Ein Depotfund von 16 doppelpyramidenförmigen Eisenbarren in Schwadernau BE, Archäologie der Schweiz 4, 1981, S. 15—21.
[60] R. Wyss, Eisenzeitliche Mooropfer, a.o. (Anm. 42), S. 135 f.

über die Alpen muß die Frage nach dem Vorhandensein von Säumer- und Transportorganisationen in Verbindung mit Warenzöllen gestellt werden, wenn sich vorerst auch keine direkten Beweise erbringen lassen[61]. Pferd und Säumersattel als Voraussetzungen dazu waren jedenfalls bekannt, und der aus den Grabausstattungen der Nekropolen um Bellinzona ersichtliche, kaum agrarwirtschaftlich begründete Reichtum spricht ebenfalls dafür, vor allem unter Berücksichtigung von Kriegergräbern mit Helmausstattung, die auf Führerpersönlichkeiten hinweisen. Ob der Niederschlag südalpiner Trachtbestandteile im Vorderrheintal und der Region von Thun als Zeichen von Bevölkerungsfluktuationen oder Handel zu werten ist, ist gegenwärtig nur schwer zu beantworten. Die Bündner Funde lassen eher an kulturelle und bevölkerungsmäßige Beeinflussung denken, die Maskenfibeln dieser Art (von Niederwichtrach) aus dem Raum zwischen Münsingen und Thun sowie die massiven Silberarmspangen aus dem Wallis dagegen an Güteraustausch. Jedenfalls sprechen sie für eine Benutzung der Pässe über die Greina und Lukmanier ins Vorderrheintal sowie Simplon und Albrun ins Wallis und Grimsel und Gemmi schließlich ins Berner Oberland. Sichtbare Zeichen für intensivierte Handelsbeziehungen mit dem Süden bilden jetzt ebenso Importgüter, wie Koralle, bronzene Prunkgefäße aus Süditalien, in der Art der Hydria aus Grächwil und bemalte griechische Keramik, die besonders für Fürsten hallstattzeitlicher Adelssitze bestimmt waren, wie neuere Funde von Châtillon-sur-Glâne im Kanton Freiburg oder vom Uetliberg bei Zürich nahelegen[62]. Anhand eines kleinen Blechfragmentes eines Situlendeckels aus Schuls[63] läßt sich der lange Weg aus der Gegend von Venedig ins Engadin nachzeichnen und ähnliches gilt für die in Grabhügeln des Rheinlandes gefundenen Situlen und Weinkannen aus Bronzeblech tessinischer Herkunft[64]. Einen fernen Gruß aus Karthago,

---

[61] R. Jenny, Graubündens Paßtransit und seine volkswirtschaftliche Bedeutung, Bündner Monatsblatt 1954, S. 326—343. — F. Maissen, Eine Portenordnung vom Jahre 1671, Bündner Monatsblatt 1960, S. 193—197. — P. Caroni, Zur Bedeutung des Warentransportes für die Bevölkerung der Paßgebiete, Schweizerische Zeitschrift für Geschichte 29, 1979, S. 84—100.

[62] W. Kimmig, Frühe Kelten in der Schweiz im Spiegel der Ausgrabungen auf dem Uetliberg, Stiftung für die Erforschung des Uetlibergs, Zürich 1983; Die griechische Kolonisation im westlichen Mittelmeergebiet und ihre Wirkung auf die Landschaften des westlichen Mitteleuropa, Jahrbuch des Röm.-Germ. Zentralmuseums Mainz 30, 1983, S. 5—78. — W. Drack, Der frühlatènezeitliche Fürstengrabhügel auf dem Uetliberg, Zeitschrift für Schweizerische Archäologie und Kunstgeschichte 38, 1981, S. 1—28. — H. Schwab, Châtillon-sur-Glâne, Germania 61, 1983, S. 405—458. — W. Drack, Die archäologischen Untersuchungen auf dem Uetliberg in den Jahren 1979—1984, Stiftung für die Erforschung des Uetlibergs, Zürich 1988.

[63] B. Frei, Urgeschichtliche Räter, im Engadin und Rheintal, a.o. (Anm. 38), S. 135—139, Tafel 10.

[64] W. Kimmig, Bronzesitulen aus dem Rheinischen Gebirge, Hunsrück-Eifel-Westerwald, 43.-44. Bericht der Röm.-Germ. Kommission, 1962/1963, S. 31—106. — P. Jacobsthal, A. Langsdorff, Die Bronzeschnabelkannen, Ein Beitrag zur Geschichte des vorrömischen Imports nördlich der Alpen, Berlin 1929. — O.-H. Frey, Die Zeitstellung des Fürstengrabes von Hatten im Elsaß, Germania 35, 1957, S. 229—249. — B. Bouloumié, Situles de bronze trouvées en Gaule (VIIe-IVe siècles av. J.-C.), Gallia 35, 1977, S. 3—38; Les oenochoés en bronze de type Schnabelkanne en France et en Belgique, Gallia 31, 1973, S. 1—35.

dem Reich Hannibals, vergegenwärtigen zwei punische Masken aus Glas, aus einem latènezeitlichen Grab von St-Sulpice[65] am Genfersee, um nur einige wenige Beispiele für mediterranen Fernhandel aufzuführen, für welchen gleicherweise die in Gräbern der südlichen Alpentäler in überreichem Maße vorkommenden kostbaren Perlen und ganze Ketten aus Bernstein nordischer und adriatischer Herkunft Zeugnis ablegen.

Gestützt auf historische Quellen werden bis gegen 30 Kilogramm Traglast pro Mann veranschlagt; Güterbewegungen auf Saumtieren dürften daher sicher angestrebt worden sein und sind in der Viamala auch nachweisbar durch römerzeitlich eingemeißelte Halbgalerien[66] mit entsprechendem Profilverlauf. Angesichts solch schwieriger Passagen dürfte Strabo den folgenden Text verfaßt haben: „Nicht überall nämlich ist es möglich, durch Felsen und ungeheure Bergwände hindurch die Natur zu überwinden, die den Weg teils überragen, teils unter ihm abfallen, so daß der geringste Fehltritt die unvermeidliche Gefahr heraufbeschwört, in bodenlose Abgründe hinabzustürzen. Denn der Weg ist dort bisweilen so schmal, daß er den Fußgängern selbst und den damit unvertrauten Saumtieren Schwindel verursacht; die einheimischen Tiere dagegen tragen die Lasten sicher. Weder vor dem nun gibt es einen Schutz noch vor den ungeheuren von oben sich herabwälzenden Eismassen, die eine ganze Reisegesellschaft wegzureißen und in die abfallenden Schluchten zu stürzen vermögen...“[67]. Hinweise antiker Schriftsteller auf die Verwendung von Saumtieren für den Warentransport erfahren eine sprechende Ergänzung durch ein auf dem Großen St. Bernhard gefundenes Ex Voto mit Darstellung eines Lasttieres[68].

Was die Möglichkeiten des Warentransportes betrifft, bestanden für die Bronze- und die Eisenzeit — Fahrwege angenommen — grundsätzlich Voraussetzungen. Neben Vollscheibenrädern mit Nabenwulst sind für die späte Bronzezeit bereits Speichenräder (Cortaillod), teils mit bronzenen Naben, nachgewiesen[69]. Aus der älteren Eisenzeit kennt man ausschließlich Wagenbestandteile aus Gräbern, vor allem eiserne Radreifen zwei- und vierrädriger Gefährte sowie Beschläge aus Bronze, die einstweilen aber keine eindeutige Zweckbestimmung als Reise-, Kult- oder Rennwagen haben erkennen lassen. Das einzige vollständig erhaltene, wohl zu einem Transportwagen gehörige Speichenrad stammt aus dem Massenfund von La Tène, am Ausfluß des

---

[65] Th. E. Haevernick, Funde aus fernen Ländern, Helvetia Archaeologica 38, 1979, S. 50—57. — F. J. Keller, Seltener Schmuck aus den Keltengräbern von Saint-Sulpice, Jahrbuch der Schweizerischen Gesellschaft für Urgeschichte 52, 1965, S. 40—57. — R. Pittioni, Rheinheim und St-Sulpice: Zeugnisse aus der Zeit der frühen Keltenwanderung, Helvetia Archaeologica 54, 1983, S. 39—53.

[66] A. Planta, Alte Wege, a.o. (Anm. 9), Abb. 24a/b und Abb. 47.

[67] Strabo, Geographica, Buch 4, 6; vgl. E. Howald, E. Meyer, Die römische Schweiz, Zürich 1940, S. 48—51.

[68] R. Degen, Der Große St. Bernhard in alten Beschreibungen und Berichten, Helvetia Archaeologica 37, 1979, S. 31—41.

[69] H.-J. Hundt, D. Ankner, Die Bronzeräder von Hassloch, Mitteilungen des Historischen Vereins der Pfalz 67, 1969, S. 14—34.

Neuenburgersees, von wo auch ein Ochsenjoch überliefert ist[70]. Wesentlich zierlicher nehmen sich zwei mittelbronzezeitliche Stirnjoche aus Fiavè und Lavagnone[71] (Trentino, Oberitalien) aus, wie sie bereits damals gleicherweise im nordalpinen Raum vorgekommen sein müssen und praktisch in unveränderter Form bis zum Ende des zweiten Weltkrieges im hinterrheinischen Schams und am Heinzenberg benutzt worden sind.

Mit der römischen Herrschaft haben die Alpenpässe teilweise eine andere Wertung erfahren[72], wobei in erster Linie strategische Gesichtspunkte bestimmend waren. Auch begegnet man einer veränderten, wesentlich aussagekräftigeren Quellenlage, insofern als schriftliche Zeugnisse, wie Meilensteine (*milia passuum* bzw. 1000 Schritte), ferner Inschriften aller Art, Weg- und Zollstationen und dem Verkehr dienende Bauwerke[73], etwa Herbergen, und sogar Straßenkarten hinzukommen, so das Itinerarium Antonini und die Tabula Peutingeriana, beides Vermächtnisse des Altertums von unschätzbarem Wert für die Erforschung des Siedlungs- und Verkehrswesens. Als sprechendes Beispiel sei die noch heute in situ vorhandene Ehrenbezeugung über der Pierre Pertuis, im Berner Jura, in Erinnerung gerufen, abgeleitet aus *petra pertusa*, zu deutsch durchschlagener Stein.

Helvetien lag im Grenzbereich zweier Streckenmaßsysteme, demjenigen der römischen Meile mit 1,48 km und der gallischen Leuga mit 2,22 km Länge, die im gallisch-helvetischen und teils auch germanischen Gebiet weiterhin Gültigkeit besaß; daraus resultieren gelegentlich unterschiedliche Distanzangaben. In der Strategie Roms kam der Route über den Großen St. Bernhard Vorrang zu. Ihm galt auch der erste, unter Geheiß Caesars unternommene Eroberungsversuch durch Galba, im Jahre 57 v. Chr., angeblich um die Alpenpässe offenzuhalten, welche die Kaufleute nur unter großer Gefahr und Abgabe schwerer Zölle passieren konnten[74]. Der Große St. Bernhard eröffnete von Italien her, durch das Aosta-Tal und über den Summus Poeninus mit Hospiz (mansio) und Octodurus, den direkten Zugang nach der Hauptstadt Aventicum und über die helvetische Hauptverkehrsader nach Augusta Raurica und schließlich nach Obergermanien und in die untere Rheinprovinz. Der *mons poeninus* war, nach neuerer Auffassung nicht befahrbar; es sind mehrere Wegstücke und sogar in

[70] P. V o u g a , La Tène, Leipzig 1923; Fig. 9, S. 91 und Tafel 35.

[71] R. P e r i n i , Der frühbronzezeitliche Pflug von Lavagnone, vgl. Anm. 12.

[72] F. S t a e h e l i n , Die Schweiz in römischer Zeit, wie Anm. 22.

[73] G. W a l s e r , Römische Inschriften in der Schweiz, I. Teil: Westschweiz, Bern 1979; II. Teil: Norwest- und Nordschweiz, Bern 1980; III. Teil: Wallis, Tessin, Graubünden, Meilensteine aus der ganzen Schweiz, Bern 1980; Martigny als römische Straßenstation, Helvetia Archaeologica 39/40, 1979, S. 141—156. — H. B e n d e r , Drei römische Straßenstationen in der Schweiz: Großer St. Bernhard — Augst — Windisch, Helvetia Archaeologica 37, 1979, S. 2—14; dazu vgl. die Betrachtung zur Verkehrsabwicklung von F. M a i s s e n (Anm. 61).

[74] F. S t a e h e l i n , Die Schweiz in römischer Zeit, wie Anm. 22 und 71, S. 103 ff. — R. F r e i - S t o l b a , Die römische Schweiz: Ausgewählte staats- und verwaltungsrechtliche Probleme im Frühprinzipat, in: Aufstieg und Niedergang der römischen Welt, Geschichte und Kultur Roms im Spiegel der neueren Forschung II, Band 5/1, Berlin/New York 1976; Kapitel 4, Augustus und die Eroberung des gesamten schweizerischen Gebietes, S. 350—354.

den Fels gehauene Treppenstufen erhalten geblieben[75]. Seine Bedeutung ist besonders aus den zahlreichen Votivinschriften und anderen Weihegaben aus dem Paßheiligtum zu ermessen[76], bei welchem sich auch eine *mansio*, also eine Herberge gefunden hatte. Die Sitte des Paßopfers knüpft auch hier an eisenzeitliche Tradition an.

Für den Warenverkehr war das Julier-Maloja-Septimer-Paßsystem wahrscheinlich von noch größerer Wichtigkeit, weil es befahrbar war, wie Geleise mit einem inneren Radabstand von 107 cm, entsprechend denen über einige Jurahöhenzüge, in vielen Abschnitten des ganzen Verkehrsdreiecks deutlich machen. Auch auf dem Julier, auf 2387 m, befand sich ein Paßheiligtum für die Darbringung von Opfern[77]. Daran erinnern Säulenreste und eine den Alpgottheiten geweihte Inschrift (A[LPIBUS/EX STIPE]// R[EGIO/JULIA?]) ähnlichen Inhalts wie die auf einem Altar des Tempelbezirkes in der Regio Lindensis, d.h. der sumpfigen Niederung bei Thun, Almendingen, der ebenfalls im Zusammenhang mit dem Durchgangsverkehr über den Grimsel gesehen werden muß. Der Weg von Curia über den Julier führte nach Angaben des Itinerars an Tinnetio, dem heutigen Tinizong, in der Talschaft von Savognin, vorbei, wo eine Straßenstation vermutet wird[78]. Castelmur, das antike Murus im Bergell, unweit Chiavenna, bildete nach derselben Quelle den nächsten Etappenort nach Comum und Mediolanum. Entsprechenden Wegspuren begegnet man wiederum verschiedenenorts; so vor allem den untrüglich römischen Karrengeleisen, die hangseitig zwischen Maloja und Casaccia zur Überwindung einer über 250 m abfallenden Talstufe durch Bremswirkung der Räder in den Fels eingeschliffen worden sind[79].

Unterhalb von Chur verzweigte sich die Alpentransversale. Die eine Linie führte über Brigantium nach Augsburg und die andere dem Walensee entlang über Turicum/Zürich und Vindonissa/Windisch ins Mittelland. Für Zürich ist

---

[75] A. Planta, Zum römischen Weg über den Grossen St. Bernhard, Helvetia Archaeologica 37, 1979, S. 15—30.

[76] R. Degen, Römische Standartenfragmente vom Summus Poenninus, Zeitschrift für Schweizerische Archäologie und Kunstgeschichte 38, 1981, S. 244—259.

[77] H. Conrad, Schriften zur urgeschichtlichen und römischen Besiedlung des Engadins, mit einem Beitrag von S. Nauli, Pontresina 1981. — F.E. Koenig, wie Anm. 21.

[78] In nur 4 km Entfernung von Tinizong/Tinzen befindet sich der als *mutatio* interpretierte Gebäudekomplex von Riom/Reams; diese Unstimmigkeit bedarf noch einer Klärung; J. Rageth, Die römische Mutatio von Riom, in: Die Römer in Graubünden, Terra Grischuna, Separatdruck 1985, S. 14—18. — H. Bender, Römische Straßen und Straßenstationen, Kleine Schriften zur Kenntnis der römischen Besetzungsgeschichte Südwestdeutschlands 13, Stuttgart 1975. — Dies umsomehr als der alte Name von Bivio (in 15 km Entfernung talaufwärts von der mansio[?] in Tinizong), Stalla bzw. *stabulum biuium,* ebenfalls auf einen an einem Scheideweg (bis) gelegenen Rastplatz mit Unterkunft hinweist. Unter stabulum verstanden die Römer ein ländliches Gasthaus mit Hof für Fahrzeuge und Stallung; dazu vgl. L. Casson, Reisen in der Alten Welt, München 1976, Kapitel Rasthäuser und Restaurants, S. 228 ff. — J. Rageth, Römische Verkehrswege und ländliche Siedlungen in Graubünden, Jahrbuch 1986 der Historisch-antiquarischen Gesellschaft von Graubünden, Bd. 116, S. 45—108.

[79] H. Helbling, Die Römerstraße im Oberengadin, Helvetia Archaeologica 27/28, 1976, S. 108—111. — A. Planta, La via romana sur il Malögia e Güglia, Radioscola 24, Cuera 1978, S. 3—14. — A. Planta, Zum Römerweg zwischen Maloja und Sils, Helvetia Archaeologica 37, 1979, S. 42—45.

über einen Grabstein für den Sohn eines Zöllners, u.a. eine Zollstation ausgewiesen[80]. Die Institution des Zolles, der Brücken- und Wegabgaben ist aber
bestimmt älteren Ursprunges und dürfte ganz besonders im Gebirge mit stellenweise unumgänglichen Kunstbauten eine nicht unbedeutende Rolle gespielt
haben.

Die Überquerung der Alpen in ihrem Urzustand bildete auch angesichts
unvermittelt einsetzender Wetterstürze, schwerer Gewitter mit rasch nachfolgenden Schneefällen und undurchdringlichen, die ganze Landschaft verhüllen-
den Nebeln ein Wagnis und bedeutete Anstrengung, Mühsal und
Lebensgefahr[81]. Daraus erklären sich die allgegenwärtigen Alpenopfer sowie
die den Alpen- und Hirtengottheiten geweihten Inschriften und Altäre[82]. Ehr-
furcht und tiefe Ergriffenheit vor den Mächten der Natur erklingt auch aus
den spärlich überlieferten Texten antiker Geschichtsschreiber und Poeten mit
Bezug auf die Alpen. Dazu abschließend eine treffende Schilderung von
Ammianus Marcellinus: „Wenn man von Gallien kommt, findet man (den
Berg) zwar in sanfter Neigung sich senkend, auf der anderen Seite aber ist er
durch den Anblick der herabhängenden Felsen furchtbar anzuschauen, besonders im Frühjahr. Wenn der Frost nachläßt und der Schnee bei wärmer werdenden Winden schmilzt, rutschen die Menschen und die Zugtiere, welche durch
die auf beiden Seiten steil abfallenden Schluchten und die unter Schneehaufen
verborgenen Abgründe hinuntersteigen, aus, da ihre Sohlen keinen Halt finden, und ebenso die Wagen. Das einzige Hilfsmittel zur Vermeidung des Todes
besteht darin, daß man die meisten Wagen mit großen Seilen befestigt und
Männer oder Ochsen mit gewaltiger Kraft hinten bremsen, und so alle zwar
verlangsamten Schrittes, aber mit etwas mehr Sicherheit hinabgelassen werden. Und so ist es, wie wir gesagt haben, im Frühling.

Im Winter aber bringt der mit einer Eisschicht bedeckte Boden, der gleichsam
geglättet und darum schlüpfrig ist, den Schritt ins Gleiten und Abrutschen, und
die sich öffnenden Abgründe, die mit gerader Oberfläche durch eine Eisdecke
verborgen sind, verschlingen nicht selten die Wanderer. Deshalb schlagen die
Ortskundigen an weniger gefährdeten Stellen herausragende Holzstangen ein,
damit ihre Reihe den Wanderer ohne Schaden führe; wenn aber diese vom
Schnee bedeckt unsichtbar sind, nachdem sie von herabstürzenden Berg-
bächen umgerissen worden waren, so kann man nur unter Führung eines Berg-
lers und dann noch mit großer Schwierigkeit auf den Wegen gehen."[83]

---

[80] E. Meyer, Zürich in römischer Zeit, in: E. Vogt, E. Meyer, H.C. Peyer, Zürich
von der Urzeit zum Mittelalter, Zürich 1971, S. 123 ff. — J.E. Schneider, Turicum, Zürich
in römischer Zeit, in: W.-U. Guyan, J.E. Schneider, A. Zürcher, Turicum-Vitudurum-
Iuliomagus, Drei Vici in der Ostschweiz, Festschrift O. Coninx, Zürich 1985.

[81] Vgl. S. Margadant, Graubünden im Spiegel der Reiseberichte und der landeskund-
lichen Literatur des 16.-18. Jahrhunderts, Zürich 1978; Kapitel II, 3. Die Pässe, S. 77—90.

[82] G.B. Pellegrini, C. Sebesta, Nuove iscrizioni preromane da Serso (Pèrgine), Ren-
diconti 2, 1964, S. 29—71. — H. Erb, A. Bruckner, E. Meyer, Römische Votivaltäre,
a.o. (Anm. 37). — R. Wyss, Die Eroberung der Alpen, a.o. (Anm. 7), S. 140. — L. Brunner, Das rätische Heidentum, Bündner Monatsblatt 1984, S. 20—26.

[83] E. Howald, E. Meyer, Die römische Schweiz, Texte und Inschriften mit Übersetzungen, Zürich 1940, S. 145—147.

Karte mit Eintragung der wichtigsten, im Text erwähnten Alpenübergänge sowie Schlüsselstationen am Eingang von Alpentälern und (zum Teil mutmaßlicher) Etappenorte.

1   Schlappiner Joch, 2202 m ü.M.
2   Flüela(paß), 2383 m ü.M.)
3   Paß d'Alvra/Albula(paß), 2312 m ü.M.
4   Paß dal Güglia/Julier(paß), 2284 m ü.M.
5   Paß da Set/Septimer(paß), 2310 m ü.M.
6   Maloja, 1805 m ü.M.
7   Passo Muretto, 2565 m ü.M.
8   Passo del Bernina/Bernina(paß), 2328 m ü.M.
9   Paß dal Fuorn/Ofenpaß, 2149 m ü.M.
10   Paß Umbrail, 2501 m ü.M.
11   Passo di Rèsia/Reschen(paß), 1507 m ü.M.
12   Paß da Schmorras/Schmorras(paß), 2564 m ü.M.
13   Prasgnola, 2724 m ü.M. / Bergalga-Duana 2790 m ü.M. und 2694 m ü.M.
14   Passo dello Spluga/Splügen(paß), 2113 m ü.M.; Paß da Niemet, 2294 m ü.M.
15   Passo del San Bernardino/Bernhardin(paß), 2065 m ü.M.
16   Diesrut, 2428 m ü.M.
17   Passo della Greina/Pass Crap/Greina, 2362 m ü.M.
18   Cuolm Lucmagn/Lucomagno/Lukmanier(paß), 1916 m ü.M.
19   Brünig(paß), 1011 m ü.M.
20   Susten(paß), 2304 m ü.M.
21   Grimsel(paß), 2165 m ü.M.
22   Furka(paß), 2431 m ü.M.
23   Oberalp(paß), 2044 m ü.M.
24   Passo del San Gottardo/Gotthard(paß), 2108 m ü.M.
25   Nufenen(paß)/Passo della Novena, 2443 m ü.M.
26   Albrun(paß), 2409 m ü.M.
27   Simplon(paß), 2006 m ü.M.
28   Lötschenpaß, 2690 m ü.M.
29   Gemmi(paß), 2324 m ü.M.
30   Rawil(paß), 2455 m ü.M.
31   Col-du-Sanetsch ou de-Sénin/Sanetsch(paß), 2251 m ü.M.
32   Col-du-Pillon, 1549 m ü.M.
33   Col-des-Mosses, 1445 m ü.M.
34   Grosser Sankt Bernhard/Grand-Saint-Bernard, 2469 m ü.M.

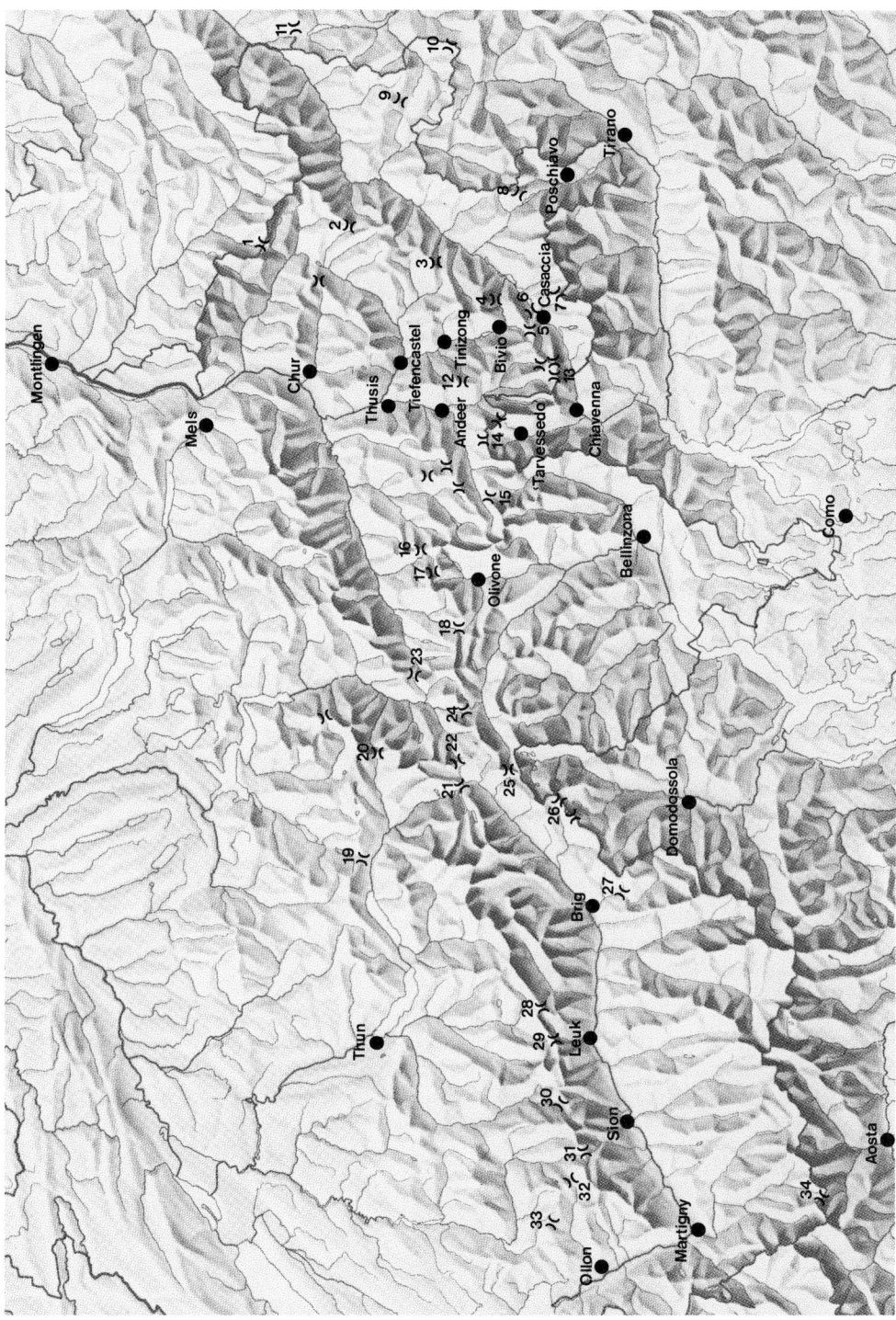

WALTER JANSSEN

Reiten und Fahren in der Merowingerzeit

Inhaltsübersicht

1. Fragestellung

Noch vor einem Jahrzehnt hätte sich die Behandlung des Themas „Reiten und Fahren in der Merowingerzeit" beträchtlichen Schwierigkeiten gegenübergesehen. Die Aussagen der schriftlichen Überlieferung müssen als spärlich bezeichnet werden. Diese Situation hat sich auch gegenwärtig kaum verändert, so daß kaum etwas anderes übrig bleibt, als das vorhandene Quellenmaterial neu zum Thema zu befragen.

Ein wenig günstiger gestaltet sich die archäologische Forschungssituation, weil es der frühgeschichtlichen Archäologie gelungen ist, einige neue Befunde und Funde zu sichern, die für unsere Fragestellung nutzbar gemacht werden können. Sie beleuchten zwar nicht alle, aber doch wichtige Teilaspekte des Themas, und zwar vor allem die folgenden:

— Das Pferd, seine Ausstattung und seine Nutzung;
— Der Wagen, seine Konstruktion und seine Funktionen;
— Die Verkehrswege zu Wasser und zu Lande;
— Die Transportgüter;
— Mobilität als Existenzform früher Gesellschaften.

Es liegt nahe, Reiten und Fahren in der Merowingerzeit zu allererst aus der Perspektive einer Fortdauer römischer Traditionen im frühen Mittelalter zu betrachten[1]. Wie in vielen anderen Bereichen der Alltagskultur auch, konnten sich derartige Traditionen der römischen Zeit bevorzugt in jenen Gebieten nördlich der Alpen erhalten, die als Provinzen dem römischen Reiche angehört hatten. Art und Umfang derartiger Traditionen aus römischer Zeit sind in den ehemaligen römischen Provinzen in unterschiedlichem Maße erhalten geblie-

---

[1] H.-Chr. Schneider, Altstraßenforschung. Erträge der Forschung Bd. 170 (Darmstadt 1982).

ben. Darauf hat unlängst H. von Petrikovits hingewiesen[2]. Aber auch die Gebiete des unmittelbaren Limesvorlandes spiegeln in mannigfacher Weise römische Elemente in ihrer Alltagskultur. Je weiter diese Räume von den Reichsgrenzen entfernt liegen, um so stärker verebbten diese Einwirkungen der römischen Kulturtraditionen. In den Randzonen Europas freilich findet römischer Import in besonders starkem Maße statt. Es scheint, als seien die den römischen Reichsgrenzen nahegelegenen Gebiete der Germania libera weniger stark von römischem Import berührt worden als jene weiter nördlich liegenden Zonen im Gebiet der Nordsee und der Ostsee. Hans-Jürgen Eggers[3] und nach ihm andere Forscher[4] haben dieses Phänomen in ihren Forschungen sehr deutlich herausgearbeitet. Nächst den Verhältnissen in den Gebieten des nördlichen Mitteleuropa wirken auf die Entwicklung von Reiten und Fahren auch noch Kulturtraditionen ein, die mit dem Vorstoß reiternomadischer Völker nach Westen gelangten. Darauf hat J. Werner[5] in seinen Arbeiten mehrfach hingewiesen. Neben diesen beiden Wurzeln, der nordeuropäischen einerseits und der osteuropäisch-asiatischen andererseits, wirken im Bereich von Reiten und Fahren Traditionselemente weiter, die letzthin auf mittelmeerisch-vorderasiatische Verhältnisse zurückzuführen sind. Die Nutzung des Wagens setzt im vorderen Orient und in Kleinasien gegen Ende des Neolithikums im Übergangsbereich zur frühen Bronzezeit ein. Nur wenig später, während der Bronzezeit, dringt die Nutzung des Pferdes nach Nordwesten vor[6]. Beide Elemente erreichen über das alte Griechenland den Balkanraum und erscheinen hier am Ende der Bronzezeit, im Zusammenhang mit der sog. Urnenfelderkultur, in zahlreichen archäologischen Belegen. Die Hallstattzeit und die Latènezeit stellen Hochblüten der Verwendung vierräderiger und zweiräderiger Wagen dar. Diese sind nicht mehr, wie die im frühen vorderen Orient, vornehmlich Streit- und Kampfwagen, sondern tauchen besonders zahlreich in vornehmen, reich ausgestatteten Grablegen der vorrömischen Eisenzeit auf. In der römischen Kaiserzeit, also in den ersten Viereinhalbjahrhunderten n. Chr. Geburt, verbinden sich diese verschiedenen Traditionsstränge miteinander und bieten die Ausgangsbasis für unsere Betrachtungen von Reiten und Fahren in der Merowingerzeit. Es wird sich zeigen, daß sich in den archäologischen Befunden zu unserem Gegenstand alle drei Elemente wiederfinden lassen. Reiten und

---

[2] H. v. Petrikovits, Die römischen Provinzen am Rhein und an der oberen und mittleren Donau im 5. Jahrhundert n. Chr. Ein Vergleich. Sitzungsber. d. Heidelberger Akad. d. Wissenschaften. Phil.-hist. Kl. Jg. 1983, Ber. 3 (Heidelberg 1983).

[3] H.-J. Eggers, Der römische Import im freien Germanien. Atlas der Urgeschichte Bd. 1 (Hamburg 1951).

[4] Ulla Lund Hansen, Römischer Import im Norden. Warenaustausch zwischen dem Römischen Reich und dem freien Germanien während der Kaiserzeit unter besonderer Berücksichtigung Nordeuropas (København 1987). — J. Kunow, Negotiator et Vectura. Händler und Transport im freien Germanien. Kleine Schriften aus dem Vorgeschichtlichen Seminar Marburg, Heft 6 (Marburg 1980). — J. Kunow, Der römische Import in der Germania libera bis zu den Markomannenkriegen (Neumünster 1983).

[5] J. Werner, Beiträge zur Archäologie des Attila-Reiches (München 1961).

[6] F. Hančar, Das Pferd in prähistorischer und frühhistorischer Zeit (Wien 1956).

Fahren in der Merowingerzeit können deshalb nicht ohne Beachtung der drei Traditionsbereiche, des prähistorischen, des römischen und des reiternomadischen, sachgerecht dargestellt werden.

2. Forschungsgeschichte

Einen leichten Einstieg in die frühe Geschichte von Pferd und Wagen ermöglicht die 1986 in zweiter, völlig neu konzipierter Auflage erschienene Monographie „Achse, Rad und Wagen", hrsg. von Wilhelm Treue, mit zahlreichen Beiträgen angesehener Forscher aus verschiedenen Fachgebieten[7]. Für die Frühgeschichte bringen besonders die Beiträge von W. Weber über die Wagen in Italien und in den römischen Provinzen, weiterhin der Aufsatz von H. Hayen über den Wagen in europäischer Frühzeit und von H. Haupt, Der Wagen im Mittelalter, Gewinn. Der zuletzt genannte Beitrag ist für unser Thema allerdings nur mittelbar von Bedeutung, weil er erst mit dem Oseberg-Fund beginnt. Die zwischen Latène- und Kaiserzeit auf der einen und der Wikingerzeit auf der anderen Seite klaffende große Kenntnislücke tritt hier besonders schmerzlich ins Bewußtsein. Sie hätte sich, zumindest teilweise, schließen lassen, wenn der Herausgeber des Gesamtwerkes „Achse, Rad und Wagen" sich zur Mitwirkung von Fachleuten der Frühgeschichte hätte entschließen können.

Bedeutsame Fortschritte zeigen sich in der Erforschung metallzeitlichen Wagengebrauchs. Sie deuten sich bereits in den beiden Festschriften für Wolfgang Dehn von 1969 (zum 60. Geb.)[8] und 1974 (zum 65. Geb.)[9] an. Sie gehen

---

[7] W. Treue (Hrsg.), Achse, Rad und Wagen. Fünftausend Jahre Kultur- und Technikgeschichte. Mit Beiträgen zahlreicher Fachleute. 2. völlig neu konzipierte Auflage (Göttingen 1986).

[8] Festschrift f. W. Dehn zum 60. Geb., hrsg. von H.-O. Frey, Fundberichte aus Hessen. Beiheft 1, 1969 (Bonn 1969).

[9] Festschrift f. W. Dehn zum 65. Geb. am 6. Juli 1970. Marburger Beiträge zur Archäologie 4, 1974. — P. Harbison, The Chariot of Celtic Funeral Tradition. Festschr. f. W. Dehn zum 60. Geb., hrsg. v. O.-H. Frey. Fundber. aus Hessen, Beiheft 1, 1969 (Bonn 1969) 34—58. — H.-E. Joachim, Unbekannte Wagengräber der Mittel- bis Spätlatènezeit aus dem Rheinland. Festschr. f. W. Dehn zum 60. Geb., hrsg. v. O.-H. Frey. Fundber. aus Hessen, Beiheft 1, 1969 (Bonn 1969) 84—111. — H.-E. Joachim, Ein spätlatènezeitliches Reitergrab aus Kollig, Kreis Mayen-Koblenz. Hamburger Beiträge zur Archäologie 4, 1974, 159—170 (= W. Dehn zum 65. Geb. am 6. Juli 1974 gewidmet). — L. Wamser, Wagengräber der Hallstattzeit in Franken. Frankenland NF 33, 1981. — Ausgrabungen und Funde in Unterfranken 1978, hrsg. v. Bayer. Landesamt f. Denkmalpflege, zugleich Frankenland NF 30, 1978; dort S. 128ff. über den Fund von vier bronzenen Radachsenkappen mit Vogelprotom-Vorsteck-Splint vom sog. Bullenheimer Berg. Fundbericht von D. Patterson. — Dazu auch G. Diemer, Der Bullenheimer Berg. Ausgrabungsergebnisse und Analyse von Siedlungs- und Depotfunden der Bronze- und Urnenfelderzeitlichen befestigten Höhensiedlung und ihre Stellung im Siedlungsgefüge der Urnenfelderkultur Mainfrankens. Ungedr. Diss. phil. (Würzburg 1986). — Chr. Pescheck, Ein reicher Grabfund mit Kesselwagen von Acholshausen, Unterfranken. Germania 50, 1972, 29ff. — Chr. Pugin, P. Corboud, A.C. Castella, Une roue du Bronze final sur la station littorale de Corcelettes

vor allem auf Untersuchungen der beiden Dehn-Schüler P. Harbison und
H.-E. Joachim zurück, die sich mit latènezeitlichen Wagengräbern befassen.
Probleme metallzeitlicher Wagen blieben auch fortan in der Diskussion der
Archäologen. Das ergibt sich aus der 1984 in Ljubliana erschienenen Sammel-
publikation „Keltski Voz", Keltische Wagen[10]. Die hier zusammengefaßten Beiträge reichen vom Vorderen Orient über Jugoslawien, Böhmen, den Alpenraum
bis nach Deutschland, Frankreich und Britannien. Die Wagenproblematik
bleibt, wie die erwähnten Publikationen zeigen, innerhalb der Eisenzeitfor-
schung weiter im Gespräch, ja sie hat sich durch den spektakulären Wagen und
aus dem späthallstattzeitlichen Fürstengrab von Hochdorf in Baden-Württemberg noch intensiviert[11]. Der vierrädrige Wagen als Bettung eines Toten
erscheint hier als Hauptelement der ganzen Bestattung überhaupt. An diesem
Beispiel zeigt sich aber zugleich auch, daß die eisenzeitlichen Wagenfunde vorrangig aus dem Funeralzusammenhang interpretiert werden müssen. Über die
Verwendung des Wagens im gleichzeitigen Verkehrs- und Transportwesen und im
Wirtschaftsleben ist aus den Grabstätten wenig zu erkennen. Der mit Pferden
bespannte Kultwagen oder auch Totenwagen der Hallstatt- und Latènezeit kann
außer den schon erwähnten totenrituellen Fragestellungen bestenfalls noch für
bestimmte sozialgeschichtliche Fragestellungen herangezogen werden. Das
Problem seiner Funktionen im gleichzeitigen Wirtschafts- und Alltagsleben der
vorrömischen Eisenzeit bleibt auch trotz der wichtigen neuentdeckten Grabinventare mit Wagen eine dringende Aufgabe für die Zukunft. Diese Problematik
wird sich allerdings aller Voraussicht nach kaum von der Seite der Grabfunde her
lösen lassen. Sie muß vielmehr aus umfangreichen Ausgrabungen in metallzeitlichen Siedlungskomplexen, wie sie etwa im keltischen Oppidum von Manching
stattfinden, angehen lassen. Hier wirken sich in der Forschung auch heute
noch Gegensätze aus, zwischen denen, die den Wagen primär typologisch
orientiert auffassen und jenen Forschern, die ihn als ein bedeutendes Element
des eisenzeitlichen Wirtschafts- und Verkehrswesens erkennen.

Aus der Fülle jüngster archäologischer Arbeiten zur frühen Verkehrsgeschichte greife ich die moorarchäologischen Untersuchungen von H. Hayen
heraus, weil sie für verschiedene vorgeschichtliche Perioden die Existenz künstlich errichteter Verkehrswege in Moorgebieten während der Bronze- und vor-

---

(Grandson VD. Archäologie der Schweiz 11, 1988, Heft 4, 146—154. — G. Weber, Wagen
und Wagenteile der Bronze- und Urnenfelderzeit in Zentraleuropa. Magisterarbeit bei A.
Jockenhövel (Frankfurt/Main 1988). Kurzbericht darüber in: Archäologische Informationen 11, Heft 2, 1988, 233 f. — G. Jacob-Friesen, Skjerne und Egemose. Wagenteile südlicher Provenienz in skandinavischen Funden. Acta Archaeologica 40, 1969, 122—158. — W.
Janssen, Das Depot eines Wagenschmiedes der Römischen Kaiserzeit aus Westheim, Gde.
Biebelried, Lkr. Würzburg. Aus Frankens Frühzeit. Festgabe f. P. Endrich (Würzburg
1987) 139—152.

[10] Keltski Voz. Posavski Muzej B. Brežice 6 (Brežice 1984), hrsg. v. M. Guštin und L.
Pauli. Mit Beiträgen zahlreicher Fachleute.

[11] Der Keltenfürst von Hochdorf. Methoden und Ergebnisse der Landesarchäologie,
Ausstellungskatalog, hrsg. v. Landesdenkmalamt Baden-Württemberg (Stuttgart 1985) mit
Beiträgen zahlreicher Fachleute. — J. Biel, Fürstengrabhügel der späten Hallstattzeit bei
Eberdingen-Hochdorf, Kr. Ludwigsburg (Baden-Württemberg) Germania 60 (1982) 61—104.

römischen Eisenzeit bedeutsam sind[12]. Diese Kunstbauten waren für den Verkehr von Pferd und Wagen ausgelegt, führten über besonders gefährliche und nasse Stellen, und zeichneten sich u.a. durch flankierende Götterfiguren beiderseits der Bohlwege aus, die den Segen der Götter auf die an gefährlichen Stellen Reisenden herbeiführen sollten. Verkehrswege dieser Art reichen von der Bronzezeit bis in die römische Kaiserzeit, gelegentlich in noch jüngere Perioden. In den jüngeren Abschnitten der Entwicklung brauchten sie offensichtlich nicht in dem Umfang errichtet zu werden, wie dies in der klimatisch schlechter gelagerten vorrömischen Eisenzeit der Fall war. Einen künstlich errichteten Wegebau konnte man auch in der älter-eisenzeitlichen Siedlung von Borrmose in Jütland nachweisen[13]. Seine Breite war so bemessen, daß ein Wagenverkehr durchaus möglich war. Die immer wieder geäußerte, von der klassischen Archäologie und der römischen Provinzialarchäologie, aber auch sonst geäußerte Auffassung, es habe vor der römischen Zeit keinen künstlichen Wegebau gegeben, erfordert also zumindest eine Modifizierung. Es ist davon auszugehen, daß in der vorrömischen Eisenzeit im nördlichen Mitteleuropa Kunststraßen aus Holz in Form von Bohlwegen geschaffen wurden. Sie erstreckten sich zwar nicht über den gesamten Wegeverlauf, sondern treten nur an besonderen Gefahrenstellen innerhalb von Mooren und Feuchtgebieten auf. Sie verbinden unter Umständen weit entfernte Gebiete miteinander und reichen in ihrer Entstehung bis weit in die Vorzeit zurück, wie beispielsweise der berühmte Ochsenweg, der die Jütische Halbinsel von Norden nach Süden durchzog und der, wie die ihn begleitenden Grabhügel erweisen, bis mindestens in die Bronzezeit zurückgeht[14]. Und dennoch tritt der augenfällige Unterschied zwischen den antiken Kunststraßen und den vorgeschichtlichen Wegen sofort in Erscheinung. Im Unterschied zu antiken Kunststraßen folgen vorgeschichtliche Wege mit Kunsteinbauten nicht den Gesetzen staatlicher Planung, sondern dem jeweils aktuell gegebenen Erfordernis des lokalen oder regionalen Verkehrs. Sie tragen den Charakter des Zufälligen, Fallweisen. Eine

---

[12] H. Hayen, Der Wagen in europäischer Frühzeit. In: W. Treue, Achse, Rad und Wagen ... (wie Anm. 7) 109—138. — H. Hayen, Der Wagen im griechischen Kulturbereich. In: W. Treue, Achse, Rad und Wagen ... (wie Anm. 7) 60—79. — H. Hayen, Zwei in Holz erhalten gebliebene Reste von Wagenrädern aus Olympia. Die Kunde NF 31/32, 1980/81, 135—191. — H. Hayen, Vier Scheibenräder aus Glum. Die Kunde NF 23, 1972, 62—86. — H. Hayen, Räder und Wagenteile aus nordwestdeutschen Mooren. Nach. aus Nieders. Urgesch. 42, 1973, 129—176. — A. Haffner, H.-E. Joachim, Die keltischen Wagengräber der Mittelrheingruppe. Keltski Voz (Brežice 1984) 71—87. — H. Hayen, Das Doppeljoch aus dem Petersfehner Moor. Archäol. Mitteil. aus Nordwestdeutschland 6, 1983, 13—22. — H. Hayen, Wagenteile von der Feddersen Wierde. Feddersen Wierde 3 (1981) 1—76. — Zum hallstattzeitlichen Wagen neuerdings: M. Egg, Hallstattzeitliche Wagen (Mainz 1989).

[13] J. Brøndsted, Danmarks Oldtid, Bd. 3: Jernalderen (København 1960).

[14] H. Matthiesen, Haervejen. Ein tusendårig vej fra Viborg til Danevirke. En historisk-Topografisk Studie (12. Aufl. 1971). — H. Becker-Christensen, Haervejen i Sønderjylland — et vejhistoriske Studie. Fra Kongeåen til Danevirke (1. Aufl. 1981; 2. Aufl. 1982). — H. Neumann, Die Befestigungsanlage Olgerdige und der jütische Heerweg. Studien zur Sachsenforschung 1, 1977, 295—306.

dauerhafte Zweckgebung, geschweige denn eine längere Zeit über oder für große Räume gültige Sinngebung, wird hinter den Belegen für künstlichen Wegebau im germanischen Altertum nicht sichtbar.

An der führenden Rolle des antiken, besonders des römischen Kunststrassenbaus ändert sich also, auch angesichts vorgeschichtlicher Belege für einen lokalen Kunststrassenbau, nichts.

Bei aller Wertschätzung römischen Verkehrswesens darf aber andererseits nicht außer Acht gelassen werden, daß auch die römischen Kunststraßen nicht ohne vorgegebene Bedingungen entstehen konnten. Besonders in Innergallien, aber auch in den helvetischen Grenzgebieten gegen Germanien, sind Brücken und Kunststraßen nachweisbar, die aus der Latènezeit stammen und die in gewissem Maße das römische Straßenwesen präformierten. Neuere Arbeiten von H. Schwab[15] auf Grund archäoloigscher Untersuchungen ergaben entsprechende Hinweise.

Die hier vorgetragenen Befunde und Ergebnisse vor- und frühgeschichtlicher Verkehrsforschung vermitteln nicht etwa flächendeckende Muster früher Verkehrsverhältnisse. Es handelt sich bei diesen archäologischen Befunden mehrheitlich um Einzelbeobachtungen, aus denen sich noch lange kein allgemeines und flächendeckendes Bild der Verkehrsverhältnisse in der Zeit um Christi Geburt ergibt. Die Aufgabe der Zukunft stellt sich hier als Forderung, die jetzt schon vorliegenden Einzelbefunde zahlenmäßig so zu vermehren, daß aus dieser Verdichtung schließlich ein für Regionen gültiges Bild entsteht.

Reise- und verkehrsgeschichtliche Arbeiten zum Mittelalter behandeln das frühe Mittelalter überwiegend recht kursorisch. Dieser Umstand ist auf die Tatsache zurückzuführen, daß für das frühe Mittelalter außergewöhnlich wenige schriftliche Quellen zur Verfügung stehen. Weiterhin haben sich Ergebnisse der frühmittelalterlichen Archäologie zu unserem Fragenkreis in Kreisen der Historiker bisher kaum herumgesprochen. Nur so ist zu erklären, daß in dem 1986 erschienenen Buch von N. Ohler, Reisen im Mittelalter[16], kaum Hinweise zu unserem Gegenstand zu finden sind. Mit Recht weist der Autor auf die allgemein sehr spärlichen Aussagen frühmittelalterlicher Autoren zu den Realien ihrer Zeit hin. Das Aussehen des Wagens oder eines Steigbügels gehört einfach nicht zum Interessenfeld frühmittelalterlicher Autoren. Aufschlußreich freilich sind die Hinweise Ohlers (S. 38) auf die Gefährlichkeit des Reisens und die hohen Unterhaltskosten für die Pferdehaltung im frühen Mittelalter. Der von Ohler (S. 41) zitierte Bericht Einhards über den Wagenumzug des letzten Merowingerkönigs Childerich III. hat für die frühe Geschichte des Wagens kaum Bedeutung; denn es handelt sich hier nicht um einen ökonomisch oder technisch-geschichtlich bedeutsamen Vorgang, sondern um einen im Kultischen oder im Sakralbereich angesiedelten Vorgang. Ohlers Hinweise zum Verfall des römischen Straßenwesens im frühen Mittelalter (S. 45 ff.) verfahren zu summarisch, um dringende Fragen beantworten zu können. Eine

---

[15] H. S c h w a b , Entdeckung einer keltischen Brücke an der Zihl und ihre Bedeutung für La Tène. Arch. Korrbl. 2, 1972, 289—294.
[16] N. O h l e r , Reisen im Mittelalter (München 1986).

Weiterbenutzung römischer Kunststraßen sowie auch römisch benutzter Paßstraßen ist seit langem bekannt, wenn auch nicht alle Verkehrswege der Römerzeit vom frühen Mittelalter aufgegriffen wurden. In dieser Frage muß nach den
einzelnen Räumen und ihren morphologischen Voraussetzungen für den Verkehr regional differenziert werden. Daß die Alpen letzthin kein ernsthaftes
Hindernis für den frühmittelalterlichen Verkehr mit Pferd und Wagen darstellen, ist schon seit der Veröffentlichung von L. Pauli hinlänglich bekannt
geworden[17]. Die zahlreichen Reisen merowingerzeitlicher Fürsten über die
Alpen nach Italien oder von Italien nach Süddeutschland, die verwandtschaft-
lichen Beziehungen nordalpiner und südalpiner Großer deuten auf intensiven
Personen- und Warenverkehr über das Gebirge hinweg hin. Ohlers Hinweis,
das Reisen mit dem Wagen sei als unmännlich und seine Benutzung nur für
Frauen und Kranke akzeptiert worden, trifft den aus dem archäologischen
Material resultierenden Sachverhalt genau (S. 47 f.). Auch der Transport hervorragender Persönlichkeiten mit Hilfe der Sänfte war die Ausnahme von der
allgemeinen Fortbewegungsart zu Pferde. Die Fluß- und Seeschiffahrt gewann
im frühen Mittelalter hervorragende Bedeutung, weil sie z.Zt. schlechter Land-
verkehrswege eine bequeme, rationelle und zeitsparende Form des Reisens
darstellte[18]. Das gleiche gilt selbstverständlich für den Warenverkehr. Schiffsfunde aus dem frühen Mittelalter gehören zu den großen Raritäten der Archäologie. Von ihnen wird noch zu sprechen sein. Ohlerts Hinweis auf die Überquerung der Meerenge von Gibraltar durch 20.000 vandalische Krieger und
weitere 80.000 Menschen im Jahre 429 n.Chr. (S. 59 f.) sagt über die Schiffe
und die Schiffahrtsverhältnisse nichts Weiterführendes aus. Wagen- und
Schiffsdarstellungen auf dem bekannten Teppich von Bayeux[19], der um 1080
im normannisch gewordenen England entstand, mögen vielleicht noch
Zustände der ausgehenden Wikingerzeit darstellen. Von hier aber bis zu dem
von uns behandelten Zeitabschnitt trennen sie mehr als 200 Jahre. Für die
Merowinger- und frühe Karolingerzeit ist vielmehr die Arbeit von Michael
Müller-Wille über die Pferdebestattungen heranzuziehen[20].

Im Jahre 1986 erschien das Buch von H. W. Goetz mit dem Titel „Leben im
Mittelalter". Der Untertitel „Vom 7. bis zum 13. Jahrhundert"[21] verführt freilich zu der Erwartung, man werde Erkenntnisse zu den ersten beiden einge-
schlossenen Jahrhunderten vorfinden, welche der Verf. vorgibt zu behandeln.
Um so größer muß die Enttäuschung sein, wenn man bei der Lektüre bereits

---

[17] L. P a u l i , Die Alpen in Frühzeit und Mittelalter. Die archäologische Entdeckung
einer Kulturlandschaft (München 1980; 2. Aufl. 1981).
[18] Zur Bedeutung der Schiffahrt für das frühmittelalterliche Verkehrswesen ist u.a. wichtig: A.C. L e i g h t o n , Transport and Communication in Early Medieval Europe AD
500—1100 (Newton Abbot 1972) bes. 125 ff.
[19] Zum Teppich von Bayeux zuletzt: The Bayeux Tapestry. The Complete Tapestry in
Colour with Introduction, Description and Commentary by David M. W i l s o n (London
1985).
[20] M. M ü l l e r - W i l l e , Pferdegrab und Pferdeopfer im frühen Mittelalter. Mit einem
Beitrag von H. V i e r c k . Berichten van de Rijksdienst voor het oudheidkundig bodemonderzoek 20/21, 1970/71, 119 ff.
[21] H. W. G o e t z , Leben im Mittelalter (Munchen 1986).

im Vorwort erfährt, eine Alltagsgeschichte des frühen Mittelalters sei noch zu schreiben und scheitere vorläufig am Forschungsstand der Quellenlage. Auch in Arno Borst's sonst so façettenreichem Buch „Lebensform des Mittelalters" (1. Aufl. 1973)[22] ist der Bereich „Verkehr" auf ganze zwei Seiten zusammenge-schrumpft, die keine spezifische Aussage zum frühen Mittelalter enthalten.

Bleiben somit die Beiträge der Geschichtswissenschaft zu unserem Thema recht bescheiden, um nicht zu sagen, nichtssagend, so gelingt es Laszló Tarr[23] im Unterschied zu den meisten deutschen Autoren, wenigstens die spezifischen Probleme des Übergangsfeldes von der Spätantike zum frühen Mittelalter her-auszuarbeiten. Seine Darstellung vom allmählichen Verfall des öffentlichen Straßenwesens im westlichen Römerreich deckt sich mit älteren Erkenntnissen und ist somit nicht neu. Bedeutsamer hingegen erscheinen seine Ausführungen zur Fortdauer römischer Verkehrsverhältnisse im byzantinischen Bereich. Den auf die weströmischen Verhältnisse fixierten Forschern ist der byzantinische Bereich völlig entglitten. Tarrs Arbeit bildet also eine willkommene und sach-kundige Ergänzung zu den wenigen Erkenntnissen, die die frühe Mittelalter-forschung für den Westen bereitgestellt hat.

Ins Zentrum der hier zu behandelnden Problematik zielt die Arbeit von Albert C. Leighton, Transport und Communication in Early Medieval Europe AD 500—1000[24]. Sie setzt an den transportierten Gütern an: Menschen und Gütern und Warenarten. Der Umfang der transportierten Güter, die Transport-volumina, gehören mit zu dieser Fragestellung. Einzelreisende werden von rei-senden kleinen und großen Gruppen abgehoben. Wie andere Autoren auch, knüpft Leighton an antike Verhältnisse an und untersucht die Frage, welche Elemente des antiken Verkehrswesens bis ins Mittelalter fortwirkten. Er führt seine Darstellung bis ins hohe Mittelalter fort. Leightons Darstellung besticht durch die Vielfalt seiner Aspekte. Sie verarbeitet historische, epigraphische, literarische, ikonographische, ethnologische und technikgeschichtliche Beob-achtungen zu einem umfassenden Bild der frühen Verkehrsgeschichte.

Die Problematik „Reiten und Fahren in der Merowingerzeit" hat nicht nur kulturgeschichtliche Aspekte. Sie ist zugleich zum Problem der Technikge-schichte geworden, indem man sich fragen muß, welche technischen Eigen-schaften und Erkenntnisse nötig waren, um zu einer rationellen Nutzung von Pferd und Wagen im frühen Mittelalter zu gelangen. In technikgeschichtlichen Arbeiten werden gelegentlich auch verkehrsgeschichtliche Probleme des frü-hen Mittelalters angesprochen, etwa bei Jean Gimpel, Die industrielle Revolu-tion des Mittelalters[25]. Das frühe Mittelalter gelangte bei der Problematik der Nutzung des Pferdes als Arbeitstier (Gimpel S. 54ff.) zu besseren Lösungen

---

[22] A. B o r s t, Lebensformen im Mittelalter (1. Aufl. 1973; 2. Aufl. 1985).

[23] L. T a r r, Karren, Kutsche, Karosse (Berlin 1978).

[24] A. C. L e i g h t o n, Transport und Communication in Early Medieval Europe (Newton Abbot 1972).

[25] J. G i m p e l, Die industrielle Revolution des Mittelalters (2. Aufl. Zürich, München 1980). — F. K l e m m, Geschichte der Technik. Der Mensch und seine Erfindungen im Bereich des Abendlandes (1. Aufl. 1961; 2. Aufl. 1983 Reinbeck b. Hamburg).

hinsichtlich der Anschirrung des Pferdes als die römische Zeit. Die Antike nutzte die Zugkraft des Pferdes nur unvollkommen aus, weil die damals übliche Anschirrung der Pferde die Halsschlagader und die Luftröhre der Tiere abdrückte, so daß sie zu ersticken drohten oder doch in ihrer Leistungskraft wesentlich reduziert wurden. Erst die Übernahme eines steifen Kummets aus dem asiatischen Osten oder gar aus China um 800 n. Chr. vervielfachte die Zugkraft eines Pferdes (Gimpel S. 55—57). Ähnlich äußert sich auch Friedrich Klemm in seiner Geschichte der Technik (1983 S. 48 ff.). Den Begriff „Wagen" sucht man bei Klemm im Register und auch im Text vergeblich.

Den mit Abstand besten Beitrag zu unserem Thema verdanken wir dem Historiker D. Claude mit seiner 1985 erschienenen Monographie „Der Handel im westlichen Mittelmeer während des Frühmittelalters"[26], die ein Ertrag des Kolloquiums der Kommission für die Altertumskunde Mittel- und Nordeuropas ist. Im Zentrum dieser hervorragenden Studie steht der Seeverkehr einschließlich der dafür benutzten Schiffe, wie sie sich für das frühe Mittelalter im Mittelmeergebiet nachweisen lassen. Bedeutsam für unsere Fragestellung sind auch Claudes Überlegungen über die Handelsverbindungen und die Organisation des Handelns. Obgleich die archäologisch erschlossenen Realien in dieser Publikation nur selten aufscheinen, bietet sie doch einen hervorragenden, von großer Quellenkenntnis getragenen Beitrag zur frühen Handels- und Verkehrsgeschichte, ohne deren Kenntnis der Archäologe seine Aufgaben nicht zu lösen vermag.

Was mit sorgsamer Auswertung historischer Quellen für unser Thema an Aussagen gewonnen werden kann, zeigt die Untersuchung von Margarete Weidemann zur Kulturgeschichte der Merowingerzeit nach den Werken Gregors von Tours[27]. Im Teil 2 des Werkes sind Belege aus Gregors Werk zu Verkehrswegen und den Handel ergänzenden Erwerbszweigen zusammengestellt. Unter Bezugnahme auf das Werk von D. Ellmers, Frühmittelalterliche Handelsschiffahrt in Mittel- und Nordeuropa (1972) werden Brücken, Fähren und Schiffe, aber auch der Wagen sowie Verkehrswege und Meilensteine anhand der Belege aus dem Werk Gregors von Tours behandelt. Bei den Verkehrswegen ist z.B. ihr ungepflegter, verschlammter, und ungepflasteter Zustand bei Gregor überliefert. Wir erfahren von Wagengeleisen und verdreckten Reisenden. Den Reisenden befiel damals ein Gefühl der Unsicherheit. Entfernungen zwischen etlichen Orten sind überliefert. Der schlechte Straßenzustand veranlaßte viele Reisende, den Wasserweg zu Schiff vorzuziehen. Mit seiner Hilfe waren die meisten Städte und zentralen Orte des Frankenreiches erreichbar. Aber auch Fernreisen nach Rom oder Konstantinopel wurden, soweit wie möglich, zu Schiff abgewickelt.

---

[26] D. C l a u d e , Der Handel im westlichen Mittelmeer während des Frühmittelalters. Untersuchungen zu Handel und Verkehr der vor- und frühgeschichtlichen Zeit in Mittel- und Nordeuropa. Teil II Abh. d. Akad. d. Wiss. in Göttingen, Phil.-Hist. Klasse, 3. Folge, Nr. 144 (Göttingen 1985).
[27] M. W e i d e m a n n , Kulturgeschichte der Merowingerzeit nach den Werken Gregors von Tours, Teil 2 (Mainz 1982) 352—358 zu Verkehr, Handel, Wagen, Verkehrswegen und Meilensteinen.

In unserer forschungsgeschichtlichen Übersicht dürfen wichtige Arbeiten von Jean Hubert über die Verkehrswege Frankreichs nicht fehlen[28]. Hubert geht vom gallo-römischen Straßennetz aus und untersucht seine Fortdauer während des 5.—8. Jahrhunderts. Den Verlauf solcher Verkehrswege kann man u.a. auch an der Verbreitung einiger Handelsgüter, z.B. der Gürtelgarnituren (plaque-boucles), der Gürtelschnallen vom aquitanischen Typ, bestimmter christlicher Inschriften, der Münzwerkstätten oder auch des Pyrenäen-Marmors, aus dem Sarkophage gefertigt wurden, nachweisen.

Eine andere Möglichkeit, frühmittelalterliche Verkehrswege zu erschließen, eröffnet Th. Szabó (1984)[29], indem er Pilgerwege und Itinerare von hervorragenden Persönlichkeiten, etwa von Königen und Bischöfen, aus den Quellen erschließt. In unserem forschungsgeschichtlichen Überblick darf die 1954 bei Hermann Aubin abgeschlossene, leider ungedruckte Dissertation von Franz Streubel nicht fehlen[30]. Sie trägt den Titel „Fahren und Reiten im Übergang vom Altertum zum Mittelalter" und trifft damit unser Thema direkt. Die Dissertation behandelt ihren Gegenstand in erster Linie aus der Perspektive der schriftlichen Überlieferung. Nur gelegentlich werden archäologische Hinweise herangezogen. Einer ihrer Vorzüge besteht in der ausführlichen Vorlage von einschlägigen Quellen, so daß sie einen ausgezeichneten Überblick über die schriftliche Überlieferung zum Gegenstand ermöglicht. Die Untersuchung schildert eindrücklich, wie gegen Ende der römischen Antike in Westeuropa verschiedene Wagenformen und -typen in Gebrauch waren, die teils funktional, teils sozial in ihrer Nutzung festgelegt waren. Nach der Errichtung germanischer Staaten auf römischem Reichsboden ging die Benutzung des Wagens auf nahezu allen Lebensgebieten stark zurück. Zur Personenbeförderung kam fast ausschließlich das Pferd in Betracht, gelegentlich auch in den Randgebieten Europas das Kamel und der Elefant. Könige, Bischöfe, Äbte, Krieger aller Kategorien pflegten in jener Zeit zu reiten; mit einem Wagen gefahren zu werden, kam nur gelegentlich hochstehenden adeligen Damen oder aber einigen Schwachen, Kranken und Verachteten der damaligen Gesellschaft, etwa geh- und reitunfähigen Alten, Gebrechlichen usw., zu. Bedarf für Transporte zu Wagen bestand weiterhin im bäuerlich-landwirtschaftlichen Bereich, also innerhalb der unteren sozialen Schichten, denen die Mühe und Plage alltäglicher Arbeitslast seit der Antike ungeschmälert geblieben war. Selbst der Handelsverkehr verlagerte sich, was leicht transportable Waren wie Textilien oder Erzeugnisse des Metallhandwerks anging, mehr und mehr auf Trag- und Saumtiere, unter denen nicht nur das Pferd, sondern auch Muli und Esel Verwendung fanden. Als Zugtiere für schwere Lastwagen traten außerdem Ochsen in Aktion, von deren Verwendung die Quellen ausführlich berichten. Sie wurden auch, wie wir schon gesehen haben, zum Personentransport verwendet.

---

[28] J. Hubert, Arts et vie sociale de la fin du monde antique au Moyen Age (Genève 1977). Gesammelte Schriften von J. Hubert.

[29] Der archäologische Beitrag zur Itinerarforschung besteht in neueren Forschungen zu den Pilgerzeichen, die in fast allen mittelalterlichen Siedlungen zu finden sind.

[30] F. Streubel, Fahren und Reiten im Übergang vom Altertum zum Mittelalter. Ungedr. Diss. (Hamburg 1954).

Der in der römischen Antike gebräuchliche Wagen hat also mit anderen hochentwickelten Zivilisationsgütern der Antike gemeinsam, daß er nur in seinen niederen, agraren Verwendungsbereichen überlebte, selten aber in hochgestellten Lebensbereichen der neuen germanischen Gesellschaften. Hier dominierte vielmals das Pferd als Transportmittel in allen Lebensbereichen. Es war zugleich der wichtigste Kampfgenosse des berittenen Kriegers im Kriege, desgleichen das bedeutendste Beförderungsmittel für Personen und Güter im Frieden, das bei weitem schnellste und zuverlässigste Mittel zur Nachrichtenbeförderung und sicher auch ein effektives Zugtier vor Pflug, Egge und Wagen. Damit konzentriert sich der Blick unserer Forschungsübersicht auf das Pferd. Hier ist auch heute noch F. Hančars Arbeit über das Pferd in prähistorischer Zeit bedeutsam (1955)[31]. So sehr die Zusammenstellung der Pferdegräber des frühen Mittelalters durch M. Müller-Wille[32] unsere Kenntnisse hinsichtlich der Pferdebeigaben in frühmittelalterlichen Gräbern erweitert hat, so sehr bleiben Fragen der Nutzung des Pferdes außerhalb der Grablegen nach wie vor aktuell. Demgegenüber behandelt J. Werners 1961 erschienene Studie über Fernhandel und Naturalwirtschaft[33] auch die verkehrsbedingten Voraussetzungen dieser Fragestellung.

Neben Archäologie und Geschichtswissenschaft dürfen schließlich auch die geographischen Beiträge zur frühen Verkehrsgeschichte nicht vergessen werden. Als einen von vielen nenne ich die Untersuchung von D. Denecke[34] über die Altstraßen Niedersachsens von 1969, weil diese Arbeit nicht nur in sachlicher, sondern auch in methodischer Hinsicht wegweisend geworden ist.

3. Die frühmittelalterlichen Verkehrswege

3.1 Die Verkehrswege zu Lande

In spätrömischer Zeit gab es ein höchst differenziertes Verkehrsnetz zu Lande, das von der großen überregionalen Fernverkehrsstraße über alle Zwischenstufen bis hin zum Feldweg reichte, der die Ackerflur teilte und gliederte. In verkehrsgeschichtlichen Abhandlungen wird in aller Regel der Frage, in wieweit dieses spätrömische Verkehrsnetz im frühen Mittelalter fortgelebt habe, weiter Raum gewährt. Das Problem ist eine eigene Behandlung wert und kann hier im einzelnen nicht weiter verfolgt werden. Nur so viel sei angedeutet, daß es, etwa bezogen auf die großen römischen Fernstraßen, beides gibt: die ersatz-

---

[31] F. Hančar, Das Pferd in prähistorischer und frühhistorischer Zeit (Wien 1956).

[32] M. Müller-Wille, Pferdegrab und Pferdeopfer im frühen Mittelalter. Berichten van de Rijksdienst voor het oudheidkundig Bodemonderzoek 20/21, 1970/71, 119—248.

[33] J. Werner, Fernhandel und Naturalwirtschaft im östlichen Merowingerreich nach archäologischen und numismatischen Zeugnissen. 42. Ber. der Röm.-German. Kommission 1961, 307—446.

[34] D. Denecke, Methodische Untersuchungen zur historisch-geographischen Wegeforschung im Raum zwischen Solling und Harz. Göttinger Geogr. Abh. 54 (Göttingen 1969).

lose Aufgabe einer römischen Straßenführung einerseits und das ungewöhnlich lange Fortleben solcher römischen Routen bis in die Neuzeit andererseits. Diese allgemeine Feststellung betrifft indessen nur die Fernstraßen. Sicher hat es im Bereich der örtlichen Verbindungen ganz anders ausgesehen. Da mit dem Ende der römischen Antike das ländliche Siedlungsbild dieser Epoche vollständig verschwand und durch die germanischen Neusiedler andersartige und neuartige Siedlungsbilder geschaffen wurden, wandelte sich auch das örtliche Verkehrsnetz von Grund auf. Ohne Frage verbanden in der Merowingerzeit die einzelnen ländlichen Siedlungen Wege und Pfade, die als Ortsverbindungen zu klassifizieren sind. Archäologisch ist eine solche Verbindung außerhalb der Siedlungen bisher noch nirgends nachgewiesen worden. Am ehesten wird man sie sich als Verlängerungen von ortsinternen Wegen in die Feldmark hinaus und in Richtung des benachbarten Ortes vorzustellen haben. Innerörtliche Wege kennen wir. So wurden z.B. in der frühmittelalterlichen Siedlung von Kirchheim bei München[35] innerörtliche Wege ermittelt, die vom Dorfzentrum aus nach Norden, Osten und Süden führten (Abb. 1). Der nach Süden laufende Wegezug war zwischen 5 und 10 m breit und wurde an seinem Ostrand durch einen Straßengraben begleitet. Es handelt sich also nicht nur um einen von Bebauung völlig freigebliebenen Geländestreifen, sondern um eine bewußt ausgewiesene, dem innerörtlichen Verkehr vorbehaltene Straße, die zugleich innerhalb der Siedlung als Ordnungsprinzip funktionierte; denn die frühmittelalterlichen Höfe reihten sich, rechtwinklig zur Straße geordnet, paarweise zu beiden Seiten des Weges auf. Daß dieser Weg mit Wagen befahrbar gewesen ist, steht außer Frage; darauf weist allein seine Breite hin, aber auch die Entwässerung mit Hilfe eines Straßengrabens. Innerörtliche Wege in ländlichen Siedlungen wurden auch andernorts archäologisch nachgewiesen. Aus der jüngeren karolingischen Siedlungsperiode IIB der Wüstung Wülfingen am Kocher (Baden-Württemberg) wurde im Nordwestteil der Siedlung ein Fahrweg entdeckt, dessen Spurrillen mit Steinen gefüllt waren und der auf ein zweischiffiges Firstsäulenhaus zuführte[36]. Seine Breite betrug etwa 1,20 m; er war mit einem Wagen zu befahren. Der Befund gehört in die zweite Hälfte des 8. Jahrhunderts. In einer spätmerowingisch-karolingischen Siedlung in der Nähe von Kelheim beobachtete B. Engelhardt[37], daß die Gebäude der Siedlung beiderseits einer mit Steinen befestigten Ortsstraße angeordnet waren (Abb. 2). Weitere Beispiele lassen sich beibringen. Es kann somit nicht den geringsten Zweifel geben, daß es in merowingisch-karolingischer Zeit in den ländlichen Siedlungen Mitteleuropas innerörtliche Wege und Straßen gegeben hat, die auch mit dem Wagen befahrbar waren. Und ebenso wenig ist zu bezweifeln, daß in dieser Zeit der Wagen als ländliches Nutzfahrzeug nach wie vor weitverbreitet war und in Nutzung gestanden hatte.

---

[35] R. Christlein in: Das Archäologische Jahr in Bayern 1980 mit Plan Abb. 12 und S. 162 f.

[36] M. Schulze, Die Wüstung Wülfingen in Nordwürttemberg. Offa 39, 1982, Abb. 7 mit Siedlungsphase II B.

[37] B. Engelhardt, Cheleheim-Kelheim. Ausgrabungsnotizen aus Bayern 1978/1.

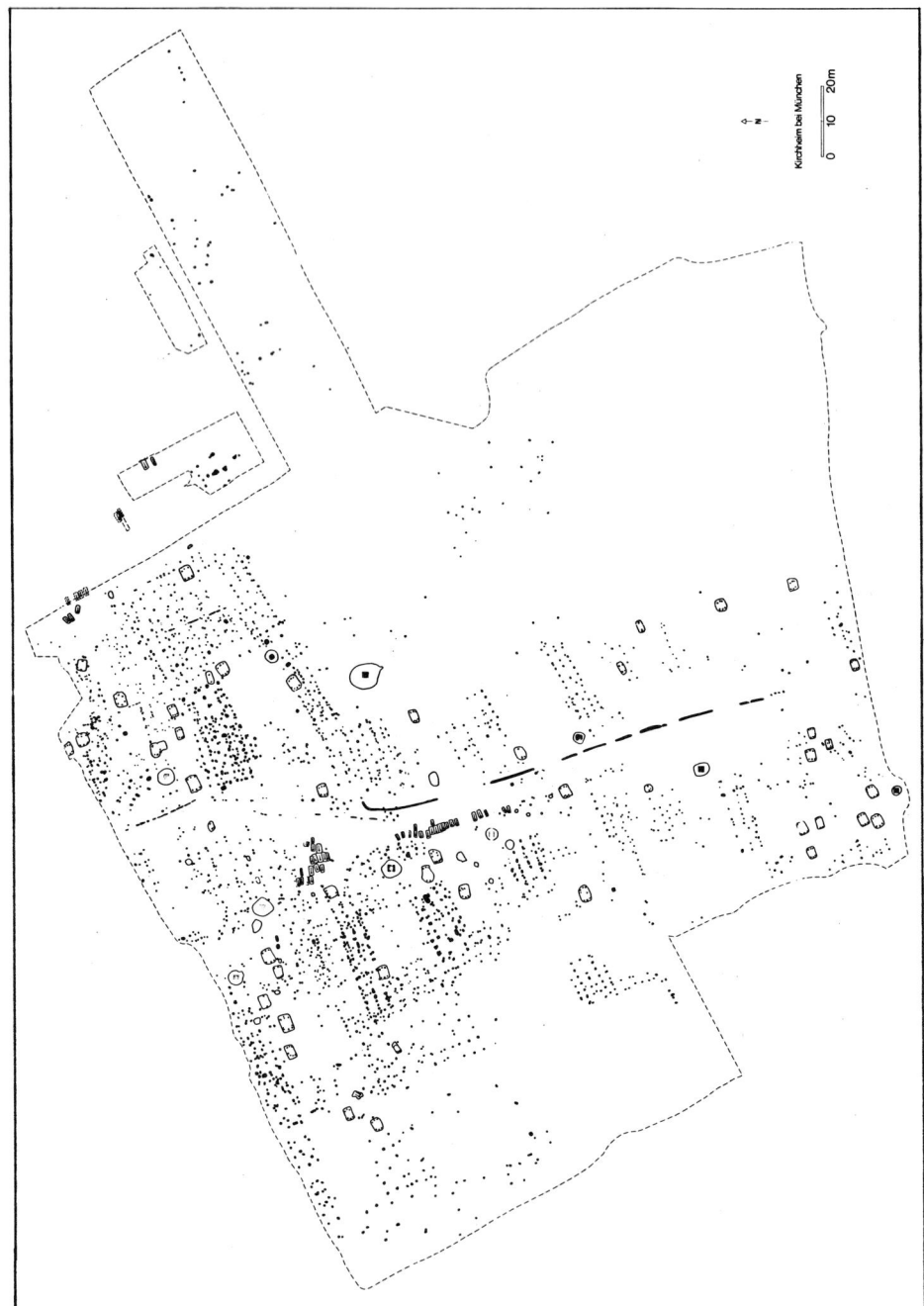

Abb. 1: Ausgrabungsplan der bajuwarischen Siedlung von Kirchheim bei München (nach R. Christlein).

Abb. 2: Ausgrabungsplan der frühmittelalterlichen Siedlung von Kelheim (nach B. Engelhardt). — Am oberen Bildrand siedlungsbegleitender Weg.

Breite, Linienführung und Ausbaugrad dieser innerörtlichen wie auch der ortsverbindenden Wege hingen von einem Bündel im Einzelfall stark variierender Bedingungen ab: von Größe und wirtschaftlicher Struktur der Siedlungen selbst, vor allem aber von den jeweiligen topographischen Verhältnissen, die vom weiten norddeutschen oder voralpinen Flachland bis zu engen Fluß- und Bachtälern oder zu Gebirgs- und Paßsituationen mit wenig Raum und vielen Zwangspunkten für die Wegeführung reichen können. Allgemeingültige Aussagen über die innerörtlichen und ortsverbindenden frühmittelalterlichen Wege und Straßen sind deshalb nur schwer möglich. Sie werden sich wahrscheinlich in dem Maße mehren, in welchem frühmittelalterliche Siedlungen in größerer Zahl vollständig ausgegraben werden. Unter den ortsbezogenen Wegen ist noch eine Form zu erwähnen, die offenbar im linksrheinischen Gebiet, aber wohl auch an der Donau eine gewisse Rolle spielt. Bei Fortdauer römischer Kunststraßen von überörtlicher Bedeutung ist zu beobachten, daß die merowingerzeitlichen Neusiedlungen häufig nicht an den ehemaligen römischen Fernstraßen selbst, sondern in einem geringen Abstand von etwa 500 bis maximal 2000 m rechts und links der römischen Route liegen. Mit der römischen Fernstraße verbinden diese merowingerzeitlichen Neugründungen dann nicht selten kurze Stichstraßen, die sie an die überörtliche Fernverkehrsader anbinden. Dergleichen Beobachtungen wurden etwa im Raume Zülpich im Rheinland gemacht (Abb. 3)[38]. Man kann also in solchen Fällen deutlich beobachten, wie die merowingerzeitlichen Siedlungen in ihrer Platzwahl deutlichen Bezug auf die nahe römische Fernverkehrsverbindung nehmen, an der sie zwar nicht direkt liegen wollten, deren Funktion sie aber durch möglichste Nachbarschaft jeder Zeit in Anspruch nehmen konnten.

Das Problem innerörtlicher Straßen der Merowingerzeit stellt sich indessen nicht nur für die einfachen ländlichen Siedlungen, sondern auch für die in der Merowingerzeit weiter besiedelten ehemaligen römischen Städte. Über die

---

[38] Das auf Abb. 3 gezeigte Beispiel ist entnommen aus: W. Janssen, Studien zur Wüstungsfrage im fränkischen Altsiedelland zwischen Rhein, Mosel und Eifelnordrand. 2 Teile (Köln-Bonn 1975), hier Teil 1, 177 Abb. 29.

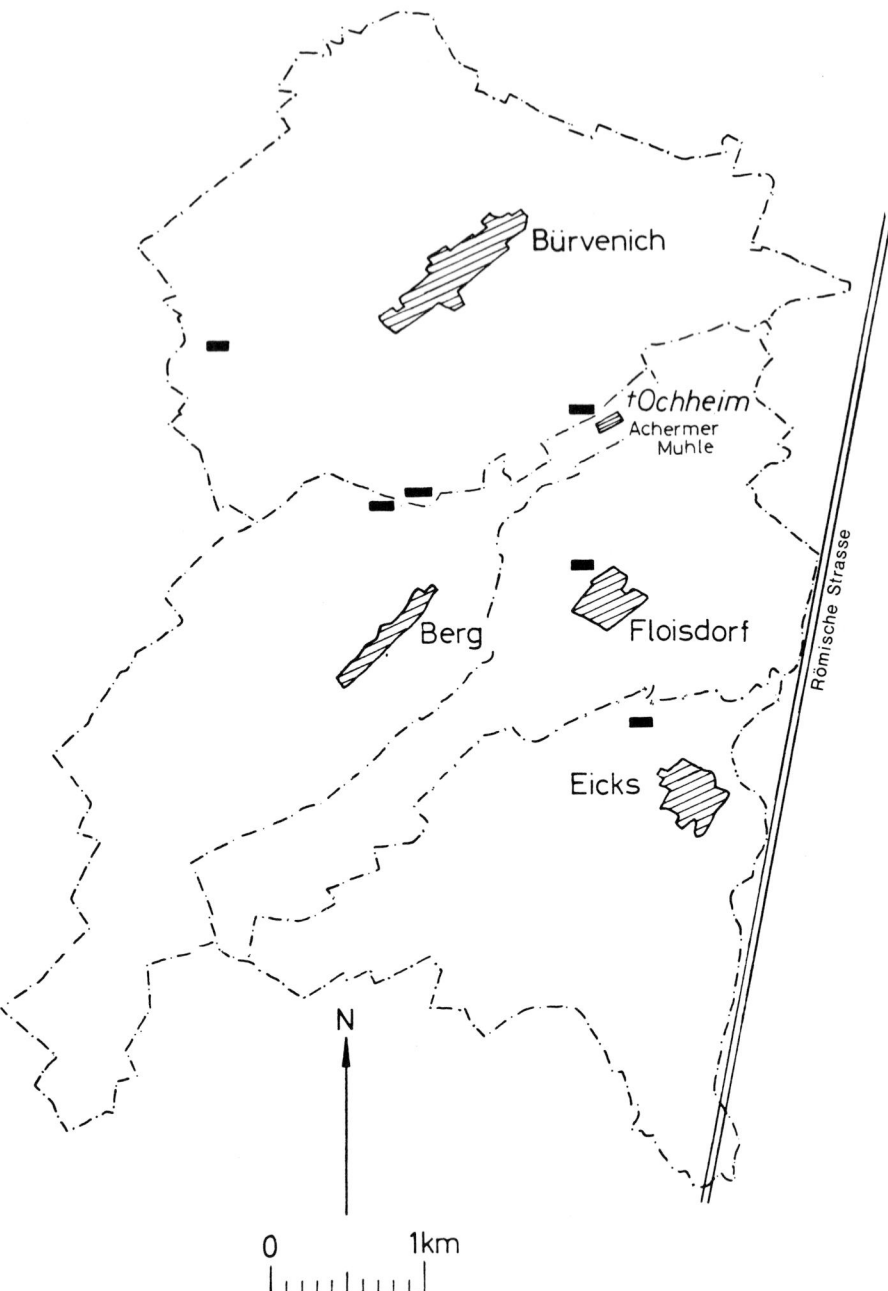

Abb. 3: Wüstung Ochheim, bestehende Siedlungen, Reihengräberfelder (schwarz) bei Floisdorf, Kreis Schleiden (nach W. Janssen).

ungewöhnliche Zählebigkeit des römischen Straßenrasters während der Merowingerzeit ist man sich bei vielen ehemaligen Römerstädten im Klaren. Als Beispiel sei die heutige Hohe Straße in Köln als die wichtigste Nord-Süd-Achse des
römischen Köln erwähnt, die auch in der Merowingerzeit ihre Bedeutung
behielt, wie auch andere Straßenzüge des römischen Köln. Das Maß dieser
Wegekontinuität von der Spätantike zum frühen Mittelalter wurde allerdings
gelegentlich überschätzt. Eine genaue Überprüfung der Befunde ergibt, daß
lediglich im Zentrum der römischen Stadt Köln einige Straßen weitergenutzt
wurden, jedoch in den Randbereichen während der Merowingerzeit und bis an
den Beginn der Karolingerzeit kaum mehr als „Trampelpfade" quer durch die
römischen Ruinen existierten. Eine neue Verkehrsstruktur bildete sich frühestens in karolingischer, wahrscheinlich aber erst in ottonischer Zeit[39]. An den
suburbanen Fortsetzungen der innerstädtischen Straßen entstanden in der
Merowingerzeit die wichtigsten merowingerzeitlichen Nekropolen, die sich
nicht selten um frühe christliche Kultbauten gruppierten (Abb. 4). Auch dieses
läßt sich in Köln paradigmatisch beobachten[40]. Analoge Verhältnisse liegen
aus vielen anderen Städten römischen Ursprungs vor, die keine Unterbrechung
der Besiedlung während der Merowingerzeit erlitten, wie etwa Regensburg,
Bonn, Trier, Tours, Paris, um nur einige zu nennen. Ein Einzelnachweis für die
Übereinstimmung des früh- und hochmittelalterlichen Straßennetzes mit der
vorausgegangenen römischen Topographie kann an dieser Stelle nicht geführt
werden. Der Kölner Trümmerwüste kann man wohl mit einigem Recht die
römischen Ruinen Roms im 14. Jahrhundert zur Seite stellen, wie sie Francesco
Petrarca und Giovanni Colonna noch 1341 erlebten[41].

Um ungerechtfertigte Verallgemeinerungen hinsichtlich der Weiternutzung
innerstädtischer Verkehrswege zu vermeiden, ist eine spezielle Analyse für jede
ehemalige römische Stadt nötig.

Von den Verhältnissen innerhalb der ehemaligen römischen Städte ist die
Verkehrsentwicklung in deren Vorland zu unterscheiden; denn hier lagen in
frühmittelalterlicher Zeit andere Siedlungs- und Landnutzungsbedingungen
als im innerstädtischen Trümmerfeld vor. Sicher wird man heute nicht mehr
so weit gehen wollen, die großen Fernstraßen im Vorfeld der römischen Städte
zugleich auch als Hauptachsen des ländlichen Raumgefüges, etwa als Bezugs-
achsen für Limitations- und Centurationssysteme ansehen zu wollen, wie dies
beispielsweise Klinkenberg für Köln getan hat[42]. Derartige Funktionen der

---

[39] H. Hellenkemper, E. Meynen, Deutscher Städteatlas, hrsg. v. H. Stoob, Lieferung Nr. 6, 1979: Köln (Dortmund 1979).
[40] H. Steuer, Die Franken in Köln (Köln 1980) mit Übersichtskarten im Umschlag
vorne und hinten.
[41] Brief von Francesco Petrarca an seinen Freund Giovanni Colonna aus dem Jahre 1341.
Zitiert bei A. Borst, Lebensformen im Mittelalter (Frankfurt a.M. 1985) 41—43.
[42] J. Klinkenberg, Die Stadtanlage des römischen Köln und die Limitation des Ubier-
landes. — Bonner Jahrb. 140/141, 1936, 259 ff. — Einen Überblick über das Problem bietet:
U. Heimberg, Römische Flur und Flurvermessung. In: Untersuchungen zur eisenzeitlichen
und frühmittelalterlichen Flur in Mitteleuropa und ihrer Nutzung. Abhandl. d. Akad. d.
Wissensch. in Göttingen, Phil.-Hist. Kl. 3. Folge, Nr. 115 (Göttingen 1975) 139—195.

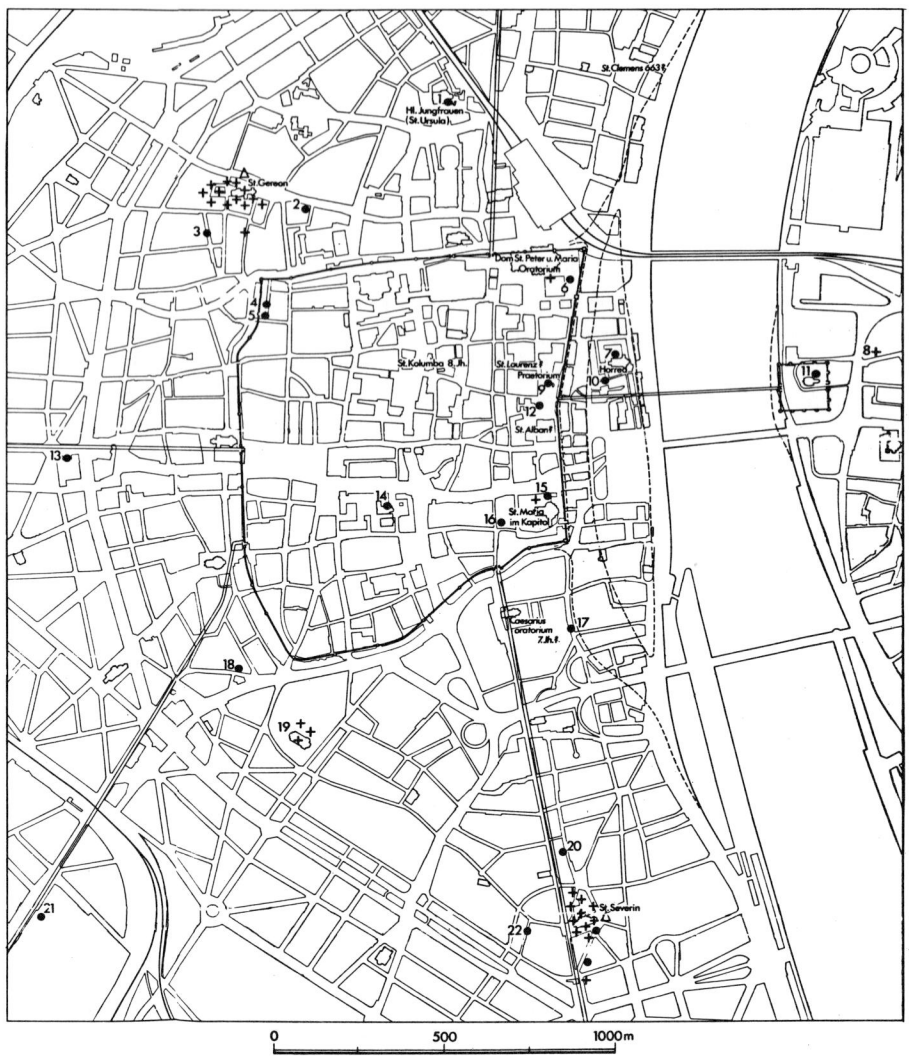

Abb. 4: Köln zur Merowingerzeit (nach H. Steuer). Es bedeuten:
Kreuze = Gräber. Offene Dreiecke = Grabinschriften. Punkte = Einzelfunde.

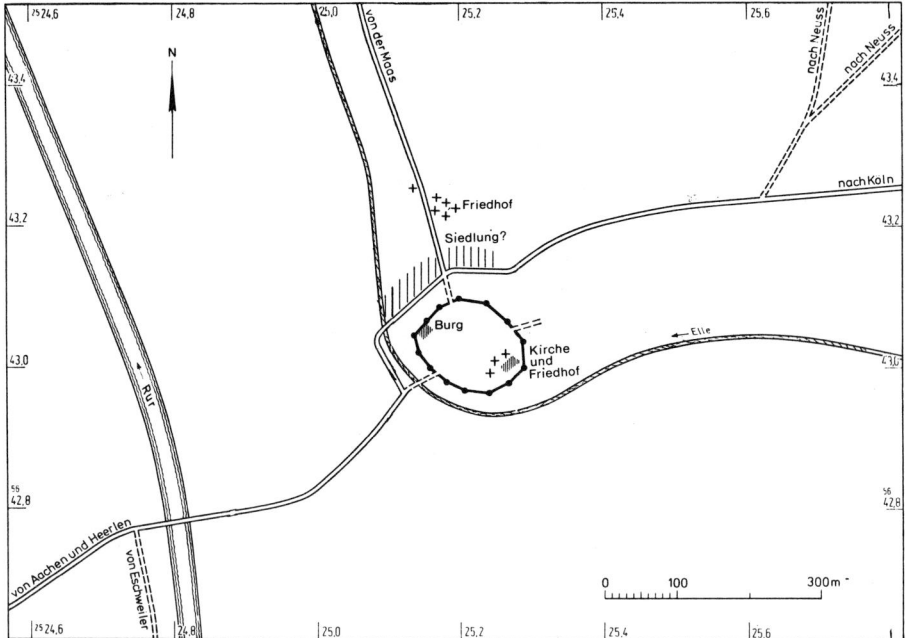

Abb. 5: Jülich in fränkischer Zeit (nach P. J. Tholen).

Fernstraßen sind allein für die römische Zeit archäologisch bisher nicht nachgewiesen worden; und noch zweifelhafter erscheint es, ob sie im frühen Mittelalter fortgedauert und ähnliche Funktionen erfüllt haben könnten.

Die ländlichen Kleinsiedlungen der römischen Zeit, etwa die vici[43], erweisen sich öfter als Elemente der Verkehrskontinuität zum frühen Mittelalter. Vielfach am Schnittpunkt von drei oder mehr römischen Fernstraßen gelegen, in der Spätantike zu starken Festungen ausgebaut, überleben sie, sowohl was die Besiedlung als auch, was das Verkehrswegesystem angeht, mühelos bis ins frühe Mittelalter. Als charakteristische Beispiele für derartige Abläufe seien etwa Iuliacum—Jülich (Abb. 5)[44], Beda-Vicus — Bitburg[45], Tolbiacum — Zülpich[46] oder aber in Gallien ein Fall wie Senlis genannt. In allen diesen Orten führen die Straßen und Wege sternförmig auf die römischen vici zu, und

---

[43] H. v. Petrikovits, Kleinstädte und nichtstädtische Siedlungen im Nordwesten des römischen Reiches. In: Das Dorf der Eisenzeit und des frühen Mittelalters. Siedlungsform — wirtschaftliche Funktion — soziale Struktur. Abhandl. d. Akad. d. Wiss. in Göttingen. Phil.-Hist. Klasse, 3. Folge (Göttingen 1977) 86—135.

[44] P. J. Tholen, Iuliacum-Jülich. Eine topographische Studie. Bonner Jahrb. 175, 1975, bes. S. 246 mit Abb. 4 und s. 248 mit Abb. 5.

[45] J. Steinhausen, Archäologische Karte der Rheinprovinz. Ortskunde Trier-Mettendorf (Bonn 1932) 26 ff. mit Abb. 5.

[46] K. Böhner, Siedlungen des frühen Mittelalters am Nordostrand der Eifel. Führer zu vor- und frühgeschichtlichen Denkmälern Bd. 25 (Mainz 1974) 111 ff.

die gleiche Verkehrssituation hat sich durch das gesamte Mittelalter hinweg bis in die Neuzeit erhalten. Leider kann ich aus Platzgründen keine Einzelnachweise für die Fortdauer römischer Verkehrswege im Bereich ländlicher Kleinsiedlungen bis ins Mittelalter bringen.

Die bisherigen Beobachtungen an innerörtlichen Wegen und Straßen frühmittelalterlicher Siedlungen mögen aber gezeigt haben, daß auch der Straßen- und Wegeverlauf außerhalb der Siedlungen in den Weiten des flachen Landes für unsere Fragestellungen von Belang ist. Auch hier wird man wiederum fragen müssen, in welcher Weise im offenen Land, außerhalb der Siedlungen, römische Fernstraßen einerseits in ihrer Verkehrsfunktion, andererseits als Elemente der historischen Raumgliederung im Frühmittelalter intakt geblieben sind. Wir können beides feststellen: die völlige Aufgabe römischer Fernstraßenzüge im Mittelalter und ihre Substituierung durch andere, neu angelegte Straßen und Wege; andererseits aber auch ihre Beibehaltung als Verkehrsadern und die Ausrichtung der mittelalterlichen Parzellengliederung auf diese alten Leitlinien.

Ohne Beibehaltung ihrer Verkehrsfunktion und vergessen als Leitlinie des historischen Raumgefüges erscheint nach einem Luftbild von O. Braasch eine römische Straße bei Schwabmünchen im Lkr. Augsburg (Abb. 6)[47]. Im Luftbild sind deutlich die beiden Straßengräben der römischen Fernstraße kenntlich geblieben, die Cambodunum (Kempten) mit der raetischen Provinzhauptstadt Augusta Vindelicorum (Augsburg) verband. Sie hat offensichtlich mit dem neuzeitlichen, aber auch mit dem mittelalterlichen Parzellengefüge nichts mehr zu tun, durchschneidet es willkürlich und ohne Rücksichtnahme. Ein gegenteiliger Befund liegt bei der römischen Straße bei Preith im Lkr. Eichstätt vor, die ebenfalls aus der Luft entdeckt und dokumentiert wurde[48]. Sie verband das römische Biriciana (Weißenburg) mit dem Kastell Vetonianis (Pfünz). Ursprünglich nahmen Feldeinteilungen, Wegeführungen und Parzellengrenzen sehr wohl auf die alte Leitlinie, welche die römische Straße bot, Rücksicht, und man muß annehmen, daß deren Verkehrsfunktion erhalten geblieben war und am Horizont durch den Ort Preith führte. Einen ähnlichen Befund registrieren wir im Raum Weißenburg (Mittelfranken), wo eine mittelkaiserzeitliche römische Straße in ihrer Funktion erhalten geblieben ist und wo mittelalterliche Wegeführungen und Flurgrenzen auf die ehemalige Römerstraße orientiert sind. Auch ein Abschnitt der römischen Straße zwischen Kösching und Pförring im Lkr. Eichstätt (Oberbayern) dürfte, wie ein entsprechendes Luftbild ausweist, als Verkehrsader des Früh- und Hochmittelalters intakt geblieben sein, auf die sich Wege und Feldraine ausrichteten. Ein weiterer derartiger Befund liegt aus dem Gebiet unweit des Kastells Ellingen (Mittelfranken) vor. Aus dem Rheingebiet ließen sich auf Grund der Untersuchungen von Joseph Hagen über die Römerstraßen der Rheinprovinz zahlreiche weitere Beispiele

---

[47] R. Christlein, O. Braasch, Das unterirdische Bayern (Stuttgart 1982) 176 f.
[48] Christlein, Braasch (wie Anm. 47) 178 f.

Abb. 6: Teil der Römerstaße zwischen Kempten (Campodunum) nach Augsburg (Augusta Vindelicorum). Umgezeichnet nach einem Luftbild von R. Christlein und O. Braasch durch P. Neckermann.

beibringen[49]. Von ihnen sei nur die Köln nach Westen verlassende Römerstraße Köln-Bavai über Jülich erwähnt, deren Verkehrsfunktion bis in die Neuzeit erhalten blieb[50]. Im Gegensatz zu anderen frühmittelalterlichen Wegen
war diese Straße gepflastert; ihre Straßendecke wurde mehrfach erneuert. In
der Merowingerzeit schied diese offensichtlich noch in Betrieb befindliche
Straße die nördlich von ihr liegenden fruchtbaren Lößgebiete mit früher fränkischer Besiedlung von den südlich an sie anschließenden Großwäldern des
Hambacher Forstes, der zwar römerzeitlich dicht besiedelt war, am Ende der
Antike aber durch Auflassung der römischen und Fernbleiben der fränkischen
Siedlungen entstanden war (Abb. 7).

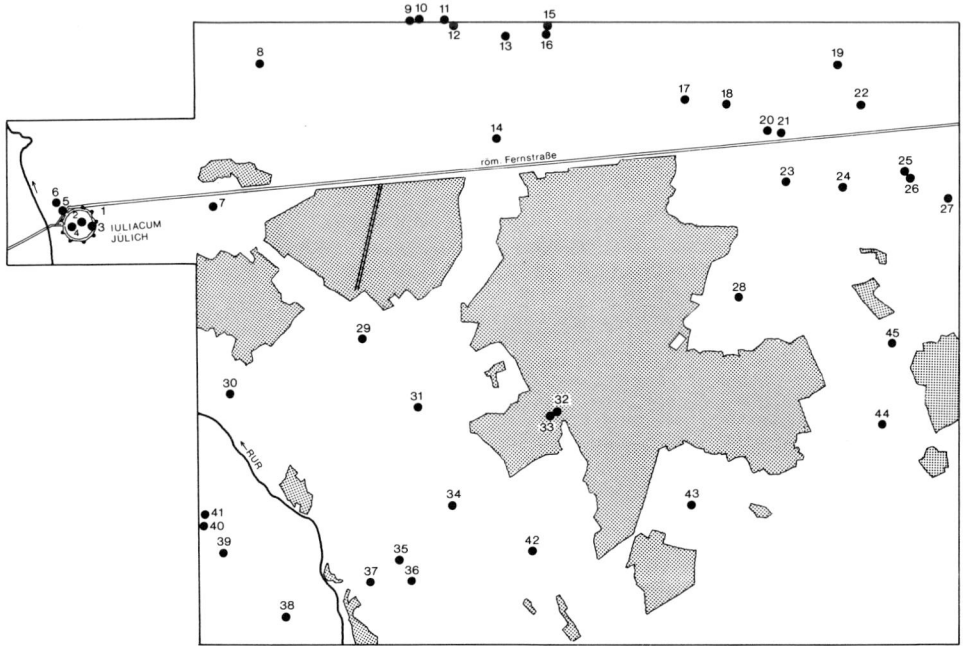

Abb. 7: Verbreitung merowingerzeitlicher Gräberfelder und Ortsnamen
im Gebiet des Hambacher Forstes (nach W. Janssen).

[49] O. Braasch, R. Christlein, Die Römerstraße zwischen Kösching und Pförring,
Landkreis Eichstätt/Obb. In: Das Archäologische Jahr in Bayern 1980, 110f. — H.
Koschik, Das Kastell Ellingen, Ldkr. Weißenburg-Gunzenhausen/Mfr. A.a.O. 116f.
[50] W. Janssen, Römische und frühmittelalterliche Landerschließung im Vergleich.
In: Villa-Curtis-Grangia, Landwirtschaft zwischen Loire und Rhein von der Römerzeit
zum Hochmittelalter, hrsg. v. W. Janssen u. D. Lohrmann (München, Zürich 1983)
mit Abb. 1 u. 2.

Die Nutzungskontinuität römischer Straßen bis ins frühe und hohe Mittelalter braucht nicht immer längere Abschnitte solcher Kunstbauten zu umfassen; sie kann sich auch auf einzelne Abschnitte oder bestimmte Punkte beschränken. Herausgehobene Punkte dieser Art stellen beispielsweise Flußübergänge mit Furten oder Brücken dar. Wer wollte ernstlich bezweifeln, daß die Trierer Moselbrücke nicht auch in der Merowingerzeit ihre Funktionen wie in römischer Zeit ungebrochen erfüllt hat? Ein nicht gerade häufiger Fall römisch-mittelalterlicher Straßen- und Brückenkontinuität ist im Gebiet südlich von Novaesium-Neuss nachzuweisen, wo im Altertum bei Grimlinghausen die Erft von Westen her in den Rhein mündet[51]. Hier gab es eine römische Brücke über die Erft, über welche die Fernstraße von Köln nach Neuss führte (Abb. 8).

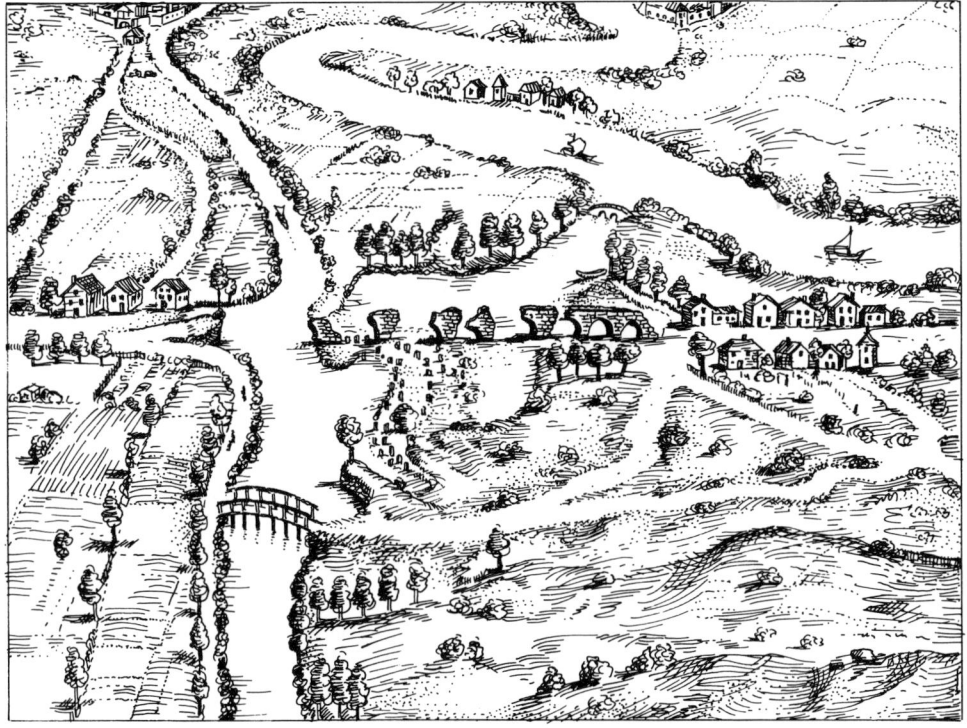

Abb. 8: Die südliche Umgebung von Neuss mit den Trümmern der 1586 zerstörten Römerbrücke bei »Grimlinghauserbrücke«.
Nach einem Aquarell des 17. Jh. im Stadtarchiv Neuss.

---

[51] P. S t e n m a n s, Das erste Jahrtausend Neusser Geschichte. In: Neuss im Wandel der Zeiten (2. Aufl. (Neuss 1970) bes. 26 f. mit Abb. 14.

Sie war aus Trachyt und Tuffsteinen errichtet, hatte auf dem linken Erftufer eine Rampe und führte im Bogen über den Fluß. Sie stand auf acht oder neun Pfeilern und führte ein gutes Stück als Viadukt durch das Überschwemmungsgebiet der Erft. Sowohl archäologische Beobachtungen als auch Abbildungen aus dem 16. Jahrhundert geben uns eine recht präzise Vorstellung von diesem bedeutenden Kunstbauwerk aus der römischen Epoche, durch welches die Linienführung der Nord-Süd-Fernverkehrsstraße von Neuss nach Köln durch das ganze Mittelalter hindurch bis in die frühe Neuzeit fixiert war. Die Brücke wurde erst 1586 im Truchsessischen Krieg von königlich-spanischen Truppen gesprengt; ihre Pfeiler wurden 1680/81 auf Abbruch verkauft. Damit war die römische Route unbenutzbar geworden. Ein mühseliger Abzweig von der römischen Straße nach Westen und ein bescheidener Übergang ein wenig weiter südlich über die Erft mußten hinfort die mehr als 1000-jährige Linienführung ersetzen.

Bei der Durchsicht von archäologischen Untersuchungen an römischen Straßen und Wegen fällt immer wieder auf, daß es fast nur schmale Schnitte durch die Straßenkörper gibt. Es fehlen Freilegungen größerer Abschnitte, die es erlauben würden, auch lokale Verlegungen und Reparaturen oder Erneuerungen von Straßen zu ermitteln. Einen in diese Richtung weisenden unveröffentlichten archäologischen Befund verdanke ich Herrn Dr. Ludwig Wamser vom Bayerischen Landesamt für Denkmalpflege, Außenstelle Würzburg, der 1976 südlich von Weißenburg bei Treuchtlingen—Schambach eine römische Fernstraße schnitt und samt den begleitenden Straßengräben untersuchte[52]. Unmittelbar neben der römischen Straße wurde eine germanische Siedlung des 4. Jahrhunderts mit Tonware des Typs Friedenhain und mit Fibeln des Typs Almgren VI entdeckt. Sie lag in unmittelbarer Nachbarschaft einer ebenfalls lokalisierten römischen Villa rustica; zur Siedlung muß ein Gräberfeld gehört haben, von dem drei Körpergräber geborgen wurden. Unter ihren Beigaben befindet sich die typische germanische Ware des 4. Jahrhunderts mit Glättmuster. Im nahegelegenen Straßenkörper der römischen Straße, die zu dieser Zeit infolge der Südverlegung des römischen Limes im Gefolge der Alamanneneinfälle bereits zur Germania libera zählte, wurde nun sowohl in der Straßendecke als auch unter der Steinpflasterung germanische Keramik vom Typ Friedenhain in größeren Mengen vorgefunden, vermischt übrigens mit großen Mengen von tierischen Wirbelknochen und mit Massen von Eisenschlacken, welche die Füllung des Straßenkörpers ausmachten. Man wird den Befund wahrscheinlich als einen Beweis für eine absichtliche Reparatur der römischen Fernstraße durch die Bewohner der unmittelbar daneben gelegenen germanischen Ansiedlung des 4. Jahrhunderts interpretieren müssen. An der Funktionstüchtigkeit der Straße mußte im 4. Jahrhundert besonderes Interesse bestehen, weil zur gleichen Zeit die nahegelegenen Eisenerzvorkommen der sog. Osternoher Lösung ausgebeutet worden sein dürften. Es ist dies einer der

---

[52] Herrn Dr. Ludwig Wamser, Bayerisches Landesamt f. Denkmalpflege, — Bodendenkmalpflege —, Außenstelle Würzburg, bin ich zu Dank für diese Informationen verbunden. Die Befunde sind noch unveröffentlicht.

äußerst seltenen archäologischen Befunde für eine Reparatur einer römischen Fernstraße durch nachfolgende nichtrömische Siedler. Der Befund wird zusammen mit den Ergebnissen einer neuerlichen Grabung in Treuchtlingen-Schambach durch einen Schüler von Herrn Kollegen Torbrügge veröffentlicht werden. Erst dann wird man den interessanten Befund abschließend beurteilen dürfen.

Die vorgeführten Beispiele belegen zweifelsfrei, daß es in nachrömischer Zeit durchaus einen Bedarf an Kunststraßen gegeben hat, die mit Wagen befahrbar waren. Dieser Bedarf mag in seinem Umfange wesentlich geringer gewesen sein als in der römischen Antike und in seiner wirtschaftlichen Bedeutung auf die einfachen Transportbedürfnisse ländlicher Siedlungsgemeinschaften reduziert gewesen sein. Dieses dürfte der Grund dafür gewesen sein, daß zumindest archäologisch für das Frühmittelalter ein Bau von Kunststraßen nicht erweislich ist. Mit der Weiternutzung des römischen Straßennetzes waren die Transportbedürfnisse des frühmittelalterlichen Wirtschaftslebens offenbar ausreichend sichergestellt.

3.2 Die Verkehrswege zu Wasser

Gütern, die wegen ihrer Zerbrechlichkeit (Glas, Keramik) oder wegen ihres hohen Gewichtes (Steine, z.B. merowingische Sarkophage) nicht für einen Transport zu Lande geeignet waren, stand auch in der Merowingerzeit der Wasserweg offen. Wir beschränken unsere Betrachtungen zu dieser Frage auf die Binnengewässer des mitteleuropäischen Raumes nordwärts der Alpen. Für die Seeschiffahrt im Mittelmeer ist das starke Fortwirken römischer, insbesondere auch byzantinischer Schiffstraditionen hervorzuheben. Im Gegensatz zum Hochmittelalter ist ein archäologischer Nachweis intensiver Nutzung der Flußschiffahrt für Handelszwecke während der Merowingerzeit nur schwer und unter besonderen Verhältnissen möglich. Ein merowingerzeitlicher Rheinhafen wird für Freiweinheim bei Ingelheim, unweit der späteren Pfalz, als gesichert angenommen. Allerdings sind nicht etwa die Hafenanlagen selbst nachgewiesen, sondern das Vorhandensein eines Hafens wird auf Grund topographischer Gegebenheiten und besonderer Grabfunde angenommen. Auch Andernach wird landläufig als merowingischer Hafenort mit römischer Tradition angesehen, von dem aus die frühmittelalterlichen Töpfererzeugnisse von Mayen verschifft worden sein sollen.

Im übrigen wird man auch für die Hafenanlagen in vielen Fällen eine Weiterbenutzung römischer Anlagen voraussetzen müssen, wie dies auch bereits von D. Ellmers angenommen worden ist[53]. Ellmers' Vermutung, es habe vor den uferseitigen Umwehrungen der römischen Städte frühmittelalterliche Händlersiedlungen mit fest installierten Läden gegeben, hat einiges für sich, kann vorerst jedoch nicht durch entsprechende archäologische Befunde

---

[53] D. E l l m e r s , Frühmittelalterliche Handelsschiffahrt in Mittel- und Nordeuropa. Offa-Bücher Bd. 28 (Neumünster 1972).

gestützt werden. Insgesamt kann man auch heute noch H. Aments auf das Buch von A.C. Leighton, Transport und Communication in Early Medieval Europe AD 500—1100 (1972) gemünztes Wort unterstreichen: „Zugegebenermaßen fällt es schwer, einschlägige und direkt aussagefähige archäologische Quellen (zum Thema von Leightons Buch) namhaft zu machen"[54]. Nach wie vor belegen also nicht archäologische, sondern poetische Quellen wie etwa Ausonius die Bedeutung der Flüsse für den Personen- und Güterverkehr in der Merowingerzeit. Von karolingerzeitlichen Häfen wird im letzten Kapitel dieser Abhandlung noch kurz die Rede sein, weil die Situation der Karolingerzeit doch in vielerlei Hinsicht von den merowingerzeitlichen Verhältnissen abweicht.

Nicht alle Erzeugnisse der frühmittelalterlichen Wirtschaft waren allerdings so handlich, klein und leicht zu transportieren wie die Produkte des frühmittelalterlichen Feinschmiedehandwerks, die gemeinhin als typisch für Fernhandel und Naturalwirtschaft dieser Epoche angesehen werden. Werkzeuge, Rohmaterialien, Halbfertigwaren und Fertigprodukte fanden bekanntlich bequem im Gepäck eines reisenden Wanderhandwerkers Platz, welchen Verkehrsweg und welche Verkehrsmittel er auch immer zu seinen Auftraggebern gewählt haben mag. Da gab es aber auch viel schwerere, sperrige Produkte der frühmittelalterlichen Wirtschaft, deren Transport, z.T. über ziemlich große Strecken, schon einigen Aufwand an Transportwegen und Transportmitteln erforderte. Ich denke an die Steinsarkophage, die vor allem in frühmittelalterlichen Gräberfeldern des westlichen Frankenreiches in großer Zahl erscheinen. Zwischen Verwendungsort und Herstellungsort sowie Gewinnungsstätte des Steinmaterials liegen, wie G.-R. Delhaye und J.-F. Baratin unlängst gezeigt haben, z.T. beträchtliche Entfernungen[55]. Diese Sarkophage wurden massenhaft produziert und verwendet. Von 463 bekannten merowingerzeitlichen Nekropolen in den Gebieten Poitou-Charentes-Vendée enthielten 338 mehr oder weniger zahlreiche Kalksteinsarkophage[56]. Mit einer Massenproduktion muß also gerechnet werden. Die Entfernungen zwischen den Herkunftsorten des dafür notwendigen Kalksteins und den Gräberfeldern werden von Kennern in drei Kategorien eingeteilt:

(1)   Örtliche Verwendung und Steingewinnung sehr nahe beieinander: Transporte über Entfernungen von 0—10 km (Abb. 9)[57].

---

[54] H. Ament, Archäologie des Merowingerreiches. Literaturbericht 1972. 53. Ber. der Römisch-Germanischen Kommission 1972, 328.

[55] J.-F. Baratin, Les sarcophages ornés ou non du Loiret. Origine des matériaux. Actes du 98è Congrès national des Sociétés savantes, Saint-Etienne 1973. In: Archéologie et Histoire de l'Art 1973, 181—190. — Marie-Lise Quessot-Lemoine, A propos des nécropoles Mérovingiennes de Poitou-Vendee: La question du transport des sarcophages de pierre hors de leurs zones de fabrication. In: Association Française d'Archéologie Mérovingienne, Bull. de Liaison 1979, Nr. 1, 58—64; wichtig vor allem die Karten S. 60—63. — G. R. Delahaye, Les sarcophages ornes de bancles da stries gravees d'obliquite alternee. A.a.O. 64—68. — Ders., Production, diffusion et commercialisation des sarcophages de pièrre mérovingiens. A.a.O. 1982, Nr. 6, 50—53 mit Lit.

[56] M.-L. Quessort — Lemoine (wie Anm. 55) 59.

[57] M.-L. Quessort — Lemoine (wie Anm. 55) 61 ff.

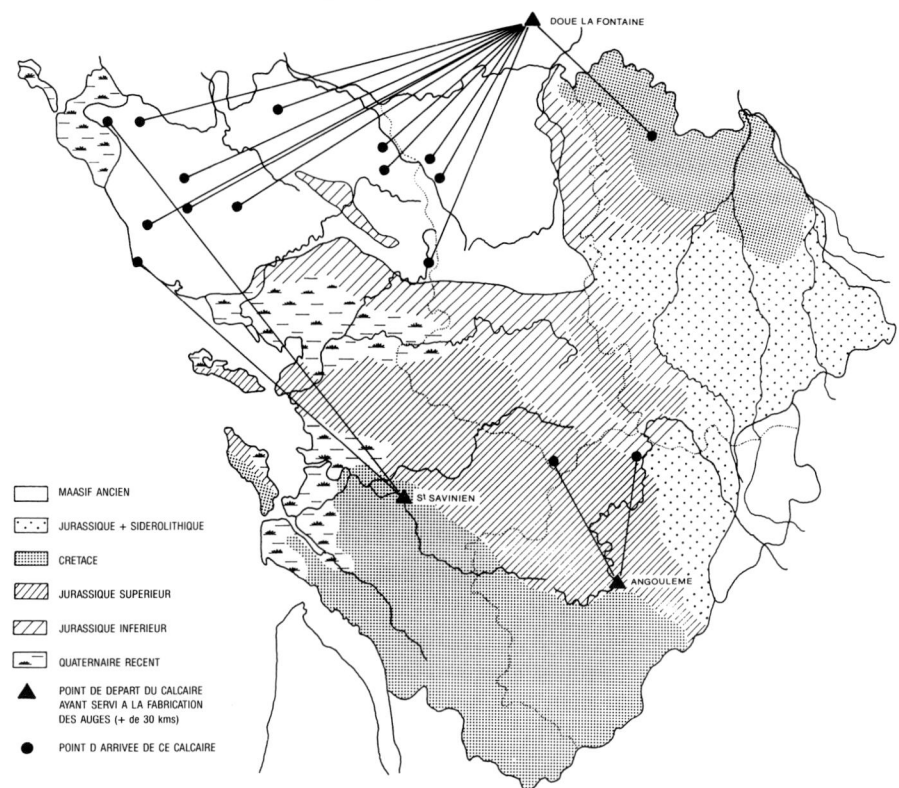

Abb. 9: Gewinnung von Kalkstein zur überregionalen Sarkophagproduktion.

(2) Beschaffung des Kalksteins aus der Region: Transporte über Entfernungen zwischen 10 und 30 km, was ja auf jeden Fall auch einen Landtransport auf Wagen voraussetzt (Abb. 10).

(3) Entfernte Lage der Gewinnungsstätten des Kalksteins: Transporte über mehr als 30 km Entfernung: So erreichte u.a. Kalkstein aus den nordwestfranzösischen Brüchen um Dué-la-Fontaine ein Verwendungsgebiet in der Vendée weit südlich der Loiremündung, das in Luftlinie mehr als 200 km vom Herstellungszentrum entfernt ist. Aus dem Gebiet um Saintes an der Charente stammen die Rohmaterialien für Sarkophage, die mehr als 300 km weiter nordwestlich, im Gebiet von Nantes, beigesetzt wurden (Abb. 11).

Die Beispiele dieser Art ließen sich vermehren. Sie belegen zweifelsfrei einen über weite Entfernungen hinweg operierenden Handel mit Kalkgesteinen ganz verschiedener Herkünfte, die durch Werkstätten in den hauptsächlichen Verwendungsgebieten abschließend für Sarkophage bearbeitet wurden und dann in den Nekropolen beigesetzt wurden. Dieser umfangreiche Steinhandel und

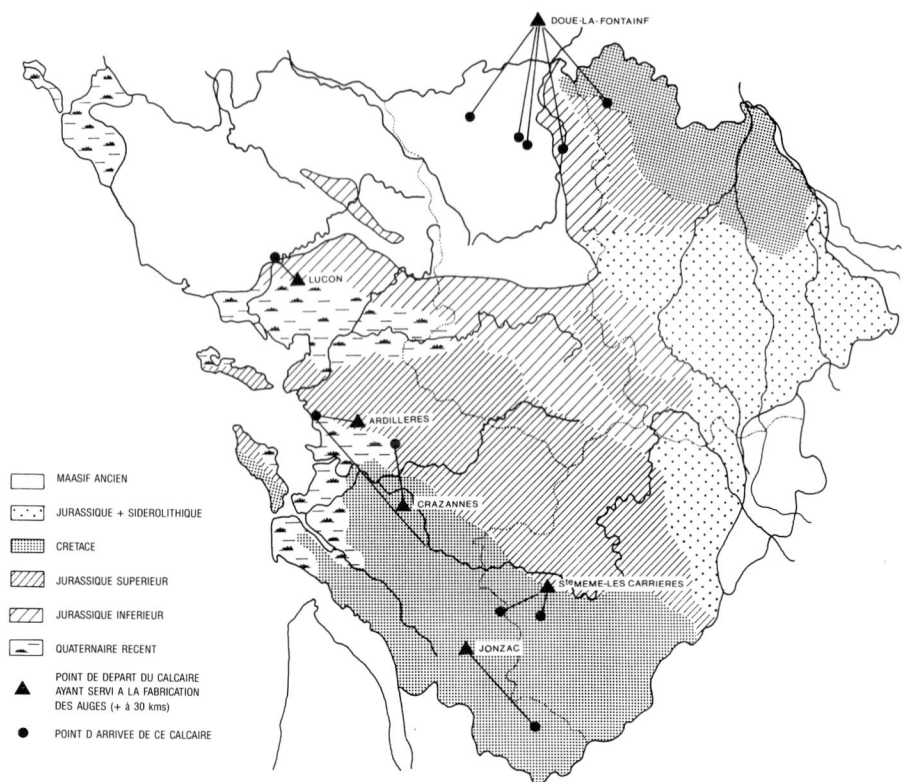

Abb. 10: Gewinnung von Kalkstein zur regionalen Sarkophagproduktion.

-transport dürfte sich in erster Linie auf dem Wasserwege abgespielt haben. Im regionalen Bereich hingegen auf Entfernungen von 10—30 km müssen, da nicht immer schiffbare Wasserwege vorhanden waren, auch Transporte über Land mit Roß bzw. Ochsen und Wagen stattgefunden haben. Wäre dieses nicht der Fall gewesen und wollte man ausschließlich den Wasserweg als Transportweg zulassen, so müßten die Verwendungsorte der Steinsarkophage ja eindeutig an schiffbaren Gewässern liegen, was aber keineswegs der Fall ist. Andererseits ist es gewiß kein Zufall, daß die Gewinnungsgebiete mit nahen Seehäfen, also der Raum um Dué-la-Fontaine und das Gebiet um Saintes, Fernbeziehungen in der Verbreitung ihres Steinmaterials aufweisen, während die Steine des Gewinnungsgebietes um das binnenländische Angoulême lediglich über 70—80 km Entfernung zu verfolgen sind. Hier zeigen sich ganz deutlich die Standortnachteile, die eine binnenländische Steinproduktion während der Merowingerzeit gegenüber den küstenorientierten Produktionsstätten in Kauf zu nehmen hatte. Nur am Rande sei erwähnt, daß Paris offensichtlich eine Schlüsselstellung innehatte, was die Verarbeitung nordwestfranzösischen Kalksteins zu Sarkophagen angeht. Besonders an bestimmten Dekorations- und

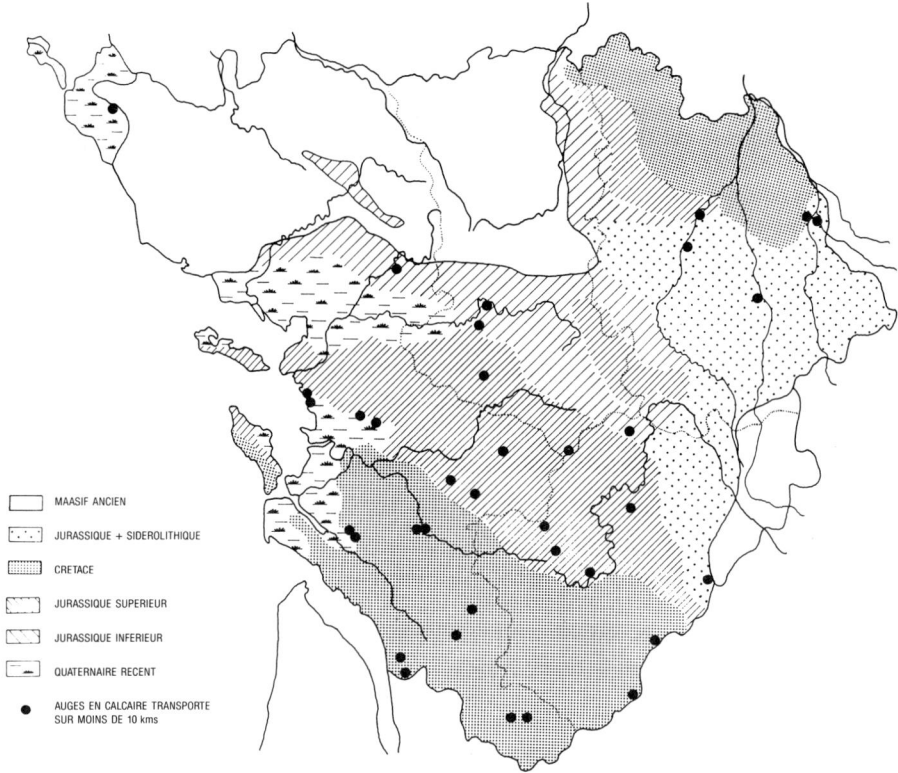

MAASIF ANCIEN

JURASSIQUE + SIDEROLITHIQUE

CRETACE

JURASSIQUE SUPERIEUR

JURASSIQUE INFERIEUR

QUATERNAIRE RECENT

● AUGES EN CALCAIRE TRANSPORTE
SUR MOINS DE 10 kms

Abb. 11: Gewinnung von Kalkstein zur lokalen Sarkophagproduktion.

Schmuckmotiven, die an solchen Sarkophagen immer wieder auftauchen, ist die „Handschrift" von Herstellern in und um Paris sehr deutlich zu erkennen[58]. Man darf also vielleicht annehmen, daß das Rohprodukt Kalkstein in dieser Form Seineaufwärts überhaupt nur bis nach Paris gelangte, dort zu Sarkophagen verarbeitet wurde und in Form fertiger Sarkophage an die Abnehmer bis südlich der Loire wieder Seineabwärts und Loireaufwärts verschifft wurde.

Die westfränkische Sarkophagproduktion bildet also einen für die frühmittelalterliche Handels- und Verkehrsgeschichte besonders günstigen und aussagekräftigen Sonderfall, an dem sich ausnahmsweise einmal Schiffstransporte und Landtransporte von schweren Massengütern exemplarisch verfolgen lassen. Außerdem darf natürlich neben dem Ferntransport der kräftig blühende Regionaltransport von Steinmaterial und Sarkophagen und auch die örtliche Steingewinnung für Sarkophage nicht außer Acht gelassen werden. Beide

---

[58] Delahaye (wie Anm. 55).

Spielarten des Steinhandels erweisen sich für unsere handels- und verkehrsgeschichtlichen Überlegungen deshalb von großem Wert, weil wir ja manchmal
sehr leicht dazu neigen, die Fernhandelswege und den durch sie bestimmten
weiträumigen Radius der Warenverteilung allein zur Kenntnis zu nehmen, ihn
überzubewerten und den örtlichen Handel nicht genügend zu würdigen. Der
frühmittelalterliche Konsument hatte eben, wenn auch in vielleicht geringerem
Maße als der spätrömische, durchaus die Möglichkeit, seine Anforderungen an
den Markt für Konsumgüter aus allen möglichen Quellen zu befriedigen, aus
solchen seines eigenen Wohnortes, aus solchen der näheren Umgebung und
schließlich auch aus solchen des Fernhandels. Insofern bieten die Erkenntnisse
über die merowingerzeitliche Steinproduktion und den Handel mit Sarkophagen allen Anlaß, die Verhältnisse so differenziert wie nur eben möglich zu
betrachten. Für unser Thema „Reiten und Fahren" entnehmen wir den archäologischen Beobachtungen die Gewißheit, daß wohl kaum schwere Kalksteine
oder Sarkophage mit Hilfe von Lasttieren auf schmalen Saumpfaden transportiert worden sind, sondern daß dazu einerseits nicht allzu leicht gebaute
Schiffe, andererseits Ochsen, Pferde und Wagen auf halbwegs passierbaren
Landwegen erforderlich waren.

Andere Massengüter, die zweifellos ähnliche Transportprobleme stellten,
lassen sich archäologisch nicht fassen. Dazu gehört beispielsweise die Gewinnung und der Transport von Bauhölzern aller Art, ferner die Gewinnung, Ver-
hüttung und Verarbeitung von Metallen. Über diese Massengüter wissen wir,
was ihren Transport von den Gewinnungsstätten zu den Verbrauchern angeht,
nur sehr wenig.

Frühmittelalterliche Handels- und Transportwege lassen sich aber auch an
keinem anderen Handelsgut so gut nachweisen wie an der karolingerzeitlichen
Keramik. Dank neuerer Studien[59] ist es heute möglich, den Weg dieses Han-
delsgutes vom Herstellungsort bis zu den Absatzmärkten im nördlichen
Europa zu verfolgen. Für dünnwandige, zerbrechliche Güter wie Keramik oder
auch für die karolingischen Gläser, die in Birka erscheinen, war der Handelsweg zur See der einzige, der sich anbot. Er kann in seiner Bedeutung gar nicht
überschätzt werden. Den gleichen Weg nahmen seit karolingischer Zeit rheinische Baustoffe in den Norden. Hier ist an rheinischen Tuff für den Kirchen-
bau, später auch an rheinische Basalte zu denken. Besonderer Beliebtheit
erfreuten sich im Norden fein gemaserte Kalkstücke, die den römischen Wasserleitungen des Rheingebietes entnommen und zu Bauteilen in Kirchen zweit-
verwendet wurden[60]. Auch sie gelangten, nicht zuletzt wegen ihrer Zerbrechlichkeit, zu Schiff in die nördlichen Absatzgebiete.

---

[59] W. Janssen, Die Importkeramik von Haithabu (Neumünster 1987).
[60] K. Grewe, Atlas der römischen Wasserleitungen nach Köln (Köln, Bonn 1986).
Darin S. 269 ff.: Die römische Eifelwasserleitung als Steinbruch des Mittelalters.

4. Die frühmittelalterlichen Verkehrsmittel

4.1 Die Verkehrsmittel zu Lande

4.1.1 Das Pferd

Vom Pferd kann an dieser Stelle nicht ausführlich gehandelt werden, weil dies den Rahmen dieser Abhandlung sprengen würde. Nur ausgewählte Probleme, die sich aus der neueren Forschung ergeben, sollen vorgetragen werden. Die Ergebnisse der bereits erwähnten Dissertation von Streubel[61], die sich vor allem auf schriftliche Quellen gründen, widersprechen den archäologischen Befunden nicht.

In Krieg und Frieden bedeutete das Pferd in den germanischen Gesellschaften der Völkerwanderungs- und Merowingerzeit das Mittel zur Mobilität schlechthin. Wer nur irgendwie freien oder adeligen Standes war, nannte mindestens ein Pferd, oft genug aber auch mehrere, gar viele, sein eigen. Nur bei unfreien Personen kann das nicht als selbstverständlich vorausgesetzt werden. Wer kein Pferd besaß, ging zu Fuß. Einige germanische Stämme waren wegen ihrer Pferdezucht berühmt, so etwa die Thüringer und die Sachsen. Bei letzteren vor allem stand, ebenso wie bei einigen südskandinavischen Stämmen, das Pferd in hohem Ansehen, indem es zum kultisch verehrten Tier wurde. Von der vorrömischen Eisenzeit im Norden kommt die Tradition der Pferdeopfer, die ungebrochen bis in die Merowingerzeit fortwirkt.

Für den Archäologen drückt sich die Hochschätzung des Pferdes als Kampfmittel einerseits und als Transportmittel andererseits in den sog. Pferdebestattungen zwischen dem 5. und dem 11. Jahrhundert n. Chr. aus (Abb. 12). M. Müller-Wille[62] untersuchte diese Zusammenhänge in seinem 1971 erschienenen Aufsatz über „Pferdegrab und Pferdeopfer im frühen Mittelalter". Pferdegräber erscheinen im größten Teil des frühmittelalterlichen Reihengräberkreises, gehäuft indessen im thüringischen, im sächsisch-friesischen, im alamannischen und im bajuwarischen Gebiet (Abb. 13)[63]. Pferdebestattungen können entweder im Zusammenhang mit Menschengräbern[64] oder auch allein liegend[65] vorkommen. In den Reihengräberfeldern des sächsischen, thüringischen und niederländischen Raumes ist die Beisetzung mehrerer, ja vieler Pferde auf einem Gräberfeld üblich. Dort lassen sich nicht selten auch mehrere Pferdebestattungen einer Menschenbestattung von gehobenem sozialem Rang zuordnen, wie etwa auf dem bekannten sächsischen Gräberfeld von Beckum II, wo zum Grab eines fürstlich ausgestatteten Adeligen nicht weniger als 10

[61] Streubel (wie Anm. 30).
[62] M. Müller-Wille, Pferdegrab und Pferdeopfer im frühen Mittelalter. B ROB 20/21, 1970/71, 119—248.
[63] M. Müller-Wille (wie Anm. 28) 123 Abb. 3.
[64] M. Müller-Wille (wie Anm. 28) 145 Abb. 16.
[65] M. Müller-Wille (wie Anm. 28) 144 Abb. 15.

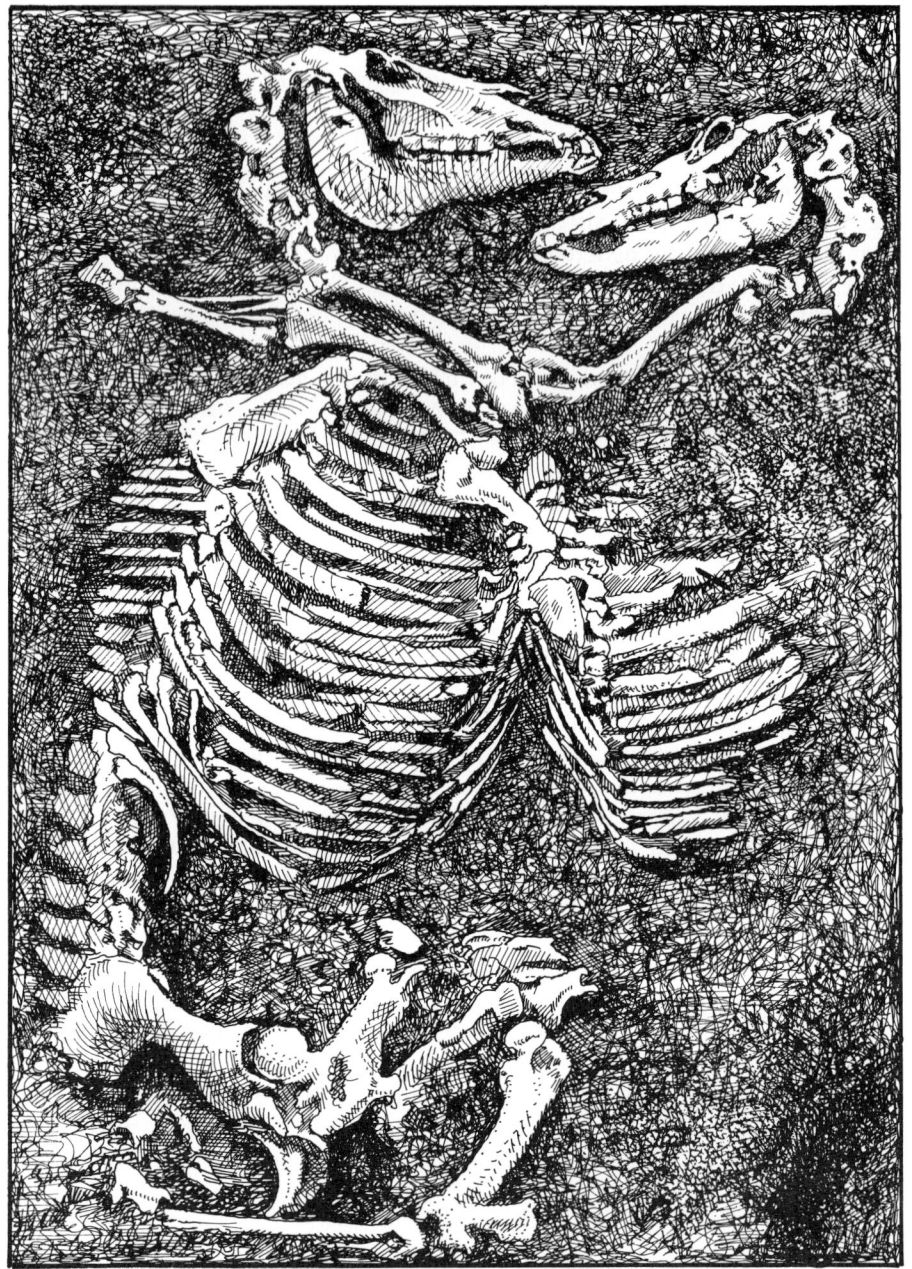

Abb. 12: Doppelbestattung von Pferden in Niederstotzingen, Grab 11.

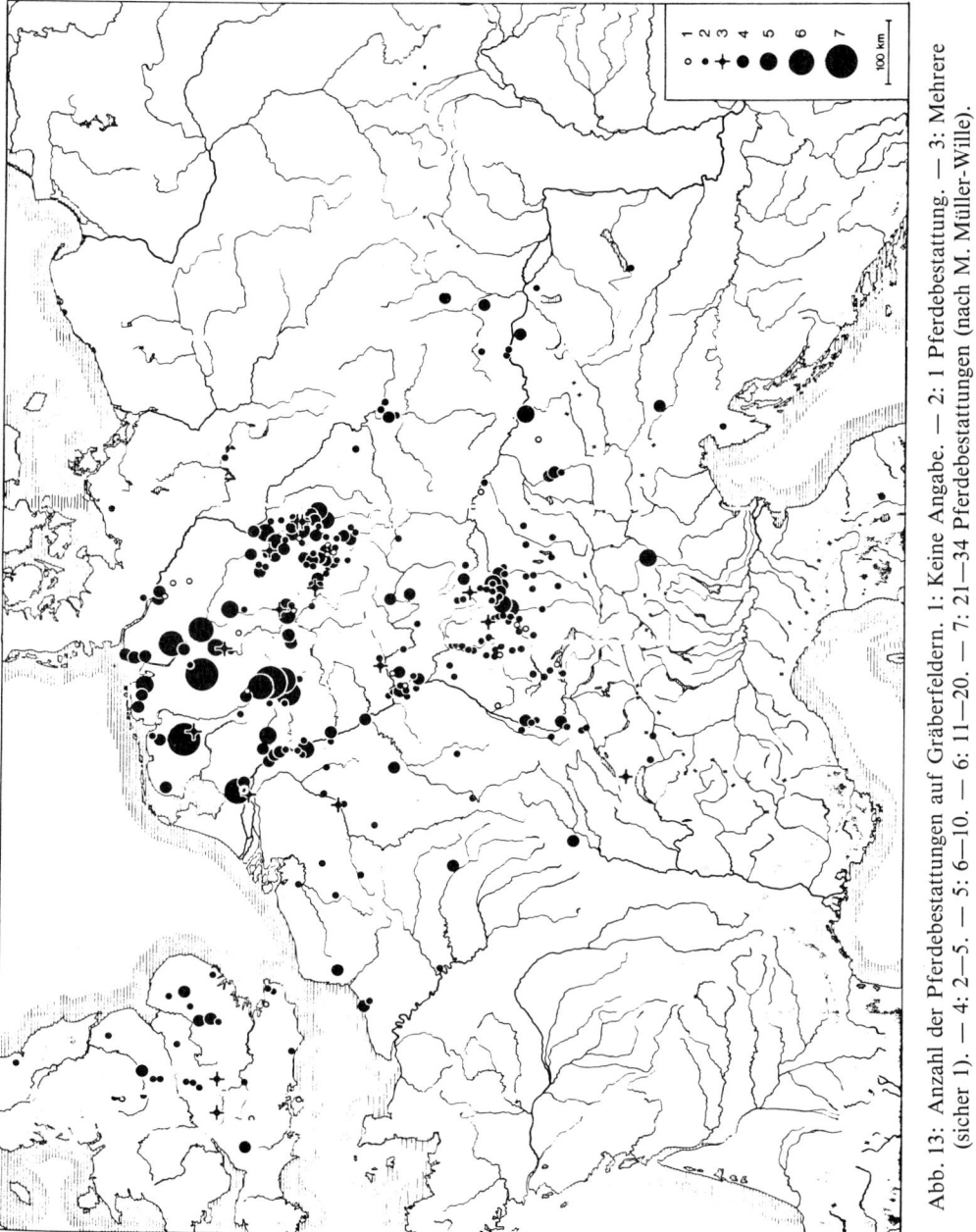

Abb. 13: Anzahl der Pferdebestattungen auf Gräberfeldern. 1: Keine Angabe. — 2: 1 Pferdebestattung. — 3: Mehrere (sicher 1). — 4: 2—5. — 5: 6—10. — 6: 11—20. — 7: 21—34 Pferdebestattungen (nach M. Müller-Wille).

im Halbkreis darum herum beigesetzte Pferde gehörten[66]. In erster Linie wurden Hengste und nur ausnahmsweise auf zwei mitteldeutschen Gräberfeldern Stuten in die Gräber gegeben. Meistens wurden die ganzen Tiere vergraben; doch gibt es auch Teilbestattungen, gewissermaßen als „pars pro toto", etwa wenn Skelette ohne Schädel oder nur Schädel oder auch Schädel nur mit Extremitäten oder auch nur Unterkiefer bestattet wurden[67]. Im weiteren Sinne gehören zu den Pferdebestattungen auch Gräber von Menschen, in denen Teile des Reitzubehörs mitgegeben wurden: Trensen etwa, Zaumzeuge, deren Beschläge sich erhalten haben, Steigbügel, Sättel oder auch Glocken.

Obwohl Pferde in erster Linie Attribute von Bestattungen wohlhabender, reicher oder gar fürstlicher Krieger darstellen, fehlen sie auch bei Frauen nicht, ein deutlicher Hinweis, daß auch die Damen der Völkerwanderungs- und Merowingerzeit im Umgang mit diesen Tieren geübt waren. Auf 14 Gräberfeldern fand man Pferdereste bei Frauenbestattungen. Ein Zentrum, in dem sich Frauengräber mit Pferden häufen, ist, wie Abb. 16 bei Müller-Wille erkennen läßt, nicht festzustellen (Abb. 14). Es fällt auf, daß der Sattel als Grabbeigabe nicht nur in Männergräbern, sondern ebenso auch in Frauengräbern vorkommt, wie anläßlich der Veröffentlichung des vornehmen Grabes 446 von Wesel-Bislich (Abb. 15) gezeigt werden konnte[68]. Da sich der in Grab 446 Bislich bei einer Frau vorgefundene Sattel in nichts von einem auch in Männergräbern üblichen Sattel, etwa Valsgärde Grab VII[69], unterscheidet, muß man wohl auch die gleiche Reitweise bei Frauen und Männern annehmen, also nicht etwa den aus dem Hochmittelalter belegbaren Damensitz auf dem Reittier.

Auf die letzthin reiternomadischen Wurzeln der Pferdeverehrung und der Pferdebestattungen gehe ich hier nicht ein. Hervorzuheben ist, daß heutzutage kaum eine moderne Gräberfeldpublikation aus dem Bereich der Völkerwanderungs- und Merowingerzeit erscheint, in der nicht die Tierreste und insbesondere die Pferdebestattungen einer ausgiebigen paläozoologischen Untersuchung zugeführt wurden. Dabei stellte sich u.a. heraus, daß in vielen Fällen nicht die besten Pferde mit in die Gräber gegeben wurden. Es fällt vielmehr auf, daß viele dieser Pferde krank waren; etliche weisen beispielsweise Erkrankungen aus dem arthritischen Bereich auf, andere zeigen Verbildungen des Skelettes durch falsche Nutzung oder Überlastung[70]. Paläo-

---

[66] W. Winkelmann, Das Fürstengrab von Beckum, eine sächsische Grabstätte des 7. Jahrhunderts in Westfalen. In: Die Glocke (Beckum 1962).

[67] I. Mittermeier, Speisebeigaben in Gräbern der Merowingerzeit. Ungedr. Diss. Phil. (Würzburg 1986). Zum Pferd bes. S. 8 ff. — J. Oexle, Merowingerzeitliche Pferdebestattungen — Opfer oder Beigabe? Frühmittelalterliche Studien 18, 1984, 122 ff. — W. Janssen, Das Tier im Spiegel der archäologischen Zeugnisse. Settimane di studio del Centro italiano di studi sull'alto medioevo XXXI (Spoleto 1985) 1231—1317.

[68] W. Janssen, Die Sattelbeschläge aus Grab 446 des fränkischen Gräberfeldes von Wesel-Bislich, Kreis Wesel. Archäol. Korrbl. 11, 1981, 149—169.

[69] Greta Arwidsson, Valsgärde 7 (Lund 1977).

[70] Als Beispiel nenne ich hier die Pferde im alamannischen Gräberfeld von Niederstotzingen, Kr. Heidenheim; vgl. A. Kleinschmidt, Die Tierreste. In: P. Paulsen, Alamannische Adelsgräber von Niederstotzingen, Kr. Heidenheim (Stuttgart 1967), Teil II, 33 ff.

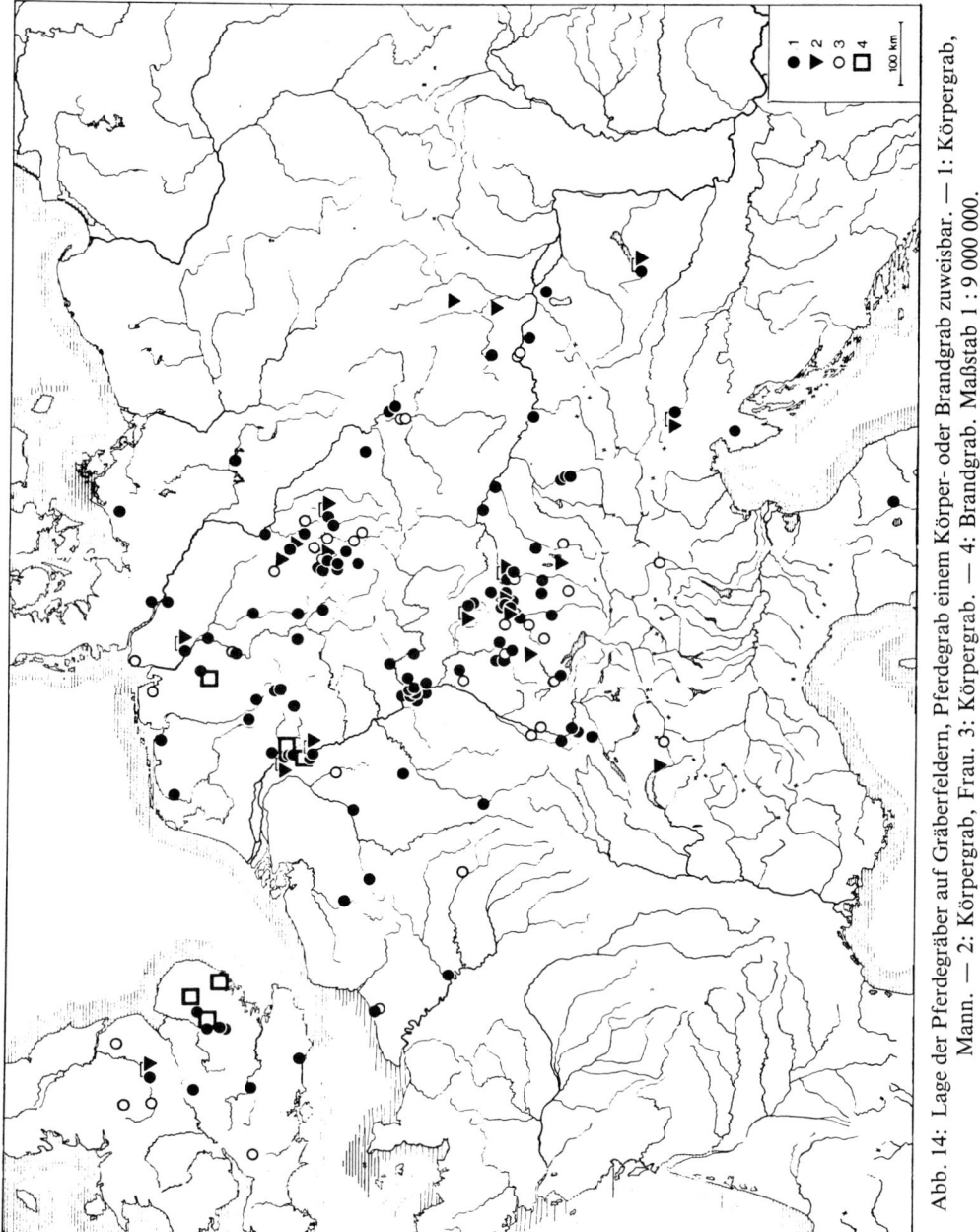

Abb. 14: Lage der Pferdegräber auf Gräberfeldern, Pferdegrab einem Körper- oder Brandgrab zuweisbar. — 1: Körpergrab, Mann. — 2: Körpergrab, Frau. 3: Körpergrab. — 4: Brandgrab. Maßstab 1 : 9 000 000.

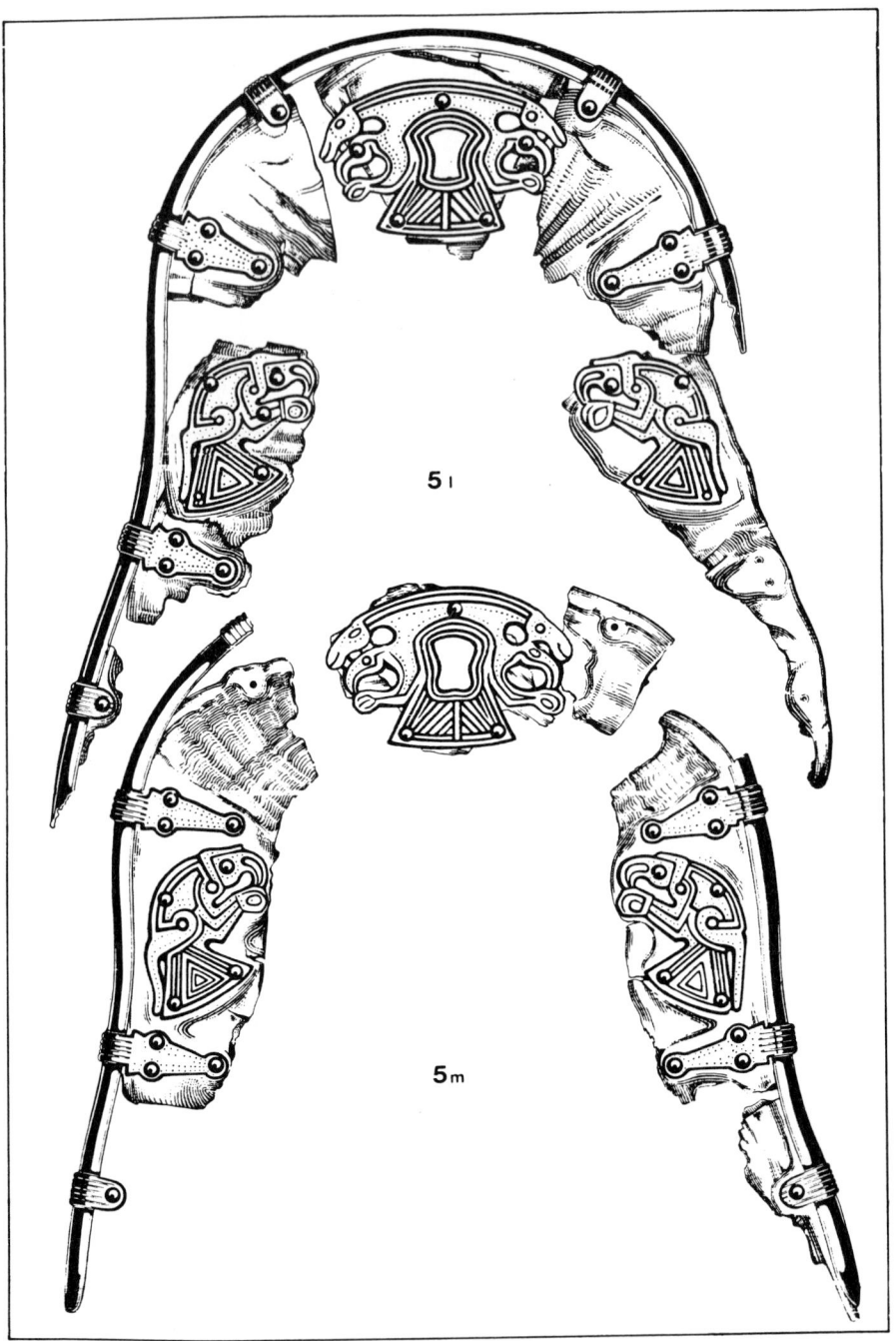

Abb. 15: Wesel-Bislich, Grab 446. — Vorderes (oben) und hinteres Sattelblatt (unten),
Beschläge und Applikationen auf Holzteil. (Nach W. Janssen).

zoologische Untersuchungen dieser Art dürften in Zukunft, wenn sie einmal in größerer Zahl vorliegen und zusammenfassend ausgewertet werden, auch Hinweise über die Nutzungsart der Pferde liefern. Insbesondere ist an dieser Stelle auch die Frage erlaubt, ob sich im osteologischen Material Hinweise dafür finden, daß, wie Streubel meint, während der Merowingerzeit eine völlig neue Anschirrung für Pferde erfunden wurde. Ich muß es mir an dieser Stelle versagen, die Frage der Anschirrung von Pferden vor Wagen an Hand des archäologischen Fundmaterials zu erörtern, weil noch zu viele Fragen in diesem Zusammenhang ungelöst sind und auch die vorliegende Materialbasis für abschließende Erkenntnisse noch zu schmal ist. Für derlei Betrachtungen kommen jedenfalls einerseits die vorliegenden Reste der Pferdeanschirrung, also Trensen, Kopfgestell, Zügel, sonstiges Riemenwerk, in Betracht; zum anderen wird man die aus wenigen Grabungsbefunden vorliegenden Wagen- und Deichselbeschläge für derartige Fragestellungen heranziehen müssen. Wie gesagt: Diese Fragen sind noch ausführlich zu erörtern, vor allem unter Beiziehung von Fachleuten der Pferdezucht und der Pferdenutzung.

Die herausragende Rolle des Pferdes in der frühmittelalterlichen Gesellschaft bestätigt sich somit am archäologischen Befund, der mit den von Streubel untersuchten schriftlichen Zeugnissen in vielen Punkten übereinstimmt. Freilich darf der sozialgeschichtliche Aspekt bei der Beurteilung der Rolle des Pferdes nie außer Acht gelassen werden. Denn das Pferd erscheint weitaus am häufigsten im Zusammenhang mit reich ausgestatteten Gräbern der sozial führenden Schichten; es ist ein ausgesprochenes Attribut der Oberschichten der Merowingerzeit. Die Anzahl der mitgegebenen Pferde einer vornehmen Grablege ist geradezu ein Gradmesser für den sozialen Rang der beigesetzten Persönlichkeit. Die breiten Unterschichten der germanischen Völker besaßen in aller Regel keine Pferde; sie gingen zu Fuß, dienten im Heer als Fußkämpfer. Von der Existenz regelrechter Reiterheere oder Reitereinheiten in den germanischen Staaten der Merowingerzeit kann man wohl nicht ausgehen[71]. Es gab bestimmte Reiterkontingente, doch wird man sie nicht als große stehende Reiterheere bezeichnen dürfen. Die Umrüstung größerer Heeresteile auf die Bewegung und den Kampf zu Pferd dürfte erst eine Frucht der Auseinandersetzung der karolingerzeitlichen Franken mit den Awaren sein. Das Verhältnis von Mensch und Pferd während des frühen Mittelalters scheint, so deuten wenigstens die Grabfunde an, in gewisser Weise noch stark personalisiert und emotionell gewesen zu sein. Unter diesen Prämissen nimmt das Pferd unter allen Haustieren des germanischen Altertums seine besondere Stellung ein, indem es den germanischen Herrenschichten als Kampfgenosse im Krieg und als wichtigstes Fortbewegungsmittel im Frieden diente.

Archäologische Belege für seine Verwendung als Zugtier vor dem Wagen oder als Bespannung vor Pflug und Egge sind aus der Merowingerzeit äußerst rar. Wir werden auf dieses Problem noch einzugehen haben.

---

[71] Über die wechselvolle Diskussion zur Frage stehender Reitereinheiten im fränkischen Heer zusammenfassend und mit älterer Lit.: Bernard S. Bachrach, Merovingian Military Organization 481—751 (Minneapolis 1972).

Der beherrschenden Rolle des Pferdes in den Friedhöfen der Reihengräber-
zeit steht ein nur schwacher Niederschlag dieses Tieres in den mittelalterlichen
Siedlungen gegenüber. Dabei ist allerdings zu beachten, daß bisher nur wenige
frühmittelalterliche Siedlungen umfassend ausgegraben wurden und daß von
diesen wenigen Siedlungsgrabungen noch seltener Tierknochenbestände wis-
senschaftlich untersucht wurden. Zu den sehr seltenen osteologischen Untersuchungen in merowingerzeitlichen Siedlungen gehören die Studien von Th.
Poulain-Josien am Tierknochenmaterial der fränkischen Siedlung von Brebières bei Arras[72]. Gewiß ist es kein Zufall, daß in dieser bäuerlichen Siedlung
des 6. und 7. Jahrhunderts das Pferd im Tierknochenmaterial nur eine untergeordnete Rolle spielt. In den einzelnen „cabanes" der Siedlung schwanken die
Anteile der Pferdeknochen zwischen 18 % maximal und knapp 3 % minimal,
wobei der errechnete Durchschnitt aus allen möglichen verschiedenen Befunden von Brebières für das Pferd bei etwa 5,77 % liegt[73]. In der zum Vergleich
herangezogenen merowingischen Siedlung von Cheny hat das Pferd ebenfalls
nur 3,5 % am Tierknochenanteil. In der ebenfalls vergleichbaren karolingischen Siedlung von Carvin stellt es 6,5 % der Tierknochen. Im Klartext bedeutet dies, daß es in den ländlichen Siedlungen der Merowingerzeit durchaus
Pferde gegeben hat, daß sie aber, verglichen mit den zahlenmäßig dominieren-
den Haustieren Rind, Schwein, Schaf und Ziege eine wesentlich geringere Rolle
spielen. Natürlich läßt sich die Verwendungsart dieser Pferde innerhalb der
ländlichen Siedlungen am Tierknochenbestand nicht ablesen, da stets nur einzelne Knochen, nie aber ein ganzes Skelett zur Verfügung stehen, an dem man
eventuell die Nutzungsart der Pferde ablesen könnte, wie dies gelegentlich bei
Pferdegräbern der Fall ist. Andererseits wird man die starken Rinderanteile in
den Siedlungen von Brebières (22 %), Cheny (26 %) und Carvin (31 %) nicht
allein als Niederschlag des Konsums von Rindfleisch auffassen dürfen. Dahinter stehen natürlich Rinderbestände, die als Zugtiere für Wagen, Pflug und
Egge gehalten werden mußten und erst dann geschlachtet wurden. Als Fleisch-
lieferant spielte zudem das Schwein eine große Rolle, das in Brebières immerhin knapp 40 % aller Haustierknochen stellt. Mit diesen wenigen Bemerkungen zur Nutzung und Bedeutung des Pferdes im frühen Mittelalter nach dem
Zeugnis der archäologischen Quellen schließe ich, sicher in unvollkommener
Weise, das Kapitel über das Pferd ab. Der archäologische Befund bestätigt, wie
bereits mehrfach angedeutet, weitgehend die Aussagen der schriftlichen Zeugnisse.

2.1.2 Der Wagen

An der fortdauernden Nutzung römischer Kunststraßen während der Merowingerzeit für den Wagentransport und am weiträumigen Schwertransport von
Rohmaterialien für die Sarkophagproduktion im westlichen Frankenreich

---

[72] Th. Poulain-Josien, La Faune. In: P. Demolon, Le Village Mérovingien de Brebières (Arras 1972) 253—333.
[73] Poulain-Josien (wie Anm. 38) 330.

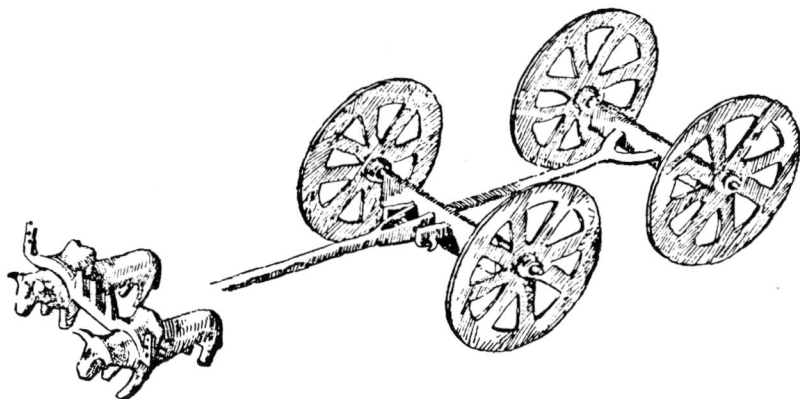

Abb. 16: Rodenkirchen. Vierrädriges Wagengestell mit Ochsengespann im Doppeljoch. Ohne Maßstab (nach W. Haberey).

haben wir die im frühen Mittelalter fortdauernde Bedeutung des Wagenverkehrs bereits kennengelernt. Als Ausgangspunkt unserer Betrachtungen wählen wir auch für den Wagen wiederum den Blick auf die spätrömische Zeit. Daß in jener Zeit Wagen sehr verschiedener Bauart, Funktionen und Nutzungszwecke üblich waren, ist bekannt und kann hier nicht näher ausgeführt werden. Ich verweise auf die Ausführungen in der Dissertation von Streubel. Ein wichtiges archäologisches Zeugnis bildet in diesem Zusammenhang das Inventar eines spätrömischen Grabes aus Köln-Rodenkirchen (Abb. 16). Das Grab ist etwa in die Zeit um 370/380 n. Chr. zu datieren und enthielt u.a. eine spätrömische gravierte Glasschale sowie mehrere kugelbauchige Flaschen[74].

Wichtig sind aber vor allem zahlreiche figürliche kleine Nachbildungen von landwirtschaftlichen Geräten und Tieren aus Bronze. Unter ihnen befindet sich ein vierrädriger Wagen mit starrem Fahrgestell, Speichenrädern und Deichsel. Zu diesem offenbar schweren Transportwagen gehört ein Paar von Miniatur-Zugochsen, jeder 3,8 cm lang und nur 1,6 cm hoch, die einzeln modelliert und gegossen wurden. Schließlich überwölbte die beiden Ochsen ein zweispänniges Nackenjoch, 5,1 cm lang, 1,3 cm hoch, 0,9 cm breit. In dieser dreiteiligen Kleinplastik haben wir den schweren spätantiken Transportwagen vor uns, der nicht nur das ländliche Leben der ausgehenden römischen Epoche, sondern auch das des nachfolgenden Frühmittelalters weitgehend bestimmt haben dürfte. Zugleich sind unter den landwirtschaftlichen Geräten in Kleinform, die dieses Grab enthielt, ein Pflug und eine Egge zu erwähnen, vor denen man sich ebenso wie vor dem Wagen Ochsen als Zugtiere vorzustellen hat. Auch im Hinblick auf diese beiden Ackergeräte dürfte die frühmittelalterliche Praxis kaum von den spätantiken Verhältnissen abgewichen sein. Dementsprechend müssen wir nunmehr fragen, ob es direkte archäologische Hinweise für die Verwen-

---

[74] W. Haberey, Bonner Jahrb. 149, 1949, 94ff.

dung des Wagens während der Merowingerzeit gibt. Sie sind in der Tat vorhanden, und zwar wiederum unter den Grabfunden dieser Epoche. Während der letzten Jahre sind in insgesamt vier Fällen merowingerzeitliche Grabstätten mit gesicherter Wagenbeigabe ausgegraben worden, die ich an dieser Stelle kurz vorstellen möchte. Wagenbeigaben fanden sich:

a)   in Grab 2268 des römisch-fränkischen Gräberfeldes von Krefeld-Gellep[75];
b)   in Grab 41 des altthüringischen Gräberfeldes von Erfurt-Gispersleben[76];
c)   in Grab 317 des fränkischen Gräberfeldes von Wesel-Bislich[77];
d)   in einem fürstlichen Grab des Gräberfeldes von Zeuzleben, Lkr. Schweinfurt[78].

Verglichen mit Zahl und Bedeutung der Pferdegräber der Merowingerzeit sind diese bisher nur vier Wagenbeigaben der gleichen Epoche Raritäten; vielleicht spiegelt ihre geringe Anzahl die untergeordnete Bedeutung des Wagens gegenüber dem Pferd während des frühen Mittelalters wieder. Es lohnt sich, die Befunde im einzelnen näher zu betrachten.

In *Krefeld-Gellep, Grab 2268,* haben wir ein fast vollständig ausgeraubtes Frauengrab vor uns, welches dendrochronologisch auf 589 ± 22 Jahre datiert ist (Abb. 17). Von den Beigaben waren die Reste eines Goldblechbeschlages, eines Bronzebeckens, einer Ledertasche mit Eisenbügel, eines hölzernen Kästchens, eines zweiten kleineren Kästchens, 2 Schilddornschnallen aus Silber, Beschläge aus Silber, 2 Riemenzungen aus Silber und — viele Reste von eisernen Beschlägen eines vermutlich zweirädrigen Wagens nachzuweisen. Vom Wagen sind ein Radreifenbruchstück, zwei komplette Nabenringe, zwei Nabenklammern, zwei Felgenklammern und mehrere Bruchstücke verschieden großer eiserner Beschlagbänder vorhanden. Es kann somit kein Zweifel daran bestehen, daß wir in diesem Befund den archäologischen Niederschlag einer im merowingerzeitlichen Reihengräberkreis zwar seltenen, aber doch unwiderleglich vorhandenen Wagengrabsitte vor uns haben. Aus der Krümmung des Eisenreifenbruchstückes läßt sich unschwer der Durchmesser der Räder errechnen: er betrug 1,10 m. Über die Spurweite des Wagens sind leider keine Aussagen möglich. Die oben genannten sonstigen Beigaben, die der Beraubung in alter Zeit entgangen waren, erlauben eine eindeutige Zuweisung dieser Grabausstattungen zur Gruppe der hochadeligen Bestattungen, im Sinne von Christleins Gliederung also zur Ausstattungsgruppe C gehörend. Es muß besonders hervorgehoben werden, daß der Wagen im Grab einer adeligen Dame vorgefunden wurde, ein Befund, der nicht allein steht und der zu weiteren Überlegungen zur Funktion des Wagens für das Leben einer adeligen Frau des frühen Mittelalters Anlaß bietet.

---

[75] Chr. Röring, Wagen. In: R. Pirling, Das römisch-fränkisches Gräberfeld von Krefeld-Gellep 1964—1965. GDV Ser. B, Bd. 10 (Berlin 1979), 1. Teil, 140 ff. 2. Teil Taf. 1—5.
[76] W. Timpel, Das altthüringische Wagengrab von Erfurt-Gispersleben. Alt-Thüringen 17, 1980, 181—238.
[77] Unveröffentlicht. Veröffentl. durch Verf. in Vorbereitung.
[78] L. Wamser, Eine thüringisch-fränkische Adels- und Gefolgschaftsgrablege des 6./7. Jahrhunderts bei Zeuzleben. Wegweiser zu vor- und frühgeschichtlichen Stätten Mainfrankens Heft 5 (Würzburg 1984).

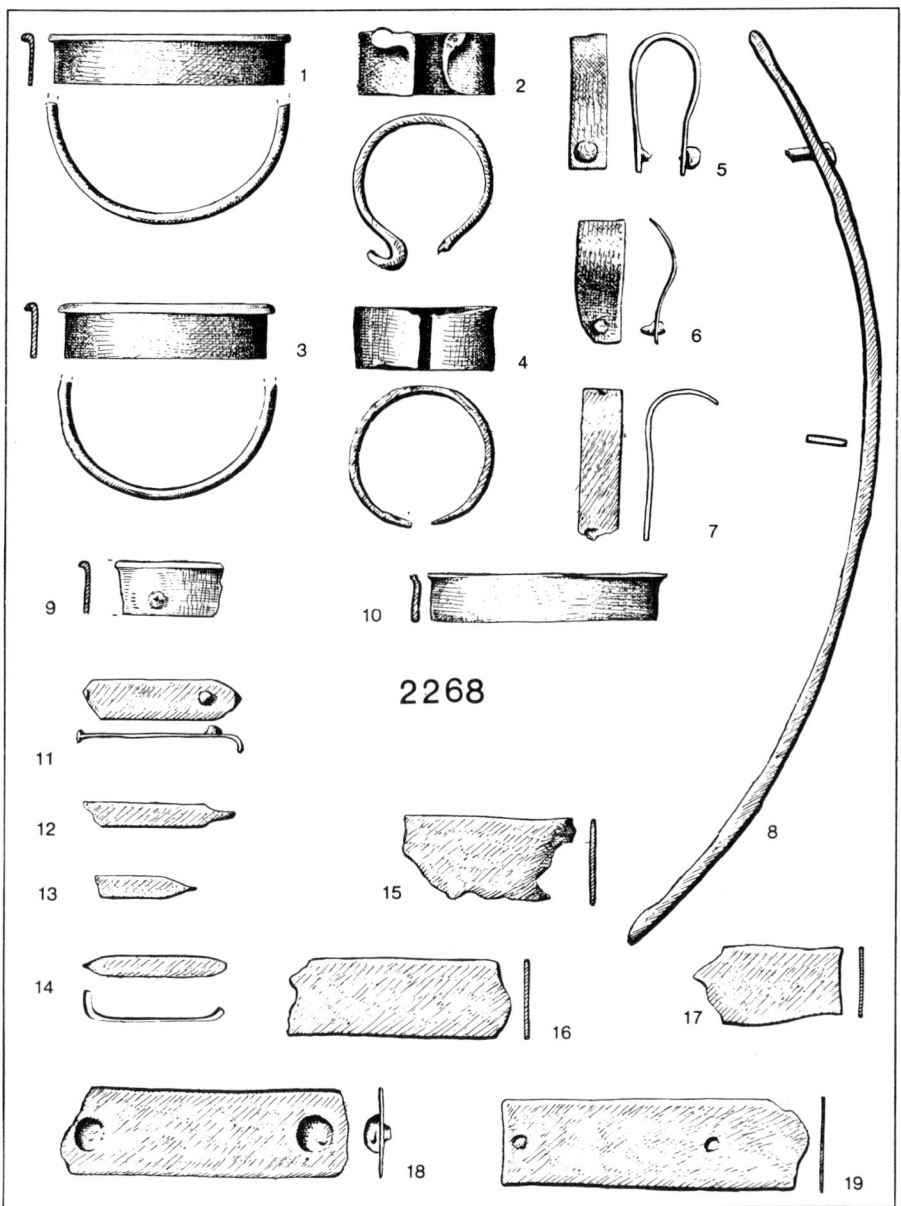

2268

Abb. 17: Gellep. Grab 2268, 1—19 Eisen. Ohne Maßstab (nach R. Pirling).

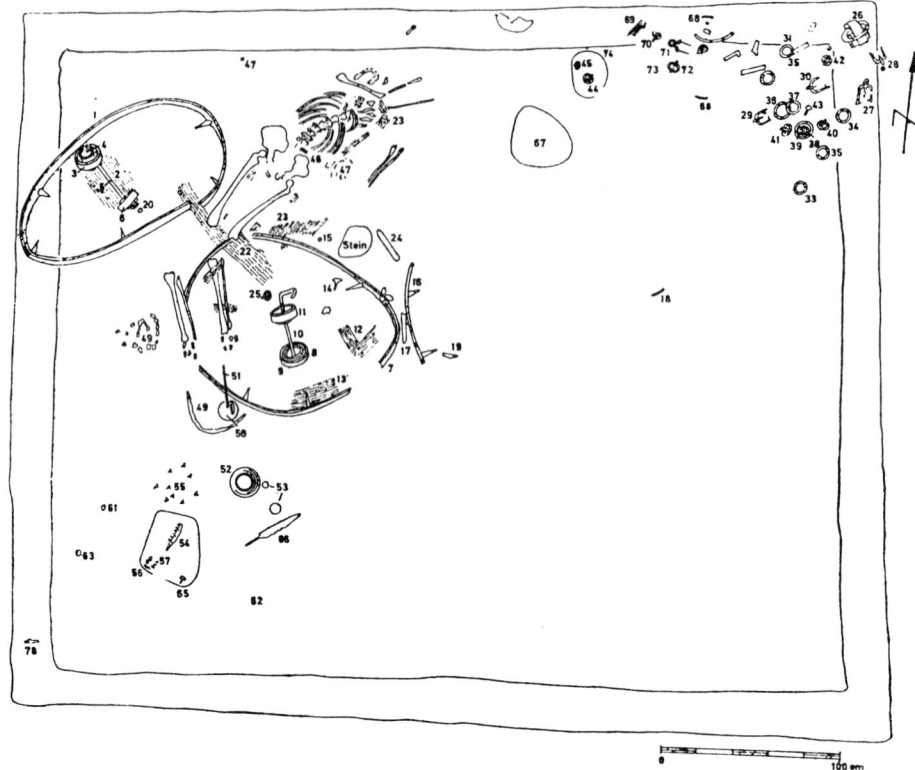

Abb. 18: Erfurt-Gispersleben, Plan des Frauengrabes, Grab 41 mit Wagenteilen
(nach W. Timpel).

Sehr klar liegt das ebenfalls mit einer adeligen Frau verbundene Wagengrab
(Grab 41) von *Erfurt-Gispersleben* vor unseren Augen (Abb. 18 und 19). Allein
im Plan des Gräberfeldes hebt sich dieses Grab durch seine topographische
Sonderstellung von allen übrigen Gräbern ab: Umgeben von einem Kreisgra-
ben, bildet es den nordöstlichen Endpunkt des gesamten Gräberfeldes. Im
Zentrum der 22 m Dm. messenden Grabenanlage befand sich eine ost-west-
ausgerichtete Grabgrube von knapp 5 m Länge und 4 m Breite. Sie war mit
Holz ausgekleidet. In der Nordwestecke der Kammer befanden sich die Reste
eines zweirädrigen Wagens, darunter die Eisenreifen beider Räder mit einem
Dm von je 1,02 m; ferner gab es eiserne Beschlagteile des Wagenaufbaus, die
Wagenachsen von 0,80 m Länge, Eisenteile der Radnaben und hölzerne Reste
des Wagenaufbaus sowie Eisennägel, Eisenkeile, Bandeisen usw. Die in dem
Grab beigesetzte vornehme Frau hatte man offensichtlich auf den Wagenkasten gebettet. Es muß sich, wie die erhaltenen Skeletteile bezeugen, um eine
etwa 25—35-jährige Frau gehandelt haben. Von den wertvollen Grabbeigaben
seien nur einige erwähnt: Perlrandbecken, Silberschale, Silberlöffel, Goldna-
del, Holzeimer mit Beschlägen, Trinkhorn mit reich verziertem vergoldeten
Mundblech, Perlenkette u.a.m. Zweifellos handelt es sich auch hier um das

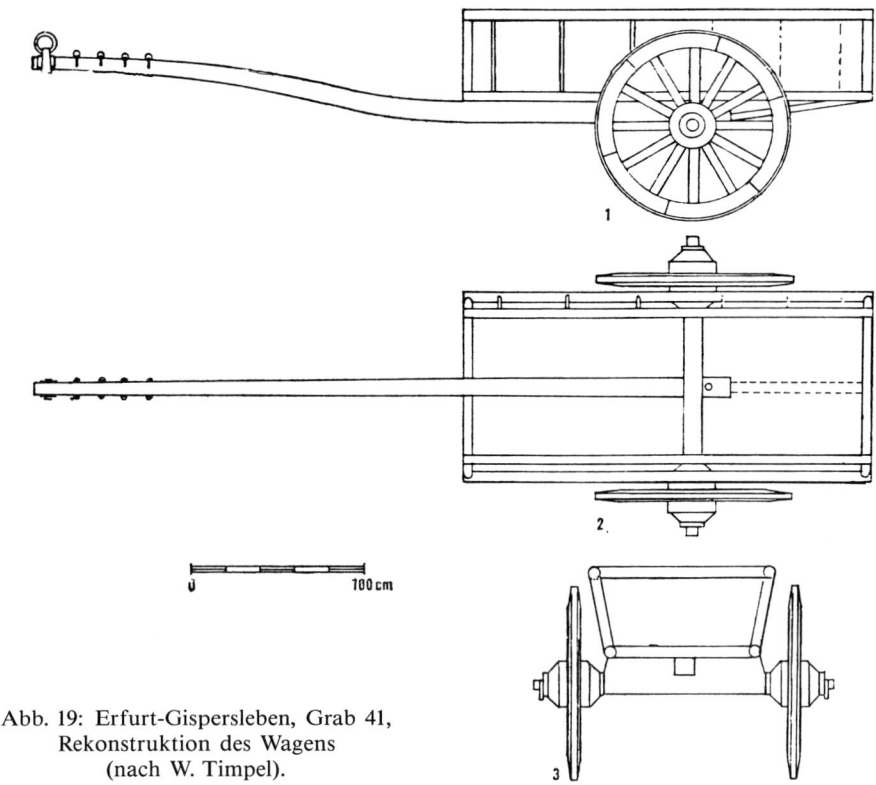

Abb. 19: Erfurt-Gispersleben, Grab 41,
Rekonstruktion des Wagens
(nach W. Timpel).

Grab einer hochadeligen Frau, von der vielleicht nicht zu unrecht angenommen wird, sie sei ein Mitglied der thüringischen Königssippe gewesen. Das Grab ist wohl in die erste Hälfte des 6. Jahrhunderts zu datieren.

Angesichts der Klarheit dieses archäologischen Befundes gibt es keinen Zweifel mehr darüber, daß auch die Merowingerzeit die Bestattung sozial herausragender Persönlichkeiten in besonders ausgestatteten Gräbern unter Mitgabe eines Wagens gekannt hat. Hier wiederholen sich Erscheinungen, die wir sowohl für die ausgehende Hallstattzeit als auch für die Latènezeit kennen. Die merowingerzeitlichen Wagen in Gräbern darf man sich nicht als reine Grabbeigaben vorstellen, sondern es handelt sich, wie die Größe zeigt, offensichtlich um Fahrzeuge, die auch in der lebenden Kultur verwendet wurden.

Diese Feststellungen bestätigen sich an Grab 317 des reichen fränkischen Gräberfeldes von *Wesel-Bislich,* das von R. Stampfuß ausgegraben wurde und vom Verf. dieses Aufsatzes publiziert werden soll. Es handelt sich um eine fränkische Körperbestattung, bei der ein mit zwei Pferden bespannter, vierrädriger Wagen mitgegeben wurde. Vor den Köpfen beider Pferde standen außerdem zwei Kästen aus Holz, zweifellos eine Futterkrippe für jedes Pferd. Das Grab war in alter Zeit fast total beraubt worden. Beim gegenwärtigen

Stand der Auswertung kann noch nicht einmal angegeben werden, ob es sich um ein Frauengrab oder ein Männergrab handelt. Es wurde am 29. 7. 1973 ausgegraben und in den Grabungsunterlagen von Ch. Reichmann und M. Groß dokumentiert. Der im folgenden beschriebene Befund stützt sich auf die textlichen und zeichnerischen Dokumentationen dieser beiden Ausgräber. Grab 317 hatte eine 5,30 m lange und 1,80 m breite Grube, welche nach Westen eine Ausbuchtung aufwies. Die Orientierung des Grabes war SW-NO. In der südwestlichen Hälfte des Grabes war ein menschlicher Körper in einem Holzsarg von 3,20 m Länge und 0,95 m Breite bestattet; das Skelett war fast vollständig vergangen; nur Teile der Oberschenkelgelenke und des Schädels mit gut erhaltenem Gebiß waren zu lokalisieren. In der Osthälfte der Grabgrube lagen die Reste zweier Pferdeskelette und die beiden Holztröge. Nicht nur die menschliche Bestattung, sondern auch die völlig wirre Lage der Pferdeknochen deuten auf die intensive und komplette Beraubung des Grabes hin. Verstreut mit den Pferdeknochen fanden sich Reste von Kupferoxyd, vielleicht von einer Trense stammend, weiterhin halbkugelförmige Köpfe von Silbernägeln, die vermutlich auf dem Zaumzeug befestigt waren. Weiterhin wurde aus dem von den Grabräubern durchwühlten Teil des Grabes eine bronzene, vergoldete Riemenzunge geborgen. Von den Pferden waren die Hinterteile noch relativ intakt und unzerstört. Neben dem Schulterblatt des nördlichen der beiden Pferde fand sich eine große eiserne Schnalle; eine weitere kleine Eisenschnalle lag an der Nordseite des hölzernen Troges. Dieser maß 0,50 m Länge und 0,25 m Breite und lag vermutlich unter dem Kopf des nördlichen Pferdes. Ein zweiter Trog von ähnlicher Größe befand sich in der SO-Ecke des Grabes, offenbar dem südlichen der beiden Pferde zugedacht. Über dem südlichen Pferd wurden Reste einer Deichsel beobachtet. Hinter den beiden Pferden, also westlich von ihnen, wurden die vier Räder eines Wagens erkannt. Ihre hölzernen Felgen waren mit fast ganz vergangenen, 6 cm breiten und 6 cm hohen, U-förmigen Eisen beschlagen. Von den Felgen gingen Ansätze der Radspeichen ab, die im Abstand von etwa 20 cm angeordnet waren. Der Durchmesser eines Rades wurde mit etwa 1,10 m ermittelt. Der Abstand zweier Räder voneinander (Spurweite) betrug ebenfalls etwa 1,10 m. In der Grubenfüllung über dem Wagen lagen Knochenreste, Eisenteile und ein Pferdezahn.

In den Grabungsunterlagen fehlen ausdrückliche Angaben zu der Frage, ob der Körper des oder der Toten oberhalb des Wagens angeordnet war, ob er also möglicherweise auf dem Wagen gelegen hat. Bringt man aber die aufgenommenen Plana zur Deckung, so ergibt sich zweifelsfrei, daß, getrennt durch einen Abstand von etwa 1,40 m, der Holzsarg mit dem menschlichen Körper genau über dem Wegen zu liegen kommt, und zwar in der Mitte des Raumes zwischen den vier Wagenrädern. Es können also kaum Zweifel daran bestehen, daß der oder die Tote samt Holzsarg auf den Wagen aufgeladen waren und so beigesetzt wurden.

Über die Zeitstellung des Grabes möchte ich mich vor genauer Prüfung der noch in Restaurierung befindlichen verbliebenen Beigaben nicht äußern. Mit aller Vorsicht wird man vielleicht das 6. Jahrhundert, möglicherweise seinen fortgeschrittenen Teil, als Beisetzungszeit ins Auge fassen dürfen.

Schließlich bleibt der erst 1983 ausgegrabene Befund aus dem merowingerzeitlichen Gräberfeld von *Zeuzleben bei Schweinfurt* zu besprechen, über den
ich zahlreiche Informationen und Beobachtungen vor Ort Herrn Dr. Ludwig
Wamser vom Bayerischen Landesamt für Denkmalpflege, Außenstelle Würzburg, verdanke[78] (Abb. 20). Es handelt sich um eine 4,30 m tief in den Lößbo-
den eingegrabene Grabgrube mit holzverkleideter Kammer von 4,80 x 3,00 m

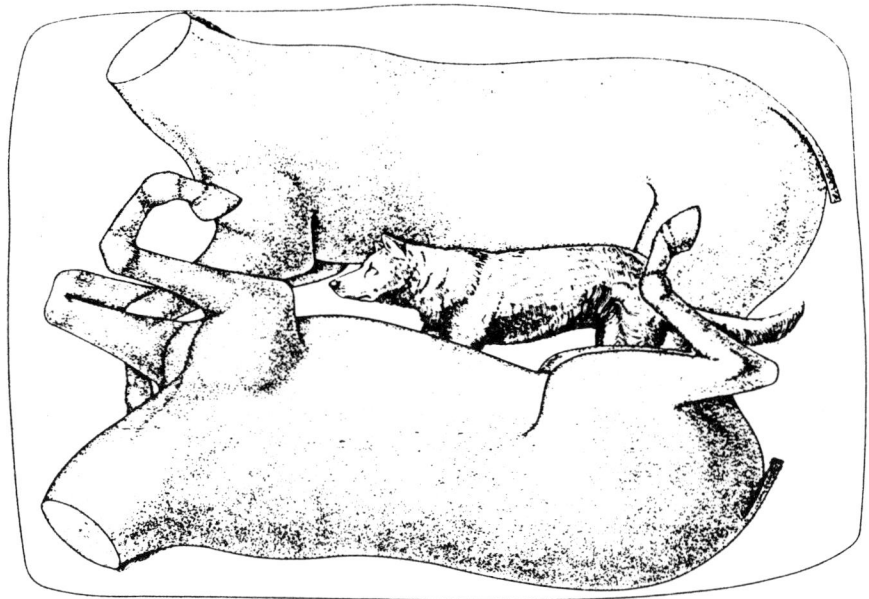

Abb. 20: Tierbestattung aus dem merowingerzeitlichen Gräberfeld von Zeuzleben
Kr. Würzburg: Zwischen zwei dekapitierten Pferden wurde ein Hund beigesetzt
(nach L. Wamser).

Grundfläche und einer Höhe von 1,30 m. Nach oben war diese Grabkammer
durch eine Holzdecke verschlossen. In der Grabkammer war eine Frau auf
oder mit einem vierrädrigen Wagen bestattet worden. Das Grab ist drei Mal in
alter Zeit beraubt worden. Von den einst sicher sehr reichen Grabbeigaben
waren nur noch Reste vorhanden, so u.a. ein Holzkästchen mit Bronzebeschlä-
gen, die konzentrische Kreismuster als Verzierung trugen, ferner eine Cypraea-
Schnecke, ein eisernes Webschwert, Tierknochen usw. Das Grab ist nicht leicht
zu datieren, es dürfte dem 6. oder 7. Jahrhundert angehören. Genauere Aussagen zur Datierung wird erst die wissenschaftliche Bearbeitung dieses ungewöhnlichen Fundes erbringen, der u.a. auch dadurch eine einzigartige Stellung
einnimmt, daß oberhalb der Grabkammer nochmals ein holzverschalter Raum
von fast 3 m Höhe gelegen hat, den man durchsteigen mußte, wenn man sich
der tief vergrabenen Grabkammer selbst nähern wollte. Bei einer der verschiedenen Beraubungen wurde der Wagen wieder aus dem Grab entfernt. Es verblieben lediglich die eisernen Beschläge der Wagendeichsel, die bis in die Einzelheiten denjenigen von Gispersleben gleichen. Wie in Krefeld-Gellep und in

Gispersleben handelt es sich auch bei dem Grab von Zeuzleben um ein Frauengrab, so daß es fast schon als der Normalfall erscheint, daß vorwiegend vornehme Frauen in der Merowingerzeit mit Wagen bestattet wurden.

Besonders interessant ist auch der Kontext der übrigen Gräber von Zeuzleben. Bis 1984 waren insgesamt 68 Gräber untersucht. Unter ihnen befinden
sich weitere wohlhabende Grablegen, die im Halbkreis um die offenbar zentrale Frauenbestattung mit Wagen angeordnet waren und die nicht weniger als
17 Tierbestattungen, meist Pferde, aufwiesen. Einen guten Teil dieser Pferdebestattungen wird man dem Wagengrab zuordnen dürfen. Außerdem spiegeln
die in diesen Gräbern vorgefundenen Altsachen keineswegs typisch fränkische
Grabinventare wider. Viele Gegenstände, insbesondere die Keramik, lassen sich
sehr leicht an thüringische Formen anschließen, so daß ein starker Kultur-
einfluß aus dem thüringischen Bereich unverkennbar ist. Vergegenwärtigt man
sich darüber hinaus, daß das Gräberfeld in einem altbezeugten -leben-Ort
(Zeuzleben) entdeckt wurde und daß dieser wiederum mit einer ganzen Gruppe
benachbarter -leben-Orte eine regelrechte Ballung dieses Ortsnamentyps darstellt, so mag man kaum noch daran zweifeln, daß wir hier die Grablege von
Thüringern vor uns haben, und zwar zunächst eine regelrechte Adelsgrablege
mit allen Kennzeichen sozialer Oberschichten, wie wir sie aus den Reihengrä-
bern kennen, z.B. übergroße Grabkammer, reichste Ausstattung, Pferdebestattungen, Wagenbeigabe.

Die vier vornehmen Bestattungen mit Wagenbeigabe, in denen in drei Fällen
Frauen hohen sozialen Standes beigesetzt worden waren, stellen, gemessen an
der Fülle der vornehmen Pferdegräber gewiß noch eine verschwindend kleine
Gruppe dar. Sie zeigen aber unzweideutig, daß die uralte Tradition der Wagenmitgabe in Gräbern der Oberschicht, wie wir sie aus der vorrömischen Eisenzeit, insbesondere aus der späten Hallstattzeit und der Latènezeit kennen, in
der Merowingerzeit neu praktiziert wurde. Es dürfte nicht ohne Reiz sein, die
möglichen Verbindungsglieder, die ja in der römischen Kaiserzeit im freien
Germanien zu suchen wären, aufzuspüren.

Vielleicht führt ein Grabungsbefund aus der Gemarkung Biebelried bei
Würzburg auf die Spur kaiserzeitlicher Wagennutzung im freien Germanien,
von dem ich wiederum durch Herrn Kollegen Wamser Kenntniss erhielt[79]. Bei
Biebelried wurde im Bereich einer ausgedehnten germanischen Siedlung des
2.—4. Jahrhunderts n. Chr. ein Depot entdeckt, in welchem drei Eisenfelgen
verschiedener Radgrößen zwischen 113 und 120 cm Dm. niedergelegt worden
waren. Alle drei Radfelgen wiesen verschiedene Querschnitte auf, müssen also
mit Sicherheit zu drei verschiedenen Rädern und damit Wagen gehört haben.
Zu dem Depotfund, den man wohl als Niederlegung durch einen Wagen-
schmied deuten kann, gehören weiterhin 5—6 eiserne Nabenringe, zwei Eisen-
beschläge und Teile eines völlig zerfallenen Bronzekessels mit verstärktem
Rand. In der Grubenfüllung lagen weiterhin Keramikscherben, in Massen

---

[79] W. Janssen, Das Depot eines Wagenschmiedes der römischen Kaiserzeit aus Westheim, Gem. Biebelried, Lkr. Würzburg. Aus Frankens Frühzeit. Festgabe f. P. Endrich
(Würzburg 1986) 164—192.

Tierknochen und Asche. Die Keramik gehört ins späte 4. Jahrhundert, ist jedoch nicht später als etwa 400 n. Chr. anzusetzen.

Mehrere Gründe machen es nötig, den Schmiede-Depotfund von Westheim im Zusammenhang mit dem Grabfund von Zeuzleben zu betrachten. Westheim und Zeuzleben sind nur 20 Kilometer voneinander entfernt. Chronologisch liegen zwischen den beiden Funden fast 200 Jahre. Es liegt nahe, den Fund von Westheim als ein Bindeglied zwischen den provinzialrömischen Wagenbefunden einerseits und dem außerhalb der Imperiums liegenden merowingerzeitlichen Wagenbefund von Zeuzleben anzusehen. Ganz offensichtlich lebte im Fund von Westheim die römische Wagentradition noch Jahrhunderte fort. In ihr könnte ein Bindeglied zur nachfolgenden frühmittelalterlichen Geschichte des Wagens gesehen werden.

Man kann jedenfalls nicht länger davon sprechen, daß der Wagen, zweirädrig und vierrädrig, in der Zeit des frühen Mittelalters gänzlich ohne ältere Voraussetzungen gewesen sei; vor allem wird sich Streubels Feststellung, er sei lediglich auf die Bereiche sozial niederen Lebens, auf die Sphäre des Transportwesens im bäuerlichen Alltag beschränkt gewesen, angesichts dieser Befunde nur schwer halten lassen. Gewiß können wir vorerst noch nicht die Gründe und Motive für die Wagenbeigaben der Merowingerzeit im einzelnen erkennen. Ihr Zusammemhang mit Persönlichkeiten der höchsten sozialen Gruppe innerhalb der germanischen Gesellschaften des frühen Mittelalters tritt aber im archäologischen Befund so deutlich hervor, daß an einer Benutzung des Wagens in diesen hochadeligen Kreisen nicht gezweifelt werden kann. Die geringe Anzahl der bisher bekanntgewordenen merowingerzeitlichen Wagengräber geht wahrscheinlich auf eine Forschungslücke zurück. Eine Kartierung der bisherigen Befunde[80] zeigt keinerlei Auffälligkeiten: Die Befunde streuen geographisch vom Rhein über Südwestdeutschland, den Donauraum bis nach Mitteldeutschland. Eine ausgesprochen östliche Verbreitung ist nirgends zu erkennen. Östlich der Elbe fehlen merowingerzeitliche Wagenbefunde vollständig. Eine tragfähige ethnische Deutung der wenigen bisher bekanntgewordenen frühmittelalterlichen Befunde erscheint deshalb verfrüht.

Statt dessen fällt auf, daß die im Wagen bestatteten vornehmen Frauen eine Sondergruppe innerhalb der adeligen Gesellschaft darstellten, die aus irgendeinem Grunde nicht die übliche reiche Pferdeausstattung erhielten. Man könnte dabei vielleicht an schwangere Frauen denken, denen das Reiten nicht mehr zugemutet wurde und die ein Anrecht darauf hatten, im Wagen gefahren zu werden. Vorerst erlauben aber die für solche Schlüsse erforderlichen anthropologischen Erkenntnisse noch keine diesbezüglichen Rückschlüsse.

Es gibt noch eine andere archäologische Quellengruppe, die wir zum Problem des Wagens im frühen Mittelalter heranziehen können. Es handelt sich um einige wenige Bilddarstellungen, die wir aus dem 6. und 7. Jahrhundert von Wagen besitzen. Von den insgesamt drei Darstellungen war mir diejenige auf einer bronzenen Gürtelschnalle aus Meursault, Dépt. Cote d'Or, leicht zugänglich, weil sie in J. Werners Monographie über St. Ulrich und Afra zu Augsburg

---

[80] L. W a m s e r (wie Anm. 78, S. 10) (Verbreitungskarte).

Abb. 21: Gürtelschnalle mit Darstellung von Pferd und Wagen aus St. Ulrich u. Afra
zu Augsburg (nach J. Werner).

wiedergegeben ist (Abb. 21)[81]. Die Schnalle stellt einen offenkundig mit zwei
Pferden bespannten Wagen mit vielspeichigem Rad dar und wird ins
6. Jahrhundert datiert. Mähnen und Schwänze der Pferde sind deutlich zu
erkennen und schließen eine Verwechslung der Zugtiere mit Ochsen aus. Zwei
weitere Bilddarstellungen erwähnt W. Timpel in seinem Aufsatz über das
Wagengrab von Gispersleben[82]. Pferde als Wagenbespannung sind also nicht
nur durch den vorerst singulären Befund aus dem Gräberfeld von Wesel-
Bislich, sondern auch aus einer zeitgenössischen Bildquelle einwandfrei belegt.
Daß daneben auch Ochsen als Zugtiere Verwendung fanden, wird durch diese
Dokumente nicht widerlegt, sondern ist mehr oder weniger selbstverständlich.
Die Ochsenbespannung von Radfahrzeugen erhielt sich von spätrömischer Zeit
an ungebrochen im landwirtschaftlichen Bereich. Hier ist den Ergebnissen von
Streubel in seiner Dissertation voll zuzustimmen. Ochsenbespannung ist ferner
bei kultischen Umzügen nachzuweisen, zu denen man wohl auch jenen denk-
würdigen Bericht Einhards in der Vita Caroli rechnen darf: danach wurde
König Chilperich III (561—584) bei seinen Reisen in einem *Carpentinum*
gefahren, das von Ochsen gezogen und von einem Ochsentreiber auf Bauernart
gelenkt wurde. Freilich fällt es schwer, diese Art königlichen Reisens für praktisch und für den Normalfall zu halten. Es kann sich bei dergleichen Umzügen

---

[81] J. Werner, Die Ausgrabungen in St. Ulrich und Afra in Augsburg 1961—1968.
(München 1977), bes. Tafelband, Taf. 104 Nr. 3.
[82] Timpel (wie Anm. 76) 232 mit Anm. 9.

wohl nur um einen kultischen Königsumzug handeln. Ich will mich in dieser
Angelegenheit jedoch, die eine Frage der historischen Forschung darstellt,
nicht im einzelnen festlegen.

4.2 Die Verkehrsmittel zu Wasser

Schiffe und Boote der Merowingerzeit sind als archäologische Fundstücke
noch seltener, als die archäologisch überlieferten Wagen. Historische Quellen-
zeugnisse dafür, daß es sie in großer Zahl und in verschiedenen Funktionen
gegeben haben muß, liegen ausreichend vor[83]. Außerdem ist an den Transport
schwerer Massengüter wie der Steine für Bauzwecke oder für Sarkophage zu
denken. Auch Getreide, Vieh oder Holz wurden höchstwahrscheinlich, wo
irgend nur möglich, zu Schiff auf dem Wasser transportiert. Für Glas und
Keramik empfahl sich der Wasserweg ohnehin wegen der zu Lande ungleich
größeren Bruchgefahr. Aber diese auch für die Merowingerzeit durchaus gegebenen vielfältigen Transportzwecke zu Wasser schlagen sich in keiner Weise im
Fundbestand nieder. Die Gründe dafür kennen wir nicht. Es ist aber anzunehmen, daß die Forschungslücke in dieser Fundgruppe besonders groß ist. Es
besteht beispielsweise das grundsätzliche Problem, daß viele Einbäume, die
immer wieder in den europäischen Flüssen gefunden werden, aus sich heraus
nicht datiert werden können, weil der zugehörige Fundzusammenhang fehlt.
Einige dieser Einbäume mögen vielleicht auch der Merowingerzeit zuzuweisen
sein.

Die wenigen Schiffs- und Bootsfunde der Merowingerzeit sind schnell auf-
gezählt. Das einzige binnenländische einigermaßen erhaltene Wasserfahrzeug
der Merowingerzeit verzeichnet Ellmers in Form eines Einbaumes aus dem
Rhein bei Speyer[84], der dendrochronologisch in die Zeit um 600 n. Chr. zu
datieren ist (Abb. 22). Der Einbaum ist 11 m lang und bis zu 61 cm breit. Bei
einer Tragfähigkeit von etwa einer halben Tonne wurde der Kahn wahrscheinlich zum Fischen, nicht aber zum Transport schwerer Güter verwendet. Ein aus
Planken bestehendes merowingerzeitliches Boot stellte Marie-Pierre Jezegou[85]

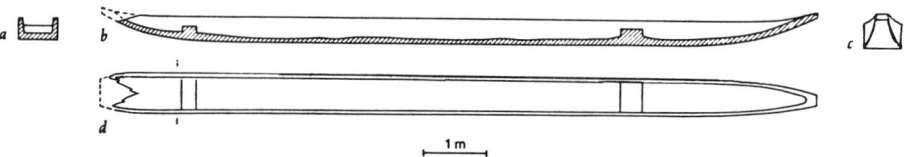

Abb. 22: Einbaum aus dem Rhein bei Speyer, um 600 n. Chr. (nach D. Ellmers).

---

[83] Vgl. D. Claude (wie Anm. 26).

[84] D. Ellmers, Frühmittelalterliche Handelsschiffahrt in Mittel- und Nordeuropa.
Offa-Bücher Bd. 28 (Neumünster 1972) 93 und 108 mit Abb. 92.

[85] Marie-Pierre Jezegou, L'Epave byzantino-mérovingienne de Fos-sur-Mer. In:
Association Française d'Archéologie Mérovingienne, Bull. de Liaison 1980, Nr. 2, 93—102.

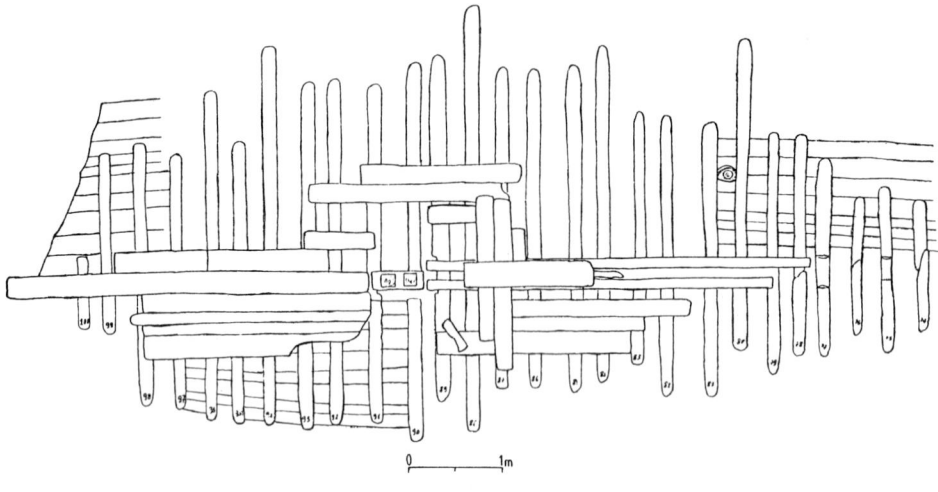

Abb. 23: Merowingisches Lastschiff aus Fos-sur-Mer,
Aufsicht (nach P. Jezegou).

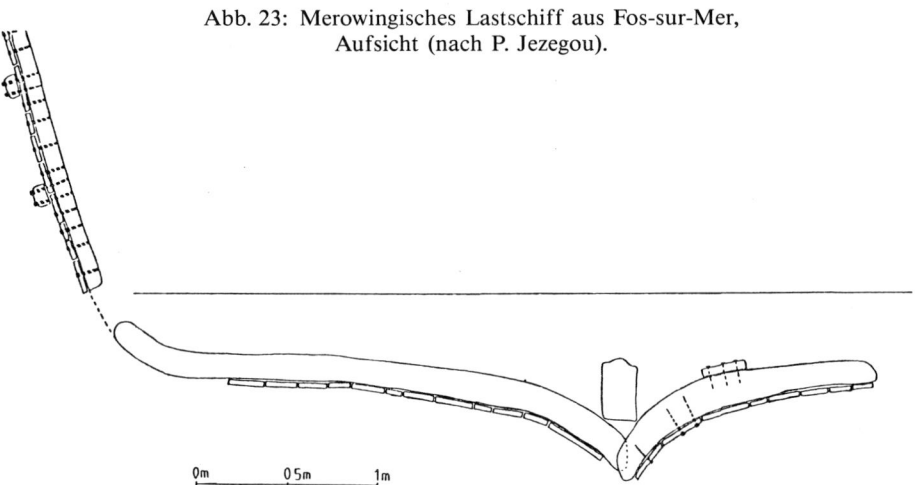

Abb. 24: Querschnitt durch das merowingische Lastschiff aus Fos-sur-Mer,
(nach P. Jezegou).

während der 1. Journées Nationales d'Archéologie Mérovingiennes in Creil
1979 aus Fos-sur-Mer vor (Abb. 23 und 24). Es wurde gefunden im Golf von
Fos, in der Bucht von Saint-Gervais, unweit der Rhônemündung. Der Rumpf
des Schiffes ist auf einer Länge von 10 m und bis zu einer Breite von 4,50 m
erhalten. Die Backbordwand des Schiffes war noch auf 4 m Länge vorhanden
sowie auf 2,50 m Breite. Der Kiel bestand aus Ulme und war auf einer Länge
von 4 m vorhanden, an ihm waren die Spanten und die Planken der Planken-
gänge befestigt. Diese bestanden aus Seekiefer und Tanne. Oberhalb des Kiels
befand sich zum Heck des Schiffes zu ein Kielschwein aus Ulmenholz von
3,90 m Länge. Es hatte Aussparungen für zwei Zylinder einer Laderaum-

Pumpe. In der Verlängerung des Kielschweines befindet sich der Fußpunkt, die Einlassung des Mastes; aber der Mast und seine Gründung waren nicht mehr erhalten. Aus Ulmenästen bestehen die paarweise angeordneten Spanten, die in den Kiel eingelassen sind. Im einzelnen unterscheidet sich die Konstruktion dieses Bootes in vielen Details von bisher bekannten römischen Schiffen. Es ist außerdem durch eine in ihm gefundene Garnitur von merowingischen Gürtelbeschlägen einwandfrei ins 7. Jahrhundert zu datieren. Das Schiff transportierte u.a. Pech, das in Amphoren verpackt war. Im hinteren Teil des Schiffes hatte eine Ladung von Getreide als Sturzgüter gelegen. Die Bestimmung ergab Weizen (Triticum sp.), welches von mittelmäßigen Ackerböden des zentralen Europa stammen soll. Inmitten des Schiffes waren Tonnen (Fässer) geladen, deren Inhalt noch nicht bestimmt ist.

Unter den Kleinfunden von dem Schiff fand sich Keramik nordafrikanischer Herkunft, eine Öllampe mit christlichem Motiv (Fisch), wie sie für das 7. Jahrhundert typisch ist. Auch byzantinische Keramik wurde darin gefunden, z.B. eine Scherbe mit braunem Firnis. Es wurde auch eine Reihe von Potin-Münzen gefunden, darunter eine mit der Umschrift BALBO, die andere mit GERARDO um den abgebildeten Kopf. Die Münzen ergeben einen t.p. für die Benutzungszeit des Schiffes: sie liegt um 600 n. Chr., vielleicht am Anfang des 7. Jahrhunderts, wie auch die Gürtelgarnitur zeigt.

Es besteht kein Zweifel, daß es sich bei diesem Schiffsfund um ein merowingerzeitliches Lastschiff für den Mittelmeer-Verkehr handelt, dessen Bautradition allerdings eng mit dem byzantinischen Schiffbau verknüpft ist. Dies gilt auch für eine Reihe weiterer merowingerzeitlich-frühmittelalterlicher Mittelmeerschiffe, die hier nur listenmäßig aufgeführt werden sollen:

a)   Zwei Plankenschiffe von Yassi Ada (Türkei), eines ins 4., das andere ins 7. Jahrhundert zu datieren.

b)   Das Schiff von Pontane Longarini (Sizilien), durch 14-C-Datierung auf 500 ± 150 n. Chr. datiert.

c)   Zwei Schiffswracks von Cypern, nicht ausgegraben, aber angeblich datiert auf etwa 700/800 n. Chr.

d)   Bei Narbonne fand man im Wasser byzantinisches Fundmaterial, das eigentlich nur per Schiff dorthin gelangt sein kann. Aber die dazugehörigen Reste eines Schiffes wurden nicht aufgefunden.

Die wenigen archäologisch belegbaren Beispiele für frühmittelalterliche Schiffe erlauben es sicher nicht, nach verschiedenen Schiffstypen und -funktionen zu differenzieren. Sie bestätigen aber unsere aus dem Transport bestimmter Güter gewonnenen Erkenntnisse, daß selbstverständlich während des frühen Mittelalters die großen Flüsse des westlichen und mittleren Europa als Transportwege zur Beförderung von Personen und Gütern in Nutzung blieben. Quantitative Angaben über die Frequenz der frühmittelalterlichen Binnenschiffahrt sind freilich aus diesen geringen Belegen nicht möglich.

5. Schlußbetrachung

Die Voraussetzungen, Kenntnisse über Reiten und Fahren in der Karolinger-
und Wikingerzeit zu gewinnen, ändern sich gegenüber der Merowingerzeit von
Grund auf. Die merowingerzeitliche Beigabensitte endet um oder kurz nach
700 in weiten Teilen Mitteleuropas. Dingliche Überreste von Pferden und
Wagen können aus den Gräbern nicht mehr gewonnen werden. Sie müssen in
anderen Fundzusammenhängen, z.B. im Zusammenhang mit frühstädtischen
Siedlungsanlagen, mit Pfalzen oder Burgen gesucht werden. Von der For-
schungsmethodik her gesehen, liegen also für die karolingische Zeit wesentlich
andere Voraussetzungen vor als für die Merowingerzeit.

Der Ausfall der Grabbeigaben am Ende der Merowingerzeit wird für die
Karolingerzeit kompensiert durch andere Quellenarten. In karolingischer Zeit
fließen, wie zu vielen anderen Lebensbereichen auch, geschriebene Texte reicher als je zuvor. Dazu kommen Bildquellen vielfältiger Art. Unter ihnen sind
vor allem die Darstellungen der karolingisch-ottonischen Buchmalerei von
hohem Wert für unser Thema. Dazu ist vor allem die erwähnte Arbeit von
A. C. Leighton[86] heranzuziehen. Anders als das Reich der Merowinger,
bedurfte das Karolingerreich einer wesentlich verbesserten und räumlich erweiterten Verkehrsstruktur, um die weit entfernten Gebiete des Riesenreiches mit
den Machtzentren und untereinander dauerhaft zu verbinden. In den neu eroberten Gebieten rechts des Rheins gab es keine römischen Fernstraßen, die
man hätte weiter benutzen können, wie in Gallien. In Sachsen, in den Grenzgebieten zu den Slawen und in den Grenzmarken am östlichen, südlichen und
südwestlichen Saum des Reiches konnte die Macht nur dauerhaft gesichert
werden, wenn entsprechende Verkehrslinien geschaffen wurden.

So wurde der Ausbau des Verkehrsnetzes in karolingischer Zeit zur politischen und ökonomischen Aufgabe ersten Ranges. Ohne Einzelbeweise zur
karolingischen Verkehrsgeschichte hier aufzuführen, sei auf die karolingisch-
ottonischen Königsitinerare verwiesen, die eine hervorragende Quelle für die
Verkehrsverhältnisse ihrer Zeit darstellen. Als Halte- oder Endpunkte königlicher Reisen treten in diesem Zusammenhang die Königspfalzen, Königshöfe
und Reichskirchen in Erscheinung, deren Bedeutung für den regionalen Verkehr wie auch für den Fernverkehr kaum zu überschätzen ist. Es steht außer
Frage, daß diese Routen, die den besonderen Schutz des Königs genossen, auch
über längere Entfernungen oder abschnittsweise zu Kunststraßen ausgebaut
wurden. Dabei verließen sie selbst westlich des Rheins die aus römischer Zeit
überlebenden Fernverkehrslinien und nahmen einen völlig neuen Verlauf. Ein
gutes Beispiel dafür ist die Aachen-Frankfurter Heerstraße, die bereits in karolingischer Zeit bestand und die mehrfach Verkehrsverbindungen der römischen
Zeit schnitt[87]. Diese karolingische Fernverkehrsstraße ohne römischen Vorläu-

---

[86] Vgl. Anm. 24.

[87] W. Janssen, Die Aachen-Frankfurter Heerstraße. Führer zu vor- und frühgeschichtlichen Denkmälern 25, hrsg. vom Röm.-German. Zentralmuseum Mainz (Mainz 1974)
178—181. — K. Flink, Der Abschnitt Sinzig — Düren der Krönungsstraße. Bonner Univer-
sitatsblatter 1973, 25—40.

Abb. 25: Fibel aus Xanten, einen nomadischen Reiter darstellend.
Um 600 n. Chr. (nach W. Janssen).

Abb. 26: Schnallenbeschlag mit Reiterdarstellung aus Fourçamont, Dépt. Seine-Maritime
(nach einer Postkarte aus Rouen, Musée Départemental des Antiquités)
Länge 8,5 cm. Ende 5. Jh.

fer aus dem Maastal und führte über Aachen — Düren — Zülpich — Rhein-
bach — Sinzig — Andernach — Koblenz — Bingen nach Frankfurt. Sie verband eine ganze Reihe königlicher Pfalzen miteinander und darf als eine der
bedeutendsten Fernstraßen im östlichen Reichsteil angesehen werden. Andere
berühmte Straßen, etwa der Hellweg in Westfalen oder Königsstraßen im östlichen Mainfranken, orientieren sich ebenfalls an den Pfalzen (Paderborn bzw.
Bamberg — Forchheim — Nürnberg — Regensburg).

Seit karolingisch-ottonischer Zeit kann man von einer allmählichen Ablö-
sung der römisch-merowingischen Verkehrsstrukturen durch eine neue Schicht
von Verkehrswegen sprechen, die veränderten politischen, wirtschaftlichen und
sozialen Erfordernissen gerecht werden mußten.

Kräftige Belebung erfuhr in karolingisch-ottonischer Zeit auch der Transport zu Schiff. Zu dieser Frage hat sich D. Ellmers in seinen Arbeiten eingehend geäußert[88]. Das Verkehrswesen der karolingisch-ottonischen Zeit ist bisher nur zum kleineren Teil von der topographisch-archäologischen Seite her
erforscht worden, obgleich die Linienführung vieler karolingisch-ottonischer
Verkehrswege durchaus bekannt ist. Hier liegen noch archäologische For-
schungsaufgaben für die Zukunft.

Soweit es darum geht, den Verlauf karolingisch-ottonischer Verkehrswege zu
erschließen, bietet die Verbreitung bestimmter Handelsgüter Hinweise auf den
Verlauf der Verkehrswege selbst. Die allgemeine Handelsgeschichte eröffnet
also einen Zugang zur Verkehrsgeschichte. Zahlreiche Beiträge in den vier, von
der Kommission für die Altertumskunde Mittel- und Nordeuropas herausgege-
benen Bänden zum Handel beleuchten diese Zusammenhänge.

Einer anderen Sachlage sieht sich das Problem von Reiten und Fahren im
Bereich der Wikingerzeit gegenüber. Im skandinavischen Raum dauert die Beigabensitte wesentlich länger als auf dem Kontinent fort. Diesem Umstand
sowie den vielfach hervorragenden Erhaltungsbedingungen ist die Erhaltung
reich ausgestatteter fürstlicher Bestattungen vom Typ Oseberg zu verdanken,
in denen der reich verzierte, vierrädrige Prunkwagen eine ganz besondere Rolle
spielt. Die Wagenmitgabe im Frauengrab von Oseberg repräsentiert die könig-
liche Spitze der wikingischen Gesellschaft Norwegens. Er stellt aber keinen
Einzelfall dar. Bestattungen im Wagenkasten wurden erstmals aus dem wikin-
gerzeitlichen Gräberfeld von Thumby-Bienefeld unweit Schleswig bekannt[89].
Es handelt sich, wie eine Übersicht zeigt[90], um ein weitverbreitetes Phänomen
im gesamten skandinavischen Raum. Die große Zahl der Befunde belegt, daß die
Wagennutzung zu Bestattungszwecken im Norden geradezu eine Blüte erlebt, die
die bescheidenen Wagenbefunde zu Funeralzwecken weit hinter sich läßt.

---

[88] D. Ellmers, Handelsschiffahrt (wie Anm. 84). — Ders., Vor- und frühgeschichtlicher Boots- und Schiffbau nördlich der Alpen. Das Handwerk in vor- und frühgeschichtlicher Zeit, Teil II (Göttingen 1983) 471—534.

[89] M. Müller-Wille, Das wikingerzeitliche Gräberfeld von Thumby-Bienebek (Kr.
Rendsburg-Eckernförde) Teil 1. Offa-Bücher Bd. 36 (Neumünster 1976).

[90] M. Müller-Wille, Frühmittelalterliche Bestattungen in Wagen und Wagenkästen.
Archacology und Environment 4, 1985, 17—30.

6. Ergebnis

Aus der Sicht der Altertumskunde ist der Problemkreis „Reiten und Fahren in der Merowingerzeit" mit verschiedenen Methoden anzugehen. Die wichtigsten von ihnen sind:

— schriftliche Überlieferung
— ikonographische Zeugnisse
— archäologische Befunde.

Die vorgelegte Untersuchung verfolgte vor allem das Ziel, den Problemkreis von „Reiten und Fahren in der Merowingerzeit" aus der Perspektive neuerer archäologischer Befunde und Funde zu betrachten. Dazu war es nötig, die archäologisch greifbaren Überreste, die etwas über den genannten Problemkreis aussagen können, neu zu befragen. Für den Bereich des Reitens tritt in der Merowingerzeit das Pferd in den Vordergrund. In Form seiner physischen Überreste (Skelette) und seiner Ausstattung als Reit- oder als Zugtier (Reitzubehör, Teile der Anschirrung) erscheint es hundertfach als Zubehör merowingerzeitlicher Reihengräber. Die archäologische Forschung hat die geographische Verbreitung und die Zeitstellung der Bestattungen mit Pferden relativ klar herausgearbeitet. Die weitaus größte Zahl merowingerzeitlicher Bestattungen mit Pferd ist aus dem Funeralzusammenhang zu erklären: Besonders reiche oder sozial exponierte Persönlichkeiten erhielten Pferdebeigaben in ihren Gräbern oder um die Grabstätten herum. Beigegebene Pferde oder auch andere Tiere (Hund, Hirsch) werden allgemein als besonders wertvolle Grabbeigabe sozial herausgehobener Bestattungen angesehen. Vom allgemeinen Bestattungsbrauch hebt sie gelegentlich ihre besonders wertvolle Ausstattung heraus. Der geistige Hintergrund bleibt bei den Pferdegräbern der gleiche, der auch weniger reichen Grabausstattungen zugrunde liegt: die Vorsorge für die Weiterexistenz im Reich der Toten.

Mit dieser Interpretation geben sich die meisten Forscher, die sich mit diesem Problemkreis beschäftigen, zufrieden. Die Erklärung der Bestattungen aus dem Funeralzusammenhang allein wird heute weitgehend akzeptiert.

Mindestens ebenso bedeutsam ist aber die Frage, welche Auskünfte die funeralen Pferdebestattungen für die Pferdenutzung im Alltag bieten. Pferde konnten in sehr verschiedener Weise im Alltagsleben Verwendung finden: als Reittier, als Zugtier für Wagen, Pflug und Egge, als Last- und Packtier, als Saumtier, als Turnierpferd, als Kriegsinstrument usw. So zahlreich die Bestattungen mit Pferd auch sind, die die Archäologie vorgestellt hat, so bescheiden nehmen sich doch die Aussagen aus, die auf Grund dieses umfassenden Materials über die Rolle des Pferdes im Rahmen des Alltagslebens der Merowingerzeit möglich geworden sind. Kaum jemanden ist bisher aufgefallen, daß die immer wiederkehrenden Interpretationen der Pferdebestattungen als Zeichen herausragender sozialer Stellung der entsprechenden sozial herausragenden Persönlichkeiten die eigentliche Problemlage verdeckt. Die alte Frage, inwiefern sich die Alltagswirklichkeit in den Grabausstattungen abbildet, gilt selbstverständlich auch für die Bestattungen mit Pferd. Kaum je ist darüber nachgedacht worden, welche Art von Pferd beigesetzt wurde: ein von vornherein zur Grablege bestimmtes Tier, ein ausgedientes Arbeitstier, ein krankes minderwertiges Tier usw. Hier bleiben trotz aller scheinbar so reicher archäologischer Forschungsergebnisse entscheidende Fragen offen. Zwischen tote und lebende Kultur schiebt sich nach wie vor eine Erkenntnis- und Interpretationslücke, die wahrscheinlich kaum durch archäologische Forschungen allein geschlossen werden kann, sondern die Einbeziehung der Paläo-Zoologie auf breiter Front erforderlich macht.

Ich komme zur Bedeutung des Wagens in der Merowingerzeit. Sein Vorkommen beschränkt sich auf ganz wenige, archäologisch nachweisbare Fälle. Lange Zeit wußte man über den Wagen, seine Bauart und seine Nutzung in der Merowingerzeit fast nichts. Dies mußte insofern Verwunderung verursachen, als umfassende archäologische Wagenbelege sowohl aus vorgeschichtlichen Perioden als auch aus römischer Tradition vorliegen. Auch in nachmerowingischer Zeit fehlt es nicht an archäologischen Wagen-Nachweisen. Lediglich die Merowingerzeit schien lange Zeit eine „wagenlose" Periode zu sein, an der prähistorische oder römische Wagentraditionen spurlos vorübergegangen waren.

Erst die in den beiden letzten Jahrzehnten ausgegrabenen Wagengräber von Bislich, Krefeld-Gellep, Zeuzleben und Gispersleben haben den Nachweis erbracht, daß es zwischen prähistorischer und römischer Wagentradition einerseits und karolingisch-wikingerzeitlicher andererseits ein Bindeglied gibt: die merowingerzeitliche Bestattung mit Wagen, die vorwiegend im Zusammenhang mit Bestattungen fürstlicher Frauen erscheint.

Die beschriebenen merowingerzeitlichen Wagengräber schließen also eine lange bestehende Lücke zwischen prähistorischer und römischer Tradition und den karolingisch-wikingerzeitlichen Verhältnissen. Die merowingerzeitlichen Wagenfunde entsprechen dabei völlig jenen, die von der vorrömischen Eisenzeit überliefert sind: Es handelt sich um Gefährte, die im Zusammenhang des Bestattungsritus und des Totenbrauchtums ihre Erklärung finden. Inwieweit sie die Alltagswirklichkeit adäquat abbilden, steht noch dahin.

In der unausgewogenen Relation von Pferdebestattungen und Wagengräbern in der Merowingerzeit spiegelt sich — jenseits aller Auffindungsbedingungen die Realität des merowingerzeitlichen Verkehrswesens: Der weitaus größte Teil der Bevölkerung bediente sich des Pferdes als eines universellen Transportmittels. Der Wagen war zwar bekannt. Er gelangte jedoch, wie die geringe Fundzahl erweist, nur unter besonderen Voraussetzungen zum Einsatz: als Grablege oder als Transportmittel für Frauen, besonders für Schwangere, ferner für Kranke, Alte, körperlich Versehrte. Es sollte noch bis ins 11. Jahrhundert dauern, bis die Vorrangstellung des Pferdes als Transportmittel durch den Lasten befördernden Wagen, der auch mit Ochsen bespannt sein konnte, relativiert wurde. Wer im frühen Mittelalter weder über Pferd noch über Wagen verfügte, besaß nur noch eine Wahl: Er erreichte sein Ziel, wie seit Urzeiten zuvor und bis heute, auf seinen eigenen Füßen.

LOTHAR VOETZ

Zu den zentralen Wegebezeichnungen im Althochdeutschen

I. Einleitung

Aufgabe dieses Beitrags ist es, einen zentralen Ausschnitt des Wortfeldes *Weg* im Althochdeutschen unter bestimmten Gesichtspunkten genauer zu untersuchen. Dies kann jedoch aufgrund der Fülle des Materials zum Teil nur in einem größeren Überblick und in einer aussagekräftigen Auswahl der Belege geschehen. Das gilt insbesondere für das Wort ahd. *uueg* selbst.

Gemäß der Aufgabenstellung zielt die vorrangige Frage dieses Beitrags darauf ab, ob sich anhand der Beleglage zu den zentralen Wegebezeichnungen im Althochdeutschen und deren Gebrauchsbedingungen genauere Aussagen über die mit diesen Bezeichnungen erfaßte außersprachliche Wirklichkeit der Verkehrswege machen lassen. Dieser Fragestellung entsprechend wird in der hier vorzunehmenden Sichtung des Materials vor allem auf solche Belege größter Wert gelegt, die sich in der außersprachlichen Wirklichkeit auf ‚konkrete, real existierende‘ Wege beziehen, die dem Menschen als Verkehrswege dienen. Damit sind hier solche Wege gemeint, die man tatsächlich begehen kann oder begehen konnte, wie heute etwa einen asphaltierten Weg oder aber auch die Straße von Jerusalem nach Jericho im biblischen Gleichnis vom barmherzigen Samariter. Den ‚konkreten, real existierenden‘ Wegen werden hier die ‚abstrakten, nicht real existierenden‘ Wege gegenübergestellt. Bezeichnungen wie etwa *Lebensweg* oder *die Wege Gottes* entspricht im Gegensatz zu den Verkehrswegen des Menschen in der außersprachlichen Wirklichkeit kein im engeren Sinne materielles Dasein. Die Zahl der Belege, bei denen sich die jeweilige Wegebezeichnung auf ‚abstrakte, nicht real existierende‘ Wege bezieht, kann, je nach Wort und Quelle, im Althochdeutschen, aber ebenso auch im Mittel- und Neuhochdeutschen, sehr hoch sein und die Zahl der übrigen Belege unter Umständen bei weitem übertreffen. Eine genauere Untersuchung dieses zweifellos sehr interessanten Belegmaterials ist aufgrund der angeführten Fragestellung hier jedoch nicht beabsichtigt.

Die althochdeutschen Belege sind anhand der einschlägigen Wörterbücher und spezielleren Glossare ermittelt[1].

---

[1] In den Anmerkungen werden die folgenden Werke mittels Siglen zitiert:

BV. = R. Bergmann, Verzeichnis der althochdeutschen und altsächsischen Glossenhandschriften. Mit Bibliographie der Glosseneditionen, der Handschriftenbeschreibungen und der Dialektbestimmungen, Arbeiten zur Frühmittelalterforschung 6, Berlin — New York 1973

DGLG. = L. Diefenbach, Glossarium Latino-Germanicum mediae et infimae aetatis, 1857, Nachdruck Darmstadt 1973

Sieht man einmal von den Bezeichnungen für wasserüberschreitende oder wasserdurchschreitende Wege ab[2], so zählen im Althochdeutschen zu den wichtigsten Wörtern des Wortfeldes *Weg*, ebenso wie im Neuhochdeutschen, die Bezeichnungen *strāza, uueg* und *pfad*. Im Gegensatz zum Neuhochdeutschen ist in althochdeutscher Zeit wohl auch noch das häufiger bezeugte Wort *stīga*, dem lautlich nhd. *Steige* entspricht, den zentralen Wegebezeichnungen zuzurechnen. Dagegen erscheint das neuhochdeutsche Wort *Gasse* im Althoch-

---

DWB. = J. Grimm — W. Grimm, Deutsches Wörterbuch, I—XVI, Leipzig 1854—1960

GH. = K.E. Georges, Ausführliches lateinisch-deutsches Handwörterbuch. Aus den Quellen zusammengetragen und mit besonderer Bezugnahme auf Synonymik und Antiquitäten unter Berücksichtigung der besten Hilfsmittel, Nachdruck der 8. A. von H. Georges, I—II, 15. A. Hannover 1983

GSp. = E.G. Graff, Althochdeutscher Sprachschatz oder Wörterbuch der althochdeutschen Sprache, I—VI, 1834—1842, Nachdruck Darmstadt 1963

KFW. = E. Karg-Gasterstädt — Th. Frings, Althochdeutsches Wörterbuch. Auf Grund der von E. von Steinmeyer hinterlassenen Sammlungen im Auftrag der Sächsischen Akademie der Wissenschaften zu Leipzig bearbeitet und herausgegeben, Iff., Berlin 1968ff.

MLW. = Mittellateinisches Wörterbuch bis zum ausgehenden 13. Jahrhundert. In Gemeinschaft mit den Akademien der Wissenschaften zu Göttingen, Heidelberg, Leipzig, Mainz, Wien und der Schweizerischen Geisteswissenschaftlichen Gesellschaft herausgegeben von der Bayerischen Akademie der Wissenschaften und der Deutschen Akademie der Wissenschaften zu Berlin, Iff., München 1967ff.

SchW. = R. Schützeichel, Althochdeutsches Wörterbuch, 3. A. Tübingen 1981

SH. = Summarium Heinrici. I. Textkritische Ausgabe der ersten Fassung, Buch I—X. Herausgegeben von R. Hildebrandt, Quellen und Forschungen zur Sprach- und Kulturgeschichte der Germanischen Völker. Neue Folge 61 (185), Berlin — New York 1974; II. Textkritische Ausgabe der zweiten Fassung, Buch I—VI sowie des Buches XI in Kurz- und Langfassung. Herausgegeben von R. Hildebrandt, Quellen und Forschungen zur Sprach- und Kulturgeschichte der Germanischen Völker. Neue Folge 78 (202), Berlin — New York 1982

St. = Die kleineren althochdeutschen Sprachdenkmäler. Herausgegeben von E. von Steinmeyer, Deutsche Neudrucke. Reihe Texte des Mittelalters, 3. A. Dublin — Zürich 1971 [unveränderter Nachdruck der 1. A. von 1916]

StSG. = E. Steinmeyer — E. Sievers, Die althochdeutschen Glossen, I—V, 1879—1922, Nachdruck Dublin — Zürich 1968—1969

StWG. = T. Starck — J.C. Wells, Althochdeutsches Glossenwörterbuch (mit Stellennachweis zu sämtlichen gedruckten althochdeutschen und verwandten Glossen), Germanische Bibliothek. Zweite Reihe: Wörterbücher, Lieferung 1ff., Heidelberg 1972ff.

WDG. = Wörterbuch der deutschen Gegenwartssprache. Herausgegeben von R. Klappenbach und W. Steinitz, I, 7. A.; II, 4. A.; III, 2. A.; IV—VI, Berlin 1973—1977

Zu den Siglen und Editionen zum althochdeutschen Tatian, zu Otfrid und zu Notker sieh die Anmerkungen 3, 41 und 57. — Die Abkürzungen der biblischen Bücher entsprechen denen in der Vulgataedition: Biblia Sacra iuxta vulgata versionem. Adiuvantibus B. Fischer, I. Gribomont, H.F.D. Sparks, W. Thiele recensuit et brevi apparatu instruxit R. Weber, I—II, 3. A. Stuttgart 1983. — Die deutschen Übersetzungen von Bibelzitaten lehnen sich an die Zürcher Bibel an: Die Heilige Schrift des Alten und Neuen Testaments, Zürich 1982.

[2] Sieh dazu weiter unten.

deutschen nur in einigen spärlichen Belegen. Unter den angeführten Bezeichnungen ist von seiner Häufigkeit her, wie auch im Neuhochdeutschen, *uueg* das eindeutig herausragende Wort.

Das Substantiv *uueg* tritt im Althochdeutschen in den Glossen und in den literarischen Denkmälern an über 250 Stellen mit einer noch weitaus höheren Zahl an Einzelbelegen auf. Das Wort *uueg* kann hier deshalb im ganzen nur sehr exemplarisch behandelt werden. In der überwiegenden Zahl der Zeugnisse ist das Simplex *uueg* im literarischen Wortschatz des Althochdeutschen jedoch ohnehin als Bezeichnung für ‚abstrakte, nicht real existierende‘ Wege anzutreffen, so daß von diesen Belegen her in der Regel gerade kein weiterer Aufschluß für die hier zugrundegelegte entscheidende Fragestellung zu erwarten ist. Ahd. *uueg* als Bezeichnung für ‚konkrete, real existierende‘ Wege wird am ehesten im althochdeutschen Tatian und in den althochdeutschen Glossen faßbar. Aus diesem Grunde konzentriert sich die Auswahl der Belege zu ahd. *uueg* auf diese beiden Quellen.

II. Zur Beleglage im althochdeutschen Tatian

In der um a. 830 oder früher entstandenen althochdeutschen Tatianübersetzung[3] erscheint das Wort *uueg* fast vierzigmal, während *strāza* neunmal und *stīga* nur einmal bezeugt sind[4]. Das Wort *pfad* ist im althochdeutschen Tatian überhaupt nicht anzutreffen.

Auffallend ist im Tatian die klar geregelte Beziehung zwischen dem lateinischen Ausgangswort und der entsprechenden althochdeutschen Übersetzung. Lat. *via*[5] wird stets mit ahd. *uueg* übersetzt. Einmal ist *uueg* die Wiedergabe zu lat. *iter*[6].

Nur einmal anzutreffendes lat. *semita*[7] ist mit ebenfalls nur einmal bezeugtem *stīga*[8] wiedergegeben, während lat. *platea*[9] und lat. *forum*[10] im Tatian ausschließlich mit ahd. *strāza*[11] übersetzt sind.

---

[3] Die Belege und Belegstellen zum althochdeutschen Tatian werden zitiert nach der Ausgabe von E. Sievers: Tatian. Lateinisch und altdeutsch mit ausführlichem Glossar herausgegeben von E. Sievers, 2. A. [1892], Bibliothek der ältesten deutschen Literatur-Denkmäler 5, Nachdruck Paderborn 1966. Die Sigle T. (= Tatian) richtet sich, wie auch die anderen Siglen zu den althochdeutschen literarischen Denkmälern, nach dem Althochdeutschen Wörterbuch von R. Schützeichel. Das Glossar von E. Sievers in seiner Edition zum Tatian wird als ‚T. Glossar‘ zitiert.

[4] T. Glossar, S. 485 (*uuëg*), S. 435 (*strâza*), S. 434 (*stîga*).

[5] F. Köhler, Lateinisch-althochdeutsches Glossar zur Tatianübersetzung als Ergänzung zu Sievers’ althochdeutschem Tatianglossar, 1914, Nachdruck Paderborn 1962, S. 129 f. (*via*).

[6] F. Köhler, Lateinisch-althochdeutsches Glossar, S. 59 (*iter*).

[7] F. Köhler, Lateinisch-althochdeutsches Glossar, S. 108 (*semita*).

[8] T. Glossar, S. 434 (*stîga*).

[9] F. Köhler, Lateinisch-althochdeutsches Glossar, S. 88 (*platea*).

[10] F. Köhler, Lateinisch-althochdeutsches Glossar, S. 37 (*forum*).

[11] T. Glossar, S. 435 (*strâza*).

a) *strāza*

In allen Fällen werden im althochdeutschen Tatian mit *strāza* ‚konkrete'
Straßen oder Gassen innerhalb einer Stadt bezeichnet, wenn man unter Stadt
hier einmal jede größere menschliche Siedlung verstehen will. Viermal ist ahd.
strāza die Übersetzung zu *platea*[12], das ja auch im Lateinischen eine innerstädtische Straße oder Gasse bezeichnet[13]. Aber auch die jeweiligen Kontexte
weisen *strāza* im Tatian eindeutig als innerstädtische Straßenbezeichnung aus.

Das wird etwa am Beispiel der Bibelstelle *in angulis platearum* zu Matthäus
6,5 besonders deutlich. Hier ist von den Heuchlern die Rede, die an den Ecken
der Straßen beten, um von den Menschen gesehen zu werden. Das Syntagma
in angulis platearum wird im Tatian mit *in giuuiggin strazono*[14] ‚an den Ecken
der Straßen' übersetzt.

Auffallend ist im Tatian die durchgängige Wiedergabe von lat. *forum*[15]
durch ahd. *strāza*, die im übrigen Althochdeutschen ohne Parallele ist[16]. Das
geschieht im Tatian aber insgesamt fünfmal, so etwa in dem matthäischen
Gleichnis von den Arbeitern im Weinberg, die vor ihrer Anwerbung müßig auf
dem Markte — *in foro, in strazu*[17] ‚auf der Straße' — stehen. Aufgrund des
lateinischen Lemmas *forum* und aufgrund der eindeutigen biblischen Kontexte
läßt sich, ebenso wie bei der Übersetzung von lat. *platea* durch *strāza*, sichern,
daß das Wort *strāza* im althochdeutschen Tatian stets eine innerstädtische
Straße bezeichnet.

b) *uueg*

Das Wort *uueg* ist im Tatian häufiger auf ‚abstrakte' Wege zu beziehen. So
wird lateinisch *via pacis* mit *uueg sibba*[18] ‚Weg des Friedens' oder *via dei* mit
gotes uueg[19] ‚Weg Gottes' übersetzt.

Ebenso begegnet *uueg* auch in den johannäischen Abschiedsreden als Wiedergabe zu lat. *via: uuara ih faru thaz uuizzut ir inti then uuec uuizzut ir.* *Tho
quad imo Thomas: trohtin, uuir ni uuizzumes uuara thu feris, inti vvuo mugun
uuir then uuec uuizzan? Tho quad imo ther heilant: ih bin uuec inti uuar inti
lib*[20]. „,,Wohin ich gehe, daß wißt ihr und den Weg kennt ihr." Da sagte Tho-

---

[12] F. Köhler, Lateinisch-althochdeutsches Glossar, S. 88 (*platea*); T. Glossar, S. 435
(*strâza*).

[13] GH. II, Sp. 1732 (1. *platēa*).

[14] T. 34,1 zu Mt 6,5.

[15] F. Köhler, Lateinisch-althochdeutsches Glossar, S. 37 (*forum*); T. Glossar, S. 435
(*strāza*).

[16] G. Köbler, Lateinisch-germanistisches Lexikon, Arbeiten zur Rechts- und Sprachwissenschaft 5, Göttingen — Gießen 1975, S. 172 (*forum*); G. Köbler, Lateinisch-
althochdeutsches Wörterbuch, Göttinger Studien zur Rechtsgeschichte. Sonderband 12,
Göttingen — Zürich — Frankfurt 1971, S. 80 (*forum*).

[17] T. 109,1 zu Mt 20,3.

[18] T. 4,18 zu Lc 1,79.

[19] T. 126,1 zu Mt 22,16.

[20] T. 162,1—3 zu Io 14,4—6.

mas zu ihm: „Herr, wir wissen nicht, wohin du gehst, wie sollen wir aber den Weg wissen?" Da sprach der Heiland zu ihm: „Ich bin der Weg und die Wahrheit und das Leben." '

Ahd. *uueg* als Bezeichnung für ‚abstrakte' Wege liegt auch in der Übersetzung *garuuet trohtines uueg*[21] ‚bereitet den Weg des Herrn' zu lat. *parate viam domini* vor, die in dieser[22] oder ähnlicher Form[23] im Tatian noch mehrfach anzutreffen ist.

Das Wort *uueg* kann im Tatian auch in der Bedeutung ‚sich auf den Weg machen' verwandt werden: *Mittiu her uzgangenti uuás in uuek*[24] ‚Als er sich auf den Weg machte' zu lat. *Et cum egressus esset in viam.*

In wieder anderer Weise ist *uueg* als Übersetzung zu lat. *quoniam amicus meus venit de via ad me* zu verstehen: *uuanta mín friunt quam fon uúege zi mir*[25] ‚denn mein Freund ist auf der Reise zu mir gekommen'.

In dem Syntagma *eines tages uueg*[26] zu lat. *iter diei* bezeichnet *uueg* die Strecke, die man an einem Tag zurücklegen kann, die ‚Tagesstrecke'.

Der Weg als Strecke zu einem Zielpunkt[27] wird in dem Beleg *thuruh anderan uueg* als Übersetzung zu lat. *per aliam viam* sichtbar. Die drei Weisen aus dem Morgenland werden im Traum aufgefordert, nicht zu Herodes zurückzukehren: *thuruh anderan uueg vvurbun zi iro lantscheffi*[28] ‚sie kehrten auf einem anderen Weg in ihr Land zurück'.

Die Übersetzung ahd. *uueg* liegt auch in dem bei Matthäus überlieferten Bild vom breiten und vom schmalen Weg vor. Lat. *spatiosa via* wird im Tatian mit *uúit uúeg*[29] ‚breiter Weg' und lat. *arta via* mit *bithuungan uúeg*[30] ‚enger Weg', eigentlich ‚beengter Weg' wiedergegeben. Sicherlich ist hier von der Bezeichnung ‚abstrakter' Wege auszugehen, doch liegt dem Bild letztlich die Vorstellung ‚konkreter' Wege zugrunde.

Im Zusammenhang mit dem biblischen Bericht von der Aussendung der zwölf Apostel finden sich im Tatian in einer Kontamination aus Lukas und Matthäus die beiden folgenden Aufforderungen: *niouuiht ni nemet ír in uuege, in heidanero uuég ni get ír*[31] ‚Nehmt nichts mit auf den Weg, geht nicht auf einen Weg der Heiden.' Während im ersten Falle *uueg* als ‚auf den Weg machen' verstanden werden kann, ist beim zweiten Beleg *uueg* an jeden ‚konkreten' Verkehrsweg auf heidnischem Gebiet zu denken. Das Wort *uueg* wird hier also, wie auch im Neuhochdeutschen, als Oberbegriff für alle Wegebezeichnungen faßbar.

---

[21] T. 13,21 zu Io 1,23.

[22] T. 13,3 zu Mt 3,3.

[23] Man vergleiche T. 4,17 zu Lc 1,76; T. 64,6 zu Lc 7,27.

[24] T. 106,1 zu Mc 10,17.

[25] T. 40,1 zu Lc 11,6.

[26] T. 12,3 zu Lc 2,44.

[27] Für das Neuhochdeutsche sieh dazu im Vergleich beispielsweise die Belege im WDG. VI, S. 4280 (*Weg* 2.).

[28] T. 8,8 zu Mt 2,12.

[29] T. 40,9 zu Mt 7,13.

[30] T. 40,10 zu Mt 7,14.

Soweit das Wort *uueg* im althochdeutschen Tatian als Bezeichnung für einen ‚konkreten' Weg auftritt, kann damit ein Weg von völlig unterschiedlicher Beschaffenheit gemeint sein.

Im matthäischen Gleichnis vom königlichen Hochzeitsmahl[32] schickt der König seine Knechte an die Kreuzungen der Straßen, wobei wohl an innerstädtische Straßenkreuzungen zu denken ist. Lat. *ad exitus viarum* und *in vias* wird dabei im Tatian mit *zi ûzgange uuego*[33] und mit *in uuega*[34] wiedergegeben. Ahd. *uueg* ließe sich in diesen Belegen durchaus mit ‚Straße' übersetzen. Es ist jedoch nicht sicher ermittelbar, ob auch der althochdeutsche Tatianübersetzer mit dieser Stelle die Vorstellung von innerstädtischen Straßen verband. Darüber hinaus ist zu bedenken, daß gerade in der oft doch sehr mechanischen althochdeutschen Tatianübertragung lat. *via* lediglich als Vokabelübersetzung mit ahd. *uueg* wiedergegeben worden sein könnte, so daß hier keine allzu weitgehenden Schlüsse gezogen werden dürfen.

Ahd. *uueg* als Bezeichnung einer größeren außerstädtischen Straße läßt sich im Tatian im Gleichnis vom barmherzigen Samariter nachweisen. Der biblische Kontext meint eindeutig die Straße von Jerusalem nach Jericho. An der Bibelstelle, die von dem Priester berichtet, der zufällig dieselbe Straße wie der unter die Räuber gefallene Mann hinabgeht, wird lat. *eadem via* durch ahd. *in themo selben uuege*[35] ‚auf derselben Straße' wiedergegeben.

Als Bezeichnung für ‚konkrete' Wege erscheint ahd. *uueg* im Tatian unter anderem auch im Zusammenhang mit den Perikopen vom verdorrenden Feigenbaum, der *nah themo uuege*[36] ‚am Wege' steht, und von der Heilung zweier Blinder, die *nah themo uúege*[37] ‚am Wege' saßen. In beiden Fällen legen die biblischen Kontexte nahe, daß es sich um außerstädtische Straßen oder Wege handelt. Über die genauere Beschaffenheit dieser Verkehrswege wird dabei aber nichts ausgesagt.

Als Bezeichnung für einen ‚konkreten' Weg ist ahd. *uueg* im Tatian auch im Gleichnis vom Säemann, der ausging, um Korn zu säen, bezeugt. Es heißt dort: *Mit thiu hér thó sata, sumu fielun nah themo uuege inti vvurdun furtretanu, inti quamun fugala inti frazun thiu*[38]. ‚Als er da säte, fielen einige neben den Weg und wurden zertreten, und die Vögel kamen und fraßen diese.' Ahd. *uueg* kann hier nur mit ‚Weg', nicht aber mit ‚Straße' übersetzt werden. Der Kontext macht dann genauer deutlich, daß *uueg* an dieser Stelle einen Feldweg bezeichnet.

An den angeführten Beispielen zu *uueg* im Tatian wird somit sichtbar, daß das Wort *uueg* bereits zu Beginn des Althochdeutschen eine Bezeichnungsvielfalt aufweist, wie sie in ähnlicher Form auch noch im Neuhochdeutschen anzu-

---

[31] T. 44,3 zu Lc 9,3 und Mt 10,5.
[32] Mt 22,1—14.
[33] T. 125,9 zu Mt 22,9.
[34] T. 125,11 zu Mt 22,10.
[35] T. 128,8 zu Lc 10,31.
[36] T. 121,1 zu Mt 21,19 (lat. *secus viam*).
[37] T. 115,1 zu Mt 20,30 (lat. *secus viam*).
[38] T. 71,2 zu Mt 13,4 und Lc 8,5.

treffen ist. Ahd. *uueg* erscheint häufig zur Bezeichnung ‚abstrakter‘ Wege. Es dient aber ebenso auch zur Bezeichnung ‚konkreter‘ Wege, deren Beschaffenheit im Einzelfall allerdings sehr verschieden ist. Während ahd. *strāza* im Tatian aber stets auf innerstädtische Straßen zu beziehen ist, scheint ahd. *uueg* vor allem außerstädtische Straßen und Wege zu bezeichnen. Ob es sich dabei im Einzelfall um eine Landstraße oder etwa um einen Feldweg handelt, läßt sich allenfalls am jeweiligen Kontext ablesen. Darüber hinaus dient ahd. *uueg* offensichtlich auch als Oberbegriff und allgemeinste Bezeichnung für ‚Weg‘ überhaupt.

c) *stīga*

Von den althochdeutschen zentralen Bezeichnungen für ‚Weg‘ sind im Tatian, wie bereits festgestellt, nur *uueg* und *strāza* in größerer Häufigkeit bezeugt. Ahd. *pfad* oder das im Neuhochdeutschen gebräuchliche Wort *Gasse* sind dagegen im Tatian nicht anzutreffen. Auch ahd. *stīga* ist im Tatian nur einmal als Bezeichnung für ‚abstrakte‘ Wege überliefert.

Der lateinische Text nach Matthäus 3,3 *parate viam domini, rectas facite semitas eius* wird im Tatian folgendermaßen wiedergegeben: *garuuet trohtines uueg, tuot rehto sino stiga*[39]. ‚Bereitet den Weg des Herrn, macht gerade seine Wege.‘ Die Übersetzung mit ahd. *stīga* dürfte hier durch das lateinische Bezugswort *semita* veranlaßt worden sein, das ebenso wie *stīga* einen Weg niedrigerer Rangordnung bezeichnet. Die Vorstellung eines steiler ansteigenden Weges kann hier mit *stīga* nicht verbunden werden.

III. Zur Beleglage bei Otfrid von Weißenburg

Wesentlich anders als im althochdeutschen Tatian stellt sich das Problem der Wegebezeichnungen bei Otfrid von Weißenburg, der zwischen a. 863 und a. 871 sein Evangelienbuch vollendet hat.

Bei Otfrid sind von den zentralen Wegebezeichnungen des Althochdeutschen die Wörter ahd. *uueg* zu mehr als dreißig, ahd. *pad* zu neun und ahd. *strāza* zu fünf Belegstellen bezeugt[40]. Das Wort ahd. *stīga* ist bei Otfrid nicht überliefert.

Für Otfrid sind im Hinblick auf die Wegebezeichnungen zwei auffallende Beobachtungen zu machen:
1. Die Wörter *uueg, pad* und *strāza* kommen vor allem als Bezeichnungen für ‚abstrakte, nicht real existierende‘ Wege vor.

---

[39] T. 13,3 zu Mt 3,3.
[40] Zu den Stellennachweisen s. J. K e l l e , Otfrids von Weißenburg Evangelienbuch, III. Glossar der Sprache Otfrids, 1881, Nachdruck Aalen 1963, S. 666 (*uueg*), S. 461 (*pad*), S. 562 (*strâza*); P. P i p e r , Otfrids Evangelienbuch, II. Glossar und Abriß der Grammatik, Freiburg i.B. und Tübingen 1884, S. 566 (*uueg*), S. 351 (*pad*), S. 448 (*strâza*).

2. Alle drei Wörter sind in vielen Fällen semantisch weitgehend austauschbar. Das zeigt sich auch daran, daß *strāza, uueg* und *pad* zum Teil in denselben Kontexten erscheinen, ohne daß damit eine genauere Bedeutungsdifferenzierung verbunden wäre.

Für Otfrid charakteristisch sind die beiden folgenden Verse aus der Verkündigungsszene, in denen der Weg, den der Engel Gabriel vom Himmel herab zu Maria nimmt, genauer beschrieben wird[41]:

> *Floug er súnnun pad,   stérrono stráza,*
>   *uuega uuólkono   zi deru ítis frono*

‚Er flog [gemeint ist der Engel Gabriel] den Weg der Sonne, die Bahn der Sterne, die Wege der Wolken zu der heiligen Jungfrau.‘

Selbstverständlich sind die Wörter zu dieser bekannten Otfridstelle, schon unter dem Gesichtspunkt der Alliteration, durchaus bewußt gewählt[42] und deshalb auch nicht austauschbar, eine semantisch eindeutige Scheidung von *pad, uueg* und *strāza* erscheint im Hinblick auf die hier angewandte Fragestellung jedoch kaum möglich.

Gleichsam als Gegenstück zum Flug des Engels Gabriel vom Himmel zur Erde, erscheint bei Otfrid die Beschreibung der Himmelfahrt Christi. In diesem Zusammenhang finden sich die beiden folgenden Verse[43]:

> *Ther nist, in álauuari,   ther er thia stráza fuari,*
>   *ther ér io thaz gidáti,   then selbon uuég gidrati*

Paraphrasiert lassen sich diese Verse etwa so wiedergeben: ‚Es gibt fürwahr keinen, der vorher diesen Weg gegangen wäre (*thia stráza fuari*), den Christus bei seiner Himmelfahrt gegangen ist. Es gibt fürwahr keinen, der früher je das getan hätte, denselben Weg betreten hätte (*then selbon uuég gidrati*), den Christus bei seiner Himmelfahrt betreten hat.‘

Auch in diesem Fall scheint bei Otfrid kein oder zumindest kein gewichtiger Bedeutungsunterschied zwischen *strāza* und *uueg* vorzuliegen.

Ähnliche Überschneidungen zwischen *strāza, uueg* und *pad* ergeben sich bei Otfrid noch häufiger.

Das läßt sich beispielhaft an der in allen Evangelien anzutreffenden, auf Isaias[44] fußenden Bibelstelle zu Johannes dem Täufer als Wegbereiter des Herrn nachweisen. Lateinisches *parate viam Domini*[45] ‚Bereitet den Weg des Herrn‘ wird in bezug auf lat. *via* von Otfrid in der Regel mit *uueg* ‚Weg‘ übersetzt[46].

---

[41] O. I,5,5 f.; zitiert nach J. Kelle, Otfrids von Weißenburg Evangelienbuch, I. Text und Einleitung, 1856, Nachdruck Aalen 1963; bei der Wiedergabe der Textstellen werden von den Akzenten nur die bei J. Kelle stärker hervorgehobenen metrischen Akzente berücksichtigt.

[42] Zu O. I,5,3—6 insgesamt s. G. Vollmann-Profe, Kommentar zu Otfrids Evangelienbuch. Teil I: Widmungen. Buch I,1—11, Bonn 1976, S. 196 f.

[43] O. V,17,17 f.

[44] Is 40,3.

[45] Mt 3,3; Mc 1,3; Lc 3,4; man vergleiche auch Io 1,23; darüber hinaus vergleiche man auch Lc 1,76.

[46] Sieh insbesondere O. I,3,50; 23,21; man vergleiche darüber hinaus O. 1,10,20; 10,26; 23,27; II,7,8.

Jedoch begegnet im Evangelienbuch Otfrids in diesem Zusammenhang einmal auch die Bezeichnung *strāza*[47] und einmal sogar, wohl durch den Reim bedingt, *pad*[48]:

rihtet góte sinan pád,   so ther fórasago quad!

,Richtet Gott seinen Weg her, wie der Prophet gesagt hat!' In allen vergleichbaren Fällen erscheint im althochdeutschen Tatian ausschließlich *uueg*[49].

In den gleichen Textzusammenhängen, in denen lat. *semita* im Tatian mit *stīga*[50] wiedergegeben wird, ist bei Otfrid das im gesamten literarischen Wortschatz nur hier anzutreffende *heristrāza*[51] ,(Heer-)Straße'[52] bezeugt.

Damit wird auch in diesem Falle sehr deutlich, daß sich die bei Otfrid überlieferten Belege zu den althochdeutschen Wegebezeichnungen kaum dazu eignen, etwas Genaueres über die Differenzierung ,konkreter, real existierender' Wege auszusagen.

IV. Zur Beleglage bei Notker

a) uueg

Im Werk Notkers des Deutschen, der im Jahre 1022 gestorben ist, ist das Wort *uueg*[53] mehr als 150mal bezeugt. Das Wort erscheint, darin dem Belegmaterial zu Otfrid vergleichbar, fast ausschließlich als Bezeichnung für ,abstrakte, nicht real existierende' Wege. Die Häufigkeit wie der Bezug auf ,abstrakte' Wege sind bei Notker vor allem durch die Psalmenübersetzung bedingt. In den alttestamentlichen Psalmen spielen die Wegbilder[54] nämlich eine zentrale Rolle. Eine eigenständige Untersuchung dieses Bereichs, gerade

---

[47] O. I,4,46; die Stelle steht zwar insgesamt in Zusammenhang mit Lc 1,17, die Wendung *stráza ze drétanne* beruht jedoch auf Mt 3,3; sieh dazu auch J. K e l l e, Otfrids von Weißenburg Evangelienbuch, III, S. 562 (*strâza*); P. P i p e r, Otfrids Evangelienbuch, I. Einleitung und Text, 2. A. Freiburg i.B. und Tübingen 1882, S. 40 zu O. I,4,45f.; P. P i p e r, Otfrids Evangelienbuch, II, S. 448 (*strâza*).

[48] O. I,27,42; man vergleiche damit beispielsweise O. I,23,21.

[49] Man vergleiche insbesondere T. 13,3 und 13,21; sieh auch T. 4,17 und 64,6.

[50] T. 13,3.

[51] O. I,23,22.

[52] SchW. S. 82 (*heristrāz(z)a*).

[53] Zu den Belegstellen insgesamt s. Notker-Wortschatz. Das gesamte Material zusammengetragen von E. H. S e h r t und T. S t a r c k. Bearbeitet und herausgegeben von E. H. S e h r t und W. K. L e g n e r, Halle (Saale) 1955, S. 568 (*uuég*). Hier und im folgenden wird, dem Notker-Wortschatz und dem Althochdeutschen Wörterbuch von R. S c h ü t z e i c h e l entsprechend, bei den Belegstellen, sofern nicht besondere Gründe vorliegen, nicht ausdrücklich zwischen Notker und dem Notkerglossator unterschieden.

[54] Zur biblischen und christlichen Wegbildlichkeit sieh auch E. T r a c h s l e r, Der Weg im mittelhochdeutschen Artusroman, Studien zur Germanistik, Anglistik und Komparatistik 50, Bonn 1979, insbesondere S. 225—236; sieh auch G. W i n g r e n, »Weg«, »Wanderung« und verwandte Begriffe, Studia Theologica 3 (1949) S. 111—123.

auch für Notker, erscheint durchaus lohnend, kann im Rahmen der Fragestellung dieses Beitrags hier aber nicht geleistet werden.

Neben *uueg* erscheinen bei Notker auch noch die weiteren zentralen althochdeutschen Wegebezeichnungen *strāza, fad* und *stīga*.

b) *stīga*

Das Wort *stīga*[55] ist bei Notker und beim Notkerglossator insgesamt elfmal bezeugt. Dabei ist jedoch klar zu unterscheiden zwischen *stīga* als Bezeichnung für einen ‚Weg‘ oder ‚Pfad‘ und *stīga* zur Bezeichnung für einen ‚Stall‘[56], insbesondere für Kleinvieh. Dadurch reduziert sich die Zahl der Belegstellen von *stīga* in der Bedeutung ‚Weg, Pfad‘ auf sieben Nachweise[57]. In dieser Verwendungsweise taucht das Wort nur in Notkers Psalmenübersetzung auf. Von daher überrascht es wohl nicht, wenn *stīga* nur als Bezeichnung für ‚abstrakte‘ Wege erscheint. In allen Fällen, in denen bei Notker und beim Notkerglossator[58] ahd. *stīga* in der Bedeutung ‚Weg, Pfad‘ auftritt, ist lat. *semita*[59] das Bezugswort.

Obwohl sich *uueg* und *stīga* bei Notker weitgehend oder ausschließlich auf ‚abstrakte‘ Wege beziehen und obwohl *stīga* in einigen Fällen ebenso wie *uueg*

---

[55] Zu den Belegstellen insgesamt s. Notker-Wortschatz, S. 485 (stîga).

[56] Trotz der großen Verschiedenheit der Bedeutungsangaben erscheinen in den einschlägigen Wörterbüchern und Glossaren zum literarischen Wortschatz des Althochdeutschen die Belege zu ahd. *stīga* in beiden Verwendungsweisen unter einem einzigen Stichwort; sieh dazu GSp. VI, Sp. 624 (*stīga*); SchW. S. 184 (*stīga*); Notker-Wortschatz, S. 485 (*stîga*); E. H. *Sehrt*, Notker-Glossar. Ein Althochdeutsch — Lateinisch — Neuhochdeutsches Wörterbuch zu Notkers des Deutschen Schriften, Tübingen 1962, S. 207 (*stîga*); sieh dagegen StWG. S. 592 (*stīga*[1]) und (*stīga*[2]).

[57] N. II,73,10 zu Ps 22,3; 164,15 zu Ps 43,19; 303,14 zu Ps 75,1; 509,18 zu Ps 118,35; 576,19 zu Ps 138,3; 580,18 zu Ps 138,23; 585,26 zu Ps 141,4. Da sich der von E. H. S e h r t und W. K. L e g n e r herausgegebene Notker-Wortschatz auf die Edition von P. P i p e r (Die Schriften Notkers und seiner Schule. Herausgegeben von P. P i p e r, I—III, Germanischer Bücherschatz 8—10, Freiburg i.B. und Tübingen 1882—1883) bezieht, richten sich hier und im folgenden die Stellenbelege zu Notker unter Angabe der Zahl des Bandes, der Seite und der Zeile nach der Piperschen Ausgabe. Die neuere, von E. H. S e h r t und T. S t a r c k (Notkers des Deutschen Werke. Nach den Handschriften neu herausgegeben von E. H. S e h r t und T. S t a r c k, I—III, Altdeutsche Textbibliothek 32—34, 37, 40, 42, 43, Halle (Saale) 1933—1955) vorgelegte Edition und die im Erscheinen begriffene neueste Ausgabe zu Notker von J. C. K i n g und P. W. T a x verweisen jeweils auf das Werk P. P i p e r s, so daß die Piperschen Stellennachweise auch dort leicht auffindbar sind. Längere Zitate zu Notker im fortlaufenden Text dieses Beitrags richten sich jedoch nicht nach der Piperschen Ausgabe, sondern nach der neuesten, in der Anmerkung dann jeweils angeführten Edition von J. C. K i n g und P. W. T a x. In der Zitierweise bleiben dabei aber bestimmte Zusätze der Herausgeber, wie Bindestrich und Trennungsbogen, unbeachtet.

[58] N. II,303,14 zu Ps 75,1.

[59] Das Glossar von P. K l e i b e r, Lateinisch — Althochdeutsches Glossar zum Psalter Notkers III, Freiburg 1962, hier S. 375 (*semita*), bietet die Belege nur in Auswahl (sieh dort auch S. I); die bei P. K l e i b e r angeführten Belege ohne lateinische Entsprechung (o.l.E.) beziehen sich auf ahd. *stīga* in der Bedeutung ‚Stall‘.

mit ,Weg‘ übersetzt werden muß, ergibt sich bei Notker doch eine relativ klare
Scheidung von *uueg* und *stīga*. Das läßt sich beispielhaft aus Belegen zu
Psalm 138 ersehen, wo lat. *semita* und lat. *via* in demselben Textzusammen-
hang auftreten, der aufzeigt, daß Gott alle Pfade und Wege des Menschen
kennt. Notker gibt lat. *semita* mit ahd. *stīga* und lat. *via* mit ahd. *uueg*
wieder[60]. Obwohl hier von ,abstrakten‘ Wegen die Rede ist, wird doch zweierlei deutlich erkennbar:
1. Im Vergleich zwischen *uueg* und *stīga* muß *stīga* gegenüber *uueg* einen von
der Ordnung her geringeren Weg bezeichnen.
2. In dem Wort *stīga*, das in der Sekundärliteratur unter Beibehaltung des
Wortkörpers häufiger einfach mit ,Steige‘ übersetzt wird, ist die Gebrauchsbedingung eines steilen oder auch nur ansteigenden Weges bei Notker, wie
auch in fast allen anderen althochdeutschen Belegen, gerade nicht erkennbar.
Beide Aussagen zu ahd. *stīga* sind auch schon in dem entsprechenden
Tatianbeleg[61] deutlich geworden, der ebenfalls lat. *semita* zur Grundlage hatte.
Beide Aussagen zu ahd. *stīga* lassen sich aber insbesondere auch an dem kleineren althochdeutschen Denkmal der sehr freien Übersetzung zu Psalm 138
nachweisen. Dieser in einer Handschrift des 10. Jahrhunderts überlieferte Text
gibt nämlich ebenfalls lat. *semita* mit *stīga* und *via* mit *uuech*[62] wieder.

c) fad

Ebenso wie *stīga* bezieht sich das bei Notker insgesamt viermal bezeugte
fad[63] nicht auf ,konkrete‘ Verkehrswege. Die Wörter *fad*, *stīga* und *uueg* können bei Notker mitunter in den gleichen Textzusammenhängen auftreten und
bezeichnen dann meist ,abstrakte‘ Wege und Pfade des Menschen. Die Verwendung von *uueg*, *stīga* und *fad* scheint bei Notker aber nicht beliebig, sondern
ist in besonderer Weise vom Kontext und vom lateinischen Bezugswort abhängig, jedenfalls soweit ein solches vorliegt. Das wird auch bei *fad* deutlich, dem
zweimal lat. *semita* zugrundeliegt[64], das in anderen Zusammenhängen mit
stīga übersetzt wird. Einmal erscheint *fad*[65] auch als Übersetzung zu lat. *via*,
das sonst in aller Regel mit *uueg* wiedergegeben wird. In einem Fall hat *fad*[66]
keine direkte lateinische Grundlage im Text Notkers selbst, doch scheint hier
das Bezugswort lat. *callis* im Psalmenkommentar Cassiodors die Übersetzung
durch ahd. *fad* veranlaßt zu haben[67].

---

[60] N. II,576,19 zu Ps 138,3 und 576,23 zu Ps 138,4.
[61] T. 13,3 zu Mt 3,3.
[62] St. 105,6 zu Ps 138,3 und St. 105,8 zu Ps 138,4.
[63] Zu den Belegstellen insgesamt s. Notker-Wortschatz, S. 163 (*fád*).
[64] N. II,77,5 zu Ps 24,4 und II,527,7 zu Ps 118,105.
[65] N. II,580,19 zu Ps 138,24.
[66] N. II,581,26.
[67] Notker latinus. Die Quellen zu den Psalmen. Psalm 101—150, den Cantica und den
katechetischen Texten (mit einem Anhang zum Wiener Notker). Herausgegeben von W.
T a x , Die Werke Notkers des Deutschen. Neue Ausgabe. Band 10 A, Altdeutsche Textbibliothek 80, Tübingen 1975, S. 675 (zu 515,11).

Obwohl die Wegwörter bei Notker in der Regel ‚abstrakte' Wege bezeichnen, läßt sich an einigen Belegen über die Gebrauchsbedingungen dieser Wörter doch mehr ablesen.

Psalm 24,4 lautet vom lateinischen Text her folgendermaßen: *Vias tuas domine demonstra mihi · et semitas tuas doce me.* ‚Zeige mir, o Herr, deine Wege und deine Pfade lehre mich.' Notker übersetzt hierzu[68]: *Dîne uuéga diê gréhten zêige mir · unde dîniu smálen phád · kelêre mih kân · nals den brêiten uueg · der ze hello lêitet.* ‚Deine Wege, die gerechten, zeige mir, und deine schmalen Pfade lehre mich gehen, nicht aber den breiten Weg, der zur Hölle führt.'

Trotz dem hier gegebenen Bezug auf ‚abstrakte' Wege wird in diesen Belegen *uuéga* und *phád* doch der auch im Neuhochdeutschen gegenüber *Weg* bestehende Unterschied der geringeren Breite von *Pfad* sehr deutlich. Allerdings fügt Notker ausdrücklich noch die Adjektive *smal* bei *phad* und *breit* bei *uueg* hinzu. Das Wort *uueg* übersetzt lateinisch *via*, während *phad* lateinisch *semita* wiedergibt. Obwohl es sich bei der angeführten Stelle um eine Psalmübersetzung handelt, ist dabei natürlich auch das matthäische Bild[69] vom breiten und vom schmalen Weg eingeflossen. Auf der lateinischen Grundlage von *spatiosa via* und *arta via* sind diese Syntagmen im Tatian[70] mit *uuit uueg* und *bithuungan uueg* wiedergegeben worden.

Der Unterschied zwischen ahd. *stīga* und ahd. *fad* ist bei Notker nicht eindeutig faßbar. In beiden Fällen liegen offensichtlich Bezeichnungen für schmale Wege oder Pfade vor.

d) strāza

Das bei Notker elfmal überlieferte Wort *strāza*[71] ist in sehr unterschiedlicher Weise bezeugt.
Eine auffallende Parallele zu Otfrids Beleg *stérrono strāza*[72] findet sich bei Notker in dem Syntagma *éine smála strâza úndarlichero stérnon*[73] ‚eine schmale Bahn ungleicher Sterne'.

Bei Notker kann ahd. *strāza* sogar ganz allgemein eine Bahn bezeichnen, ähnlich wie man etwa im Neuhochdeutschen bei Stoffen von einer Bahn

---

[68] N. II,77,3—6 zu Ps 24,4; hier zitiert nach Notker der Deutsche. Der Psalter. Psalm 1—50. Herausgegeben von P. W. Tax, Die Werke Notkers des Deutschen. Neue Ausgabe. Band 8, Altdeutsche Textbibliothek 84, Tübingen 1979, 73,16—19.

[69] Mt 7,13 f.

[70] T. 40,9—10 zu Mt 7,13 f.

[71] Zu den Belegstellen insgesamt s. Notker-Wortschatz, S. 488 f. (*strâza*).

[72] O. I,5,5.

[73] N. I,752,22—23; hier zitiert nach Notker der Deutsche. Martianus Capella, »De nuptiis Philologiae et Mercurii«. Herausgegeben von J. C. King, Die Werke Notkers des Deutschen. Neue Ausgabe. Band 4, Altdeutsche Textbibliothek 87, Tübingen 1979, 68,7.

spricht. Notker bietet hierzu beispielsweise den Beleg *strîmen gâende in strâzo uuîs*[74] ‚Streifen, die in der Weise einer Bahn verlaufen‘.

Ahd. *strâza* ist bei Notker und einmal auch beim Notkerglossator[75] aber auch als Bezeichnung für ‚konkrete‘ Wege faßbar. Soweit dabei, wie in den Psalmen, der lateinische Text die direkte Vorlage für die althochdeutsche Übertragung darstellt, erscheint als lateinisches Bezugswort *platea*[76]. Besonders anschaulich ist die Übersetzung von lat. *Ut lutum platearum delebo eos* durch ahd. *Also daz hóro an déro strâza fértîligon ih siê*[77] ‚Wie den Kot auf der Straße beseitige ich sie‘.

Hier, wie auch bei anderen Belegen Notkers und seines Glossators, scheint das Wort *strâza* sich auf eine innerstädtische Straße zu beziehen. Jedenfalls läßt sich kein sicherer Nachweis erbringen, daß mit ahd. *strāza* bei Notker eine außerstädtische Straße gemeint sei. Lat. *platea*[78] als Straße oder Gasse in der Stadt übersetzt Notker bis auf eine Ausnahme stets mit *strāza*[79]. Nur einmal gibt Notker lat. *platea* nicht mit *strāza*, sondern mit *gazza* wieder.

V. Ahd. *gazza* bei Notker und im Bereich der althochdeutschen Glossen

Das Wort *gazza* zeigt im Althochdeutschen einen auffälligen Befund, der einer ausführlichen Darstellung bedarf.

Das Substantiv *gazza* ist nämlich, obwohl bereits im Gotischen einmal nachzuweisen[80], im Althochdeutschen erst sehr spät und nur in vereinzelten Belegen bezeugt, die alle nicht vor dem 10. Jahrhundert liegen. Ahd. *gazza* ist insgesamt elfmal sicher[81] belegt, ist aber nur auf drei verschiedene Textstellen zu beziehen.

a) gazza bei Notker

Im Bereich der literarischen Denkmäler des Althochdeutschen begegnet *gazza* nur bei Notker in einem einzigen Zeugnis[82]. Der größere Textzusam-

---

[74] N. I,403,10 f.; hier zitiert nach Notker der Deutsche. Boethius’ Bearbeitung der »Categoriae« des Aristoteles. Herausgegeben von J. C. King, Die Werke Notkers des Deutschen. Neue Ausgabe. Band 5, Altdeutsche Textbibliothek 73, Tübingen 1972, 45,3.

[75] N. II, 333,8 zu Ps 80,1.

[76] N. II,55,15 und 17 zu Ps 17,43; 333,8 zu Ps 80,1; 591,28 zu Ps 143,14.

[77] N. II,55,14 f. zu Ps 17,43; hier zitiert nach Notker der Deutsche. Der Psalter, 54,25 f.

[78] GH. II, Sp. 1732 (1. *platēa*).

[79] Man vergleiche dazu auch P. Kleiber, Lateinisch — Althochdeutsches Glossar, S. 309 (*platea*).

[80] Sieh dazu im ganzen weiter unten.

[81] Der Beleg *zagun* (StSG. 1,568,28) ist bei dieser Zählung nicht berücksichtigt.

[82] SchW. S. 66 (*gazza*); Notker-Wortschatz, S. 207 (*gáza*); GSp. IV, Sp. 105 (*gaza*), und KFW. IV, Sp. 130 f. (*gazza*), führen darüber hinaus noch einen Beleg aus Willirams deutscher Paraphrase des Hohenliedes an (s. E. H. Bartelmez, The „Expositio in Cantica Canticorum“ of Williram Abbot of Ebersberg 1048—1085. A critical edition, Memoirs of the American Philosophical Society held at Philadelphia for promoting useful knowledge 69, Philadelphia 1967, S. 9 (48G3 zu Ct 3,2), S. 158 (48G3.10)), der im übrigen deutlich bestätigt, daß *gazza* als Bezeichnung einer innerstädtischen Straße aufzufassen ist.

menhang lautet[83]: *Vnde in íro gázzon negebrást uuôcherúngo unde bísuuîches.* Dieser Satz ist die Übersetzung zu Psalm 54,12: *Et non defecit de plateis eius usura et dolus.* Der lateinische Psalmtext selbst kann hier, wie durchaus üblich, mit ‚Und Bedrückung und Trug weicht nicht von ihren Märkten‘ wiedergegeben werden. Diese Übersetzung entspricht allerdings nicht dem althochdeutschen Text Notkers.

Lat. *platea,* das von Notker in dem angeführten Beleg mit *gazza* interpretiert wird, kann zwar auch den großen freien Platz im Hause, den Hof und wohl auch den Markt bezeichnen, zunächst einmal meint lat. *platea*[84] aber die Straße in der Stadt, die Gasse. Der Notkersche Satz *Vnde in íro gázzon negebrást uuôcherúngo unde bísuuîches* ist deshalb wohl am ehesten mit ‚Und in ihren Gassen mangelte es nicht an Wucher und Betrug‘ zu übersetzen.

Der Begriff der ‚Enge‘, der im Neuhochdeutschen mit dem Wort *Gasse* vielfach verbunden zu sein scheint[85], wird dabei in dem Notkerschen Beleg in keiner Weise sichtbar. Dafür tritt umso deutlicher hervor, daß *gazza,* wie auch das lateinische Bezugswort *platea,* als Straße innerhalb einer Stadt zu verstehen ist. Das wird aber auch aus dem weiteren Kontext[86] zu dieser Stelle ersichtlich, in dem ausdrücklich von der Stadt und von den Mauern der Stadt gesprochen wird. Der Notkersche Beleg *in íro gázzon*[87] ‚in ihren Gassen‘ scheint somit sogar die Gesamtheit aller innerstädtischen Straßen bezeichnen zu wollen.

b) gazza im Bereich der althochdeutschen Glossen

Ahd. *gazza* ist außer bei Notker sonst nur noch in den althochdeutschen Glossen[88] in zwei voneinander verschiedenen Zusammenhängen überliefert. Zu *gazza* werden im Althochdeutschen Glossenwörterbuch von T. Starck und J.C. Wells[89] das lateinische Lemma *vicus* und die neuhochdeutschen Bedeutungen ‚Quartier, Stadtviertel‘ angegeben[90]. Geht man den Belegen jedoch einmal genauer nach, so erweisen sich diese Angaben als irrig.

---

[83] N. II,208,11—13 zu Ps 54,12; hier zitiert nach Notker der Deutsche. Der Psalter. Psalm 51—100. Herausgegeben von P. W. T a x , Die Werke Notkers des Deutschen. Neue Ausgabe. Band 9, Altdeutsche Textbibliothek 91, Tübingen 1981, 188,5—7.

[84] GH. II, Sp. 1732 (1. *platēa*).

[85] Sieh zum Beispiel WDG. II, S. 1456 (*Gasse*); Duden. Das große Wörterbuch der deutschen Sprache in sechs Bänden. Herausgegeben vom Wissenschaftlichen Rat und den Mitarbeitern der Dudenredaktion unter Leitung von G. D r o s d o w s k i , III, Mannheim — Wien — Zürich 1977, S. 945 (*Gasse*).

[86] N. II,207,30—208,13 zu Ps 54,10—12; sieh auch Notker der Deutsche. Der Psalter, 187,23—188,7.

[87] N. II,208,12 f. zu Ps 54,12; Notker der Deutsche. Der Psalter, 188,6.

[88] StWG. S. 193 (*gazza*); sieh auch GSp. IV, Sp. 105 (*gaza*) und Sp. 280 (*gazza*); KFW. IV, Sp. 130 f. (*gazza*).

[89] StWG. S. 193 (*gazza*).

[90] Sieh dagegen die Bedeutungsangabe ‚Gasse‘ bei SchW. S. 66 (*gazza*) und KFW. IV, Sp. 131 (*gazza*).

Zu dem lateinischen Ablativ *uicis* findet sich in neun[91] Handschriften des 9. bis 13. Jahrhunderts[92] in variierenden Formen der Dativ Plural *ga9,7z(z)un*[93] als Interpretament.

Dem lateinischen Lemma *vicis* liegt die Bibelstelle Jesus Sirach 9,7 zugrunde. Der nicht althochdeutsch glossierte weitere lateinische Kontext lautet[94]: *noli conspicere in vicis civitatis* ‚Spähe nicht umher in den Straßen der Stadt.‘

Der Dativ Plural *gaz(z)un*[95] zu lat. *vicis* ist vor diesem Hintergrund ebenso wie der Beleg *gázzon*[96] bei Notker mit ‚Gassen‘ zu übersetzen. Lat. *vicus*[97] bezeichnet nämlich nicht nur das Quartier, Stadtviertel oder etwa den Weiler, das Gehöft, sondern auch die Häuserreihe, die Gasse innerhalb einer Stadt. Ähnlich wie bei Notker hat der Glossator oder haben die Glossatoren lat. *vicis* als Straßen beziehungsweise Gassen innerhalb einer Stadt, als die Gesamtheit der innerstädtischen Straßen verstanden. Damit wird der biblische Text völlig korrekt übersetzt, der ja ausdrücklich von den *vicis civitatis*[98] spricht. Dagegen handelt es sich bei der Angabe ‚Quartier, Stadtviertel‘ im althochdeutschen Glossenwörterbuch von T. Starck und J.C. Wells[99] um eine Art von ‚Vokalübersetzung‘ zu lat. *vicus*. Die Bedeutungen ‚Quartier, Stadtviertel‘ stützen sich dabei auf die beiden ersten Angaben des lateinisch-deutschen Handwörterbuchs von K.E. Georges[100].

Die Bedeutung ‚Quartier, Stadtviertel‘ wird auch in einem dritten Beleg zu ahd. *gazza*, entgegen den Aussagen von T. Starck und J.C. Wells[101], nicht sichtbar.

In einer heute in Florenz aufbewahrten Handschrift[102], deren zweiter Teil ins 13. Jahrhundert[103] oder aber noch in das Ende des 12. Jahrhunderts[104] zu

---

[91] Der unsichere Beleg *zagun* (StSG. I,568,28; sieh auch StWG. S. 193), der wohl als *gazun* zu verstehen ist (sieh auch KFW. IV, Sp. 130), kann hier unberücksichtigt bleiben.

[92] Dem 9. Jahrhundert gehört nach E. Steinmeyer nur die Handschrift Clm 18036 an (StSG. IV,561,6), deren Glossenbelege jedoch erst ins 10. Jahrhundert zu datieren sind (StSG. IV,561,12), so daß das Wort ahd. *gazza* im Althochdeutschen insgesamt nicht vor dem 10. Jahrhundert bezeugt ist.

[93] StSG. I,568,26—28. Außer dem wohl verschriebenen *zagun* erscheinen neben *gazun* und *gazzun* noch die Belege *gazvn* und *gazzin*.

[94] Sir 9,7.

[95] StSG. I,568,26—28.

[96] N. II,208,13 zu Ps 54,12; Notker der Deutsche. Der Psalter, 188,6.

[97] GH. II. Sp. 3477 (*vīcus*).

[98] Sir 9,7.

[99] StWG. S. 193 (*gazza*).

[100] GH. II, Sp. 3477 (*vīcus*).

[101] StWG. S. 193 (*gazza*).

[102] Florenz, Biblioteca Medicea Laurenziana Plut. 16.5; s. BV. Nr. 151, S. 20.

[103] So StSG. IV,431,3; SH. II, S. XLIV.

[104] So P. Scardigli, Germanica Florentina II. Die althochdeutschen Glossen der Bibliotheca Laurentiana. Mit zwei Abbildungen, in: Althochdeutsch. In Verbindung mit H. Kolb, K. Matzel, K. Stackmann herausgegeben von R. Bergmann, H. Tiefenbach, L. Voetz. Rudolf Schützeichel zum 20. Mai 1987 gewidmet, I. Grammatik, Glossen und Texte, Germanische Bibliothek. Neue Folge. 3. Reihe: Untersuchungen, Heidelberg 1987, S. 586 und S. 588.

datieren ist, findet sich die Glossierung *andromena .i. gazza*[105]. Die auf Rasur beruhende Glossierung[106], die so nur in der Florenzer Handschrift erscheint, ist von ihrem lateinischen Lemma her mit dem im klassischen Latein bezeugten *andron* in Verbindung zu bringen. Lat. *andron*[107] bezeichnet einen Gang zwischen zwei Wänden oder Mauern von Gebäuden, Höfen oder Gärten.

Im Mittellateinischen Wörterbuch findet sich zu lat. *androna*[108] neben ‚Weg' auch die Bedeutungsangabe ‚Gäßchen', die aber, wie der Stellenbeleg zeigt, gerade aufgrund der hier zu behandelnden Glosse von dem Interpretament ahd. *gazza* her erst gewonnen zu sein scheint.

In einem der von L. Diefenbach gesammelten — vorwiegend aus dem 14.–16. Jahrhundert stammenden — lateinisch-deutschen Glossare wird lat. *androna*[109] mit lat. *spacium inter duas domus* interpretiert. Dem entspricht auch eine ebenfalls von L. Diefenbach nachgewiesene deutsche Bedeutungsangabe zu lat. *androna*[110], nämlich *reyhe zwischen heusern*.

Für die Glossierung *andromena .i. gazza*[111] der Florenzer Handschrift ergibt sich keinerlei Kontext, da es sich um einen Beleg aus dem alphabetisch geordneten elften Buch des Summariums Heinrici handelt. Das althochdeutsche Interpretament *gazza* läßt sich deshalb hier nicht so genau wie in den beiden bereits vorgestellten Fällen bestimmen. Am ehesten ist für diesen Beleg *gazza* von einer Bedeutung ‚Durchgang zwischen Häusern', der sich eventuell auch als Gasse verstehen ließe, auszugehen. Damit wird hier eine weitere Gebrauchsbedingung von ahd. *gazza* deutlich, die auch im Neuhochdeutschen die entscheidende Komponente darstellt, nämlich die beidseitige seitliche Begrenzung einer Gasse. Vielleicht deutet sich in diesem Beleg *gazza* aus einer Handschrift des 12./13. Jahrhunderts gleichzeitig aber auch die im Neuhochdeutschen von vielen Sprechern als vorrangig angesehene Gebrauchsbedingung der Enge einer Gasse erstmalig an.

c) Exkurs: got. gatwō und Tatian 125,9

Daß die im Neuhochdeutschen mit *Gasse* häufiger verbundene Enge nicht die entscheidende Gebrauchsbedingung des Wortes *Gasse* ausmacht, läßt sich im übrigen auch an dem einzigen Beleg des Gotischen deutlich ablesen.

Es heißt dort innerhalb des Gleichnisses vom großen Gastmahl *usgagg sprauto in gatwons jah staigos baurgs*[112] als Übersetzung zum griechischen Text ἔξελθε ταχέως εἰς τὰς πλατείας καὶ ῥύμας τῆς πόλεως.

---

[105] StSG. III,294,4; SH. II, Buch XI. Langfassung, A 341.1 (S. 170) (*Andromena id est gazza*).

[106] StSG. III, S. 294, Anm. 2; SH. II, Buch XI. Langfassung, Textapparat zu A 341.1 (S. 170).

[107] GH. I, Sp. 423 (*andrōn*).

[108] MLW. I, Sp. 630 (*androna*).

[109] DGLG. S. 34 (*androna*).

[110] DGLG. S. 34 (*androna*).

[111] StSG. III,294,4; SH. II, Buch XI. Langfassung, A 341.1 (S. 170).

[112] Die gotische Bibel. Herausgegeben von W. Streitberg. 1. Teil. Der gotische Text und seine griechische Vorlage. Mit Einleitung, Lesarten und Quellennachweisen sowie den kleineren Denkmälern als Anhang, 6. A. Heidelberg 1971, Lc 14,21 (S. 139).

Diese Stelle zu Lukas 14,21 lautet in den deutschen Bibelübersetzungen meist ‚Geh schnell hinaus auf die Straßen und Gassen der Stadt'. In der gotischen Bibelübertragung gibt der Akkusativ Plural *gatwons* aber nicht griech. ῥύμας, sondern griech. πλατείας wieder[113]. Das griechische Wort πλατεῖα[114] weist aber von der Etymologie her gerade auf die breite Straße, den breiten Weg hin. Das Grimmsche Wörterbuch[115] spricht deshalb auch von einer auffallenden Gestaltung dieses einzigen Belegs[116] zu got. *gatwō*. Die Grundlage für die Annahme der auffallenden Gestaltung dieses Belegs entfällt jedoch sofort, wenn man für das gotische Wort *gatwō* und auch für das althochdeutsche Wort *gazza* von ursprünglich anderen Gebrauchsbedingungen ausgeht als sie im Neuhochdeutschen vorzuliegen scheinen. Für das Wort *Gasse* sind nämlich die beiden Gebrauchsbedingungen der beidseitigen Begrenzung einer Straße durch Häuser und die Gebrauchsbedingung ‚Straße in der Stadt' entscheidend. Die Gebrauchsbedingung der Enge einer *Gasse* ist sprachgeschichtlich sekundär.

Dieselbe Lukasstelle, die die Grundlage für die Übersetzung von griech. πλατεῖα durch got. *gatwō* darstellt, findet sich im übrigen auch im althochdeutschen Tatian. Eine direkte Vergleichbarkeit mit dem gotischen Bibeltext ist aber dennoch nur beschränkt möglich, da bereits der lateinische Text der Evangelienharmonie des Tatian den lukanischen Wortlaut entstellt und zudem noch mit dem biblischen Bericht nach Matthäus verbindet. Die Lukasstelle[117] lautet korrekt: *Exi cito in plateas et vicos civitatis* ‚Geh schnell hinaus auf die Straßen und Gassen der Stadt.'

Im Tatian[118] erscheint jedoch zunächst der lateinische Text nach Matthäus 22,9: *Ite ergo ad exitus viarum*, der dann nach Lukas 14,21 folgendermaßen fortgesetzt wird: *in plateas et vicos et civitates*. Dazu stellt sich als althochdeutsche Übersetzung: *Faret zi ûzgange uuego, in strâza inti in thorph inti in burgi*. Unter weitgehender Beibehaltung der Wortkörper ließe sich diese Stelle folgendermaßen übersetzen: ‚Geht an den Ausgang der Wege, auf die Straßen und in die Dörfer und in die Städte.'

Die althochdeutsche Tatianübersetzung geht hier sehr mechanisch, fast in der Art einer Interlinearversion und Vokabelübersetzung vor. In jedem Fall aber ist die bereits im lateinischen Text gegebene Entstellung der klaren lukani-

---

[113] Sieh auch F. K l u g e — W. M i t z k a, Etymologisches Wörterbuch der deutschen Sprache, 21. A. Berlin — New York 1975, S. 234 (*Gasse*); P. K r e t s c h m e r, Wortgeographie der hochdeutschen Umgangssprache, 2. A. Göttingen 1969, S. 494.

[114] H. F r i s k, Griechisches Etymologisches Wörterbuch, II, Indogermanische Bibliothek. II. Reihe. Wörterbücher, Heidelberg 1970, S. 553 f. (1. πλατύς).

[115] DWB. IV,1,1, Sp. 1437 (*Gasse* I,4) und Sp. 1447 (*Gasse* III,3).

[116] Die gotische Bibel. Herausgegeben von W. S t r e i t b e r g. 2. Teil. Gotisch-Griechisch-Deutsches Wörterbuch, 5. A. Heidelberg 1971, S. 48 (*gatwo*); S. F e i s t, Vergleichendes Wörterbuch der gotischen Sprache mit Einschluß des Krimgotischen und sonstiger zerstreuter Überreste des Gotischen, 3. A. Leiden 1939, S. 205 f. (*gatwo*); F. de T o l l e n a e r e — R. L. J o n e s, Word-Indices and Word-Lists to the Gothic Bible and Minor Fragments, Leiden 1976, S. 69 (*gatwons*).

[117] Lc 14,21.

[118] T. 125,9 zu Mt 22,9 und Lc 14,21.

schen Doppelheit von *in plateas et vicos civitatis*[119], die als Formel für die
Gesamtheit aller innerstädtischen Straßen und Wege aufzufassen ist, in der althochdeutschen Tatianübersetzung nicht erkannt. Statt *vicos civitatis* ‚die Gassen der Stadt‘ erscheint hier nämlich entstelltes *vicos et civitates*[120] ‚Dörfer
und Städte‘. Der Tatianübersetzer stand also erst gar nicht vor dem Problem,
wie er denn die Formel *in plateas et vicos civitatis* durch zwei verschiedene althochdeutsche Wörter wiedergeben sollte, die beide innerstädtische Straßen
und Wege bezeichnen können. Er hat deshalb lat. *plateas* mechanisch mit ahd.
strâza und *vicos* mit ahd. *thorph* übersetzt.

VI. Zur Beleglage im Bereich der althochdeutschen Glossen

Im Gegensatz zu den literarischen Denkmälern, in denen die zentralen althochdeutschen Wegwörter häufig nur ‚abstrakte, nicht real existierende‘ Wege
bezeichnen, beziehen sich ahd. *strāza, uueg, phad* und *stīga* im Bereich der althochdeutschen Glossen fast ausschließlich auf ‚konkrete, real existierende‘
Wege. Dafür stellen sich hier aber andere Probleme, die insbesondere in den
fehlenden Kontexten begründet liegen. Auch ist die Zahl der Belegstellen, entgegen den sonst in der Regel für die Glossen zu erwartenden Verhältnissen, teilweise geringer als in den literarischen Denkmälern. Das gilt insbesondere für
das Wort *uueg* selbst, das nur zu rund 30 verschiedenen Stellen bezeugt ist[121].
Demgegenüber sind allein bei Notker über 150 Belege zu erbringen, die vor
allem in der Psalterübersetzung anzutreffen sind.

Das Wort *pfad* erscheint in den althochdeutschen Glossen an rund 20 verschiedenen Stellen, während *strāza* und *stīga* jeweils etwa zehnmal anzutreffen
sind[122].

a) strāza

Als Lemmata zu ahd. *strāza* treten, sieht man von einmaligem *Subura* hier
einmal ab, entweder lat. *platea* oder lat. *strata* auf, aus dem ahd. *strāza*
bekanntlich ja erst entlehnt ist[123].

---

[119] Lc 14,21.

[120] T. 125,9 zu Lc 14,21.

[121] StWG. S. 703 (*weg*) gibt insgesamt 48 Stellen an; die dortigen Nachweise zum Notkerglossator und der einzige Beleg in den Pariser Gesprächen (StSG. V,520,9) werden in diesem
Beitrag, dem Wörterbuch von R. S c h ü t z e i c h e l und dem Notker-Wortschatz folgend, nicht
zu den althochdeutschen Glossen gestellt. Aber auch die dann noch verbleibenden Stellenangaben sind, je nach Wertung der Belege, nicht ohne weiteres als grundsätzlich verschiedene
Belegstellen zu verstehen. Bei extremer Beurteilung verringert sich die Zahl der Belegstellen
im engeren Verständnis auf nur rund 25.

[122] Zu den Stellenangaben s. StWG. S. 459 (*pfad*), S. 598 (*strāza*) und S. 592 (*stīga*²). Zur
Wertung der Belege gilt cum grano salis das in der vorangehenden Anmerkung Gesagte.

[123] F. K l u g e — W. M i t z k a, Etymologisches Wörterbuch der deutschen Sprache, S. 755
(*Straße*); sieh auch H. L a u f f e r, Der Lehnwortschatz der althochdeutschen und altsächsi-

Der älteste Glossenbeleg zu ahd. *strāza* erscheint bereits im Vocabularius Sancti Galli aus der zweiten Hälfte des 8. Jahrhunderts[124]. Die Glossierung *platea straza*[125] steht hier nicht in Verbindung mit anderen Wegebezeichnungen, wohl aber mit Glossierungen, die auf die Stadt und die Stadtbefestigung hinweisen[126]. Damit wäre aber aus den umgebenden Glossierungen und vom lateinischen Lemma *platea* her für ahd. *strāza* hier eindeutig auf innerstädtische Straße zu schließen.

Auch die einmalige Glossierung *Subura straza*[127] in einer Prudentiushandschrift des 11./12. Jahrhunderts weist für *strāza* auf innerstädtische Straße hin. Die *Subura*[128] ist ursprünglich nämlich eine sehr belebte Straße innerhalb der Stadt Rom.

Ahd. *strāza* als Bezeichnung innerstädtischer Straßen ist auch für die in beiden Fassungen des Summariums Heinrici in zum Teil unterschiedlicher Graphie und Lautung in verschiedenen Handschriften des 12. und späterer Jahrhunderte anzutreffende Glossierung *plateę strazzun*[129] gegeben.

In zwei in Verbindung mit dem Summarium Heinrici stehenden Handschriften finden sich zu dem Interpretament *straze*[130] lat. *platea* und lat. *strata* als gemeinsame Lemmata. Falls lat. *strata* in diesen Zeugnissen als über Land führende Straße, vor allem aber als Heerstraße aufzufassen sein sollte[131], mag das auch für ahd. *straze* zutreffen, so daß hier mit *straze* eine innerstädtische wie außerstädtische Straße bezeichnet sein kann.

---

schen Prudentiusglossen, Münchner Germanistische Beiträge 8, München 1976, insbesondere S. 47; Anm. 63; zur Entwicklung von lat. (*via*) *strata* in den romanischen Sprachen s. K. Baldinger, Die Bezeichnungen für ‚Weg‘ im Galloromanischen, in: Serta Romanica. Festschrift für Gerhard Rohlfs zum 75. Geburtstag. Im Einvernehmen mit W. Th. Elwert und H. Lausberg herausgegeben von R. Baehr und K. Wais, Tübingen 1968, S. 94 f.

[124] Zu dieser gegenüber dem früheren Forschungsstand weiter gefaßten Datierung s. B. Bischoff, Paläographische Fragen deutscher Denkmäler der Karolingerzeit, in: B. Bischoff, Mittelalterliche Studien. Ausgewählte Aufsätze zur Schriftkunde und Literaturgeschichte, III, Stuttgart 1981, S. 94 und Anm. 97 f.

[125] StSG. III,2,6.

[126] Auch bei Annahme eines von R. Henning rekonstruierten sogenannten ursprünglichen Textes zum ‚alten‘ Vocabularius Sancti Galli ergibt sich für *platea straza* derselbe Glossierungszusammenhang; s. R. Henning, Über die sanctgallischen Sprachdenkmäler bis zum Tode Karls des Großen, Quellen und Forschungen zur Sprach- und Culturgeschichte der Germanischen Völker 3, Straßburg — London 1874, S. 72, Nr. (274); man vergleiche damit S. 15, Nr. (53).

[127] StSG. II,591,55.

[128] GH. II, Sp. 2890 (*Subūra*).

[129] StSG. III,124,30—32; SH. I, Erste Fassung, VII,85 (S. 257); StSG. III,209,47; SH. II, Zweite Fassung, V,73 (S. 81).

[130] StSG. III,351,52; 381,1 und Anm. 1.

[131] F. Kluge — W. Mitzka, Etymologisches Wörterbuch der deutschen Sprache, S. 755 (*Straße*); P. Kretschmer, Wortgeographie der hochdeutschen Umgangssprache, S. 495 f., führt jedoch aus, daß zumindest im 12. Jahrhundert lat. *platea* und lat. *strata* synonym verwandt werden und dabei die städtische wie die über Land führende Straße bezeichnen können.

Lat. *strata* ist noch zwei weitere Male das Lemma zu ahd. *strāza*[132]. Doch gewähren auch diese beiden Belege keine genaueren Aufschlüsse zu ahd. *strāza*.

Deutlicher dagegen scheint die Glossierung *strata uiarum straza*[133] einer Vergilhandschrift des 11. Jahrhunderts. Der lateinische Kontext weist eindeutig auf gepflasterte Straßen innerhalb einer Stadt. Es ist jedoch fraglich, ob die Pflasterung der Straße auch für ahd. *strāza* anzunehmen ist.

Überblickt man die Zeugnisse zu ahd. *strāza* einmal in ihrer Gesamtheit, so läßt sich folgendes feststellen.

Ahd. *strāza* erscheint in den literarischen Denkmälern überwiegend als Bezeichnung für ‚abstrakte‘ Wege. Soweit *strāza* aber ‚konkrete‘ Straßen bezeichnet, weisen die Kontexte eindeutig auf innerstädtische Straßen hin. Das läßt sich auch an den lateinischen Bezugswörtern *platea* und im Tatian sogar *forum* ablesen. In den althochdeutschen Glossen wird ahd. *strāza* ausschließlich zur Bezeichnung ‚konkreter‘ Straßen verwandt. Auch in den Glossen lassen das Lemma *platea* und — in einigen Fällen — auch die Kontexte erkennen, daß *strāza* insbesondere die innerstädtische Straße bezeichnet. Daneben scheint ahd. *strāza* aber auch eine über Land führende Straße bezeichnen zu können, worauf insbesondere das Lemma lat. *strata* hinzuweisen scheint.

Das althochdeutsche *strāza* sagt zur Beschaffenheit einer Straße nur wenig aus. Aufgrund der Kontexte und der lateinischen Lemmata ist jedoch davon auszugehen, daß mit ahd. *strāza* eine in Relation zu anderen Wegebezeichnungen breitere Straße gemeint sein dürfte, die einen höheren Grad an Befestigung aufweist. Dabei scheint es sich in der Regel um eine innerstädtische Straße zu handeln. Daß für ahd. *strāza* stets auch die Pflasterung der Straße anzunehmen ist, wie das lateinische Lemma *strata* nahelegen könnte, ist eher unwahrscheinlich.

b) *heristrāza*

Die breitere, stärker befestigte, über Land führende Straße wird in den althochdeutschen Glossen in der Regel als *heristrāza* bezeichnet.

Das Kompositum *heristrāza* ist in den literarischen Denkmälern, wie festgestellt, nur einmal bei Otfrid[134] als Bezeichnung für ‚abstrakte‘ Wege bezeugt, wobei *heristrāza* lat. *semita* wiederzugeben scheint. Im Gegensatz dazu sind in den althochdeutschen Glossen zu *heristrāza* die lateinischen Lemmata *via publica* und *via regia* anzutreffen[135]. In den sogenannten Glossae Salomonis ist *actus*[136] das Lemma zu *heristrāza*, das im Inkunabeldruck der Salomoni-

---

[132] StSG. II,351,13 (*stratas straza*); 360,14 (*stratis strazzon*).
[133] SSG. II,646,62.
[134] O. I,23,22.
[135] StSG. I, 356,52—357,1; 361,24—26; 362,50; III,118,26—28 und Anm. 8; SH. I, Erste Fassung, V,480 (S. 233); StSG. III,211,35; SH. II, Zweite Fassung, V,244 (S. 87); StSG. III,381,2; 407,40; 408,13.
[136] StSG. IV,29,35; 128,45; 166,44.

schen Glossen[137] als *actus dicitur via publica*[138] erklärt ist. Die Zusammensetzung *heristrāza* ist zwar in den althochdeutschen Glossen vielfach belegt, jedoch reduzieren sich diese Belege auf verschiedene Handschriften zum Summarium Heinrici und den entsprechenden Umkreis, auf die Glossae Salomonis und auf zwei Bibelstellen im vierten Buch Mose[139], die von einer Königsstraße sprechen.

In einer frühen Glossenhandschrift des 8./9. Jahrhunderts erscheint zu einer der Bibelstellen jedoch nicht das erst später bezeugte Kompositum *heristrāza*, sondern vielmehr die Glossierung *uia rege gradiemur uuega chuninlihhe farames*[140]. Hier wird entstelltes *uia rege*, statt korrektem *via regia*[141] des Vulgatatextes, pluralisch mit *uuega chuninlihhe* ,königliche Straßen‘ interpretiert.

Auffallend ist auch die Glossierung *regia uia recte wech*[142] in der Oxforder Handschrift Jun. 83 aus dem 12./13. Jahrhundert, wobei *recte wech* wohl als ,gerade Straße‘ aufzufassen ist. Die Glossierung folgt in dieser, dem Summarium Heinrici nahestehenden Handschrift unmittelbar der Eintragung *publica uia herstraze*[143].

c) burcstrāza — burguueg — diotuueg

In den beiden Fassungen des Summariums Heinrici[144] sowie in den Glossae Herradinae[145] geht der Glosse *heristrāza* jeweils die Glossierung *(via) privata burcstrāza* als Gegenbegriff zu *heristrāza* voraus. In einer der Handschriften zum Summarium Heinrici erscheint statt *burcstrāza* das Interpretament *burcvvech*[146]. Beide Komposita, *burcstrāza* und *burcvvech*, als Bezeichnungen der nichtöffentlichen Straße beziehungsweise des nichtöffentlichen Wegs, sind im Bereich der althochdeutschen Glossen außer in den angeführten Belegen des 12. und späterer Jahrhunderte nicht mehr überliefert[147].

Außerhalb der Glossen findet sich nur in der die sogenannte Hammelburger Markbeschreibung überliefernden Urkunde aus dem 9. Jahrhundert ein weite-

---

[137] Sieh dazu StSG. IV. Nr. 663, S. 678—680.

[138] StSG. IV,128,45 und Anm. 10; zu *actus* in der Bedeutung ,(Trift-)Weg, Straße‘ sieh auch MLW. I, Sp. 140 (*actus* II A); sieh auch DGLG S. 11 (*actus*).

[139] Nm 20,17 und 21,22; sieh dazu die Belege StSG. I,356,52—357,1 zu Nm 20,17; 361,24—26 zu Nm 20,17; 362,50 zu Nm 21,22.

[140] StSG. I,363,57—58 zu Nm 21,22.

[141] Nm 21,22; sieh auch StSG. I,363,57 und Anm. 15.

[142] StSG. III,381,3.

[143] StSG. III,381,2.

[144] StSG. III,118,22—24; SH. I, Erste Fassung, V,479 (S. 233); StSG. III,211,34; SH. II, Zweite Fassung, V,244 (S. 87).

[145] StSG. III,407,39.

[146] StSG. III,118,25; SH. I, Erste Fassung, V,479 (S. 233).

[147] Zu den seltenen Belegen von mhd. *burcwec* in den literarischen Denkmälern s. E. T r a c h s l e r , Der Weg im mittelhochdeutschen Artusroman, S. 17.

res Zeugnis[148]. Der Beleg *burguueg*[149] wird hier jedoch eher als Flurname[150] und nicht als Appellativum zu werten sein.

Im Gegensatz zu *burguueg* steht das ausschließlich in der nur kopial überlieferten zweiten Würzburger Markbeschreibung zweimal bezeugte *diotuueg*[151]. Das Kompositum *diotuueg* kann hier wohl ebenso wie *heristrāza* mit ,Heerstraße'[152] übersetzt werden.

Die angeführten Komposita *burguueg* und *diotuueg* sowie die auffallenden Glossierungen *uia rege uuega chuninlihhe*[153] und *regia uia recte wech*[154] machen deutlich, daß ahd. (-)*uueg* in diesen Fällen nicht einfach als Weg, sondern durchaus auch als Straße verstanden werden kann. Diese Feststellung führt zur Frage des sonstigen Gebrauchs von *uueg* in den althochdeutschen Glossen.

d) *uueg — pfad — stīga / stīg — gisteigi — steiga*

Ahd. *uueg* als Bezeichnung einer größeren, über Land führenden Straße ist im Althochdeutschen zwar gelegentlich möglich, wie auch der Tatianbeleg *uueg* im Gleichnis vom barmherzigen Samariter zeigt[155], doch stellt *uueg* in dieser Verwendungsweise insgesamt die Ausnahme dar.

Zu diesen Ausnahmen zählen, neben den bereits angeführten Glossierungen *uia rege uuega chuninlihhe*[156] und *regia uia recte wech*[157], die Übersetzungen von *trita via* und *per tritam viam* zu einer Bibelstelle im vierten Buch Mose[158]. Es handelt sich vom weiter gefaßten lateinischen Kontext her inhaltlich um dieselbe *via publica*, die in verschiedenen anderen Glossenhandschriften mit *heristrāza* interpretiert worden ist[159]. In vier Glossenbelegen aus drei Handschriften des ausgehenden 8. und des 9. Jahrhunderts wird *trita uia*, die gebahnte Straße, beziehungsweise *per tritam uiam* mit *kipeuuiter uuec*[160], *duruh kat'etanan uuec*[161], *afterkaperitemo uuege*[162] wiedergegeben. Die *uueg*

---

[148] SchW. S. 24 (*burgweg*).

[149] St. 62,16. Zu den Belegen *burguueg* und *diotuueg* sieh jetzt auch R. B a u e r , Die ältesten Grenzbeschreibungen in Bayern und ihre Aussagen für Namenkunde und Geschichte, Die Flurnamen Bayerns 8, Dissertation München 1988, S. 313 (Register).

[150] KFW. I, Sp. 1538 (*burguueg*).

[151] St. 116,48; 116,58 und Anm. 7 (Handschrift hier: *diotuuig*).

[152] SchW. S. 31 (*diotweg*).

[153] StSG. I,363,57.

[154] StSG. III,381,3.

[155] T. 128,8 zu Lc 10,31.

[156] StSG. I,363,57 zu Nm 21,22.

[157] StSG. III,381,3.

[158] Nm 20,19.

[159] StSG. I,356,52—357,1 und 361,24—26 zu Nm 20,17; man vergleiche auch StSG. I,362,50 zu Nm 21,22.

[160] StSG. I,293,54 zu Nm 20,19.

[161] StSG. I,363,52 zu Nm 20,19; man vergleiche dazu auch die Glossierung StSG. I,357,3 und Anm. 1, in der zu derselben Bibelstelle (Nm 20,19) *per tritam [uiam]* mit *gitrenanan*, das als *gitretanan* zu lesen ist, wiedergegeben wird, während *uiam* selbst hier nicht übersetzt ist.

[162] StSG. I,365,9 zu Nm 20,19.

beigegebenen Verbaladjektive *kipeuuit*[163], *katretan*[164] und *kaperit*[165] weisen alle auf den häufig begangenen, den häufig betretenen Weg beziehungsweise die häufig begangene Straße hin. Die angeführten althochdeutschen Interpretamente sind im ganzen offensichtlich stark vom lateinischen Ausgangstext *per tritam uiam* in Form einer Vokalübersetzung abhängig. Das könnte im übrigen auch für die sonstigen angeführten Belege gelten, in denen lat. *via* als Bezugswort erscheint, so daß der Befund zu diesen Stellen im ganzen nicht überinterpretiert werden darf.

In aller Regel entspricht ahd. *uueg*, soweit hiermit ein ‚konkreter' Weg bezeichnet werden soll, durchaus dem, was gewöhnlich auch im Neuhochdeutschen unter *Weg* gemeinhin verstanden wird. Dabei kann ahd. *uueg*, ebenso wie im Neuhochdeutschen, einerseits in die Nähe zu ahd. *pfad* rücken, andererseits von *pfad* in Breite, Ausbau und Nutzung gerade unterschieden sein. Das läßt sich insbesondere anhand der lateinisch-althochdeutschen Sachglossare belegen, in denen ahd. *uueg* und *pfad* und zum Teil auch *stīga* häufig in unmittelbarer Nachbarschaft glossiert sind.

Im Vocabularius Sancti Galli aus der zweiten Hälfte des 8. Jahrhunderts folgt der Glossierung *uia uuec* unmittelbar die Eintragung *semita stiga*[166].

Im Summarium Heinrici und ihm nahestehender Handschriften finden sich unter anderem die im folgenden anzuführenden Glossierungen.

In den beiden sachlich geordneten Fassungen des Summariums Heinrici werden *via* mit *wech*[167] und *semita callis* mit *phat*[168] glossiert. In der Handschrift Jun. 83 erscheinen die Eintragungen *via wech* und *semita path*[169], wobei der letzteren Glossierung noch lat. *callis idem* folgt. In den Glossae Herradinae werden *via* mit *wec* und *semita* mit *stîg pfat*[170] und an anderer Stelle desselben Glossars *callis* mit *weg ł phat* und *semita* mit bloßem *pfat*[171] übersetzt. In den verschiedenen Fassungen zum alphabetisch geordneten elften Buch des Summariums Heinrici wird lat. *callis* mit *phat uel wech*[172] oder auch nur mit *phat*[173] wiedergegeben. In der Wiener Handschrift 901 erscheinen nur die Glossierungen *semita stich* und *callis pat*[174].

Diese Glossierungen machen in ihrer Fülle einen zum Teil verwirrenden Eindruck. Die Bezeichnungen *uueg*, *pfad* und *stīga* beziehungsweise *stīg* lassen

---

[163] KFW. I, Sp. 941 f. (*beuuen*); StWG. S. 49 (*bewen*).
[164] StWG. S. 634 (*gi-tretan*).
[165] KFW. I, Sp. 914 f. (*berien*); StWG. S. 48 (*berien*).
[166] StSG. III,2,60—61.
[167] StSG. III,118,19—20; SH. I, Erste Fassung, V,479 (S. 233); StSG. III,211,33; SH. II, Zweite Fassung, V,244 (S. 87).
[168] StSG. III,118,30—32; SH. I, Erste Fassung, V,484 (S. 233); StSG. III,211,36; SH. II, Zweite Fassung, V,247 (S. 87).
[169] StSG. III,380,65—66 und Anm. 19.
[170] StSG. III,407,38 und 41.
[171] StSG. III,413,20—21.
[172] StSG. III,229,30—32; 269,41; 297,40; 315,7; SH. II, Buch XI. Langfassung, C 275 (S. 227).
[173] StSG, III,269,41; 324,50; 332,41; SH. II, Buch XI. Langfassung, C 275 (S. 227).
[174] StSG. III,351,61—62.

sich aber deutlicher erfassen, wenn man einmal darauf sieht, zu welchen lateinischen Lemmata diese althochdeutschen Wörter als Interpretamente erscheinen.

Ahd. *uueg* ist in den Glossen in aller Regel Übersetzung zu lat. *via*, insbesondere dann, wenn nur lat. *via* ohne einen weiteren Zusatz als Lemma auftritt[175]. Insoweit ahd. *uueg* im elften Buch des Summariums Heinrici und in den Glossae Herradinae auch als Interpretament zu lat. *callis* erscheint, steht es als Doppelglossierung stets in Verbindung mit ahd. *phat*[176]. Lediglich in einer Handschrift des frühen 9. Jahrhunderts zu den Glossae Affatim findet sich einmal die Glossierung *calles uuec inholze,* in der unter *calles* wohl *uiae in silua* verstanden worden sind[177]. Nur in dieser Handschrift ist auch die Eintragung *trames uuec* anzutreffen, wobei *trames* wohl als *uia* interpretiert worden ist[178]. Lat. *semita* ist in den Glossen in keinem Fall mit ahd. *uueg* übersetzt.

Althochdeutsch *pfad* und *stīga*[179] erscheinen in den Glossen niemals als Interpretament zu lat. *uia*. Als Lemmata zu ahd. *pfad* überwiegen in den Glossen eindeutig lat. *callis*[180] und lat. *trames*[181]. Nur gelegentlich ist lat. *semita*[182] allein oder neben lat. *callis* oder lat. *trames* das Lemma zu dem althochdeutschen Interpretament *pfad*. Einmalig ist die Glossierung in einer Handschrift zu den Glossae Salomonis *agitatur, da ein phat wirdet*[183], in der Lemma und Interpretament nicht zusammenstimmen.

Im klassischen Latein bezeichnet *callis*[184] einen über Anhöhen und Berge führenden ungebahnten Pfad, den Bergpfad, Gebirgspfad, Waldweg und Trift-

---

[175] Sieh dazu beispielsweise die Belege StSG. III,2,60; 118,19—20; SH. I, Erste Fassung, V,479 (S. 233); StSG. III,211,33; SH. II, Zweite Fassung, V,244 (S. 87); StSG, III,380,65; 407,38.

[176] StSG. III,229,30—32; 269,41; 297,40; 315,7; SH. II, Buch XI. Langfassung, C 275 (S. 227); StSG. III,413,20.

[177] StSG. IV,6,23—24.

[178] StSG. IV,21,19.

[179] Zu den Belegen für ahd. *pfad* und *stīga* in den Glossen insgesamt sieh StWG. S. 459 (*pfad*) und S. 592 (*stīga²*).

[180] Sieh dazu die Belege StSG. III,16,40; 229,30—32; 269,41; 297,40; 315,7; 324,50; 332,41; SH. II, Buch XI. Langfassung, C 275 (S. 227); StSG. III,351,62; 413,20; IV,42,34; sieh auch die Glossierungen StSG III,118,30—32; SH. I, Erste Fassung, V,484 (S. 233); StSG. III,211,36; SH. II, Zweite Fassung, V,247 (S. 87); StSG. III,380,66 und Anm. 19.

[181] Sieh dazu StSG. I,67,24; zu lat. *trames* ist auch die im Abrogans bezeugte Glossierung *trabes pat* (StSG. I,255,32) zu stellen, in der *trabes* als *trames* mißverstanden worden ist; sieh dazu J. Splett, Abrogans-Studien. Kommentar zum ältesten deutschen Wörterbuch, Wiesbaden 1976, S. 383 (zu St. I,255,32 ff.) und S. 489 (*phad*); zur Interpretation dieser Glossierung als *trames pat* sieh auch den entsprechenden Stellenbeleg bei StWG. S. 459 (*pfad*); StSG. I,256,2; 587,7; II,307,63; III,261.10; SH. II, Buch XI. Langfassung, T 191 (S. 504); StSG. IV,104,25—27; 163,33; 163,34.

[182] StSG. III,118,30—32; SH. I, Erste Fassung, V,484 (S. 233); StSG. III,211,36; SH. II, Zweite Fassung, V,247 (S. 87); StSG. III,257,3; SH. II, Buch XI. Langfassung, S. 244 (S. 471); StSG. III,380,66 und Anm. 19; 407,41; 413,21; IV,104,25—27.

[183] StSG. IV,129,34.

[184] GH. I, Sp. 934 f. (*callis*).

weg, während mit *trames*[185] ein Querweg, Nebenweg, aber auch Weg, Pfad überhaupt bezeichnet werden kann.

Die spezielleren Gebrauchsbedingungen der lateinischen Wörter *callis* und *trames*, die im Mittellateinischen zum Teil vielleicht in ihren Bedeutungsnuancen etwas anders zu verstehen sind[186] als im klassischen Latein, werden durch die althochdeutschen Interpretamente *uueg* und *pfad* gerade nicht ausgedrückt. Die Häufigkeit und Art der Glossierungen machen aber für die althochdeutschen Wörter *uueg* und *pfad*, insoweit hiermit ‚konkrete' Wege bezeichnet werden, folgende Feststellungen wahrscheinlich.

Althochdeutsch *uueg* und *pfad* als außerstädtische Wegebezeichnungen grenzen sich offensichtlich, wie auch im Neuhochdeutschen, gegen *strāza* in Ausbau, Breite und Nutzung deutlich ab. Die Wörter *uueg* und *pfad* aber unterscheiden sich darin, daß *uueg* gegenüber *pfad* einen mehr oder weniger breiten, einen mehr oder weniger gut ausgebauten und nutzbaren Weg bezeichnen kann. Dabei kann das Wort *uueg* sich gelegentlich sogar mit *pfad* enger berühren, ja sogar synonym mit *pfad* verwandt werden. Das Wort *pfad* aber ist seinerseits in seinen Gebrauchsbedingungen auf einen Weg beschränkt, der nur eine sehr geringe Breite und Nutzung voraussetzt.

Weitaus schwieriger ist eine genauere semantische Bestimmung und Abgrenzung bei ahd. *stīga* und bei dem nur in den Glossen dreimal belegten ahd. *stīg*[187]. Ebenso wie zu *pfad* ist auch zu *stīga/stīg* in den althochdeutschen Glossen keinmal das Lemma *uia* anzutreffen. Insoweit ahd. *stīga* überhaupt als Wegebezeichnung zu verstehen ist[188], erscheint meist *semita*[189] als Lemma zu ahd. *stīga/stīg*. Einmal tritt lat. *callis*, das als *stricta uia* erläutert wird, zu dem Beleg *stich*[190] als Lemma auf. Je einmal sind lat. *callis*[191], *trames*[192], *ascensus*[193] und *orbita*[194] Lemma zu ahd. *stīga*.

Ahd. *stīga* in der Bedeutung des steil ansteigenden Weges läßt sich dabei nur im Falle der einmaligen Glossierung *ascensus stige*[195] in einer Handschrift des 12. Jahrhunderts wahrscheinlich machen. Der biblische Kontext[196] weist hier auf die Bedeutung ‚Gebirgspaß'. Fünf andere Handschriften des 10.-12. Jahr-

---

[185] GH. II, Sp. 3177 (*trāmes*).

[186] Zu mlat. *callis* s. MLW. II, Sp. 86 f.; aber auch im Mittellateinischen wird mit *callis* insgesamt ein Weg niederen Ranges bezeichnet.

[187] StSG. III,351,61; 407,41; H. Schmid, Glossen aus Graz, in: Althochdeutsch, I, S. 571 (Nr. 33).

[188] Von den bei StWG. S. 592 unter *stīga*[2] angeführten althochdeutschen Glossenbelegen sind in dem hier zu erörternden Zusammenhang die folgenden auszuscheiden: StSG. I,434,37; 650,59 und 60; II,713,47—48; III,666,33.

[189] Zu ahd. *stīga* s. StSG. I,318,31; III,2,61; 16,39; IV,104,27; zu ahd. *stīg* s. StSG. III,351,61; 407,41.

[190] H.U. Schmid, in: Althochdeutsch, I, S. 571 (Nr. 33).

[191] StSG. I,87,16.

[192] StSG. IV,21,20.

[193] StSG. I,482,55.

[194] StSG. II,11,43.

[195] StSG. I,482,55.

[196] Idt 4,6.

hunderts geben dieselbe Bibelstelle übereinstimmend mit *gisteigi*[197] wieder. Im Gegensatz zu *stīga* läßt sich das zu insgesamt vier verschiedenen Bibelstellen nur in den Glossen bezeugte *gisteigi*[198] in allen Fällen mit ‚Steige‘ übersetzen. Dasselbe gilt auch für ahd. *steiga*[199], das ebenfalls nur in den Glossen zu vier verschiedenen Textzusammenhängen mehrfach bezeugt ist. Dabei ist zu einer Isaiasstelle der Akkusativ Singular lat. *ascensum*[200], je nach Handschrift, entweder mit *gisteigi* oder *steiga*[201] glossiert. Als Lemma zu ahd. *steiga* und ahd. *gisteigi* ‚Steige‘ tritt gewöhnlich lat. *ascensus*[202] auf, in zwei Fällen erscheint *descensus*[203], was aber quasi nur die Kehrseite darstellt, wie gerade die gemeinsam auftretenden lateinischen Lemmata in der einmal bezeugten Glossierung *cliuum descensum staige*[204] zeigen können[205].

Die übrigen zu ahd. *stīga* anzutreffenden Lemmata *semita, callis, trames* und *orbita* weisen nicht zwangsläufig auf einen steiler ansteigenden Weg hin[206]. Lat. *orbita*[207] bezeichnet im klassischen Latein eigentlich das Wagengeleise, das Fahrgeleise, dann Bahn, Pfad überhaupt und lat. *semita*[208] hat im klassischen Latein die Bedeutungen Fußweg, Fußsteig, Pfad, Nebenweg. Auf die Bedeutung steiler ansteigender Weg für ahd. *stīga* könnte allenfalls die Glossierung *calles stiga*[209] im Glossar der Samanunga aus dem 9. Jahrhundert hinweisen. Jedoch finden sich genau hierzu im Glossar des Abrogans, das die Grundlage für die Samanunga darstellt, in der Pariser und St. Galler Handschrift die übereinstimmenden Glossierungen *calles altuuicki, altuuigki*[210]. Die als *calles* bezeichneten Wege werden im Abrogans aber gerade als schmale Wege im Wald *uie in silue* [statt *silua*[211]] *anguste* erklärt und entsprechend ins Althochdeutsche übersetzt: *uueke in holze anke; uuege in holze einge*[212]. Ebenso weist auch das Interpretament ahd. *altwiggi*, das sonst nur noch einmal

[197] StSG. I,482,54.

[198] StSG. I,378,63—64 und Anm. 12; 453,39; 482,54; 603,1—4.

[199] StSG. I,357,56; 452,53; 456,21; 603,4; IV,18; E. Schröder, Handschriftliche Funde von meinen Bibliotheksreisen, Nachrichten von der Gesellschaft der Wissenschaften zu Göttingen aus dem Jahre 1927. Philologisch-Historische Klasse, Berlin 1928, S. 95 (*ascensum steiga* zu Is 15,5).

[200] Is 15,5.

[201] StSG. I,603,1—4; E. Schröder, Nachrichten von der Gesellschaft der Wissenschaften zu Göttingen aus dem Jahre 1927, S. 95.

[202] StSG. I,357,56; 378,63—64 und Anm. 12; 452,53; 456,21; 482,54; 603,1—4; E. Schröder, Nachrichten von der Gesellschaft der Wissenschaften zu Göttingen aus dem Jahre 1927, S. 95.

[203] StSG. I,453,39; IV,184,18.

[204] StSG. IV,184,18.

[205] Man vergleiche auch StSG. I,378,63 und Anm. 12.

[206] Zur Bedeutung von lat. *callis* und *trames* sieh die Anmerkungen 184—186.

[207] GH. II, Sp. 1389 (*orbita*).

[208] GH. II, Sp. 2592 (*sēmita*).

[209] StSG. I,87,16; J. Splett, Samanunga-Studien. Erläuterung und lexikalische Erschließung eines althochdeutschen Wörterbuchs, Göppinger Arbeiten zur Germanistik 268, Göppingen 1979, S. 229, gibt hierzu die Bedeutungen ‚Pfad, Steig‘ an.

[210] StSG. I,86/87,16.

[211] Sieh dazu J. Splett, Abrogans-Studien, St. 150 (zu S. I,86,16ff.)

[212] StSG. I,86/87, 17—19.

in der ersten Würzburger Markbeschreibung anzutreffen ist[213], lediglich auf
einen alten, im Sinne von ausgetretenen, Fußweg[214] hin.

Im einzigen Fall, von insgesamt sechs Belegstellen[215] zur Glossierung von
lat. *semita* durch ahd. *stīga/stīg*, in dem ein lateinischer Kontext vorliegt[216],
läßt dieser ebenfalls nur die Bedeutung ‚Pfad‘ erkennen. Im Gegensatz zu ahd.
steiga und ahd. *gisteigi* scheint also für ahd. *stīga* die Gebrauchsbedingung des
steiler ansteigenden Weges nicht konstitutiv zu sein. Ahd. *stīga* dürfte somit
am ehesten als schmaler Weg oder Pfad zu verstehen sein.

VII. Bezeichnungen für wasserüberschreitende Wege

Die Bezeichnungen für wasserüberschreitende oder wasserdurchschreitende
Wege beschränken sich im appellativischen Wortschatz des Althochdeutschen
im wesentlichen auf die beiden zentralen Wörter *brugga* und *furt*. Da ahd.
furt[217] im Beitrag von H. Tiefenbach[218] ausführlicher behandelt wird, soll
hier abschließend nur noch kurz auf ahd. *brugga* eingegangen werden.

Das Wort *brugga*[219] ‚Brücke‘ ist im Althochdeutschen zwar in knapp 20
verschiedenen Zusammenhängen in zahlreichen Belegen vertreten, die jedoch
sehr ungleich verteilt sind und im ganzen keine genaueren Erkenntnisse über
die außersprachliche Beschaffenheit der Sache Brücke in althochdeutscher
Zeit erbringen. Ahd. *brugga* ist auf den ersten Blick überraschenderweise in
den literarischen Denkmälern überhaupt nicht anzutreffen[220]. Auch unter den
Bibelglossen, die mit ihren lateinischen Kontexten oft willkommene Hilfen zur
genaueren semantischen Bestimmung eines Wortes bieten, erscheint ahd. *brugga*
kein einziges Mal. Von vereinzelten Zeugnissen abgesehen ist *brugga* außer in
Glossaren lediglich in einigen Prudentiushandschriften häufiger bezeugt, die
jedoch zu ahd. *brugga* auch keine genaueren Aufschlüsse gewähren.

Dies gilt wohl auch für die einzige Belegstelle *pontis prucca bruccvn*[221], die
im Leipziger Althochdeutschen Wörterbuch[222] mit ‚Bretterboden, -bühne

---

[213] St. 115,24.

[214] SchW. S. 6 (*altwiggi*); sieh auch J. Splett, Abrogans-Studien, S. 417 (*altwiggi*);
KFW. I, Sp. 307 (*altuuiggi*); StWG. S. 22 (*altwiggi*).

[215] Sieh dazu Anmerkung 189.

[216] StSG. I,318,31 zu Gn 49,17.

[217] Zu den Belegstellen zu ahd. *furt* insgesamt s. GSp. III, Sp. 586 (*furt*); KFW. III,
Sp. 1406 f. (*furt*); SchW. S. 62 (*furt*); StWG. S. 187 (*furt*).

[218] Sieh dazu den Beitrag ‚Furtnamen und Verwandtes‘ in diesem Band.

[219] Zur Beleglage insgesamt s. StWG. S. 80 (*brugga*), S. 796 (*brugga*); KFW. I, Sp. 1428 f.
(*brugga*); GSp. III, Sp. 281 (*brucca*), gibt neben nur wenigen Belegen noch eine Reihe von
‚Ortsnamen‘ (Siedlungsnamen) an.

[220] Die zwei bei St. 380,8 f. angeführten Belege *pᵉucche* und *bruggon* werden im Wörterbuch R. Schützeichels nicht mehr dem Althochdeutschen zugerechnet; sieh dagegen
KFW. I, Sp. 1428 f. (*brugga*).

[221] StSG. II,564,34 und Anm. 10.

[222] KFW. I, Sp. 1429 (*brugga*).

über einer Gruft' wiedergegeben wird. Zwar ist aufgrund des lateinischen Kontextes zu dieser Prudentiusstelle wohl am ehesten von einer Bedeutung wie
etwa ‚Lattenrost' auszugehen, es ist jedoch sehr fraglich, ob dies hier auch für
die althochdeutschen Interpretamente *prucca* und *bruccvn* gilt. Vielleicht liegt
hier die Annahme einer bloßen Vokabelübersetzung von lat. *pons* durch ahd.
brugga doch näher.

Die wohl früheste Glossierung zu ahd. *brugga* findet sich in *pontes
prucge*[223] im Sachglossar des Vocabularius Sancti Galli aus der zweiten Hälfte
des 8. Jahrhunderts. Die Glossierung ist umgeben von den Eintragungen *flu-
men aha* und *naues scef*[224].

Auch in dem St. Galler Codex 242 ist in einem dem 10. Jahrhundert angehö-
renden Teil der Handschrift lediglich die bloße Glossierung *pons prugca*[225]
ohne erläuternde Zusätze verzeichnet, der die Eintragungen *puteus puzza* und
fons prunno[226] vorangehen.

In den sachlich geordneten Büchern des Summariums Heinrici ist ahd. *brugga*
auffallenderweise nicht anzutreffen. Ansonsten ist das Vorkommen von ahd.
brugga in den nicht textgebundenen Glossierungen weitgehend auf alphabetisch
geordnete Glossare des 12. und späterer Jahrhunderte beschränkt. In einigen
Handschriften zum elften Buch des Summariums Heinrici findet sich zu dem
Interpretament ahd. *brugga* neben dem Lemma lat. *pons* noch die lateinische
Glossierung *via* beziehungsweise *via super aquam*[227]. In dem dem Summarium
Heinrici nahestehenden, sachlich geordneten Glossar der Handschrift Jun. 83
aus dem 12./13. Jahrhundert ist ebenfalls nur die Glossierung *pons brugge*[228]
anzutreffen, der die Eintragung *uadum uurt*[229] vorausgeht[230].

Als Lemma zu ahd. *brugga* erscheint bis auf eine Ausnahme stets lat. *pons*.
Nur in einer Prudentiushandschrift des 11. Jahrhunderts begegnet die Glossierung *Moluius prucca*[231]. *Mulvius pons*[232] ist jedoch lediglich die Bezeichnung
einer Brücke über den Tiber oberhalb Roms, so daß sich auch hier keine
genauere Erklärung zu ahd. *brugga* anbietet.

---

[223] StSG. III,2,55.

[224] StSG. III,2,54 und 56.

[225] StSG. III,14,47.

[226] StSG. III,14,46 und 45.

[227] SH. II, Buch XI. Langfassung, P 327 (S. 441); sieh dazu auch StSG. III,284,63;
306,18; 322,22 sowie StSG. III,251,61 f.; 342.18.

[228] StSG. III,369,12.

[229] StSG. III,369,11.

[230] Von den drei bei StSG. noch nicht verzeichneten Glossennachträgen zu ahd. *brugga*
stehen zwei in engerem Zusammenhang mit dem Summarium Heinrici: H. M e n h a r d t , Althochdeutsche Grammatik-Glossen aus Lambach, in: Festschrift für Dietrich Kralik. Darge-
bracht von Freunden, Kollegen und Schülern, Horn 1954, S. 72 (Bl. 8ᵛ, Z. 3: *pons brugga*);
H. M a y e r , Althochdeutsche Glossen: Nachträge. Old High German Glosses: A. Supplement, Toronto — Buffalo [1975], S. 123 (f. 52rb: *pons pontis prucke*).

[231] StSG. II,528,19 und Anm. 16; das Wort *prucca* erscheint hier in Geheimschrift als
prxccb.

[232] GH. II, Sp. 1049 (*Mulvius*).

Lat. *pons* ist, soweit die althochdeutschen Glossierungen zu diesem Lemma für die Frage nach den Wegebezeichnungen im Althochdeutschen relevant sind, einmal mit ahd. *steg*[233] interpretiert. Die Glossierung *pontibus stegun*[234] einer Handschrift des 11. Jahrhunderts bezieht sich auf eine Vergilstelle, an der von einem Turm mit riesigen Brücken die Rede ist. Wahrscheinlich dürfte der Glossator hier wohl am ehesten an (Holz)brücken oder (Holz)treppen zu einer Burg- oder Stadtbefestigung gedacht haben, nicht aber an eine Wegebezeichnung im engeren Verständnis. Dieselbe Handschrift weist in vergleichbaren Zusammenhängen noch die Glossierungen *pontes stigun* beziehungsweise *pontis stegun*[235] auf, in denen ahd. *stīga* aber wohl ebenfalls nicht als Wegebezeichnung aufzufassen sein dürfte.

Nicht eindeutig ist auch die Glossierung *traiectus stech*[236] einer Handschrift des 12./13. Jahrhunderts, die dazu keinerlei Kontext aufweist. Im klassischen Latein bezeichnet lat. *traiectus*[237] das Hinübersetzen, das Hinüberfahren, die Überfahrt, den Übergangspunkt. Diese Bedeutungen sind aber für den angeführten Beleg ahd. *stech* nicht anzunehmen. Vielmehr scheint hier *stech* irgendeine Form des Übergangs, der Überbrückung zu bezeichnen, vielleicht am ehesten eine (Holz)treppe oder einen (Holz)steg[238].

Die wenigen übrigen Belege zu ahd. *steg*, das im literarischen Wortschatz überhaupt nicht bezeugt ist, lassen offensichtlich ganz verschiedene Bedeutungen erkennen. So liegt in zwei Glossierungen[239] wohl die Bedeutung ‚(Wendel)treppe‘ vor, wobei in einem Fall zu denselben Textzusammenhängen unter anderem auch die Interpretamente *stiega*, *stīga* und *stega*[240] erscheinen. Die restlichen drei Glossierungen zu ahd. *steg* lauten *cuniculis stégon*[241], *peanius stec*[242] und *salebra stek*[243].

Lat. *cuniculus*[244] bezeichnet das Kaninchen, dann aber auch einen niederen unterirdischen Gang und dabei unter anderem auch einen verdeckten Wassergraben oder Kanal. In der Glossierung *cuniculis stégon*[245] einer Handschrift des 10./11. Jahrhunderts sind somit Lemma und Interpretament nicht ohne weiteres in Einklang zu bringen. Ahd. *steg* dürfte hier wohl am ehesten als eine

---

[233] Zu den Belegen insgesamt s. StWG. S. 588 (*steg*); man vergleiche auch StWG. S. 588 (*stega*); der dort unter *steg* wie *stega* angegebene Beleg StSG. I,434,38 ist im übrigen identisch.

[234] StSG. II,714,55 und Anm. 29; der Beleg *stegun* erscheint in Geheimschrift als *stfgxn*.

[235] StSG. II,713,47 f.

[236] StSG. IV, 225,9.

[237] GH. II, Sp. 3176 (*trāiectus*).

[238] Die Bedeutung ‚Übergangsweg‘, so StWG. S. 588 (*steg*), läßt sich von der Glossierung *traiectus stech* her wohl nicht sichern.

[239] StSG. I, 434,38; IV,168,38.

[240] StSG. I,434,34,36 f.; 443,11 zu III Rg 6,8.

[241] StSG. II,724,19.

[242] StSG. III,2,57 und Anm. 13.

[243] StSG. III,415,16.

[244] GH. I, Sp. 1809 (*cunīculus*); sieh auch DGLG. S. 162 (*cuniculus*).

[245] StSG. II,724,19.

wie auch immer geartete (Holz)konstruktion[246] über ein kleineres Wasserhindernis zu verstehen sein.

Merkwürdig ist auch die im Vocabularius Sancti Galli anzutreffende Glossierung *peanius stec*, in der nach E. Steinmeyer[247] *peanius* als *pedaneus* zu deuten sei, das dann wohl als Fußsteig aufzufassen sei.

Lat. *salebra*[248] schließlich bezeichnet eigentlich die holperige Stelle des Weges. Vielleicht ist in den Glossae Herradinae aus dem 12. Jahrhundert das Interpretament *stek*[249] zu dem Lemma *salebra* als eine Wegstelle zu verstehen, die mit Ästen und hölzernen Brettern überbrückt wird. Aber auch für diesen Beleg gilt, wie auch für die beiden zuletzt angeführten, daß die genauere Bedeutung von ahd. *steg* in diesen Fällen nicht eindeutig ermittelbar ist.

VIII. Zusammenfassung

Vorrangige Aufgabe dieses Beitrags war es, einen Überblick über die Beleglage zu den zentralen Wegebezeichnungen im Althochdeutschen, soweit sie sich auf ‚konkrete, real existierende' Wege beziehen, zu geben sowie die wesentlichen Gebrauchsbedingungen dieser Wörter zu ermitteln, um so eventuell genauere Aussagen über die mit diesen Bezeichnungen erfaßte außersprachliche Wirklichkeit der Verkehrswege in althochdeutscher Zeit machen zu können. Das Ergebnis ist, im Hinblick auf die Ausgangsfragestellung, im ganzen wenig befriedigend. Dafür läßt sich im einzelnen eine Reihe von Gründen angeben. Ganz entscheidend ist dabei zunächst einmal die Beschaffenheit des überlieferten althochdeutschen Materials selbst. Gerade an den Wegwörtern ließe sich die Heterogenität der Überlieferung des althochdeutschen Wortschatzes und die meist gegebene Abhängigkeit von der Art der lateinischen Vorlagen überdeutlich aufdecken. Das zeigt sich beispielhaft schon an zwei so herausragenden Wörtern wie ahd. *uueg* und ahd. *brugga*.

Obwohl ahd. *brugga* seit den Anfängen der Überlieferung im Bereich der althochdeutschen Glossen in relativ zahlreichen Belegen vertreten ist, ist das Wort im literarischen Wortschatz des Althochdeutschen überhaupt nicht bezeugt. Auch unter den Bibelglossen erscheint ahd. *brugga* nicht, da das entscheidende Lemma lat. *pons* im biblischen Wortschatz nur ein einziges Mal vertreten ist[250], diese Bibelstelle aber nicht althochdeutsch glossiert worden ist.

Entgegengesetzt verhält es sich bei ahd. *uueg*, obwohl ein althochdeutsches Wort in der überwiegenden Zahl der Fälle im Bereich der Glossen wesentlich

---

[246] Dem Grimmschen Wörterbuch (DWB. X,2,1, Sp. 1374 (*Steg*)) zufolge bezeichnet *Steg* zunächst eine dem Überstieg oder Aufstieg dienende, mehr oder weniger kunstvolle Holzkonstruktion.

[247] StSG. III,2,57 und Anm. 13.

[248] GH. II, Sp. 2458 (*salebra*); sieh auch DGLG. S. 508 (*salebra*).

[249] StSG. III,415,16.

[250] Novae concordantiae Bibliorum Sacrorum iuxta vulgatam versionem critice editam quas digessit B. Fischer, IV, Stuttgart-Bad Cannstatt 1977, Sp. 3857 (*pons*).

häufiger belegt ist, wenn es nicht sogar, wie etwa ahd. *brugga,* nur in den Glossen erscheint. Ahd. *uueg* ist dagegen in den literarischen Denkmälern des Althochdeutschen um ein Mehrfaches häufiger bezeugt als in den althochdeutschen Glossen. Jedoch tritt ahd. *uueg* in den literarischen Zeugnissen in der Regel, zum Teil sogar fast ausschließlich, als Bezeichnung für ‚abstrakte, nicht real existierende‘ Wege auf, während das Wort ahd. *uueg* in den Glossen fast ausschließlich ‚konkrete, real existierende‘ Wege bezeichnet. Die Häufigkeit des Wortes *uueg* in den literarischen Denkmälern und die vorherrschende Bezeichnungsfunktion sind hier letztlich nur Spiegelbild der vorwiegend biblisch-theologisch ausgerichteten Literatur des Althochdeutschen. Da die Wegbildlichkeit in der Bibel — und dort vor allem im Psalter — stark ausgeprägt ist, ist demnach ahd. *uueg* als Bezeichnung für ‚abstrakte‘ Wege weitaus am häufigsten in der Psalterübersetzung Notkers des Deutschen anzutreffen. Entsprechendes gilt mit Einschränkungen auch für Otfrid und mit weiteren Abstrichen auch für die althochdeutsche Tatianübersetzung.

Ein anderer Grund dafür, daß sich in den meisten Fällen keine genaueren Aussagen zu den althochdeutschen Wegebezeichnungen machen lassen, liegt in den für die hier angewandte Fragestellung häufig unzureichenden oder sogar ganz fehlenden Kontexten zu den einzelnen Belegen. Das gilt insbesondere für die Überlieferung der Wegwörter in den zahlreichen althochdeutschen Glossaren. Hier ist man zur genaueren semantischen Bestimmung der althochdeutschen Interpretamente oft entscheidend auf die lateinischen Lemmata angewiesen, die ohne Kontext häufig aber ebenfalls in ihrem genaueren Gehalt weitgehend unbestimmt bleiben müssen.

Als letzter entscheidender Grund für die relative Unbestimmtheit der zentralen Wegebezeichnungen im Althochdeutschen sei hier angeführt, daß gerade die wichtigsten und besonders häufig gebrauchten Wörter einer Sprache oder Sprachstufe in der Regel nur einige wenige relevante Gebrauchsbedingungen aufweisen.

Betrachtet man die zentralen althochdeutschen Bezeichnungen für ‚konkrete‘ Wege einmal im Überblick, so lassen sich, trotz den angeführten Schwierigkeiten, bei vergröbernder Skizzierung vielleicht die folgenden Aussagen machen.

Ahd. *strāza* bezeichnet schon in den frühesten Belegen insbesondere eine innerstädtische Straße. Das bestätigen auch das dazu häufig auftretende lateinische Lemma *platea* und im Tatian sogar lat. *forum.* Ahd. *strāza* zur Bezeichnung einer außerstädtischen Straße wird dagegen nur schwer und wohl erst in späteren Zeugnissen deutlicher faßbar. Am ehesten weist noch das Bezugswort lat. *strata,* dem ahd. *strāza* erst entlehnt ist, auf eine Straße außerhalb der Stadt hin. Über Breite, Nutzung und Ausbau, beispielsweise die Pflasterung, sagen die Belege zu ahd. *strāza* nichts Konkretes aus. Es ist jedoch wohl insgesamt sicher davon auszugehen, daß ahd. *strāza* insbesondere im Hinblick auf Breite und Ausbau gegenüber ahd. *uueg* und ahd. *pfad* beziehungsweise ahd. *stīga* als höherrangig anzusehen ist.

Eindeutig nur auf innerstädtische Straßen und Gassen zu beziehen ist ahd. *gazza.* Obwohl das Wort *gatwō* bereits im Gotischen einmal bezeugt ist, ist *gazza* im Althochdeutschen nur sehr selten und spät vertreten. Die mögliche Gebrauchsbedingung der ‚Enge' ist für ahd. *gazza* nicht konstitutiv, wohl aber, wie es scheint, die beidseitige höhere Begrenzung einer Gasse oder Straße in der Stadt durch Häuser.

Zur Bezeichnung einer über Land führenden, breiteren und stärker befestigten Straße kann ahd. *heristrāza* dienen. Doch ist das Wort, sieht man einmal von dem einzigen, im übrigen kaum aussagekräftigen Beleg bei Otfrid ab, nur in den Glossen mit relativ wenigen Zeugnissen vertreten.

In den nur spärlich belegten Komposita *burcstrāza, burguueg* und *diotweg,* die zum Teil vielleicht als Namen und nicht als Appellative aufzufassen sind, kommt ein Kriterium zum Tragen, das bei den zentralen Wegebezeichnungen des Althochdeutschen sonst keine Rolle spielt, nämlich die Öffentlichkeit oder Nichtöffentlichkeit einer Straße oder eines Weges. Demgegenüber lassen sich die Wegwörter im Althochdeutschen in der Regel entscheidend nach den Kriterien innerstädtisch oder außerstädtisch und nach dem Rang differenzieren, der insbesondere durch Breite sowie Ausbau und Nutzung bestimmt zu sein scheint[251].

Eine große Spannbreite in der Bezeichnungsfunktion ergibt sich, wie auch im Neuhochdeutschen, für das Wort *uueg* selbst, das im Althochdeutschen vereinzelt auch als Bezeichnung für eine größere über Land führende Straße nachweisbar ist. Es bleibt aber zu fragen, ob in diesen Fällen die Verwendung von ahd. *uueg* nicht entscheidend in einer Art Vokabelübersetzung von dem lateinischen Bezugswort *via* abhängig ist. Ahd. *uueg* scheint auch, hierin dem Neuhochdeutschen ebenfalls vergleichbar, als allgemeinste Bezeichnung für ‚Weg' beziehungsweise als Oberbegriff dienen zu können. Doch ist auch diese Verwendungsweise zum Teil nur schwer faßbar. In der Regel bezeichnet ahd. *uueg* gegenüber ahd. *strāza* wohl einen weniger breiten und weniger gut befestigten außerstädtischen Weg bis hin zum Feldweg. Ähnlich wie im Neuhochdeutschen kann *uueg* mit *pfad* in bestimmten Fällen sogar synonym sein. Meist nimmt ahd. *uueg* gegenüber ahd. *strāza* einerseits und ahd. *pfad* sowie ahd. *stīga* andererseits eine Mittelstellung ein.

Die Wörter *pfad* und *stīga / stīg* bezeichnen im Althochdeutschen gewöhnlich einen nur schmalen und wenig oder gar nicht befestigten Weg außerhalb von Ortschaften. Das läßt sich insbesondere auch an den lateinischen Lemmata wie *semita, callis* und *trames* ablesen. Eine genauere Unterscheidung zwischen ahd. *pfad* und ahd. *stīga / stīg* scheint nicht möglich. Insoweit ahd. *stīga / stīg* als Wegebezeichnung zu verstehen ist, wird die mögliche Gebrauchsbedingung des steiler ansteigenden Weges, bis auf die späte und einmalige Glossierung *ascensus stige*[252], nicht faßbar. Vielmehr dürfte ahd. *stīga / stīg,* wie auch ahd. *pfad,* gewöhnlich mit ‚Weg, Pfad' zu übersetzen sein. Die Bedeutung ‚Steige' kommt dagegen eindeutig den beiden Wörtern ahd. *gisteigi* und *steiga* zu.

---

[251] Trotz der Andersartigkeit der Wegebezeichnungen im Romanischen, die vom Germanischen nicht beeinflußt sind, gelten hier vergleichbare grundlegende Kritierien; sieh dazu K. Baldinger, in: Serta Romanica, S. 105 f.
[252] StSG. I,482,55.

Auch die Prüfung der Belege zu dem nur begrenzt bezeugten ahd. *steg* und zu dem in den althochdeutschen Glossen häufig vertretenen ahd. *brugga*[253] hat sich im Rückschluß auf die durch diese Wörter bezeichneten Sachen als wenig befriedigend erwiesen.

Bis auf die einmalige Glossierung *Moluius prucca*[254] ist stets lat. *pons* das Lemma zu ahd. *brugga*. Die entsprechenden Kontexte geben, soweit überhaupt vorhanden, auch keinen genaueren Aufschluß über die außersprachliche Beschaffenheit einer Brücke in althochdeutscher Zeit. Im Althochdeutschen ist, ebenso wie im Neuhochdeutschen, für *brugga* wohl nur eine einzige Gebrauchsbedingung relevant, nämlich die Tatsache, daß etwas überbrückt wird.

Ahd. *steg* weist im Althochdeutschen in den wenigen Belegen sehr verschiedenartige Bedeutungen auf. Das zeigt sich auch schon in der Verschiedenheit der lateinischen Bezugswörter. Im einzigen Fall, in dem ahd. *steg* lat. *pons* glossiert, ist das Wort wohl nicht als Wegebezeichnung im engeren Verständnis aufzufassen. Sieht man einmal von einer Bedeutung wie etwa ,(Holz)treppe' für ahd. *steg* ab, so scheint das Wort in einzelnen Belegen unter anderem auch einen Fußsteig, einen (Holz)steg und eine holperige Wegstelle, die mit Ästen und hölzernen Brettern überbrückt wird, bezeichnen zu können. Diese Angaben lassen sich aber nur schwer eindeutig sichern. Es ist durchaus fraglich, ob das Wort *steg* im Althochdeutschen, anders als die zentralen Wörter *brugga* und *furt*, überhaupt zu den im engeren Sinne wasserüberschreitenden oder wasserdurchschreitenden Wegebezeichnungen gerechnet werden kann.

Der Überblick über die zentralen Wegwörter im Althochdeutschen hat gezeigt, daß für diese Bezeichnungen oft nur wenige Gebrauchsbedingungen relevant sind und daß sich aus den verschiedensten Gründen nur selten genauere Rückschlüsse auf die bezeichneten Sachen ziehen lassen. Sicherlich sind die in althochdeutscher Zeit mit Wörtern wie *strāza, uueg, pfad* und *brugga* bezeichneten Sachverhalte zum Teil von völlig anderer materieller Beschaffenheit als die heute mit *Straße, Weg, Pfad* und *Brücke* bezeichneten Verkehrswege. Sprachlich scheinen sich die Gebrauchsbedingungen gerade dieser zentralen Wörter in ihren Relationen zueinander aber nur wenig verändert zu haben.

Ob sich bei der hier nicht zu leistenden vollständigen Erfassung aller Bezeichnungen und aller Belege für ,Weg' im Althochdeutschen unter Einbeziehung weiteren Materials, wie etwa der Namenüberlieferung, und etymologischer Fragestellungen nicht nur in den Einzelheiten, sondern im Gesamtbild weitere gewichtige Klärungen ergeben, ist nur schwer zu beurteilen. Eine solche Untersuchung, die dann auch die Belege und Bezeichnungen für ,abstrakte' Wege einbeziehen müßte, erscheint dennoch durchaus lohnend. In diesem Beitrag konnte es jedoch nur um eine erste Sichtung und überblicksartige Darstellung anhand von besonders aussagekräftigen Beispielen zu den zentralen Wegwörtern im Althochdeutschen gehen.

---

[253] Zu ahd. *furt* sieh den Beitrag von H. Tiefenbach, Furtnamen und Verwandtes, in diesem Band.
[254] StSG. II,528,19 und Anm. 16.

HEINRICH TIEFENBACH

Furtnamen und Verwandtes

I.

Ortsnamen mit dem Namenwort *-furt* sind in den Quellen des früheren Mittelalters in so großer Zahl belegt, daß es schwerfällt, sie auf begrenztem Raum zureichend vorzustellen. Trotz Beschränkung auf die Namen des niederländischen und des deutschen Sprachgebietes und trotz zeitlicher Grenzziehung beim Jahr 1200 lassen sich immer noch mehr als hundert verschiedene Bildungen nennen, die in einzelnen Fällen bis nahe an zwanzig unterschiedliche Orte bezeichnen können, so zum Beispiel der Name *Furt/Fürth/Vörde* selbst oder der häufige Typ *Steinfurt*. Demgegenüber treten Namen mit Elementen aus dem gleichen Bereich wie etwa einheimische auf *-fahr, -fahrt, -wat, -wedel* und solche mit entlehnten Namenwörtern wie *-port* und *-trecht* vergleichsweise in den Hintergrund. Die folgenden Ausführungen konzentrieren sich somit auf den Bereich der Ortsnamen mit dem Namenglied *-furt*[1]. Dennoch sollen auch die anderen Bildungen nicht völlig unbeachtet bleiben.

II.

Neben dem Namenglied *-furt* ist das Appellativ *furt* bereits in frühen volkssprachigen Quellen belegt[2]. Es wird in den althochdeutschen Glossen zur Übersetzung von lat. *vadum* verwendet, das in den glossierten Texten Flußfurten bezeichnet. Deutlich wird dieser Gebrauch im Summarium Heinrici ausgesprochen, wo die folgende, von Isidor stammende Etymologie Grundlage der *furt*-Glossierung ist: *Vadum ubi homines vel animalia in mari vel in fluminibus pedibus vadunt*[3]. Daneben ist der zweimalige Gebrauch von *furt* zur Wieder-

---

[1] Grundlage bilden vor allem die bei FON. I, Sp. 972—976, aufgeführten Belege. Ergänzungen insbesondere aus GTW. und aus eigener Quellendurchsicht. Zitiert werden in der Regel nur die jeweils ältesten oder die vom Überlieferungsbefund her zuverlässigsten Schreibungen.
[2] Althochdeutsches Wörterbuch. Auf Grund der von E. von Steinmeyer hinterlassenen Sammlungen im Auftrag der Sächsischen Akademie der Wissenschaften zu Leipzig, begründet von E. Karg-Gasterstädt und Th. Frings, hg. v. R. Grosse, III, Berlin 1971—1985, Sp. 1406 f.
[3] Summarium Heinrici, I, Textkritische Ausgabe der ersten Fassung Buch I—X, hg. v. R. Hildebrandt, Quellen und Forschungen zur Sprach- und Kulturgeschichte der Germanischen Völker NF. 61, Berlin — New York 1974, V, 157 f.

gabe des pluralischen *vada* ‚Gewässer' in der Glossierung poetischer Texte[4] vielleicht nicht nur bloße Vokabelübersetzung. Der Plural *vurti* in der St. Galler Handschrift 242 aus dem 10. Jahrhundert läßt die Flexion des Wortes nach der *i*-Deklination erkennen, die sich auch in zahlreichen Namenbelegen und in umgelauteten Formen des Neuhochdeutschen vom Typ *Fürth* zeigt. Das Genus des Appellativs im Althochdeutschen ist eindeutig nur aus der zweiten Würzburger Markbeschreibung zu erkennen, die es als Maskulinum ausweist: *in den steininon furt, in die niderostun urslaht furtes*[5]. Dieses Genus findet sich auch im Mittelhochdeutschen[6] und bis heute in mundartlicher Verwendung[7]. Die germanischen Verwandten und die Morphologie des Wortes erweisen das Maskulinum als ursprünglich. Es handelt sich um ein Verbalabstraktum mit dem indogermanisch verbreiteten *-tu*-Suffix, das im Germanischen maskuline *u*-Stämme bildete[8]. Diese Bildung ist in an. *fjǫrðr* ‚Fjord'[9] durch die *u*-Brechung gut erkennbar. Der Basisvokal steht hier allerdings auf einer anderen Ablautstufe als bei den westgermanischen Belegen, die gewöhnlich Nullstufe zeigen. Hier bewahren jedoch das Altenglische[10] und einige unten näher zu besprechende deutsche Ortsnamenbelege noch Reste der alten *u*-Deklination. Im Althochdeutschen ist *furt* durch die Auflösung dieser Flexionsklasse wie die meisten der hierher gehörigen Wörter[11] in die *i*-Deklination gelangt. Auf-

---

[4] StSG. II, 532,30 (Florenz XVI, 5 zu Prudentius, Psychomachie 94); 622,5 (St. Gallen 242 zu Sedulius, Carmen paschale II, 157). Bemerkenswert in diesem Zusammenhang ist ein mittelhochdeutscher Beleg bei Spervogel: *ich hôrte sagen, daz der Rîn / hie vor in engen vürten vlôz* (23,1, in der Neuausgabe VI, 13,4 f.: Des Minnesangs Frühling, bearb. v. H. M o s e r und H. T e r v o o r e n, I, 38. A. Stuttgart 1988, S. 41). Aus diesem und jüngeren Belegen wird bei J. G r i m m — W. G r i m m, Deutsches Wörterbuch, IV, 1,1, Leipzig 1878, Nachdruck 1984, Sp. 899, die Bedeutung ‚Flußbett' gefolgert, die sich auch in Mundarten findet (s. Anm. 7). Nach dem Jahre 1200 sind auch Flußnamen auf *-furt* belegt, zum Beispiel a. 1229 in einer Urkunde Bischof Gerolds von Freising für das Kloster Neustift *iuxta rivum, qui wlgo dicitur Haselfurte* (wohl ein Nebenfluß der Amper): Die Traditionen, Urkunden und Urbare des Klosters Neustift bei Freising, bearb. v. H.-J. B u s l e y, Quellen und Erörterungen zur bayerischen Geschichte NF. 19, München 1981, Urkunde 31 (Kopie aus dem zweiten Viertel des 14. Jahrhunderts).

[5] E. v o n S t e i n m e y e r, Die kleineren althochdeutschen Sprachdenkmäler, 1916, Nachdruck Berlin — Zürich 1963, S. 116,50,55 f.; R. S c h ü t z e i c h e l, Althochdeutsches Wörterbuch, 3. A. Tübingen 1981, S. 62.

[6] M. L e x e r, Mittelhochdeutsches Handwörterbuch, III, Leipzig 1878, Nachdruck Stuttgart 1970, Sp. 615.

[7] Belege etwa bei J. A. S c h m e l l e r, Bayerisches Wörterbuch, 2. A. von G. K. F r o m m a n n mit Einleitung von O. M a u ß e r, Nachdruck München 1985, I,1, Sp. 762; H. F i s c h e r, Schwäbisches Wörterbuch, II, Tübingen 1908, Sp. 1881 f.; Schweizerisches Idiotikon, I, bearb. v. F. S t a u b und L. T o b l e r, Frauenfeld 1881, Sp. 1043—1045.

[8] H. K r a h e — W. M e i d, Germanische Sprachwissenschaft, III, Wortbildungslehre, Berlin 1967, § 122; E. S e e b o l d, Vergleichendes und etymologisches Wörterbuch der germanischen starken Verben, Janua linguarum. Series practica 85, The Hague — Paris 1970, S. 188.

[9] J. d e V r i e s, Altnordisches etymologisches Wörterbuch, 2. A. Leiden 1962, S. 126.

[10] K. B r u n n e r, Altenglische Grammatik. Nach der angelsächsischen Grammatik von E. S i e v e r s, Sammlung kurzer Grammatiken germanischer Dialekte A 3, 3. A. Tübingen 1965, § 273.

[11] Dazu W. B r a u n e — H. E g g e r s, Althochdeutsche Grammatik, Sammlung kurzer Grammatiken germanischer Dialekte A 5, 14. A. Tübingen 1987, § 220 a-e.

gabe der *u*-Deklination zeigen schon die Weißenburger Namenbelege aus der Mitte des 8. Jahrhunderts, wo flektiertes *Furdes-* als Bestimmungswort auftritt (*Furdesfe[l]d*, zuerst a. 745, heute Forstfeld bei Haguenau[12]).

Schwierig ist die Entscheidung, wie das Femininum *Furt* zu beurteilen ist. Da das Femininum im Deutschen erst spät erscheint[13] — noch Luther schwankt zwischen *an den furt Jaboc* (Gen. 33,22) und *die Furt am Jordan* (Jud. 3,28) —, ist dieses Genus als erst sekundär aus dem Niederdeutschen eingeführt betrachtet worden[14]. Die Ortsnamen zeigen jedoch, daß ein Femininum der *i*-Deklination auch im hochdeutschen Raum schon lange lebendig war. Belege wie *Antvurti* a. 924 (Antwort bei Rosenheim[15]), *Furti* a. 930 (Furt bei Judenburg an der Mur[16]) und *Wouurdi* a. 1015 (Wonfurt am Main[17]) sind Beispiele für Singularformen der *i*-Deklination und somit wohl für Feminina. Diese Feminina könnten auf eine parallele *-ti*-Bildung höheren Alters weisen.

Unter den appellativischen Belegen erscheinen auch zwei Zeugnisse, die eine Form mit spezifischer sprachgeographischer Geltung darstellen. Es sind die Belege *uórd* unter den altsächsischen Glossen der Karlsruher Handschrift St. Peter perg. 87 aus dem 11. Jahrhundert[18] und gleichfalls *ford* unter den mittelfränkischen Glossen der Trierer Seminarbibliothek aus dem 11./12. Jahrhundert[19]. Der *-o*-Vokalismus ist auch bei den Namenbelegen für niederländische, niederdeutsche und mitteldeutsche Formen charakteristisch. Er wird auf die Wirkung des nachfolgenden *r*[20] zurückzuführen sein. Gestützt wird das *o* wohl auch dadurch, daß ähnlich wie im Altenglischen im niederländischen, niederdeutschen und mitteldeutschen Raum die *u*-Deklination zugunsten der *a*-Stämme bei den Maskulina und der *ō*-Stämme bei den Feminina aufgegeben worden ist. Zeugnisse für diese Entwicklung sind wohl die häufiger erscheinenden Ortsnamen-Dative auf *-a* wie *Holonforda* in Genter Überlieferung des 10. Jahrhunderts[21], *Hriesforda*[22], *Stenforda*[23] im Werdener Urbar und *Sant-*

---

[12] Trad. Weißenburg Nr. 143, 745 VIII 28. Weitere Belege: Nr. 184, 127 (*Furtes-*), 176.

[13] J. Grimm — W. Grimm, Deutsches Wörterbuch, IV, 1,1, Sp. 897.

[14] F. Kluge, Etymologisches Wörterbuch der deutschen Sprache, 21. A. Berlin — New York 1975, S. 225f.; H. Paul — W. Betz, Deutsches Wörterbuch, 8. A. Tübingen 1981, S. 219.

[15] UB. Salzburg I, Nr. 44a, S. 107, *de... Antvurti*; ferner Nr. 29, S. 93, *ad Antvurti* a. 927 (Codex Odalberti, vor a. 935).

[16] UB. Salzburg I, Nr. 83, S. 145, *ad Furti* 930 III 3 (Codex Odalberti).

[17] DH. II. 332, 1015 II 5 (Ausfertigung für Hersfeld, Original).

[18] StSG. I,318,36 zu Gen. 32,22. Die Parallelglosse St. Gallen 292 ist *uvrt*.

[19] StSG. IV, 210,28.

[20] Dazu W. Schlüter, Vokalismus des Altsächsischen, in: F. Dieter, Laut- und Formenlehre der altgermanischen Dialekte, I, Leipzig 1898, S. 95—125, hier § 74.

[21] Dipl. Belg. Nr. 49, VI,25 (32), *in loco qui uocatur Holonforda* (Schenkungsverzeichnis für St. Peter, geschrieben a. 941); J. Mansion, Oud-Gentsche naamkunde. Bijdrage tot de kennis van het Oud-Nederlandsch, 's-Gravenhage 1924, S. 280.

[22] Werd. Urb. A, S. 37,19, *in Hriesforda*; S. 67,14 *in Hriasforda* (Rüsfort nordöstlich von Bersenbrück); D. Hellfaier — M. Last, Historisch bezeugte Orte in Niedersachsen bis zur Jahrtausendwende. Gräberfelder der Merowinger- und Karolingerzeit in Niedersachsen (spätes 5. bis 9. Jahrhundert), Veröffentlichungen der historischen Kommission für Niedersachsen und Bremen, 2, Studien und Vorarbeiten zum Historischen Atlas Niedersachsens 26, 1976, Nr. 48.

forda im Freckenhorster Heberegister[24]. Auch *Stickfurdon* a. 1074—1087 aus Osnabrücker Quellen[25] wird man trotz der späten Überlieferung als Plural hierher stellen dürfen. Daneben erscheinen aber auch im niederdeutschen Raum eindeutige Zeugnisse der *i*-Deklination, etwa *Santfordi* (bei Hannover) in einer Hildesheimer Grenzbeschreibung des 10. Jahrhunderts[26] oder *Sclancisvordi* (an der Elbe bei Wittenberg) in der Chronik Thietmars von Merseburg[27] oder *Quernuordiburch* (Querfurt) in einem Original Ottos II.[28], gelegentlich auch mit *-u*-Vokalismus wie *Bokinauurdi*[29] in Paderborner Traditionen oder *Halvurdi* im Corveyer Rotulus[30].

Bei Abschwächung der Flexionsendungen kann im Einzelfall die Zuweisung schwierig werden. Auch die Schreibungen mit ⟨u⟩ und ⟨o⟩ wechseln in der Überlieferung häufig für den gleichen Ort. So etwa ist der durch zahlreiche Originalurkunden gut überlieferte Name *Herford* in den Karolingerdiplomen seit dem Erstbeleg vom Jahre 828 gewöhnlich mit ⟨u⟩ bezeugt (*Heriuurth*[31], *Herifurd*[32]). Herforder Kopien aus dem 10. Jahrhundert haben jedoch stattdessen mehrfach *Heriford*[33]. Dieselbe Schreibung zeigt auch das Originaldiplom Arnulfs vom Jahre 892[34], während die Urkunden der sächsischen Herrscher zum Teil wieder ⟨u⟩-Graphien aufweisen[35]. Die Belege ⟨u⟩ können

---

[23] Werd. Urb. A, S. 64,2, *In Stenforda* (Drensteinfurt).

[24] E. W a d s t e i n , Kleinere altsächsische sprachdenkmäler mit anmerkungen und glossar, Niederdeutsche Denkmäler 6, Norden — Leipzig 1899, S. 36, 14 M, *van santforda* (Überlieferung vom Ende des 11. Jahrhunderts); Bauernschaft bei Sendenhorst: W. K o h l , Das Bistum Münster, 3, Das (freiweltliche) Damenstift Freckenhorst, Germania Sacra NF. 10, 3, Berlin — New York 1975, S. 254—256.

[25] UB. Osnabrück I, Nr. 158, *juxta Stickfurdon* (Kopie des 18. Jahrhunderts), heute *Stickteich*; GOV. Osnabrück, Nr. 1352.

[26] UB. Hildesheim I, Nr. 40, *inde ad Santfordi* (Kopie des 15. Jahrhunderts).

[27] Die Chronik des Bischofs Thietmar von Merseburg und ihre Korveier Überarbeitung, hg. v. R. H o l t z m a n n , MGH. SS. rer. Germ. NS. 9, Berlin 1955, VII,16, *ad locum qui Sclancisvordi vocatur* in Thietmars Original; die Corveyer Abschrift hat *-forde*.

[28] DO. II. 191, 979 V 20 für Memleben.

[29] UB. Westfalen, I, Nr. 87.3, Supplement 3 Nr. 651, Original, a. 1015—1023, Bökenförde südlich von Lippstadt.

[30] H. H. K a m i n s k y , Studien zur Reichsabtei Corvey in der Salierzeit, Veröffentlichungen der Historischen Kommission Westfalens 10, Abhandlungen zur Corveyer Geschichtsschreibung 4, Köln — Graz 1972, S. 207 (§ XI Z 2—3; *De Halvurdi*, Heberolle des 11. Jahrhunderts).

[31] Original Ludwigs des Frommen, BM. 977, 838 VI 7; H. M e n k e , Das Namengut der frühen karolingischen Königsurkunden. Ein Beitrag zur Erforschung des Althochdeutschen BNF. NF. Beiheft 19, Heidelberg 1980, S. 220.

[32] DLD. 61, 851(?) XII 8, Original; DLD. 93, 858 VI 13, Original, *Heriuurt*, ebenso in der Nachurkunde DLD. 95, 859 IV 25, Original.

[33] Nachweise in der Monumenta-Edition der Diplome Ludwigs des Deutschen.

[34] DA. 105, 892 XI 3. Das nur im Corveyer Chartular aus der Mitte des 10. Jahrhunderts überlieferte verunechtete DA. 3, 883 XII 11, hat auch im Erstglied eine stark landschaftlich geprägte Schreibung (*Hiriford*).

[35] DH. I. 13, 927 III 18, Original, *Heriuurdensis*, mit Nachurkunde DO. I. 24, 940 IV 2, Original; DH. I. 41, 935 X 12, *Heriuúrt*, Original; daneben *Heriford* im DO. I. 206, 960 II 12, Original, und so weiter.

wohl nicht einfach als schreibsprachliche Einflüsse aus dem hochdeutschen Raum abgetan werden, da sie in relativ vielen verschiedenartigen Quellen des Niederdeutschen vorkommen und da vor allem durch Eintritt des Wortes in die *i*-Deklination auch die kombinatorischen Bedingungen vorliegen, die diesen Vokal möglich machen. Andererseits ist ⟨*o*⟩-Schreibung stets ein positives Indiz für niederländische und niederdeutsche Belege, denen sich vereinzelt auch mitteldeutsche Schreibungen[36] zugesellen. Oberdeutsche Ortsnamen aus bodenständiger Überlieferung treten nicht mit dieser Graphie auf. Im ganzen ist dieses Bild noch in der heutigen Namengeographie bewahrt, in der der nördliche Typ *-vord(e)/-förde* dem südlichen *-furt* gegenübersteht.

III.

Die Flexion der Namen mit *-furt* als Grundwort, die schon mehrfach anzusprechen war, zeigt insgesamt zwei Typen:

1. den Nominativ Singular mit Ø-Flexiv vom Typ *Erphesfurt*[37] (Erfurt), der im Althochdeutschen seit dem 8. Jahrhundert belegt ist;
2. den Typ mit lokativischem Ortsnamen-Dativ und zwar
    a) den formal mit dem Instrumental zusammengefallenen Dativ Singular der *u*-Deklination[38], wie er in *Moresfurtiu* a. 809 (Freisinger Traditionen[39]), *Stetifurtiu* a. 849 (St. Gallen[40]) und *Stuchesfurtiu* a. 876 (Fuldaer Überlieferung des 10. Jahrhunderts[41]) vorliegt. Die Belege sind wertvolle Zeugnisse dieser im Althochdeutschen bei den Appellativen fast völlig verschwundenen Flexionsart;
    b) den Dativ Singular der *i*-Deklination;
    c) den Dativ Singular der *a*-Deklination.

---

[36] Zum Beispiel *Steinuort* 1100 I 6, UB. Wirtemb. I, Nr. 255, Gründungsurkunde der Abtei Sinsheim durch Bischof Johann von Speyer (Kopie im Codex minor Spirensis vom Ende des 13. Jahrhunderts), Steinfurt nordöstlich von Walldürn; zu vergleichen ist *Steinuortowa* (neben *-furt-*) in der Heppenheimer Markbeschreibung, Cod. Lauresh. I, Nr. 6a; *de Selinvvort* a. 1168, UB. Mainz II, Nr. 309, Abt Heinrich II. von St. Alban/Mainz für Eberbach, Original, Seilfurt, wüst nordöstlich von Rüsselsheim.

[37] So zuerst in den Bonifatius-Briefen zu a. 742; Die Briefe des heiligen Bonifatius und Lullus, hg. v. M. Tangl, MGH. Epistolae selectae 1, 2. A. Berlin 1955, Nr. 50, S. 81,23 (Varianten *Erpesfurd, -furt*); auch Nr. 51, 743 IV 1, S. 87,11, Varianten *Erpfesfurt, Erp(h)es-*.

[38] W. Braune — H. Eggers, Althochdeutsche Grammatik, besonders § 220c Anm. 3 (mit weiterer Literatur).

[39] Trad. Freis. I, Nr. 293,809 V 1, *de Moresfurtiu* neben *ad Moresfurt* in der gleichen Tradition (Kopie Cozrohs vor der Mitte des 9. Jahrhunderts) und in Nr. 930, a. 876—880 (Kopie aus der Zeit Bischof Waldos 883—906), Furt bei Dorfen.

[40] UB. St. Gallen, II, Nr. 407, 842/9 IX 26, Original?, *in Stetifurtiu*, Stettfurt im Kanton Thurgau; Subsidia Sangallensia I. Materialien und Untersuchungen zu den Verbrüderungsbüchern und zu den älteren Urkunden des Stiftsarchivs von St. Gallen, hg. von M. Borgolte, D. Geuenich und K. Schmid, St. Galler Kultur und Geschichte 16, St. Gallen 1986, S. 397. Zuvor auch *Stetivurt* (in Aufzählungen: I, Nr. 307,333).

[41] DLD. 170,876 V 18, *in Stuchesfurtiu*, Straußfurt an der Unstrut.

Beispiele für die zuletzt genannten Fälle sind bereits vorgeführt worden. Die spätere Abschwächung zu -e läßt alle diese Typen zusammenfallen und nur noch den Ortsnamen-Dativ als solchen erkennen, gegebenenfalls auch Nachwirkungen des Themavokals in der Wurzelsilbe.

Zum Dativ-Typ gehören ferner:

d) der Dativ Plural der u-Deklination, dessen Reflex vielleicht noch in *Guzenfurdium* a. 897 (bei Worms[42]) sichtbar ist, der das Eindringen der i-Deklination zeigen könnte. Auch ein mit *-ja-* abgeleiteter Insassenname ist nicht auszuschließen. Fraglich ist jedoch, inwieweit die Überlieferung des 12. Jahrhunderts hier zuverlässig ist. Der Beleg ist in den einschlägigen Sammlungen und Darstellungen bisher übersehen worden;

e) der Dativ Plural der i-Deklination, der vereinzelt noch gut zu erkennen ist, so in *Hirzuurtin* a. 1060 (Hirschfeld am Main, später auch *Hirzfurt*[43]) oder *Suuinfurtin* a. 804[44] (Schweinfurt, a. 865 *Suuinfurt*[45]). Auch der Beleg *in Adalmandinga vurthien* aus einer Corveyer Tradition der zweiten Hälfte des 10. Jahrhunderts[46] setzt die i-Deklination voraus;

f) der Dativ Plural der a-Deklination, wie er in dem schon erwähnten *Stickfurdon*[47] vorliegen kann. Die spätere Endungsabschwächung läßt auch hier eindeutige Zuweisungen schwierig werden.

Insgesamt bieten die Ortsnamenbelege auf *-furt* wertvolle Einblicke in die Ablösungserscheinungen im Flexionsparadigma der deutschen u-Deklination, die sonst kaum in vergleichbarer Geschlossenheit möglich sind. Langsilbige Appellative fehlen hier fast völlig.

Die Flexionsformen, mit denen die Ortsnamen in den Quellen erscheinen, sind nicht grundsätzlich fest, wie bereits an den genannten Beispielen deutlich wurde. So erscheint *Fürth* bei Nürnberg in einer Originalurkunde Ludwigs des Kindes im Jahre 907 als *Furt*[48] und hundert Jahre später in einem Original Heinrichs II. für Bamberg als *Furti*[49] in der Dativform. In einer Lorscher Grenzbeschreibung der *curia Furde* (Fürth bei Lorsch[50]) wechseln Singular und Plural *in/ad Furde, in/ad Furden* ohne erkennbare Regel. Dieser Befund

---

[42] DA. 154, 897 VI 9, *de Guzenfurdium usque in media Liutra* (= Lauter), Kopie aus der Mitte des 12. Jahrhunderts. Die Lage des Ortes ist nach Angabe der Edition unbekannt.

[43] DH. IV. 66, 1060 VI 22, Original, *ad Hirzuurtin*; im Spurium DH. IV. 440 auch *usque Hirzfurt.*

[44] Cod. dipl. Fuld. Nr. 220, 221, beide Male in *Suuinfurtin* (Pistoriuschartular). Der Verschreibungsverdacht von R. K ö g e l, Zur ortsnamenkunde, PBB. 14 (1889) S. 95—121, hier S. 120 (< *-furtiu*), ist durch die Parallelen hinfällig.

[45] Cod. dipl. Fuld. Nr. 588, 865 XII 20 (Pistoriuschartular); zahlreiche weitere Belege bei FON. II, Sp. 976 f.

[46] Trad. Corv. B/C § 35a (= A § 296b), Überlieferung vom Jahre 1479.

[47] Dazu Anmerkung 25.

[48] DLK. 53, 907 III 18, für Fulda, *in loco Furt dicto.* Namengebend ist die Furt über die Regnitz; HONB. Bayern VI, 1, Nr. 93.

[49] DH. II. 152, 1007 XI 1, *locum Furti dictum.*

[50] Cod. Lauresh. I, Nr. 140.

läßt es fraglich erscheinen, ob die Pluralformen auch in den anderen Fällen einfach als Bezeichnungen einer Mehrzahl gewertet werden können, also etwa als Hinweise auf die Existenz mehrerer Übergänge. Hier muß wohl auch mit der analogischen Weiterverbreitung des Ortsnamenflexivs gerechnet werden, die sich sonst gleichfalls beobachten läßt[51].

IV.

Die Betrachtung der Erstglieder bei den -*furt*-Namen ist vielleicht geeignet, auch über das engere philologische Interesse hinaus Aufmerksamkeit zu erwecken, da hier am ehesten Aufschlüsse über die bezeichnete Sache erwartet werden können. Diese Erwartungen müssen freilich insoweit gedämpft werden, als die Namen aus ihrer Natur heraus solche Informationen nur begrenzt zulassen. Zwar ist zum Beispiel bei dem häufigen Namentyp *Steinfurt* durchaus zu unterstellen, daß die Motivation der Benennung von einem Flußübergang ausgeht, der in irgendeiner Weise durch *Stein* charakterisiert ist. Unklar aber ist bereits, ob dieses *Stein* eine steinerne Befestigung des Fahrwegs zur Furt, in der Furt, oder eine Markierung an der Furt ist, ob sie die naturräumliche Gegebenheit eines felsigen Untergrundes oder ein von Menschen geschaffenes Steingebilde, etwa in Form von Trittplatten im Gewässer, voraussetzt und dergleichen. Hier mag das eine oder andere wahrscheinlicher sein — der Name allein kann jedenfalls keine Entscheidung bringen. Dazu kommt, daß den Namen als Namen keine lexikalische Bedeutung eignet[52], daß es für den Namen *Steinfurt* also ohne Belang ist, ob tatsächlich eine irgendwie geartete Furt existiert oder nicht. So etwa kann im Augenblick, wo der Name in der Quelle erscheint, die Furt längst verschwunden oder durch eine Brücke ersetzt sein, oder der Name ist lediglich von einem anderen *Steinfurt* übertragen oder aus einem unverstandenen anderen Namen volksetymologisch umgebildet. Für die Funktion des Namens als Sprachzeichen ist das alles ohne Belang, wohl aber für die Beurteilung der sachlichen Situation. Die namenkundliche Analyse kann also allenfalls die ursprüngliche Motivation des Namens aufdecken, ohne daß damit gleichsam von selbst auch etwas über einen aktuellen Sachverhalt ausgesagt sein muß.

Einige Beispiele sollen das Problem noch weiter verdeutlichen. Der Name der Stadt *Frankfurt* am Main ist seit der Originalurkunde Karls des Großen vom Jahre 794, in der die Form *Franconofurd*[53] erscheint, in überaus zahlrei-

---

[51] A. Bach, Deutsche Namenkunde, II, Die deutschen Ortsnamen, 1, Heidelberg 1953, § 112.

[52] Zum Problem der Bedeutung R. Schützeichel, in: M. Gottschald — R. Schützeichel, Deutsche Namenkunde. Unsere Familiennamen, 5. A. Berlin — New York 1982, S. 14—20.

[53] DKG. 176, 794 II 22, für St. Emmeram; H. Menke, Das Namengut, S. 209 f. Zum Jahre 794 beziehungsweise 793 auch in den Reichsannalen und in den sogenannten Einhartsannalen: Annales regni Francorum, hg. v. F. Kurze, MGH. SS. rer. Germ. [6], Hannover

chen Belegen überliefert. Die sprachliche Form ist klar durchschaubar: *Francono* ist Genitiv Plural zu *Franko* ‚Franke', so daß sich ‚Furt der Franken' als Paraphrase ergibt. Die Bildung war auch den Zeitgenossen voll durchschaubar, wie eine Bemerkung in einer Handschrift aus Einsiedeln vom Beginn des 9. Jahrhunderts zeigt: *in loco celebri, qui dicitur Francofurd, latinae Vadus Francorum*[54]. Das Bestimmungswort ist hier stark flektiert. Trotz dieser eindeutigen Lage ist aus namenkundlicher Sicht weder über das Alter noch über die Gründe der Benennung wirklich Sicheres zu sagen. Ob also der Name schon als Folgeerscheinung des Alamannensiegs Chlodwigs um das Jahr 500 und der Ausbreitung der Franken im Gebiet von Main und Mittelrhein angesehen werden kann oder ob erst das starke Gewicht, das der Ort unter den Karolingern gewinnt, Ursache für die Benennung gewesen ist, ist schwer zu entscheiden. Gewöhnlich wird das erste angenommen[55]. Sprachlich auffallend ist die Tatsache, daß *Franconofurd* der einzige Name im Material mit einem Volksnamen im Bestimmungswort ist. Zwar kommen auch sonst gelegentlich, besonders in frühen Namen, Personengruppen im Erstglied vor, aber niemals Namen von Stämmen und Völkern, so daß *Franconofurd* so gesehen isoliert ist.

Damit wächst die Wahrscheinlichkeit, daß das in einer Originalurkunde Bischof Werners von Münster vom Jahre 1144 genannte *Frankenvvrth* im Raum um Telgte[56] (hier ist überdies der Genitiv Singular eines Personennamens möglich) oder das *Wranckeneuorde* in einer Bulle Papst Lucius III. für das Kloster Arolsen vom Jahre 1182[57] lediglich Namenübertragungen darstellen. Es kann in beiden Fällen jedoch auch nicht einfach ausgeschlossen werden, daß jeweils eine eigenständige historische Berechtigung für diese Benennungen vorliegt. Ohne eindeutige Zeugnisse sind vom sprachlichen Befund her nur Vermutungen möglich.

Ein weiteres Problem stellen Umdeutungen dar, die nicht in jedem Fall sicher zu ermitteln sind. Eine große Anzahl von friesischen Ortsnamen mit dem Grundwort -*wurth* ‚erhöhter Hausplatz'[58] ist in der fuldischen Überlieferung entweder durch den Kopisten Eberhard oder bereits früher offenbar zu -*furt*-Namen umgedeutet worden, so daß zahlreiche der frühen -*furt*-Belege in E. Förstemanns Namenbuch zu streichen sind, etwa *Esgenfurt* (Exweerd?)[59]

1895, Nachdruck 1950, S. 94/95, und in der Überlieferung der Frankfurter Synode a. 794 (in Handschriften ab der ersten Hälfte des 9. Jahrhunderts): MGH. LL. sectio III, 2, Concilia aevi Karolini 1, hg. v. A. Werminghoff, Hannover — Leipzig 1906, S. 130, 41.

[54] Einsiedeln 191, MGH. LL. sectio III, 2,1, S. 163, 40.

[55] Hessen, hg. v. G. W. Sante, Handbuch der historischen Stätten Deutschlands, IV, 2. A. Stuttgart 1967, S. 129 (H. Meinert); E. Schwarz, Deutsche Namenforschung, II, Orts- und Flurnamen, Göttingen 1950, S. 34 f.

[56] UB. Westfalen II, Nr. 245. Nördlich von Telgte mündet der *Frankenbach* in die Bever.

[57] UB. Westfalen V,1, Nr. 136, 1182 XII 7, überliefert im Arolsener Kopiar I des 16. Jahrhunderts.

[58] F. Holthausen — D. Hofmann, Altfriesisches Wörterbuch, 2. A. Heidelberg 1985, S. 133.

[59] FON. I, Sp. 222 und 973.

und andere mehr. Insbesondere die mehrdeutige Graphie -*uurt*[60], die als -*wurt*
oder -*furt* aufgefaßt werden kann, erschwert die Beurteilung. Falls der Ort
nicht durch spätere Namenformen zu belegen ist oder falls Unsicherheiten in
der Identifizierung bestehen, werden Entscheidungen schwierig. So ist *Lihdan-
furt* in Fuldaer Überlieferung[61] auf Lichtaard (bei Dokkum) oder auf Lich-
tenvoorde in Gelderland bezogen worden. Nur im letzten Falle wäre es ein
-*furt*-Name. Da aber der Ort in der Fuldaer Überlieferung ausdrücklich als
friesisch[62] bezeichnet wird, liegt wohl ebenfalls eine Substitution für -*wurd*
vor. Somit wurden hier alle eindeutig friesischen Namen mit ⟨u⟩-Schreibung
ausgeschieden, vor allem dann, wenn spätere Formen auf -*wurd* weisen. Bei
friesischer Entsprechung von *furt* wäre ⟨o⟩-Graphie zu erwarten, die im Appellativ *forda*[63] schon in den altfriesischen Gesetzen gut belegt ist, zum Beispiel
in der alliterierenden Formel *fenne and forda* ‚Weide und Zugangsdamm‘[64].
Als Ortsnamenglied scheint das Wort, soweit bisher erkennbar, in Friesland
nicht verwendet worden zu sein. Jedoch kann die Tatsache, daß die friesischen
Ortsnamen der älteren Zeit nur in nicht-friesischer Überlieferung vorliegen,
die wirkliche Lage verdunkeln.

Aber auch Fälle umgekehrter Substitutionsrichtung können vorkommen. In
einer Fälschung aus St. Eucharius/St. Matthias zu Trier erscheinen in einer
angeblichen Schenkung Heinrichs III.[65] die Orte *Virdenwert* und *Treiswert*,
also offenbar Ortsnamen mit dem Grundwort *wert* ‚Flußinsel‘. Falls die Identifizierung mit Fürfurt und Traisfurth an der Lahn zutrifft[66], so läge hier ein
sekundärer Austausch, möglicherweise nur durch den Schreiber der Fälschung,
vor. Für diese Erklärung kann sprechen, daß -*furt*-Namen im Moselraum nicht
sehr gebräuchlich sind, wenngleich die Liste durch einen solchen Namen, nämlich *Arenuurt*[67], eröffnet wird. Doch muß auch mit der Möglichkeit des par-
tiellen Namenwechsels gerechnet werden.

Ungeachtet aller dieser methodisch gebotenen Einschränkungen wird eine
philologische Namenanalyse aber nicht darauf verzichten können, die Motiva-

---

[60] Man vergleiche *Vixuurt* beim Fuldaer Kopisten Eberhard (Traditiones et antiquitates
Fuldenses, hg. v. E. F. J. D r o n k e , Fulda 1844, S. 68) mit der friesischen Form *UUyscuuyrð*
(Usquert, nördlich von Groningen), GTW. 989, in der in der ersten Hälfte des 11. Jahrhun-
derts geschriebenen Leidener Handschrift der ältesten Vita Liudgeri, I,25 (Die Vitae Sancti
Liudgeri, hg. v. W. D i e k a m p , Die Geschichtsquellen des Bisthums Münster 4, Münster
1881, S. 31, mit zahlreichen Varianten anderer Handschriften).

[61] FON. II, Sp. 71; GTW. 612 (zu Lichtaard).

[62] Traditiones et antiquitates, S. 68.

[63] K. F r e i h e r r v o n R i c h t h o f e n , Altfriesisches Wörterbuch, Göttingen 1840, Nachdruck Aalen 1970, S. 750.

[64] So die Übersetzung in Das Brokmer Recht, hg. v. W. J. B u m a und W. E b e l , Altfrie-
sische Rechtsquellen 2, Göttingen 1965, S. 49.

[65] DH. III. 404, 1053 IV 5, angebliches Original aus der Mitte des 12. Jahrhunderts. Die
Fälschung erfolgte zur Erlangung von UB. Mittelrhein I, Nr. 579, a. 1154 (Urkunde Erz-
bischof Hillins von Trier, Original) und Nr. 589, 1155 IV 29 (Urkunde Papst Hadrians IV,
Original).

[66] FON. I, Sp. 888 und 742; GTW. 384 und 974.

[67] DII. III. 404, Arfurt an der Lahn, östlich von Runkcl; GTW. 66.

tion auch der Bestimmungswörter zu untersuchen. Eine Auswertung in Hinblick auf die Bezeichnungsfunktion wird jedoch die zuvor angestellten Überlegungen im Auge behalten müssen. Dazu gehört auch, daß insbesondere bei alternativen Etymologien möglichst umfassende Informationen über die ursprüngliche topographische Situation des Ortes und Kenntnisse der spezifischen landesgeschichtlichen Gegebenheiten vorliegen müßten, die freilich nicht immer zu Gebote stehen. Auch von hierher ergeben sich somit Vorbehalte, die zu beachten sein werden.

V.

Ein großer Teil der -furt-Bildungen ist durchsichtig und mit dem appellativischen Wortmaterial der jeweiligen Einwohnersprache etymologisierbar. Das spricht dafür, daß diese Namen vielfach kein allzu hohes Alter besitzen. Andererseits ist zu beachten, daß der Bildungstyp als solcher in die voreinzelsprachliche Zeit zurückzureichen scheint. Dafür sprechen die englischen Namen vom Typ *Oxford*[68] und die Tatsache, daß offenbar zwei -furt-Namen schon bei Ptolemäus belegt sind, der in der Germania magna die Orte Λούπφουρδον und Τουλίφουρδον nennt[69]. Ungeachtet der umstrittenen Identifizierung dieser Orte und der auch nicht ganz unproblematischen Morphologie ist an der Zuordnung zu den -furt-Namen wohl festzuhalten[70]. Möglicherweise sind es sogar jeweils Vertreter der auch später herrschenden beiden Grundtypen, nämlich des Typs mit onomastischem Bestimmungswort und des Typs mit Appellativ, das über die Beschaffenheit der Furt Auskunft gibt.

Das Erstelement *Lup-* in Λούπφουρδον ist wohl zu Recht als Gewässername angesehen und an die gut bezeugten Flußnamen *Lupia* (Lippe), *Lupentia* (Lupnitz bei Eisenach)[71] angeschlossen worden. Das Fehlen des Bindevokals *Lupi-* könnte aus der Abschreibetradition zu erklären sein[72], da ein Jota

---

[68] Beispiele bei M. F ö r s t e r , Der Flußname Themse und seine Sippe. Studien zur Anglisierung keltischer Eigennamen und zur Lautchronologie des Altbritischen, Sitzungsberichte der Bayerischen Akademie der Wissenschaften. Philosophisch-historische Abteilung, Jahrgang 1941, I, München 1941, S. 21 f.

[69] II, 11, 13; Claudii Ptolemaei geographia. Edidit C. F. A. N o b b e cum introductione a A. D i l l e r , Hildesheim 1966, Nachdruck der Ausgabe Leipzig 1843—1845, I, S. 121; O. C u n t z , Die Geographie des Ptolemaeus. Galliae Germania Raetia Noricum Pannoniae Illyricum Italia. Handschriften, Text und Untersuchung, Berlin 1923, S. 67; E. Š i m e k , Velká Germanie Klaudia Ptolemaia, I, Filosofická fakulta university Karlovy. Sbírka pojednání a rozprav 16, Prag 1930, S. 78, mit den Varianten Τουλίφορδον (auch -φυρδον?) und Λουπφοῦρδον.

[70] Zur Erklärung des -ov Th. S t e c h e , Altgermanien im Erdkundebuch des Claudius Ptolemäus, Leipzig 1937: nach den Akkusativen der Itinerare.

[71] FON. II, Sp. 150 f.; dazu H. K r a h e , Unsere ältesten Flußnamen, Wiesbaden 1964, S. 99 f., und die bei D. S c h m i d t , Die rechten Nebenflüsse des Rheins von der Wupper bis zur Lippe, Hydronymia Germaniae A 6, Wiesbaden 1968, S. 47 f., genannte Literatur.

[72] R. M u c h , Λούπφουρδον, in: Reallexikon der Germanischen Altertumskunde, hg. v. J. H o o p s , III, [1. A.] Straßburg 1915—1916, S. 168.

leicht ausfällt. Zur Identifizierung des Ortes läßt sich aus diesem Befund kaum Sicheres entnehmen. Doch zwingt nichts dazu, den Ort mit R. Much an die Lippe zu verlegen. Andere haben auf die Luppe (Nebenfluß der Weißen Elster) aufmerksam gemacht, was besser zu den Angaben bei Ptolemäus passen würde[73].

Der Ort Τουλίφουρδον liegt im Wesergebiet, wo bis heute eine große Anzahl von *-furt*-Namen anzutreffen ist. Der Beleg ist mit Dörverden (nördlich von Nienburg) identifiziert worden[74], was sprachlich möglich ist, wenn man Liquidenassimilation annimmt. Die Schreibung im Anlaut des antiken Namens stände dann für germ. *þ*[75]. Ein germanisches **þul-i-* ließe sich vielleicht der Gruppe um an. *þollr* (masc.) ‚Baum, Pflock‘ ae. *ðol(l)* (masc.), mnd. *dolle, dulle* (masc. und fem.) ‚Ruderpflock‘[76] zuordnen, die mit unterschiedlicher Stammbildung (wohl *-n*-Suffix[77]) zur gleichen Basis **þul-* in der Bedeutung ‚Pflock, Pfahl‘ gehören könnten. Dieses Element ist auch sonst im niederdeutschen und niederländischen Sprachraum mehrfach Grundlage von Ortsnamen[78] und scheint in den dort anzutreffenden *-i*-Schreibungen das gleiche Suffix aufzuweisen wie der Ptolemäus-Beleg. Bei einem *-furt*-Namen kann an eine Motivation durch eine Konstruktion aus Stämmen und Pfählen gedacht werden. Ähnliches wird noch an anderen Bestimmungswörtern aus diesem Raum aufzuzeigen sein.

VI.

Bei den seit der Karolingerzeit belegten Namen sind die beiden Typen von *-furt*-Namen, die mit onomastischem Bestimmungswort und die mit appellativischem, voll entwickelt und klar differenzierbar. Der erste Haupttyp, also der mit Namen als Erstglied, zeigt in der Hauptsache Personennamen. Gewässernamen im Bestimmungswort sind vergleichsweise selten. Frühe Belege dafür sind *Suuarzachafurt* a. 801 (von einem Nebenfluß der Fulda[79]) und wohl auch

---

[73] Übersicht über die Deutungsversuche bei [A.] F r a n k e, Λούπφουρδον, in: Paulys Real-Encyclopädie der classischen Altertumswissenschaft. Neue Bearbeitung begonnen von G. W i s s o w a, hg. v. W. K r o l l, XIII, Stuttgart 1927, Sp. 1841 f.; nach Th. S t e c h e, Altgermanien, S. 181, „am Durchbruch der Elbe durch das Elbsandsteingebirge".

[74] So Th. S t e c h e, Altgermanien, S. 166, der mit ursprünglichem **Thurifurd* rechnet, doch ist die Korrektur nicht erforderlich; K. S c h e r l i n g, Tuliphurdon, in: Paulys Real-Encyclopädie. Zweite Reihe XIII. Halbband [= VII A 1], Stuttgart 1939, Sp. 793.

[75] Zahlreiche vergleichbare Schreibungen bei den von M. S c h ö n f e l d, Wörterbuch der altgermanischen Personen- und Völkernamen, 1911, Nachdruck Darmstadt 1965, S. 225 ff., gesammelten Anthroponymen.

[76] J. P o k o r n y, Indogermanisches etymologisches Wörterbuch, I, Bern — München 1959, S. 1081.

[77] So J. de V r i e s, Altnordisches etymologisches Wörterbuch, S. 615 f.; ähnlich N. v a n W i j k, Franck's etymologisch woordenboek der nederlandsche taal, 2. A. 's-Gravenhage 1912, Nachdruck 1980, S. 122.

[78] FON. II, Sp. 1061.

[79] UB. Fulda I, Nr. 275, 801 III 1 (Pistoriuschartular), überliefert ist *-aeha-*, was von E. E. S t e n g e l zu *-aha-* emendiert wird. Richtiger ist *-acha-*. Im DO. II. 221, 980 VI 25, Original für Fulda, erscheint die Verschreibung *Suuarzanauurt* (für *-aha-*).

Filfurdo a. 779 (Vilvoorden, Vorort von Brüssel[80]), dessen Erstglied zu dem häufigen Hydronym *Fila, Filapa, Filbeke*[81] zu stellen sein wird. Die sonstigen Belege sind erheblich jünger, was Zufall sein kann. In *Ascahafurt* a. 1045[82] liegt im Bestimmungswort wohl ebenfalls ursprünglich der Flußname Aschach vor. Die Aschach mündet zwischen dem Ort gleichen Namens und Eferding in die Donau. Der Name Wipperfürths ist zuerst im Jahre 1131 als *Weperevorthe* belegt[83], *Ilfurt* für Illfurth bei Mülhausen im Elsaß erst in einer Fälschung des 13. Jahrhunderts auf den Namen Ludwigs des Frommen[84]. Zu den Ortsnamen mit hydronymischem Bestimmungwort wird ursprünglich auch der Name *Chlagenuurt* zu stellen sein. Er erscheint zuerst in einer Originalurkunde Herzog Udalrichs II. aus den Jahren 1193—1199, in der dem Kloster St. Paul die Maut erlassen wird: *mutam in foro Chlagenuurt*[85].

Aufgrund der Autorität P. Lessiaks[86] gilt dieser Name als Prototyp für die Namengebung nach Wassergeistern, die sich an die in Sage und Volksglaube verbreitete Vorstellung anschließen soll, nach der an Flußübergängen Wasserdämonen die Menschen durch Klagerufe ins Verderben zu locken suchen. Diese Erklärung ist jedoch wenig wahrscheinlich. Niemals sonst erscheint nämlich in mittelalterlichen Belegen ein Abstraktum als Bestimmungswort eines *-furt*-Namens. Überhaupt werden Abstraktbegriffe vom Typ *Klage* in der frühen Namengebung nicht verwendet. Weiterhin fehlen in den sonstigen *-furt*-Namen alle Spuren einer mythologischen Namengebung. Auch die von P. Lessiak als Kronzeugen herangezogenen älteren Namen von Münster in Westfalen, *Mimigernaford* und *Mimegardeford*, müssen anders erklärt werden[87]. Der seit dem 18. Jahrhundert bezeugte slowenische Name Klagenfurts, *Celôvec*, der zu *cviliti* ‚klagen' gestellt werden kann[88], beweist nur, daß die volksetymologische

---

[80] Zuerst im DKG. 124, 779 V 3, für Kievermunt, in gleicher Schreibung im DLo. I. 86, 844 IX 11, und als *Fillofort* im DO. I. 88, 947 IV 18 (alle in Kopie des ausgehenden 12. Jahrhunderts). Im DZ. 15, 897 VII 11, erscheint die Schreibung *Bilefurte*; dazu R. Schützeichel, Ortsnamen aus den Urkunden Zwentibolds und Ludwigs des Kindes. Beiträge zu ihrer Identifizierung und ihrer namenkundlich-sprachgeschichtlichen Auswertung, BNF. 9 (1958) S. 217—285, hier S. 269—271.

[81] FON. I, Sp. 879—881.

[82] Im Liber traditionum des Ebersberger Chartulars (Mitte des 11. Jahrhunderts; Das Cartular des Klosters Ebersberg, hg. v. F. H. Graf Hundt, Abhandlungen der k. bayer. Akademie der Wiss. III. Cl., XIV. Bd., III. Abth., München 1879, I, Nr. 46).

[83] REK. II, Nr. 272, Urkunde Erzbischof Friedrichs I. von Köln (Kopie des 14. Jahrhunderts); weitere Belege GTW. 1082.

[84] Reg. Alsatiae Nr. 504, angebliches Original Ludwigs des Frommen für Hohenburg/Odilienberg (837 III 9) kurz vor a. 1249; BM. 965.

[85] MHDC. 3, Nr. 1412.

[86] Die kärntnischen Stationsnamen. Mit einer ausführlichen Einleitung über die kärntnische Ortsnamenbildung, Carinthia I. [Abteilung] 112 (1922) S. 1—124, hier S. 62—65; so auch E. Kranzmayer, Ortsnamenbuch von Kärnten, II, Archiv für vaterländische Geschichte und Topographie 51, Klagenfurt 1958, S. 119 f.

[87] Dazu H. Tiefenbach, Mimigernaford — Mimegardeford. Die ursprünglichen Namen der Stadt Münster, BNF. NF. 19 (1984) S. 1—20.

[88] P. Lessiak, Carinthia I. 112 (1922) S. 64.

Auffassung des Namens schon älter ist. Bereits im 14. Jahrhundert bietet
Johannes von Viktring *querimonie vadus*[89].

Die von P. Lessiak abgelehnte ältere Auffassung des Namens, die das
Bestimmungswort zum Namen der Glan stellt, die bei Klagenfurt in den Wör-
thersee mündet, läßt sich demgegenüber besser begründen. Der sehr häufige
Flußname *Glana*[90] ist in älteren bairischen Quellen mehrfach belegt. Der
anlautende Konsonant wird gewöhnlich mit ⟨g⟩ oder ⟨c⟩ wiedergegeben. Vereinzelt finden sich in Initialposition bei vergleichbaren Fällen auch ⟨ch⟩-
Schreibungen[91], so daß diese Möglichkeit grundsätzlich in Rechnung gestellt
werden muß. Ein mit dem Flußnamen gebildetes **Clanafurt* oder **Clanfurt*
konnte nun sehr leicht als Kontraktionsprodukt aus *klagen* verstanden werden.
Im Bairischen der mittelhochdeutschen Zeit sind Kontraktionen vom Typ *slā*
< *slage, tālanc* < *tagelanc, tān* < *tagen* (im Reim auf *gān*) bezeugt[92], so daß
Chlagenfurt durchaus als hyperkorrekte Form des hohen Mittelalters verstanden werden kann, durch die auch die anlautende Affrikata stabilisiert wurde.
Dabei mag der Volksglaube tatsächlich eine Rolle gespielt haben. Als Zeugnis
der Mythologie ist der Beleg jedoch ungeeignet.

VII.

Die sonstigen onomastischen Bestimmungswörter sind Personennamen,
und zwar überwiegend schwach flektierte Kurzformen, die im niederfränkischen, westmitteldeutschen und alemannisch/bairischen Bereich belegt sind.
Nur ganz vereinzelt erscheinen die Namen mit besonderen Kurzform-Suffixen,
wie in *Azalunphurt*[93] (bei Benediktbeuren), das einen weiblichen Rufnamen
aufweist. Überwiegend steht sonst der einfache Genitiv der -*n*-Deklination:
Occenuorth[94] (bei Alkmaar), *Mŭdenfurt*[95] (Mutfort in Luxemburg), *Guzen*-

---

[89] MHDC. 4,1, Nr. 2614 (S. 483).

[90] FON. I, Sp. 1063 f.

[91] Ältere bairische Beispiele bei J. S c h a t z , Die sprache der namen des ältesten Salzburger verbrüderungsbuches, ZDA. 43 (1899) S. 1—45, hier S. 30; E. S c h r ö t e r , Die sprache
der deutschen namen des bischöflichen traditionsbuches von Passau, PBB. 62 (1938)
S. 161—285, hier S. 261, 263; vereinzelte oberdeutsche Graphien bei W. B r a u n e — H.
E g g e r s , Althochdeutsche Grammatik, § 149 Anm. 8; K. W e i n h o l d , Bairische Grammatik, Grammatik der deutschen Mundarten 2, Berlin 1867, § 180.

[92] K. W e i n h o l d , Bairische Grammatik, § 37 (Reim *zergân: tân*); K. W e i n h o l d , Mit-
telhochdeutsche Grammatik, 2. A. 1883, Nachdruck Paderborn 1967, § 24. Mitteldeutsche
und niederrheinische Belege für *klān* = *klagen* bei J. G r i m m — W. G r i m m , Deutsches
Wörterbuch, V, 1873, Nachdruck 1984, Sp. 914.

[93] In einer Markbeschreibung im Rotulus von Benediktbeuren vom Jahre 1052, MGH.
SS. IX, Hannover 1851, Nachdruck 1963, S. 214, 15. Dazu jetzt R. B a u e r , Die ältesten
Grenzbeschreibungen in Bayern und ihre Aussagen für Namenkunde und Geschichte, Die
Flurnamen Bayerns 8, München 1988, S. 187.

[94] Annalen von Egmond zum Jahre 1166: *trans uadum qui Occenuorth dicitur* (Handschrift um a. 1170); Fontes Egmundenses, hg. v. O. O p p e r m a n n , Werken uitgegeven door
het Historisch Genootschap III, 61, Utrecht 1933, S. 173, 24; GTW. 754.

[95] UB. Luxemb. I, Nr. 207, a. 996 (Kopie um a. 1225); GTW. 726 liest *Mvdenfvrt*.

furdium[96] (bei Worms), *Humminfurt*[97] (an der Iller), *Hittenfurte*[98] (an der Isar), *Disinfvrth*[99] (an der March).

Auffällig ist das Fehlen dieses Typs im sächsischen, hessischen und ostmitteldeutschen Bereich. Hier erscheinen stattdessen, freilich auch nur in geringer Anzahl, stark flektierte Kurzformen: *Rokesford*[100] (Roxförde bei Magdeburg, entsprechend hochdeutsch *Ruochesfurt*[101], Rosport bei Echternach), *Odesfurt*[102] (bei Memleben), *Stuchesfurt*[103] (Straußfurt, nördlich von Erfurt), *Erphesfurt*[104] (Erfurt), vielleicht auch Thietmars *Sclancisvordi*[105] (bei Wittenberg), wenn das Erstglied als Rufname (zum erst mittelniederdeutsch bezeugten Appellativ *slank* ‚geschmeidig, schmächtig') interpretiert werden darf. Solche stark flektierten Formen treten auch neben den schwach flektierten des zuvor genannten Bereichs auf, allerdings offenbar nur in sehr geringer Anzahl[106].

Zweigliedrige Vollnamen im Bestimmungswort sind demgegenüber viel seltener und meist auch erst sehr spät belegt, so daß die Zweitglieder schon stark verschliffen sind: *de Amersfoirde* a. 1028 (Kopie a. 1530, Amersfoort bei

---

[96] Wie Anmerkung 42.

[97] DLD. 66, (853?) III 11, für Kempten,in veränderter und interpolierter Fassung im DO. II. 325 (vom Beginn des 13. Jahrhunderts); zur Identifizierung HONB. Bayern IV, 5, Nr. 376, 451; IV, 7, Nr. 527. Dazu jetzt R. Bauer, Die ältesten Grenzbeschreibungen, S. 196.

[98] *Hunger de Hittenfurte*; Trad. Freis. II, Nr. 1716a, um a. 1123—1137.

[99] DH. IV. 188, 1067 III 6, Original für Passau: *villam quandam Disinfvrth dictam et transitum ipsius fluminis quod dicitur Maraha*; HONB. Niederösterreich II, Nr. D 161.

[100] DKG. 240a, 786 VI 29, angebliches Original für Verden aus der Mitte des 12. Jahrhunderts: *in paludem que dicitur Rokesford*.

[101] DO. I. 168, 953 VIII 20, Original für Oeren, mit Nachurkunde DO. II. 55, 973 VIII 22, Original.

[102] UB. Hersfeld, Nr. 37, S. 66, 22; Hersfelder Zehntregister a. 880—899 (Kopie des 11. Jahrhunderts); H. Walther, Namenkundliche Beiträge zur Siedlungsgeschichte des Saale- und Mittelelbegebietes bis zum Ende des 9. Jahrhunderts, Deutsch-Slawische Forschungen zur Namenkunde und Siedlungsgeschichte 26, Berlin 1971, S. 245 Nr. 40.

[103] DO. I. 96, 948 III 27, Original für Hersfeld; DO. I. 97, 948 III 30, Original für St. Moriz/Magdeburg. Dazu *Stuchesfurtiu* a. 879 (s. Anm. 41). H. Walther, Namenkundliche Beiträge, S. 246 Nr. 59, erwägt ahd. *stühha* in der (nicht belegten) Bedeutung ‚Baumstumpf' oder einen zugehörigen Personennamen; zu vergleichen ist mnd. *stûke* ‚Baumstumpf' (J. Grimm — W. Grimm, Deutsches Wörterbuch, X,2,1, Leipzig 1960, Nachdruck 1984, Sp. 1131), ferner der stark flektierte Personenname *Stucchus*, Cod. Lauresh. II, Nr. 300.

[104] Wie Anmerkung 37. H. Walther, Namenkundliche Beiträge, S. 235 Nr. 96, rechnet mit einem Flußabschnittsnamen der Gera (*Erpisa*), was morphologische Schwierigkeiten bereitet; dazu H. Tiefenbach, Erfurt. Namenkundliches, in: Reallexikon der Germanischen Altertumskunde, VII, 2. A. (im Druck).

[105] Wie Anmerkung 27.

[106] Hierher wohl *Heimenesfurt* (Hainsfarth nordöstlich von Nördlingen), UB. Fulda I. Nr. 325*, [um a. 750—802] (Codex Eberhardi).

Utrecht[107]), *Gontersforde* a. 1163—1168 (Wontersvoorde in Gent[108]), *Rabresfort* a. 1129 (Robrechtsvoorde bei Leuven[109]) und *Sutteresfort* a. 1139 (in Duisburg-Hamborn[110]). Neben diesen niederfränkischen Formen erscheint nur einer aus Thüringen (a. 1162 *Wignandesfurte*[111]) und einer bereits aus dem 13. Jahrhundert aus Oberösterreich (*Ante[r]ichsfurt,* a. 1273[112]). Bemerkenswert ist ferner ein Fremdname: *Martinesforthe* (um a. 1100, südlich von Antwerpen[113]).

Eine kleine Anzahl meist alter Namen enthält im Bestimmungswort einen Personengruppennamen. Der Name *Franconofurd* wurde bereits erwähnt, der als einziger den Namen eines Volksstammes zeigt. Andere Fälle sind Personengruppennamenbildungen mit -ing-Suffix wie *Adalmandinga vurthien* (a. 970—972 in den Corveyer Traditionen, bei Schwalenberg[114]) und *Hardingfort* (um a. 1158, Hardifort, nordöstlich von St. Omer[115]). Im letzten Beispiel ist das Genitiv-Plural-Flexiv in der späten Überlieferung wohl schon geschwunden. Ferner gehören hierher *Gebisindofurd* (a. 839, bei Allensbach am Bodensee[116]) und *Mimigernaford* (a. 820[117], der ursprüngliche Name Münsters in Westfalen), die als Personengruppennamen anzusehen sind, die durch einfache Pluralflexion der Rufnamen *Gebisind* und *Mimigern* gebildet wurden. Derartige Bildungen treten in der Überlieferung vom siebten bis zum frühen neunten Jahrhundert häufiger auf[118].

---

[107] DK. II. 114, 1028 II 3, für das Kloster Hohorst. Mit FON. I, Sp. 120, zu einem Rufnamen *Am-hari.* GTW. 53 stellt den Namen zu einem Gewässernamen, so jetzt auch R. E. K ü n t z e l — D. P. B l o k — J. M. V e r h o e f f, Aardrijkskundig namenboek van Nederland (vóór 1200), Publikaties van het P. J. Meertens-Institut 8, Amsterdam 1988, S. 16. Doch weist -*s* eher auf einen Genitiv Singular Maskulinum.

[108] GTW. 1090 (Kopie um a. 1200).

[109] GTW. 849.

[110] UB. Niederrhein I, Nr. 333, Transsumt von a. 1584, Erzbischof Arnold I. von Köln für das Kloster Hamborn; REK. II Nr. 374, vielleicht das spätere *In der Furth/Ingerfurth* in Hamborn-Schmidthorst.

[111] Reg. Thur. II, Nr. 248, inseriert in einer Urkunde von a. 1182, Original (Nr. 638).

[112] UB. Oberösterreich I, S. 418, Nr. 271, fehlerhaft *antetichsfurt*, aus dem Codex traditionum Reichersbergensis, Andrichsfurt nördlich von Ried; K. S c h i f f m a n n, Historisches Ortsnamen-Lexikon des Landes Oberösterreich, I, Linz 1935, S. 27.

[113] FON. II, Sp. 238.

[114] Wie Anmerkung 46.

[115] GTW. 448, auch *Hardinfort* und *Hardigford,* alle in Kopie a. 1775.

[116] Original Ludwigs des Frommen, 839 IV 21, BM. 991; H. M e n k e, Das Namengut, S. 213.

[117] UB. Niederrhein I, Nr. 40, 820 VI 18 (Kopie des frühen 10. Jahrhunderts); zum Namen mit weiteren Belegen H. T i e f e n b a c h, BNF. NF. 19 (1984) S. 1—20. Der dort auf S. 5 (mit Anm. 17) nach W. D i e k a m p s Edition zitierte erste Beleg der Vita Liudgeri wird in der Leidener Handschrift *mimigerneford* (*d* aus nachträglicher Korrektur von späterer Hand) geschrieben, nicht *Mimigernaeford.* Auf S. 11 und Anm. 54 ist DO. II. in DO. III. zu berichtigen, entsprechend der Editionsnachweis: Die Urkunden Ottos des III., MGH. DD. regum et imperatorum Germaniae 2,2, Hannover 1893.

[118] Nachweise bei H. T i e f e n b a c h, BNF. NF. 19 (1984) S. 14 ff. Dort noch nicht genannt sind Fälle, die sich bereits in merowingischen Originalurkunden des 7. Jahrhunderts finden: *Leubaredouillare* a. 629—639, ChLA. XIII, Nr. 554; *Ingolinocurte* und *Gundulfocurti* a. 690/691, ChLA. XIII, Nr. 571; *Childulfouilla* a. 690/691, ChLA, XIV, Nr. 572.

VIII.

Neben diesem ersten Bildungstyp der -*furt*-Namen mit onomastischem Bestimmungswort erscheint der zweite Haupttyp mit appellativischem Bestimmungswort, der eine große Zahl von Belegen aufweist. Die Erstglieder lassen sich zunächst nach Wortarten scheiden. Es finden sich Präpositionen, Zahlwörter (jeweils mit nur wenigen Belegen), Adjektive und als Hauptgruppe die Substantive.

Die Präposition *ab*, as. *af* erscheint in *Afforde* (a. 1042, Afferde östlich von Hameln[119]). Als Präfix hat das Wort schon im Gemeingermanischen bis ins Mittelniederdeutsche hinein zur Bezeichnung von Minderwertigem und Negativem gedient (Typ *af-got*)[120]. Diese Funktion liegt hier vielleicht eher zugrunde als eine Lagebezeichnung, wie sie bei *Antvurti* (a. 924, Antwort, nordöstlich von Rosenheim[121]) anzunehmen ist, dessen Erstglied zu got. *and* gestellt werden kann. Im Althochdeutschen ist diese Präposition nur noch in Präfixen belegt, die ein ‚entgegen, gegenüber' ausdrücken[122]. Diese Funktion hat wohl auch den Furtnamen motiviert.

Zahlwörter kommen in älterer Zeit nur bei zwei westfälischen und einem thüringischen Ortsnamen vor: *Tuiforde* (bei Unna, Mitte des 12. Jahrhunderts[123]) und *Thriuorde* (a. 1138, Drievörden bei Bentheim[124]). Auch der Name von Treffurt an der Werra ist zuerst zum Jahre 1104 als *de Drifurte*[125] bezeugt. Bei den Belegen mit Zahlwörtern ist die Wahrscheinlichkeit, daß Plurale vorliegen, am größten.

IX.

Adjektive als Erstglieder in Furtnamen drücken eine bestimmte Beschaffenheit aus. Sie stammen aus den folgenden Bereichen:

1. Aus dem Bereich der Dimensionsadjektive. Zu nennen ist der Typ *Breitinvurt* (zuerst in einer auf a. 926 datierten Markbeschreibung, am Kam-

---

[119] UB. Westfalen I, Nr. 137, Urkunde Bischof Brunos von Minden (Kopialbuch a. 1532).

[120] W. W i l m a n n s, Deutsche Grammatik. Gotisch, Alt-, Mittel- und Neuhochdeutsch, II, Wortbildung, 2. A. Straßburg 1899, § 422.1.

[121] Wie Anmerkung 15.

[122] H. K r a h e — W. M e i d, Germanische Sprachwissenschaft, III, § 43.

[123] Werd. Urb. F, S. 267, 18.

[124] UB. Westfalen II, Nr. 230, Urkunde des Münsteraner Domkapitels (im Kopialbuch des Kollegiatstifts im alten Dom, 14./15. Jahrhundert). In einem Original Bischof Hermanns von Münster für Langenhorst *de Trivord* a. 1199 (Nr. 581).

[125] UB. Mainz I, Nr. 417, Erzbischof Ruthard von Mainz für St. Peter/Erfurt (Kopie des ausgehenden 15. Jahrhunderts); auch in dem angeblichen Original Nr. 419 (13. Jahrhundert, *de Trifurte*); H. W a l t h e r, Namenkundliche Beiträge, S. 246 Nr. 66.

bach[126]), der mehrfach im Untersuchungsgebiet vorkommt. Das gleiche gilt für *Langonforde* (zuerst gegen Ende des 9. Jahrhunderts[127]). Ob auch *Diefvrt* (a. 1067, Differten im Saarland) hierherzustellen ist, wie M. Gysseling[128] meint, bleibt unsicher, da ein Flexionszeichen am Adjektiv zu erwarten wäre. Vielleicht liegt hier eher der Typ *Dietfurt* (mit Assimilation des *t*) vor. Schließlich kann *Holonforda* (a. 768—814, bei Gent[129]) hierhin gehören, wenn das Adjektiv mit mnl. *hol* ‚hohl, gewölbt, rund‘ verbunden wird.

2. Adjektive, die eine Relation ausdrücken. Hier ist der Typ *Aldenforde* zu nennen, dessen Bestimmungswort *alt* nur in Beziehung zu einem Gegenpol verständlich ist. Ein solches Namenpaar bieten die Stadtteile von Gevelsberg Altenvörde und Vörde, für die die Namen *Aldenforde*[130] und *Forði*[131] bereits in der Werdener Überlieferung des 11. und 12. Jahrhunderts erscheinen. Auch bei *Niderfurte* (Anfang des 13. Jahrhunderts in den Traditionen von St. Peter in Salzburg[132]) ist der Bezugspunkt eines ‚oberhalb‘ gelegenen Ortspunktes impliziert.

3. Adjektive, die eine Qualität ausdrücken. Beide Belege sind nicht ganz unproblematisch. *Smavorden* (belegt um a. 1200 in einem Osnabrücker Einkünfteverzeichnis[133]) soll zu mnd. *smā* ‚gering, verächtlich‘ gehören[134]. Den Ortsnamen Utfort (bei Moers), der im Werdener Urbar A von einer Hand des 10. Jahrhunderts *Uuódfurd*[135] geschrieben wird, verbinden E. Förstemann/H. Jellinghaus und M. Gysseling[136] mit dem Adjektiv ahd. *wuotīg* ‚wütend‘ (auch ohne Suffix als *ferwuot*[137] belegt). Fraglich ist aber, ob die Realprobe diese Erläuterung stützt, ob also der friedliche Moersbach, an dem Utfort liegt, zu irgendeiner Zeit als ‚wütend‘ gelten konnte.

---

[126] Beschreibung der Mark Ettenheim, erhalten nur in frühneuzeitlichen Kopien; H. R o t h , Der Gründer des Klosters Waldkirch, Freiburger Diözesan-Archiv 72 (1952) S. 54—73, Textabdruck S. 71—73; H. K e w i t z , Terminalia silvulae. Die Ettenheimer Grenzbeschreibung von „926“, Die Ortenau 56 (1976) S. 158—173, Text S. 159 f.; zur Problematik der Quelle H. M a u r e r , *Confinium Alamannorum.* Über Wesen und Bedeutung hochmittelalterlicher „Stammesgrenzen“, in: Historische Forschungen für Walter Schlesinger, hg. v. H. B e u m a n n , Köln — Wien 1974, S. 150—161, hier S. 154 ff.

[127] Werd. Urb. A, S. 38, 15 und im älteren Register S. 66, 24 *Longanforda*, Langförden bei Vechta; D. H e l l f a i e r — M. L a s t , Historisch bezeugte Orte, Nr. 519.

[128] GTW. 271.

[129] Dipl. Belg. Nr. 49, VI, 25 (32), Verzeichnis von Schenkungen für St. Peter / Gent von a. 941.

[130] Werd. Urb. F, S. 288, 13 (12. Jahrhundert).

[131] So die entsprechende Form in der älteren Aufzeichnung Werd. Urb. F, S. 287, 22 (11. Jahrhundert).

[132] UB. Salzburg I, Nr. 462, S. 502.

[133] GOV. Osnabrück Nr. 1326.

[134] FON. II, Sp. 812; A. L a s c h — C. B o r c h l i n g , Mittelniederdeutsches Handwörterbuch, hg. v. G. C o r d e s , III, Lieferung 16, bearb. v. A. H ü b n e r , Neumünster 1965, Sp. 287.

[135] Werd. Urb. A, S. 20, 7 (Zusatz des 10. Jahrhunderts).

[136] FON. II, Sp. 1417; GTW. 989.

[137] R. S c h ü t z e i c h e l , Althochdeutsches Worterbuch, S. 243.

Hier käme dann eher der wenige Kilometer entfernte Rhein in Frage, dessen zahlreiche Bettverlagerungen sich in der Nähe von Utfort noch deutlich im Gelände abzeichnen. Doch sollen nach Auskunft der Handbücher[138] am Rhein gerade keine -*furt*-Orte zu finden sein. Überdies kann auf ein Adjektiv verwiesen werden, das semantisch genau entgegengesetzt ist, nämlich as. *wōđi* ‚angenehm‘, das wie got. *wō$eis* als langsilbiger -*ja*-Stamm flektiert wird[139]. Doch ist ein paralleler -*a*-Stamm wohl denkbar, falls nicht überhaupt Synkope vorliegt. Das schließlich führt zu der Möglichkeit, das Erstglied von *Uuódfurd* zum Verbaladjektiv an. *œđr, vœđr* ‚durchwatbar‘[140] zu stellen. Damit wäre der Namenbeleg ein Zeugnis für diese -*i*-/-*ja*-Ableitung auch außerhalb des Nordischen.

4. Adjektive, die Besitz anzeigen. Zu nennen ist *uadum Froneuurthe* in der Eifel in einer Kölner Grenzbeschreibung des 12. Jahrhunderts[141], dessen Erstglied mit ahd. *fróno* ‚dem Herren gehörig‘ verbunden werden kann.

5. Adjektive, die den Bewuchs anzeigen, liegen in *Bokinauurdi* (a. 1015—1023, Bökenförde bei Lippstadt[142], zu as. **bōkīn*, ahd. *buochīn* ‚mit Buchen bewachsen‘) und wohl auch in *Selinvvort* (a. 1168, Seilfurt bei Rüsselsheim[143]) vor. Ahd. *salhīn* ‚mit Weiden bewachsen‘ könnte mit Sekundärumlaut und konsonantischer Erleichterung das Bestimmungswort bilden. Die Erstbelege sind jedoch zu spät, um das Adjektiv *salo* ‚dunkel‘ oder den Personennamen *Salo* sicher ausschließen zu können. Nur E. Förstemanns[144] Vorschlag *seli* ‚Wohnung‘, der freilich auf unzulänglichen Editionen der Belege beruhte, trifft wohl kaum zu.

X.

Überaus zahlreich sind schließlich die Bestimmungswörter, die Substantive enthalten. Formal kann hier zwischen Kompositionen mit Flexionszeichen, in der Regel Genitiv Singular oder Plural, also uneigentlichen Komposita, und solchen, die kein Flexionszeichen aufweisen, unterschieden werden. Die

---

[138] A. B a c h , Deutsche Namenkunde, II, 1, § 392.

[139] F. H o l t h a u s e n , Altsächsisches Elementarbuch, Germanische Bibliothek 1,5, 2. A. Heidelberg 1921, § 368. Das Wort ist etymologisch ungeklärt: W. P. L e h m a n n , A Gothic Etymological Dictionary. Based on the third edition of *Vergleichendes Wörterbuch der Gotischen Sprache* by Sigmund Feist, Leiden 1986, S. 409.

[140] Dazu K. M a t z e l , Zu den germanischen Verbaladjektiven auf -*i*/-*ja* (II. Teil), in: Kritische Bewahrung. Beiträge zur deutschen Philologie. Festschrift für Werner Schröder. Hg. von E.-J. S c h m i d t , Berlin 1974, S. 86—117, hier S. 106.

[141] GTW. 382. Das bei FON. I, Sp. 936, benutzte Kopiar des Kölner Domstifts (13. Jahrhundert, REK. I Nr. 985) hat *Fronenvurthe:* L. K o r t h , Liber privilegiorum maioris ecclesiae Coloniensis. Der älteste Kartular des kölner Domstiftes, Westdeutsche Zeitschrift für Geschichte und Kunst. Ergänzungsheft 3, Trier 1886, S. 101—290, hier S. 195.

[142] Wie Anmerkung 29. In der hochdeutschen Form *Puochine[fŭrti]* im DH. II. 121, 1006 X 24, Original für Paderborn (vielleicht von einem Bamberger Schreiber, s. Edition, S. XIX).

[143] Wie Anmerkung 36.

[144] FON. II, Sp. 693.

sprachhistorische Entwicklung hat auch hier bisweilen die Erkennbarkeit be-einträchtigt.

Semantisch sind die Bestimmungswörter recht charakteristischen Wortfel-dern zuzuweisen, die eine weitgehende Strukturierung des Materials erlauben. Eine erste Hauptgruppe (A) besteht aus Bestimmungswörtern, die naturräum-liche Gegebenheiten bezeichnen. Hierbei sind folgende Untergruppen beson-ders ausgeprägt.

1. Wörter aus dem Bereich Moor, Schilf und Wiese wie *Moresfurtiu* (a. 809, bei Freising[145]), *Hriesforda* (Ende des 9. Jahrhunderts, bei Bersenbrück[146], zu mnd. *risch* ‚Schilf‘), *Ritvorth* (a. 1122, Rietvoorde bei Gent[147], zu mnl. *riet* ‚Schilf‘), *Rornefurt* (a. 1182, Röhrenfurt nördlich von Melsungen an der Fulda[148], zu mhd. *rōre, rœre* in der Bedeutung ‚Schilfrohr‘), *Sladforde* (a. 888, nördlich von Magdeburg an der Ohre[149], zu mnd. *slāt* ‚moorige Ver-tiefung‘[150]), *Wisenford* (vor a. 1120, bei Moers[151]) und *Wanginuurte* (vor a. 1147, bei Salzburg[152]).

2. Wörter, die den Baumbewuchs bezeichnen, wie *Ekerenvorde* (a. 1197, Eckernförde[153], zu mnd. *eckeren* ‚Ort der Eichelmast‘[154]), *Loffurdi* (a. 826—876, Lafferde bei Peine[155], vielleicht zu *lōh* ‚Hain, Wald‘). Jüngere Formen wie *Lacfurdi* (a. 1022, Original Heinrichs II.[156]) sind, falls derselbe Ort gemeint ist, vielleicht auch anders zu deuten, es sei denn, daß ⟨c⟩ (unvollständige) Schreibung für den Reibelaut ist und ⟨a⟩ den auf germ. /au/ beruhenden Monophthong bezeichnet, womit gerade in diesem Gebiet gleichfalls zu rechnen ist[157]. Die ⟨c⟩-Schreibung für germ. *h* findet sich viel-leicht auch bei den weiter unten (B 3) zu besprechenden *Alacfurdi*-Belegen, die gleichfalls nach Hildesheim gehören, wenn das Erstglied zu as. *alah* gestellt werden kann.

---

[145] Wie Anmerkung 39.

[146] Wie Anmerkung 22.

[147] UB. Utrecht I, Nr. 305, 1122 V 20 (Kopie um a. 1177); GTW. 843.

[148] Diplom Friedrichs I., 1182 XI 30; Reg. Thur. II Nr. 635 (zwei Originale). Ein *-īn*-Adjektiv (mhd. *rœrīn*) zum Neutrum *rōr* ist kaum auszuschließen.

[149] DA. 28, 888 VI 10, für Corvey, Original.

[150] A. Lasch — C. Borchling, Mittelniederdeutsches Handwörterbuch, III, Sp. 262.

[151] Verzeichnis der Einkünfte der Abtei Egmond im Liber Sancti Adalberti (um a. 1214 zusammengestellt, Kopie des 15. Jahrhunderts); Fontes Egmundenses, S. 79,19.

[152] Traditionen von St. Peter / Salzburg, a. 1147—1167, UB. Salzburg I, Nr. 554, S. 538.

[153] UB. Schlesw.-Holst. I, Nr. 203, Urkunde Graf Adolfs von Schauenburg für Lübeck (Kopie im Register des Lübecker Domkapitels, 13. Jahrhundert); HONL. Schlesw.-Holst., S. 87 (‚Eichhörnchenfurt‘ oder ‚Furt bei der Eckernburg‘).

[154] A. Lasch — C. Borchling, Mittelniederdeutsches Handwörterbuch, I, Sp. 523.

[155] Trad. Corv. B/C § 452 (= A § 227) a. 826—876; in B/C § 243a (= A § 19a) *Loferdi* a. 822—826; alle zuerst in Kopie von a. 1479; D. Hellfaier — M. Last, Historisch bezeugte Orte, Nr. 484.

[156] DH. II. 479, 1022 XI 3, für St. Michael / Hildesheim.

[157] Zu vergleichen sind die ⟨ch⟩-Schreibungen bei J. H. Gallée — J. Lochner, Altsäch-sische Grammatik, Sammlung kurzer Grammatiken germanischer Dialekte 6,1, 2. A. Halle — Leiden 1910, § 170, und die zahlreichen ⟨a⟩-Schreibungen, ebenda § 96.

3. Wörter für eine bestimmte Geländegestalt oder für eine spezifische Boden-
beschaffenheit. Hierher gehören die zahlreichen *Santfort*[158], für das alte
Belege nur im niederländischen und niederdeutschen Raum erscheinen, ferner *Steinfurt*, das im ganzen Untersuchungsgebiet auftritt[159], der Erstbeleg
bereits zum Jahre 784 für eine Wüstung an der Ohre in den karolingischen
Reichsannalen[160]. Abhänge sind vielleicht in *Hancvorde* a. 1142—1145[161]
und *Hellevorth* a. 1192[162] (zu mnl. *helle* ‚Abhang‘) namengebend gewesen,
die in Gelderland und in Noord-Brabant gelegen sind.

Die zweite Hauptgruppe (B) der Erstglieder enthält Wörter, die auf eine
bestimmte Nutzung durch den Menschen weisen.

1. Hier ist zunächst die große Gruppe mit Tierbezeichnungen zu erwähnen,
die wohl im Rahmen von Viehwirtschaft und Viehtrieb zu verstehen ist:
Ohsonofurt (Ochsenfurt, in einer Weihenotiz um a. 833/839[163]), *Rintfurt*
(um a. 950, bei Ettlingen[164]), *Koiforde* (a. 1148, Koevorden[165]), *Suuinfurtin*
(a. 804, Schweinfurt[166]), *Geizefurt* (a. 855, an der Niers[167]), wahrscheinlich
auch *Herseuŏrde* (bei Wernigerode, Mitte des 12. Jahrhunderts[168]), das zu
as. *hers* ‚Pferd‘ gehören wird, und möglicherweise *Starasfurt* a. 804—811
(Staßfurt an der Bode, wenn zu ostmd. *star* ‚Schafbock‘[169]). *Gansevorthe*

---

[158] FON. II, Sp. 679; GTW. 887, 1098.

[159] FON. II, Sp. 866 f.; GTW. 286, 337, 935 f., 939.

[160] MGH. SS. rer. Germ. [6], S. 66, dort die merowingische Graphie *Stagnfurd*. Die
Handschrift St. Omer 706 (10. Jahrhundert) hat mit *Stangford* die typisch niederfränkische
Form des Grundwortes, ebenso wie bei dem schon in Anmerkung 53 zitierten Frankfurt-
Beleg (*Franconoford*).

[161] GTW. 437.

[162] GTW. 472.

[163] B. Bischoff — J. Hofmann, Libri Sancti Kyliani. Die Würzburger Schreibschule
und die Dombibliothek im VIII. und IX. Jahrhundert, Quellen und Forschungen zur
Geschichte des Bistums und Hochstifts Würzburg 6, Würzburg 1952, S. 170 Anm. 361 und
öfter. *Ohsnofurt* in Otlohs Bonifatiusvita (Vitae Sancti Bonifatii archiepiscopi Moguntini,
hg. v. W. Levison, MGH. SS. rer. Germ. [57], Hannover — Leipzig 1905, I,25, S. 138,11)
ist erst in Überlieferung ab dem 12. Jahrhundert belegt.

[164] C. Zeuß, Traditiones possessionesque Wizenburgenses. Codices duo cum supple-
mentis, Speier 1842, Liber Edelini Nr. 298 (Überlieferung des 13. Jahrhunderts). Die ange-
kündigte Neuedition von C. Dette lag noch nicht vor.

[165] Ph. Jaffé, Monumenta Corbeiensia, Bibliotheca rerum Germanicarum, I, Berlin
1864, Nr. 140, S. 222 (Brief Wibalds von Stablo in gleichzeitiger Überlieferung).

[166] Wie Anmerkung 44.

[167] In hochdeutscher Lautform, Cod. Lauresh. I, S. 306, 11 (= DLo. II. 2, 855 XI 9);
317, 11; 319, 3. Zur Lage des Ortes F. W. Oediger, Vom Leben am Niederrhein. Aufsätze
aus dem Bereich des alten Erzbistums Köln, Düsseldorf 1973, S. 211—216.

[168] Werd. Urb. D, S. 185, 7 (Mitte des 12. Jahrhunderts); GTW. 486.

[169] MGH. LL. sectio III, 2, 1, S. 168, 19 (Kopie des 13. Jahrhunderts); H. Walther,
Namenkundliche Beiträge, S. 246 Nr. 56; K. Müller-Fraureuth, Wörterbuch der ober-
sächsischen und erzgebirgischen Mundarten, II, Dresden 1914, S. 553; Thüringisches Wörterbuch, bearb. v. K. Spangenberg, V, Berlin 1982, Sp. 1474; J. Grimm — W. Grimm,
Deutsches Wörterbuch, X,2,2, Leipzig 1941, Nachdruck 1984, Sp. 2389 ff.

a. 1159 (Gänsefurth westlich von Staßfurt[170]) glaubt E. Schröder[171] wie das in älterer Zeit nicht belegte *Katzenfurt* zu den „ersichtlichen Scherznamen" rechnen zu können. Er übersieht dabei, daß nicht nur die Tiefe der Furt für die Namengebung bedeutsam gewesen sein muß. Bereits bei *Hirzuurtin* a. 1060 (Hirschfeld bei Schweinfurt[172]), sicher aber bei *Cronesuorde* a. 1194 (Lübeck-Kronsforde[173], zu mnd. *krōn* ‚Kranich') wird auch das örtliche Vorkommen der betreffenden Tiere in Betracht gezogen werden müssen, das zum Beispiel für den jagenden Menschen von Interesse gewesen sein wird.

Bei anderen Tierbezeichnungen wie *Arenuurt* (Arfurt an der Lahn[174]) oder *Berenvorde* (Barförde an der Elbe, östlich von Lauenburg[175], und Wüstung bei Herzogenrath[176]) sind wahrscheinlich eher Personennamen-Kurzformen die Grundlage.

2. Hinweise auf menschliche Nutzung ergeben sich auch aus den Erstgliedern in *Heriuurth* (Herford[177]) oder *Theotfurt* (zuerst a. 802, Dietfurt an der Altmühl[178]), das zu ahd. *diot* ‚Volk' gehört und recht häufig ist. Bezeichnungen als ‚Heerfurt' oder ‚Volksfurt' setzen eine Benutzung durch größere Gruppen voraus. Der Ort Ruddervoorde bei Brügge ist a. 1089 als *Ridrauorda*[179] belegt, in dem mnl. *ridder* ‚berittener Krieger' erscheint. Dagegen deutet der Name *Mŭnechisfurt* in einem Original des Salzburger Erzbischofs Konrad III. für Reichenhall vom Jahre 1177[180] wohl weniger auf die Benutzer als auf Klosterbesitz.

3. Bauwerke des Menschen werden in den Mühlenwörtern sichtbar, die die auch später oft belegte Verbindung von Furt und Mühle schon früh erkennen lassen. Bezeugt ist im Rheinland das römische Lehnwort in *Moliuort*

---

[170] Urkunde Abt Arnolds von Ballenstedt, Original, *Erkenberti de Gansevorthe*, Cod. dipl. Anhalt. I, Nr. 454. Ähnlich *Gantenuort* a. 1188, Gantenvoort nördlich von Bocholt, GTW. 387.

[171] Deutsche Namenkunde. Gesammelte Aufsätze zur Kunde deutscher Personen- und Ortsnamen, 2. A. von L. W o l f f , Göttingen 1944, S. 303. Das dort ebenfalls genannte *Haßfurt*, für das vor dem Jahre 1200 keine Belege vorliegen, hat schwerlich etwas mit der Tierbezeichnung zu tun. Es ist wohl mit *Hasageuui* zu verbinden.

[172] Wie Anmerkung 43.

[173] Mecklenburgisches Urkundenbuch, I, 786—1250, Schwerin 1863, Nr. 154, 1194 (vor IV 3), Urkunde Bischof Isfrids von Ratzeburg für das Domkapitel, Original; UB. Schlesw.-Holst. I, Nr. 188; HONL. Schlesw.-Holst. S. 136.

[174] Wie Anmerkung 67. GTW. 66 nimmt das Appellativ für ‚Adler' an.

[175] I,87, Helmolds Slavenchronik, 3. A. bearb. v. B. S c h m e i d l e r , MGH. SS. rer. Germ. [32], Hannover 1937, S. 171, 10.

[176] Annales Rodenses, zu a. 1123, MGH. SS. XVI, S. 704, 42 (Kopie a. 1157): *Bẹrenforthe*, GTW. 123.

[177] Wie Anmerkungen 31—35.

[178] UB. St. Gallen I, Nr. 171, 802 XI 12, Kopie des späteren 9. Jahrhunderts; HONB. Bạyern VI, 2, Nr. 35.

[179] Dipl. Belg. Nr. 170, 1089 X 31, Markgraf Robrecht II. von Flandern für Brügge, Original (?); auch Nr. 171 (verdächtig), *Ridaruorda*.

[180] UB. Salzburg II, Nr. 412, S. 564, 1177 IX 20.

(Mülfort bei Gladbach, in einer Fälschung auf den Namen Ottos I., überliefert um a. 1070[181]) und das einheimische *quirn, kurn* im Namen der Stadt Querfurt (*Curnfurt* im Hersfelder Zehntverzeichnis[182], *Quernuordiburch* in einem Original Ottos II. für Memleben, a. 979[183]).

Zu den Bauwerken wäre auch das Erstglied in *Alacfurdi, Alecfurdi* (Alferde westlich von Hildesheim) zu zählen, das in zwei Hildesheimer Fälschungen aus der zweiten Hälfte des 12. Jahrhunderts auftritt[184], wenn es zu as. *alah* ‚Tempel‘ gehört. Es wäre der einzige *furt*-Name im Material, bei dem eine Art kultischer Bezug zu erkennen wäre. Ebenso gut ist aber der Anschluß an das in ahd. *elah*, mnd. *elk* ‚Elch‘ vorliegende Wort möglich, da im Sächsischen *e* vor *l* zu *a* gesenkt werden kann[185]. Eine eindeutige Entscheidung ist hier nicht möglich.

Mehrfach erscheinen Bestimmungswörter, die eine künstliche Befestigung der Furt bezeichnen könnten. Belege wie *Stickfurdon* a. 1074—1087 (Stickfort bei Bersenbrück[186]) und *Stochfurd* a. 1144 (bei Siegburg[187]) lassen mit ihren Erstgliedern mnd. *stick(e)* ‚Pfahl‘ und mhd. *stoc, stoch* ‚Stock, Knüttel‘ wohl auf eine durch Pfähle und Stämme gesicherte Überwegung schließen. Auch bei *Rodunfuordi* a. 960 (Rothenförde bei Magdeburg[188]) gehört das Bestimmungswort vielleicht hierher, da die Fugenelemente eher auf das Femininum as. *rōda* ‚Rute, Stange‘ weisen, während die von E. Förstemann erwogenen Etyma as. *rōd* ‚rot‘ oder *roth* ‚Rodung‘ hier wohl nicht vorliegen, *roth* überdies aus morphologischen Gründen ausscheidet. Bei *Stafphort* a. 1110 (Staffort bei Karlsruhe[189]) ist auf mundartlich verbreitetes *stapp, stapf(e)*[190] zu verweisen, das Trittstufen und Vorrichtungen zum

---

[181] DO. I. 82, 946 IX 20, für Gembloux (in Sigeberts autographen Gesta abbatum Gemblacensium), ebenso in der Nachurkunde DO. II. 187, 979 IV 3 (Kopie des beginnenden 16. Jahrhunderts). Ferner *Mŭlfvrde* in einem Original Erzbischof Brunos II. von Köln für St. Kunibert, a. 1135, UB. Niederrhein I, Nr. 322; REK. II, Nr. 313. Man vergleiche *Gerardus de Mulesfurt*, REK. II, Nr. 304, 318, 392 (und öfter).

[182] UB. Hersfeld I, Nr. 37, a. 880—899 (Kopie des 11. Jahrhunderts), S. 66, 32; 67, 23 *Curnfurdeburg*. Das gleiche Appellativ liegt auch dem Gewässernamen der *Querne*, an der Querfurt liegt, zugrunde; H. Walther, Namenkundliche Beiträge, S. 257 Nr. 45.

[183] DO. II. 191, 979 V 20.

[184] DH. II. 260, <a. 1022> a. 1013?; UB. Hildesheim I, Nr. 67, 1022 XI 1, Bischof Bernward für St. Michael, beides angebliche Originale des 12. Jahrhunderts.

[185] W. Schlüter, in: F. Dieter, Laut- und Formenlehre, I, § 75.

[186] Wie Anmerkung 25.

[187] GTW. 940.

[188] DO. I. 214, 960 VIII 21, für St. Moriz / Magdeburg, Original; ähnlich im DO. II. 29, 973 VI 4, Original, *Rodonuurdi* (erstes *o* aus *a* korrigiert); FON. II, Sp. 547; H. Walther, Namenkundliche Beiträge, S. 245 Nr. 47 (nur mit jüngeren Belegen), zum Adjektiv ‚rot‘.

[189] 1110 VIII 16, Heinrich V. bestätigt die Gründung des Klosters (Karlsruhe-) Gottesau, Original; H. B. Wenck, Hessische Landesgeschichte. Mit einem Urkundenbuch und geographischen Charten, I, Darmstadt — Gießen 1783, Anhang zum UrkundenBuch Nr. 371. Weiterhin in der Schreibung *Staphŭrt*, UB. Wirtemberg II, Nr. 359, 1157 VI 4, Pfalzgraf Konrad für Maulbronn, Original.

[190] FON. II, Sp. 878; J. Grimm — W. Grimm, Deutsches Wörterbuch, X, 2, 1, Leipzig 1960, Nachdruck 1984, Sp. 857 ff.; H. Fischer, Schwäbisches Wörterbuch, V, Tübingen 1920, Sp. 1639 f. M. Diemer, Die Ortsnamen der Kreise Karlsruhe und Bruchsal, Veröffent-

Übersteigen eines Hindernisses bezeichnet (zu mhd. *stapfen* ‚schreiten‘).
4. Eine bloße Stellenbezeichnung tritt in *Stetivurt* a. 827 (Stettfurt im Thurgau[191], zu ahd. *stat, steti-* ‚Stelle, Wohnstätte‘) auf. Zu einem Rodungswort wird *Sclachworde* a. 1172 (in Osnabrück[192]) gehören, das vielleicht wie die zahlreichen Rodungsnamen mit Grundwort *-schlag* beurteilt werden kann, schwerlich aber als Ereignisname nach einer Schlacht, wie H. Jellinghaus[193] meinte. Ein Verkehrsweg erscheint schließlich in *Wegefurte* a. 917—923 (Wegfurt an der Fulda[194]), in dem ahd. *weg* ‚Weg‘ vermutet werden kann.

Bei drei Namen scheinen Warentransporte sichtbar zu werden. Doch sind alle drei Fälle vermutlich anders zu beurteilen. *Hauersforde* a. 1176 (bei Holzminden[195]) scheint die Getreidebezeichnung im Erstglied zu enthalten. Doch erweckt das Genitiv-*s* Skepsis, so daß vielleicht ein Personenname (zum Beispiel *Hāhwart*) das Ursprüngliche ist. Gleichfalls ein Personenname, nämlich *Iso*, kann bei *ad Isinvurta* a. 1072—1091 (an der Schwarza[196]) vorliegen. Schließlich ist noch der Name *in Kesevorde* in einer Urkunde des Jahres 1146 für das Osnabrücker Kloster Gertrudenberg[197] zu nennen. Das Bestimmungswort ist in rheinischen und westfälischen Flurnamen wie *Käseberg, Kesekamp, Kesehagen*[198] häufiger belegt und in seiner Deutung umstritten. Vielleicht sind hier mehrere Namenwörter unterschiedlicher Herkunft zusammengeflossen. Dabei ist *Käse* wohl auch manchmal nachträglich eingedeutet worden. Bei *Kesevorde* könnte ursprünglich mnd. *kis* ‚Quarz, Kies‘ vorgelegen haben, bei dem *ē* in der Ableitung *kēse(r)linc* ‚Kieselstein‘[199] erscheint, so daß der Name zum Typ *Santfort, Steinfurt* zu stellen wäre.

---

lichungen der Kommission für geschichtliche Landeskunde in Baden-Württemberg B 36, Stuttgart 1967, S. 63, macht auf den Gegensatz zu dem nahe gelegenen *Spöck* (dazu J. Grimm — W. Grimm, Deutsches Wörterbuch, X, 1, Leipzig 1905, Nachdruck 1984, Sp. 2041) aufmerksam: ‚Übergang mit Stapfen‘ gegenüber ‚Übergang auf Speckweg‘.

[191] UB. St. Gallen I, Nr. 307, 827 VIII 26, Original; ebenso Nr. 333,? 830 V 27; II, Nr. 407, 842 / 9 IX 26, *in Stetifurtiu.*

[192] UB. Osnabrück I, Nr. 330, Original Bischof Philipps; ähnlich Nr. 386, a. 1186, Original des Domkapitels, mit den Schreibungen *Sclagforde* und *Slagforde*; weitere Belege GOV. Osnabrück Nr. 1258 (*Schlagforderberg*).

[193] FON. II, Sp. 800.

[194] DH. I. 8, im Codex Eberhardi; L. R e i c h a r d t , Die Siedlungsnamen der Kreise Gießen, Alsfeld und Lauterbach in Hessen. Namenbuch, Göppinger Arbeiten zur Germanistik 86, Göppingen 1973, S. 386 f.

[195] UB. Westfalen II, Nr. 380, 1176 V 27, Urkunde des Abtes Konrad von Corvey (Kopie des 14. Jahrhunderts), Wüstung Haßvörde (an der Weser bei Allersheim); GOV. Braunschweig Nr. 847.

[196] Urkunde Bischof Altmanns von Passau im Göttweiger Salbuch A (um a. 1140—1150), Die Traditionsbücher des Benediktinerstifts Göttweig, bearb. v. A. F. F u c h s , Fontes rerum Austriacarum 2, 69, Wien — Leipzig 1931, Nr. 4, S. 151; HONB. Niederösterreich Nr. E 127.

[197] UB. Osnabrück I, Nr. 272, Urkunde Bischof Philipps von Osnabrück, 1146 IV 14 (Kopie des 18. Jahrhunderts).

[198] FON. I, Sp. 1650; H. D i t t m a i e r , Rheinische Flurnamen, Bonn 1963, S. 133; A. Bach, Deutsche Namenkunde, II,1, §§ 281; 298.9; 301.

[199] A. L a s c h — C. B o r c h l i n g , Mittelniederdeutsches Handwörterbuch, II, Sp. 553.

XI.

Die Namen mit dem Grundwort *-furt/-fort*, die hier in einer insgesamt um Vollständigkeit bemühten Typologie dargeboten werden sollten, stellen den weitaus größten Teil aller Furtnamen. Im Vergleich dazu bilden andere Namen aus ähnlichen Funktionsbereichen nur eine sehr kleine Gruppe, die hier abschließend noch im Überblick umrissen werden soll. Als grundstufige Form im Gegensatz zu nullstufigem *Furt* gilt *Fahrt*, das vereinzelt in Ortsnamen auftritt[200]. Das bekannteste Beispiel ist Verden an der Aller, für das der Dativ-Singular-Typ *Ferdi* a. 810 (in einem Original Karls des Großen[201]) und der Dativ-Plural-Typ *Ferdiun* a. 932 (in einem Original Heinrichs I.[202]) erscheinen. Bisweilen wechseln auch bei einigen *-furt*-Namen *-furdi-* und *-ferdi*-Schreibungen[203], oder für alte *-ferden*-Orte gilt heute *-förde*, zum Beispiel *Schwaförden* (westlich von Nienburg, a. 1025 *Suauerthon*[204]).

Ähnlich wie *fart* wird die gleichfalls zu *faran* gehörige Ableitung *fara* bei Orten an Flußübergängen verwendet[205]. Dabei kommen neben dem Simplex und neben dem im hochdeutschen und mitteldeutschen Raum ungemein häufigen Kompositum *Niufara*[206] mehrfach Präfixbildungen wie *Uburphar*[207] und *Urfara*[208] vor, die auf Fährstellen und Häfen deuten. Auch als Appellativ ist ahd. *far* als ,Überfahrtstelle'[209] und in den Glossen ebenso wie *urfar*[210] als Interpretament zu *portus* belegt. Ein direktes Zeugnis liegt hier für *Urfahrn* am Inn vor. In einer Schenkung für das Kloster Au übereignet Erzbischof Konrad III. von Salzburg (1177—1183) ein *predium... iuxta portum Helkersvrfar,* und zwar mit der Maßgabe, *ut cunctis suis hominibus in portu prefato sine naulo* (,Fährgeld') *deinceps paratior pateat transitus*[211].

---

[200] A. Bach, Deutsche Namenkunde, II,1, § 392; E. Schröder, Deutsche Namenkunde, S. 308 ff.

[201] DKG. 210, 810 VIII 12, für Ebersheim; ähnlich DLD. 57, 849(?) VI 14, Original für Verden; DA. 78,890 VI 1, Original für Verden. Im DLD. 153, 874 II 26, Original für Verden, in der Schreibung *Feride*.

[202] DH. I. 31,932 I 7, für Verden (Vorurkunde: DLD. 57), mit der im Altsächsischen üblichen Dativ-Plural-Form. In den sogenannten Einharts-Annalen bieten zu a. 782 einige Handschriften die Singularform *Ferdi*, die Handschrift Paris lat. 5942 (10. Jahrhundert) auch die fränkische Pluralform *Ferdī* (= *Ferdim*).

[203] Man vergleiche die bei Lafferde zu Anmerkung 155 zitierten Belege.

[204] UB. Westfalen I, Regest Nr. 945; auch DK. II. 138, 1029 IV 13 (nach Druck des 18. Jahrhunderts) und DK. II. 192, 1033 VII 2, Original (*Sueuerdun* von Empfängerhand), beide für Minden.

[205] A. Bach, Deutsche Namenkunde, II,1, § 392; FON. I, Sp. 850.

[206] FON. II, Sp. 396 f.

[207] FON. II, Sp. 1100; dazu noch *Manekini oueruara* a. 1171 (Kopie Mitte des 13. Jahrhunderts), Mannekensvere östlich von Nieuwpoort, GTW. 658.

[208] FON. II, Sp. 1149; GTW. 987.

[209] R. Schützeichel, Althochdeutsches Wörterbuch, S. 47; Althochdeutsches Wörterbuch, III, Sp. 568.

[210] T. Starck — J.C. Wells, Althochdeutsches Glossenwörterbuch, 9. Lieferung, Heidelberg 1983, S. 681.

[211] UB. Salzburg II, Nr. 410, S. 561 (Kopie des 13. Jahrhunderts).

Ein weiteres Furtwort stellt ahd. *wat* st. N. dar, das in den Glossen als Synonym zu *furt* überliefert ist[212]. Es ist ein Deverbativ zu dem in ahd. *watan* ‚waten‘ vorliegenden starken Verb, ebenso wie die Erweiterung mit -*l*-Suffix -*wedel*, die als Grundwort -*widil*[213] im Material vor dem Jahre 1200 nur in niederdeutschen Ortsnamen vorkommt. Auch hier zeigen die Bestimmungswörter Personennamen (*ad vadum qui dicitur Agrimeswidil* bei Adam von Bremen[214]), Präpositionen (*Afwidel* a. 1004, bei Ülzen[215]), Adjektive (*de Lancwedele* a. 1197, bei Rendsburg[216]) und Substantive (*Salzwitele*[217], so der verhochdeutschte Erstbeleg a. 1112, Salzwedel, nach einer Salzquelle). Das Simplex *Widila*[218] ist gleichfalls mehrfach bezeugt. Dagegen sind Namen mit Grundwort -*wat*[219] weiter verbreitet. Insbesondere der Typ *Langwata*[220] erscheint seit dem 9. Jahrhundert im gesamten Untersuchungsgebiet. Mit *Idaslifeuata* a. 1089 (bei Brügge[221]) und wohl auch *Raueneswade* a. 1139 (Ravenswaai in Gelderland[222]) sind Personennamen als Erstglieder belegt.

XII.

Als nicht-einheimische Namenwörter, die Flußübergänge bezeichnen, sollen -*port* und -*drecht* besonders erwähnt werden. Die westeuropäischen -*port*-Namen sind von E. Winter[223] im Gesamtzusammenhang untersucht worden, auf deren Ergebnisse hier zurückgegriffen werden kann. Danach ist von den

---

[212] StSG. I, 294, 30 (Glossar Ib/Rd); E. Meineke, Saint-Mihiel Bibliothèque Municipale Ms. 25. Studien zu den althochdeutschen Glossen, Studien zum Althochdeutschen 2, Göttingen 1983, S. 149 Nr. 281.

[213] FON. II, Sp. 1315; ein *UUadhil* a. 1066 in einem Original König Philipps I. von Frankreich für Meesen, Dipl. Belg. Nr. 162; GTW. 1034.

[214] II, 18; Adam von Bremen, Hamburgische Kirchengeschichte, 3. A. hg. v. B. Schmeidler, MGH. SS. rer. Germ. [2], Hannover — Leipzig 1917, S. 74, 4. Voraus geht ein *Agrimeshou* (beide zum Personennamen *Agi-grīm*); HONL. Schlesw.-Holst., S. 58.

[215] Herzog Bernhard I. für St. Michael / Lüneburg, 1004 VII 25; Lüneburger Urkundenbuch, hg. v. W. von Hodenberg, VII, 1, Celle 1861, Nr. 7 (in einem Evangeliar des 11. Jahrhunderts).

[216] UB. Schlesw.-Holst. I, Nr. 207, Graf Adolf von Schauenburg für Lübeck (Kopie des 13. Jahrhunderts); HONL. Schlesw.-Holst., S. 139.

[217] Diplom Heinrichs V., 1112 VI 16, Bestätigung des Gütertausches zwischen den Erzbischöfen Adalbert I. von Mainz und Adelgot von Magdeburg; UB. Mainz I, Nr. 450 (Kopie des 13. Jahrhunderts); im DK. III. 125, 1145 (III nach 13), Original für Magdeburg, *de Salzwitelen*. Rein niederdeutsch erst a. 1160 (I—IX), *Conradus de Saltwidele*, im Original des Markgrafen Albrecht von Brandenburg für den Johanniterorden, Cod. dipl. Anhalt. I, Nr. 456.

[218] FON. II, Sp. 1315.

[219] FON. II, Sp. 1165.

[220] FON. II, Sp. 27; GTW. 594.

[221] Dipl. Belg. Nr. 170, 1089 X 31, Markgraf Robrecht II. von Flandern für Brügge, Original (echt?).

[222] GTW. 827 (Kopie des 14. Jahrhunderts).

[223] Der Siedlungsname *Hatzenport* und die westeuropäischen -*port*-Namen. BNF. NF. Beiheft 1, Heidelberg 1969.

unterschiedlichen Funktionen des in zahlreiche Sprachen übernommenen Namenwortes -*port*, in dem lat. *portus* ‚Hafen, Stapelplatz, Haus‘ und lat. *porta* ‚Tor, Zugang‘ in einer Reihe von Fällen zusammengefallen sind, in den Namen des deutschen Sprachraums nur die Funktion ‚enger Durchlaß, Furt‘ bewahrt, während in der der übrigen Germania auch die Bereiche ‚Hafen, Stadt‘ greifbar werden. Da alle deutschen -*port*-Namen im Gebiet der ehemals römischen Provinzen oder (im Falle von *Porz-Wahn*) in unmittelbarer Nachbarschaft dazu belegt sind, ist eine Entlehnung bereits in der römischen Kaiserzeit sehr wahrscheinlich. Doch muß auch mit dem Weiterwirken des Lehnwortes gerechnet werden, insbesondere in der gallo-romanischen Tradition des Moselraums, wo die Hauptmasse der Belege anzutreffen ist. So etwa ist im Falle von *Rosport* (bei Echternach) die -*furt*-Form *Ruochesfurt*[224] der Bezeugung nach die ältere, während -*port*- hier bei dem gut belegten Namen bis zum Jahre 1200 nicht auftritt.

Das aus lat. *trajectus* ‚Überfahrt‘ entlehnte Namenwort *Trajectum* ist als Name der Stadt Utrecht bereits im Itinerarium Antonini belegt[225]. Das gleichnamige Maastricht ist bei Gregor von Tours bezeugt (*ad Treiectinsem urbem*[226]). Volkssprachiges *Trech(t)* für Utrecht erscheint dann in Abschriften des 9. Jahrhunderts von Willibalds Bonifatius-Vita. Die differenzierenden Erstglieder sind gleichfalls noch innerhalb des hier untersuchten Zeitraums belegt: *Masetrieth* in einer Urkunde vom Jahre 1051 und (in hochdeutscher Lautform) *zuztrehte, zuztriehte* (-*trichte*?) im frühmittelhochdeutschen Gedicht Merigarto[227]. Auch der Ort Tricht in Gelderland (a. 1108 *Treth*[228]) ist hier zu nennen. Anderer Herkunft ist wohl -*drecht* in niederländischen Ortsnamen wie *Dordrecht, Zwijndrecht*, das als Namenwort germanischen Ursprungs angesehen wird und das vermutlich nicht wie früher häufig angenommen[229] zu mnl. *drift/dricht* ‚Strömung‘ (Verbalabstraktum zu *driven* ‚treiben‘) gehört, sondern zu *dragen, dregen* ‚tragen‘[230]. Es würde sich dann aus dem Schiffstransport über Land erklären, der da nötig wurde, wo das Fahrwasser aus irgendwelchen Gründen unterbrochen war. Auf diese Weise kann es auch zum

---

[224] Wie Anmerkung 101. Zu den Fälschungen des 11./12. Jahrhunderts, die den Namen gleichfalls überliefern, vergleiche man die Vorbemerkung zum DLK. 80. Der partielle Namenwechsel ist ab a. 1226 bezeugt: W. J u n g a n d r e a s, Historisches Lexikon der Siedlungs- und Flurnamen des Mosellandes, Schriftenreihe zur Trierischen Landesgeschichte und Volkskunde 8, Trier 1962, S. 892; E. W i n t e r, Der Siedlungsname *Hatzenport*, S. 36.

[225] GTW. 989.

[226] GTW. 646 f.

[227] Jüngste Ausgabe von N. Th. J. V o o r w i n d e n, Merigarto. Eine philologisch-historische Monographie, Germanistisch-anglistische Reihe der Universität Leiden 11, Leiden 1973, dort S. 105 ff. zur Erwähnung Utrechts; ferner J. A. H u i s m a n, Utrecht im Merigarto, PBB. 87 (Tübingen 1965) S. 379—389.

[228] GTW. 977.

[229] A. B a c h, Deutsche Namenkunde, II, 1, § 297 (mit Literatur).

[230] M. S c h ö n f e l d, Nederlandse waternamen, Bijdragen en Mededelingen der Naamkunde-Commissie van de Koninklijke Nederlandse Akademie van Wetenschappen te Amsterdam 6, Amsterdam, 1955, S. 160—169; J. d e V r i e s — F. d e T o l l e n a e r e, Nederlands etymologisch woordenboek, Leiden 1971, S. 133.

Gewässernamenelement geworden sein. Dieses Namenwort, das in den Niederlanden häufig erscheint, hat sich aber wohl gelegentlich mit *-trecht* vermischt.

Die knappe Übersicht über die mit *-furt-* konkurrierenden Namenglieder hat
deren Behandlung in einigen Punkten ergänzen und abrunden können.
Zugleich ist aber wohl auch noch einmal deutlich geworden, wie beherrschend
das Namenwort *-furt* in diesem Bereich schon allein von der Belegmenge her
ist. Es scheint deshalb besonders geeignet, um die Motivationen der Namengebung zu untersuchen, die auch etwas über die Vorstellungswelt des namengebenden Menschen auszusagen vermag.

Siglen und Abkürzungen

BM. = Die Regesten des Kaiserreichs unter den Karolingern 751—918. Nach J. F. B ö h m e r
    neubearb. v. E. M ü h l b a c h e r. Nach Mühlbachers Tode vollendet v. J. L e c h n e r. Mit
    einem Geleitwort v. L. S a n t i f a l l e r. Mit einem Vorwort, Konkordanztabellen und
    Ergänzungen v. C. B r ü h l und H. H. K a m i n s k y, Hildesheim 1966
BNF. = Beiträge zur Namenforschung
ChLA. = Chartae latinae antiquiores. Facsimile-edition of latin charters prior to the ninth
    century, hg. v. A. B r u c k n e r und R. M a r i c h a l, XIII—XIV, France I—II, hg. v. H.
    A t s m a und J. V e z i n, Zürich 1981—1982
Cod. dipl. Anhalt. = Codex diplomaticus Anhaltinus, hg. v. O. v o n H e i n e m a n n, I,
    936—1212, Dessau 1867—1873
Cod. dipl. Fuld. = Codex diplomaticus Fuldensis, hg. v. E. F. J. D r o n k e, 1850, Nachdruck
    Aalen 1962
Cod. Lauresh. = Codex Laureshamensis, I, Einleitung, Regesten, Chronik; II, Kopialbuch,
    I. Teil: Oberrhein-, Lobden-, Worms-, Nahe- und Speiergau; III, Kopialbuch, II. Teil:
    Die übrigen fränkischen und schwäbischen Gaue. Güterlisten. Späte Schenkungen und
    Zinslisten. Gesamtregister. Bearb. und neu hg. v. K. G l ö c k n e r, Arbeiten der Histori-
    schen Kommission für den Volksstaat Hessen, Darmstadt 1929—1936, Nachdruck 1975
DA. = Die Urkunden Arnolfs, bearb. v. P. K e h r, 2. A., MGH. DD. regum Germaniae ex
    stirpe Karolinorum 3, Berlin 1956, Nachdruck der 1. A. 1940
DH. I. = Diplom Heinrichs I.; Die Urkunden Konrad I., Heinrich I. und Otto I., [hg. v. Th.
    S i c k e l], MGH. DD. regum et imperatorum Germaniae 1, Hannover 1879—1884,
    Nachdruck Berlin 1956
DH. II. = Diplom Heinrichs II.; Die Urkunden Heinrichs II. und Arduins, [hg. v. H. B r e s s -
    l a u und H. B l o c h unter Mitwirkung von M. M e y e r und R. H o l t z m a n n], MGH.
    DD. regum et imperatorum Germaniae 3, Hannover 1900—1903
DH. III. = Die Urkunden Heinrichs III., hg. v. H. B r e s s l a u, H. W i b e l und P. K e h r,
    MGH. DD. regum et imperatorum Germaniae 5, Berlin 1931, Nachdruck 1957
DH. IV. = Die Urkunden Heinrichs IV., I—II, bearb. v. D. v o n G l a d i ß, III, bearb. v. A.
    G a w l i k, MGH. DD. regum et imperatorum Germaniae 6, Weimar 1953, 1959; Han-
    nover 1978
Dipl. Belg. = Diplomata Belgica ante annum millesimum centesimum scripta, hg. v. M.
    G y s s e l i n g und A. C. F. K o c h, I, Teksten; II, Reproducties, Bouwstoffen en studiën
    voor de geschiedenis en de lexicografie van het Nederlands 1, Brüssel 1950
DK. III. = Diplom Konrads III., Die Urkunden Konrads III. und seines Sohnes Heinrich,
    bearb. v. F. H a u s m a n n, MGH. DD. regum et imperatorum Germaniae 9, Wien —
    Köln — Graz 1969
DKG. = Diplom Karls des Großen; Die Urkunden Pippins, Karlmanns und Karls des Gro-
    ßen. Unter Mitwirkung von A. D o p s c h, J. L e c h n e r, M. T a n g l bearb. v. E. M ü h l -
    b a c h e r, MGH. DD. Karolinorum 1, Hannover 1906, Nachdruck München 1979

DLD. = Diplom Ludwigs des Deutschen; Die Urkunden Ludwigs des Deutschen, Karlmanns und Ludwigs des Jüngeren, bearb. v. P. Kehr, MGH. DD. regum Germaniae
ex stirpe Karolinorum 1, Berlin 1932—1934, Nachdruck München 1980
DLK. = Diplom Ludwigs des Kindes; Die Urkunden Zwentibolds und Ludwigs des Kindes,
bearb. v. Th. Schieffer, 2. A., MGH. DD. regum Germaniae ex stirpe Karolinorum
4, Berlin 1963, Nachdruck der 1. A. 1960
DLo. = Die Urkunden Lothars I. und Lothars II., bearb. v. Th. Schieffer, MGH. DD.
Karolinorum 3, Berlin — Zürich 1966
DO. I. = Diplom Ottos I.; Die Urkunden Konrad I., Heinrich I. und Otto I., [hg. v. Th.
Sickel], MGH. DD. regum et imperatorum Germaniae 1, Hannover 1879—1884,
Nachdruck Berlin 1956
DZ. = Diplom Zwentibolds; Die Urkunden Zwentibolds und Ludwigs des Kindes, bearb.
v. Th. Schieffer, 2. A., MGH. DD. regum Germaniae ex stirpe Karolinorum 4, Berlin
1963, Nachdruck der 1. A. 1960
FON. = E. Förstemann, Altdeutsches Namenbuch, II, 1—2, Orts- und sonstige geographi-
sche Namen, 3. A. von H. Jellinghaus, Bonn 1913—1916, Nachdruck München —
Hildesheim 1967
GOV. Braunschweig = Hermann Kleinau, Geschichtliches Ortsverzeichnis des Landes
Braunschweig, I—III, Veröffentlichungen der Historischen Kommission für Nieder-
sachsen 30, Geschichtliches Ortsverzeichnis von Niedersachsen 2, Land Braunschweig,
Hildesheim 1967—1968
GOV. Osnabrück = G. Wrede, Geschichtliches Ortsverzeichnis des ehemaligen Fürst-
bistums Osnabrück, I—III, Veröffentlichungen der Historischen Kommission für Nie-
dersachsen 30, Geschichtliches Ortsverzeichnis von Niedersachsen 3, Hildesheim
1975—1980
GTW. = M. Gysseling, Toponymisch woordenboek van België, Nederland, Luxemburg,
Noord-Frankrijk en West-Duitsland (vóór 1226), I—II, Bouwstoffen en studiën voor
de geschiedenis en de lexicografie van het Nederlands 6, Brüssel 1960
HONB. Bayern = Historisches Ortsnamenbuch von Bayern, IV, Schwaben, 5, Stadt- und
Landkreis Kempten von R. Dertsch, München 1966; IV, Schwaben, 7, Landkreis
Sonthofen, von R. Dertsch, München 1974; VI, Mittelfranken, 1, Stadt- und Land-
kreis Fürth, von W. Wießner, München 1963; VI , Mittelfranken, 2, Land- und Stadt-
kreis Weißenburg i. Bay., von E. Straßner, München 1966
HONB. Niederösterreich = H. Weigl, Historisches Ortsnamenbuch von Niederösterreich,
I—III, Wien 1967—1970
HONL. Schlesw.-Holst. = W. Laur, Historisches Ortsnamenlexikon von Schleswig-
Holstein, Gottorfer Schriften zur Landeskunde Schleswig-Holsteins 8, Schleswig 1967
MGH. = Monumenta Germaniae historica. DD. = Diplomata, LL. = Leges, SS. =
Scriptores
MHDC. = Die Kärntner Geschichtsquellen 811—1202, hg. v. A. von Jaksch, Monumenta
historica ducatus Carinthiae 3, Klagenfurt 1904; IV, 1201—1269; 1, 1202—1262, Monu-
menta historica ducatus Carinthiae 4, 1, Klagenfurt 1906
PBB. = [H. Paul — W. Braune,] Beiträge zur Geschichte der deutschen Sprache und
Literatur
Reg. Alsatiae = Regesta Alsatiae aevi Merovingici et Karolini 496—918, I, Quellenband,
bearb. und hg. v. A. Bruckner, Straßburg — Zürich 1949
Reg. Thur. = Regesta diplomatica necnon epistolaria historiae Thuringiae, I, c. 500—1152;
II, 1152—1227, hg. v. O. Dobenecker, Jena 1896—1900
REK. = Die Regesten der Erzbischöfe von Köln im Mittelalter, I, 313—1099, bearb. v. F. W.
Oediger; II, 1100—1205, bearb. v. R. Knipping, Publikationen der Gesellschaft für
Rheinische Geschichtskunde 21, 1—2, Bonn 1954—1961, Nachdruck Düsseldorf 1978;
Bonn 1901, Nachdruck 1964
StSG. = E. Steinmeyer — E. Sievers, Die althochdeutschen Glossen, I—V, 1879—1922,
Nachdruck Dublin — Zürich 1968—1969
Trad. Corv. = Studia Corbeiensia, I—II, hg. v. K. A. Eckhardt, Bibliotheca rerum histori-
carum, Studia 1—2, Aalen 1970, S. 175—304; 337—432. Verglichen wurde die Ausgabe

von K. H o n s e l m a n n , Die alten Mönchslisten und die Traditionen von Corvey, I, Veröffentlichungen der Historischen Kommission für Westfalen 10, Abhandlungen zur
Corveyer Geschichtsschreibung 6, Paderborn 1982 (dazu H. T i e f e n b a c h , BNF. NF.
19, 1984, S. 415—419)

Trad. Freis. = Die Traditionen des Hochstifts Freising, hg. v. Th. B i t t e r a u f , I—II, Quellen und Erörterungen zur bayerischen und deutschen Geschichte NF. 4—5, München
1905—1909, Nachdruck Aalen 1967

Trad. Weißenburg = Traditiones Wizenburgenses. Die Urkunden des Klosters Weißenburg
661—864. Eingeleitet und aus dem Nachlaß von K. G l ö c k n e r hg. v. A. D o l l , Arbeiten der Hessischen Historischen Kommission Darmstadt, Darmstadt 1979

UB. Fulda = Urkundenbuch des Klosters Fulda, I, (Die Zeit der Äbte Sturmi und Baugulf).
Bearb. v. E. E. S t e n g e l , Veröffentlichungen der historischen Kommission für Hessen
und Waldeck 10, 1, Marburg 1958

UB. St. Gallen = Urkundenbuch der Abtei Sanct Gallen, bearb. v. H. W a r t m a n n , I, Jahr
700—840; II, Jahr 840—920, Zürich 1863—1866, Nachdruck 1981

UB. Hersfeld = Urkundenbuch der Reichsabtei Hersfeld, I, bearb. v. H. W e i r i c h , 1, Veröffentlichungen der historischen Kommission für Hessen und Waldeck 19, 1, Marburg
1936

UB. Hildesheim = Urkundenbuch des Hochstifts Hildesheim und seiner Bischöfe, hg. v. K.
J a n i c k e , Publicationen aus den K. Preußischen Staatsarchiven 65, 1896, Nachdruck
Osnabrück 1965

UB. Mainz = Mainzer Urkundenbuch, I, Die Urkunden bis zum Tode Erzbischof Adalberts
I. (1137), bearb. v. M. S t i m m i n g , Darmstadt 1932, Nachdruck 1972; II, Die Urkunden seit dem Tode Erzbischof Adalberts I. (1137) bis zum Tode Erzbischof Konrads I.
(1200), 1, 1137—1175, bearb. v. P. A c h t , Darmstadt 1968

UB. Mittelrhein = Urkundenbuch zur Geschichte der, jetzt die Preussischen Regierungsbezirke Coblenz und Trier bildenden mittelrheinischen Territorien. Aus den Quellen hg.
v. H. B e y e r , I, Von den ältesten Zeiten bis zum Jahre 1169, Koblenz 1860, Nachdruck
Hildesheim — New York 1974

UB. Luxemb. = Urkunden- und Quellenbuch zur Geschichte der altluxemburgischen Territorien bis zur burgundischen Zeit, I, (bis zum Friedensvertrag von Dinant 1199), bearb.
v. C. W a m p a c h , Luxemburg 1935

UB. Niederrhein = Th. J. L a c o m b l e t , Urkundenbuch für die Geschichte des Niederrheins, I, 779—1200, Düsseldorf 1840, Nachdruck Aalen 1966

UB. Oberösterreich = Urkunden-Buch des Landes ob der Enns, hg. vom Verwaltungs-
Ausschuß des Museum Francisco-Carolinum zu Linz, I, Wien 1852

UB. Osnabrück = Osnabrücker Urkundenbuch, bearb. v. F. P h i l i p p i , I, Die Urkunden
der Jahre 772—1200, Osnabrück 1892

UB. Salzburg = Salzburger Urkundenbuch, I, Traditionscodices, gesammelt und bearb. v.
W. H a u t h a l e r ; II, Urkunden von 790—1199, gesammelt und bearb. v. W. H a u t h a
l e r und F. M a r t i n , Salzburg 1910—1916

UB. Schlesw.-Holst. = Schleswig-Holstein-Lauenburgische Regesten und Urkunden, bearb.
und hg. v. P. H a s s e , I, (786—1250), Hamburg — Leipzig 1886, Nachdruck 1972

UB. Utrecht = Oorkondenboek van het sticht Utrecht tot 1301, hg. v. S. M u l l e r Fz. und
A. C. B o u m a n , I, Utrecht 1920

UB. Westfalen = Westfälisches Urkunden-Buch. Regesta historiae Westfaliae accedit codex
diplomaticus, bearb. und hg. v. H. A. E r h a r d , I—II, Münster 1847—1851, Nachdruck
1972; Supplement [3], bearb. v. W. D i e k a m p , Lieferung 1 (bis 1019), Münster 1885;
V, Die Papsturkunden Westfalens bis zum Jahre 1378, 1, Die Papsturkunden Westfalens bis zum Jahre 1304, bearb. v. H. F i n k e , Münster 1888

UB. Wirtemb. = Wirtembergisches Urkundenbuch, hg. von dem Königlichen Staatsarchiv
in Stuttgart, I—II, Stuttgart 1849—1858

Werd. Urb. = Die Urbare der Abtei Werden a. d. Ruhr. A. Die Urbare vom 9.—13. Jahrhundert,
hg. v. R. K ö t z s c h k e , Publikationen der Gesellschaft für Rheinische Geschichtskunde
20, Rheinische Urbare 2, Bonn 1906, Nachdruck Düsseldorf 1978

ZDA. = Zeitschrift für deutsches Altertum

DETLEV ELLMERS

Die Archäologie der Binnenschiffahrt in Europa nördlich der Alpen

1. Definition

Bei dem hier unternommenen Versuch, über die bisherigen Forschungsergebnisse zur vor- und frühgeschichtlichen Binnenschiffahrt Europas nördlich der Alpen einen Überblick zu geben, muß gleich am Anfang einem Mißverständnis vorgebeugt werden. Der Begriff „Binnenschiffahrt" setzt logischerweise eine andersartige Schiffahrt zumindest in Küstengewässern voraus. Aber wir können vor dem Spätlatène in dem genannten Gebiet nirgends eindeutig Küstenschiffe von Binnenschiffen unterscheiden[1]. Hochseeschiffahrt gibt es gar erst seit den entsprechenden Fahrten der Iren und Wikinger im frühen Mittelalter[2].

Wenn wir hier trotzdem von vorgeschichtlicher Binnenschiffahrt sprechen, gebrauchen wir diesen Begriff in rein geographischem Sinn als Schiffahrt auf Flüssen und Seen. Mit dieser Definition ist es möglich, sowohl die Tatsache zu berücksichtigen, daß frühe Küstenschiffe weit flußaufwärts fahren konnten, als auch alle Konsequenzen aus der Geographie des natürlichen Wasserstrassennetzes zu ziehen.

Der Kern des europäischen Kontinents ist ja in besonders bevorzugter Weise in seiner ganzen Fläche durch schiffbare Wasserläufe erschlossen. Er hat — abgesehen von abgelegenen Gebirgsregionen — kaum Siedlungsareale, die mehr als wenige Tagereisen von solchen Binnenwasserstraßen entfernt liegen. Die Vorgeschichtsforschung hat diese ungemein günstige Verkehrssituation bisher noch gar nicht recht zur Kenntnis genommen, geschweige denn in ihr Geschichtsbild integriert. Dieser Beitrag möchte dazu Anstöße geben.

2. Bisherige Forschungsansätze

Die archäologische Erforschung der Binnenschiffahrt ist gekennzeichnet durch eine Folge von immer neuen, z.T. sehr aufschlußreichen Ansätzen, von denen aber nur wenige Eingang fanden in das verfügbare Fachwissen über vor-

---

[1] Erst durch Caesars Beschreibung der Schiffe der gallischen Veneter kennen wir Küstenfahrzeuge, die wir eindeutig von Binnenschiffen unterscheiden können: C. Julius Caesar, Commentarii de Bello Gallico III 13 f. — D. Ellmers, Keltischer Schiffbau, Jahrb. RGZM 16, 1969, 73—122.

[2] U. Schnall, Navigation der Wikinger. Schriften des Deutschen Schiffahrtsmuseums 6 (1975), bes. S. 138 ff.

und frühgeschichtliche Kulturen. Es fehlte eben lange Zeit eine Institution, die alle diese Ansätze konsequent weiterverfolgte und systematisch zu einem umfassenden Bild vor- und frühgeschichtlicher Binnenschiffahrt zusammentrug. Zwar hat sich die Schiffsarchäologie in ihren Anfängen hauptsächlich mit Binnen-Wasserfahrzeugen beschäftigt. Das erste ausgegrabene und bis heute erhaltene Boot ist der 1785 gefundene Einbaum vom Dannenberg im Teufelsmoor, Niedersachsen[3]. Das Frankreich Napoleons folgte mit hervorragenden Grabungsberichten über nicht aufbewahrte Boote[4]. Auch aus anderen Ländern kennen wir aus den ersten drei Quartalen des 19. Jahrhunderts mehr oder weniger umfangreiche Grabungsberichte oder -notizen über z.T. ganz einmalige, aber nicht erhalten gebliebene Bootsfunde aus Binnengewässern[5]. Aber alle diese Bemühungen blieben Einzelaktionen, die nicht weit genug bekannt gemacht wurden, so daß niemand auf den Erfahrungen oder Ergebnissen seiner Vorgänger aufbauen konnte, sondern bei jedem Fund von vorn anfangen mußte.

Das wurde langsam anders, als sich im wesentlichen bald nach der Niederwerfung Napoleons in zahlreichen Ländern und größeren Städten vaterländische Vereine oder antiquarische Gesellschaften bildeten, die einerseits Publikationsorgane zur Verbreitung der Kenntnis von Bodenfunden gründeten und andererseits diese Funde sammelten, so daß sie späteren Generationen noch für weitere Forschungen zur Verfügung standen, was im Laufe des 19. Jahrhunderts zur Gründung der wichtigsten vor- und frühgeschichtlichen Museen führte. Keine dieser Vereinigungen war gegründet worden, um schiffsarchäologische Forschung zu betreiben. Aber sie bildeten doch das willkommene Forum, auf dem u.a. auch diejenigen schiffsarchäologischen Funde bekannt gemacht und diskutiert wurden, die in den Gesichtskreis dieser Vereinigungen gelangten. Auf diese Weise bildeten sich um die Mitte des 19. Jahrhunderts die ersten in sich sehr unterschiedlichen Forschungstraditionen zur Archäologie der Binnenschiffahrt heraus:

2.1. Die provinzialrömische Archäologie konnte daran anknüpfen, daß sich mit dem beginnenden Humanismus das Interesse der Gelehrten den römischen Geschichtsschreibern und Inschriften zugewandt hatte, darunter bereits im 15. Jahrhundert auch der ersten Inschrift zur römischen Schiffahrt auf dem Rhein und seinen Nebenflüssen[6]. Ein kontinuierliches Interesse an dieser Schiffahrt wird erkennbar mit der Auffindung der ersten römischen Grabreliefs mit Schiffahrtsszenen, die 1825 in Trier ohne Inschrift und 1848 in Mainz

---

[3] D. Ellmers, 200 Jahre Schiffsarchäologie im Flußgebiet der Weser. Deutsches Schifffahrtsarchiv 8, 1985, 43—94, bes. S. 47.

[4] Ders., Frühmittelalterliche Handelsschiffahrt. Schriften des Deutschen Schiffahrtsmuseums 3 (1972) Kat. Nr. 25 g (Abbeville) und 31 (Paris, Pont d'Jéna).

[5] Ebd., Großbritannien: Kat. Nr. 2 (Ashby Dell), 7 (Giggleswick), 8 (Glasgow). — Niederlande: Kat. Nr. 48 (Wijk bij Durstede) — Verslag nopens het vaartuig, op den 22sten Februarij 1822 in de gemeente van Capelle op de Langstraat onder den bovengrond ondekt. Verhandelingen der tweede Klasse van het Koninklijk-Nederlandsche Instituut van Wetenschappen, Letterkunde, en Schoone Kunsten, 3. deel (Amsterdam 1824) 335—364.

[6] Neptunus-Stein von Ettlingen KA: P. Filzinger u.a. (Hrsg.), Die Römer in Baden-Württemberg 2. Aufl. (1976) 261 f.

mit sehr aufschlußreicher Inschrift gefunden und 1835 bzw. 1850 publiziert wurden[7]. Seitdem basiert die Erforschung der römischen Binnenschiffahrt vor allem auf der Auswertung von historischen Texten, Inschriften und bildlichen Darstellungen. Diese gewährten einerseits tiefe Einblicke in die personelle Struktur der Binnenschiffahrt und zeigten andererseits, daß die römische Binnenschiffahrt mit zahlreichen verschiedenen größeren Schiffstypen (nicht mit bloßen Einbäumen) durchgeführt wurde[8]. Obwohl der erste Überrest eines römischen Schiffes ebenfalls bereits 1848 aus dem Rhein bei Deutz geborgen wurde und auch in der Folgezeit weitere interessante römische Binnenschiffe angetroffen wurden, tat sich diese Forschungstradition noch Jahrzehnte nach dem Zweiten Weltkrieg sehr schwer mit der Auswertung der Schiffsfunde selbst[9].

Ebenso schwer tat sie sich mit der Interpretation der seit 1900 vielerorts angeschnittenen Hafenanlagen[10]. Eine zusammenfassende Bearbeitung der

---

[7] Trier, St. Marien: Quader von Grabmal mit Schiffahrtsszene. Wyttenbach, Neue Forschungen (1835) 26. — Mainz: Grabstein des Schiffers Blussus: Abbildungen von Mainzer Altertümern 1, 1850.

[8] D. E l l m e r s , Shipping on the Rhine during the Roman period: the pictorial evidence. In: Roman shipping and trade: Britain and the Rhine provinces. CBA Research Report 24 (1978) 1—14.

[9] D e r s ., Frühmittelalterliche Handelsschiffahrt (wie Anm. 4), Kat. Nr. 57 (Köln-Deutz); weitere römische Schiffsfunde: Nr. 30 (Lillebonne um 1862), Nr. 56 (Koblenz 1877), Nr. 62 a + b (Mainz vor 1880 und 1887), Nr. 45 (Vechten 1892), Nr. 18 (Newstead 1908), Nr. 15d (London, County Hall 1910), Nr. 34 (Wanzenau 1911).

[10] Auch die ersten Hafenausgrabungen beginnen kurz nach 1800, werden aber — im Gegensatz etwa zur Straßenforschung — im ganzen 19. Jh. nicht systematisch weiter verfolgt. So war bei Karlsruhe zwischen Ettlingen und Durlach „an dem früheren Gestade des deutschen Rheins die Trümmerstätte eines römischen Gebäudes erhalten, das im Jahre 1802 aufgedeckt wurde, und das man damals, infolge der aufgefundenen schiefen, mit Quadern hergestellten Pritschen für eine Auslade- und Einladestätte, oder ein an dem Flußufer liegendes Lagerhaus hielt". Zitiert nach J. N a e h e r , Das römische Straßennetz in den Zehntlanden, Bonner Jahrb. 71, 1881, 1—106, hier S. 41 f. — Bei der seit 1870 untersuchten Station der Rheinflotte in Köln-Alteburg beschränkten sich die Grabungen auf das Kastell, Hafen- und Werftanlagen wurden nicht einmal gesucht. Die Funktion als Flottenstation kennt man nur aus Inschriften. Zusammenfassung mit Literatur: L a B a u m e , Römisches Flottenkastell Alteburg, Führer zu vor- und frühgeschichtl. Denkmälern Bd. 39, Köln III (1980), 119 f. — Auch die Kenntnis der Mainzer Hafeneinrichtungen für die Schiffe der Legionen und des zivilen Handels kannte man bis nach dem 2. Weltkrieg nur aus Inschriften und Darstellungen auf einem Grabmonument: F. B e h n (wie Anm. 11) S. 420. — Auch das 1901—04 gegrabene sog. Uferkastell von Haltern brachte keinerlei Erkenntnisse zu römischen Hafenanlagen. S. v. S c h n u r b e i n , Die römischen Militäranlagen bei Haltern (1974) 25—38. — So bleibt die erste, beispielhaft gut durchgeführte Hafengrabung die des Kastells Stockstadt am Mainufer: F. D r e x e l , ORL, Abt. B, Bd. III Kastell Nr. 33 (1910). — Die wiss. Diskussion begann erst nach dem 1. Weltkrieg mit den Häfen von Köln: Bonner Jahrb. 125, 1919, 163 ff.; 153, 1953, 202 ff.; F. F r e m e r s d o r f , Neue Beiträge zur Topographie des römischen Köln (1950) 55 f., Nr. 24. — Flottenstation Arentsburg, Niederlande: J. H. H o l w e r d a , Arentsburg, een Romeinsch militair vlootstation bij Voorburg (1923); besprochen von F. K o e p p , Germania 7, 1923, 44—48. — Spätrömischer Burgus mit Schiffslände bei Mannheim-Neckarau: H. G r o p e n g i e ß e r , Bad. Fundber. 13, 1937, 117 f.; W. S c h l e i e r m a c h e r , Germania 26, 1942, 191 ff.; D e r s ., Ber. RGK 33, 1943—50 (1951) 180. — Hafen des vicus Nida-Heddernheim: K. W o e l k e , Germania 22, 1938, 162 f. — Kaianlage der Colonia Ulpia Traiana-Xanten (ausgegr. 1938): H. v. P e t r i k o v i t s , Bonner Jahrb. 152, 1952, 138 ff.

sehr unterschiedlichen Aufschlüsse steht bis heute aus. Das ist umso verwunderlicher, als bereits vor den oben genannten Vereinsgründungen klar war, daß alle wichtigen römischen Städte, Kastelle und vici direkt an Rhein und Donau bzw. ihren Nebenflüssen lagen, so daß sie ihre Bedeutung nicht zuletzt ihrer Hafenfunktion verdankten. Die militärische wie wirtschaftliche Bedeutung der römischen Schiffahrt vor allem auf dem Rhein, aber auch auf vielen anderen Flüssen der nördlichen Provinzen ist hingegen in den Zusammenfassungen zur Binnenschiffahrt, die seit 1911 in immer neuen Folgen ausgearbeitet wurden, deutlich herausgestellt worden[11].

2.2. Die Erforschung der vorgeschichtlichen Binnenschiffahrt fand fast gleichzeitig, nämlich im Jahre 1854, mit der Pfahlbauforschung ihren entscheidenden Ausgangspunkt[12], nahm aber einen völlig anderen Verlauf, standen ihr doch im Gegensatz zur provinzialrömischen Archäologie weder Inschriften noch bildliche Darstellungen zur Verfügung. Dafür war der Enthusiasmus umso größer, mit dem damals zunächst in der Schweiz, dann auch in ihren Nachbarländern die Erforschung der Pfahlbauten begonnen wurde. Da dieser neue Forschungsansatz von den Hafensiedlungen ausging, bot er im Gegensatz zum Ansatz bei den bloßen Wasserfahrzeugen die Möglichkeit, das gesamte Betätigungsspektrum der die Binnengewässer befahrenden Bewohner archäologisch zu erschließen. Allerdings stand diesem ganzheitlichen Ansatz zur Erforschung der von diesen Seeufersiedlungen aus betriebenen Binnenschiffahrt eigenartigerweise genau das im Wege, was alle, die sich mit den Pfahlbauten befaßten, so stark faszinierte: Am Anfang der Pfahlbauforschung stand ja nicht das mühsame Zusammentragen von Einzelbefunden, sondern die zündende Idee, die in den erhaltenen Pfahlansammlungen Reste von solchen Pfahlbauten sah, wie sie damals am Strand einiger Südseeinseln noch in voller Blüte standen. Und da man ziemlich bald in einem vorgeschichtlichen Pfahlbau mit einem Einbaum auch noch jene Bootsart fand, die von den Bewohnern der Südsee-Pfahlbauten ebenfalls benutzt wurde, war das pittoreske Bild schnell komplett. Seitdem fehlt in keinem Rekonstruktionsbild oder -modell vorgeschichtlicher Pfahlbauten der für Fischfang oder Transportzwecke benutzte Einbaum.

Zwar wurden seitdem Einbäume in wachsender Zahl museal aufbewahrt, aber der Erforschung der Einbäume hat es nicht gut getan, daß diese zu einem Requisit vorgeschichtlicher Pfahlbauten abgestempelt wurden, denen man eine

---

[11] F. Behn, Römische Schiffe in Deutschland, Die Altertümer unserer heidnischen Vorzeit, Bd. 5 (1911) 416—421 mit Taf. 71. — L. Bonnard, La navigation intérieure de la Gaul à l'époque Gallo-Romaine (1913). — H. Aubin, Der Rheinhandel in römischer Zeit, Bonner Jahrb. 130, 1925, 1—37. — J. Ledroit, Die römische Schiffahrt im Stromgebiet des Rheins. Kulturgeschichtliche Wegweiser durch das RGZM 12 (1930). — A. Grenier, Manuel d'Archeologie gallo-romaine. II. Partie: L'Archeologie du Sol. Navigation. Occupation du Sol (Paris 1934).

[12] Dieser wichtige Neuansatz der Vorgeschichtsforschung ist oft beschrieben worden, besonders plastisch von G. Bibby, Faustkeil und Bronzeschwert (1972) 181—195. — J. Speck: Pfahlbauten, Dichtung oder Wahrheit? Ein Querschnitt durch 125 Jahre Forschungsgeschichte, helvetia archaeologica 12, 1981, 98—138.

wie auch immer geartete Entwicklung gar nicht zutraute, so daß schon ihre Publikation weit unter dem Niveau der Publikation anderer vorgeschichtlicher Objekte blieb[13]. Zu einer systematischen Erforschung der Einbäume ist es ansatzweise erst zwischen beiden Weltkriegen gekommen, allerdings ohne befriedigende Ergebnisse[14].

Im Gegensatz zu den Einbäumen bildete sich für die zahlreich in den Pfahlbauten gefundenen Fischereigeräte wenigstens eine Forschungstradition aus, der es aber bis heute nicht gelang, zu einer Vorgeschichte der Binnenfischerei vorzudringen. Sie erschöpfte sich in reiner Gerätekunde[15]. Festzuhalten bleibt lediglich, daß sich der Fischfang im gesamten Fundgut nur als eine unter vielen anderen wirtschaftlichen Betätigungen der Bewohner der Pfahlbausiedlungen erweisen ließ.

Weitaus schlechter war es bei den Pfahlbauten mit der Erforschung der Hafenfunktion bestellt, die zwar — ebenso wie der Einbaum als alleiniges Wasserfahrzeug — von vorn herein als gegeben hingenommen wurde. Aber weder für die Landetechniken noch für irgendwelche anderen Hafeninstallationen gab es konkrete archäologische Aufschlüsse. Nicht einmal die bei der ersten Juragewässerkorrektion seit 1868 ergrabenen Reste des Hafens der für eine ganze Kultur namengebenden Station von La Tène am Ausfluß des Neuenburger Sees wurden als solche erkannt[16]. Erst kurz vor dem Ersten Welt-

---

[13] D. Ellmers, Kultbarken, Fähren, Fischerboote. Vorgeschichtliche Einbäume in Niedersachsen, Die Kunde NF 24, 1973, 23—62. — Ders., 200 Jahre Schiffsarchäologie im Flußgebiet der Weser, Deutsches Schiffahrtsarchiv 8, 1985, 43—94, bes. 58—69.

[14] C. Fox, A dug-out canoe from South Wales, The Antiquaries Journal 6, 1926, 121—151 (mit einer Liste der in England und Wales gefundenen Einbäume). — O. Paret, Die Einbäume im Federseeried und im übrigen Europa, Prähist. Zeitschrift 21, 1930, 76—116.

[15] G. de Mortillet, Origine de la navigation et de la pêche, Revue Arch. N.S. 14, 1866. — Ders., Origines de la chasse, de la pêche et de l'agriculture (Paris 1890). — E. Friedel, Führer durch die Fischereiabteilung des märkischen Provinzialmuseums (Berlin 1880). — Ders., Geschichte der Fischerei. Amtl. Bericht über die internationale Fischerei-Ausstellung zu Berlin (1881). — Ders., Aus der Vorzeit der Fischerei. C. Habel, Sammlung gemeinverständlicher wissenschaftl. Vorträge (Berlin 1884). - Gegenwärtiger Stand der Erforschung der vorgeschichtlichen Fischerei, Brandenburgia 11, 1902, 334 ff. — Ch. Rau, Prehistoric Fishing in Europe and North America. Smithsonian Contribution to Knowledge 25 (Washington 1884). — E. Krause, Vorgeschichtliche Fischereigeräte und neuere Vergleichsstücke, Zeitschr. für Fischerei 11, 1904, 133—300. — E. E. Leonhard, Die Entwicklung der Fischerei und ihre Geräte, ebd. 13, 1908, 83—171. — Lampert, Prähistorische Fischerei und Fischereigeräte, Archiv für Fischereigeschichte 2, 1914, 93—108. — M. Schultze, Frühneolithische Jagd- und Fischereigeräte der Provinz Posen, ebd. 2, 1914, 109—132. — W. Radcliffe, Fishing from the earliest times (London 1921). — W. Koch, Geschichte der Binnenfischerei, Handbuch der Binnenfischerei Mitteleuropas 4, 1925, 1—52. — A. Gruvel, La pêche dans la préhistoire, dans l'antiquité et chez les peuples primitifs (Paris 1928). — J. Schneider, Fischgeräte und Tätigkeiten des rheinischen Fischers, Zeitschr. des Vereins für rheinische und westfälische Volkskunde 27, 1929, 77—85. — A. von Brandt, Vor- und frühgeschichtliches Netzwerk, Protokolle zur Fischereitechnik 12, 1970, 107—128. — Ders., Das große Buch vom Fischfang — international. Zur Geschichte der fischereilichen Fangtechniken (1975).

[16] Zusammenfassend H. Schwab, Entdeckung einer keltischen Brücke an der Zihl und ihre Bedeutung für la Tène, Arch. Koorespondenzblatt 2, 1972, 289—294.

krieg wurde in England mit den Landeanlagen einer Inselsiedlung des Spätlatène der erste vorgeschichtliche Binnenhafen Europas aufgedeckt[17]. In
Deutschland folgten zwischen beiden Weltkriegen die ersten Ausgrabungen
vorgeschichtlicher Hafenanlagen[18]. Eine systematische Analyse hafenarchä-
ologischer Aufschlüsse aus vorgeschichtlichen Siedlungen steht bis heute
genauso aus wie die der römerzeitlichen Hafeneinrichtungen.

2.3. Die Erforschung der nachrömischen (mittelalterlichen und frühneuzeitlichen) Schiffahrt begann kein Jahrzehnt nach dem Einsetzen der Pfahlbauforschung mit einem archäologischen Paukenschlag: Der dänische Archäologe
C. Engelhardt grub 1863 in einem Moor bei Nydam ein ca. 24 m langes germanisches Küstenschiff der Völkerwanderungszeit aus, konservierte es und sorgte
für museale Aufstellung und rasche Publikation[19]. Wenig später (1867 in
Tune) begannen die Norweger die Serie der Wikingerschiffe auf beiden Seiten
des Oslofjordes auszugraben. Plötzlich wurde vorstellbar, mit welchen Schiffen die Wikinger ihre kühnen Seefahrten unternommen hatten. Die Aufbruch-
stimmung der Wikingerzeit wurde in den formschönen Schiffen anschauliche
Gegenwart. Diese Schiffe stellten alles in den Schatten, was die provinzialrömische Archäologie aus den Bilddenkmälern und Inschriften, oder die Pfahlbauforschung aus ihren Einbäumen zu erschließen vermochte. Das Interesse an
schiffsarchäologischer Forschung konzentrierte sich im wesentlichen auf die
Seefahrt mit Wikingerschiffen, für die man zugleich eine reiche schriftliche
Überlieferung historisch und philologisch auswerten konnte. Schiffsarchäologie wurde eine Domäne der skandinavischen Forschung und das Wikinger-
schiff ihr Markenzeichen[20]. Damit waren innerhalb von zwei Jahrzehnten
(von 1848 bis 1867) die Weichen für nahezu ein Jahrhundert schiffsarchäologischer Forschung gestellt, in der sich folgendes einfaches Schema zu bestätigen
schien:

Vorgeschichte: nur Einbäume
Römische Kaiserzeit: verschiedene Schiffstypen
Nachrömische Perioden: Wikingerschiffe und ihre Vorläufer
                              bzw. Nachfolger.

Heute wissen wir, daß dieses Denkschema falsch war: Einbäume gab es
sowohl in der Römerzeit als auch während des Mittelalters und der frühen
Neuzeit. Auch sind diverse Typen von Fellbooten, Rindenbooten und Plankenbooten während nahezu allen vorgeschichtlichen Perioden neben den Einbäumen nachweisbar. Und gleichzeitig mit den Wikingerschiffen entwickelten sich

---

[17] A. Bulleid und G. Gray, The Glastonbury Lake-village 1 (1911), 120ff.
[18] Es waren dies folgende Grabungen im Federsee-Gebiet. 1. Die neolithische Siedlung
Aichbühl: R. R. Schmidt, Jungsteinzeitsiedlungen im Federseemoor (1930). — 2. Die
Inselsiedlung Buchau der Urnenfelderkultur: H. Reinerth, Die Wasserburg Buchau. Führer zur Urgeschichte 6 (1928); Ders., Das Federseemoor als Siedlungsland des Vorzeitmenschen (1936) 142ff. — 3. Drei Anlegestellen der Urnenfelder- bis Hallstattzeit außerhalb von
Siedlungen: Fundbericht aus Schwaben NF 4, 1926—28, 52—57.
[19] C. Engelhardt, Nydam Mosefund (1865).
[20] A. W. Brøgger und H. Shetelig, The Viking Ships (1953).

auf dem Kontinent und auch in Skandinavien Wasserfahrzeuge ganz anderer Schiffbautraditionen. Aber die Faszination, die von den Wikingerschiffen ausging, war so groß, daß die andersartigen vorgeschichtlichen Plankenboote und mittelalterlichen Schiffstypen, die seit dem ausgehenden 19. Jahrhundert in wachsender Zahl ausgegraben und z.T. auch für ihre Zeit ausgesprochen gut publiziert wurden[21], keine Chance hatten, in ein schiffahrtsgeschichtliches Gesamtkonzept integriert zu werden. Selbst die mittelalterlichen Hansekoggen rekonstruierte man als hochbordige Weiterentwicklung von Wikingerschiffen.

Die Faszination, die von den Wikingerschiffen ausging, beruhte auf ihrem Einsatz zu kühnen Hochseefahrten. Aber die Wikingerschiffe hatten so geringen Tiefgang, daß sie zugleich weit flußaufwärts fahren konnten. Andererseits gab es auch kleinere Versionen der Wikingerschiffe, die ganz auf den Binnengewässern vor allem Schwedens zu Hause waren. Schon in der allerersten Publikation dieser Forschungstradition wies Engelhardt 1865 darauf hin, daß die nächsten Parallelen zu dem von ihm ausgegrabenen Nydamboot noch in seinen Tagen auf dem nordschwedischen Siljan-See als Kirchboote im Einsatz waren. 1881/82 entdeckte man in Vendel am Ufer der Fyriså im schwedischen Uppland die ungewöhnlich reich ausgestatteten Bootsgräber der Häuptlinge von Vendel, deren Boote Kleinausgaben der Wikingerschiffe waren. Später arbeitete man die Fahrten der Wikinger über die russischen Ströme bis ins Wolga-Gebiet und ins Schwarze Meer heraus, aber dies geschah mehr unter dem Gesichtspunkt der Weite der Handelsverbindungen, nicht unter der Frage, wie denn eigentlich diese Art der Binnenschiffahrt abgewickelt wurde.

Wie in der vorgeschichtlichen und in der provinzialrömischen Forschungstradition fand auch in der von den Wikingerschiffen dominierten die erste Ausgrabung von Hafenanlagen kurz nach 1900 statt, wurde aber erst 1921 publiziert[22]. Weitere Aufschlüsse folgten sehr zögernd und die zusammenfassende Analyse der bis dahin bekannten Befunde erfolgte erst in den 70er Jahren[23]. Dagegen ist bereits seit 1870 die wirtschaftliche Bedeutung der Seehandelsplätze anhand von gezielten Grabungen in diesen selbst sowie durch Untersuchung der Verbreitung von Handelswaren in wachsendem Maße herausgearbeitet worden. Die dabei erzielten Forschungsergebnisse zählen zum festen Wissensbestand des Fachgebietes[24]. — Aber die Frage nach der Rolle, die dabei die Binnenschiffahrt spielte, ist kaum einmal gestellt worden.

2.4. Ferner ist für die Erforschung der Binnenschiffahrt noch diejenige Forschungstradition zu nennen, die sich der skandinavischen Felszeichnungen annahm, auf denen besonders während der Bronzezeit zahlreiche Schiffe dar-

---

[21] Zusammengestellt bei D. Ellmers (wie Anm. 4), Katalog S. 271 ff.

[22] Die Hafengrabung von C. Meyers, Agdenaes Havn og gamle Molo, Aarsberetning Oslo 1869, 6—10, blieb ohne jedes Echo. — N. Lithberg, Knut Stjernas grävningar på Studentenholmen, Upplands Fornmin. Tidskr. 36, 1921, 237 ff. Plan 3—5.

[23] D. Ellmers (wie Anm. 4), S. 123—226.

[24] H. Jankuhn, Typen und Funktionen vor- und frühwikingerzeitlicher Handelsplätze im Ostseegebiet. Österr. Adad. d. Wiss. Phil.-Hist. Kl. SB Bd. 273, 5. Abh. (Wien 1971). — Vor- und Frühformen der europäischen Stadt im Mittelalter. Abh. der Akad. d. Wiss. in Göttingen. Phil.-Hist. Kl. 3. Folge Nr. 83 und 84 (1975).

gestellt worden waren. Wie bei den Wikingerschiffen stand auch bei diesem Forschungszweig die Seeschiffahrt völlig im Mittelpunkt. Da aber manche Felszeichnungen von gleichartigen Schiffen tief im schwedischen Binnenland entdeckt wurden, muß man trotz der seit der Bronzezeit erfolgten Landhebung den Schluß ziehen, daß die an den skandinavischen Küsten eingesetzten Bootstypen auch auf den Binnengewässern des Nordischen Kreises der Bronzezeit verkehrten. Damit bot sich eine zusätzliche Möglichkeit, auch außerhalb der Pfahlbauten vorgeschichtliche Binnenschiffahrt zu beurteilen.

L. Baltzer, Zeichenlehrer in Göteborg, machte als erster seit 1881 durch ziemlich genaue zeichnerische Dokumentation das reiche Bildmaterial aus Bohuslän der Fachwelt zugängig[25]. Seitdem wurden laufend weitere Felsbilder entdeckt und veröffentlicht. Zugleich begannen die Spekulationen um die Bauweise der dargestellten Boote, die neuen Auftrieb bekamen durch das 1921/22 bei Hjortspring auf der dänischen Insel Alsen ausgegrabene, bereits eisenzeitliche Boot, das aus dünnen, elastischen Lindenplanken mit Hilfe von Bast zusammengeschnürt war[26]. 1953 gelang dem Hamburger Schiffbauingenieur G. Timmermann der endgültige Nachweis, daß die bronzezeitlichen Vorläufer des Hjortspringbootes Rindenboote gewesen sein müssen. Trotzdem wurden auch weiterhin noch zahlreiche andere Hypothesen über die Bauweise aufgestellt, die uns hier nicht weiter interessieren sollen[27]. Von Belang ist jedoch, daß durch die Beschäftigung mit den Felsbildschiffen langsam immer mehr Forschern die Erkenntnis kam, daß in vorgeschichtlicher Zeit nicht nur Einbäume die skandinavischen und norddeutschen Gewässer befuhren.

Dagegen hat der Berliner Schiffahrtshistoriker W. Vogel bereits 1912 aus der weit nach vorn ragenden und hoch aufgebogenen Kufe unter den Felszeichnungsbooten die zutreffenden Schlußfolgerungen für die Landetechnik gezogen: „Man pflegte die Schiffe (wie noch bis ins Mittelalter hinein) beim Landen mit dem Bug voran auf den Strand zu treiben; dabei bot es der primitiven Technik erhebliche Schwierigkeiten, den Verband zwischen Vorsteven und Planken so fest zu machen, daß er dem oft heftigen Aufstoßen standhielt, und so schützte man ihn durch den weit vorschießenden und einen zweiten Steven tragenden Kiel oder Bodenteil"[28]. So klare Vorstellungen von vorgeschichtlichen Schiffsländen waren sonst um diese Zeit nirgends entwickelt worden[29].

---

[25] L. Baltzer, Hällristningar från Bohuslän (Göteborg 1881—1908).

[26] A. Nordén, Die Schiffbaukunst der nordischen Bronzezeit, Mannus 1939, 347 ff.

[27] Zuletzt ausführlich dargestellt: D. Ellmers, Vor- und frühgeschichtlicher Boots- und Schiffbau in Europa nördlich der Alpen. Das Handwerk in vor- und frühgeschichtlicher Zeit II. Abh. Der Akad. d. Wiss. in Göttingen. Phil.-Hist. Kl. 3. Folge Nr. 123 (1983) 471—534, hier 518 ff. — Der entscheidende Aufsatz von G. Timmermann: Schiffskundliche Betrachtungen zum Hirschsprungboot, Nordelbingen 31, 1953, 20—30.

[28] W. Vogel, Von den Anfängen deutscher Schiffahrt, Prähist. Zeitschrift 1912, 1 ff. — Ders., Geschichte der deutschen Seeschiffahrt. Bd. 1 (1915) 34 f.

[29] Die erste Analyse der auf den Felsbildern dargestellten Umschlagtechnik erfolgte erst 1983: D. Ellmers, Warenumschlag zwischen Schiff und Wagen im Wasser, Deutsches Schiffahrtsarchiv 6, 1983, 209—241, bes. S. 233—236.

2.5. Obwohl die ersten vor- und frühgeschichtlichen Schiffsmodelle (Spielzeugboote, Votivschiffe, schiffsförmige Gefäße usw.) aus Holz, Keramik oder Metall bereits in der Frühphase der Pfahlbauforschung, noch früher sogar in Frankreich und den Niederlanden entdeckt und publiziert wurden[30], entwickelte sich daraus keine systematische Erforschung der Binnenschiffahrt. Das verwundert umso mehr, als diese Modelle im Gegensatz zu den Einbäumen oder Felsbildern zumeist innerhalb ihres kulturellen Kontextes gefunden wurden und deshalb nicht nur präzise datiert, sondern auch sozialgeschichtlich zugeordnet werden können. Obwohl die Zahl der Neufunde laufend vermehrt wurde, erschienen die ersten zusammenfassenden Publikationen erst kurz vor 1970[31]. Es steht zu erwarten, daß der schiffahrtsgeschichtliche Informationsgehalt dieser Modelle für die felsbildlosen Regionen Europas mindestens dem der skandinavischen Felsbilder entspricht.

Von diesen Modellen sind allein fünf in drei verschiedenen Höhensiedlungen Österreichs gefunden worden[32]. Diese Befunde führten seit 1974 langsam zu der Schlußfolgerung, daß der hoch über einem schiffbaren Fluß gelegenen Höhensiedlung jeweils an dessen Ufer eine Hafensiedlung zum Betrieb der durch die Modelle bezeugten Schiffahrt zugeordnet war[33]. Zwar sind in allen drei Fällen die Hafensiedlungen selber noch nicht ergraben worden, aber dieser neue Ansatz hat sich für andere Höhenburgen und -siedlungen bereits

---

[30] Hölzernes Einbaummodell aus Gerolfingen am Bieler See: F. Keller, Mitt. Antiqu. Ges. Zürich 19, H 3 (= 7. Pfahlbaubericht) 1876, 8 u. Taf. 21,8. — Das bronzene Schiffsmodell von Blessey, Côte-d'or, wurde bereits 1763 gefunden: P. M. Duval, Revue archéol. de l'Est et du Centre-Est 3, 1952, 323 ff. mit der älteren Literatur. — Das tönerne Schiffsmodell aus Loon, Gem. Assen, Prov. Drenthe, wurde 1809 gefunden: L. J. F. Janssen, De Germaansche en Noordsche Monumenten van het Museum te Leyden (Leiden 1840) 50, Nr. 181, Abb. 25a, b.

[31] W. Torbrügge, Europäische Vorzeit (1969) 161—164 und 250 f. — D. Ellmers, Keltischer Schiffbau, Jahrb. RGZM 16, 1969, 73—122, bes. S. 89 f., 96—100 und 108—113. — A. Göttlicher, Materialien für ein Corpus der Schiffsmodelle im Altertum (1978), Kat. Nr. 439—440a (= Ungarn), 491, 502, 504, 507, 516 f., 520, 523—533, 537, 538a—c (= nördl. Provinzen des Röm. Reiches) 546—590 (= Westeuropa, Mitteleuropa, Skandinavien). — Reinhard Maier, Ein schiffsförmiges Tongefäß aus einem eisenzeitlichen Urnengrab von Leese, Ldkr. Nienburg (Weser), Nachr. aus Niedersachsens Urgeschichte 50, 1981, 93—124 (mit verwandten Tonmodellen aus Norddeutschland und den Niederlanden). — C. Peschel, Zu einem Einbaummodell aus Wiesbaden-Erbenheim. Germania 62, 1984, 433—436 (mit weiteren neolithischen Einbaummodellen aus der Schweiz, aus Österreich und der UdSSR). — D. Ellmers, 200 Jahre Schiffsarchäologie im Flußgebiet der Weser, Deutsches Schiffahrtsarchiv 8, 1985, 43—94, hier S. 77—83 (u. a. ein bandkeramisches Bootsmodell).

[32] 1. Vom Rainberg bei Salzburg (um 1910): M. Hell und H. Kobitz, Die prähistorischen Funde vom Rainberg in Salzburg, in: G. Kyrle, Urgeschichte des Kronlandes Salzburg, Beitr. III (Wien 1918) 33 f. — 2. Magdalensberg bei Klagenfurt (1949): R. Egger, Die Ausgrabungen vom Magdalensberg, Carinthia 1, 1954, 77 ff. — 3. Dürrnberg bei Hallein (1959): E. Penninger, Fundbericht in Germania 38, 1960, 357 ff.

[33] F. Maier, Gedanken zur Entstehung der industriellen Großsiedlung der Hallstatt- und Laténezeit auf dem Dürrnberg bei Hallein, Germania 52, 1974, 326—347. S. 344: „Die Vorstellung mag nicht abwegig sein, daß zeitgenössische Vorbilder unseres Schiffchens auf der Salzach verkehrten und mit dem Produkt des Dürrnberger Industriebetriebes, dem Salz beladen waren".

bewährt[34]. Deshalb besteht der dringende Verdacht, daß die meisten nahe bei schiffbaren Gewässern gelegenen vorgeschichtlichen Höhenburgen oder -siedlungen jeweils über einen Hafen am Flußufer verfügten. Diese Erkenntnis ist zwar noch nicht Allgemeingut der Forschung geworden, wird es aber in Zukunft leichter machen, auch für die Vorgeschichte das Netz der Binnen-schiffahrts-Stationen herauszuarbeiten, das aufgrund der Stadtgründungen für die römischen Provinzen und das Mittelalter bereits archäologisch bekannt ist.

2.6. Bisher für die Erforschung der Binnenschiffahrt wenig fruchtbar gemacht werden konnten die Versuche, aus der Verbreitung von Importwaren die Handelsverbindungen zu erarbeiten, obwohl diese Unternehmungen bereits seit 1860 in immer wachsendem Maße durchgeführt werden[35]. Das Problem liegt darin, daß die Verbreitungskarten bestenfalls jeweils breite Gürtel darstellen können, die von den jeweiligen Warenströmen berührt wurden. Aber selbst wenn diese Verbreitung sich auf einen mehr oder weniger breiten Streifen zu beiden Seiten des Flußtales beschränkt, ist daraus nicht zwingend die Benutzung der Wasserstraße abzuleiten. Bereits 1908 hat der bedeutende schwedische Archäologe O. Montelius das Problem deutlich angesprochen: „Daß die natürlichen Wege, welche Flüsse und Flußtäler bilden, hierbei von der größten Bedeutung sind, ist klar. Wenn auch Strudel und Wasserfälle an gewissen Stellen es unmöglich machten, im Boote auf dem Flusse zu fahren, war es doch noch viel leichter längs des Ufers dem Weg zu folgen, welchen der Fluß gebrochen hatte, als sich durch den weglosen Wald zu schlagen. So haben es die Europäer in unserer Zeit in den Weltteilen gemacht, wo heute noch vorgeschichtliche Verhältnisse bestehen"[36].

Um entscheiden zu können, ob jeweils dem Landweg oder dem Wasserweg der Vorzug gegeben wurde, brauchen wir weitere Argumente. Ein entscheidendes brachte kürzlich J. Kunow in seiner Marburger Dissertation über den römischen Import in der Germania libera durch den Nachweis, daß in den römischen Provinzen trotz der gut ausgebauten Straßen der Tonnenkilometer im Landverkehr noch zehnmal so teuer war wie auf Binnenwasserstraßen[37]. Bei den schlecht oder gar nicht ausgebauten Landwegen vorgeschichtlicher Zeiten kann der Aufwand für den Landverkehr nur noch einige Prozentpunkte höher

---

[34] A. Haffner, Der Mart- und Hüttenberg bei Pommern/Karden, ein Oppidum im östlichen Treverergebiet. In: Trier, Augustusstadt der Treverer (1984) 106—111 + Kat. Nr. 119—125. Dazu H. Eiden, Ausgrabungen zur historischen Topographie von Cardena (Karden) 1965—70. In: Ausgrabungen in Deutschland. Bd. 2 (RGZM 1975) 64—79.

[35] C. F. Wiberg, Bidrag till kännedomen om Grekers och Romares förbindelse med Norden och om de nordiska handelsvägarna; efter fynden och de gamla geografernas anvisningar (Gäfle 1860). — Ders., Der Einfluß der klassischen Völker auf den Norden durch den Handelsverkehr (Hamburg 1867).

[36] O. Montelius, Der Handel in der Vorzeit, Prähist. Zeitschr. 2, 1911, 249—291, Zitat S. 274. Die Arbeit war im schwedischen Urtext bereits 1908 in Nordisk Tidskrift erschienen.

[37] J. Kunow, Negotiator et vectura. Händler und Transport im freien Germanien (Marburg 1980) 22—25. — Ders., Der römische Import in der Germania libera bis zu den Markomannenkriegen (Neumünster 1983) 53—55.

gelegen haben, denn die Wasserführung der Flüsse ist ja durch die römische Besetzung unverändert geblieben. Auch wenn sich wegen der fehlenden Geldwirtschaft für vorgeschichtliche Kulturen kein Preisindex errechnen läßt, muß sich doch der mehr als zehnfache Aufwand für den Landverkehr gegenüber der Wasserstraße in der Form von entsprechend höheren Arbeitsleistungen für jeden Einzeltransport so ausgewirkt haben, daß dem Wasserweg der Vorzug vor dem Landweg gegeben wurde, wo immer das nur irgend möglich war.

Das gilt natürlich in erster Linie für die Fahrten stromabwärts, bei denen man sich nur mit der Strömung treiben zu lassen brauchte. Aber auch die Bergfahrt war nicht so schwierig zu bewerkstelligen, daß der Aufwand den für einen entsprechenden Landtransport auch nur annähernd erreicht hätte (vgl. 3.1.3). Damit stehen uns seit kurzem erstmals jene Kriterien zur Verfügung, die uns eine klare Beurteilung des vor- und frühgeschichtlichen Verkehrs auf den Binnengewässern ermöglichen. Danach müssen wir davon ausgehen, daß zu Tal wie zu Berg der Wasserweg für Transporte gewählt wurde, wo immer die natürlichen Voraussetzungen das zuließen (vgl. 3.2.3). Wenn man diese Gesichtspunkte an ältere Verbreitungskarten von Importgut heranträgt, gewinnen diese plötzlich eine ungeahnte und äußerst konkrete Aussagekraft zur Binnenschiffahrt des jeweils behandelten Zeitabschnitts.

2.7. Als von all den aufgeführten Ansätzen nur die provinzialrömischen Archäologie und die Erforschung der Wikingerschiffe sich zu nennenswerten Aussagen über frühe Schiffahrt in der Lage zeigten, entwickelte A. Voss, Direktor des Kgl. Museums für Völkerkunde in Berlin, dem auch die Vorgeschichte angehörte, 1899 einen höchst bemerkenswerten Plan, der zunächst allein für die frühe Küstenschiffahrt die Quellenbasis erweitern sollte, aber schon bald auf die Erforschung der frühen Binnenschiffahrt zielte:

„Es ist meiner Meinung nach von höchster Wichtigkeit, Fundmaterial von alten Schiffsfahrzeugen aus unseren Küstenstrichen zu besitzen und durch wissenschaftliche Sachverständige daran festzustellen, ob Ähnlichkeit mit den Wikingerfahrzeugen vorhanden ist, oder ob davon verschiedene, eigenständige Typen vorliegen, und welchen Grad von Vollkommenheit sie in ihrer Konstruktion zeigen. Da Schiffsfunde aber so außerordentlich selten sind, und die Schiffskörper so große Schwierigkeiten für die Bergung und Aufbewahrung bieten, so halte ich es für dringlichst wünschenswert, die jetzt noch vorhandenen, in den verschiedenen Gegenden gebräuchlichen Fischer- und Schiffsfahrzeuge zur Lösung dieser Frage mit heranzuziehen, da sich bis in die neueste Zeit hinein offenbar sehr alte Typen erhalten haben"[38]. Wir erkennen, daß sich Voss mühsam von der Faszination durch die Wikingerschiffe lösen mußte und zunächst noch bei den Seeschiffen stehen blieb. Ein Jahr später präzisierte er seinen Ansatz noch weiter. Er hatte sich ganz von den Wikingerschiffen freigemacht und die entscheidende Bedeutung der Binnenschiffe für die Genese der Wasserfahrzeuge erkannt und ins Zentrum seines Forschungskonzeptes gerückt: „Es ist über jeden Zweifel erhaben, daß das Schiff das älteste künst-

---

[38] A. Voss, Zu den Schiffsfunden, Nachrichten über deutsche Altertumsfunde 10, 1899, 45—47.

liche Transportmittel ist, dessen sich der Mensch zur Fortbewegung seiner Person und seiner Habe bedient hat. Sicherlich ist die Schiffahrt im Binnenlande erfunden, wo die Benutzung des Wassers geringere Schwierigkeiten bot und sich ihm beim Übersetzen an Flüssen von selbst aufdrängte". Voss legte im Anschluß daran ausführlicher dar, daß „die Herrichtung eines ausgehöhlten Baumstammes, des sogenannten Einbaumes", der entscheidende Ausgangspunkt für die weitere Schiffbauentwicklung gewesen sei. „Eine noch größere Vervollkommnung" sah er „in der Zimmerung eines Fahrzeuges aus einzelnen Planken" und zeigte dann die verschiedenen Einflüsse auf, die dazu führten, daß „heute noch die Binnenfahrzeuge sowohl auf den Seen als den Flüssen unter sich eine so große Verschiedenheit zeigen, wenn uns auch wegen der bisher mangelhaft oder fast gar nicht bekannten Geschichte der Binnenschiffahrt für jede einzelne Erscheinung ein sicherer Grund fehlt.

Aber das sieht ein Jeder, der nur ein wenig mit diesen Dingen vertraut ist, daß z.B. das Rheinschiff eine ganz andere Bauart hat als das Weserschiff und das Elbschiff und daß letzteres sich wieder unterscheidet von dem Oder- und Weichselschiff, daß das Bodenseefahrzeug sich wesentlich unterscheidet von den Fahrzeugen des Oderhaffs usw. Diese Unterschiede zu studieren und in sachgemäßer Weise festzulegen ist jetzt höchste Zeit, da die alten Typen verschwinden, weil vollkommenere und zweckmäßigere, wohl gar aus Eisen gebaute an ihre Stelle treten und von ihren Eigenschaften bald kaum noch eine sichere Kunde zu erlangen sein wird"[39].

Voss hat mit seinem neuen Forschungskonzept nicht nur den entscheidenden Grundgedanken in die wissenschaftliche Diskussion geworfen, daß nämlich die Vielfalt der in alter Handwerkstradition gebauten hölzernen Wasserfahrzeuge seiner eigenen Zeit sich aus vorgeschichtlichen Einbäumen entwickelt habe. Deshalb könne man aus jenen rezenten Wasserfahrzeugen durch geeignete Methoden Rückschlüsse auf den Gang derjenigen Schiffbau-Entwicklung ziehen, der sie ihre derzeitige Konstruktion verdanken. Der große Organisator Voss hat zusätzlich dazu auch noch die beim damaligen Stand der Erforschung rezenter Boote allein mögliche Methode entwickelt und in die Tat umgesetzt, die entsprechende Forschungsergebnisse erwarten ließ. Er hat nämlich einen umfangreichen Fragebogen zu der Thematik erarbeitet und über die Deutsche Gesellschaft für Anthropologie, Ethnologie und Urgeschichte im gesamten deutschen Sprachraum verteilen lassen.

Der Rücklauf war erstaunlich groß und enthielt neben vielen interessanten Beobachtungen an ausgegrabenen Einbäumen eine solche Fülle an Informationen über traditionell gebaute Boote der Zeit um 1900, daß Voss sich entschloß, das Material „nach Stromgebieten geordnet" zu veröffentlichen. Schon im Juni-Heft 1902 des Correspondenzblattes der oben genannten Gesellschaft

---

[39] Ders., Fragebogen zur Ermittlung und Beschreibung der noch in Gebrauch befindlichen oder ehemals gebräuchlichen Schiffsfahrzeuge einfachster Bauart und Einrichtung. Correspondenzblatt der Deutschen Gesellschaft für Anthropologie, Ethnologie und Urgeschichte 31, 1900, 125—131.

erschienen die ersten Beiträge zu den Booten der Schweiz. Es folgten die Beiträge aus dem Donaugebiet (1903) und aus Albanien und Macedonien (1904)[40]. Inzwischen war Voss schwer erkrankt und starb 1906. Damit war der entscheidende Motor ausgefallen und das ganze Unternehmen stagnierte. Erst ein halbes Jahrhundert später nahm W. Rudolph in der Deutschen Demokratischen Republik diesen Faden wieder auf[41]. Mit einigem Abstand folgten auch die skandinavischen Länder diesem Beispiel, aber direkte Verbindungslinien zur Schiffsarchäologie wurden dabei nicht durchgezogen. Einzig und allein für die Forschungen zu vor- und frühgeschichtlichen Einbäumen brachten die eingehenden Beobachtungen zum Bau rezenter Einbäume am Mondsee in Österreich wichtige Hinweise[42].

2.8. Am meisten gefördert wurde die Archäologie der Binnenschiffahrt schließlich durch die Entwicklung der Tauchtechniken, die in den 50er Jahren des 20. Jahrhunderts zu den ersten wissenschaftlichen Untersuchungen von Schiffswracks auf dem Meeresboden führte und der Schiffsarchäologie allgemein ungeahnte neue Möglichkeiten eröffnete. Drei spektakuläre Schiffsfunde markieren fast gleichzeitig den Beginn des neuen Zeitalters in der Schiffsarchäologie. Es wurden geborgen und musealer Aufarbeitung zugeführt 1961 das schwedische Regalschiff „Wasa" von 1628 in Stockholm, 1962 fünf Wikingerschiffe des 11. Jahrhunderts im Roskilde-Fjord und 1962/65 die Hansekogge von 1380 in Bremen. Keines dieser Schiffe war ein Binnenschiff, und auch in den nächsten beiden Jahrzehnten konzentrierte sich die neue Unterwasserarchäologie weitgehend auf seegehende Schiffe auf dem Meeresboden. Aber alle drei großen Schiffsfunde zogen nicht nur den Bau eigener Museen und Konservierungsanlagen nach sich, sondern auch die Neueinrichtungen schiffsarchäologischer Forschungsstätten in den drei betroffenen Ländern, denen andere Länder rasch mit vergleichbaren Forschungsstätten folgten. In der Bundesrepublik übernahm das nach fünfjährigen Verhandlungen 1971 in Bremerhaven gegründete Deutsche Schiffahrtsmuseum diese Aufgabe. Es entwickelte eine schiffsarchäologische Grundlagenforschung und baute einen schiffsarchäologischen Service zur Beratung der Bodendenkmalpflegestellen der Bundesländer so aus, daß Begutachtung von Schiffsfunden, Beratung und Hilfe

---

[40] Den ersten begeisterten Bericht über die Fülle der Rückmeldungen gab Voss ebd. 32, 1901, 139—140. Sein Assistent K. Brunner wertete die Fragebogen aus für: A. Die Schweiz, ebd. 33, 1902, 36—42; B. Donaugebiet, ebd. 34, 1903, 1—13. Es folgte P. Traeger, C. Schiffsfahrzeuge in Albanien und Macedonien, ebd. 35, 1904, 25—38. — Schließlich erschien nach mehr als einem Jahrzehnt noch ein Abgesang: K. Brunner, Die volkstümlichen deutschen Schiffsfahrzeuge, Festschrift Eduard Hahn zum 60. Geburtstag (Stuttgart 1917) 292—307.

[41] W. Rudolph, Handbuch der volkstümlichen Boote im östlichen Niederdeutschland (Berlin 1966). — Zur Forschungsgeschichte: Ders., Ein Jahrhundert maritime Volkskunde im Ostsee- und Nordseeraum, Deutsches Schiffahrtsarchiv 4, 1981, 191—204.

[42] F. Angerer, Über den Mondseer Einbaum. Materialien zur Urgeschichte Österreichs, Heft 3, 1927, 99—104. — W. Kunze, Der Mondseer Einbaum, Jahrb. des Oberösterr. Musealver. 113, 1968, 173—202; beides ohne Zeichnungen. Diese: W. Werner, Einbäume auf österr. Seen. Das Logbuch 9, H. 2, 1973, 43—50.

bei Ausgrabungen oder Bergungen und zur Konservierung abgerufen werden können[43].

In der Bundesrepublik mit ihren verhältnismäßig kurzen Küsten, aber langen Flüssen mit zahlreichen Baggerungen und Wasserbaumaßnahmen wurde dieser Service vor allem für Binnenschiffe in Anspruch genommen, deren Fundzahl dadurch sprunghaft anstieg. Stärker als vergleichbare Institutionen in anderen Ländern hat sich deshalb die schiffsarchäologische Forschungsstelle des Deutschen Schiffahrtsmuseums der Grundlagenforschung zur vor- und frühgeschichtlichen Binnenschiffahrt zugewandt. Der Wissenszuwachs resultiert aus einer systematischen Materialsammlung, und zwar einerseits aus den jeweils in Zusammenarbeit mit den Denkmalämtern der Länder durchgeführten neuen Grabungen, andererseits aus der Sammlung älterer Fundnachrichten und schließlich aus eigenen Inventarisationsprogrammen. Das auf diese Weise erfaßte Material wird durch systematische Fortentwicklung der oben dargestellten älteren Forschungsansätze in eigenen gezielten Forschungsprogrammen aufgearbeitet und publiziert. Jährlich informiert eine kommentierte Bibliographie über die wissenschaftlichen Neuerscheinungen zum Fachgebiet[44]. Auf diesen Grundlagen basiert die folgende Zusammenfassung der neuen Forschungsansätze.

3. Neue Forschungsansätze

Neue Forschungsansätze konnten entwickelt werden, nachdem die alten Forschungsansätze — wie oben dargelegt — mit ihren bisherigen Ergebnissen und Möglichkeiten zusammengestellt worden waren. Es galt fortan, nicht jeden Ansatz einzeln weiterzuentwickeln, sondern ihre Gesamtheit konzentriert auf neue Fragestellungen anzusetzen und auch naturwissenschaftliche Methoden mit einzubeziehen, z.B. zur Datierung oder zur Bestimmung der Schiffbarkeit kleiner Flüsse usw.

3.1 Die Wasserfahrzeuge

Am besten läßt sich bei der Erforschung der Wasserfahrzeuge zeigen, wie sehr sich die neuen Forschungsansätze von den alten unterscheiden. Wir können es uns nicht mehr leisten, die vorgeschichtlichen (2.1), provinzialrömischen (2.2) und mittelalterlichen Wasserfahrzeuge (2.3) für sich zu behandeln, zumal sich herausgestellt hat, daß die Wasserfahrzeuge in den nördlichen Provinzen des Römerreiches zum großen Teil aus einheimischen Vorgängern weiterentwickelt worden sind und auch nach der Völkerwanderungszeit unter wiederum gewandelten Bedingungen weiterhin gebaut und benutzt wurden[45]. Wasser-

[43] D. Ellmers, Zehn Jahre Stiftung Deutsches Schiffahrtsmuseum (1971—1981), in: Lebensbilder Deutscher Stiftungen Bd. 4 (Tübingen 1982) 173—186.
[44] Ders., Schiffahrt und Schiffbau, Hansische Geschichtsblätter seit 95, 1977, jährlich.
[45] Ders., Keltischer Schiffbau, Jahrb. RGZM 16, 1969, 73—122.

fahrzeuge mediterraner Bauweise dagegen wurden an Rhein und Donau nur während der Römerzeit benutzt und haben dort weder Vorläufer noch Nachfolger. Abgesehen von dieser diskontinuierlichen Entwicklungslinie hat also die neue Schiffsarchäologie die ausgegrabenen Überreste von Wasserfahrzeugen zu bearbeiten, die sich von vorgeschichtlichen Zeiten bis in die Neuzeit hinein kontinuierlich weiterentwickelten. Da diese uralten Handwerkstraditionen bei den kleinen, traditionell gebauten Booten insbesondere auf den Binnengewässern bis heute nicht abgerissen sind, hat es sich in einigen Ländern durchgesetzt, daß die volkskundliche Bestandsaufnahme und Erforschung dieser Boote (vgl. 2.7) in enger Fühlungnahme mit der Schiffsarchäologie durchgeführt werden[46].

Natürlich muß auch die gesamte Überlieferung der bildlichen Darstellung von Wasserfahrzeugen, angefangen von Felsbildern (2.4) über vor- und frühgeschichtliche Schiffsmodelle (2.5) und römische Grabreliefs (2.1) bis zu den noch völlig unzulänglich ausgewerteten Buchillustrationen des Mittelalters und Stadtansichten der Neuzeit auf die archäologische und volkskundliche Überlieferung der Schiffe und Boote selbst bezogen werden. Erst wo es gelingt, für jeden Boots- und Schiffstyp die Sach- und die Bildüberlieferung zu korrelieren, können sich beide Quellengruppen wechselseitig erhellen. Für die vorgeschichtlichen Perioden müssen alle Ergebnisse aus der Sach- und Bildüberlieferung gewonnen werden. Seit dem 4. vorchristlichen Jahrhundert (Pytheas v. Massilia) tritt zuerst nur sporadisch, dann immer reichhaltiger die schriftliche Überlieferung hinzu, die selbstverständlich auch mit der Sach- und Bildüberlieferung Punkt für Punkt in oft mühsamer Kleinarbeit zu korrelieren ist, damit eine zusätzliche wechselseitige Erhellung mit der nötigen Sicherheit gewährleistet ist. Die einzelnen methodischen Schritte und die dabei auftretenden Probleme sind bereits vor ca. 15 Jahren beschrieben worden[47]. Die Einbeziehung der mündlichen Überlieferung, die von der Volkskunde für rezente Boote festgehalten wird, bietet keinerlei methodische Probleme, weil sie durch den Prozeß der volkskundlichen Fixierung in schriftliche Überlieferung umgewandelt wird. Hier kommt es nur darauf an, die betreffenden Informationen noch zu sammeln, bevor die Träger des mündlich tradierten Wissens aussterben.

Ein gutes Beispiel für den auf diese Weise erreichten Wissenszuwachs ist der Einbaum, von dem vorgeschichtliche Funde schon seit 200 Jahren der Forschung zugeführt, allerdings von dieser lange sehr stiefmütterlich behandelt wurden[48]. Erst als die naturwissenschaftlichen Datierungsmethoden (vor dem Zweiten Weltkrieg: Pollenanalyse; nach dem Zweiten Weltkrieg: C-14-Datie-

---

[46] H.-W. Keweloh, Vorindustrielle Wasserfahrzeuge im Flußgebiet des Rheins. Ein Forschungsprojekt des Deutschen Schiffahrtsmuseums, Deutsches Schiffahrtsarchiv 4, 1981, 205—212.

[47] D. Ellmers, Frühmittelalterliche Handelsschiffahrt in Mittel- und Nordeuropa (1972) 11—15.

[48] Ders., 200 Jahre Schiffsarchäologie im Flußgebiet der Weser, Deutsches Schiffahrtsarchiv 8, 1985, 43—94.

rung und Dendrochronologie) entwickelt und auch auf Einbäume angewendet wurden, besserte sich die Ausgangslage. So konnte noch in den 50er Jahren der Einbaum von Pesse, Niederlande, in einen frühen Abschnitt des Mesolithikums datiert werden und für mehrere Jahrzehnte als das älteste bekannte Wasserfahrzeug gelten[49]. In den 60er Jahren entdeckte man den ersten frühmittelalterlichen und in den 70er Jahren den ersten provinzialrömischen Einbaum Mitteleuropas[50]. Überraschend ist dabei eigentlich nur der späte Zeitpunkt, zu dem die Einbäume der Zeit nach Chr. Geb. ins Blickfeld der Forschung kamen, denn die Volkskunde hatte um 1900 noch an vielen Stellen Mitteleuropas Einbäume im Betrieb vorgefunden, so daß eine kontinuierliche Tradition von Einbaumherstellung und -nutzung über viele Jahrtausende hinweg bis in unsere Zeit vorausgesetzt werden mußte. Außerdem hat die Volkskunde durch genaue Dokumentation der Arbeitsvorgänge bei der Anfertigung der Einbäume am Mondsee (zuletzt 1965/66) die wesentlichen Gesichtspunkte zur Beurteilung des Einbaumbaus in Vor- und Frühgeschichte geliefert, so daß wir heute in der Lage sind, alle technischen Vorgänge zu verstehen[51].

Aber erst in den 80er Jahren wurde die Quellenbasis dadurch erweitert, daß Einbäume auf vorgeschichtlichen Felsbildern identifiziert und Modelle vorgeschichtlicher Wasserfahrzeuge z.T. als solche von Einbäumen erkannt werden konnten[52]. Schließlich gelang kürzlich auch die Aufarbeitung der älteren Schriftquellen zu Einbäumen, so daß wir jetzt wissen, mit welchen Begriffen Einbäume benannt wurden, und auf dieser Grundlage deren Einsatz in den letzten beiden Jahrtausenden viel präziser als bisher bestimmen können[53].

Die wesentlichste neue Erkenntnis ist aber die, daß vom späten Mesolithikum an bis ins 20. Jahrhundert hinein in immer neuen Anläufen Methoden erdacht wurden, um Einbäume durch Hinzufügen weiterer Holzteile zu verbessern, zu vergrößern oder für besondere Einsätze herzurichten[54]. D.h. von dem gemeinsamen Stamm der ununterbrochen über mehr als acht Jahrtausende (!) belegten reinen Einbaumfertigung zweigte bereits seit dem späten Mesolithikum eine Methode nach der anderen ab, Einbäume zu Booten weiterzuentwickeln, die aus mehreren Hölzern zusammengesetzt sind. Wir sind heute

---

[49] W. van Z e i s t , De mesolithische boot van Pesse, Nieuwe Drentse Volksalmanak (Assen 1957) 4—11.

[50] Einbaum von Speyer um 600: E. H o l l s t e i n , Mitt. hist. Verein Pfalz 67, 1969, 191 ff. Abgebildet: D. E l l m e r s , Jahrb. RGZM 16, 1969, 88. — Einbaum von Zwammerdam, 2. Jh. nach Chr.: M. D. de W e e r d , Römerzeitliche Transportschiffe und Einbäume aus Nigrum Pullum/Zwammerdam, Stud. zu den Militärgrenzen Roms II, 1977, 187—198.

[51] Vgl. dazu Anm. 40 und 42.

[52] D. E l l m e r s (wie Anm. 27), S. 479 ff. und 528. — D e r s ., Einbaum, J. Hoops, Reallexikon der Germanischen Altertumskunde, 2. Aufl. Bd. 6 (1986) 601—609. — C. P e s c h e l , Zu einem Einbaummodell aus Wiesbaden-Erbenheim, Germania 62, 1984, 433—436.

[53] U. S c h n a l l , Einbaum, J. Hoops, Reallexikon der Germanischen Altertumskunde, 2. Aufl. Bd. 6 (1986) 609—613.

[54] D. E l l m e r s (wie Anm. 27), S. 486 ff. — Inzwischen hat eine dänische Ausgrabung ergeben, daß der erste Einbaum mit Heckschott schon dem späten Mesolithikum angehört: S. H. A n d e r s e n , En stenalder båd fra Tybrind vig, Antikvariske studier 6, 1983, 162—172.

bereits in der Lage, die meisten bekannten Boots- und Schiffsformen Mitteleuropas Schritt für Schritt auf präzise bestimmbare Einbaumformen zurückzuführen. D.h. wir können über verschiedene Zwischenstufen den Entwicklungsgang von einer ausgegrabenen oder rezenten Bootsform bis zu dem Einbaumtyp zurückverfolgen, von dem die jeweilige Herstellungstradition ihren Ausgang nahm. Für die weitere Forschung hat diese Erkenntnis weitreichende Konsequenzen.

Man kann nicht länger die Einbäume als eine in sich geschlossene Gruppe von Wasserfahrzeugen behandeln, sondern muß die Tatsache zusätzlich berücksichtigen, daß bestimmte Einbaumformen mit den aus ihnen weiterentwickelten „zusammengesetzten" oder „gebauten" Booten natürlich viel enger verwandt sind als mit anderen Einbaumformen. Wenn wir aber wissen, daß bestimmte Einbaumformen mit bestimmten Bootsformen zu einer in ihrer Entwicklung genau beschreibbaren Schiffbautradition zusammengehören, gehört die Erforschung dieser Schiffbautraditionen zu den unabdingbaren Voraussetzungen für die zu leistende Rekonstruktion der vor- und frühgeschichtlichen Binnenschiffahrtsentwicklung.

3.1.1 Die Schiffbautraditionen

Wasserfahrzeuge wurden ja nicht in jeder Generation neu erfunden. Ihre Herstellung wurde vielmehr von den Vorfahren übernommen und lediglich über längere Zeiträume vorsichtig und in kleinen Schritten verbessert. Die Fahrzeuge wurden vergrößert oder neuen Zweckbestimmungen angepaßt. Dabei wurden einmal gefundene und bewährte Lösungen konstruktiver Probleme (z.B. bei der Verbindung der Planken untereinander) oft über Jahrtausende unverändert beibehalten oder nur leicht modifiziert. An solchen für bestimmte Schiffbautraditionen typischen Merkmalen kann der Wissenschaftler z.B. aufzeigen, daß zwei Boote trotz eines Zeitunterschiedes von einigen Jahrtausenden (!) näher miteinander verwandt sein können als zwei gleichzeitige Boote einer einzigen Region, die jedoch zwei verschiedenen Bootsbautraditionen angehören.

Besonders aussagefähig für eine bestimmte Schiffbautradition sind deren am weitesten entwickelte Spätformen. Sie sind nicht nur einfach Produkte einer Handwerkserfahrung von vielen Jahrtausenden, sondern tragen jeweils noch die Spuren auch der früheren Entwicklungsphasen in sich quasi wie in einem genetischen Code. Es kommt nur darauf an, Methoden zu entwickeln, die diese älteren Phasen klar erkennbar machen, damit man andere ältere Schiffsfunde gegebenenfalls dieser Schiffbautradition zuordnen kann. Auf diese Weise läßt sich durch konsequente Untersuchung aller Boots- und Schiffsfunde *ein Stammbaum der Wasserfahrzeuge* einer bestimmten Region rekonstruieren, der im Prinzip dem für die Biologie längst aufgestellten Stammbaum der Lebewesen entspricht. Die Entsprechung geht sogar so weit, daß man die typologische Reihenfolge nicht bis in alle Verästelungen hinein chronologisch mißverstehen darf. Es haben sich hier wie dort wenig entwickelte Primitivformen über lange Zeiträume hinweg unverändert erhalten, während die daraus weiterentwickelten, oft komplizierten Spätformen längst wieder ausgestorben sind. So werden z.B. heute noch kleine Boote aus der Schiffbautradition der Kogge in Binnen- und Küstengewässern zum Fischen benutzt, während das viel weiterentwickelte große Handelsschiff Kogge seit dem 15. Jahrhundert nicht mehr fährt[55]. Im Detail sind wir über die vor- und frühgeschichtliche Entwicklung des Schiffbaus noch viel zu wenig unterrichtet, als daß wir schon einen auch nur einigermaßen lückenlosen Stammbaum der Wasserfahrzeuge entwerfen könnten. Aber es zeichnet sich bereits klar ab, daß in Mitteleuropa einige wenige Gruppen von Schiffbautraditionen sich unabhängig von einander entwickelt haben[56]:

— *Arktische Fellboote* sind seit dem späten Paläolithikum belegt durch ein Spantfragment von Husum (Ahrensburger Kultur), durch skandinavische Felsbilder und durch Eskimo-Boote vom ausgehenden Mittelalter bis heute. Boote dieser Gruppe waren in Mitteleuropa die ersten Wasserfahrzeuge überhaupt und wurden wahrscheinlich während des Magdalènien eingeführt. Wo sie erfunden wurden, wissen wir nicht.

— *Fellboote vom Typ Coracle* wurden zusammen mit vielen anderen vorderasiatischen Errungenschaften (Ackerbau, Viehzucht, Webkunst, Töpferei) von der bandkeramischen Kultur in Mitteleuropa eingeführt und haben sich auf den Britischen Inseln bis ins 20. Jahrhundert erhalten[57].

— *Einbäume* sind seit dem Mesolithikum nachweisbar und wurden in Mitteleuropa bis über die Mitte des 20. Jahrhunderts hinaus angefertigt und benutzt. Aus ihnen haben sich immer wieder neue Typenreihen von Plankenbooten entwickelt, so daß die meisten mitteleuropäischen Schiffstypen bis hin zur Kogge und zu den kraweel gebauten Großseglern auf Einbäume zurückgeführt werden können. D.h. diese große und vielfältig gegliederte Gruppe hat die wichtigsten Typen sowohl der Binnen- als auch der Seeschiffahrt hervorgebracht. Auch heute noch werden besonders auf süddeutschen Flüssen Boote dieser Tradition gebaut.

— *Flöße* sind seit der Bronzezeit nachweisbar, können aber viel älter sein. Sie dienten anfangs wohl am wenigsten zum Transport des Holzes, aus dem sie bestanden, sondern für Personen- und Warentransporte flußabwärts und als Fähren, insbesondere für Wagen. Bestimmte Fährtypen haben sich aus Einbäumen weiterentwickelt und waren z.B. an der Weichsel noch im 20. Jahrhundert in Betrieb.

— *Baumrindenboote* waren in der frühen Nordischen Bronzezeit bereits fertig ausgebildet. Die ältesten Zeugnisse sind Gravierungen auf frühen Bonzeobjekten. Auf den Felsbildern könnten sie älter sein, aber wir können die älte-

[55] D. Ellmers, The cog of Bremen and related boats, Sean McGrail (Hrsg.), The Archaeology of Medieval Ships and Harbours in Northern Europe. BAR. International Series 66 (1979) 1—15.
[56] Ders., (wie Anm. 27). — Ders., Fellboote, Einbäume, Schiffe, Archäologie in Deutschland, Heft 2, 1986, 28—37.
[57] Ders., 200 Jahre Schiffsarchäologie im Flußgebiet der Weser, Deutsches Schiffahrtsarchiv 8, 1985, 43—94, hier S. 55—57 und S. 82.

sten Felsbilder nur nach darauf dargestellten Bronzegeräten datieren. Diese Rindenboote haben sich über mehrere Zwischenstufen zu den Wikingerschiffen weiterentwickelt. Letzte Ausläufer dieser Bootsbautradition findet man noch heute als klinkergebaute Boote an den Küsten von Nord- und Ostsee.

— *Schiffe und Boote mittelmeerischer Bauweise* spielten in der mitteleuropäischen Binnenschiffahrt — und zwar vor allem für militärische Zwecke — nur solange eine Rolle, wie die Römer an Rhein und Donau saßen.

3.1.2 Die Funktionen der Wasserfahrzeuge

Was die Vielfalt der bekannten Wasserfahrzeuge so verwirrend macht, ist nicht ihr Bau nach den Prinzipien bestimmter Schiffbautraditionen. Verwirrend wirkt vielmehr, daß in jeder einzelnen Schiffbautradition Fahrzeuge für sehr unterschiedliche Funktionen hervorgebracht werden mußten. D.h. innerhalb jeder Schiffbautradition müssen wir noch zusätzlich einzelne Boots- und Schiffstypen nach ihrer Zweckbestimmung oder Funktion unterscheiden. Bis jetzt hat die Forschung folgende Funktionen gegeneinander abgegrenzt:

— Fischerei- und Fangboote	dienen	dem Fang von Fischen und anderen Tieren aus dem Wasser sowie der Jagd auf Wasservögel.
— Lastboote	dienen	dem Gütertransport.
— Reiseboote	dienen	dem Personentransport.
— Kriegsfahrzeuge	dienen	der Machtausübung auf dem Wasser (Überfälle, Geleitschutz, Kriegseinsätze u.a.m.)
— Fähren	dienen	dem Übersetzen über Flüsse und Seen (Querverkehr).
— sonstige Wasserfahrzeuge	dienen	besonderen Zwecken, z.B. als schwimmende Wassermühlen, Fischbehälter, Arbeitsboote, Kultbarken usw.

Zwar konnte gelegentlich ein Boot mehrere dieser Funktionen erfüllen. Z.B. konnten im Fischerboot auch einzelne Personen ein Gewässer überqueren. Aber zum Übersetzen von Fuhrwerken brauchte man in jedem Fall die spezialisierte Wagenfähre. Entscheidend für die Funktion war nicht die Bautechnik; man konnte etwa zum Fischen sowohl Fellboote als auch Einbäume, Rindenboote, Flöße oder Plankenboote einsetzen. Entscheidend waren vielmehr bestimmte Eigenschaften, wie hohe Geschwindigkeit für Kriegsboote, große Tragfähigkeit für Lastkähne, breite flache Plattform für Wagenfähren usw. Wo solche funktionsbedingten Eigenschaften trotz unterschiedlicher Bautechniken regelhaft auftreten, gehören die betr. Wasserfahrzeuge einem bestimmten „Funktionstyp" an.

Trotz der großen wissenschaftlichen Bedeutung, die eine klare Abgrenzung der unterschiedlichen Zweckbestimmungen für die Erforschung der frühen

Binnenschiffahrtsgeschichte hat, sind die praktischen Schwierigkeiten bei den meisten ausgegrabenen Wasserfahrzeugen keineswegs schon gelöst. Am sichersten sind derzeit die Wagenfähren durch die für das Übersetzen von Wagen nötige flache und breite Plattform von den übrigen Fahrzeugen zu unterscheiden[58]. Auch die Fahrzeuge für Sonderzwecke fallen durch ihre außergewöhnliche Funktion soweit aus dem Rahmen des Üblichen, daß man sie — soweit bisher erkennbar — leicht aussondern kann[59].

Auch manche anderen Boote weisen spezifische Einrichtungen auf, die ihre Zweckbestimmung deutlich erkennbar machen: Ein kleines segelloses Boot wird durch das Lager für eine (Netz-)Winde als Fischerboot ausgewiesen[60]. Dasselbe gilt für Boote mit Halterungen für Senknetze oder mit Löchern im Dollbord, die zum Festbinden der im Wasser schwimmenden Fischkästen dienen[61]. Die offene Bugpforte, durch die schwere Fässer ohne Kran an und von Bord gerollt werden können, kennzeichnet seit der Latènezeit einen bestimmten Typ von Lastbooten, wie er nur in der Binnenschiffahrt eingesetzt werden konnte[62]. Zahlreiche Sitzplätze kennzeichnen hingegen die skandinavisch beeinflußten Mannschaftsboote von der frühen Nordischen Bronzezeit bis ins 20. Jahrhundert. Sie wurden einerseits für friedliche Zwecke als Reiseboote oder zu religiösen Prozessionen eingesetzt, andererseits zur Machtausübung auf dem Wasser als Kriegsfahrzeuge. Auch haben wir bisher kein Anzeichen dafür, daß es im Nordischen Kreis der Bronzezeit andere Fahrzeuge für den Warenaustausch gab[63]. Die klare Trennung zwischen schlankem Mannschafts- und breitem, relativ tragfähigen Lastboot können wir in dieser Schiffbautradition erst seit der frühen Wikingerzeit nachweisen[64]. Umgekehrt finden wir auf dem Kontinent vor der römischen Eroberung Galliens keinen eindeutigen Hinweis auf eigentliche Kriegsfahrzeuge[65].

Weiter hat man versucht, aus der Form- und Tragfähigkeitsberechnung vor allem von Einbäumen die intendierte Zweckbestimmung mit mehr oder weni-

---

[58] D e r s., Kultbarken, Fähren, Fischerboote, Die Kunde NF 24, 1973, 23—62, hier S. 40—46.

[59] Z.B. die Schiffsmühle: D. Z i p p e l und D. E l l m e r s, Der Einbaum von Mandelsloh. Ein einmaliger arch. Fund, Ber. zur Denkmalpflege in Niedersachsen, 3. Quartal 1983, 99—103.

[60] D. E l l m e r s, Fellboote, Einbäume, Schiffe, Archäologie in Deutschland, Heft 2, 1986, 28—73, hier S. 36 f. (kleiner Oberländer von Krefeld).

[61] So der rezente Einbaum vom Mondsee in der Bootshalle des Deutschen Schiffahrtsmuseums und der Einbaum des 12. Jhs. von Haus Meer bei Büderich in der Mittelalter-Abteilung des Bonner Landesmuseums.

[62] D. E l l m e r s, Shipping on the Rhine during the Roman period: the pictorial evidence, J. du P l a t T a y l o r und H. C l e r e (Hrsg.) Roman shipping and trade: Britain and the Rhineprovinces. CBA Research Report 24 (1978) 1—14, hier S. 1—3.

[63] D. E l l m e r s, Warenumschlag zwischen Schiff und Wagen im Wasser, Deutsches Schiffahrtsarchiv 6, 1983, 209—241, mit dem Nachweis des Warentransportes durch bronzezeitliche Mannschaftsboote S. 236 f.

[64] D e r s., Frühmittelalterliche Handelsschiffahrt in Mittel- und Nordeuropa (1972) 31—45.

[65] D e r s., Keltischer Schiffbau, Jahrb. RGZM 16, 1969, 73—122.

ger Erfolg zu erschließen[66]. Natürlich könnte man auch durch mitgefundene Teile der Ladung oder Ausrüstung die Funktion ausgegrabener Boote bestimmen, aber solche Funde sind viel zu selten, so daß eine systematische Auswertung noch keine weiterführenden Erkenntnisse bringt. Dagegen führt eine systematische Auswertung der Bildquellen zu sehr klaren Ergebnissen, weil die Wasserfahrzeuge häufig in Aktion dargestellt wurden. So lassen sich bereits auf den frühen Felsbildern der eisrandnahen Jägerkulturen Skandinaviens Fischerei- und Fangboote klar von Reisebooten unterscheiden. D.h. wir finden dort dieselbe Funktionsdifferenzierung, die noch im 20. Jahrhundert mit Kajak (= Fischerei- und Fangboot) und Umiak (= Reiseboot) bei den Eskimo zu beobachten ist.

Diese Beobachtungen führen uns sehr nahe an die Anfänge der Binnenschiffahrt Mitteleuropas heran. Wir müssen nämlich voraussetzen, daß auch dort beide Bootsarten von späteiszeitlichen Jägern eingesetzt wurden. Alles spricht dafür, daß in diesen Kulturen wahrscheinlich im Laufe des Magdalénien zusammen mit den wichtigsten Fischereigeräten (Fischspeer, Angel, Netz) oder bald danach auch das Fischerei- und Fangboot erfunden oder eingeführt wurde. Erst als man die Erfahrungen gesammelt hatte, wie leicht man sich damit im Wasser bewegen konnte, wird man größere Boote speziell für den Personen- und auch einen gewissen Gütertransport, eben die Reiseboote, entwickelt haben. Die relativ komplizierte Konstruktion der Reiseboote ist eines der wichtigsten Argumente für diese Reihenfolge[67].

Diese knappen Andeutungen mögen genügen, um deutlich zu machen, daß es nicht nur methodisch möglich, sondern wegen der zu erwartenden Ergebnisse auch höchst erwünscht ist, den Fragen nach der Zweckbestimmung vor- und frühgeschichtlicher Wasserfahrzeuge noch genauer nachzugehen. Wir müssen bei der Frage nach den unterschiedlichen Funktionen der Wasserfahrzeuge aber noch einen geographischen Faktor in Rechnung stellen, nämlich daß die Ansprüche an Wasserfahrzeuge für die Fahrt auf dem Meer andere waren als an die für die Fahrt auf Flüssen oder Seen. Aufgrund der Quellenlage stehen wir hier aber vor einem ganz unvermuteten Problem: Wie bereits eingangs (vgl. 1.) bemerkt, kennen wir aufgrund der derzeitigen Quellenlage spezifische Küstenschiffe, die sich deutlich von Binnenschiffen unterscheiden, erst seit dem Spätlatène. Die Küstenschiffahrt selber ist aber viel älter. Sie war bereits die Voraussetzung für die ca. 8000 vor Chr. Geb. beginnende Besiedlung Norwegens. Wir wissen nicht, ob während dieser rund 8 Jahrtausende die Küstenschiffahrt mit Binnenschiffen oder mit eigenen Küstenschiffen betrieben wurde. Sicher können wir nur sein, daß der oben genannte Lastkahn mit der offenen Bugpforte ein reines Binnenfahrzeug war, das allenfalls bei gutem Wetter schmale Förden überqueren, nicht aber in der eigentlichen Küsten-

---

[66] S. McGrail, Logboats of England und Wales. BAR British Series 51 (1978).

[67] D. Ellmers, Frühe Schiffahrt in West- und Nordeuropa, H. Müller-Karpe (Hrsg.), Zur geschichtlichen Bedeutung der frühen Seefahrt (1982) 163—190, hier S. 164—167.

schiffahrt eingesetzt werden konnte. Aber diese Unterscheidung bringt uns auch nicht viel weiter, weil dieser Lastkahn vor der Latènezeit nicht nachweisbar ist und kaum wesentlich älter sein dürfte, weil er vor allem für den Transport von Fässern gebaut wurde, deren Erfindung er also voraussetzt. Aber auch einen möglichen Unterschied zwischen den Binnenschiffen auf Seen und solchen für Flüsse kennen wir nicht, obwohl beide Binnengewässer sehr unterschiedliche Anforderungen an den Antrieb der Schiffe stellen. Wir wollen deshalb versuchen, eventuell mögliche Unterscheidungen zwischen Schiffen für Meere, Flüsse und Seen von den Antriebstechniken her zu bestimmen.

3.1.3 Die Antriebs- und Steuertechniken

Daß das Meer mit seiner Brandung, seinen Gezeitenströmen und Stürmen besondere Anforderungen an Antriebs- und Steuertechniken stellte, ist Gegenstand einer anderen Thematik und soll hier deshalb nur erwähnt werden. Für die Binnenschiffahrt entscheidend ist die Tatsache, daß man auf Seen mit relativ geringem Antriebsaufwand praktisch in jede Richtung mit dem Boot fahren kann, während man auf Flüssen ohne jeden besonderen Antrieb zu Tal treiben kann, dafür aber umso mehr Arbeit investieren muß, um das Boot gegen den Strom zu Berg zu bewegen. Wir können sicher sein, daß schon der vorgeschichtliche Mensch auf diese natürlichen Gegebenheiten sehr flexibel reagierte. Aber die Überlieferung ist dürftig, so daß wir nur folgendes unvollständiges Bild entwerfen können:

Über die Antriebstechniken für die ältesten Fellboote der eisrandnahen Jäger sagen weder Funde noch Felsbilder etwas aus. In Frage kommen einfache Stechpaddel und/oder Doppelpaddel, wie sie die Eskimo heute noch auf ihren Kajaks benutzen. Funde von Doppelpaddeln Skandinaviens gehören, soweit überhaupt datierbar, jedoch erst der vorrömischen Eisenzeit an[68]. Paddelfunde liegen seit dem Mesolithikum aus Skandinavien, Norddeutschland und England vor[69], seit dem Neolithikum auch vom übrigen Kontinent. Da bei ihnen meist der Schaft abgebrochen ist, kann über ihre genaue Handhabung (Stechpaddel, Doppelpaddel, Steuerpaddel usw.) nur selten etwas ausgesagt werden. Festen Boden betreten wir dank zahlreicher Felsbilder erst für die Nordische Bronzezeit, deren schlanke Reiseboote von einer großen Mannschaft (nämlich den Reisenden selbst) mit Stechpaddeln bewegt wurden. Durch Form und leichte Bauweise konnten diese Rindenboote beachtliche Geschwindigkeit erzielen. Mit ihrem geringen Tiefgang konnten sie auch außerhalb der Hauptströmung eines Flusses fahren und mit diesem Antrieb ohne weiteres

---

[68] Doppelpaddel von Gemla, Ksp. Öja, Småland: Fornvännen 31, 1936, 364 ff. Doppelpaddel von Hvorslev, Jütland: Acta Arch. 13, 1942, 268.

[69] Mesolithische Paddel von Holmegaard, Dänemark: H. C. Broholm, Nouvelles trouvailles du plus ancien age de la pierre. Les trouvailles de Halmengaard et Svaerdborg (1926) 71 f., Abb. 35. — Duvensee, Schleswig-Holstein: G. Schwantes, Die Vorgeschichte Schleswig-Holsteins (1939) 100 f., Abb. 101 f. — Starr Carr, England: J. G. D. Clark, Excavations at Starr Carr (1954) 12 u. 178, Taf. 21, Abb. 77.

sehr effektiv zu Berg gelangen. Dagegen ist der Segelantrieb in Skandinavien nicht vor dem 6./7. Jahrhundert nach Chr. Geb. nachweisbar[70].

Auf derart große Paddelmannschaften haben wir vom übrigen Kontinent weder durch Bodenfunde noch durch bildliche Darstellungen noch durch volkskundliche Überlieferung den geringsten Hinweis, ohne sie mit Sicherheit ausschließen zu können. Sicher können wir nur sein, daß die Bandkeramiker mit ihren Coracles auf diese Weise nicht donauaufwärts fahren konnten, weil diese ovalen Fellboote nicht so viele Paddler aufnehmen konnten. Wir müssen davon ausgehen, daß diese Boote zu Berg gestakt wurden, auch wenn wir Stakstangen im Fundgut erst seit der Zeit identifizieren können, von der ab ihr unteres Ende durch einen Eisenbeschlag verstärkt wurde, d.h. seit der Latènezeit. Einer zumeist ja nur fragmentarisch erhaltenen Holzstange sieht man leider nicht an, ob sie zum Staken oder für ganz andere Zwecke benutzt worden ist. Und doch war dies der wichtigste Antrieb der vorgeschichtlichen Flußschiffahrt, weil es damit wenigen Personen (Tübinger Stocherkähne werden heute noch nur von einem Mann gestakt) möglich war, ohne besondere Einrichtungen an den Flußufern (d.h. ohne Treidelpfade und die zugehörige Organisation) jedes Boot bergwärts zu fahren. Die große Bedeutung der Stakstange als wichtigsten Antrieb vorgeschichtlicher Binnenschiffahrt erkennt man auch daran, daß diese Stange auch noch beibehalten und häufig benutzt wurde, nachdem die Römer an Rhein und Donau und ihren Nebenflüssen Treidelpfade angelegt und die für Betrieb und Unterhalt nötige Organisation eingerichtet hatten. In der Form des Stakruders wurde die Stakstange sogar noch im 20. Jahrundert kommerziell genutzt.

In den römischen Provinzen wurde mit Menschenkraft getreidelt. Anlagen und Einrichtungen dieses Systems überstanden die Stürme der Völkerwanderung im wesentlichen unbeeinträchtigt, nur wurde zu einer uns unbekannten Zeit im hohen oder späten Mittelalter die Menschenkraft durch Pferdezug abgelöst. Ebenfalls zu unbekannten Zeiten während des Mittelalters wurde das Treideln auch an den Flüssen außerhalb des ehemals römischen Reiches eingeführt, aber nur z.T. mit Pferdezug. An der Weser blieb es bis zum Beginn der Schleppschiffahrt beim Treideln durch Menschen. An der Werra sind Treidelpfade nie eingerichtet worden. Dort behielt man das Staken bei, bis die Eisenbahn den Frachtverkehr vom Wasserweg ganz abzog. Durch Staken oder Treideln unterschied sich die Schiffahrt auf Flüssen von der auf Meer und Seen. Selbst kleine Küstenschiffe wurden auf den Flußmittelläufen gestakt oder getreidelt. Für die Talfahrt konnte man auf jeden Antrieb verzichten, mußte aber umso sorgfältiger steuern. Zwar ist ein beladenes Boot vermöge seines eigenen Gewichtes auf der leicht geneigten Wasserbahn etwas schneller als das strömende Wasser, aber dieser relativ geringe Unterschied reicht nicht dafür aus, daß das achtern angebrachte Steuerruder stets genügend angeströmt wird, um das Boot sicher zu regieren. Deshalb ist ein zusätzliches Bugruder unerläß-

---

[70] D. Ellmers, Antriebstechniken germanischer Schiffe im 1. Jahrtausend n. Chr., Deutsches Schiffahrtsarchiv 1, 1975, 79—90.

lich, mit dem das Boot von Untiefen und anderen Hindernissen sozusagen weggeschaufelt wird. Dementsprechend wurde das Bugruder am Ober- und Mittelrhein seit dem Althochdeutschen auch „Laffe" genannt, was mit unserem Wort Löffel verwandt ist. Am frühesten ist das Bugruder an der Salzach belegt, nämlich im Frühlatène. Die sachliche Notwendigkeit läßt aber zumindest für größere Flußboote auf ein sehr viel höheres Alter schließen, denn nur bei relativ kleinen Fahrzeugen konnte man darauf verzichten. Leider wissen wir weder, von welcher genauen Größe an dieses zusätzliche Bugruder nötig wurde, noch wann derart große Binnenschiffe erstmals wo eingesetzt wurden.

Alle anderen Antriebstechniken spielten für die Flußschiffahrt untergeordnete Rollen, wurden aber bei der Talfahrt, so oft es ging, zur zusätzlichen Beschleunigung durchaus eingesetzt. So können wir etwa das Stoßruder schon im Frühlatène auf der Salzach nachweisen, das wir sonst vor allem auf den Alpenseen und von den Gondeln Venedigs kennen. Das keltische Ledersegel ist seit dem Spätlatène bezeugt, wurde aber auch noch von einheimischen Flußkähnen mit offener Bugpforte während der Römerzeit benutzt. Riemen, und damit die Rojetechnik, sind erstmals in der frühen Kaiserzeit an einheimischen Frachtschiffen des Rheins belegt, aber wir wissen nicht, ob diese Technik nicht schon vorher von den Kelten aus dem Mittelmeer übernommen worden ist, wo sie sehr viel weiter zurückverfolgt werden kann.

Alle drei Antriebstechniken waren im Gegensatz zum Flußverkehr für den Verkehr auf den Seen gut geeignet und werden dort noch heute (allerdings mit anderen Segelformen) eingesetzt. Treideln und Staken hingegen kann man auf den Seen gar nicht anwenden. Wir müssen deshalb davon ausgehen, daß sowohl das uralte Stechpaddel als auch das effektivere Stoßruder, das Segel und der Riemen zu noch nicht erkennbaren Zeiten die Antriebstechniken der Binnenseen waren und von dort zur Beschleunigung der Talfahrt von den Flußschiffen übernommen wurden. Aber mehr als diesen Rückschluß aus der seit der Latènezeit einigermaßen belegten Flußschiffahrt bleibt uns z.Z. nicht übrig, da wir über die Antriebstechniken auf Binnenseen erst durch mittelalterliche Buchmalerei, neuzeitliche Stadtansichten und volkskundliche Dokumentationen unterrichtet sind[71]. Die Ergebnisse dieses Abschnittes lassen sich zu folgendem Schema der Antriebstechniken zusammenfassen:

— Staken   zu Berg ⎫
— Treideln   zu Berg ⎪
— Paddeln mit großer Mannschaft   zu Berg ⎬ auf Flüssen
— Treiben lassen   zu Tal   ⎭
— Paddeln   ⎫
— Rudern mit Stoßrudern   ⎬ auf Seen sowie zur Beschleunigung
— Rojen   ⎪ des Treibenlassens auch bei der
— Segeln   ⎭ Talfahrt auf Flüssen.

---

[71] Zu dem ganzen Kapitel: D. Ellmers, Frühmittelalterliche Handelsschiffahrt in Mittel- und Nordeuropa (1972) 76—87.

3.1.4 Arbeiten an Bord und Besatzungsstrukturen

Generell gehen wir davon aus, daß jedes vor- und frühgeschichtliche Wasserfahrzeug von seiner Mannschaft auch gepflegt und in fahrtüchtigem Zustand gehalten wurde. Direkte vorgeschichtliche Belege für diese Annahme gibt es nicht; wir können uns dabei aber auf eine große Fülle volkskundlicher Dokumentationen stützen. Außerdem war es für jede Mannschaft, die heil wieder heimkommen wollte, schon bei kleineren Fahrten ganz unerläßlich, alle notwendigen Reparaturen am Boot selber ausführen zu können. Dagegen betrachten wir den Bootsbau selber als eine wesentliche Funktion der Landstationen (vgl. 3.3.). Im übrigen wurden die Tätigkeiten an Bord bzw. sonst im Zusammenhang mit dem Wasserfahrzeug einerseits von deren Antriebstechniken (vgl. 3.1.3), andererseits von deren Zweckbestimmungen (vgl. 3.1.2) diktiert, was jeweils direkte Konsequenzen für die Besatzungsstrukturen hatte.

1. Bei den *Fischerei- und Fangbooten* wurde die Mannschaftsstärke nach den Notwendigkeiten der anzuwendenden Fangmethoden bemessen, nicht nach dem Bedarf für die Fahrt zu den meist nahegelegenen Fanggründen. D.h. das Staken, Paddeln, Rudern oder Segeln vor und nach dem Fang besorgten dieselben Leute, die auch die Fanggeräte bedienten. Je nach Fangmethode waren dafür sowohl gemäß den Felsbildern als auch nach volkskundlichen Beobachtungen 1—2 Mann nötig. Nur wenn das große Zugnetz ausgesetzt wurde, fuhren nach volkskundlichen Zeugnissen in dem Netzboot 4 Mann, in dem zusätzlich benötigten zweiten Boot aber auch nur 2. Wenn bronzezeitliche Felsbilder dabei mehr Leute im Boot und auch noch die zum Fischen völlig überflüssige Lurenbläser-Kapelle zeigen, ist eine Art Prozession dargestellt, bei der es um die Fruchtbarkeit der Fischgründe ging, wie jeweils ein dargestellter Geschlechtsakt unmißverständlich zeigt[72].

2. *Lastboote* dagegen mußten für den Antrieb während der gesamten, oft langen Fahrt ausreichend bemannt sein; für die Betreuung der Ladung brauchte niemand extra vorgesehen zu werden, ebenso wenig für Zubereitung der Speisen während der Fahrt, denn gekocht werden konnte nur an Land, nachdem man gelandet war. Ob es eine kleinste Besatzung von 2 Mann gab, ist nicht völlig sicher. Der frühlatènezeitliche Salzkahn von der Salzach brauchte zwar nur zwei Mann an den beiden Stoßrudern. Wir wissen aber nicht, ob nicht noch ein zusätzlicher Mann zum Wasserschöpfen, zum Anlegen und für besondere Manöver in schwierigen Situationen nötig war. Als zweites Zeugnis für diese untere Mannschaftsgröße könnte ein Teller von 1621 aus Witzenhausen angesehen werden, der 2 Männer beim Staken eines Werraschiffes zeigt; aber die Perspektive ist so gewählt, daß ein eventuell nötiger Steuermann nicht unbedingt hätte dargestellt werden müssen: man sieht das ganze Fahr-

---

[72] D. Ellmers und D. Evers, Schiffe der Jäger und Bauern. Vorgeschichtliche Felsbilder aus Skandinavien. Bildmappe des Deutschen Schiffahrtsmuseums 7 (1981). — Volkskundliche Beobachtungen: R. Peesch, Die Fischerkommünen auf Rügen und Hiddensee (1961) 120 ff.

zeug von seinem Standpunkt aus[73]. Dagegen ist die 3-Mann-Besatzung für Frachtschiffe des Binnenverkehrs während der Römerzeit und später in Bild- und Schriftquellen so gut bezeugt, daß wir darin eine gewisse Standardgröße zumindest im unteren Bereich zu sehen haben. Selbst zum Treideln reichte diese Besatzung aus, wenn 2 Mann die Leine zogen und der Dritte am Steuer- ruder saß. Wenn allerdings bei der Talfahrt Heck- und Bugruder je von einem Mann bedient wurden, hatte der Dritte nichts zu tun. Ein römisches Tonrelief aus Trier hat diese Situation klar erkannt und zeigt ihn, wie er ein Weinfaß der Ladung anbohrt und sich mit Hilfe eines Strohhalmes voll des süßen Weines trinkt: Müßiggang ist aller Laster Anfang.

Die nächst größere Besatzung von Handelsschiffen bestand aus 6 oder 8 Mann und ist nur von zwei römischen Handelsschiffen auf dem Rhein bekannt. Sie ist nach dem gleichen Schema aufgebaut wie die 3-Mann- Besatzung der kleineren Fahrzeuge, nämlich aus je 1 Mann am Heck- und am Bugruder, dazu zur Beschleunigung der Talfahrt noch aus 4 bzw. 6 zusätzli- chen Ruderern an den Riemen. Ein neu aufgefundenes Relief aus Köln zeigt dabei mit aller wünschenswerten Eindeutigkeit, daß der Mann am Heckruder derjenige war, der das Sagen an Bord hatte, also der Binnenschiffer (nauta) sel- ber. Es sind dies die größten Mannschaften ziviler römischer Binnenschiffe[74]. Aber es ist nicht ganz sicher, daß die betreffenden Schiffe auch doppelt so groß waren wie die mit der 3-Mann-Besatzung; vielleicht waren sie nur schneller, möglicherweise, weil sie zugleich auch Reisende beförderten (vgl. 3.1.4.3). Erst im ausgehenden Mittelalter können wir für die größten Rheinschiffe noch grö- ßere Mannschaften nachweisen, die aber immer noch die gleiche Struktur haben: 1 Mann mit der Befehlsgewalt (= der Schiffer selber) am Heckruder, 5 Mann an dem inzwischen schwerer gewordenen Bugruder und 10 weitere an den entsprechend vermehrten Riemen. Diese 16-Mann-Besatzung ist — soweit bisher absehbar — die Obergrenze für Frachtschiffe der Binnenschiffahrt auf dem Kontinent[75].

Im vorgeschichtlichen Skandinavien war die Frachtschiffahrt auch auf den Binnengewässern anscheinend ganz anders organisiert als auf dem Kontinent. Jedenfalls ist es bislang nicht gelungen, die Frachtschiffe von den Reiseschiffen zu unterscheiden, obwohl die Felsbilder durchaus die kleinen Fischerboote sorgfältig von den großen Reisebooten trennen. Wir haben erste Hinweise dar- auf, daß es keine speziellen Frachtschiffe gab und alle Güter in den Reise- booten mitgenommen wurden[76]. Entsprechend können wir Aussagen zur Mannschaftsstruktur nur für Reiseboote machen.

3. Die *Reiseboote* in Skandinavien sind dadurch gekennzeichnet, daß im Prinzip alle Mitreisenden entlang der beiden Schiffsseiten saßen, standen oder

---

[73] D. Ellmers, Ein Teller mit Schiffsdarstellung aus Witzenhausen, ZAM 7, 1979, 185—187.

[74] Ders. (wie Anm. 62), 11 f. — Zu dem neuen Kölner Relief: S. Neu, Ein Kölner Schiffsrelief, Mitt. des Museums für Deutsche Binnenschiffahrt, Duisburg-Ruhrort 1982/83, 8—11.

[75] Ders. (wie Anm. 65), Taf. 17,3.

[76] Vgl. dazu Anm. 63.

knieten und dabei selber paddelten. Außerdem bediente ein Mann das Steuerpaddel im Heck; mehrfach ist auch ein Steuerpaddel im Vorschiff belegt, das von einem weiteren Mann bedient wurde. Schließlich wurde für vornehme Reisende gelegentlich mittschiffs ein tonnenförmiger Zeltaufbau errichtet, wie wir ihn sonst von mittelalterlichen und frühneuzeitlichen Planwagen und Binnenschiffen des Kontinents kennen. Diese Reisenden brauchten nicht zu paddeln. Die Personenzahl an Bord der skandinavischen Reiseboote schwankt erheblich und ist durchweg viel größer als die größte Besatzung (6—8 Mann) kontinentaler Frachtboote vor dem späten Mittelalter. Aber genaue Untersuchungen mit differenzierten Statistiken liegen noch nicht vor, so daß man eine generelle Übersicht noch nicht geben kann[77].

Auf dem Kontinent war das Verhältnis von Fracht- zu Reiseschiff auf den Binnengewässern offenbar genau umgekehrt wie in Skandinavien: Reisende wurden auf Lastbooten mitgenommen. Während der Römerzeit können wir solche Schiffsreisen sehr wahrscheinlich machen, seit dem frühen Mittelalter sind sie besonders für den Adel einschließlich der Könige und Kaiser, aber auch kirchlicher Würdenträger, häufig und z.T. sehr ausführlich bezeugt, und zwar fast ausschließlich für die Talfahrt. Aber wir können — abgesehen von römischen Militärfahrzeugen — vor dem späten Mittelalter keine speziellen Reiseboote von den Frachtfahrzeugen trennen. Wir haben bei den skandinavischen Bilddenkmälern die tonnenförmigen Zelte im Mittschiffsbereich als Unterkünfte für Mitreisende angesprochen. Ähnliche Zelte und festere Kajütaufbauten sind von der frühen Römerzeit an sowohl bildlich als auch im Fundgut und seit dem frühen Mittelalter auch in den Schriftquellen gelegentlich bei Frachtschiffen des Rheins und seiner Nebenflüsse nachgewiesen. Da die einzige vollständig erhaltene Darstellung eines frührömischen Frachtschiffes mit der größeren, für schnelle Talfahrt nötigen 6-Mann-Besatzung einen solchen Aufbau aufweist (Schiff des Blussus, Mitte 1. Jh. nach Chr. Geb.) könnte diese größere Mannschaft als weiterer Hinweis auf kombinierte Fracht- und Reiseschiffe gewertet werden[78]. Im Prinzip ist bis weit in die Neuzeit hinein im Rheingebiet der Personentransport von den Marktschiffen mit durchgeführt worden[79]. Erst seit dem Ausgang des Mittelalters haben der Rat[80] mancher Städte (z.B. von Köln mit einem eigenen Ratsschiff) und viele Fürsten[81] spezifische Reiseschiffe (z.B. die fürstlichen Lustyachten der Barockzeit) eingesetzt, deren Mannschaft sich z.T. aus schiffsdienstpflichtigen Untertanen rekrutierte (vgl. 3.4.3). Für genauere Aussagen bedarf diese Thematik dringend der systematischen Aufarbeitung.

---

[77] Die Bildmappe des Deutschen Schiffahrtsmuseums 7 (1981) gibt nur einige besonders deutliche Beispiele (wie Anm. 72). Vgl. dazu auch Anm. 70.

[78] Wie Anm. 62.

[79] Marktschiffe im Mittelrheingebiet: A. Dietz, Frankfurter Handelsgeschichte Bd. 3 (1922), 287—315. — Vgl. auch H. Steins, Der Personenverkehr auf dem Rhein von seinen Anfängen bis zur Gegenwart, Schulprogramm Krotoschin (1913).

[80] C. v. Loos-Corswarem, Das Ratsschiff der Stadt Köln im 16. Jahrhundert, Beitr. zur Rheinkunde 32, 1980, 51—56.

[81] D. Ellmers, R. Ganßloser, N. Hoffmann u. H.-W. Keweloh, Hafenpläne und Jachtschiffe der Fürsten von Löwenstein-Wertheim, Deutsches Schiffahrtsarchiv 7, 1984, 25—78.

Über vorrömische Reiseboote des Kontinents wissen wir nur wenig. Lediglich das frührömische kombinierte Fracht- und Reiseschiff des keltischen Schiffers Blussus aus Mainz läßt den Verdacht aufkommen, daß auch schon die Kelten solche Schiffe hatten. Zwar ist das Blussus-Schiff ein keltischer Schiffstyp, aber ob auch der Kajütaufbau keltische Wurzeln hat, ist bis jetzt nicht zu erweisen. Im übrigen dürfen wir nicht erwarten, daß überall in Kontinental-Europa alle vorgeschichtlichen Kulturen ihre Reisen auf den Flüssen nach einheitlichem Schema durchführten. Russische Felsbilder aus verschiedenen Regionen zeigen z.B., daß lange Einbäume von größerer Personengruppen (10 oder mehr) als Reiseboote benutzt wurden, auch wenn ihre Datierung noch keineswegs gesichert ist[82]. Sicher in die Frühlatènezeit zu datieren ist hingegen ein 8,4 m langer und bis zu 1 m breiter Einbaum von Mechelen-Nekkerspoel, südl. von Antwerpen, den man aufgrund seiner eleganten Formgebung am ehesten als ausgesprochenes Reiseboot ansehen möchte[83].

Aber das sind doch nur wenige isolierte Einzelbeobachtungen, die sich noch nicht zu einem ausgewogenen Bild zusammenfügen. Genauere Vorstellungen haben wir nur davon, wie die bandkeramische Einwanderung aus dem Donauraum erfolgte: Mit kleinen Flotten ovaler Fellboote vom Typ Coracle stakten die Familiengruppen donauaufwärts und konnten zugleich auch ihr Vieh, ihre Vorräte und das kostbare Saatgut in den Booten ohne große Mühe über weite Strecken transportieren. Da die Boote selbst klein und leicht waren, konnten sie auch die Nebenflüsse der Donau sehr weit aufwärts fahren. Vor allem aber konnte man diese Boote in wenigen Tagesmärschen leicht über die Wasserscheiden in die Flußgebiete von Oder, Elbe und Neckar/Oberrhein tragen und von dort nun noch leichter flußabwärts vordringen. Stoßrichtung und Verlauf der bandkeramischen Landnahme, wie sie am Fundgut abzulesen sind (vgl. Abb. 1), leuchten sofort ein, wenn man weiß, daß dieser kleine, aber leistungsfähige Bootstyp dafür zur Verfügung stand[84]. Für unsere Fragestellung aber bedeutet dieser Aufschluß über die bandkeramische Landnahme, daß spätestens seit dieser Zeit in Mitteleuropa Reisen in den langsamen, für Gütertransporte besonders geeigneten Booten durchgeführt wurden. Ob dieses Prinzip kontinuierlich bis in die Römerzeit und das Mittelalter beibehalten wurde, bedarf noch sorgfältiger Bearbeitung, die ohne das Erschließen neuer Quellen kaum Erfolg haben dürfte.

4. Vorgeschichtliche *Kriegsfahrzeuge* auf Binnengewässern können wir nur in Skandinavien nachweisen, wo auf den schnellen, schlanken Reisebooten statt „ziviler" Reisender nur Bewaffnete zu fahren brauchten, und schon konnte man Macht auf dem Wasser ausüben, sei es zu Überfällen, zu Kriegszügen oder auch zum Schutz eigener Stammesangehöriger. Da die Krieger selber

---

[82] D. Ellmers, Einbaum, J. Hoops, Reallexikon der Germanischen Altertumskunde 2. Aufl. Bd. 6 (1986) 601—609.

[83] Ders. (wie Anm. 65) S. 103 f.

[84] Ders., Fellboote, Einbäume, Schiffe, Archäologie in Deutschland, Heft 2, 1986, 30—32.

paddelten, brauchte für nichtkämpfende Mannschaften kein Platz reserviert zu werden. D.h. relativ kleine Fahrzeuge konnten relativ große Kriegermengen rasch zu ihren Einsätzen befördern. Zu der Besatzungszahl gilt dementsprechend, was bereits zu den Reisebooten skandinavischer Prägung gesagt worden ist[85].

Wenn wir davon absehen, daß die aus dieser Tradition weiterentwickelten Kriegsschiffe der Wikinger vor allem im 9. Jahrhundert tief in die kontinentalen Flüsse eindrangen, kennen wir in Mitteleuropa ständig stationierte, spezielle Kriegsschiffe nur auf den Grenzflüssen des Römerreiches. Nach mittelmeerischem Muster waren dort Kriegsfahrzeuge im Einsatz, die sich grundlegend von den skandinavischen dadurch unterschieden, daß Antriebs- und Kampfpersonal streng getrennt waren. Die Ruderer saßen unten im Rumpf, die kämpfende Truppe hingegen stand auf dem darüberliegenden Kampfdeck. Das bekannte, aber immer wieder falsch interpretierte Neumagener Weinschiff ist ein beredtes Beispiel für diesen Kriegsschiffstyp. Es stellt eine Bireme dar mit 22 Ruderern an jeder Seite unten im Rumpf. Auf dem Kampfdeck ist eine Weinladung untergebracht; dazu sieht man die beiden Steuermänner (gubernatores) sowie zwei weitere Untersteuerleute (*proretae*) im Vorschiff und eine 12 Mann starke Begleitmannschaft. Wir sehen dieses Schiff also bei einer Übungsfahrt, die gleichzeitig der Truppenversorgung diente. Deshalb sind keine Soldaten auf dem Kampfdeck, sondern statt dessen Weinfässer, was die Forschung bisher maßlos verwirrt hat. Aber schon so befinden sich 60 Personen an Bord. Kein Kaufmann wäre in der Lage, für 60 Männer und ihre Familien den Lebensunterhalt durch den Transport von einigen Weinfässern zu verdienen. Da das Schiff aber auf einem „zivilen" Grabmal dargestellt wurde, kann dieses nur für einen Winzer oder Kaufmann errichtet worden sein, der das Heer mit Wein belieferte[86].

Natürlich gab es in der römischen Flotte nicht nur Biremen, sondern auch viele andere Schiffstypen, deren Mannschaftsstruktur hier nicht einzeln analysiert werden soll; hier mag der Verweis auf einschlägige Literatur genügen[87]. Es sei nur noch angemerkt, daß die spätrömischen Schiffsfunde von Mainz eine ganz andere Mannschaftsstruktur voraussetzten[88]. Mit dem Ende der Römerherrschaft verschwanden diese speziellen Kriegsschiffe von den Binnengewässern Mitteleuropas. Aus Schriftquellen wissen wir, daß im frühen Mittelalter Truppen auf den Flüssen transportiert wurden. Dafür wurden aber die gewöhnlichen Lastschiffe eingesetzt, die ja auch dem Reiseverkehr dienten[89].

---

[85] Wie Anm. 77.

[86] Wie Anm. 62, hier S. 7—9.

[87] H. D. L. Viereck, Die römische Flotte. Classis romana (1975). Dienstgrade und Dienstzweige der Flotte, S. 237—248.

[88] O. Höckmann, Spätrömische Schiffsfunde von Mainz (Archäol. Korr. bl. 12, 1982, 231—250. — Ders., „Keltisch" oder „römisch"? Bemerkungen zur Typengenese der römischen Ruderschiffe von Mainz, Jahrb. RGZM 30, 1983, 403—434.

[89] Truppentransporte Karls d. Gr. zu Schiff: Ann. regni Franc. a789. Freiherr-vom-Stein-Gedächtnisausg. 5 (1966) 56 f. — MG. SS. II 258, Chron. Moissac. (a805), „*quartus vero exercitus perrexit cum navibus in Albia et pervenit usque ad Magedoburg*".

5. Im *Fährverkehr* schließlich wurden Personen mit dem kleinen Fährboot übergesetzt, was zu allen Zeiten der Fährmann alleine entweder mit Paddel, Stakstange, Stoßruder oder Riemen durchführte. Dagegen ist nicht ganz klar, ob der große Fährprahm zum Übersetzen von Wagen, Viehherden usw. von einem oder von zwei Mann bedient werden mußte. Jedenfalls brauchte der Fährmann höchstens einen zusätzlichen Gehilfen einzusetzen.

Insgesamt zeigt sich also, daß sowohl zum Fischfang als auch zum Übersetzen und zum Gütertransport auf dem Wasser nur relativ kleine Mannschaften von einer bis maximal vier (beim Zugnetzfischen) Personen nötig waren. Nur bei Reise- und Kriegseinsätzen ist mit sehr viel größeren Personenzahlen zu rechnen. In Skandinavien wurde anscheinend auch der Güterverkehr mit den stärker bemannten Reisebooten durchgeführt.

3.2 Das Wasserstraßennetz

3.2.1 Natürliche Wasserstraßen

Für das vor- und frühgeschichtliche Wasserstraßen-Netz ist die Quellenlage — etwa im Vergleich zur Altstraßenforschung — geradezu hervorragend. Unser Gewässersystem hatte sich in allen wesentlichen Zügen am Ende der letzten Vereisung herausgebildet. Im Mesolithikum gab es (z.B. in Schleswig-Holstein) zwar noch einige tiefgreifende Umgestaltungen, und das lokale Detail war bis zu den Flußkorrektionen des 19. und 20. Jahrhunderts vielenorts relativ häufigen Veränderungen unterworfen. Aber die großen Linien des Wasserverkehrs standen zumindest vom Beginn der Seßhaftwerdung des Menschen bis heute fest. Bei gebührender Berücksichtigung des oft stark veränderten lokalen Details können wir also das heutige Netz natürlicher Gewässer als die am besten bekannte Größe in die zu leistende Rekonstruktion vor- und frühgeschichtlicher Verkehrsverhältnisse einbringen. Diese bekannte Größe bedarf allerdings für die verschiedenen vor- und frühgeschichtlichen Zeitabschnitte unterschiedlicher Modifikationen, und zwar in zweierlei Hinsicht.

Einerseits wurden die verschiedenen Flußsysteme zu unterschiedlichen Zeiten mit stark *wechselnder Intensität* genutzt, so daß sich die wichtigsten Wege des Warenverkehrs immer wieder verlagerten. Vor allem durch Analyse der Verbreitungskarten charakteristischer Importfunde konnten in den letzten Jahren für einige Perioden und Flüsse (Weser, Elbe, Oder) bereits sehr klare Ergebnisse erarbeitet werden[90]. Dabei sei angemerkt, daß die aus der vor- und frühgeschichtlichen Navigationstechnik ableitbaren Kurse der Küstenschiffahrt sich lückenlos in das Fundbild einfügen und die Verbreitung von Importen etwa über die Ostsee eindeutig erklären[91].

---

[90] F. Horst, Die jungbronze- und früheisenzeitlichen Hauptverbreitungswege im nördlichen Mitteleuropa, Południowa Strefa kultury Łużyckiej i Powiazania tej kultury z Połaniem (Krakau 1982) 231—245.

[91] D. Ellmers, Der Nachtsprung an eine hinter dem Horizont liegende Gegenküste. Die älteste astronomische Navigationsmethode. Deutsches Schiffahrtsarchiv 4, 1981, 153—167.

Andererseits stimmen die heutigen *Schiffbarkeitsgrenzen der Flußoberläufe* nicht mit denen früherer Zeiten überein. Wachsende Schiffsgrößen und ein nur durch Mühlenstaue zu stillender Energiehunger haben die Schiffahrt seit dem beginnenden Spätmittelalter von vielen ehemals wenigstens bei guten Wasserverhältnissen zu einem Teil des Jahres schiffbaren kleineren Flüssen vertrieben. Angeregt durch J. Röder hat der Wasserbau-Ingenieur M. Eckoldt eine Methode entwickelt, um aus der Berechnung der Wasserführung derjenigen kleinen Flüsse, für die durch schriftliche Nachrichten oder archäologische Befunde frühe Schiffahrt nachweisbar ist, quantifizierbare Werte zu bekommen. Die systematische Errechnung solcher Daten bringt für die verschiedenen Zeitstufen Annäherungswerte an die Mindestanforderung, welche die jeweilige Schiffahrt an die Wasserführung der Flußoberläufe stellte und damit klare Vorstellungen über das jeweils befahrbare Gewässernetz. Eckoldt hat seinen neuen Ansatz in das schiffsarchäologische Forschungsprogramm des Deutschen Schiffahrtsmuseums eingebracht und publiziert in regelmäßiger Folge die Ergebnisse seiner Untersuchungen, die bisher für viele kleine Flüsse von der römischen Kaiserzeit bis ins hohe Mittelalter vorliegen[92].

Wie weit die gewonnenen Werte auch auf vorgeschichtliche Zeiten (gegebenenfalls mit einem Umrechnungsfaktor für die Wasserführung während trockenerer Klimaperioden) übertragbar sind, entzieht sich derzeit noch der Nachprüfbarkeit, weil die Kriterien für sichere archäologische Hinweise auf vorgeschichtliche Schiffahrt auf kleinen Flüssen bislang noch nicht erarbeitet sind. Versuche von K. Goldmann, ein bronzezeitliches Kanalnetz mit z.T. sehr hohen Aufstauungen im Gebiet der heutigen DDR wahrscheinlich zu machen, bleiben eine interessante, aber leider unbewiesene Hypothese[93].

Die Tatsache eines durchgehenden Warenflusses über die Wasserscheiden hinweg hat Goldmann ebenso richtig gesehen, wie die Rolle der Schiffahrt für die Transportaufgaben. Aber in seiner Einschätzung der tatsächlichen Durchführung hat er drei Problemkreise angeschnitten, die noch eingehender Diskussion bedürfen, bevor fertige Lösungen präsentiert werden können, die dann möglicherweise auch ganz anders aussehen als er sie darstellte. Es ist ja keineswegs gesichertes Allgemeingut der Forschung, ob

— Wasserbaumaßnahmen zur Erweiterung oder auch nur Verbesserung der natürlichen Wasserläufe in vorgeschichtlicher Zeit betrieben wurden,
— Landwege wichtiger waren als Wasserwege oder umgekehrt,
— jeweils *ein* Händler die Ware vom Produzenten zum Verbraucher transportierte, oder ob die Ware durch viele Hände lief.

---

[92] M. E c k o l d t , Schiffahrt auf kleinen Flüssen Mitteleuropas in Römerzeit und Mittelalter. Schriften des Deutschen Schiffahrtsmuseums 14 (1980). — Weitere Berechnungen dess. V e r f . in: Deutsches Schiffahrtsarchiv 6, 1983, — 8, 1985. — 9, 1986. Wird fortgesetzt.
[93] K. G o l d m a n n , Die Lage der Burgen im Verkehrsnetz, Beiträge zum bronzezeitlichen Burgenbau in Mitteleuropa (Berlin-Nitra 1982) 209—220. Dazu die Besprechung von D. E l l - m e r s in: Hansische Geschichtsblätter 104, 1986, 166 f.

3.2.2 Wasserbau zur Verbesserung der natürlichen Wasserstraßen

Die Erforschung des vor- und frühgeschichtlichen Wasserbaus in Europa nördlich der Alpen steckt noch so sehr in den Kinderschuhen, daß es nirgends eine Zusammenfassung über die bereits vorliegenden archäologischen Aufschlüsse gibt. Seit aber die Forschungen an Moor- und Seeufersiedlungen u.a. mit modernen Tauchtechniken aufgenommen worden sind, ist zumindest ein neuer Ansatzpunkt zur systematischen Bearbeitung dieser Thematik gegeben[94]. Für unsere Fragestellung genügt zunächst folgende Feststellung:

Eindeutig können wir sagen, daß spätestens seit dem ausgehenden mittleren Neolithikum Wasserbaumaßnahmen im Zusammenhang mit Seeufer- oder Hafensiedlungen in hinlänglich großer Zahl zu konstatieren sind. Gelegentlich können auch Wasserbaumaßnahmen an Schiffslandestellen in einiger Entfernung von jeglicher Siedlung nachgewiesen werden[95]. Aber immer handelt es sich um Maßnahmen für Schiffsländen oder Siedlungen, so daß wir sie unter den Landstationen für die Schiffahrt behandeln (3.3.). Dagegen kann für das gesamte zu behandelnde Gebiet bisher keine einzige vorgeschichtliche Wasserbaumaßnahme zur Verbesserung, Veränderung oder gar Erweiterung der natürlichen Wasserstraßen nachgewiesen werden.

Erst die Römer haben schon bald nach Einrichtung ihrer nördlichen Provinzen z.B. durch Anlage von Treidelpfaden (vgl. 3.1.3) und Kanälen die natürlichen Wasserstraßen verbessert bzw. erweitert. Es muß allerdings deutlich gesagt werden, daß wir diese Kenntnis mehr den Schrift- und Bildquellen entnehmen als archäologischen Aufschlüssen, die zumeist sich damit begnügten, schriftlich bekannte Maßnahmen archäologisch zu bestätigen. Das gilt übrigens auch von dem Kanalbauversuch Karls d. Gr. zur Verbindung von Main und Donau. Aber die Forschung ist sich noch keineswegs einig, wie dieser Kanal überhaupt funktionieren sollte[96]. Vom 10. Jahrhundert an kennen wir vor allem im Küstengebiet zahlreiche von der Schiffahrt genutzte „Gräben", die zumeist im Zusammenhang mit Hafensiedlungen oder Deichbaumaßnahmen stehen. Der erste vom Fernhandel in großem Stil nutzbare Kanal nördlich der Alpen war der 1398 fertiggestellte Stecknitz-Kanal, der die Hansestadt

---

[94] U. Ruoff, Die Entwicklung der Unterwasserarchäologie im Kanton Zürich, helvetia archaeologica 12, 1981, 62—70.

[95] Die ersten Wasserbaumaßnahmen können wir bei den ältesten „Pfahlbauten" (vgl. 2.2.) feststellen, die bei Egolzwil im Wauwiler Moos in der Schweiz aufgedeckt worden sind und noch dem 4. Jahrtausend vor Chr. angehören. R. Wyss, Wirtschaft und Gesellschaft in der Jungsteinzeit (1973) 16ff. — Schiffslandestellen außerhalb von Siedlungen: Fundbericht aus Schwaben NF 4, 1926—28, 52—57 (Federsee: späte Bronzezeit-Hallstattzeit).

[96] Treideln: D. Ellmers, Frühmittelalterliche Handelsschiffahrt (1972) 83. — Kanäle: M. Eckoldt, Über das römische Projekt eines Mosel-Saône-Kanals, Deutsches Schiffahrtsarchiv 4, 1981, 29—34. — Ders., Schiffahrtskanäle im Rheingebiet in alter und neuer Zeit, Beiträge zur Rheinkunde 14, 1962, 48—61. — Kanal Karls d. Gr.: K. Goldmann, Das Altmühl-Damm-Projekt: Die Fossa Carolina, Acta Praehistorica et Archaeologica 16/17, 1984/85, 215—218. — E. Schäle, Ab 1991: Von der Nordsee bis zum Schwarzen Meer, Schiff und Zeit 20, 1984, 10—21. — Dazu die Besprechungen von D. Ellmers in Hansische Geschichtsblätter 104, 1986, 167.

Lübeck mit der Elbe verband. Für die Beurteilung dieses Kanals muß man aber wissen, daß gleichzeitig längst der Energiebedarf durch Anlage von Mühlenstauen die Binnenschiffahrt weitgehend aus den kleinen Flußoberläufern verdrängt hatte. D.h. dieser ersten funktionierenden Erweiterung der Binnenwasserstraßen steht eine Unzahl von Reduzierungen gegenüber, so daß insgesamt das Streckennetz im Spätmittelalter erheblich verkleinert wurde[97].

3.2.3 Landwege als Ergänzung des Wasserstraßennetzes

Trotzdem können wir von einem Wasserstraßennetz im vorgeschichtlichen Mitteleuropa mit voller Berechtigung sprechen. Denn seit der bandkeramischen Landnahme im frühen 5. Jahrtausend vor Chr. läßt sich nachweisen, daß der Mensch durch regelmäßige *Überquerung der Wasserscheiden* die hoch hinauf befahrbaren Oberläufe zweier Flußsysteme auf Landwegen von nur wenigen Tagereisen miteinander verband. Die landnehmenden Bandkeramiker machten das, wie oben dargelegt, mit besonders leichten Fellbooten vom Typ Coracle, die nicht nur weit flußaufwärts fahren, sondern bei der Überquerung der Wasserscheiden auch relativ leicht getragen und auf der anderen Seite wieder ins Wasser gesetzt werden konnten. D.h. zunächst sind die Wasserscheiden in der Form der Schleppstrecken unter Mitnahme der Boote überwunden worden. Wie der Import von Beilen aus balkanischem Gestein (Abb. 1) und von Schmuckstücken aus Spondylus-Muscheln zeigt, haben die Bandkeramiker die Kontakte zum Balkanraum über diese Wasserscheidenwege dann aber nicht wieder abreißen lassen[98]. Wir wissen nur nicht, ob dabei jedesmal die Boote über Land transportiert wurden, was nicht sehr wahrscheinlich ist. Jedenfalls sind statt dessen auch andere Organisationsformen für solchen „gebrochenen" Verkehr (Transportkette mit unterschiedlichen Fahrzeugen) denkbar.

Das Prinzip, die verschiedenen kontinentaleuropäischen Flußsysteme durch regelmäßige Überquerung der Wasserscheiden zu einem Wasserstraßen-Netz zu verknüpfen, ist während der gesamten Vor- und Frühgeschichte nicht wieder vergessen worden, wenn auch der Nachweis für einzelne Übergänge noch keineswegs lückenlos zu führen ist und mit Sicherheit starken konjunkturellen Schwankungen unterlag. Es ist deshalb ein dringendes Desiderat weiterer Forschung, archäologische Anhaltspunkte zur Aufklärung der Organisationsform dieser Überquerungen der Wasserscheiden zu finden. Denn diese Organisationsform ist wahrscheinlich einer der wichtigsten Schlüssel zum Verständnis vorgeschichtlicher Binnenschiffahrt. Bisher kennen wir die früheste Organisa-

---

[97] D. E l l m e r s, Frühmittelalterliche Handelsschiffahrt (1972) 233. — O. H a r c k, Stecknitz-Kanal, Führer zu archäolog. Denkmälern in Deutschland 2 (1983) 40—44. — M. E c k o l d t, Schiffahrt auf kleinen Flüssen (1980) 33—35. — D. E l l m e r s, Wege und Transport: Wasser, Stadt im Wandel. Katalog zur Landesausstellung Niedersachsen Bd. 3 (Braunschweig 1985) 243—255.

[98] G. S c h w a r z - M a c k e n s e n und W. S c h n e i d e r, Wo liegen die Hauptliefergebiete für das Rohmaterial donauländischer Steinbeile und -äxte in Mitteleuropa? Arch. Korrespondenzbl. 13, 1983, 305—314. — C. W i l l m s, Neolithischer Spondylusschmuck. Hundert Jahre Forschung, Germania 63, 1985, 331—343. — Vgl. auch Anm. 101.

tionsform für die Überquerung der Wasserscheiden erst für die Römerzeit durch Steininschriften aus den nördlichen Provinzen. Dort waren hauptberuflich tätige Binnenschiffer (nautae) zu regionalen Gilden zusammengeschlossen und wickelten nicht nur den Wassertransport auf „ihren" Flüssen ab, sondern ebenfalls den kurzen Landtransport über die Wasserscheide zum nächsten Flußsystem[99]. Aber natürlich kann man diese Organisationsform nicht ohne weiteres auf ältere Zeiten übertragen.

Als wichtiges Forschungsziel für die nächste Zukunft läßt sich aber schon festhalten, daß es aufgrund der hier vorgetragenen Forschungsansätze keineswegs utopisch ist, die wichtigsten Übergangsstrecken über bestimmte Wasserscheiden im Gelände festzulegen. Auf dieser Grundlage läßt sich über weitere Untersuchungen im Bereich dieser Übergangsstrecken wahrscheinlich auch noch genauer ermitteln, wie dieser Transport organisiert war. Jedenfalls scheint es kein Zufall zu sein, daß die Überquerungsstrecken vom Flußgebiet des Mains zu den Oberläufen von Fulda, Werra und Saale gerade noch im Bereich der Hallstattkultur lagen, von wo aus dann hallstättische Exportgegenstände (Eisenobjekte, Schwerter, Bronzegefäße, Fibeln usw.) über Weser und Saale/Elbe den Angehörigen der nördlich anschließenden Kulturgruppen vermittelt wurden[100].

Wer die Bedeutung der vor- und frühgeschichtlichen Binnenschiffahrt richtig abschätzen will, muß aber nicht nur die für diese Schiffahrt so wichtigen Verbindungswege über die Wasserscheiden kennen, sondern überhaupt Vorstellungen entwickeln, wie das Verhältnis von Land- und Wasserverkehr zu den verschiedenen Zeiten zu beurteilen ist. Es ist aber für den Archäologen von heute gar nicht einfach, sich Verkehrsprobleme gegen seine eigene Erfahrung klarzumachen, die ihm täglich vor Augen hält, daß nahezu alle wichtigen Transporte in seinem Gesichtskreis über Schiene oder Straßen abgewickelt werden. Dabei weiß er doch, daß der Wagen in Mitteleuropa erst knapp 5000 Jahre alt ist. Vor diesem Zeitpunkt gab es als einziges Landfahrzeug nur den Schlitten, von dem man sich kaum vorstellen kann, daß er im Fernverkehr eine Rolle spielte, nicht einmal im Winter. Das bedeutet aber, daß alles, was über Land transportiert werden sollte, getragen werden mußte. Seit der Bandkeramik mag man mit Tragtieren rechnen. Im übrigen aber mußte der Mensch selber alles tragen, entweder direkt mit seinen Händen oder mit Hilfsmitteln wie Rucksäcken, Stangenschleifen usw. In den sechs oder mehr Jahrtausenden vor Einführung des Wagens war also das Wasserfahrzeug das einzige bequeme Transportmittel.

Diese Verkehrssituation spiegelt sich in geradezu klassischer Form in der Verbreitung von Depotfunden donauländischer Beile der bandkeramischen bis Rössener Kultur (Abb. 1). Unabhängig von dem profanen oder religiösen Grund der Niederlegung mußten die Geräte, die in ihrer überwiegenden Mehr-

---

[99] Entscheidend ist das Grabmal eines *nautae Ararici* (= Saône-Schiffers), das zeigt, wie ein Korbwagen mit Korn beladen wird. Fundort ist Dijon a.d. Ouche, einem bis dort schiffbaren Nebenfluß der Saône. Von dort hatte der *nauta* den Landtransport zur oberen Seine organisiert (CIL XIII 5489). — Vgl. dazu auch Anm. 119.

[100] F. Horst, wie Anm. 90.

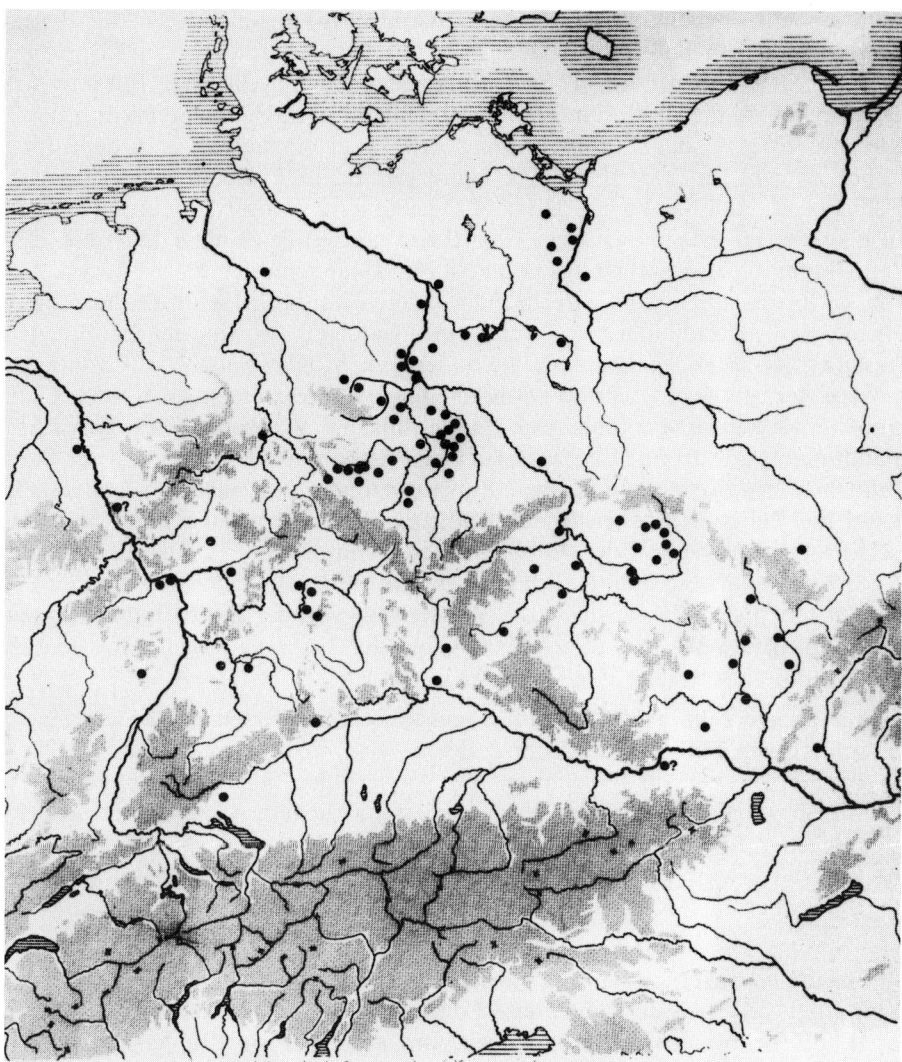

Abb. 1: Frühneolithische Steingerätedepots, vorwiegend aus balkanischem Gestein
(Aktinolith-Hornblendeschiefer).
Die Steine sind die Donau aufwärts und dann über die Wasserscheiden in die anderen Flußgebiete transportiert worden und zeigen damit die Schiffahrtswege und die sie verbindenden
kurzen Landwege über die Wasserscheiden an. (Nach Schwarz-Mackensen/Schneider.)

zahl aus einem balkanischen Gestein (Aktinolith-Hornblendeschiefer) bestehen und z.T. erst halbfertig waren, zum Ort ihrer Deponierung transportiert
werden. Daß dies per Boot geschah, zeigen nicht nur die enge Bindung der
Fundstellen an die Wasserläufe, sondern auch die zahlreichen Steinklingen, die
auf der Strecke des Elbdurchbruchs (Elbsandsteingebirge) aus dem Fluß
geborgen wurden, wo überhaupt keine gleichzeitige Siedlung bekannt ist.
Selbst so kleine Flüsse wie Bode oder Unstrut sind in ihrer Bedeutung für den
Transport klar erkennbar. Kein Depotfund lag weiter als eine Tagereise vom
schiffbaren Gewässer entfernt, und kein Fund war schwerer, als ein Mann, z.B.
im Rucksack, über diese Strecke hätte tragen können. Wenn die Forschung
meint, daß „Händlerdepots ... aus einer größeren Anzahl von Geräten ...
bestehen" müßten, verkennt sie die damaligen Möglichkeiten des Landtransportes, der mit dem leicht zu bewerkstelligenden Wassertransport auch nicht
annähernd konkurrenzfähig war. Das mühsame Schleppen von Traglasten
nahm man nur dort auf sich, wo man keine andere Wahl hatte. D.h., wer Beile
brauchte, begab sich auf kurzen Zubringerwegen zur nächsten Landestelle
eines mit Beilen beladenen Bootes und trug sie von dort zu seinem landwirtschaftlichen Anwesen oder zur Stelle der Deponierung[101]. Wir haben diese
Verbreitungskarte so ausführlich besprochen, weil sich daraus für die Zeit des
konkurrenzlosen Übergewichts der Wasserwege von der Bandkeramik bis zur
Einführung des Wagens folgendes Schema der Nutzung von Landwegen als
Ergänzung zum System der Wasserwege ergibt:

— Im Fernverkehr als Verbindungswege über die Wasserscheide von einem
  schiffbaren Flußoberlauf zum anderen.
— Im Fernverkehr zur Umgehung von Wasserfällen oder Stromschnellen.
— Im Zubringerverkehr zwischen landwirtschaftlichem Anwesen und nächst-
  gelegener Bootslandestelle.
— Im Nahverkehr für die Zwecke der Landwirtschaft (Erntebergung, Viehtrieb, aber auch Kommunikation mit den Nachbarn usw.). Nur diese Nah-
  verkehrswege waren im Prinzip unabhängig von den Wasserwegen.

Für die voraufgehenden und gleichzeitigen Jägerkulturen mit ihrer weniger
seßhaften Lebensweise trifft dieses Schema nicht zu. Wir haben noch keine
methodisch abgesicherte Möglichkeit, um auch für sie das Verhältnis von
Wasser- und Landverkehr bestimmen zu können.
Die Einführung des Wagens im frühen 3. Jahrtausend vor Chr. Geb. bringt
für das obige Schema keine grundsätzliche Änderung[102]. Nur mußten die
Fußsteige jetzt zu Fahrwegen umgebaut werden, und der Landverkehr wurde
insgesamt leistungsfähiger, weil er größere Gütermengen auf einmal transpor-

---

[101] G. Schwarz-Mackensen und W. Schneider, Fernbeziehungen im Frühneolithi-
kum. Rohstoffversorgung am Beispiel des Aktinolith-Hornblendeschiefers, Frühe Bauernkulturen in Niedersachsen (Oldenburg 1983) 165—176; Zitat S. 174.
[102] Ältester Nachweis für Wagen in Mitteleuropa: S. Milisauskas und J. Kruk, Die
Wagendarstellung auf einem Trichterbecher aus Bronocice in Polen, Arch. Korrespondenzbl.
12, 1982, 141—144; datiert in Stufe Bronocice II = spätes 4. Jahrtausend vor Chr.

tieren konnte. Davon profitierte der Fernverkehr, weil es nun einfacher war, die Güter über die Wasserscheidenwege von einem Flußoberlauf zum anderen zu schaffen. Dabei wurde freilich eine Organisation nötig, um für die Bereitstellung der nötigen Wagen und Gespanne zu sorgen. Ob vor der Einführung des Wagens an diesen Stellen bereits für die Bereitstellung von Tragtieren gesorgt wurde, wissen wir ebenso wenig wie nähere Einzelheiten zur Organisation der Wagenfahrten. Daß der landwirtschaftliche Nahverkehr etwa zur Erntebergung oder zur Kommunikation mit den Nachbarn durch den Einsatz von Wagen erleichtert wurde, versteht sich von selbst. Aber auch der Zubringerverkehr zwischen Bauernhof und nächstem Bootslandeplatz wurde leichter und sei es nur dadurch, daß die Bewohner jetzt nicht mehr laufen mußten, sondern fahren und zugleich auch die Tauschobjekte im Wagen mitnehmen konnten. Große Bedeutung gewann der Zubringerverkehr erst seit Beginn der Bronzezeit zum massenhaften Metalltransport von den Erzrevieren zum nächsten schiffbaren Fluß. Überhaupt stellte der rasch wachsende Bronzebedarf höchste Ansprüche an dieses Verkehrssystem des kombinierten Wasser- und Landtransportes über weite Entfernungen, weil brauchbare Geräte nur hergestellt werden konnten, wenn vorher in ausreichender Menge Zinn zum Kupfer transportiert worden war. Leider lagen aber die Kupferminen oft sehr weit von den Zinnminen entfernt[103].

Eine einschneidende Änderung dieses kombinierten Verkehrssystems brachte erst die Einführung des Reitpferdes während der Hallstattzeit[104]. Das Reitpferd sorgte nämlich durch seine große Geschwindigkeit für die erste wenigstens partielle Überlegenheit der Landwege über die Wasserstraßen. Zwar betraf das nur den Nachrichtentransport durch reitende Boten sowie den schnellen Personenverkehr, aber die absolute Vorherrschaft des Wasserverkehrs vor dem Landverkehr war doch gebrochen. Der Gütertransport war davon allerdings in keiner Weise betroffen. So konnte Pytheas von Massilia um 330 vor Chr. Geb. das System des kombinierten Land-Wasser-Transportes für den Zinnhandel beschreiben: Die Einwohner von Cornwall gewönnen das Zinn und brächten es in astragalförmige Barren, die sie auf Wagen in großer Menge auf eine der Küste vorgelagerte Insel namens „Ictis" schafften, die bei Ebbe trockenen Fußes zu erreichen sei. Dort handelten Kaufleute das Zinn von den Einwohnern ein und brächten es nach Gallien hinüber. Zuletzt beförderten sie es in Pferdelasten auf dem Landweg durch Gallien in 30 Tagen zur Rhônemündung[105].

Wir lernen den Wagen im Zubringerverkehr zum Hafen kennen, hier zum Seehafen der Insel Ictis (wahrscheinlich = St. Michaels Mount, Cornwall). Gallische Kaufleute erwerben das Erz und verschiffen es nach Gallien. Dieses

---

[103] M. J a h n , Gab es in der vorgeschichtlichen Zeit bereits einen Handel, Abhandl. d. Sächsischen Akademie der Wiss. zu Leipzig, Phil.-hist. Klasse Bd. 48, Heft 4 (1956), bes. S. 19 f.

[104] W. T o r b r ü g g e , Europäische Vorzeit (1969) 192—197.

[105] D. E l l m e r s , Keltischer Schiffbau, Jahrb. RGZM 16, 1969, 73—122, hier S. 114 f. und Anm. 69.

von Diodor überlieferte Fragment schweigt sich über die Schiffe aus. Plinius hingegen berichtet, daß das Erz u.a. in Fellbooten vom Typ Coracle von Ictis ausgeführt wurde. Für die Fahrt quer durch Gallien mußten die Schiffe nach der Kanalüberquerung zunächst die Seine aufwärts fahren. Wir erfahren nicht, ob irgendwo vom Seeschiff auf Binnenschiffe umgeladen werden mußte, aber wir erfahren, daß die Wasserscheide zwischen Seine und Saône mit Hilfe von Saumpferden überwunden wurde. (Warum das Zinn als Traglast und nicht wie in Cornwall auf Wagen transportiert wurde, bleibt unerfindlich). Es wird zwar nicht besonders erwähnt, ist aber selbstverständlich, daß das Zinn an der Saône wieder in Boote verladen wurde, die es über die Rhône bis zu deren Mündung brachten. Erstmals bekommen wir auch für die Binnenschiffahrt eine Zeitangabe. Die 30 Tage von Ictis bis zur Rhônemündung erscheinen knapp, aber durchaus möglich, wenn man sie mit jüngeren Zeitangaben vergleicht. Der größte Teil wird sicherlich für die mühsame Bergfahrt auf der Seine und die Überwindung der Wasserscheide einschließlich der Umladevorgänge gebraucht worden sein. Die Talfahrt auf Saône und Rhône verlief wesentlich schneller, auch wenn man in der Binnenschiffahrt nur bei Tageslicht fahren konnte und zum Übernachten anlegen mußte. Insgesamt muß dieser Handel sehr zügig organisiert gewesen sein und unnötiges Umladen nach Möglichkeit vermieden haben.

Die nächste Aufwertung der Landverbindungen brachten die Römer mit ihrem Straßenbau. Aber selbst dadurch haben sie das oben angeführte Schema nicht grundsätzlich geändert. Sie haben nur den Fortschritt, den die Einführung des Reitpferdes schon viele Jahrhunderte vorher gebracht hatte, systematisch ausgebaut für das Nachrichtenwesen und den schnellen Personentransport für „Beamte" usw. (cursus publicus) sowie für die Bewegungen des Heeres[106]. Der Gütertransport einschließlich des militärischen Nachschubs erfolgte nach wie vor auf den Wasserwegen und den sie verbindenden Straßen über die Wasserscheiden. Die uns heute äußerst merkwürdig erscheinende Grenzziehung der Provinz Obergermanien beruht nicht zuletzt darauf, den wichtigen militärischen Nachschub von der Rhône zum Rhein einerseits über Saône-Doubs-Burgundische Pforte, andererseits sozusagen als Ausweichstrecke über Genfer See, Schweizer Juraseen-Aare durch Unterstellung unter eine Hand sicherzustellen. Jedenfalls hat der römische Straßenbau so viel gebracht, daß der Landtransport im Güterverkehr nur noch zehnmal so teuer war wie der Wassertransport (vgl. 2.6).

Nach dem Ende der Römerherrschaft verfielen die Römerstraßen langsam wieder, und die Verhältnisse im Landverkehr diesseits und jenseits der ehemaligen Reichsgrenze glichen sich einander an. Die Transportaufgaben wurden zwar insgesamt geringer, aber auf die Binnenschiffahrt entfiel von diesem Rest ein relativ größerer Teil als im Römerreich. Das betraf vor allem den Reisever-

---

[106] H. B e n d e r, Römische Straßen und Straßenstationen, Kleine Schriften zur Kenntnis der römischen Besatzungsgeschichte Südwestdeutschlands 13 (1975). — D e r s., Römischer Reiseverkehr. Cursus publicus und Privatreisen, ebd. 20 (1978).

kehr und den Eigenverkehr des Großgrundbesitzes[107]. Erst die Entstehung der Hanse im Jahre 1159 brachte ein Handelssystem mit sich, das den Lastwagenverkehr stärker förderte als die Binnenschiffahrt, und zwar durch

— enge organisatorische Verknüpfung des Seehandels mit dem Überlandhandel (bzw. des Hafens Lübeck mit einem weiten, durch Lastwagen zu erschließenden Hinterland). Das späte Mittelalter brachte diese neue, für die Hanse konstituierende Organisationsform auf die griffige Formel: der Kaufmann fuhr „über Sand und See"[108].

— Erfindung des Kummetgeschirrs, das die Zugkraft der Pferde anatomisch besser ausnutzte als die alte Jochschirrung.

— Erfindung der Sturzfelge, die die Tragkraft der Wagen wesentlich erhöhte. Beide Erfindungen zusammen bewirkten, daß bei gleichem Aufwand an Tieren und Personal die Transportleistung jedes einzelnen Wagens sprunghaft anstieg. Die Kosten des Landtransportes wurden stark reduziert[109].

— Die Vermehrung der Zollstellen an den Binnenwasserstraßen verteuerten hingegen die Binnenschiffahrt, die dadurch ihren Preisvorteil vor dem Wagenverkehr z.T. fast oder sogar ganz verlor[110].

— Mühlenstaue zur Energiegewinnung verdrängten die Binnenschiffahrt aus den Flußoberläufen. Das leistungsfähiger gewordene Fuhrwesen konnte ohne erkennbare Schwierigkeiten alle dadurch anfallenden zusätzlichen Transportaufgaben bewältigen[111].

3.2.4 Fahrstrecken der Binnenschiffe

Theoretisch konnte ein Binnenschiff auf der gesamten Länge eines Flusses und all seinen schiffbaren Nebengewässern eingesetzt werden. Am Beispiel der Bandkeramik konnte sogar gezeigt werden, daß Boote von einem schiffbaren Flußoberlauf in einen anderen über die Wasserscheide getragen worden waren, so daß diesen Booten sogar mehrere Flußsysteme als Aktionsräume offenstanden. Wie weit diese maximalen Möglichkeiten zu den verschiedenen Zeiten tatsächlich genutzt wurden, konnte bisher im wesentlichen nur durch Auswertung von Schriftquellen, d.h. für die Römerzeit und später aufgezeigt werden[112].

---

[107] D. Ellmers, Hafentechnik und ihre Bedeutung für die Siedlungsgenese, Ber. zur deutschen Landeskunde 52, 1978, 177—202, hier S. 184 f.

[108] Ders., Die Entstehung der Hanse, Hansische Geschichtsbl. 103, 1985. 3—40.

[109] Kummet: E.M. Jope, Vehicles and harness, A History of Technology, hg. von C. Singer, u.a., Bd. 2 (Oxford 1956) 537—562, hier S. 554. Sturzfelge: H. Hayen, Handwerklich-technische Lösungen im vor- und frühgeschichtlichen Wagenbau. Das Handwerk in vor- und frühgeschichtlicher Zeit Teil 2 (1983) 415—470, hier S. 432 f.

[110] J. Falke, Die Geschichte des dt. Zollwesens von seiner Entstehung bis zum Abschluß des Dt. Zollvereins (1869, Neudr. 1968). — T. Sommerlad, Die Rheinzölle im Mittelalter (Halle 1894, Neudr. 1978).

[111] M. Eckoldt, Schiffahrt auf kleinen Flüssen (1980) 33—35. — D. Ellmers, Wege und Transport: Wasser, Stadt im Wandel. Katalog zur Landesausstellung Niedersachsens Bd. 3 (Braunschweig 1985), 243—255.

[112] D. Ellmers, Frühmittelalterliche Handelsschiffahrt in Mittel- und Nordeuropa (1972), 232—248.

Obwohl diese Frage auch für schriftlose Kulturen dringender Beantwortung bedarf, sind dem archäologischen Material erst wenige Teilantworten abgerungen worden, die noch keine Generalisierung zulassen. Da die eventuelle Nutzung der maximalen Möglichkeiten von der Zweckbestimmung (3.1.2) der Binnenschiffe abhängt, wollen wir die einzelnen Funktionstypen der Reihe nach überprüfen.

Wasserfahrzeuge für besondere Zwecke waren entweder überhaupt stationär eingesetzt (schwimmende Wassermühlen, bestimmte Typen schwimmender Fischbehälter) oder hatten lediglich Aufgaben am Ort oder im Nahbereich wahrzunehmen (Arbeitsboote für Wasserbauaufgaben, Prozessionsboote usw.). Standortgebunden ist zu allen Zeiten der Fährverkehr über Flüsse, im Prinzip auch auf Seen, wo er allerdings häufig freier ist in der Auswahl des anzusteuernden Ortes auf der anderen Seite. Schließlich ist auch die Binnenfischerei auf den Nahbereich der jeweiligen Fischersiedlung beschränkt.

Für weitere Fahrten kommen also allein Last-, Reise- und Kriegsschiffe in Betracht. Die Unternehmungen römischer Kriegsschiffe auf Rhein und Donau kennen wir im wesentlichen aus den Schriftquellen, auf deren Bearbeitung hiermit verwiesen sei[113]. Auf die Unternehmungen skandinavischer Kriegsboote entlang der Binnengewässer Skandinaviens fällt leider kein Licht aus Schriftquellen, so daß wir die Reichweite einzelner Vorstöße nicht beurteilen können. Aus Schriftquellen bekannt sind nur die Vorstöße der Wikingerschiffe auf kontinentalen Flüssen im 9. und 10. Jahrhundert nach Chr. Geb.[114]. Da weitere spezielle Kriegsschiffe in der vorgeschichtlichen Binnenschiffahrt bis jetzt unbekannt sind, bleiben nur noch Last- und Reiseboote für unsere Fragestellung übrig.

Die Reichweite von Reisebooten können wir mit archäologischen Methoden nur dort beurteilen, wo wir sie mit der Einwanderung neuer Bevölkerungsgruppen, die sich zudem im archäologischen Material klar abzeichnen, in eindeutige Verbindung bringen können. Das ist bisher nur bei der bandkeramischen Landnahme der Fall, die oben schon mehrmals erwähnt wurde (vgl. 3.1.4 und 3.2.3). Als weiterer Einzelfall läßt sich archäologisch nachweisen, daß bronzezeitliche Bauern mindestens aus Uppland (weiter nördlich haben sie nicht gesiedelt) mit ihrem Reiseboot aus Baumrinde zunächst an der Küste entlang nach Norden und dann den Ångermanälv aufwärts bis zum 250 km von Uppland entfernten Wasserfall „Nämfossen" gefahren sind. Offensichtlich haben sie sich mit den dortigen Jägern zu friedlichem Austausch (z.B. Bronzebeile vom Mälartyp gegen Jagdprodukte, also wohl vor allem Pelze) getroffen. Sie müssen einen ausgesprochen guten Kontakt zu den Jägern gehabt haben, denn sie durften ihre eigenen religiösen Zeichen (Sonnen- und Fußzeichen) auf dem heiligen Bilderfelsen der Jäger anbringen, woran man diese Fahrt heute noch nachweisen kann[115].

---

[113] H. D. L. Vi e r e c k , Die römische Flotte. Classis romana (1980).

[114] H. Z e t t e l, Das Bild der Normannen und der Normanneneinfälle in westfränkischen, ostfränkischen und angelsächsischen Quellen des 8. bis 11. Jahrhunderts (München 1977).

[115] D. E l l m e r s , Schiffe der Jäger und Bauern. Vorgeschichtliche Felsbilder aus Skandinavien. Bildmappe des Deutschen Schiffahrtsmuseums 7 (1981), zu Taf. 6.

Im übrigen können wir nur aus dem Vorhandensein spezieller Reiseboote in Skandinavien sowie aus wenigen Schriftquellen und volkskundlichen Beobachtungen des 19. und frühen 20. Jahrhunderts allgemein auf regen Reiseverkehr auch auf den Binnengewässern schließen, wobei die Felsbilder besonders die Teilnahme an Kultfesten beleuchten[116]. Die Felsbilder eröffnen durchaus die Chance, gerade an den Binnengewässern Schwedens die Einzugsbereiche der großen Kultstätten gegeneinander abzugrenzen und damit die Reisestrecken zu den Kultfesten festzulegen. Aber darüber liegen noch keine genaueren Ergebnisse vor. Auf dem Kontinent entfällt durch das Fehlen entsprechender Felsbilder auch diese Möglichkeit. Wir können nur aufgrund der allgemeinen Verkehrssituation annehmen, daß für längere Reisen vor Einführung des Reitpferdes das Boot die wichtigste Rolle spielte und daß auch danach bequemer Reisekomfort nur im Boot gegeben war. Genauer unterrichtet sind wir erst seit dem frühen Mittelalter über Bootsreisen von Königen, Adligen und Kirchenfürsten[117]. Eine systematische Untersuchung darüber steht allerdings noch aus.

Am wichtigsten wäre es freilich, über den Aktionsradius der Lastboote genaueres zu erfahren, zumal wir bei deren relativ kleiner Besatzung (vgl. 3.1.4.2) davon ausgehen müssen, daß der Handeltreibende sich nicht weiter fortbewegte, als sein Fahrzeug fahren konnte. Wie kürzlich am Beispiel der friesischen Küstenschiffahrt des frühen Mittelalters gezeigt werden konnte, ist es im Prinzip möglich, anhand des archäologischen Fundstoffes den Aktionsradius von Handelsschiffen zumindest unter bestimmten Bedingungen zu bestimmen[118]. Dabei ließ sich auch aufzeigen, wie weit die friesischen Küstenschiffe die in die Nordsee mündenden Flüsse aufwärts fuhren und den Binnenschiffern an der oberen Mosel ebenso Konkurrenz machten wie an der Oberweser. Aber für die vorgeschichtliche Binnenschiffahrt sind vergleichbare Modelle noch nicht entwickelt worden. Wir können lediglich die eine Beobachtung aus dem Friesenhandel auf ältere Zeiten übertragen, daß nämlich die Fernhandelsgüter größtenteils durch viele Hände gingen und dementsprechend viel weitere Verbreitung fanden, als die einzelnen Zwischenträger selber reisten.

Lediglich für die römischen Provinzen können wir aus Steininschriften auf die Fahrtgebiete der Binnenschiffer Rückschlüsse ziehen. Die Binnenschiffer waren nämlich nach Gewässern zu gildeartigen Kollegien zusammengefaßt. Aber in den großen Flußgebieten etwa des Rheins oder der Rhône waren die Binnenschiffer keineswegs in einem einzigen jeweils das ganze System umfassenden Kollegium vereinigt, sondern jedes große Flußgebiet war in viele kleinere Bereiche unterteilt. So kennen wir im Flußgebiet des Rheins die Binnenschiffer der Mosel, der Schweizer Juragewässer usw., und in dem der Rhône

---

[116] A. E s k e r ö d , Kyrkbåtar och kyrikbådsfärder (Stockholm 1973).

[117] Da eine Zusammenstellung fehlt, kann hier nur auf die Itinerarien der deutschen Könige verwiesen werden. Vgl. auch G. K e n t e n i c h , Moselfahrer. Berichte aus 17 Jahrhunderten (Trier 1948) und D. E l l m e r s , wie Anm. 112, S. 253 f.

[118] D. E l l m e r s , Die Bedeutung der Friesen für die Handelsverbindungen des Ostseeraumes bis zur Wikingerzeit. Acta Visbyensia 7 (1985), 7—54, hier S. 35 f.

die der Saône, des Genfer Sees, der Durance usw.[19] Wir müssen also davon ausgehen, daß diese Binnenschiffer nicht das ganze Flußgebiet etwa des Rheines befuhren, sondern wenigstens hauptsächlich nur einen speziellen Abschnitt. Wo zwei Abschnitte zusammentrafen, d.h. wo z.B. die Mosel in den Rhein mündete, wurde wahrscheinlich vom Moselschiff auf ein Rheinschiff umgeladen. Auf dem Genfer See mußten die Schiffe sowieso anders angetrieben werden als auf der Rhône (vgl. 3.1.3), so daß allein aus diesem Grunde in Genf eine Umladestation zu vermuten ist. Die Kollegieneinteilung untermauert diese Vermutung nur noch. In Lausanne-Vidy hatten die Schiffer des Genfer Sees ihre Gegenstation, von dort wurde die Ware auf einem ca. 40 km langen, relativ einfachen Landweg per Wagen nach Yverdon gebracht, wo die Binnenschiffer der Juragewässer für den Weitertransport in Richtung Rhein zuständig waren. Die Binnenschiffer scheinen auch für die Organisation des Überlandtransportes von Lausanne nach Yverdon zuständig gewesen zu sein, ohne daß wir die einzelnen Zuständigkeiten schon klar erkennen können. Bei so kleinteiliger Organisation der Binnenschiffahrt war der weiträumige Handel innerhalb des römischen Reiches nur durch eine strenge Arbeitsteilung zwischen Binnenschiffer als Transporteur und Kaufmann als Befrachter zu gewährleisten. Denn der Kaufmann war in viel weiterreichenden Kollegien organisiert, die gleich ein halbes Dutzend Provinzen umspannten[120]. Die reibungslose Zusammenarbeit der Binnenschiffer mit den Kaufleuten klappte dadurch, daß der lokale Vertreter der Kaufleutevereinigung jeweils an den entscheidenden Umladestationen zugleich Patron des dort zuständigen Binnenschifferkollegiums war[121].

Für die vorrömischen Perioden können wir eine so ausgefeilte Organisation keineswegs voraussetzen. Wir sehen vielmehr in der weiträumig agierenden provinzialrömischen Kaufmannschaft die eigentliche römische Neuerung in der Handelsorganisation und sehen in den kleinräumig agierenden Binnenschiffern ein Erbe der keltischen Kultur, deren Binnenschiffe ja unter der Römerherrschaft in ungebrochener Tradition weitergebaut und weiterbenutzt wurden, und zwar von keltischstämmigen Binnenschiffern, wie uns der bereits mehrfach zitierte Grabstein des Mainzer Schiffers Blussus zeigt[122]. Die Kleinräumigkeit der Binnenschiffahrt korrespondiert jedenfalls gut mit der kleinräumigen Stammesgliederung in Gallien vor den Römern. Mehr als die Vermutung, daß Binnenschiffer in vorrömischer Zeit nur begrenzte Flußabschnitte befuhren, wird man aus diesen Überlegungen wohl kaum ableiten können. Wie auf solcher Grundlage die von Pytheas überlieferte relativ zügige Organisation des weiträumigen Zinnhandels von Cornwall zur Rhônemündung im 4. Jahrhundert vor Chr. Geb. möglich war, ist freilich noch nicht schlüssig zu

---

[119] A. Grenier, Manuel d'Archéologie gallo-romaine. II Partie: L'Archéologie du Sol — Navigation — Occupation du Sol (Paris 1934). — O. Schlippschuh, Die Händler im Römischen Kaiserreich (Amsterdam 1974) S. 95 ff.: Die nautae.

[120] Ebd. S. 109—123: Die Vereine der Händler. — Die entscheidenden Vereine waren: die neg. Britanniciani, die *neg. corporis Cisalpinorum et Transalpinorum* und die *neg. Dacisci* (C.I.L. V 1047).

[121] Beispiele bei Schlippschuh (wie Anm. 119) S. 112.

[122] D. Ellmers, Keltischer Schiffbau, Jahrb. RGZM 16, 1969, 73—122.

beantworten. Noch schwerer verständlich wäre es allerdings, wenn die Römer eine keltische Binnenschiffahrt mit großräumigeren Fahrgebieten auf die belegten kleinräumigen reduziert hätten.

An diesem Punkt muß die archäologische Forschung ansetzen und versuchen, die tatsächlichen Fahrabschnitte der Lastboote auf den Flüssen und Seen im Fundmaterial gegeneinander abzugrenzen. Solange dafür noch keine hinreichend genaue Methode gefunden wurde, können alle weitergehenden Fragen noch nicht schlüssig beantwortet werden. Vielleicht hilft aber die gründliche Analyse der Landstationen der Schiffahrt weiter.

3.3 Landstationen der Binnenschiffahrt

Es ist zwar eine Binsenweisheit, daß der Mensch ein Landlebewesen ist und die von Wasserfahrzeugen transportieren Güter an Land produziert und auch an Land wieder benutzt oder verbraucht, daß die mit Hilfe von Booten gefangenen Fische an Land verspeist werden und daß Personen vor und nach einer Schiffsreise an Land leben. Aber die Konsequenz aus dieser Binsenweisheit ist in der Erforschung vor- und frühgeschichtlicher Schiffahrt viel zu wenig bedacht worden. Sie lautet schlicht, daß Landstationen, in denen wenigstens zeitweilig Menschen lebten, für den Einsatz von Wasserfahrzeugen unerläßlich waren. Das betrifft sowohl die Anfertigung als auch die ständige Wartung der Wasserfahrzeuge, die Start- und Zielhäfen ihrer einzelnen Einsätze und die gesamte Organisation, die für diese Einsätze nötig ist, angefangen von der technischen Ausrüstung und der Bevorratung der Boote bis zu den organisatorischen Voraussetzungen für die Durchführung regelmäßiger Handelsfahrten.

Der derzeitige, völlig unbefriedigende Forschungsstand macht es deshalb zur wichtigsten Aufgabe einer Archäologie der Binnenschiffahrt, deren Landstationen anhand noch herauszuarbeitender archäologischer Indizien systematisch im Gelände festzulegen und nach Zeitstellung, Funktion und Bedeutung zu differenzieren.

Die Forschung stagniert für diese Fragestellung, weil sie noch gar nicht nach den archäologischen Indizien für die Landstationen der Schiffahrt gefragt, geschweige denn sie systematisch untersucht und dann auf konkrete Fälle angewendet hat. Genaugenommen ist sich die archäologische Forschung erst bei einigen Kastellen und städtischen Siedlungen der Römer an Rhein, Donau und anderen Flüssen sicher, daß sie u.a. auch der Binnenschiffahrt als Landstationen dienten[123]. Für das frühe Mittelalter hat die Archäologie die Bedeutung der frühen Seehandelsplätze herausgearbeitet[124]. Daß diesen aber ganz vergleichbare Handelsplätze der Binnenschiffahrt an den Flüssen und Seen entsprachen, hat die archäologische Forschung bisher praktisch kaum interes-

---

[123] Zusammenfassend zu römischen Binnenhäfen: O. Höckmann, Antike Seefahrt (München 1985) 153 mit Literatur.

[124] H. Jankuhn, Typen und Funktionen vor- und frühwikingerzeitlicher Handelsplätze im Ostseegebiet. Österr. Akad. d. Wiss. Phil.-Hist. Kl. SB Bd. 273, 5. Abh. (Wien 1971).

siert. Lediglich aus den Schriftquellen, die für viele bereits im frühen Mittelalter entstandene Städte seit dem späten Mittelalter ein starkes Engagement in der Binnenschiffahrt vermelden, haben manche Historiker auf ältere Bedeutung für die Binnenschiffahrt rückgeschlossen[125].

3.3.1 Ufersiedlungen mit zentralörtlicher Funktion

Wir gewinnen trotz des Desinteresses der archäologischen Forschung aus diesen Überlegungen unser erstes archäologisches Indiz für Landstationen der Binnenschiffahrt: Genauso wie stadtartige Siedlungskonzentrationen im Küstengebiet ohne entsprechende Küstenschiffahrt nicht denkbar sind, gab es auch an den Ufern schiffbarer Flüsse und Seen keine städtische Siedlungskonzentration ohne entsprechende Binnenschiffahrt. Städtische Siedlungskonzentrationen aber sind archäologisch natürlich leicht aufzufinden, so daß für diese Siedlungen dann den weitergehenden Fragen nachgegangen werden kann, nämlich wie sich die Binnenschiffahrt auf die Siedlungsstruktur ausgewirkt hat und welche Funktion und Bedeutung die jeweilige Siedlung im System der Binnenschiffahrt in welchem Zeitraum einnahm. Bei aller Schwierigkeit der Praxis von Ausgrabungen in den zumeist bis heute eng bebauten Stadtkernen bieten doch die städtischen Siedlungskonzentrationen als Ansatzpunkte für die archäologische Erforschung der Binnenschiffahrt keine grundsätzlichen methodischen Probleme[126].

Wie aber können wir die entscheidenden Landstationen der Binnenschiffahrt in den städtelosen Kulturen unserer Vorgeschichte im Gelände finden, damit auch sie gezielt untersucht werden können? Muß man jede am Ufer von Binnengewässern gelegene vorgeschichtliche Siedlung, die durch Grab- oder Siedlungsfunde angezeigt wird, untersuchen, oder lassen sich Abstufungen feststellen? Ganz offensichtlich hat es in der ersten Stadtentstehungsphase des frühen Mittelalters solche Abstufungen gegeben, denn aus der Vielzahl von landwirtschaftlichen Siedlungen an Binnengewässern sind ja nur wenige zu Städten aufgestiegen. Diese waren stets Siedlungen, die über ein gewisses Maß an zentralörtlicher Bedeutung verfügten. D.h. es kamen dort — aus welchen Gründen auch immer — regelmäßig viele Menschen zusammen, so daß sie Handel und Gewerbe anzogen und auch der frühen kirchlichen Organisation geeignete Ansatzpunkt boten.

Natürlich hat es auch in städtelosen Kulturen jedenfalls nach der durch die Landwirtschaft bedingten Seßhaftwerdung Siedlungen von zentralörtlicher Bedeutung gegeben — sonst wären daraus ja in der Endphase keine Städte hervorgegangen. Die entscheidende Frage lautet also: Woran kann der Archäologe Siedlungen von zentralörtlicher Bedeutung von anderen Siedlungen unterschei-

---

[125] Zusammenfassende Arbeiten fehlen weitgehend. Für Niedersachsen: D. Ellmers, Wege und Transport: Wasser. In: Stadt im Wandel, Landesausstellung Niedersachsen Bd. 3 (Stuttgart-Bad Cannstadt 1985) 243—255.

[126] D. Ellmers, Hafentechnik und ihre Bedeutung für die Siedlungsgenese. Berichte zur deutschen Landeskunde 52, 1978, 177—202.

den? Für die Kulturen mit einer hierarchisch gestuften Gesellschaftsordnung kann der Archäologe diese Frage deshalb beantworten, weil die zentralörtlichen Funktionen mit jenen Siedlungen verbunden waren, in denen die Spitzen dieser Gesellschaft lebten. Man mag darüber streiten, ob man diese Spitzenvertreter als Adlige, Häuptlinge, Fürsten oder Herren und ihre Wohnsitze entsprechend als Adels-, Häuptlings-, Fürsten- oder Herrensitze oder noch anders bezeichnen soll. Fest steht, daß zumindest die Hauptwohnsitze dieser Spitzenvertreter nicht nur die allgemeine landwirtschaftliche Basis hatten, sondern zugleich auch zahlreiche zentralörtliche Funktionen erfüllten. Um aber die Sprachverwirrung nicht noch durch ein weiteres Kunstwort zu vergrößern, bevorzuge ich persönlich den Begriff Häuptling für die vorgeschichtlichen Kulturen, weil dadurch am wenigsten festgeprägte Bedeutungsinhalte aus der mittelalterlich-neuzeitlichen Feudalgesellschaft auf die Vorgeschichte übertragen werden.

Häuptlingssitze kann der Archäologe anhand der Häuptlingsgräber lokalisieren, soweit diese sich durch besonderen Aufwand bei Grabbau und Beigabenausstattung von der Masse der übrigen Gräber abheben[127]. Wir kennen solche Gräber vor allem seit der frühen Bronzezeit, weil die Häuptlinge seitdem in der Lage waren, ihr Vermögen nicht nur in der Form von Acker und Vieh anzulegen (was archäologisch nicht nachweisbar ist), sondern auch in der Form von Metallhorten, aus denen sie jederzeit wieder Metall in den Verkehr bringen konnten, um daraus Macht (z.B. durch Gefolgschaft) und Ansehen (z.B. durch Austeilung der zu Gegengaben verpflichtenden Geschenke) zu gewinnen. Entsprechend wichtig war es für diese Häuptlinge, daß der Metallzustrom in ihre Schatzhäuser nicht versiegte, was u.a. auf die Weise geschehen konnte, daß sie ihr politisches Ansehen und ihre militärische Macht zum Schutz des Fernhandels einsetzten, von dem sie dafür Abgaben bekamen. Zum Teil saßen sie auch im Gebiet der Erz- und Salzgewinnung und hatten ihre Finger im Spiel bei der Organisation von Abbau und Vertrieb.

Wie auch immer die Art ihrer Bereicherung geregelt war, wir sehen an den reichen Grabbeigaben, die häufig kostbare Importe aus fernen Ländern mit einschlossen, daß diese Häuptlingssitze tatsächlich in hervorragender Weise an den Fernhandel angeschlossen waren. Das bedeutet aber nach unserer Darstellung des Verhältnisses von Land- und Wasserwegen, daß sie auch an die Wasserwege gut angeschlossen gewesen sein müssen. Wiederum können wir archäologisch nachprüfen, daß diese guten Anschlüsse zwar nicht ausnahmslos, aber doch in der überwiegenden Mehrheit der Fälle zutreffen, wenn man die Wasserscheidenwege von einem Flußgebiet ins andere mit einbezieht. Besonders eindrucksvoll hat P.F. Stary kürzlich diese Zusammenhänge für die jüngere Bronzezeit Süddeutschlands und Böhmens herausgearbeitet[128]. Obwohl

---

[127] G. Kossack, Prunkgräber, Bemerkungen zu Eigenschaften und Aussagewert. In: Studien zur vor- und frühgeschichtlichen Archäologie. Festschrift J. Werner (München 1974) 3—33.

[128] P.F. Stary, Das spätbronzezeitliche Häuptlingsgrab von Hagenau, Kr. Regensburg. In: K. Spindler (Hrsg.), Vorzeit zwischen Main und Donau. Erlanger Forschungen Reihe A Bd. 26 (Erlangen 1980) 46—97.

er die von uns herausgestellte Rolle der Binnenschiffahrt und der Wasserscheidenwege überhaupt nicht kannte, hat er allein aus der Lage der Häuptlingsgräber nicht nur die Bedeutung der Wasserstraßen aufgezeigt, sondern auch ganz
konkret die verschiedenen Wasserscheidenwege zwischen oberer Donau und
dem Neckar dargelegt.

Umgekehrt konnte J. Driehaus zeigen, daß die zumeist in größerer Entfernung von den Wasserstraßen gelegenen sog. Fürstengräber der Hunsrück-
Eifel-Kultur im Zusammenhang mit der Ausbeutung von Eisenerz-Lager-
stätten gesehen werden müssen[129]. Aber sogar von diesen Fürstengräbern
lagen viele direkt an den Wasserstraßen, z.B. Basse-Yutz an der Mosel, Besse-
ringen an der Saar, Reinheim an der unteren Blies, Waldalgesheim über der
Nahe, Worms-Herrnsheim am Rhein usw. Wir haben dort ein abgestuftes
System vor uns mit Erzausbeute einerseits und Zubringerverkehr zu den Wasserstraßen für den Eisentransport andererseits, beides unter der Regie der Fürsten oder Häuptlinge. Wir sehen also, zu wie konkreten Ergebnissen die genaue
Kenntnis vorgeschichtlicher Binnenschiffahrt führt. Aber die Archäologie ist
in der glücklichen Lage, unsere Vorstellungen vom Ablauf der Handelsvor-
gänge bei den Häuptlingssitzen noch weiter zu konkretisieren.

3.3.2 Ufermärkte und Häuptlingssitze

Dänische Ausgrabungen in Dankirke, wenige Kilometer südwestlich von
Ribe an der Westküste Südjütlands, haben uns nämlich erstmals ein klares Bild
von den archäologischen Spuren vermittelt, die in einer städtelosen Kultur ein
von schiffahrenden Händlern besuchter Markt im Boden hinterläßt[130]. Aufgedeckt wurden Hausgrundrisse des 3.—1. Jahrhunderts vor Chr. Geb. und
des 5. und 6. Jahrhunderts nach Chr. Geb. sowie zahlreiche gleichzeitige Siedlungsfunde, die z.T. auf großen Reichtum der Bewohner deuten (z.B. kostbare
rheinische Gläser des frühen 6. Jahrhunderts). Wie weitere Funde zeigen, war
die Siedlung in der Zwischenzeit keineswegs verlassen worden, man hat die
nicht sehr dauerhaften, häufig reparaturbedürftigen Holzhäuser nur an anderen Stellen (außerhalb des Grabungsausschnittes) wieder aufgebaut, wenn die
Reparatur der alten Häuser aufwendiger wurde als Neubauten. Der Bereich
der ehemaligen Häuser war dann freie Fläche, die man offensichtlich nicht
beackerte, sondern mit Gras bewachsen ließ und als Marktareal nutzte, wie aus
den 36 Münzen zu ersehen ist, die dort zwischen 117 und 282 nach Chr. Geb.
verloren und nicht wieder gefunden worden waren. Fünf kleine Bleigewichte
von Münzwaagen sowie einige andere Metallgegenstände (kleine Fibeln, Bron-
zenadeln) sind Spuren desselben Marktbetriebes.

Wie das Wiederauftreten von Häusern im 5. und frühen 6. Jahrhundert
zeigt, wurde dieser Markt in nicht allzugroßer Entfernung von dem offensicht-

---

[129] J. Driehaus, „Fürstengräber" und Eisenerz zwischen Mittelrhein, Mosel und
Neckar. Germania 43, 1965, 32—49.
[130] E. Thorvildsen und. K. Bendixen, Dankirke. Fra Nationalmuseets Arbejdsmark, Kopenhagen 1972, 47—66.

lich reichen Anwesen abgehalten, das sich über diesen Markt natürlich auch selber mit Fernhandelsgut versorgte. Der Markt nahe bei der reichen landwirtschaftlichen Siedlung im Küstenbereich hatte sogar eine erstaunliche große Kontinuität, auch wenn für ihn ähnlich wie für die Siedlung selbst nicht ständig derselbe Platz vorgesehen war. Jedenfalls trat etwa von der Mitte des 7. bis zur Mitte des 8. Jahrhunderts dieselbe Situation ein wie zwischen den beiden Hausphasen: Der Markt war wieder an seine alte Stelle zurückgependelt, es wuchs wieder Gras über den ehemaligen Hausstellen, und die Marktbesucher verloren wieder Münzen. Von den drei Münzmeistertrienten aus dem friesischen Dorestad waren zwei stempelgleich, sind also wohl aus einem Beutel herausgefallen. Weiter waren 10 Sceattas verloren worden, von denen 2 in England, der Rest in Friesland geprägt worden waren. Da andere Gegenstände dieser Zeit fehlen, zeigen allein diese über ein weites Areal verstreuten Münzen, die keineswegs aus einem einzigen Schatz stammen, die Marktfunktion des Platzes eindeutig an. Ihre hauptsächlich friesische Provenienz mit dem leichten angelsächsischen Einschlag macht zugleich klar, daß es friesische Händler waren, die sich dort mit den Dänen trafen, um Westwaren gegen die Produkte Skandinaviens einzutauschen.

Wegen der wichtigen Rolle der Schiffahrt im Handelsverkehr lagen die wichtigsten dieser Märkte natürlich an den für die jeweiligen Schiffe als Hafen gut geeigneten Ufern und wurden in zeitgenössischen Schriftquellen des frühen Mittelalters als Ufermarkt (ripa emtoralis) bezeichnet. Wir tun gut daran, diese Bezeichnung für die archäologische Forschung zu übernehmen, denn sie ist ein Schlüsselbegriff für das Verständnis der vor- und frühgeschichtlichen Binnenschiffahrt, soweit sie dem Handel diente. Nachdem dieser Schlüsselbegriff einmal archäologisch nachgewiesen und mit konkretem Inhalt gefüllt worden ist, bestehen keine methodischen Probleme mehr, Ufermärkte auch an anderen Stellen nachzuweisen. Für den Küstenhandel der Friesen sind Ufermärkte aufgrund der in Dankirke entdeckten Kriterien bereits an vielen Küstenplätzen vom Rheinmündungsgebiet bis Mittelschweden festgestellt worden[131].

Für die Binnenschiffahrt konnte der Zusammenhang zwischen Ufermarkt und Häuptlingssitz erstmals in Minden aufgezeigt werden, wo auf dem Hochufer oberhalb der Terrassenkante Grabfunde römischer Importe (ein Bronzebecken, Scherben von Glas- und Terrasigillata-Gefäßen) einen kleinen Häuptlingssitz anzeigen, wie er entlang der Weser an vielen Stellen anzutreffen ist. Im unbesiedelten Überschwemmungsgebiet der Weser wurde ein von dem Häuptlingssitz zum Weserübergang (Furt oder Fähre) führender Bohlenweg angeschnitten, auf und neben dem man römische Münzen und Scherben von Terrasigillata und einheimischer Keramik, d.h. die typischen verloren gegangenen oder zerbrochenen Reste eines Marktgeschehens fand[132]. Die Kombina-

[131] D. Ellmers, Die Bedeutung der Friesen für die Handelsverbindungen des Ostseeraumes bis zur Wikingerzeit. In: Society and Trade in the Baltic during the Viking Age. Acta Visbyensia VII (1985) 7—54.

[132] Ders., Frühe Schiffahrt auf Ober- und Mittelweser und ihren Nebenflüssen. Neue Forschungsergebnisse der Schiffsarchäologie. In: Schiffahrt, Handel, Häfen. Beiträge zur Geschichte der Schiffahrt auf Weser und Mittellandkanal (Münden 1987) 17–50, hier S. 33 f.

tion von Ufermarkt und Fähre ist auch in jüngeren Zeiten häufig nachzuweisen, machte doch die Fähre auch den Bewohnern des anderen Ufers den Marktbesuch möglich[133]. Da auf den weiter landeinwärts gelegenen Bauernhöfen in der Nähe Mindens einzelne römische Fibeln und Tongefäße gefunden wurden, können wir sogar einige der mutmaßlichen Besucher des dortigen Ufermarktes identifizieren. Auch wenn die Funde von den Ufermärkten klein und unscheinbar sind und deshalb meist gar nicht publiziert wurden, bin ich sicher, daß die sorgfältige Durchsicht der Funde und Befunde im Nahbereich der an schiffbaren Gewässern gelegenen Häuptlingsgräber noch weitere archäologische Nachweise für Ufermärkte bescheren wird. Es gab einfach zu viele Gründe für den fremden Kaufmann, der zu Schiff angereist kam, die Häuptlingssitze anzulaufen:

— Der Häuptling war jeweils weit und breit der beste Kunde.
— Jeder Häuptling wäre schwer verärgert, wenn in seinem Einflußbereich der fremde Kaufmann nicht bei ihm zuerst anlegte. (Wir wissen aus Schriftquellen, wie eifersüchtig frühmittelalterliche Adlige über die Respektierung ihres Vorkaufsrechtes wachten)[134].
— Der Häuptling allein konnte in seinem Einflußbereich dem fremden Kaufmann wirkungsvollen Schutz gewähren (oder verweigern).
— Der Häuptling wachte natürlich auch darüber, daß ausschließlich ihm die Abgaben für diesen Schutz abgeliefert wurden (unabhängig davon, ob sie als Zoll erhoben, als Gastgeschenk erwartet oder in anderer ritualisierter Form gegeben wurden).
— Der Häuptling verfügte schließlich auch noch über eigene Leute, die Schifffahrtsaufgaben für ihn und durchaus auch auf eigene Rechnung durchführten (vgl. 3.4.3), so daß er auch zum Wohle seiner Leute an einem lebhaften Marktgeschehen vor seiner Haustür interessiert sein mußte.

Um der weiteren archäologischen Erforschung der Binnenschiffahrt besonders im regionalen Detail oder für bestimmte Zeithorizonte ein praktikables Modell an die Hand zu geben, sei deshalb die Hypothese aufgestellt, daß jede Grablege von Häuptlingen mit importierten Beigaben am Ufer eines schiffbaren Gewässers nicht nur einen Häuptlingssitz, sondern auch einen Ufermarkt anzeigt, über den die Importe erworben worden sind. (Wir wollen unsere Hypothese nicht unnötig mit der Frage belasten, ob auch Häuptlingsgräber ohne importierte Beigaben einen Ufermarkt anzeigen. Theoretisch müßten sie es, aber in der archäologischen Praxis wäre bei ihnen noch durch zusätzliche Funde oder Befunde eine Beteiligung am Handel zu erweisen). Diese Hypothese führt zwar eine neue, ganz unerwartete Quellengruppe in die Erforschung der vor- und frühgeschichtlichen Binnenschiffahrt ein, bedarf aber natürlich noch der weiteren Untermauerung. Eine solche Bestätigung für den

---

[133] Ders., Der mittelalterliche Hafen von Lehe, Jahrb. der Männer vom Morgenstern 62, 1983, 45—72.
[134] Beispiele bei D. Ellmers, Frühmittelalterliche Handelsschiffahrt in Mittel- und Nordeuropa (Neumünster 1972) 219 f., 226. — Zu frühmittelalterlichen Hoflieferanten ebd. S. 174—176.

Zusammenhang von Markt und Adelssitz habe ich in der Bemerkung des Tacitus gefunden, daß am Sitz des germanischen Königs Marbod römische Kaufleute angetroffen wurden, denen er das Recht zu freiem Handelsverkehr in seinem Königreich verliehen hatte[135].

Es gibt aber auch Häuptlingssitze, die nicht oder wenigstens nicht ausschließlich indirekt durch Häuptlingsgräber erschlossen worden sind, sondern direkt durch Siedlungsgrabungen. Die bekanntesten von ihnen sind die sog. Fürstensitze der späten Hallstattkultur vom Typ Heuneburg, die durch reichliche Importfunde vor allem vom Mittelmeer ausgezeichnet sind, unter denen die bemalte attische Keramik als „Leitfossil" zu bewerten ist[136]. Sie alle liegen an Schlüsselpositionen für einen von der Flußschiffahrt getragenen Fernhandel einschließlich der die Flüsse verbindenden Wege über die Wasserscheiden: Das Rhônetal war das Einfallstor für die von Massilia (heute Marseille) vermittelten mittelmeerischen Importe. Von dort aus gesehen beherrschten

— der Mont Lassois den Wasserscheidenweg von dem Rhône-Nebenfluß Saône zur Seine, die zu seinen Füßen schiffbar wurde;
— der Britzgyberg den Wasserscheidenweg von der Saône-Doubs durch die Burgundische Pforte zum Rhein, dessen Nebenfluß Ill zu seinen Füßen schiffbar wurde;
— die Heuneburg beherrschte den einfachsten Landweg, der vom Bodensee zu ihren Füßen auf die von dort ab schiffbare Donau traf;
— das Châtillon-sur-Glane einen damals wichtigen Alpenpaßweg zur Saane, die zu seinen Füßen durch den Zufluß der Glane schiffbar wird und der Aare in Richtung Rhein zufließt;
— der Uetliberg bei Zürich den Ausfluß der Limmat aus dem Zürichsee in Richtung Rhein;
— der Münsterberg von Breisach durch seine damalige Insellage im Oberrhein den oberen Rheinverkehr;
— der Hohenasperg an der Mündung der Enz in den Neckar den Verkehr auf beiden Flüssen;
— der Häuptlingssitz von Rodenbach den Wasserscheidenweg durch die Kaiserslauterner Senke;
— der Marienberg bei Würzburg den Verkehr auf dem Main;
— der Ipf bei Bopfingen den Wasserscheidenweg zwischen dem Donau-Nebenfluß Wörnitz und den Neckar-Nebenflüssen Jagst und Kocher, deren Schiffbarkeitsgrenzen allerdings ziemlich entfernt vom Ipf liegen;
— und der Fürst vom Dürrnberg bei Hallein die dortige Salzproduktion und ihre Verschiffung auf der Salzach.

---

[135] Tacitus, ann. 2, 62f. — Vgl. dazu J. Kunow, Der römische Import in der Germania libera bis zu den Markomannenkriegen (Neumünster 1983) 46f.
[136] W. Kimmig, Zum Problem späthallstättischer Adelssitze. In: K.-H. Otto und J. Herrmann (Hrsg.), Siedlung, Burg und Stadt. Festschr. P. Grimm (1969) 95—113. — Ders., Die frühen Kelten und das Mittelmeer. In: K. Bittel (Hrsg.), Die Kelten in Baden-Württemberg (1981) 248—278. — Die Kelten in Mitteleuropa, Salzburger Landesausstellung im Keltenmuseum Hallein, Österreich (1980) Kat. Nr. 27, 28 und 35.

Abgesehen von Rodenbach und vom Ipf muß also zu Füßen jedes dieser
Fürstensitze ein Hafen gelegen haben, für den die Höhenburg jeweils eine
Schutzfunktion ausübte. Wir wissen nicht, ob dieser Hafen jeweils die Form
eines selber unbesiedelten Ufermarktes hatte oder zusätzlich noch eine kleine
Hafensiedlung aufwies, denn bisher ist noch kein Ausgräber auf die eigentlich
naheliegende Idee gekommen, daß die an solchen Schlüsselpositionen über
den Flüssen liegenden Höhenburgen etwas mit jener Flußschiffahrt zu tun
gehabt haben könnten, die ihnen u.a. die ausgegrabenen Importfunde zugeführt hatte. So wenig ist die Bedeutung der Binnenschiffahrt im Bewußtsein
der Archäologen verankert! Daß aber in der Tat auch andere Höhenburgen am
schiffbaren Fluß unten am Ufer einen Ufermarkt oder gar eine Hafensiedlung
hatten, ist erstmals vor wenigen Jahren definitiv für das Oppidum des Spätlatène über Karden an der Mosel nachgewiesen worden[137]. Natürlich war das
keine Ausnahme, sondern die Regel, wie wir oben (2.4.) am Lastkahn-Modell
von der Höhensiedlung am Dürrnberg aufgezeigt haben. Um das dort gewonnene Salz zu verfrachten, brauchten die Lastkähne unten am Salzachufer eine
Landestelle, die aus topographischen Gründen unter dem heutigen Stadtkern
von Hallein auszugraben ist. Auch hier wird nur eine gezielte Grabung zeigen
können, ob ein unbewohnter Ufermarkt für den Hafenbetrieb ausreichte oder
ob eine eigene kleine Hafensiedlung vorhanden war. Insgesamt bieten sich also
für eine ganz konkrete Erforschung der vor- und frühgeschichtlichen Binnenschiffahrt so viele neue Ansatzpunkte an, daß bereits die Durchsicht alter
Fundberichte an Uferstellen unterhalb von Höhenburgen und bei Häuptlings-
gräbern neue Erkenntnisse verspricht, auf deren Grundlage dann auch gezielte
Forschungsgrabungen angesetzt werden können. Erwartet werden darf, daß
dadurch Fragen nach der Organisationsform der Binnenschiffahrt und nach
den sie tragenden und disponierenden Kräften beantwortet werden, zumindest
seit der frühen Bronzezeit.

3.3.3 Hafentechnische Einrichtungen der Binnenschiffahrt

Wer nach den archäologischen Spuren der oben angesprochenen Ufermärkte oder Hafensiedlungen sucht, darf nicht enttäuscht sein, wenn er keine
Kaianlagen oder Landebrücken findet. Während der gesamten Vorgeschichte
und teils weit ins Mittelalter hinein, für kleine Boote sogar noch bis ins
20. Jahrhundert hinein, reichte den Binnenschiffen eine flach ins Wasser sich
neigende Uferböschung aus, auf der sie durch bloßes Auflaufen landeten, wie
heute noch die Fähren[138]. Wie wir seit der Schnurkeramik wahrscheinlich
machen und seit der Bronzezeit belegen können, fuhren auf dieser schrägen
Böschung Wagen mit Rinder- und Pferdebespannung ins Wasser hinein, bis sie

---

[137] Vgl. Anm. 34.

[138] D. Ellmers, Frühmittelalterliche Handelsschiffahrt in Mittel- und Nordeuropa
(Neumünster 1972) 123—248.

unmittelbar neben den aufgelaufenen Booten standen[139]. Dadurch konnte relativ schnell zwischen Wasser- und Landfahrzeug umgeladen werden, wobei eine Bootsladung natürlich auf mehrere Wagen verteilt werden mußte. Die Zugtiere blieben während des Umladens ruhig im Wasser stehen. Aber nicht nur Waren, auch vornehme Personen wurden auf diese Weise mit bespanntem Personenwagen direkt vom Boot abgeholt. (Weniger vornehme Personen mußten vom aufgelaufenen Boot notfalls ein Stück durchs Wasser waten und zu Fuß weitergehen).

Voraussetzung für dieses Verladesystem war ein fester Untergrund der Uferböschung, denn die schmale Standfläche der Wagenräder durfte nicht tief einsinken. Wo keine Kiesböschungen oder andere von Natur aus feste, geneigte Flächen vorhanden waren, setzte der vorgeschichtliche Hafenbau an, und zwar mit den verschiedensten Maßnahmen zur Verfestigung des Untergrundes. Wir kennen Steinschüttungen und Flechtmatten, Kiesbettungen und ganz in den Boden eingerammte Pfähle in Reihen oder ganzen Flächen, Lehmpackungen mit Holzverschalung, Bohlenlagen und andere Maßnahmen einzeln oder in wechselnden Kombinationen, je nach Beschaffenheit des Untergrundes. Nimmt man noch die seit einer relativ frühen Phase des Neolithikums belegten Pfähle zum Festmachen der Boote hinzu, dann hat man schon fast die gesamte Hafenbaukunst der vorgeschichtlichen Binnenschiffahrt beisammen. Schließlich sind noch die Spezifika der Flußhäfen von solchen der Seehäfen zu unterscheiden:

In Flußhäfen liefen die Schiffe beim Anlegen nicht quer zur Strömung auf die Uferböschung auf, sondern mit dem Bug zu Berg in einem Winkel von ca. 30° zum Ufer. Deshalb führten in diesen Häfen auch die gepflasterten oder sonst verfestigten Fahrwege in diesem Winkel ins Wasser hinein, weil nur so die Wagen im Wasser genau neben den Schiffen stehen konnten.

In Häfen an Seeufern brauchte man in dieser Weise nicht auf Strömungen zu reagieren. Aber man mußte einen Uferhafen vor dem Wellenschlag schützen, der bei bestimmten Windrichtungen und -stärken sehr gefährlich sein konnte. Zu diesem Zweck grenzte man aus der Wasserfläche am Ufer durch eine in weitem Halbkreis eingeschlagene Pfahlreihe einen Hafenbezirk aus, der an geeigneter Stelle eine Einfahrt freiließ. Man braucht sich nur die Merianstiche von Hafenorten an den Seeufern anzuschauen: fast bei allem findet man diese charakteristische bogenförmige Pfahlreihe mit der Hafeneinfahrt wieder[140]. Natürlich wurden die Pfähle nach einigen Jahren von selber morsch, wenn nicht das Eis kalter Winter sie schon vorher knickte oder soweit lockerte, daß sie bei Tauwetter umfielen oder wegtrieben. Jedenfalls mußte man häufig neue Pfähle nachschlagen, damit die Pfahlreihe ihre Funktion als Wellenbrecher ständig erfüllen konnte.

---

[139] D. Ellmers, Warenumschlag zwischen Schiff und Wagen im Wasser, Deutsches Schiffahrtsarchiv 6, 1983, 209—241.

[140] M. Merian, Topographia Germaniae (Frankfurt 1643). Nachdruck (Kassel 1960), Bd. Schwaben neben S. 44: Bregenz; neben S. 52: Konstanz; neben S. 120: Lindau.

Wer in Kenntnis dieser Einrichtungen die Grabungsbefunde bei dem durch Einbaumfunde als solchen ausgewiesenen Hafen der urnenfelderzeitlichen Inselsiedlung Buchau im Federsee überprüft, kann leicht feststellen, daß auch dort die Pfahlreihen keine andere Funktion als die von Wellenbrechern hatten. Keineswegs waren sie als Palisaden gegen feindliche Menschen errichtet worden. Entlang des Ufers dieser Insel waren Pfähle eingerammt worden, um Steine als Uferschutz gegen den Wellenschlag festzuhalten. Erst durch die Sackung des Moorbodens ragten die Pfahlköpfe über die Steine hinaus. Daß schließlich in der Inselsiedlung ein Wagenrad gefunden worden ist, spricht nicht für eine rückwärtige (noch nicht ausgegrabene) Landverbindung sondern belegt nur die Umschlagtechnik, bei der Wagen auch dann an die aufgelaufenen Boote ins Wasser hineinfuhren, wenn sie die angelandeten Güter (z.B. Ernte, Viehfutter, Feuerholz) nur wenige 100 Meter zu den Häusern fahren mußten[141].

Erst von provinzialrömischen Binnenhäfen kennen wir verschiedene hölzerne Kaikonstruktionen, z.T. mit Bohlenbelag auf der Kajefläche[142]. Den besten Überblick über eine römische Hafenanlage mit den Schiffslandeplätzen, einer Markthalle, den Kontoren der verschiedenen am Hafenbetrieb beteiligten Kollegien, einem Forum, Tempeln und Weihesteinen der Binnenschiffer an Neptun usw. erhält man z.Z. durch die Ausgrabung von Lausanne-Vidy[143]. Sonst sind überall nur Teile dieser Gesamtanlage aufgedeckt worden, wie die großen Lagerhallen (horrea) von Trier und Köln[144]. Außerdem vermitteln Bilddenkmäler einen Eindruck vom Leben und Treiben in diesen Häfen, zeigen die Holzgestelle zum Aufstellen der spitzbodigen Amphoren und die eifrigen Schreiber (tabulatores), die für eine ordnungsgemäße Registrierung aller ein- und ausgehenden Waren verantwortlich waren, zeigen auch die Hafenarbeiter, die unter der Regie eines Verlademeister (saccarius et cuparius) in langer Reihe über einen schmalen Laufsteg Säcke aus dem Schiff tragen, auf der Kaje abstellen und über einen zweiten Laufsteg wieder an Bord eilen. Selbst beim Abwiegen von Metallbarren können wir zusehen, denn auch die große Waage gehörte zu jedem größeren römischen Hafen[145]. Schließlich lagen auch die Schiffbauplätze im Uferbereich der römischen Hafenstädte.

Für die Struktur der städtischen Häfen können wir vom frühen Mittelalter an außer den zahlreicher und ausführlicher werdenden Schriftquellen als zusätz-

[141] H. Reinerth, Die Wasserburg Buchau. Führer zur Urgeschichte 6 (1928). — Ders., Das Federseemoor als Siedlungsland des Vorzeitmenschen (1936) 142 ff.

[142] H. von Petrikovits, Die Ausgrabungen in der Colonia Traiana bei Xanten. Bonner Jahrb. 152, 1952, 138 ff.

[143] J. Bühlmann, Archäologische Promenade in Vidy/Lausanne. helvetia archaeologica 7, 1976, 94—101. — G. Kaenel, Lousonna. La proménade archéologique de Vidy (Lausanne 1977).

[144] H. Eiden, Untersuchungen an den spätrömischen Horrea von St. Irminen in Trier. Trierer Zeitschr. 18, 1949, 73 ff. — G. Rickmann, Roman Granaries and Store Buildings (1971). — H. Hellenkemper, Ausgrabungen im Kölner Martinsviertel. Die römischen Bauten. Arch. Korrespondenzbl. 4, 1974, 245—249.

[145] D. Ellmers, wie Anm. 8, hier S. 13 f. — Waage: M. Martin, Römermuseum und Römerhaus Augst (Augst 1981) 66—68.

liche Quelle die Topographie der mittelalterlichen Stadtkerne nutzen[146]. Archäologische Aufschlüsse dagegen sind selten und meist so kleinflächig, daß sie nur in ihrer Gesamtheit aussagefähig sind. Nur aus den Seehäfen an den Unterläufen der Flüsse liegen z.T. sehr umfangreiche Flächengrabungen vor. Danach können wir feststellen, daß sich im 8. Jahrhundert schiffahrende Händler direkt am Fluß zwischen dem Ufer und der ehemaligen Römermauer alter Stadtkerne ansiedelten. Zur Landseite erschloß eine Straße diese schmale Ufersiedlung, nach der sie von der Forschung als „Einstraßenanlage" bezeichnet wird. An der Wasserseite konnten die Kaufleute mit ihren Schiffen direkt an ihre Grundstücke heranfahren[147].

Seit der Wikingergefahr des späten 9. Jahrhunderts wurden die Kaufmannshäuser durch eine Mauer von den Landeplätzen der Schiffe getrennt. Von nun an mußte jede Ware mit Karren durch die Hafentore in dieser Mauer zwischen den Schiffen und den privaten Speichern in den Kaufmannshäusern transportiert werden. Die Schiffe und Umschlagsanlagen, aber auch die noch abseitiger, z.T. auf Inseln gelegenen Schiffbauplätze, blieben außerhalb der Mauern dem Zugriff von Feinden preisgegeben. Nur wenige Städte vor allem im Bereich der unteren Elbe bezogen ein eigenes Hafenbecken seit dem späten 12. Jahrhundert in die Ummauerung mit ein (Stade, Hamburg, Lüneburg, Buxtehude)[148].

Vom Spätmittelalter an geht dieser Sektor der Schiffahrtsarchäologie immer stärker in die Erforschung der sichtbaren Schiffahrtsgeschichte über, von der die ältesten obertägig erhaltenen Einrichtungen die Hafenkirchen der einstigen Einstraßenanlagen sind[149]. Es stehen noch einige der hochgiebeligen Kaufmannshäuser, in deren Speichern die zu Schiff angelandeten Waren einst lagerten. Ebenso stehen noch einige Fischergassen innerhalb oder Fischersiedlungen außerhalb der Stadtmauern. In manchen Orten sind noch Einrichtungen der Zollerhebung vorhanden, in anderen die Hafentore[150]. Die oben genannten Hafenbecken und viele Uferhäfen des Mittelalters sind hinter ihren jüngeren Einfassungen noch in ihrer alten Funktion zu erkennen. Das alles aber ist noch nie als heute noch sichtbare Zeugnisse mittelalterlicher Binnenschiffahrt zusammenfassend behandelt worden. Lediglich die Hafenkräne, die an Elbe und Rhein, Mosel und Main z.T. noch seit dem Mittelalter stehen, erleben gerade die längst fällige wissenschaftliche Bearbeitung ihrer einstigen

---

[146] D. Ellmers, wie Anm. 27, hier S. 509 f.

[147] D. Ellmers, Frühmittelalterliche Handelsschiffahrt in Mittel- und Nordeuropa (Neumünster 1972) 174—226.

[148] D. Ellmers, Von der Schiffslände zum Hafenbecken. Jahrb. der Hafenbautechnischen Gesellschaft 40, 1983/84, 5—19. — Ders., Hafenanlagen in Stade, Fragen und Probleme. J. Bohmbach u.a. (Hrsg.), Auf den Spuren des alten Stade (Stade 1986) 47—58.

[149] P. Johansen, Die Kaufmannskirche im Ostseegebiet. Th. Mayer (Hrsg.), Studien zu den Anfängen des europäischen Städtewesens. Vorträge und Forschungen Bd. 4 (Lindau/Konstanz 1958) 499—525. — Ders., Die Kaufmannskirche. Die Zeit der Stadtgründungen im Ostseeraum. Acta Visbyensia Bd. 1 (Uppsala 1965) 85—134.

[150] Hier sei nur an die Kaufmannshäuser (mit ihren hohen Speichergeschossen) in Lübeck und Lüneburg, an die Fischergassen von Hameln und Celle sowie an die Zollburgen (einschl. „Mäuseturm" bei Bingen) am Rhein erinnert.

Bedeutung[151]. Sie waren diejenige spätmittelalterliche Neuerung im Hafen-
wesen, durch die sich bis heute unsere Häfen von allen älteren grundlegend
unterscheiden.

3.4 Zur Sozialgeschichte der Binnenschiffahrt

Um Aussagen über die soziale Einbindung der Schiffahrt machen zu können, muß man wissen, wer *Boote besaß* oder Verfügungsgewalt über sie hatte.
Das scheint für den Archäologen ein so schwieriges Thema zu sein, daß darüber gar keine Auskünfte erwartet werden. Und doch gibt es archäologische
Befunde, die dazu eindeutig Aussagen machen. Voraussetzung ist natürlich,
daß die prähistorische Forschung bereits allgemein akzeptierte generelle Vorstellungen über die Sozialstruktur der einzelnen vorgeschichtlichen Kulturen
entwickelt hat.

Um das Verständnis für die alten Strukturen zu wecken, gehen wir zunächst
von der heutigen Situation in der Binnenschiffahrt aus, in der von Managern
geführte große Kapitalgesellschaften weitgehend das Bild bestimmen. Der entscheidende Faktor ist dabei

— die Reederei. Sie bestimmt, wann sie welche Schiffe bei welchen
— Werften bauen läßt. Sie sorgt für die
— Schiffsführung durch ihren Angestellten, den Kapitän, und sie verfügt
 meist auch über das Netz von
— Agenten und Kaufleuten, die für die Befrachtung der Schiffe sorgen.

Allerdings hat auch der frei disponierende Handel die Möglichkeit, sich des
von der Reederei angebotenen Schiffsraumes zu bedienen.

3.4.1 Aber neben den großen Reedereien gibt es heute auch noch den Selbstfahrer oder Partikulier, der sein Schiff zwar nicht selber bauen kann, sondern
auf einer Werft bestellen muß, der es aber selber fährt und auch einen Teil der
kaufmännischen Belange verstehen muß, um auf seine Kosten zu kommen,
wenn er für andere Kaufleute die Güter transportiert. Dieser mit kleiner Mannschaft meist im Familienbetrieb fahrende Partikulier unterscheidet sich gar
nicht so sehr von dem städtischen Binnenschiffer der Römerzeit, der ebenfalls
mit kleiner Mannschaft sein Fahrzeug selber steuerte, um die Güter der Kaufleute eine Etappenstrecke weit zu transportieren (vgl. 3.2.4). Wir wissen nur
nicht, ob der römische Binnenschiffer sein Schiff selber baute oder auch bei
einem Schiffbauer in Auftrag gab. Bei der fortgeschrittenen Arbeitsteilung der
Römerzeit ist letzteres am wahrscheinlichsten. Im übrigen ist uns diese Form
des Schiffsbesitzes im Prinzip so geläufig, daß wir uns unter Verweis auf 3.3.1.
den anderen Formen zuwenden wollen.

3.4.2 Neben diesen Handelsschiffen im Privatbesitz städtischer Gilde-
Mitglieder gab es die militärischen Fahrzeuge, die dem Staat gehörten, und
zwar einerseits die Schiffe der römischen Rheinflotte, die bei Köln-Alteburg

---

[151] M. Matheus, Hafenkrane (Trier 1985). — Vgl. auch Anm. 148.

ihre wichtigste Flottenstation hatte[152], und andererseits die Schiffe der Legionen, die u.a. auch im Nachschubwesen eingesetzt wurden[153]. Für den Bau waren staatliche „Marine-Werften" zuständig und die Kommandogewalt war streng nach den Notwendigkeiten militärischer Führung für die verschiedenen Schiffstypen sowie für einzelne Flottenverbände und die gesamte Flotte gegliedert. Ein näheres Eingehen erübrigt sich, weil darüber gute Arbeiten vorliegen. Außerhalb der römischen Provinzen ist entsprechender staatlicher Schiffsbesitz in der gesamten Vor- und Frühgeschichte auf den Binnengewässern sonst nicht nachweisbar.

3.4.3 Aber es gab während der Römerzeit noch eine andere Form des Schiffsbesitzes, die an den Großgrundbesitz gebunden war und deshalb von der Forschung eher im Mittelalter angesiedelt wird, wo sie in der Tat eine nicht zu unterschätzende Rolle spielte. Darauf muß näher eingegangen werden, weil es sich um Neuland der Forschung handelt. Wir beginnen mit dem frühen Mittelalter, das die Verhältnisse in wünschenswerter Deutlichkeit in Schriftquellen überliefert hat. Die großen Grundherrschaften bemühten sich nämlich, auch solche Anwesen in ihren Besitz zu bringen, die am Ufer lagen, und von Hörigen bewohnt und bewirtschaftet wurden, die anstelle von Zinszahlungen Schiffahrtsdienste[154] zu leisten hatten („non soluit censum sed nauigat"). Das bedeutete, daß diese Hörigen eine untere Schicht von Schiffsbesitzern bildeten, die die Fahrzeuge zu bauen und zu unterhalten hatten, die damit durchaus auch für eigene Zwecke fahren konnten (so daß sie neben ihrer kleinen Landwirtschaft auf der Hörigenhufe noch eine zusätzliche eigene Einnahmequelle hatten), die aber trotzdem nicht uneingeschränkt über die Fahrzeuge verfügen konnten. Wenn ihr Herr Güter transportiert haben oder mit seinem Hofstaat zu Wasser reisen wollte, mußten sie mit den Booten pünktlich zur Stelle sein, alles Nötige (z.B. die Bevorratung) vorbereitet haben und die Schiffsfahrt durchführen, denn sie waren es schließlich, die mit den Schiffen umgehen konnten. Alle Flußreisen vornehmer Herren des Mittelalters wurden auf diese Weise durchgeführt. Und da die Herren sich meist nur zu Tal fahren ließen, hatten die Hörigen anschließend die Aufgabe, die Fahrzeuge wieder zu Berg zu treideln, was je nach Strömung zusätzlich zu jedem Tag Talfahrt 4—6 Tage Bergfahrt bedeutete.

Dieses Schema von Schiffsbesitz in der unteren Gesellschaftsschicht und einem Obereigentum bzw. der entscheidenden Verfügungsgewalt in der Oberschicht haben wir bei jeder hierarchisch stärker gegliederten Gesellschafts-

[152] H. D. L. V i e r e c k, Die römische Flotte. Classis romana (1975). — P. L a B a u m e, Römisches Flottenkastell Alteburg. Führer zu vor- und frühgeschichtlichen Denkmälern 39, Köln III (1980) 119 f. mit weiterer Literatur.

[153] Daß auch die Legionen eigene Schiffe besaßen, ist zwar der Forschung weniger geläufig, geht aber vor allem aus einer Reihe von Inschriften hervor, zusammengestellt bei D. E l l m e r s, wie Anm. 27, hier S. 509 f.

[154] K. G l ö c k n e r, Codex Laureshamensis 3 (1936) Nr. 3660. — Dazu: U. S c h n a l l, Binnenschiffahrt, Philologisch-Historisches. J. Hoops, Reallexikon der Germanischen Altertumskunde. Bd. 3 (Berlin 1975) 286—291 und D. E l l m e r s, wie Anm. 107, hier S. 184 f.

struktur vorauszusetzen. Aussagefähige archäologische Befunde, die diese Verhältnisse für die Schiffahrt aufzeigen, sind natürlich selten und von der bisherigen Forschung noch überhaupt nicht in diesem Zusammenhang beachtet worden; aber es gibt sie.

Eines dieser Beispiele ist das bekannte Grabmonument von Igel, das sich die Secundinier, die reichen Besitzer einer großen Villa an der Mosel etwa 9 km oberhalb Triers um 250 n. Chr. errichten ließen und dabei die Grundlagen ihres Reichtums auf zahlreichen Reliefs darstellten[155]. Häufig behandelt, aber trotzdem falsch gedeutet worden sind die Darstellungen zweier mit Tuchballen beladener Boote, die jeweils von zwei Männern getreidelt und von einem dritten gesteuert werden. Die Secundinier besaßen aber diese Boote gar nicht, sondern waren u.a. Tuchproduzenten, die Tuche von ihren „Leuten" in Heimarbeit herstellen und zu ihrer Villa bringen ließen, wo sie begutachtet, bezahlt, zu Ballen verpackt und trotz der unmittelbar vorbeifließenden Mosel *nicht* mit einem Boot, sondern mit einem Lastwagen (!) weitertransportiert wurden. Zugleich ließ sich einer der Sekundinier im Reisewagen nach Trier fahren, wie eindeutig aus der Entfernungsangabe von 4 Leugen = ca. 9 km auf dem dargestellten Meilenstein zu entnehmen ist. Erst in Trier wurde das Tuch an die Fernhändler verkauft, die dann einen der oben behandelten städtischen Binnenschiffer mit dem Weitertransport beauftragten. Bis über die Alpenpässe nach Oberitalien wurden die Tuche verhandelt, wie die Secundinier stolz durch Darstellung der mit Tuchballen beladenen Saumtiere auf einem Paßweg anzeigen.

Dies ist der klassische kombinierte Transport mit kurzem Landweg als Zubringer vom Produzenten zum nächsten Hafen, mit der langen Binnenschiffahrt bis in die Flußoberläufe und schließlich der Überwindung der Wasserscheide zum nächsten schiffbaren Flußoberlauf, hier mit Saumtieren über einen Alpenpaß, sonst auch mit Lastwagen über die gut ausgebauten römischen Verbindungsstraßen (vgl. 3.2.3.). Diese städtische Schiffahrt war in keiner Weise eingebunden in das hierarchische System des Großgrundbesitzes. Für sie war der Großgrundbesitzer nur einer der Produzenten, deren Produkte sie transportierte.

Aber es gibt noch eine andere Szene, deren grundlegende Bedeutung für die Binnenschiffahrt bisher unbeachtet geblieben ist: Ein kleiner Fries der Westseite zeigt „Pächter", die für die Küche der Villa Abgaben in Form von Naturalien abliefern, welche zugleich die Hauptbeschäftigung der einzelnen „Pächter" anzeigen. Von diesen bringen vier landwirtschaftliche Produkte (Lamm, Fell oder Speckseite, Huhn und Korb voller Früchte oder Eier), einer eine Jagdbeute (Hase) und der letzte zwei Fische. Dieser Fischer muß auf einem kleinen Anwesen am Fluß gelebt und zumindest ein Fischerboot besessen haben, sonst hätte er die Naturalienpacht nicht der eigenen Produktion entnehmen können. Das bedeutet zugleich, daß die Gruppe der Fischer dieses Boot auch selber bauen und natürlich unterhalten mußte. Wir wollen hier nicht darüber spekulieren, ob diese Fischer ihren Fang haupt- oder nur neben-

---

[155] E. Z a h n , Die Igeler Säule bei Trier. Rheinische Kunststätten (Köln 1968) mit älterer Literatur.

beruflich betrieben und noch eine kleine Landwirtschaft nebenbei unterhielten. Uns genügt, daß die Naturalabgabe ihr Abhängigkeitsverhältnis gegenüber dem Großgrundbesitzer zum Ausdruck bringt, so daß ihr Eingebundensein in das hierarchische System außer Frage steht. Wir müssen also festhalten, daß es in den römischen Provinzen neben der militärischen Schiffahrt des Staates und neben der privaten der städtichen Binnenschiffer und auch städtischen Fischer eine Kleinschiffahrt gab, die in den hierarchisch gestuften Grundbesitz eingebunden war, nachweisbar für ländlichen Fischfang, aber sicherlich auch eingesetzt für alle möglichen landwirtschaftlichen Transporte und insbesondere auch für Fähraufgaben an den langen Flußufern zwischen den doch relativ wenigen städtischen Siedlungen. Jedenfalls wird nach diesem Modell die mannigfaltige Kleinschiffahrt denkbar, die wir im ländlichen Bereich ansetzen müssen.

Außerhalb des Römerreiches und während der städtelosen vorgeschichtlichen Perioden gab es weder die staatliche Schiffahrt des Militärs noch die Schiffahrt der städtischen Kollegien. Dagegen gibt es für die in die hierarchische Sozialstruktur eingebundene Binnenschiffahrt einige sprechende Beispiele, die darauf hinweisen, daß vorgeschichtliche Binnenschiffahrt sich in den oben aufgezeigten Bahnen dieser Strukturen abspielte, soweit die Gesellschaft hierarchisch gestuft war: In Leese am Ufer der Mittelweser ist vor einigen Jahren einer jener Friedhöfe der vorrömischen Eisenzeit ausgegraben worden, der durch Brandgräber in importierten Bronzegefäßen eine Häuptlingsfamilie anzeigt, während die unteren Gesellschaftsschichten einheimische Tongefäße als Urnen benutzten. Eine dieser Tonurnen enthielt oben auf dem Leichenbrand das tönerne Modell einer kleinen, für den Flußverkehr geeigneten Kogge[156]. Welche religiösen Gründe auch immer bei der Wahl dieser Beigabe mitgespielt haben, entscheidend ist, daß hier das Modell des in dieser Region üblichen großen Binnenschiffes (größer zumindest als Einbäume) als Beigabe eines Vertreters jener Schicht angetroffen wurde, die in einer hierarchischen Sozialordnung für Bootsbau und praktische Durchführung der Schiffahrt zu sorgen hatte und damit wenigstens einen Teil ihres Lebensunterhalts bestritt. Auch hier braucht nicht entschieden zu werden, was wir nicht wissen: ob nämlich jener Schiffer als solcher haupt- oder nebenberuflich tätig war und ob er die importierten Bronzegefäße für seinen Häuptling selber von weiter südlich holte, oder ob sie von einem fremden Binnenschiffer zum Ufermarkt beim Häuptlingssitz von Leese gebracht wurden, oder ob sie gar als Gastgeschenk eines fremden Häuptlings während eines zu Schiff durchgeführten Besuches in die Hände des Häuptlings von Leese kamen. In jedem Fall waren es die Angehörigen der unteren Schicht, die die praktische Schiffahrt durchführten und war es der Häuptling, der davon profitierte. Denn er konnte seinen Festgelagen

---

[156] R. M a i e r , Ein schiffsförmiges Tongefäß aus einem eisenzeitlichen Urnengrab von Leese, Ldkr. Nienburg (Weser), Nachrichten aus Niedersachsens Urgeschichte 50, 1981, 93—124. — D e r s ., Ein eisenzeitlicher Brandgräberfriedhof in Leese, Ldkr. Nienburg (Weser). K. W i l h e l m i (Hrsg.), Ausgrabungen in Niedersachsen. Archäologische Denkmalpflege 1979—1984 (Stuttgart 1985) 181—185.

dadurch besonderen Glanz verleihen, daß für das Rauschgetränk ein kostbarer, fremdländischer Bronzebehälter zur Verfügung stand (der nach zahlreichen Flickungen schließlich als standesgemäße Urne Verwendung fand).

Das zweite Beispiel ist das nur wenig ältere, aber schon mehrfach erwähnte goldene Frachtkahn-Modell der frühen Latènezeit vom Dürrnberg bei Hallein, das aber im Gegensatz zum Tonmodell von Leese nicht aus einem Grab der Unterschicht stammt, sondern in der Grablege einer Fürstendynastie gefunden wurde[157]. Dieser Befund mag auf den ersten Blick verwirren, weil es am Dürrnberg so aussieht als seien die Vertreter der Oberschicht die Bootsfahrer. Es ist aber bei allem, was wir von keltischen Adligen wissen, schlechterdings undenkbar, daß einer von ihnen sich selber an das Stoßruder eines ausgesprochenen Frachtkahns stellte, um Salzfässer die Salzach hinab zu transportieren. Bezeichnenderweise wurde das Grab auch gar nicht unten am Hafen gefunden, sondern oben auf dem Berg in der Nähe der Salzstollen, d.h. dort, wo das Steinsalz bergmännisch gewonnen wurde. Wieder bedarf es keiner großen Diskussion, daß die Arbeit vor Ort nicht die Arbeit des Adels war. Die Grablage der Dürrnberger Dynastie vor den Stolleneingängen sagt dem Archäologen zunächst einmal, wer das Sagen auf dem Salzberg hatte und die Schürfrechte für sich in Anspruch nahm, aber natürlich nicht selber als Bergmann tätig wurde, sondern das Salz durch seine Untergebenen abbauen ließ. Die Waffen in den Gräbern zeigen, daß diese Dynastie ihre Schürfrechte auch zu verteidigen bereit war, wofür sie in der Nähe einen Burgwall hatte errichten lassen.

In diesem Zusammenhang kann auch die Aussage des beigegebenen Bootsmodells nicht zweifelhaft sein. Es zeigt, daß sich diese Dynastie nicht nur um die bergmännische Gewinnung des Salzes kümmerte, sondern auch den weiteren Transport fest in der Hand hatte, und zwar nach dem uns nun schon geläufigen Schema: zuerst über Land auf mühevollen Zubringerwegen von der Gewinnungsstätte zum nächsten Hafen, dann weiter auf Binnenschiffen. Ganz ähnlich hatten die Großgrundbesitzer von Igel an der Mosel um 250 nach Chr. Geb. die Ressourcen ihres Grundbesitzes aktiviert, indem sie ihre „Leute" zur Herstellung von Tuch veranlaßten und dieses mit den gleichen Transportmitteln vertrieben. Der Unterschied war nur, daß im römischen Reich ein städtischer Kaufmannsstand und ein städtisches Gewerbe den Vertrieb und Transport übernahmen, während die Besitzer des Dürrnbergs nicht nur die Gewinnung des Salzes sondern auch seine Verschiffung und den schließlichen Verkauf zu organisieren hatten. Natürlich setzten sie dabei ihre „Leute" ein, wo immer es ihnen angebracht erschien, z.B. beim Bau und Unterhaltung der Spezialschiffe, beim Beladen oder beim Rudern. Aber wir müssen doch damit rechnen, daß Mitglieder der Dynastie zumindest bei besonders wichtigen Handelsfahrten auch selber mitreisten, z.B. bei der ersten Anbahnung neuer Geschäftsverbindungen.

---

[157] Die Kelten in Europa, Salzburger Landesausstellung im Keltenmuseum Hallein, Österreich (Salzburg 1980) 150—193, Kat. Nr. 35 und 36 mit weiterer Literatur. — F. Maier, Gedanken zur Entstehung der industriellen Großsiedlung der Hallstatt- und Latènezeit auf dem Dürrnberg bei Hallein, Germania 52, 1974, 326—347.

Für diesen sog. Herrscherhandel[158] gibt es im benachbarten Salzförderort Hallstatt ein direktes Zeugnis aus der voraufgehenden Hallstattzeit: Dorthin war nämlich während der Stufe Ha D1 ein Angehöriger der Krieger-Aristokratie aus Unterkrain im heutigen Jugoslavien zusammen mit einigen Landsleuten gezogen, die ihn, als er in Hallstatt unerwartet gestorben war, dort mit allem in seiner unterkrainischen Heimat üblichen Aufwand bestatteten. Zahlreiche andere unterkrainische Gegenstände in Hallstatt sagen uns, daß dieses Grab nicht einen einmaligen Besuch anzeigt, sondern auf der Grundlage von dauerhaften Handelsverbindungen zwischen Unterkrain und dem Hall-stätter Salzbergwerk zu sehen ist. Für diesen Handel war freilich die Binnen-schiffahrt nur sehr wenig einsetzbar. Wir haben vielmehr mit Handelskarawa-nen über die Alpenpässe zu rechnen[159]. Besonders gut kennen wir den Herrscherhandel in der Seeschiffahrt Skandinaviens zur Wikingerzeit. Dank reichhaltiger schriftlicher Überlieferung gewinnen wir dort die methodische Sicherheit, die reichen Kammergräber an Handelsplätzen wie Birka oder Haithabu als den archäologischen Niederschlag dieses Herrscherhandels ansprechen zu können[160].

Das Frachtschiffsmodell in dem Häuptlingsgrab von Dürrnberg kann für die Latène-Zeit geradezu als Symbol dieses Herrscherhandels angesehen wer-den. Schwerlich ist es Zufall, daß ausgerechnet das Schiffsmodell in einem Häuptlingsgrab nicht aus Ton, sondern aus Gold gefertigt wurde, kennzeichnet doch dieses Metall in ganz besonderer Weise den Herrscher. Im übrigen waren auch in einer Zeit ohne Münzgeld hohe Investitionen nötig, bis nach schwerer, jahrelanger und entbehrungsreicher Erschließungsarbeit die ersten Salzschiffe ihre Fracht auf die nächsten Märkte bringen konnten. Niemand als die Häupt-lingsfamilie war in der Lage, diese Investitionen aufzubringen. Daß die nach Jahren schließlich erzielten Gewinne nicht schlecht waren, ist ebenfalls an den Beigaben der Dynastengräber zu erkennen, die u.a. verschiedene Goldobjekte enthalten, dazu eine dicke Bernsteinperle aus dem Norden, einen Schieferring aus der Schwäbischen Alb und eine attische Trinkschale. Daran läßt sich zugleich die Weite der Handelsbeziehungen dieser Dynastie ablesen.

Aber nicht nur die Herrscher selber hatten ihren Vorteil. Durch ihre erfolg-reichen Investitionen waren sehr viele ihrer Leute zu einträglichen Beschäfti-gungen gekommen.

Schließlich aber geht aus den Beigaben dieser reich ausgestatteten Gräber auch noch hervor, daß die Bestatteten sich keineswegs als bloße Wirtschafts-unternehmer verstanden hatten. Die wirtschaftlichen Aktivitäten waren für sie nur Teil der von ihnen ausgeübten politischen Macht, und dienten letztlich der Erhöhung ihres Ansehens. Die von ihnen für wesentlich erachteten Äußerun-

---

[158] Den Hinweis auf dieses für die Beurteilung vor- und frühgeschichtlichen Handels ent-scheidende Stichwort „Herrscherhandel" verdanke ich Herrn Dr. Hayo Vierck, Münster.
[159] M. Egg, Das Grab eines unterkrainischen Kriegers in Hallstatt. In: Arch. Korrespon-denzblatt 8, 1978, 191—201.
[160] D. Ellmers, Frühmittelalterliche Handelsschiffahrt in Mittel- und Nordeuropa (Neumünster 1971) 18. — H. Arbmann, Birka I. Die Gräber (Uppsala 1943).

gen ihrer hohen Stellung waren Repräsentation, Wehrhaftigkeit und das Feiern von Festen, die sich in den Beigaben als Bestandteile prächtiger Kleidung, Waffen und exquisiten Trink- und Eßgeschirrs spiegeln. Die Binnenschiffahrt sorgte einerseits durch Ausfuhr und Vertrieb der eigenen Produkte und andererseits durch Zufuhr dessen, was für Repräsentation und Festefeiern als nötig erachtet wurde, dafür, daß dieser Lebensstil aufrechterhalten werden konnte.

3.4.4 So klar wir die soziale Einbindung der Binnenschiffahrt in den hierarchisch gestuften Gesellschaften der Vorgeschichte erkennen können, so unklar ist uns diese Einbindung bei den verschiedenen gar nicht oder nicht so stark hierarchisch strukturierten Sozialgefügen, wie z.B. bei den spätpaläolithischen oder mesolithischen Jägern oder den frühen Bauernkulturen. Wir könnten zwar unsere Zuflucht zu rezenten ethnographischen Parallelen nehmen, für die aber bisher weder Bestätigungen noch Falsifikationen im archäologischen Material entdeckt worden sind. Deshalb muß diese Übersicht mit dem Hinweis schließen, daß über diesen Teilaspekt der vorgeschichtlichen Binnenschiffahrt erst noch die grundlegenden Kategorien erarbeitet werden müssen[161].

---

[161] Das aussagefähigste archäologische Material, das auch für diese Kulturen Einblicke in Sozialstruktur und Bootsbesitz bzw. Bootsbau gestattet, sind die Gräber der grubenkeramischen Kultur Skandinaviens, die sowohl Bootsbauwerkzeug als auch Ausrüstungsgegenstände von Booten enthalten: D. Ellmers, Frühe Schiffahrt in West- und Nordeuropa. H. Müller-Karpe (Hrsg.), Zur geschichtlichen Bedeutung der frühen Seefahrt (München 1982) 163—190, hier 170f. — Ders., wie Anm. 27, hier S. 482f.

WŁADYSŁAW FILIPOWIAK

Die Häfen und der Schiffbau an der Odermündung im 9.—12. Jahrhundert

Eine wesentliche Bedeutung für die Geschichte des Ostseeverkehrs hat das 6./7. Jahrhundert, als, wie man annimmt, die Besegelung der Schiffe eingeführt wurde. Die Ausnutzung der Windkraft erleichterte den Seeverkehr auf längeren Strecken für Wasserfahrzeuge mit größeren Lasten. Dieser Fortschritt erfolgte im skandinavischen Kulturkreis, wogegen zur Teilnahme der Ostseeküstenbewohner an diesen frühen Phasen der Schiffahrtsentwicklung bisher wenig bekannt war.

Die Forschungen der letzten Jahre haben jedoch zu einigen Veränderungen der bislang geltenden Ansichten geführt. Diese betreffen sowohl die frühen als auch die späteren Entwicklungsphasen des Frühmittelalters. Besonders interessant erscheinen hier die neuesten Entdeckungen des bis vor kurzem unbekannten Hafens und einiger Bootsfragmente in Puck bei Gdansk. Dort wurde ein Boot mit Mast freigelegt, 14-C-datiert auf das Jahr 555 u. Zt. (Wrack Nr. 2), ein Hohlboot mit dem 14-C-Wert 760 u. Zt., das Wrack Nr. 3 mit einem Datum um 950 und das Wrack Nr. 1 aus dem Jahr 1250 (Stepien 1983, 54). Aus den gesamten Funden geht hervor, daß man es hier mit einem Hafen zu tun hat, der vom 6. bis zum 13. Jahrhundert bestand. Es handelt sich also um ein außerordentliches Fundmaterial, das als Quelle zur Entwicklung des Seeverkehrs an der Südküste der Ostsee über acht Jahrhunderte heranzuziehen ist. Für den westlichen Teil der Ostseeküste haben die Forschungsergebnisse in der Handelssiedlung Ralswick, Rügen, mit dort aufgedeckten Bootswracks und Hafenanlagen eine wesentliche Bedeutung (Herrmann 1981, 145—158). In diesen Zusammenhang gehört die Erwähnung Reriks in Verbindung mit den Obodriten. Jedoch wissen wir bis auf diese Nachricht in den Quellen über diese Stadt nur, daß sie im Jahre 808 zerstört worden ist. Gewiß war dies ein Handelszentrum, ähnlich dem an unbestimmtem Platz gelegenen „Michelenburg‘‘ „Magopolis" (Herrmann 1973, 429 ff.) und Oldenburg-Starigrad, dessen Rolle im Ostseehandel uns näher bekannt ist (Struwe 1961, 57 ff.).

Als wichtigster Platz für die Südküste der Ostsee und für die Schiffahrt ist aber die in der Mitte gelegene Odermündung mit ihrem reichen hydrographischen Netz anzusehen. Eine besondere Rolle spielten dabei die Oder mit Netze und Warthe als Zuflüssen, die ein riesiges Hinterland für Wirtschaft und Verkehr eröffneten. Die am Stettiner Haff einlaufenden Flüsse Peene, Ucker und Ihna haben ebenfalls dazu beigetragen. Usedom und Wollin, als Inseln das Haff schützend, ergeben zusammen mit Strandlinie und Meerbusen ein vielgliedriges topographisches Bild.

Für das 8.—9. Jahrhundert sind hier die ersten Siedlungen im Zuge einer wirtschaftlichen Belebung nachweisbar, welche aus Kontakten mit den benachbarten Ostseeländern folgte. Unter Mitwirkung dieser Plätze wurden die Verbindungen mit dem arabischen Osten und dem karolingischen Europa aufgenommen (Leciejewicz 1973, 11—12). Ein bedeutender Faktor waren die Handelskontakte mit Skandinavien, die bereits im 3. Jahrhundert eingeleitet worden waren (ZAK 1962), ein anderer die wirtschaftlichen Veränderungen in Pommern z.B. in Landwirtschaft, Tierzucht und Handwerk (Losinski 1971, 431).

In diesem Zusammenhang, verbunden mit den Fortschritten der Seeschifffahrt, entstanden an der Wende vom 8. zum 9. Jahrhundert die ersten Handelsniederlassungen: Menzlin an der Peene (Schoknecht 1977, 136—142), am gegenüberliegenden Ufer der Oder an der Divenow Wollin (Filipowiak 1973, 63—89). Menzlin bestand nur verhältnismäßig kurze Zeit. Ab dem 9. Jahrhundert übernahm die Stadt Wollin den gesamten Handel und Verkehr in der Odermündungsregion und gelangte so in die Spitzenposition aller See- und Hafenstädte dieses Bereiches.

Dank langjähriger Forschungen, die an vielen Stellen des Siedlungskomplexes Wollin durchgeführt wurden (Abb. 1), können wir einigermaßen gut die Entwicklung der Häfen, des Schiffbaus und der Seefahrt an der Odermündung verfolgen. Zusätzlich verfügen wir über das Vergleichsmaterial aus den archäologischen Untersuchungen in Stettin und Cammin, die — wie wir im Laufe weiterer Überlegungen sehen werden — wohl nicht so zahlreich sind, aber doch wertvoll und das Gesamtbild der Seewirtschaft dieser Zeit vervollständigen.

Von der Anlegestelle zum Hafen

Der Wolliner Hafen ist in einer kleinen Bucht an der Divenow in der Nähe eines Flußüberganges entstanden. Dort befand sich eine Siedlung, deren Anfänge wir an die Wende des 8. zum 9. Jahrhundert datieren (Abb. 2). Es handelt sich um eine offene Siedlung mit lockerer Bebauung, in der von Anfang an Spuren handwerklicher Produktion auftraten, die mit der Verarbeitung von Eisen, Bernstein, Geweih und Holz verbunden waren. Der Platz lag genau am Zusammentreffen zweier Verkehrswege, eines Land- und eines Wasserweges (Filipowiak 1973, 383—384), auf einer Sandbank, die mit Wasser und Sumpf als natürlichem Schutz umgeben war. Es kann angenommen werden, daß bereits in dieser Zeit eine Anlegestelle für Boote bestand, worauf die Reste von Pfosten und Balken hindeuten können. Sie wurden in der Ausgrabung Nr. 4 in dem Sumpf- und Moorboden entlang der ehemaligen Uferlinie des Flusses entdeckt. Der geringe Materialumfang erlaubt es uns nicht, diese Problematik ganz zu durchleuchten und eine klare Antwort über das Aussehen der Anlegestelle zu geben. Die jetzigen Forschungen im Hafenviertel (Ausgrabungsstelle 8, Abb. 2:8) werden in absehbarer Zeit vielleicht die Frage, ob man sie schon als Hafen ansehen kann, klären können. Grundsätzliche Änderungen traten in der Mitte des 9. Jahrhunderts ein, als eine plötzlicher Expansion des

Wolliner Zentrums einsetzte. In kurzer Zeit wurde die gesamte Sandbankinsel bebaut und mit einem Holz-Erde-Wall umgeben. Die Befestigungen in Form eines Hufeisens rund um die Siedlung näherten sich der Divenow und umschlossen so die Hafenstadt als einheitlichen Komplex. Es ist anzumerken, daß bereits in der 2. Hälfte des 9. Jahrhunderts die Straßen sich im rechten Winkel ordneten und auf den Hafen in Richtung Küste zuliefen. Außerdem ist bemerkenswert, daß dieser Zustand unverändert bis zum Ende des 12. Jahrhunderts andauerte, woran die mittelalterliche Raumgestaltung der Stadt anknüpfte. Die Stadt erhielt eine typische Gestalt, ähnlich den frühesten Ostseehafenstädten Birka, Haithabu, Västergarn und Visby, auf die schon Schück (1933, 1—12) seine Aufmerksamkeit richtete. Es ist bisher unbekannt, wie die Stadtbefestigungen von der Hafenseite aussahen. Aber wir glauben, daß sie aus Palisaden bestanden. In gewissem Maße deuten darauf die mittelalterlichen und sogar die späteren Lösungen in der Baugestaltung, die in einem Stich der Stadtansicht auf der Lubinus Karte aus dem Jahre 1618 zu erkennen sind. Wollin ist hier mit Mauern umgeben dargestellt, und an der Hafenseite findet man zwischen den Speichern eine Palisade mit Durchgängen, die von der Küste in die Stadt hineinführen. Diese Konstruktion können wir auch für das frühe Mittelalter annehmen, da die bisherigen Forschungsergebnisse das Bestehen eines Holz-Erde-Walles ausschließen. Im Zusammenhang mit der Lage des Wolliner Hafens lohnt auch ein Blick auf die Stettiner Anlage, die recht früh einsetzte. Neben der im 8. Jahrhundert entstandenen Burg entwickelte sich gleichzeitig eine umfangreiche Vorburg als Stadt (Abb. 3). Hier herrschten besonders gute Bedingungen. Zwischen Burg und Oder gab es ursprünglich eine Fischersiedlung, aus der später eine Handwerker- und Handelsniederlassung wurde. Im Süden grenzten ein sumpfiger Landstreifen, im Norden eine natürliche Bucht die Siedlung ab (Leciejewicz/Rulewicz/Wiesolowski/Wieczorowski 1972, Abb. 2). Hier entwickelte sich der älteste Hafen Stettins (Wachowiak 1955, 1—16; Leciejewicz 1962, 212). Es scheint aber, daß die Anfänge des Hafens in dem Geländeabschnitt entlang der Oderküste liegen, wo sich die Siedlung dem Fluß näherte (Abb. 4). Dafür spricht die Entdeckung eines Wrackes (Abb. 5) an der Oderseite auf der Höhe des Krautmarktes, das an den Übergang vom 8. bis zum 9. Jahrhundert datiert wird (Wieczorowski 1972, 179—184). Die Pfosten neben dem Wrack des Bootes dokumentieren die Anlegestelle, die Keramik, Fischergeräte und die Spuren einer dauerhaften Siedlung die Aktivitäten der Bewohner (Abb. 6). Aufgrund dieser Hinweise können wir annehmen, daß die damalige Küstenlinie etwas höher lag als heute. Deshalb entstand an dieser Stelle ein Anlegeplatz, aus dem der Stettiner Hafen hervorging (Wolny 1973, 27—41). Dafür sprechen auch die Entdeckungen der Hafenanlagen aus den späteren Phasen des Frühen Mittelalters, d.h. aus dem 10. bis 12. Jahrhundert (Rulewicz 1978, 121—123).

Im 9. Jahrhundert wurde wahrscheinlich die Hafensiedlung befestigt. Über das Aussehen dieser Befestigungen kann man keine näheren Angaben machen. Mit Bezug auf die Wolliner Analogien und die Anlage anderer Zentren kann man annehmen, daß an der Basis der Burg Befestigungen in „Hufeisenform" gelegen haben. Das heißt, daß der Wall im Norden und Süden die Oderufer berührte und damit einen integralen Teil der Hafenstadt bildete. Dafür spricht auch die ständige Bebauung Stettins seit dem 10.—13. Jahrhundert, die den inneren Verkehr in Richtung Hafen orientierte. Die Forschungen in der Stettiner Vorburg lieferten sehr wichtige Angaben über die Stadtbefestigungen von der Hafenseite. Zwischen den doppelten Wehranlagen an der Küste wurden die Spuren einer Holzpalisade ausgegraben (Rulewicz 1978, 201) und in das 11./12. Jahrhundert datiert. Die Befestigungen der Hafenstädte zur Wasserseite waren im allgemeinen schwächer. Diese Plätze waren teilweise bereits durch die Wasserbarriere geschützt, und weitere Befestigungsmaßnahmen hingen auch des öfteren von der topographischen Lage ab. In Wollin und Stettin waren es die sumpfigen Flußküsten, die den Bau größerer Verteidigungsanlagen aus Holz und Erde erschwerten. Der Zugang zur Stadt war wohl durch Wasser geschützt, aber das war zugleich eine schwache Stelle im Verteidigungssystem. Stettin war für seine mächtigen Befestigungen im Frühen Mittelalter bekannt und konnte im Seegefecht mit den Rannen oder im Feldzug der Sachsen, die die Stadt einige Zeit belagerten, nicht erobert werden. Auch die dänischen Feldzüge am Ende des 12. Jahrhunderts blieben erfolglos. Stettin wurde dann wahrscheinlich von der Hafenseite durch Boleslaw Krywousty im Jahre 1119 eingenommen, der im starken Winter über das Eis in die Stadt eingedrungen ist. Es lohnt sich zu bemerken, daß der Feldzug Ratibors gegen Konungahella im Jahre 1136 zur Einnahme der Stadt von der Hafenseite führte. Die Disproportionen in den Befestigungen der Hafenstädte von der Land- und von der Wasserseite sehen wir am Beispiel von Birka und Haithabu. Deshalb wurde der Versuch unternommen, die Städte schon im Wasser vor den Häfen durch den Bau von Palisaden zu sichern (Jankuhn 1956, 206—208, Abb. 44). Die Wirksamkeit dieser Anlagen veranschaulicht die Verteidigung von Wolgast während der dänischen Einfälle in den Jahren 1173 und 1184, als ein brennendes Schiff mit dem Wind treibend gegen die Stadt geschickt wurde und auf der unterseeischen Palisade steckenblieb (Eggert 1928, 54—66). Die erwähnten Palisaden hatten Durchlässe, die bei einer Bedrohung geschlossen wurden. Leider sind außer in Wollin keine weiteren Parallelen in der Odermündung bekannt. Nur in Wollin blockierte im Süden eine Brücke (Abb. 2), die die Insel mit dem Festland verband, den Hafen. Diese Tatsache bezeugen eine Quelle aus dem Jahre 1124, der Zeit der dänischen Einfälle, und die archäologischen Forschungen (Filipowiak 1956, 204—205, Abb. 5). Im Mittelalter schlossen die „Lange Brücke" und die „Baumbrücke" vom Süden und vom Norden den Hafen ab, ein Zustand, der bis in die Neuzeit angedauert hat (Wehrmann 1911, 142, Karte II, Stettin um 1590). Der Stettiner Hafen blieb nur scheinbar an derselben Stelle. Im Laufe der Zeit und mit der Zerstörung der Hafenanlagen sowie insbesondere durch die Steigerung der Tragfähigkeit und des Tiefganges der Schiffe verschob sich der Hafen in Richtung des tieferen Wassers (Abb. 2 und 7). Ähnlich ist die Situation in Wollin, bedingt durch die Seichtheit des Ufers. Der älteste Hafen aus dem 9. Jahrhundert befand sich hier auf der ursprünglichen Küstenlinie. Ein späterer, aus dem 11. und 12. Jahrhundert, folgt dem Wasser, und erst der mittelalterliche Hafen befand sich ungefähr an der heutigen Küstenlinie. Diese Lage belegt die Nordansicht eines Querprofils durch die Stadt. Hier werden die Entstehung auf einer Sandbank und das Anwachsen der Kulturschichten in Richtung des Flusses deutlich (Abb. 7 oben). Die schnelle räumliche Entwicklung Wollins im 9. und 10. Jh. hat jedoch eine gewisse Eigenart, die dieses Zentrum von anderen Hafenstädten an der Odermündung unterscheidet. An der Wende vom 9. zum 10. Jh. entstehen an der Divenow die Vorstädte Wollins.

Im Süden, zwischen der Divenow und den Sümpfen, entwickelt sich eine offene Vorstadt mit Fischerei- und Gewerbecharakter, wie es die im Jahre 1952 unternommenen Forschungen bewiesen haben. Am Divenowufer befand sich eine Anlegestelle für Fischer (Abb. 1:2 A). Nördlich der Stadt entstanden eine Vorstadt, die sogenannten „Gärten", und etwas weiter auf dem Silberberg ein großes Viertel mit Handwerkern, Kaufleuten und dem Markt, der an der Wende vom 9. zum 10. Jh. mit einem gewaltigen Wall befestigt wurde. Der Wall, in „S"-Form zwischen Divenow und den Sümpfen errichtet, schützte den Zugang von Norden und die gesamte Ansiedlung zwischen der Stadt und dem Silberberg (Abb. 1). Auch im südöstlichen Teil der Stadt fanden sich Küstenbefestigungen aus Pfeilern und mit Faschinen verkleideten Ufern. Wahrscheinlich wurden die sumpfigen und vertorften Uferhänge mit Faschinen verstärkt, um das Anlegen und Herausziehen der Boote auf das Land zu erleichtern. Das Bestehen eines besonderen Hafens in diesem Stadtviertel verwundert nicht (Abb. 1:6 A), wenn man seine wirtschaftliche Bedeutung, das Vorhandensein eines Marktes mit einem Krug, was aus der Analyse des Fundmaterials hervorgeht, und seinen internationalen Charakter berücksichtigt (Filipowiak 1972, 205). Bemerkenswert ist die Verwendung von Faschinen zur Uferbefestigung, was im Mittelalter öfters zu beobachten ist, z.B. bei den Befestigungen im Hafen des 11.—13. Jh. in Schleswig (Vogel 1977, 21—28). Nach Meinung heutiger Spezialisten ist die Haltbarkeit solcher Befestigungen in bezug auf Temperaturunterschiede anderen Materialien weit überlegen, und bisher ist ihre Verwendung im Land- und Wasserbau nicht wegzudenken.

Bei dem derzeitigen Kenntnisstand kann man annehmen, daß sich im Siedlungskomplex Wollin drei Häfen befanden: ein Haupthafen in der Stadt, ein Fischereihafen in der Vorstadt, genannt „Fischervorstadt-Wick", und ein dritter im Handwerkerviertel auf dem Silberberg (Abb. 1:2 A; 6 A, Abb. 2). Nach Besprechung der Hafenproblematik in den beiden ältesten Zentren in der Odermündung sollen nun die in der Nähe im 11. und 12. Jh. neu erstandenen Zentren betrachtet werden, die am Ostseehandel und an der Schiffahrt gerade im Lokalbereich teilgenommen haben. Dazu gehören die Städte Cammin, Usedom, Wolgast und Demmin. Die letztere, obwohl tief im Lande gelegen, orientiert sich aber zum Stettiner Haff (Leciejewicz 1968, 06—110). Demmin verfügt über große Bedeutung wegen seines wirtschaftlichen Hinterlandes im Peeneraum.

Nicht ohne Bedeutung ist auch die Ortslage Demmins an der Trebel- und Tollensee-Mündung. Demmin bildet einen interessanten Siedlungskomplex, der aus einer Burg mit befestigter Vorburg besteht. Der Mangel an Forschungen in diesem Bereich erlaubt es nicht, genauere Aussagen zu Funktion und Topographie zu machen. Es muß jedoch angenommen werden, daß sich neben der Burg und einem angrenzenden Teil der Vorburg ein Hafen an der Peene befand. Die Bedeutung dieses Flusses für den Verkehr muß sehr groß gewesen sein, was die reichen Funde aus seinem Bett und die frühe Kaufleutesiedlung in Menzlin beweisen. Dieses Zentrum muß eine wichtige Rolle gespielt haben, da es eines der Hauptziele der dänischen Einfälle in die Odermündung am Ende des 12. Jh. gewesen ist. Die Quellen bekunden die Seeverbindung Demmins mit Usedom für das 11.—12. Jh. (Leciejewicz 1968, 106—108).

Man muß auch die Beteiligung der Stadt Gützkow an der Peene an diesen Vorgängen erwägen. Ihre Bedeutung für diese Zeit bestätigen die archäologischen Quellen (Petzsch/Wilde 1935, 11—45). Darauf weisen auch schriftliche Nachrichten, die von dem durch Seeräuberei vermögenden Mislaw („princeps Mizlaus") an der dänischen Küste sprechen (Leciejewicz 1968, 124). Sicher nahm auch Anklam an der Peenemündung am Seehandel teil. Bei Besprechung der Häfen im Raum der Odermündung muß man gewisse Differenzen in der Topographie der Hafenstädte berücksichtigen. Sie ergeben sich aus topographischen, zeitlichen und funktionalen Verhältnissen. Diese Unterschiede kann man am Beispiel von Usedom und Cammin im Vergleich mit Wollin und Stettin verfolgen. Usedom und Cammin gehören zu den späteren Hafenstädten, die im 11. und 12. Jh. entstanden sind. Neben den frühen Burgen haben sich hier Vorburgen entwickelt, die mit Befestigungen eingeschlossen wurden. Zum Teil in Usedom, wesentlich deutlicher aber in Cammin liegen sie auf einer höheren Böschung zur Bucht hin. Das Tauschzentrum und die Märkte befanden sich hinter den Befestigungen in Burgnähe (Abb. 8). Diese Situation findet sich in den meisten Städten des frühen Mittelalters in Pommern (Leciejewicz 1968, 109). Wie sich aus der Analyse der Topographie und des bisherigen Forschungsstandes in Cammin und Usedom ergibt, (Filipowiak 1955, 30, Abb. 35) lagen die Häfen dieser Städte in der Nähe der Marktplätze. In Cammin war der Hafen in der Karpina-Bucht neben Burg und Marktplatz (Abb. 8). In Usedom lokalisieren ihn Herrmann und Liecejewicz entlang der Vorburg (Herrmann 1968, 192), (Abb. 9). Aber es ist wahrscheinlich, daß der Markt bis zur Marktsiedlung südlich der Burg reichte (Abb. 10). Aufgrund des Stadtplanes und der Untersuchungen in Cammin, wo sich am Wasser auch die Wallanlagen der Vorburg fanden, bildete der Hafen einen nicht so integralen, fast internen Teil der Stadt wie z.B. in Wollin oder Stettin. Dabei ist anzumerken, daß eine ähnliche Situation auch im späten Mittelalter in der Gestaltung der städtischen Hafenkomplexe herrschte. Besonders sichtbar ist das in den Städten, deren Entstehung und Entwicklung intensiv mit der Schiffahrt verbunden waren, was sich mit Bestimmtheit für Wollin und Stettin sagen läßt. Die kleineren Stadtzentren wie Usedom und Cammin haben sich später auf der Basis lokaler politisch-ökonomischer Umwandlungen entwickelt und sich so in den Seehandel eingeschaltet. Für Cammin kommt als zusätzlicher Faktor noch hinzu, daß dieser Platz im 12. Jh. Sitz pommerscher Herzöge und ein Zentrum politischer Macht war.

Überlegungen zur Hafenlage und Topographie des frühmittelalterlichen Wolgast können aus Quellenmangel nicht angestellt werden. Es ist aber festzuhalten, daß diese Stadt an einem wichtigen Kreuzungspunkt von Land- und

Seestraßen gelegen hat. Die Insellage gab Wolgast eine günstige Verkehrssituation, vor allem aber strategische Vorteile, was sich während der dänischen Einfälle am Ende des 12. Jh. zeigte. Wolgast sperrte an der Peene den Weg zum Stettiner Haff. Das Bestehen eines Hafens mit Brücken ist durch Quellen belegt (Leciejewicz 1968, 165).

Erwähnt werden muß auch Stargard, dessen Schiffahrt auf der Ihna und auf dem Stettiner Haff relativ spät für das Jahr 1253 belegt ist. Die Erlaubnis für einen Hafenbau an der Ihnamündung am Stettiner Haff erhielt Stargard im Jahre 1268. Bis zu dieser Zeit war aber ein Hafen an der Faulen Ihna neben der Vorburg vorhanden, und später befand er sich innerhalb der mittelalterlichen Stadt (Rogosz 1973, 234—267). Die archäologischen Forschungen über die Rolle Stargards vom 9. bis zum 13. Jh. zeigen jedoch, daß dieser Platz bereits früher an der Schiffahrt beteiligt war, und spätere Urkunden bestätigen das (Filipowiak 1969, 92—94). Bei Behandlung der Ortslagen der Häfen in mittelalterlichen Städten, die sich oft an Fischeranlegestellen entwickelten, sollte auch der slawische Name berücksichtigt werden, da der jetzige Name (port = Hafen) fremder Herkunft ist. Die ehemalige slawische Bezeichnung war „pristan“, polnisch „przystan“ oder tschechisch „pristav“. Diese altslawischen Namen sind in Pommern in Schriftquellen erhalten geblieben. Zum Beispiel ist am Buckower See mehrmals die Bezeichnung „Pristan“ in den Jahren 1265 bis 1309 belegt (Filipowiak 1974, 243—244). Auch auf der Insel Wollin an der Mündung des Koperow-Sees zum Camminer Haff ist für das Jahr 1381 eine „pristan“ verzeichnet (Baldapristan), (Hoogeweg 1924, 208—209). Es handelte sich hier wohl um eine Anlegestelle für Fischer am Camminer Haff.

Die Hafenanlagen

Für das Problem der Ausstattung mittelalterlicher Häfen mit Anlagen findet sich erst in den letzten Jahren reicheres Quellenmaterial. Hier kann man diese Frage am Beispiel Wollins und Stettins verfolgen. Wie bereits ausgeführt, war die Anlegestelle am Silberberg mit Faschinen und Pfosten ausgestattet, wahrscheinlich zum Festbinden der Boote. Es ist anzunehmen, daß diese Verkleidung des Bollwerkes dem Anlandziehen der Schiffe im Winter oder zu ihrer Reparatur diente. Viel besser ausgerüstet war der Hafen im Stadtzentrum. Bei Ausgrabungsarbeiten im Jahre 1952 wurden dreifache nebeneinander eingesetzte Pfosten festgestellt, von denen der mittlere etwas kürzer als die beiden anderen war. Die Pfosten reichten in den Fluß hinein und bildeten so das Holzgerüst für die Brücke. Diese konstruktive Lösung trat bei Brücken auf, die das Festland mit der Stadt verbanden (Abb. 11) und die auch aus den Schriftquellen bekannt sind (Filipowiak 1956, 192—197). Im Brückenaufbau wurde ein Boden mit Faschinen festgestellt, wahrscheinlich die ältere Phase des Flußüberganges, und dazu eine Doppelreihe von Eichenpfosten bisher ungeklärter Funktion. Die besser erhaltenen Konstruktionsteile geben die Gelegenheit zu einer Rekonstruktion des Holzgerüstes. Daraus folgt, daß sich zwischen den drei Pfosten ein Querbalken befand, der sich auf einen der kürzeren Pfosten stützte. An der Außenseite lag eine Einzapfung, in der ein langer Balken ruhte, der die einzelnen Brückenjoche verband. Auf diesem Balken lagen wahrscheinlich Bretter und bildeten die Lauffläche der Brücke. Die Außenpfosten ragten über die Oberfläche der Brücke und dienten zum Anlegen der Schiffe (Abb. 11). Leider sind Breite und Länge der Konstruktion wegen des unzureichenden Materials nicht festzustellen. Man kann nur vermuten, daß mindestens ein Schiff größeren Ausmaßes hier festmachen konnte, d.h. mit einer Länge von 20 bis 25 Metern. Wegen der Konzentration der Pfosten in der Nähe des Bollwerkes kann man annehmen, daß dieses befestigt war und sich hier die Kaianlage befand. Aus dem bisherigen Fundmaterial ist zu schließen, daß mehrere Laufbrücken im Hafen vorhanden waren. Dieser erstreckte sich zwischen dem Nordwall und der Brücke auf einer Länge von 300 bis 400 m (Abb. 2). Die Hafenbrücken Wollins sind auch aus den Schriftquellen bekannt. Wenn man annimmt, daß die Beschreibung der Stadt Weltaba von Ibrahim Ibn Jakub aus dem Jahre 965/66 Wollin meint, so berichtet er im Zusammenhang mit einer mächtigen Stadt am Ozean, daß „sie eine Anlegestelle besitzt, die aus halbierten Baumstämmen besteht". Bei den halbierten Baumstämmen handelte es sich wahrscheinlich um die mit Latten ausgelegten Fußböden der Hafenbrücken. Eine zweite Quelle von 1124 spricht von den Laufbrücken, als der Bischof Otto aus dem herzoglichen Hof in Wollin durch die Stadt floh und zu den Laufbrücken gelangte. Von einer der Brücken wurde er in den Sumpf gestürzt, und dort hat ihn der Ritter Pawlik gerettet, der, von der Brücke herunterkommend, bis an die Arme im Sumpf stehend, den Gestürzten herausgeholt hat.

Aus der Topographie der Ortslage und der angegebenen Fluchtrichtung kann man schließen, daß es sich nur um die Hafenbrücken gehandelt haben kann (vgl. Filipowiak 1956, 195—197). Diese Erwähnung ist auch deshalb interessant, weil sie zeigt, daß die Küste sumpfig und tief war. Diese Lage zwang also zum Bau der Laufbrücken, um tieferes Wasser zum Einlaufen der größeren Schiffe mit einem Tiefgang über 1 m erreichen zu können. Aufgrund nur weniger Keramikfunde können die Hafenanlagen in das 10. bis 12. Jh. datiert werden. Bemerkenswert sind jedoch die bronzenen Kessel, die in der Schlammschicht geborgen wurden. Sie deuten indirekt auf eine ältere Benutzung des Hafens (Abb. 12), (Filipowiak 1955, 89). Dasselbe belegen auch die Ausgrabungsergebnisse im Hafenviertel.

Auf dieser Basis kann man behaupten, daß in der älteren Phase, die in das 9. Jh. und in die erste Hälfte des 10. Jh. fällt, nur ein Teil der Kaianlagen erbaut worden war. Dafür sprechen das Bestehen einer Schiffswerft in der 2. Hälfte des 9. Jh. im südlichen Teil des Hafens (Grabungsstelle 4, Abb. 13) sowie Spuren von Reparaturarbeiten an größeren Seefahrzeugen im Mittelteil des Wolliner Hafens aus derselben Zeit (Abb. 2, Grabungsstelle 8). Diese Tatsachen führen zu der Schlußfolgerung, daß es hier unabhängig von den Laufbrücken auch Zugänge zum Kai gegeben haben muß, die das Anlandziehen der Schiffe ermöglichten. Die Bebauung des Hafens mit Kaianlagen war im 9. Jh. und am Anfang des 10. Jh. locker; sie erreichte ihren Höhepunkt von der zwei-

ten Hälfte des 10. Jh. bis zum 12. Jh. Produktion und Reparatur der Schiffe
wurden in dieser Zeit in die Vorstadt verlegt. Wahrscheinlich spielte hier die
handwerklich-kaufmännische Ansiedlung auf dem Silberberg die Hauptrolle.
Als Beweis lassen sich zahlreiche Funde verschiedener Schiffsteile, die in einzelnen Werkstätten vorgefunden wurden, sowie eine starke Verdichtung der
Bebauung, die in der zweiten Hälfte des 10. Jh. einsetzte, anführen. Gute und
ergänzende Aussagen über Hafenanlagen liefert Stettin. In den Jahren
1977—78 wurden im nördlichen Teil der Vorburg die Kaianlagen aus Kisten in
Blockbaukonstruktion entdeckt, die mit Steinen und Hartlehm ausgefüllt
waren. Die Kisten hatten Trapezform, woraus zu schließen ist, daß sich die Kaianlagen in Form eines Bogens in nordwestlicher Richtung erstreckten. Interessant sind die Konstruktionsdetails. Es wurden sechs teilweise erhaltene Kisten
aus Eichen- oder Buchenbalken ausgegraben. Sie bestanden aus zwölf aufein-
anderliegenden Balken mit einer Stärke von 12 cm unten bis 14 cm oben. Eine
vollständige Kiste war 4,6 m lang und enthielt zehn Eichenbalken. Das zugehörige Fundmaterial erlaubt es, die Kiste in das 12. Jh. zu datieren. Im unteren
Teil der Kiste lagen noch zwei Balken mit Brandspuren, die aus einer älteren
Bauphase der Kaianlagen des 13. Jh. stammen. Die Kistenkonstruktion lag
+10 cm bis —153 cm über bzw. unter dem Meeresspiegel und war insgesamt
163 cm hoch (Rulewicz 1978, 121—123, Abb. 1,3; Ders. 1979, 293—294). Die
Kisten waren mit zwei sich kreuzenden Schichten dicht gelegter Baumstämme
bedeckt, einer Rostkonstruktion, die gleichzeitig die Oberfläche bildete. Der
Kai bestand aus einer doppelreihigen Kistenanlage, und dazwischen lag eine
Holzpalisade, deren Reste in der Schlammschicht aufgedeckt wurden (Rulewicz 1978, 201). Damit ist eine Rekonstruktion der Hafenanlagen möglich, die
berücksichtigen muß, daß auch Pfosten außerhalb der Kaianlagen und auf der
Achse, die zum Straßenrand führte, auftreten können. Solche Pfosten könnten
darauf hindeuten, daß hier die Laufbrücken gelegen haben, die in das Tiefwas-
ser führten. Das scheint insoweit wichtig, als die tiefe Lage des Bollwerkes
(—153 cm unter Meeresspiegel) auf die Seichtheit der Stelle hindeutet, wenn
man zusätzlich die isostatischen Bewegungen berücksichtigt. Ähnlich starke
Schwankungen des Wasserspiegels in der Oder während der Herbst- und Früh-
lingszeit oder beim sogenannten „Rückstrom" mußten beim Bau der Kaianlagen einkalkuliert werden. In dieser Situation war der Bau von vorspringenden
Laufbrücken, auch bei dem verhältnismäßig niedrigen Tiefgang der Schiffe
von einem Meter, beinahe zwingend. Im Lichte dieses Fundmaterials präsentieren sich die Hafenanlagen Stettins des 11. und 12. Jh. folgendermaßen: Die
Oderküste war mit einer doppelten Reihe von Kistenkonstruktionen befestigt,
die durch eine Palisade getrennt waren. Die Oberfläche dieser Wasserschwelle
bildete an der Außenwand einen Kai, von dem wahrscheinlich die Laufbrücken
vorsprangen. An der inneren Wand, entlang der Palisade, verlief die Gasse.
Dagegen verliefen die Stadtstraßen senkrecht zum Kai. Wenn man die Ergebnisse zu den Häfen in Wollin und Stettin zusammenfaßt, erhält man ein fast
vollständiges Bild der Ausrüstung eines Hafens in der Odermündung im
10.—12. Jh., eines vollentwickelten Hafens, der sich in nichts von anderen an
der Ostsee oder in Nordeuropa unterschied. Es verwundert deshalb auch nicht,

wenn Schriftquellen des Jahres 1124 Stettin als einen Seehafen, „portus maris...", bezeichnen (EBO LIII, c 17).

Der Schiffbau in den Hafenstädten

Die Fragen zum Schiffbau der Slaven waren wegen des Mangels an entsprechenden Quellen lange umstritten. Diese Sachlage hat sich im Laufe der intensiven Forschungen in den Handelshäfen, darunter auch in der Odermündung mit Wollin, Stettin und Cammin geändert. Aus diesen Plätzen steht nun reiches Material zur Verfügung. Hervorzuheben ist hier, daß im Fundmaterial aus den verschiedenen Siedlungsschichten zu Plankenbooten gehörige Bauteile dominieren. Nur einmal wurde in Stettin ein Einbaumfragment gefunden, das hier nicht behandelt wird (Rulewicz 1974, 466). Zu den ältesten Booten dieser Region gehört das Plankenboot mit flachem Boden (Abb. 5). Von diesem Typ ist ein Wrack an der Anlegestelle der Stettiner Vorburg aus dem 8./9. Jh. erhalten geblieben. Die Länge des unteren Wrackteiles beträgt 6,5 m und die Breite 2 m. Es ist aus sehr geschickt verarbeitetem Eichenholz hergestellt und mit dem Kiel in Form des Buchstaben „T" verbunden. Die Außenbeplankung besteht aus Eichenbrettern von 20—30 cm Breite und 1,5 bis 3 cm Stärke. Neben und unter dem Wrackteil wurden viele Bretter der Bordwand geborgen. Im Schlamm, der das Boot ausfüllte, fanden sich außerdem Keramik, ein kurzes Ruder, ein Schöpflöffel und ein geschnitzter Kopf der „Seeschlange". Ein Stück eines dicken, schiefen Balkens läßt an Reste des Mastnetzes denken, das kurze Ruder an ein Steuerruder (Abb. 6). Die Bootspanten bestanden aus mit Dübeln verbundenen Teilen. Das erhaltene Bootsteil trägt die Spuren mehrfacher Ausbesserung mit eisernen Nieten. Neben der Bordwand wurden Steingewichte für Netze gefunden und ein Stoffragment mit zwei eingebrannten Dübeln, ein Kienholz? An der Südseite kamen zwei in den Schlamm eingesetzte Pfosten zutage. Wenn man die Stromrichtung nach Norden berücksichtigt, kann man vermuten, daß das Boot an diese Pfosten angebunden und stromaufwärts gerichtet war. Wrack geworden wurde es aufgegeben, und nur der Boden blieb erhalten. Eine umfangreiche Materialbearbeitung und die gemachten Beobachtungen legen den Schluß nahe, daß es sich hier nicht um ein frühes Fischerboot handelt (Wesolowskli 1963, 257), sondern vielleicht um ein Seefahrzeug für die Küstenschiffahrt. Die Konstruktion belegt, daß es von einem erfahrenen Schiffbauer gefertigt wurde, und in dieser Hinsicht mußten schon gewisse Traditionen vorhanden gewesen sein. Die Bauart dieses Bootes erinnert an diejenigen aus Czarnowsko und Leba. Es könnte sich also um ein einheimisches Produkt des 8./9. Jahrhunderts handeln. Die ursprüngliche Gesamtlänge des Bootes könnte 10 m betragen haben. Das wäre eine ausreichende Größe für eine Seereise, umso mehr für den Verkehr auf dem Haff. Wahrscheinlich wurde dieses Boot für diesen Zweck gebaut und auch benutzt. Seine Teilnahme an den maritimen Kontakten bestätigt der Kopf einer „Seeschlange", der wegen seiner schlechten Ausführung die Nachahmung eines skandinavischen Vorbildes gewesen zu sein scheint. Man könnte sich vorstellen, daß das Boot, nachdem es nicht mehr voll zu nutzen war, noch für den örtlichen Fischfang eingesetzt wurde. Für die frühe Lokalproduktion sprechen nicht nur die Funde von wiederverwendeten Bordplanken, sondern auch neue Dübel für die Reparatur der Boote. Sie treten bereits an der Wende des 9./10. Jahrhunderts und in der ersten Hälfte des 10. Jahrhunderts in den Siedlungsschichten auf. Bemerkenswert ist die Tatsache, daß die größte Steigerung einheimischer Produktion in das 11. Jahrhundert fällt, obwohl sie bis zum 13. Jahrhundert besteht (Leciejewicz, Rulewicz, Wesolowski, Wieczorowski 1972, Tafel IVa und IVb). Beachtenswert sind Funde aus den Schichten XXIV und XXIII aus der zweiten Hälfte des 11. Jahrhunderts (Abb. 15). Allein in Schicht XXIV wurden 170 Dübel für die Boote als Halbfabrikate ohne Einschnitte für Keile, Klötze und Teile von Dübeln sowie eine dichte Schicht von Spänen entdeckt, die von der Holzverarbeitung stammen (Rulewicz 1974, S. 451). In derselben Schicht lag ein großes Fragment einer Bordwandplanke mit Dübeln, ein Eichenkeil zur Spaltung der Bretter, ein Zimmermeisterstock und ein eiserner Bohrer von 13 mm Dicke (Abb. 16b). Eine Gesamtaufstellung der Werkzeuge und Produktionsabfälle läßt an das Bestehen einer Bootswerkstatt in dieser Zeit denken. Weitere ca. 120 Dübel wurden in Schicht XXIII vorgefunden, was auf eine gewisse Kontinuität der Bootsproduktion an dieser Stelle hindeuten könnte. Was die Eichenkeile zur Spaltung der Bretter angeht, so treten sie in Schichten des 11. Jh. auf und in Schicht XXXII, die an die Wende vom 9. zum 10. Jh. gehört (Abb. 17), und in der Schicht aus der ersten Hälfte des 13. Jh. (Rulewicz 1972, Archeologia Urbium, Taf. Xa u. Xb). Ähnlich ist die Lage in Wollin, wo die Spuren örtlicher Schiffsproduktion, durch Dübel und eiserne Nieten belegt, seit dem 9. Jh. auftreten. Als Hauptbeweis ist aber die örtliche Schiffswerft aus der zweiten Hälfte des 9. Jh. anzuführen, die im südlichen Teil des Hafens neben dem Flußübergang lag (Abb. 2, Grabungsstelle 4). Sie entstand etwa in der Mitte des 9. Jh. und arbeitete längere Zeit bis zur Wende vom 9. bis 10. Jh. (Siedlungsschicht XIX, XVIIIb und XVIIIa, Abb. 13). In der Schicht XIX wurde das Gestell einer Winde aus einem starken Eichenklotz gefunden, das dem Ziehen der Boote auf Land diente. Das Gestell war mit Pfosten befestigt (Abb. 18). Die Konstruktion der Winde erforderte eine senkrechte Aufzugwalze zum Aufwickeln des Seiles mit Hilfe einer Stange. Es handelt sich um eine Art Tretrad, von dem das Gestell erhalten ist. Dazu existieren Analogien von der pommerschen Küste, wo noch in den sechziger Jahren dieses Jahrhunderts ähnliche Vorrichtungen zum Anlandziehen der Fischkutter in Gebrauch waren (Abb. 13). Dieser „Aufzug" befand sich in einiger Entfernung von der Küste, und die in seiner Achse zu findenden Querbalken könnten als Unterlagen unter dem Schiffskiel gedient haben oder sie stützten den Kiel. In Schicht XVIIIa fanden sich Schiffsfragmente: Bordplanken (Abb. 20), Sitzbretter (Abb. 13) und eine größere Anzahl von Holzspänen. In der Nähe wurde das Holzkreuz eines Ankers mit Gewichtstein entdeckt (Abb. 21). Diese Art von Fischerankern wurde sowohl in Pommern als auch auf Rügen bis in das 19. Jahrhundert verwendet. Im Licht dieser Funde scheint es fast sicher, daß die Wolliner Schiffswerft im 9. Jh. Reparaturen größerer Wasserfahrzeuge ausführte, wenn doch so aufwendige Einrichtungen bestanden. Auch die Längen der entdeckten Außenbeplankungen von über 3 m deuten auf größere Seefahrzeuge (Abb. 22). Wahrscheinlich wurden auf diesem Bauplatz größere Schiffe hergestellt, was ein neuer Steven aus dem Anfang des 11. Jh., eine große Menge von Dübeln und Eisenniete an fast allen Stellen des untersuchten Siedlungskomplexes in Wollin nahelegen. Die jüngsten Forschungen im Hafenviertel der Stadt (Abb. 2, Grabungsstelle 8) geben eine Vorstellung von den technischen Möglichkeiten bei Ausbesserungsarbeiten und beim Bau der Schiffe seit der Wende vom 9. bis 10. Jh. bis zum 11. Jh. Aus Schicht XV, datiert um 800, stammen die größte Anhäufung von Dübeln an einer Stelle (184 Stück), ein langer Niet und zwei Schiffsreste (Abb. 23). Dies ist die dichteste Konzentration von Teilen, die mit Schiffbau und Schiffsausstattung in Zusammenhang stehen. Dübel, die zur Bindung der Außenbeplankung nötig waren, wurden in großer Vielfalt hergestellt (Abb. 24), was die Halbfabrikate zeigen und die Art des Abschneidens der Enden (Abb. 25). Lange Dübel wurden zur Verbindung der Bordwände mit den Spanten, den Bänken und den Planken eingesetzt (Abb. 24a—k). Sie waren recht lang, und erst nach dem Einsetzen wurden die Enden abgesägt. Kurze Dübel kamen bei der Vernietung der Außenplanken zum Einsatz. Diese hatten einen ausmodellierten, breiten Kopf, und von der anderen Seite wurden sie mit einem Keil verstopft. Kiefernholz, selten Eibe, lieferte das Material für die Dübelherstellung. Die Keile für die Dübel waren aus hartem Eichenholz wie auch die übrige Schiffskonstruktion. Interessant ist die Art der Entfernung der Dübel. Mit der Axt, dem Meißel oder vielleicht auch einem Eisenkeil wurde die herausragende äußere oder innere Seite des Dübels abgeschnitten, je nachdem, wo man das Ende beseitigen wollte (Abb. 25). Die Dübel zwischen den verbundenen Planken wurden abgeschnitten, was die in den Plankungen erhaltenen Kielendungen zeigen (Abb. 24 i—j). Sie wurden auch aus den Planken herausgezogen, um sie wiederzuverwenden. Sowohl beim Bau als auch bei Reparaturarbeiten wurden Axt, Säge, eine Haue einer Zimmerstange, Meißel und Bohrer eingesetzt. Die Zimmerstangen sind in zahlreichen Exemplaren überliefert, Äxte und Hauen weniger, sehr selten Meißel und Bohrer. Ein gut erhaltenes Exemplar eines Bohrers kommt aus dem Wollin des 12. Jh. (Abb. 16a), ein weiterer und ein Meißel sind aus dem Cammin des 11./12. Jh. (Abb. 26). Der Bohrer aus Stettin stammt aus dem 11. Jh. (Abb. 16b). Zur Verbindung der Außenplanken wurden auch eiserne Niete an bestimmten Stellen gebraucht. Das gilt für die Verbindung der Planken entlang ihres Kontaktes, wo sie immer einen gut anliegenden Schnitt aufweisen. Abhängig von der Breite einer Planke wurden ein oder zwei Niete (Abb. 22), selten drei verwendet. Zu diesem Zweck wurden kurze Niete bis zu 3 cm verarbeitet. Die längeren von 3 bis 5 cm waren zur Stärkung der aufgelegten Außenbeplankung bestimmt, was aus ihrer Stärke von 1,5 bis 2,5 cm hervorgeht. Die Anzahl der auftretenden Niete ist bedeutend geringer, obwohl sie an allen untersuchten Stellen einschließlich der Gräberfelder auftreten. Auffallend ist die Tatsache, daß die größte Menge an Eisennieten auf dem Silberberg, der Handwerkersiedlung des 10. Jh., in den Werkstätten vorkommen. Die Fundumstände haben die Erhaltung von Holzerzeugnissen nicht begünstigt. Deshalb ist es problematisch, einen Vergleich mit den Dübeln anzustellen, die für den Schiffbau bestimmt waren. Dennoch hat die Menge der Dübel aus einer Grabungsstelle im Vergleich mit anderen das Übergewicht. Man kann annehmen, daß sie hier hergestellt wurden, was auch der allgemeine Charakter des Stadtviertels mit den entdeckten Schmiedewerkstätten nahelegt. Jedoch stammt ein Teil der Dübel aus der wiederholten Verwendung von Booten als Räume für die Werkstätten. Am besten verdeutlicht das eine Werkstatt, die aus einem umgewendeten Boot gebaut und als Wohngrube genutzt wurde (Abb. 27 u. 28). Ein Teil der Bootsfunde kann aus der wiederholten Benutzung von Bootsfragmenten stammen, die als Bau- oder Heizmaterial dienten, ähnlich dem Bootsholz für die Totenfeuer auf dem Galgenberg (Stubenrauch 1898, Abb. 8 u. 10) und auf dem Mühlenberg (Wojtasik 1968, 201), was durch die aufgefundenen Eisenniete belegt ist.

Sehr wichtig ist das Material, das für die Abdichtung der Außenbeplankung besonders schwer beschädigter Einheiten bestimmt war. Für diese Zwecke wurde hauptsächlich Waldmoos verwendet (Abb. 29), das die besondere Eigenschaft aufweist, nicht zu verfaulen. Sein zusätzlicher Wert besteht darin, daß in trockenem Zustand damit die kleinsten Lücken abgedichtet werden können und es dann in Kontakt mit Wasser aufquillt. Bei dringenden Reparaturen wurden zur Abdichtung wahrscheinlich Wollstoffe eingesetzt, wie das in Wollin vorgefundene Stoffstück aus der 2. Hälfte des 10. Jh. bekundet. Zu diesem Zweck könnten auch Leinenstoffe gedient haben, vor allem aber das Harzpech, das zusätzlich zur Abdichtung des Bootsrumpfes auch das Holz konservierte. Das Pech fand vielseitige Verwendung, wie sich während der Ausgrabungen in Wollin, Stettin und Cammin zeigte. Es wurde in der nahe gelegenen Wolliner, Golnower und Ückermünder Heide gewonnen. Die späteren Ortsnamen wie Smolary („Teerofen") belegen sogar eine Produktion größerern Umfanges. Ähnlich verhält es sich mit dem Baumterial für die Schiffe, da das Eichenholz in diesen Gegenden in großen Mengen zu finden war.

Die geborgenen Schiffsteile erlauben noch weitere Aussagen zu den Einzelheiten der Schiffsgröße. Eine Oberspante mit einem Fragment der Bank beweist, daß es sich um ein Ruderschiff oder aber ein Rudersegelschiff mit Ruderbänken gehandelt hat (Abb. 24). Vergleiche mit besser erhaltenen Exemplaren zeigen im Allgemeinen, daß es sich um größere Seefahrzeuge gehandelt hat. Die Wolliner Kniespante ist extrem groß (43 cm hoch; zwei Spanten von je 20 cm plus der Verstärkung der Relingskante = insgesamt etwa 50 cm), was auf ein größeres Schiff um 900 hindeutet. Ähnlich verhält es sich mit dem Exemplar, dessen Bordplanken aus der 2. Hälfte des 10. Jh. stammen, was nicht nur die Länge und die Stärke (2 cm) der Planken zeigen, sondern auch der Abstand der Spanten von je 93 und 97 cm (Abb. 22). Von der Existenz einer mittleren Spante zeugt nur ein erhaltenes Dübelloch, die folgenden sind durch Brandspuren im Schiffsinnern sichtbar. Wahrscheinlich ist der Brand noch während der Benutzung des Schiffes ausgebrochen, da nur ein innerer Teil den Brandschaden in dem Moment erhielt, als noch Spanten vorhanden waren. Erst später wurde das Schiff zum Bau einer Hauswand (?) verwendet. Bei Sekundärverwendungen waren die Spanten hinderlich, und sie wurden

nicht mehr als Baumaterial für Häuser und Straßenoberflächen benutzt. Da
auf dem Schiff Feuerstellen zum Kochen vorhanden waren, ist ein Brand nicht
auszuschließen, nachdem die Ladung möglicherweise Feuer gefangen hatte.
Schriftquellen überliefern, daß auch andere Brandursachen, wie z.B. die Folgen eines Seegefechtes, in Frage kommen.

Ein anderes Schiffsteil, wahrscheinlich die obere Relingplanke, worauf ihr
schräges Ende und einige locker auseinander gestellte Löcher ihrer Verstär-
kungsleiste hinweisen, liefert weitere Einzelheiten. Dicht an der Relingskante
befinden sich zwei runde Löcher von 3 cm Dm., etwa 12 cm voneinander entfernt. Zwischen diesen Löchern verlief die Spante oder die Knieoberspante,
was ein dicker Dübel beweist. Hier war vielleicht eine Bank installiert. Nach
dem Zuschnitt der Bretter, die immer parallel zur Schiffsachse befestigt sind,
muß es sich um die rechte Bordwand gehandelt haben. Die Lage und Größe
der Löcher lassen vermuten, daß sie zur Verbindung und Sicherung des Steuer-
ruders mittels Riemen dienten (Abb. 30), wie z.B. am Gokstadschiff (Phillips-
Birt 1971, S. 60). Dasselbe Wolliner Hafenviertel brachte eine Stevenendung
zutage, die dekorative und angeblich auch funktionelle Bedeutung hatte
(Abb. 33). Dieses Bauteil war gebraucht, jedoch sind keine Spuren einer Verdübelung vorhanden, die einer Befestigung über der Bordwand gedient haben
könnten. Das Oberteil ist dekoriert und endet in einem Loch, das wahrscheinlich verstopft war und zum Anbinden des Seiles diente. Das zeigen die teilweise
ausgearbeiteten unteren Eckwinkel. Ob hier das Mastseil oder das eingerollte
Segel festgemacht wurde, kann man leider nicht sagen. Aus derselben Siedlungsschicht vom Ende des 10. Jh. stammt der Bug oder eine Heckspante aus
Eichenholz (Abb. 32). Die erhaltenen Löcher und Dübel deuten auf diese
Benutzung ebenso wie bei dem vergleichbaren Exemplar aus dem Sumpfboden
am Silberberg.

Aus den systematischen Untersuchungen in Wollin sind nur Schiffsfrag-
mente erhalten. Außerdem wurden wahrscheinlich drei Wracks gefunden. Im
Jahre 1878 entdeckte man im Norden der Vorstadt „Gärten" in der Nähe der
Eisenbahn ein Boot mit Eichenplanken (Abb. 1 B), das Stubenrauch (Untersu-
chungen auf den Inseln Usedom-Wollin, 1879, 88—89, Plan 2) 1893 untersucht
hat. Im Jahre 1942 wurde in der Bucht am Silberberg ein frühmittelalterliches
Schiff ausgegraben, das aber verlorenging. Es ist jedoch eine Skizze vorhanden
(Anmerk.: Ich verdanke sie Herrn Kuntze aus West-Berlin). Ende der sechziger
Jahre deckte man bei Bauarbeiten an der neuen Eisenbahnbrücke am
Divenowufer ein großes Plankenboot auf, das aber leider stark beschädigt
wurde.

Es zeigt sich also, daß sich diese Funde im sumpfigen Gebiet zwischen Stadt
und Silberberg konzentrieren, wo neben Anlegestelle und Hafen auch Bootswracks aufgelassen wurden. Gleichzeitig gewähren die Fundmaterialien einen
Überblick über einen großen Teil der Schiffsbauentwicklung vom 9. bis zum
12. Jh.

Im 11. und 12. Jh. ist eine umfassende Bedeutungssteigerung der benachbarten Stadt Cammin für die Seefahrt zu beobachten. Die Teile einer Boots-
beplankung (Abb. 33) sind in derselben Bautechnik wie in den anderen Städten

ausgeführt. Außer den Brettern finden sich auch Dübel für den Bau oder die Reparatur von Booten (Abb. 34). Von der örtlichen Produktion spricht auch ein Stück einer vorbereiteten Spante (Abb. 33d) und vor allem ein Halbprodukt, vielleicht für eine Knie-Spante oder ein Boot mit flachem Boden (Abb. 33e). Wahrscheinlich wurden auch kleinere Boote oder Einbäume mit überstehendem Bordbrett hergestellt, worauf die Gestaltung und der Zuschnitt der Spante aus dem 11. Jh. hindeuten könnten (Abb. 35). Aus derselben Zeit stammt das Fragment eines Einbaumes aus Stettin mit einem Quergitter und Dübellöchern im Boden, was darauf schließen läßt, daß es sich um ein Boot mit überstehendem Bordbrett gehandelt hat (Rulewicz 1974, 466). Es könnten auch kleine Fischerboote mit Spantenkonstruktion gebaut worden sein.

Auch die Ausstattung der Schiffe ist erwähnenswert. Obwohl nur wenige Funde zu dieser Frage anzuführen sind, kann man doch ein paar Aussagen wagen. Besondere Probleme gibt es hinsichtlich der Takelung. Die geborgenen Seil- und Bastschnurfragmente können nur zum Teil mit den Werkzeugen der Fischer hergestellt worden sein (Rulewicz 1974, 404—407). Aus Bast wurden nicht nur Seile und Schnüre, sondern auch Fischernetze geknüpft (Rulewicz 1974, Abb. 29), was die Haltbarkeit belegt. Ein besonderes Exemplar ist die im Hafenviertel Wollins entdeckte Bastleine mit einer Dicke von 4 bis 5 cm und über 20 m Länge (Abb. 36), die aus der 2. Hälfte des 10. Jh. stammt. Eine Zusammenstellung der Seile und Bastschnüre des 9. bis 13. Jh. liegt aus Wollin vor (Abb. 37), vom 12.—13. Jh. aus Stettin, vom 11.—12. Jh. aus Cammin (Abb. 38). Außer Seilen aus Bast sind auch solche aus Pflanzenfasern, wahrscheinlich Hanf, vorhanden. Die Schnur wurde aus Roßhaar hergestellt (Rulewicz 1974, 406—407). In das Seil sind auch kurze Stöcke eingeflochten, die zum Binden und Festigen der Seile dienten. Davon gibt es zwei Exemplare aus dem Wollin des 10. Jh. (Abb. 39c,d) und ein weiteres aus Stettin aus dem 12. Jh. (Rulewicz 1974, 409, Abb. 8). Gutes Vergleichsmaterial liefert das Osebergschiff, aus dem zehn Handstöcke verschiedener Größe, sogar mit dem Fragment einer angebundenen Leine, vorliegen (Brøgger/Shetelig 1951, Abb. 5, 95).

Ein wichtiges Gerät vom Stettiner Boot ist die Schöpfkelle aus dem Anfang des 9. Jh. (Abb. 6c) und eine weitere aus dem Hafenviertel Wollins (Abb. 40). Ein notwendiger Aurüstungsgegenstand für ein Schiff war auch ein Kochkessel. Im Wolliner Hafen sind zwei ganze Stücke und ein Bronzefragment eines weiteren aufgefunden worden, die in das 7./8. Jh. datieren (Filipowiak 1955, 81—89). Bemerkenswert ist ihre Größe, da der eine im anderen steckt, was wahrscheinlich das Kochen in dem kleineren Kessel, der im Wasserbad des größeren schwamm, bei Seegang erleichterte und das Essen vor Überschwappen bewahrte. Der kleinere Kessel trägt Reparaturspuren und ist später zum Seihgefäß umgearbeitet worden. Aus der Schicht XV, an der Wende vom 9. zum 10. Jh., wurde im Wolliner Hafen ein Henkel mit zwei Ösen zum Aufhängen der Kessel vorgefunden (Abb. 4), der auf gyrostatischer Befestigung basierte.

Im Zusammenhang mit den Schiffen ist auch ein Blick auf deren Eigner angebracht. Die Schiffe gehörten wohlhabenden Leuten, da ihre Herstellung kostspielig war. Aus Wollin ist der älteste Beleg für einen Reeder bekannt, der angeblich mehrere Schiffe besaß. Die schriftlichen Quellen aus dem Jahre 1124 erwähnen einen Nedamirus, der für die Ottomission aus Bamberg zwei Schiffe für die Reise von Wollin nach Stettin ausgeliehen hat (Ebbo LII, c. 8; Herbord LII, c. 24—26). Man kann annehmen, daß er bei einer solch unsicheren Reise nicht seine ganze Flotte riskierte. Nedamirus war nicht der einzige Schiffseigentümer, konnte jedoch das Risiko eingehen. Die mächtigen Inhaber der Flotte waren nicht nur Kaufleute, sondern auch Seemänner, die auch Seeräuberei nicht verachteten. Quellen des 12. Jh. sprechen von Mislaw aus Gützkow, der die dänische Küste plünderte und Menschen in die Gefangenschaft wegführte, um großes Lösegeld zu erpressen. So verlangte er z.B. für den Sohn eines dänischen Mächtigen 500 Silbermark. In Stettin ist aus derselben Epoche ein Bürger („civis") Wysszak bekannt (Mn. Prüflingensis LII, c. 9, LIII, c. 9), der bei Seeräuberei in Dänemark in Gefangenschaft geraten war, aus der ihm die Flucht in einem kleinen Boot gelang. Dieses Boot ließ er dann als Votiv über dem Stadttor aufhängen. Hier zeigt sich, daß die Seeräuberei nichts Nachteiliges war, und überall wurde jede sich bietende Gelegenheit dazu genutzt. Jedoch wurde sie auch streng von entsprechender Stelle bestraft. Als Beispiel kann hier ein Grab des 11. Jh. angeführt werden, das auf dem Galgenberg in Wollin lag und vom Fluß her eingesehen werden konnte. In diesem Grab lag das Skelett eines bis zu 30 Jahre alten Toten ohne Schädel mit Spuren eines Pfostens zwischen den unteren Extremitäten (Abb. 42). Aus den zugänglichen Angaben und der Ortslage kann man schließen, daß es sich hier um einen Verurteilten gehandelt haben könnte, der durch Enthauptung gerichtet wurde. Der Kopf wurde auf einen Pfahl gespießt, der an einer für den Schiffsverkehr gut sichtbaren Stelle aufgerichtet wurde, um von der Seeräuberei abzuschrecken.

Bei Behandlung der Seefahrt des südlichen Ostseeraums muß auch der älteste Leuchtturm Erwähnung finden, von dem Adam von Bremen im 11. Jh. berichtet (L. II, c. 22). Er spricht von einem „Vulkantopf", auch „griechisches Feuer" genannt („Olla Vulcani quod incole Grecum ignem vocant"). Leider haben auch langjährige Forschungen nicht zu einer Lokalisierung dieses Platzes führen können. Sein Bestehen untermauert aber die Bedeutung Wollins für die Schiffahrt, die damit erleichtert und gesichert werden sollte. Der Sicherung diente auch ein Signalsystem an Divenow und Swine, das von der Seeseite bis zum Ende des 9. Jh. bestand. Zwischen den Burgen von Wollin in Richtung auf Jarzebowo existierte Sichtverbindung über Sibin, Polchowo bis nach Cammin. Experimente mit Feuer und Rauch zu diesem System zeigten, daß die Strecke zwischen Wollin und Polchowo mit einem Signal in wenigen Minuten überbrückt werden konnte (Cnortliwy, 124—127), wenn man auch noch Überraschungen einkalkuliert. Eine zweite Signallinie entlang der Swine bildeten die Burgen von Przyto und Lubin, von wo Wollin sichtbar ist. Wie aus späteren Ereignissen, die mit den Däneneinfällen des 12. Jh. zusammenhängen, bekannt ist, war die Swine der am stärksten genutzte Wasserweg. Man kann daher vermuten, daß der Fluß auch für den Handel mit dem westlichen Teil der Ostsee genutzt wurde. Adam von Bremen erwähnt den weitreichenden Weg von

Haithabu-Schleswig oder Oldenburg bis nach Wollin und von dort bis Nowgorod. Der letzte Abschnitt wurde innerhalb von 14 Tagen passiert.

Die hier in Grundzügen dargelegten Fragen von Hafenentwicklung, Schiffbau und Teilen der Seefahrt zeigten einen Aufschwung des Odermündungsgebietes im 9. bis 12. Jh. Darin fußt auch eine lokale Entwicklung, bei der zu den ältesten und führenden Stadtzentren Wollin und Stettin gehören. Im 9.—10. Jh. hat Wollin die Führungsposition inne; im 11.—12. Jh. kommt Stettin hinzu und übernimmt im 12. Jh. die Hauptrolle. Dazu treten im 11. und 12. Jh. kleinere handelsmaritime Zentren, die wohl im weitreichenden Seehandel keine wesentliche Rolle spielen, aber im lokalen Austausch des Mittelalters eine wichtige Funktion ausgeübt haben.

Literatur

[1] Cnotliwy, E., 1962: Groby nad Dziwną ożyły, Z Otchłani wieków, Heft 2, S. 124—127.

[2] Brøgger, A. W. and Shetelig, A., 1951: The Viking Ships-Their ancestry and evolution, Oslo.

[3] Eggert, O., 1928: Dänisch-Wendische Kämpfe in Pommern und Mecklenburg 1157—1200, Baltische Studien, N. F. XXX, 2, S. 3—74.

[4] Filipowiak, W., 1955: Kotły brązowe z wczesnośredniowiecznego portu Wolina, Materiały Zachodniopomorskie, B. I, S. 81—89.

[5] Filipowiak, W., 1956: Port wczesnośredniowiecznego Wolina, Materiały Zachodniopomorskie B. II, S. 183—206.

[6] Filipowiak, W., 1959: Kamień wczesnodziejowy, Szczecin.

[7] Filipowiak, W., 1963: Najstarszy trakt Pomorza, Muneva Archaeologica Iosepho Kostrzewski, Poznań, S. 383—394.

[8] Filipowiak, W., 1969: Stargard we wczesnym średniowieczu, Z dziejów Ziemi stargardzkiej, Poznań, S. 71—98.

[9] Filipowiak, W., 1972: Die Entwicklung der Stadt Wolin vom 9. bis zum 12. Jahrhundert, Vor- und Frühformen der europäischen Stadt im Mittelalter, Göttingen, Teil II, S. 190—208.

[10] Filipowiak, W., 1973: Wyspa Wolin w prahistorii i we wczesnym średniowieczu, Z dziejów Ziemi Wolińskiej, Szczecin, S. 37—137.

[11] Herfert, P., 1968: Frühmittelalterliche Bootsfunde in Ralswiek, Kr. Rügen, Ausgrabungen und Funde B. 13, Heft 4, S. 211—222.

[12] Herrmann, J., 1968: Siedlung, Wirtschaft und gesellschaftliche Verhältnisse der slawischen Stämme zwischen Oder/Neisse und Elbe, Berlin.

[13] Herrmann, J., 1975: Nordwestslawische Seehandelsplätze des 9.—10. Jh. und Spuren ihrer Verbindungen zum Nordseegebiet Ethnografisch-Archäologische Zeitschrift, 14, S. 429—442.

[14] Herrmann, J. 1981: Ein neuer Bootsfund im Seehandelsplatz Ralswiek auf Rügen, Ausgrabungen und Funde, Band 26, Heft 3, S. 145—158.

[15] Hoogeweg, H., 1924: Die Stifte und Klöster der Provinz Pommern, Band 1.

[16] Leciejewicz, L., 1962: Początki nadmorskich miast na Pomorzu Zachodnim, Warszawa-Wrocław-Kraków.

[17] Leciejewicz, L., 1968: Miasta Słowian Północnopołabskich. Wrocław-Warszawa-Kraków.

[18] Leciejewicz, L., Rulewicz, M., Wesołowski, S., Wieczorowski, T., 1972: La ville de Szczecin des IX°—XIII° siècles, Archaeologia Urbium, Wrocław-Warszawa-Kraków-Gdańsk.

[19] Leciejewicz, L., 1973: Gospodarcze i polityczne aspekty użytkowania morza do XIV wieku, Zeszyty Naukowe Wydziału Humanistycznego Uniwersytetu Gdańskiego, Heft 2, S. 9—23.

[20] Łosiński, W., 1971: Z badań nad przemianami gospodarczymi w starszych fazach wczesnego średniowiecza na Pomorzu Zachodnim, Archeologia Polski, B. XVI, S. 431—444.

[21] Łosiński, W., 1982: Z badań Pracowni Archeologicznej PAN w Szczecinie w ostatnim dziesięcioleciu [1971—1980], Przegląd Zachodniopomorski, B. XXVI, Heft 3—4, S. 173—185.

[22] Phillips-Birt, D., 1971: A History of Seamanship, London.

[23] Petzsch, W., Wilde, K.A., 1935: Ausgrabungen auf dem Schlossberg von Gützkow, Mitteilungen aus der Sammlung des Vorgeschichtlichen Seminars der Universität Greifswald, VII, S. 11—45 mit 3 Plänen und 10 Textabbildungen.

[24] Rogosz, R., 1973: Początki Stargardu w świetle dotychczasowych wyników badań archeologicznych, Materiały Zachodniopomorskie, B. XIX, S. 215—267.

[25] Rulewicz, M., 1974: Ze studiów nad rybołówstwem we wczesnośredniowiecznych miastach przy ujściu Odry, Archeologia Polski, B. XIX, Heft 2, S. 387—382.

[26] Rulewicz, M., 1978: Szczecin — Stare Miasto — Podzamcze, Inormator Archeologiczny, Badania 1977, Warszawa, S. 200—202.

[27] Rulewicz, M., 1978: Średniowieczne nabrzeże Szczecina, Z Otchłani Wieków, B. 44, Heft 2, S. 121—123.

[28] Rulewicz, M., 1978: Średniowieczne nabrzeże Szczecina, Z Otchłani Wieków, Heft 2, S. 121—123.

[29] Rulewicz, M., 1979: Szczecin-Stare Miasto-Podzamcze, Informator Archeologiczny, Badania 1978, Warszawa, S. 293—294.

[30] Schück, A., 1933: De äldsta nordiska Stadssamhällena/Birka och Slesvig-Hedeby/Nordisk Kultur, XVIII, Stockholm, S. 1—12.

[31] Struve, K.A., 1961: Die slavischen Burgen in Wagrien, „Offa", B. 17/18, S. 57—108.

[32] Stubenrauch, A., 1898: Untersuchungen auf den Inseln Usedom-Wollin, Baltische Studien, N.F. Band II, S. 65—123.

[33] Wachowiak, B., 1955: Port średniowiecznego Szczecina, Gdańsk.

[34] Wehrmann, M., 1911: Geschichte der Stadt Stettin.

[35] Wesołowski, S., 1963: Odkrycie łodzi słowiańskiej na podgrodziu w Szczecinie, Z Otchłani Wieków, Heft 1, S. 254—258.

[36] Wieczorowski, T., 1962: Najnowsze odkrycia archeologiczne na podgrodziu słowiańskim w Szczecinie, Szczecin, S. 179—184.

[37] Wilde, K.A., 1940: Zum Stand der Wollin-Forschung, Nachrichtenblatt für Deutsche Vorzeit, Heft 8—9, S. 215.

[38] Wolny, B., 1983: Próba kartograficznej rekonstrukcji rzeźby terenu starego miasta w Szczecinie, Dzieje Szczecina, B.I, S. 27—41.

[39] Wojtasik, J., 1968: Cmentarzysko wczesnośredniowieczne Wolin-Młynówka, Szczecin.

[40] Vogel, V., 1977: Die Anfänge des Schleswiger Hafens, Beiträge zur Schleswiger Stadtgeschichte, Schleswig, Bd. 22, S. 21—28.

[41] Żak, J., 1962: Studia nad kontaktami handlowymi społeczeństw zachodniosłowiańskich ze skandynawskimi od VI do VIII wieku n.e., Wrocław-Warszawa-Kraków.

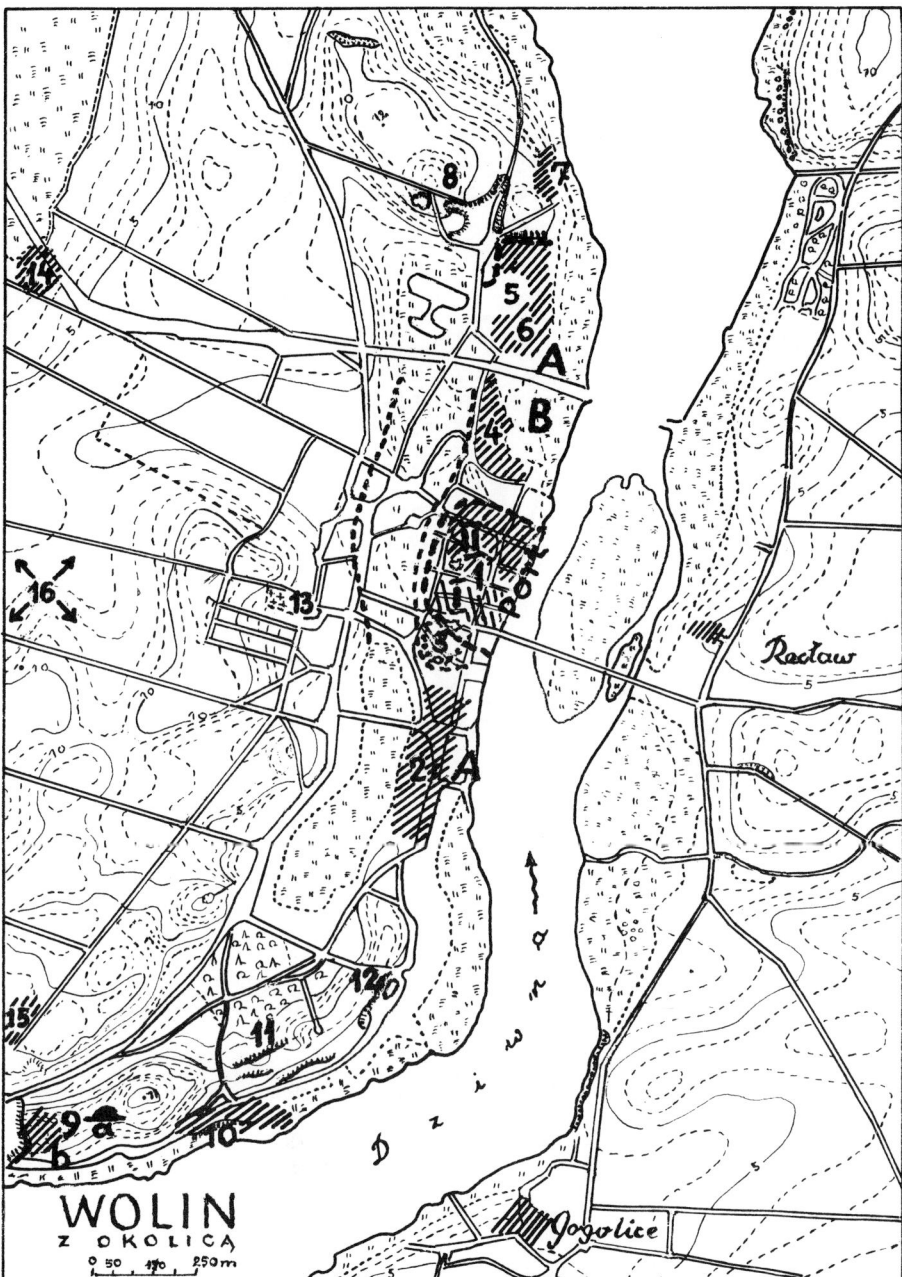

Abb. 1: Das Gebiet von Wollin mit den verschiedenen Siedlungsstellen. Hafen im Stadtzentrum (9.—12. Jh.), Anlagestellen „Silberberg" (GA), Fischervorstadt (2A) und Bootsfunde (B) (nach W. Filipowiak).

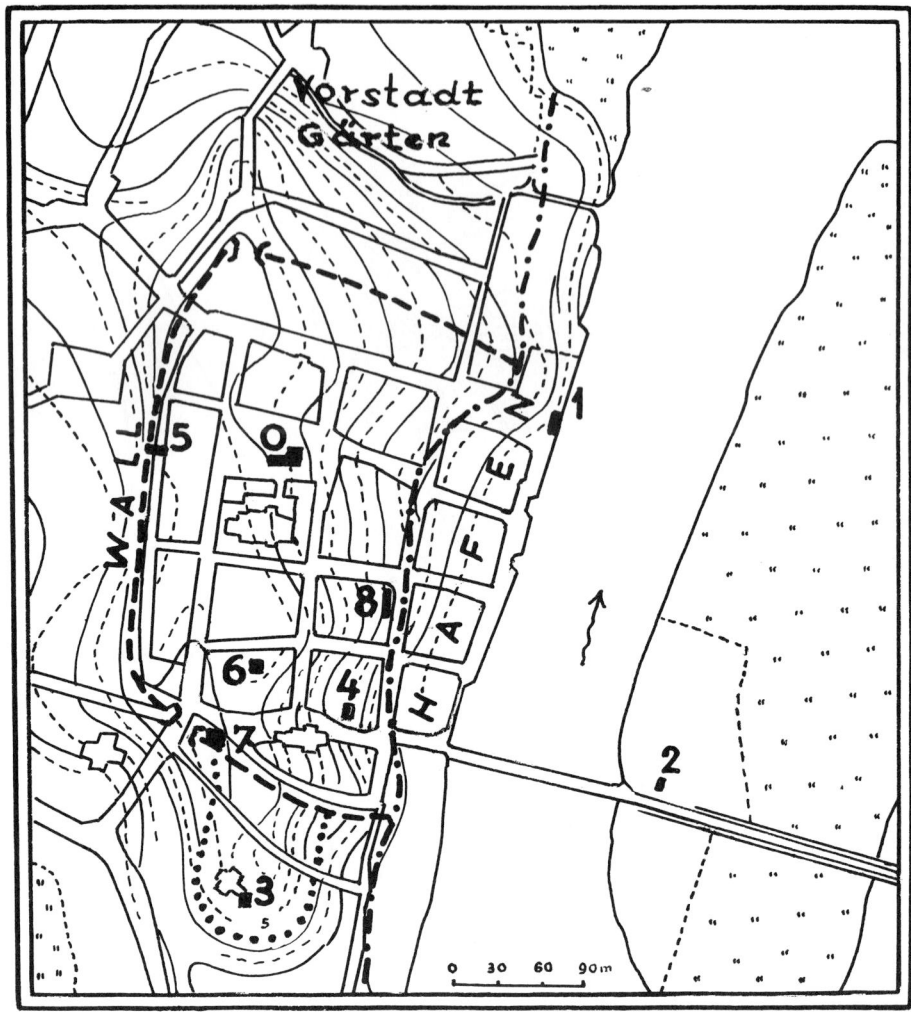

Abb. 2: Wollin. Das befestigte Stadtzentrum mit Grabungsstellen 1—8,
Hafenanlagen aus dem 9.—12. Jh. und Vorstadtgärten (nach W. Filipowiak).

Abb. 3: Die Ortslage der Burg, der Siedlung und der Ablegestelle im 8/9. Jh. bis zur Mitte des 10. Jahrhunderts: 1) Die Burg; 2) Die Ausdehnung der Siedlung; die Anlegestelle im 8./9. Jh. mit dem Fundplatz des Bootes (nach Unterlagen von B. Wolny und Forschungen von T. Wieczorowski).

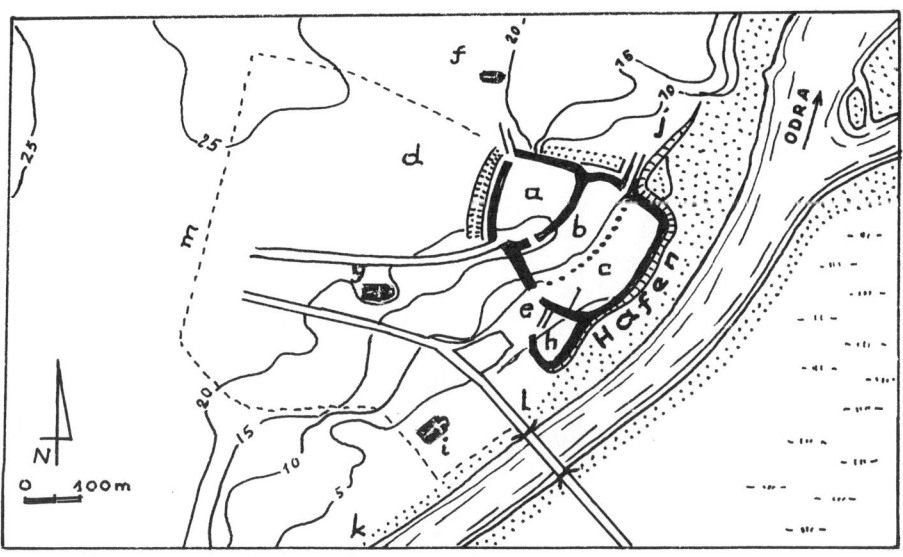

Abb. 4: Szczecin-Altstadt. Probe einer Rekonstruktion der Entwicklungsphasen der Stadt im 8./9.—13. Jh. a) Garten; b) Siedlung mit Anlegestelle im 8./9. bis zur Mitte des 10. Jh.; c) befestigte Vorburgstadt seit Mitte des 10. Jh. bis zur Mitte des 13. Jh. mit Hafen; d) Siedlungsvorstadt (?); e) Markt; f) Peter und Paul-Kirche (1124); g) Jakobi-Kirche; h) deutsche Gemeinde (zweite Hälfte des 12. Jh.; i) Johannis-Kirche (erste Hälfte des 13. Jh.); j)—k) Vorstadtsiedlungen im 12.—13. Jh., später Unter- und Oberwiek; l) Flußübergang über die Oder; m) Befestigungen einer mittelalterlichen Stadt, Hafen im 11.—13. Jh. (nach L. Leciejewicz und T. Wieczorowski mit Berichtigungen des Autors).

Abb. 5: Szczecin-Altstadt. Boot aus dem 8./9. Jh. entdeckt an der Anlegestelle, orientiert auf der Nord-Süd-Achse. Ansicht von der Nordseite (nach W. Filipowiak).

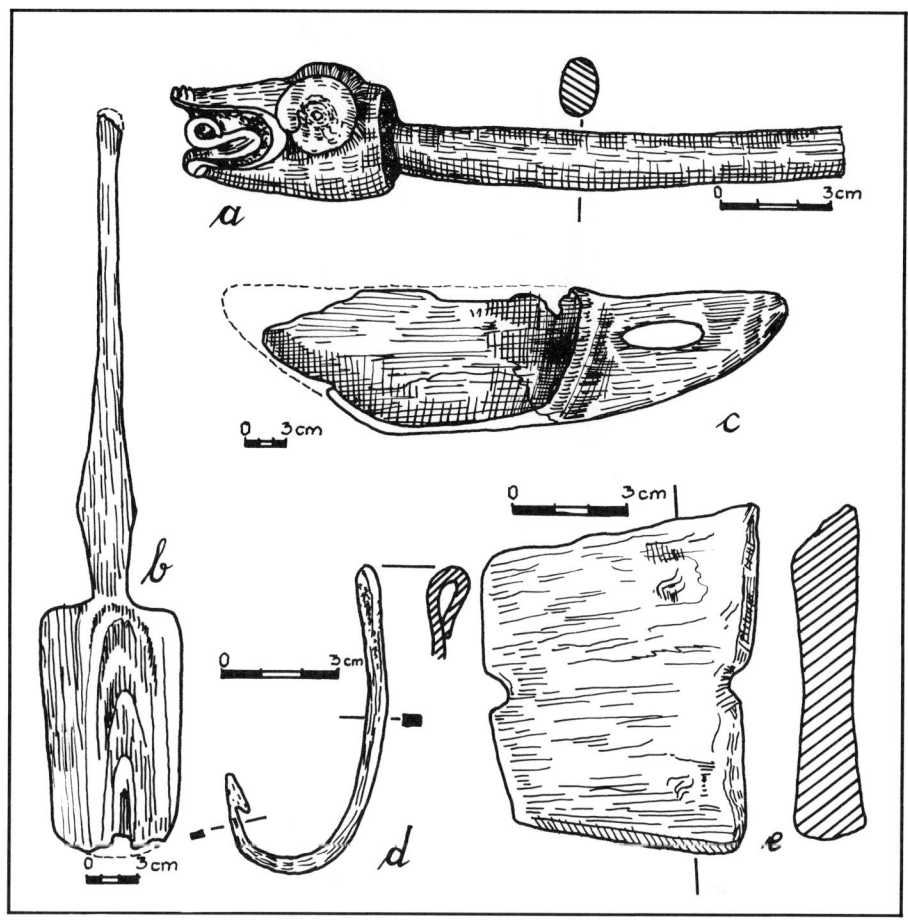

Abb. 6: Szczecin-Altstadt. Bootsfunde aus dem 8./9. Jh.: a) „Schlangenkopf"; b) Steuerruder; c) Ösfaß. Die Funde unter dem Boot entdeckt; d) Bronzehaken;
e) Gewichtstein für das Netz (nach M. Rulewicz).

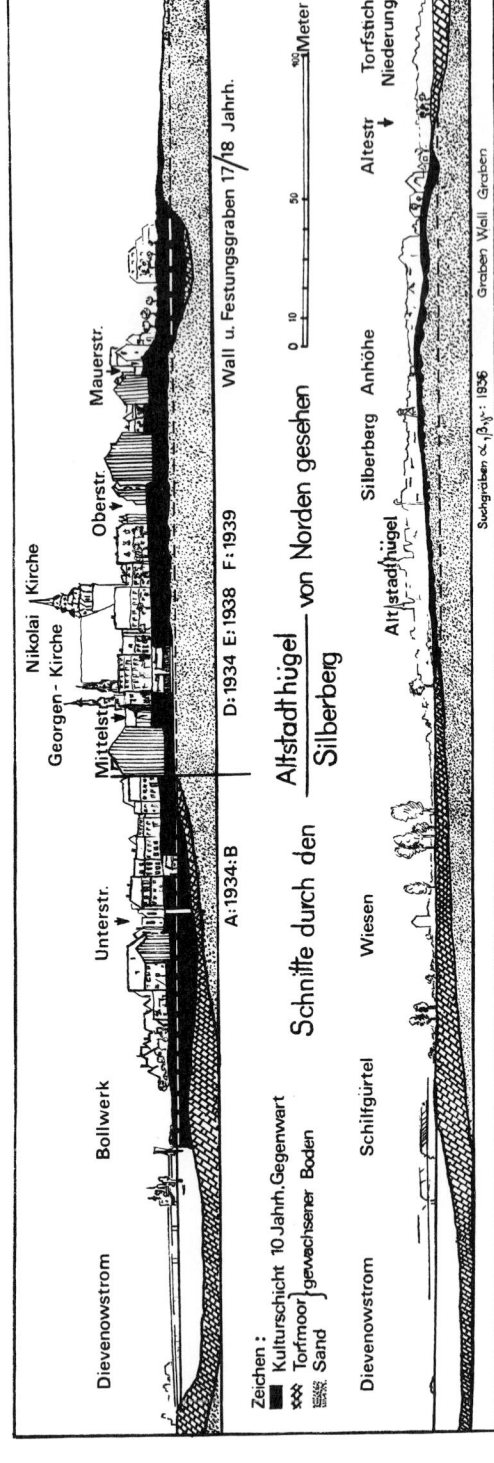

Abb. 7: Wollin. Schnitte durch den Altstadthügel und das Handwerkerviertel „Silberberg" mit Kulturschichtanlage (nach K. A. Wilde).

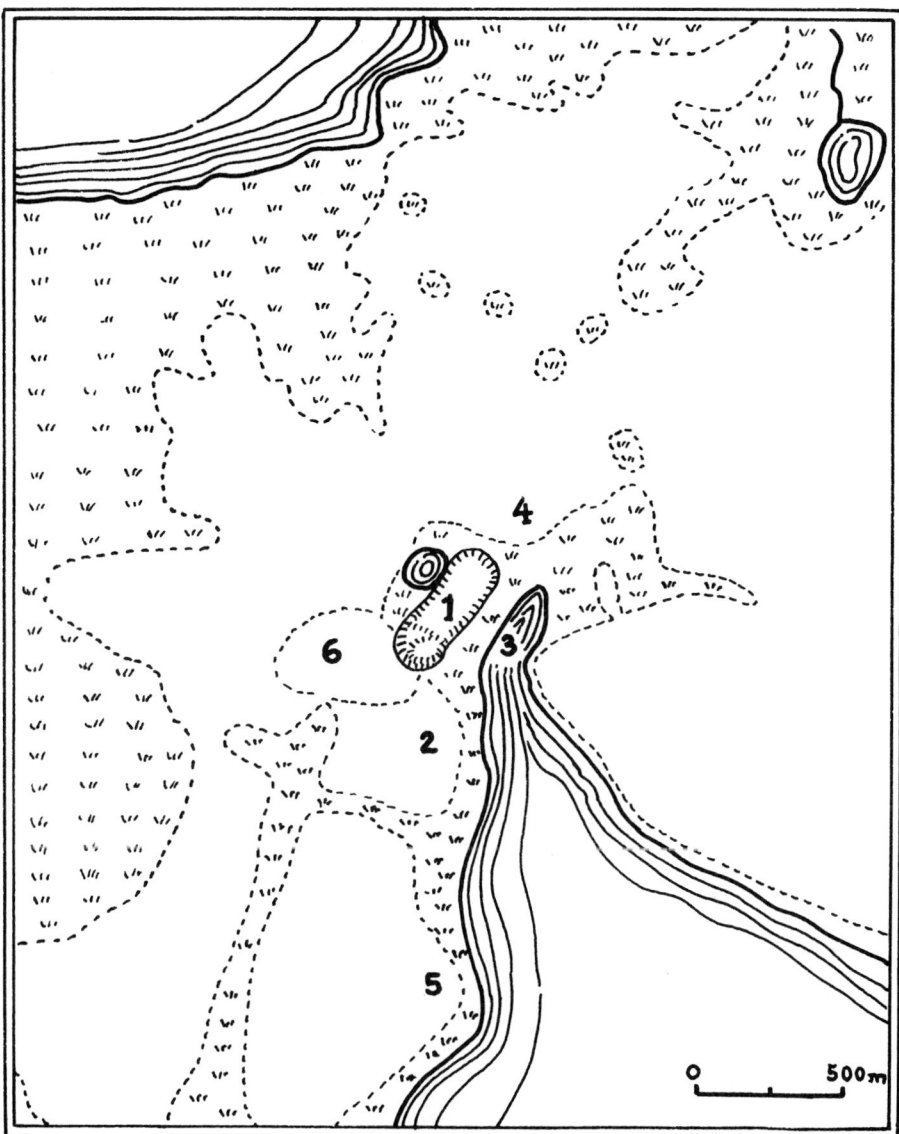

Abb. 9: Usedom, frühgeschichtliche Besiedlung: 1) Burgwall; 2) Vorstadt Grobin-wik;
3) Hafen; 4) Offene Siedlung; 5) Watkow-Berg; 6) Lokation-Stadt (nach L. Leciejewicz)

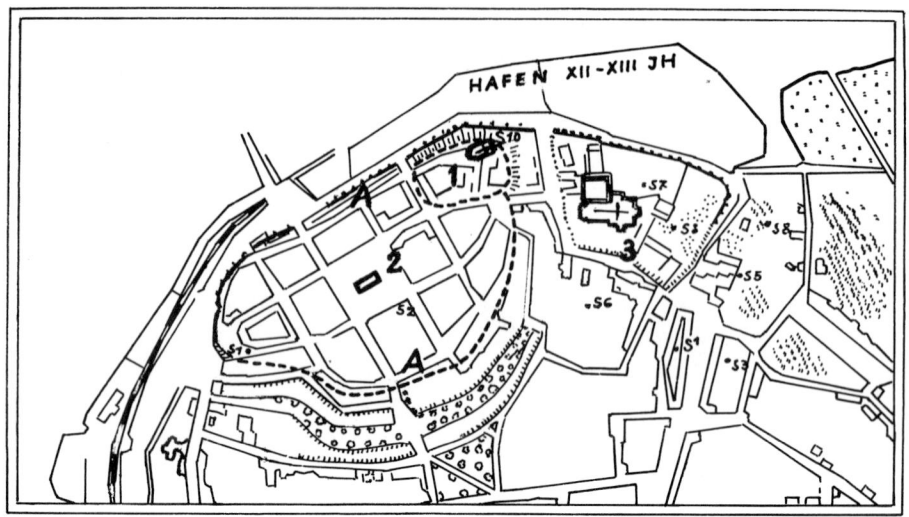

Abb. 8: Kamień. Stadtplan mit Hafenanlage im 12.—13. Jh.:
1) Burgwall; 2) Stadt im 11.—13. Jh.; 3) Vorstadt mit Marktplatz; 4) Stadtbefestigung im
frühen- und Hochmittelalter (nach W. Filipowiak).

Abb. 10: Usedom, Luftaufnahme. Ortslage des Siedlungskomplexes im 11.—12. Jh.
1) Burg; 2) Vorburg-Stadt; 3) Vorstadt; 4) Siedlung (Foto-Archiv MNS).

Abb. 11: Wollin-Grabungsstelle 2 (Divenow-Insel). Flußübergang an der Divenow mit der
Konstruktion eines Brückenjochs (nach W. Filipowiak).

Abb. 12: Wollin-Stadt. Bronzekessel, 7.—9. Jh. aus dem Hafen (Caisson I)
(nach W. Filipowiak).

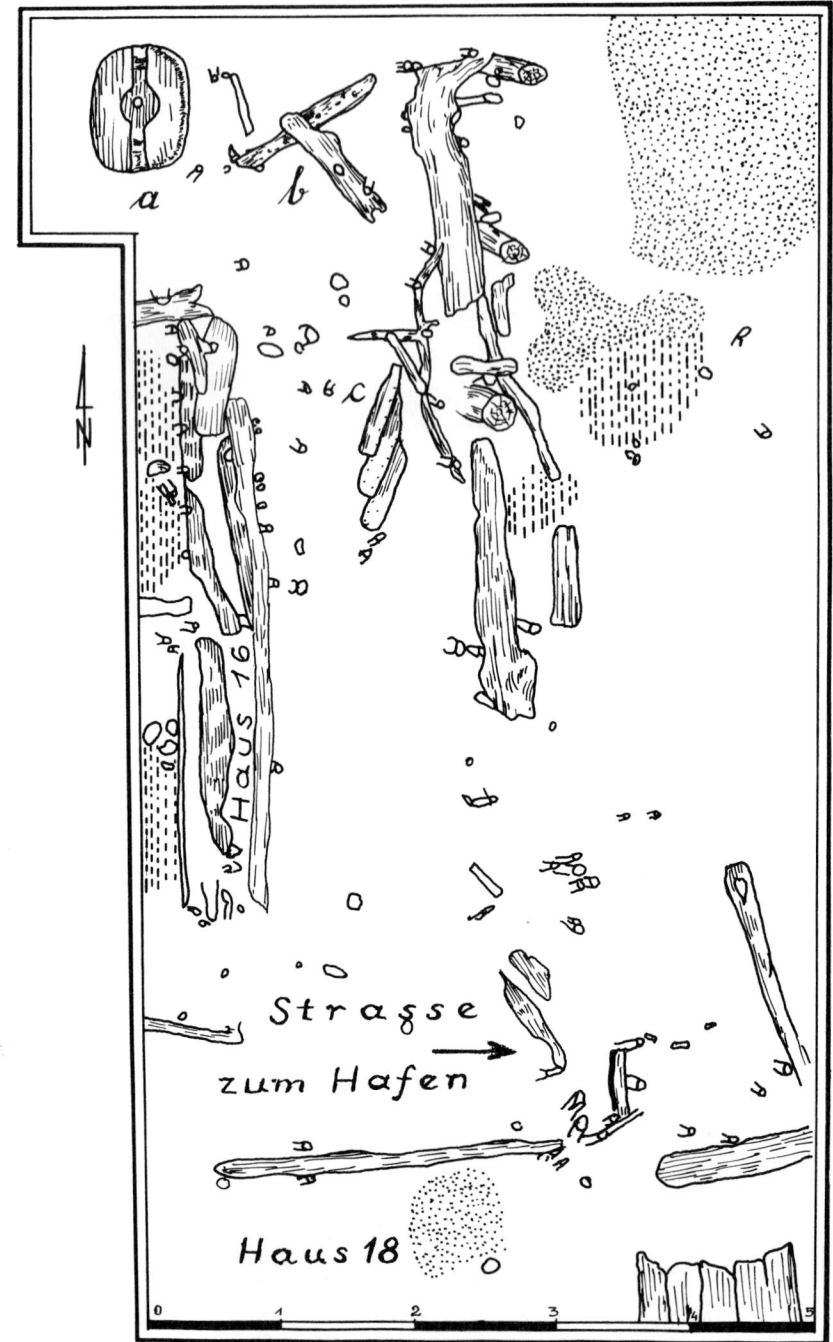

Abb. 13: Wollin-Stadt. Die Schiffswerft aus der zweiten Hälfte des 9. Jh. in der letzten Benutzungsphase: a) Aufzug; b, c) Schiffsteile (Grabungsstelle 4, Schicht XVIIIa — Ende 9. Jh.) (nach W. Filipowiak).

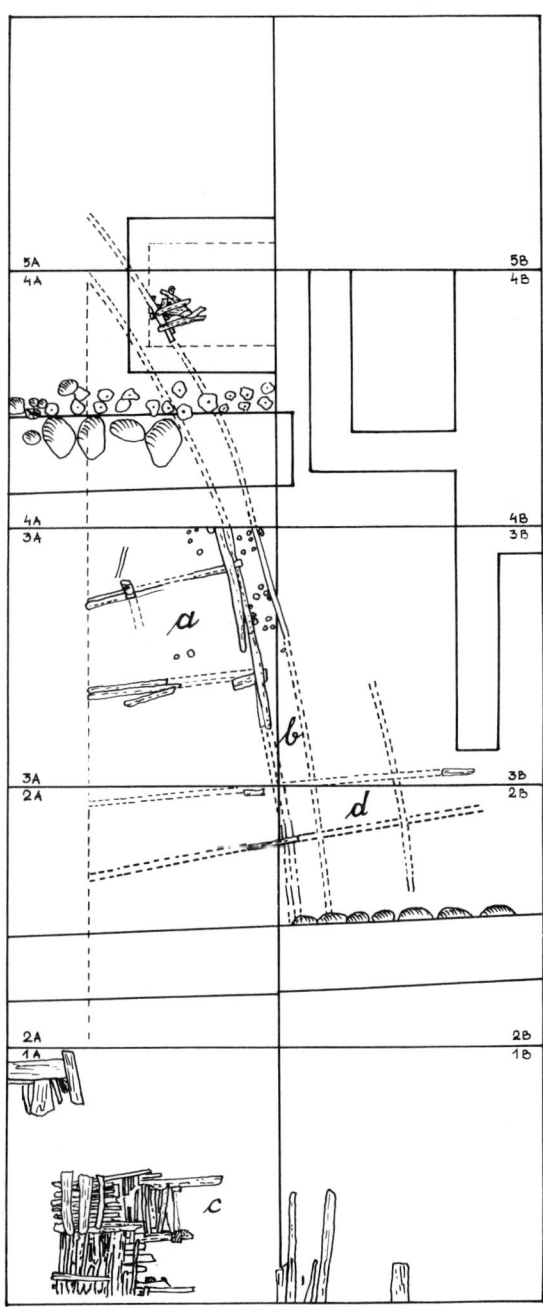

Abb. 14: Szczecin-Altstadt. Konstruktion des Hafenbollwerkes aus dem 12. Jh.:
a) Holzkisten; b) Verlauf der Kaianlagen; c) frühmittelalterliche Straße;
d) spätere Konstruktionen (nach M. Rulewicz).

Abb. 15: Szczecin-Altstadt. Halbfabrikate, Späne und alte Dübel (290 Stück)
aus der 2. Hälfte des 11. Jh. (Grabungsstelle „Krautmark", Schicht XXIII, XXIV)
(nach M. Rulewicz).

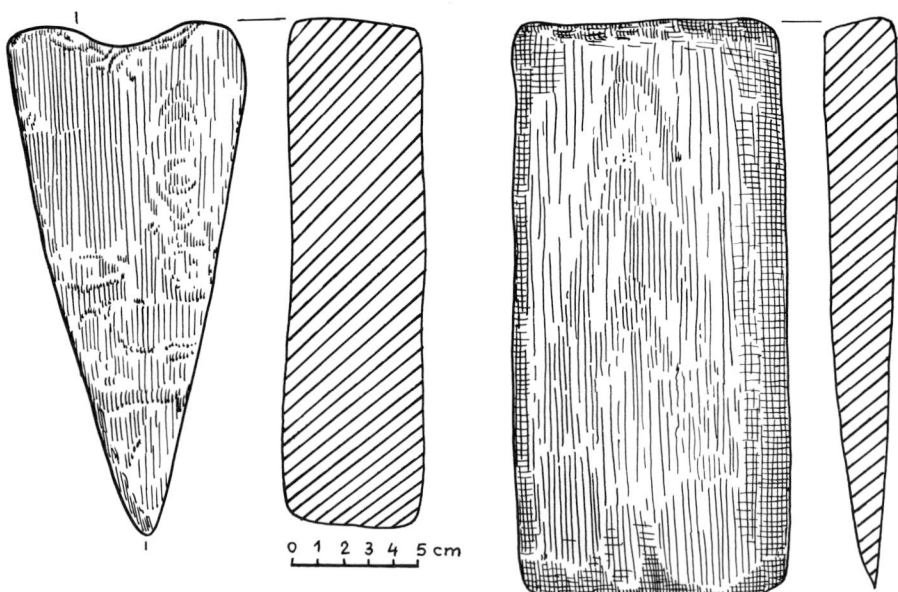

Abb. 17: Szczecin-Altstadt. Eichenkeile zur Zerspaltung der Bretter:
a) Schicht XXXII; Wende des 9. / 10. Jh.; b) Schicht XXVI, Mitte 11. Jh.
(nach M. Rulewicz).

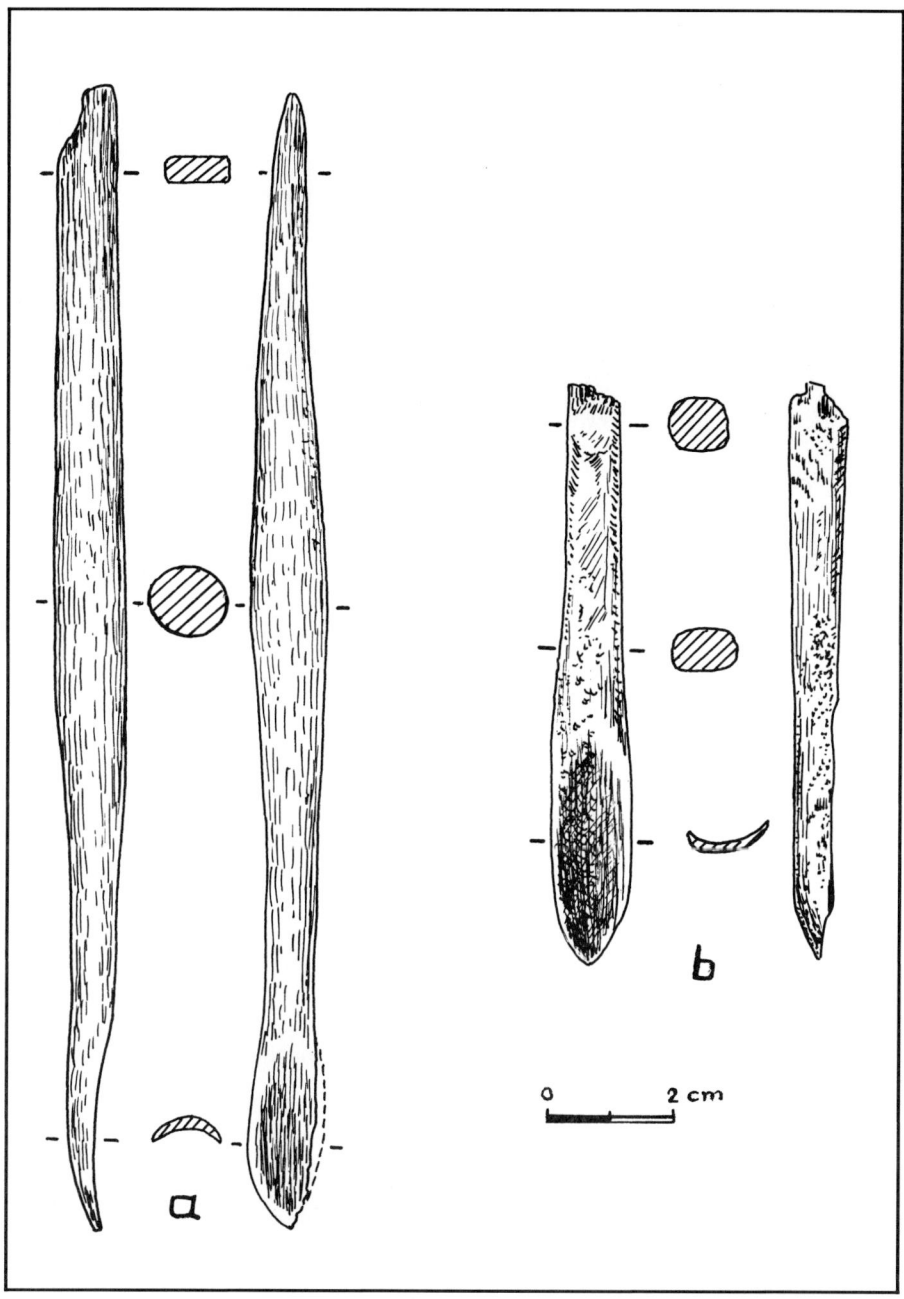

Abb. 16: Bohrer zum Bohren von Öffnungen: a) Wollin, Grabungsstelle 7;
Wall „B", Schicht II, 12. Jh.; b) Szczecin-Altstadt, Schicht XXIV, zweite Hälfte des 11. Jh.
(Zeichn. v. M. Jusza, K. Chmara).

Abb. 18: Wollin-Stadt. Holzgestell des Spinnrades — Aufzug aus zweiter Hälfte des 9. Jh. zum Ziehen von Schiffen an Land. Grabungsstelle 4, Schicht XVIIIb (nach W. Filipowiak).

Abb. 19: Międzydroje — Insel Wollin. Das Spinnrad oder Aufzug zum Ziehen der Schiffe und Boote an Land (Fot. 1960) (nach W. Filipowiak).

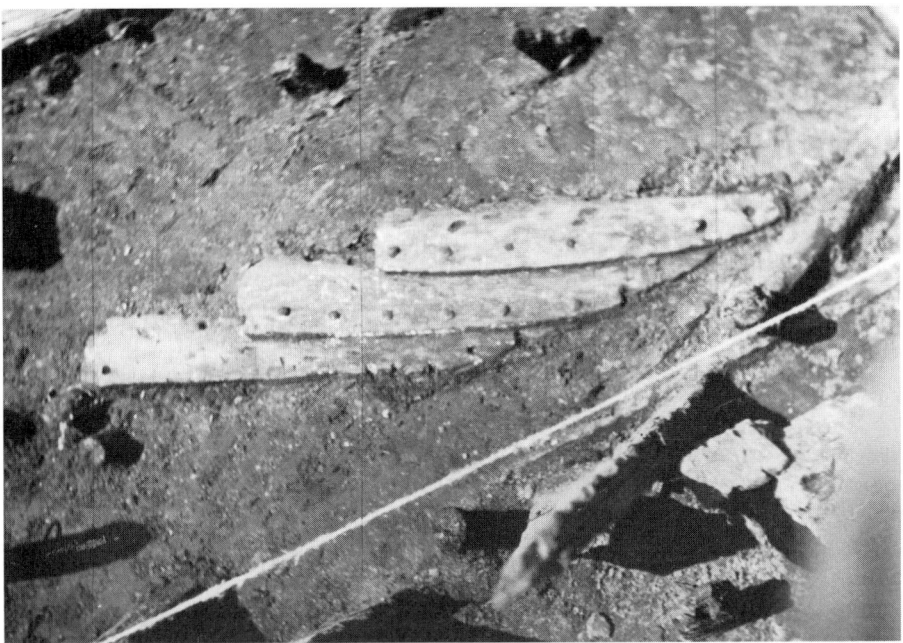

Abb. 20: Wollin-Stadt. Fragment der Schiffsbeplankung an dem Steven, Ende 9. Jh.,
entdeckt in der Werft. Grabungsstelle 4, Schicht XVIIIa (nach W. Filipowiak).

Abb. 21: Wollin-Stadt. Holzkreuz eines Ankers aus der zweiten Hälfte des 9. Jh.,
entdeckt in der Nähe der Werft, Grabungsstelle 4, Schicht XIIIb (nach W.. Filipowiak).

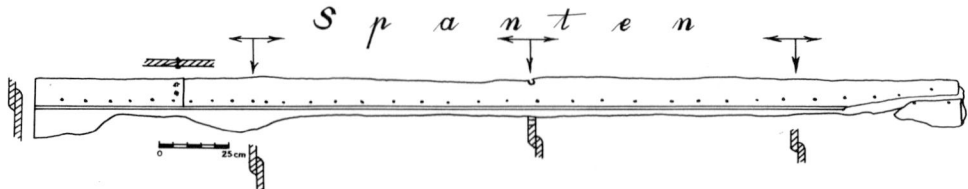

Abb. 22: Wollin-Stadt. Eine Planke mit drei Spanten mit Dübeln und Eisennieten aus der zweiten Hälfte des 10. Jh., (Grabungsstelle 8, Schicht XI, Hafenviertel) (Zeichn. M. Jusza).

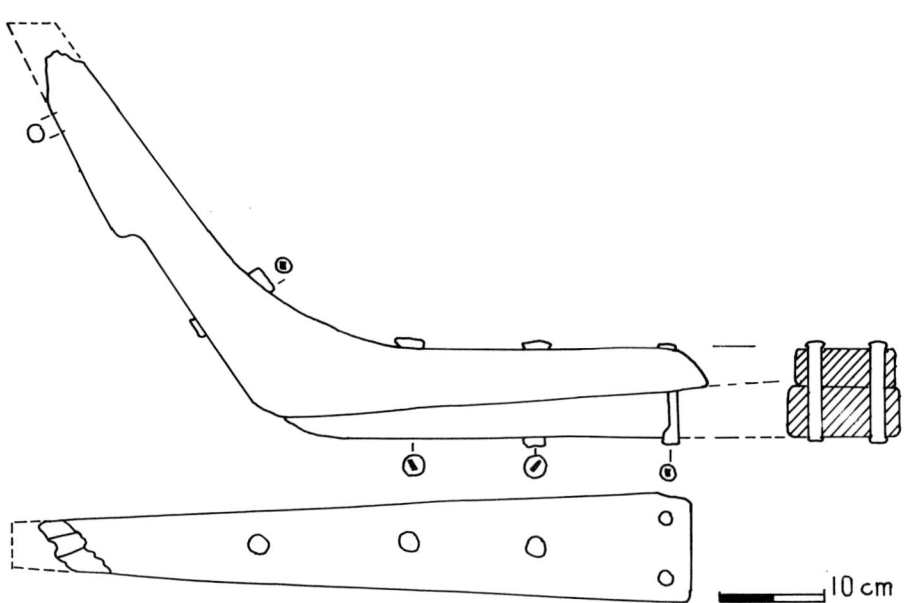

Abb. 23: Wollin-Stadt. Ein Knieholz mit Bankfragment, Wende des 9./10. Jh., (Grabungsstelle 8, Schicht XV, Hafenviertel) (Zeichn. M. Jusza).

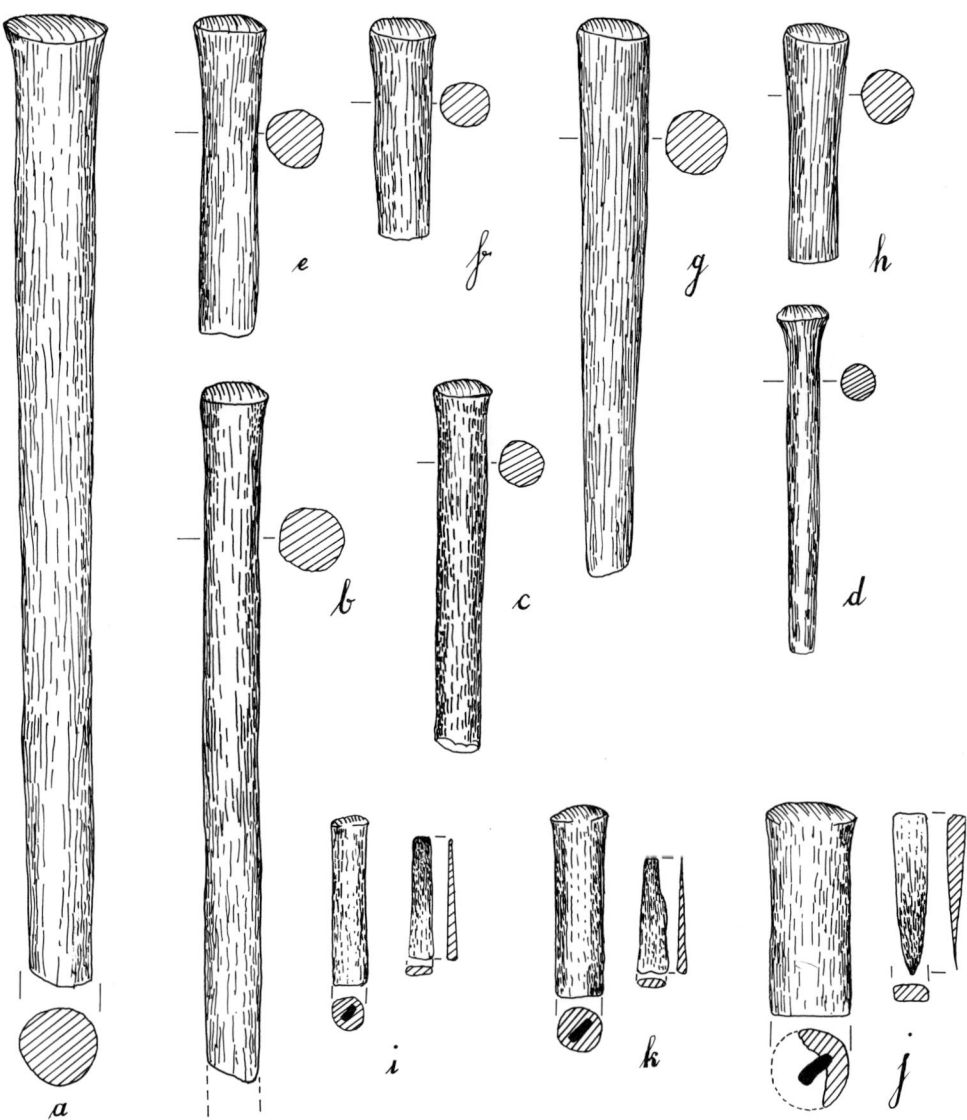

Abb. 24: Wollin-Stadt. Dübel aus dem Hafenviertel, (Grabungsstelle 8) zum Verbinden von Beplankungen mit den Spanten. a) Schicht IX, Mitte 11. Jh.; b)—c) Schicht XI, 2. Hälfte des 10. Jh.; e)—f) Schicht XIV, Anfang 10. Jh.; g)—h) Schicht XV, Ende 9. Jh., Abgeschnittene Dübel mit Keilen; j) Schicht XI, Ende 10. Jh.; k) Schicht X, zweite Hälfte 10. Jh. (Zeichn. M. Jusza).

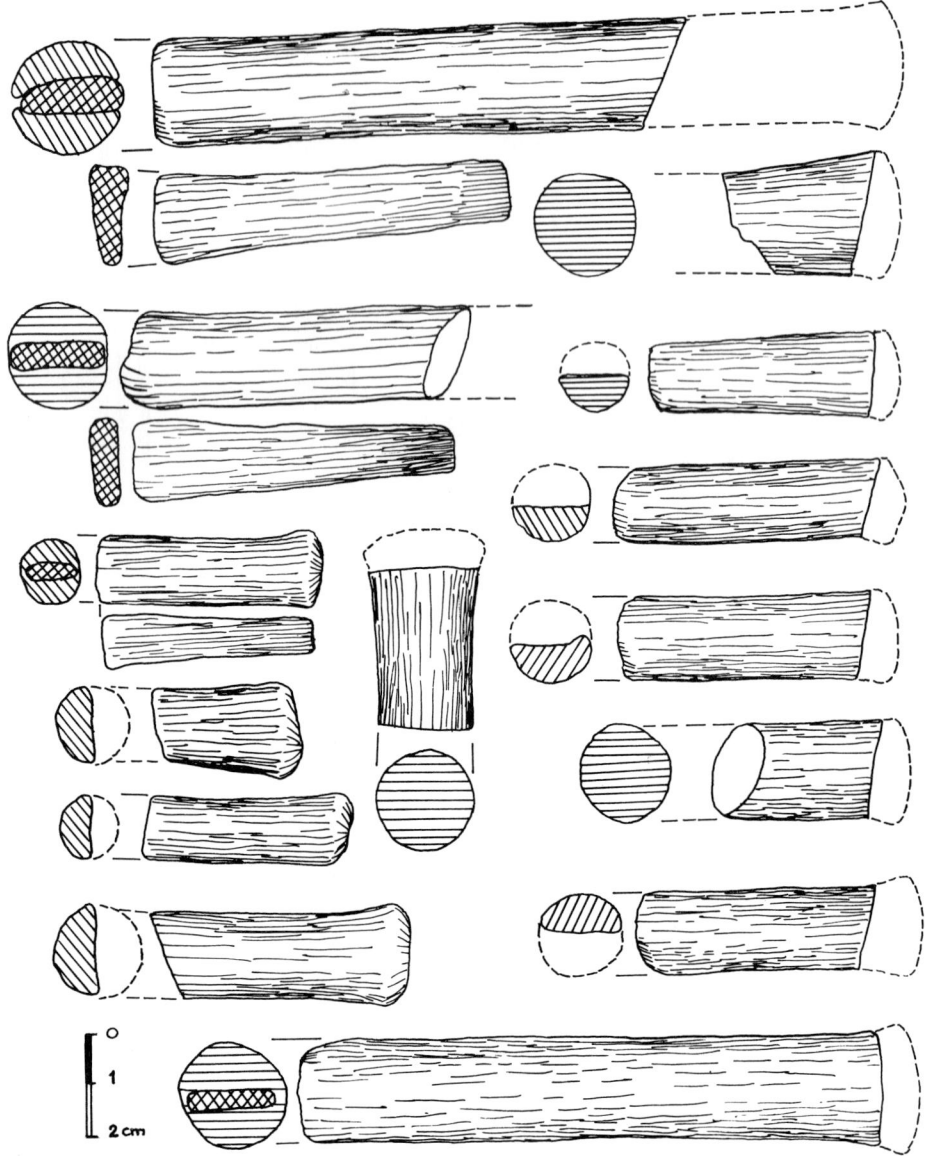

Abb. 25: Wollin-Stadt. Dübel, während der Schiffsreparaturen abgeschnitten, aus der Wende des 9. / 10. Jh., Grabungsstelle 8, Schicht XV, Hafenviertel (Zeichn. M. Jusza)

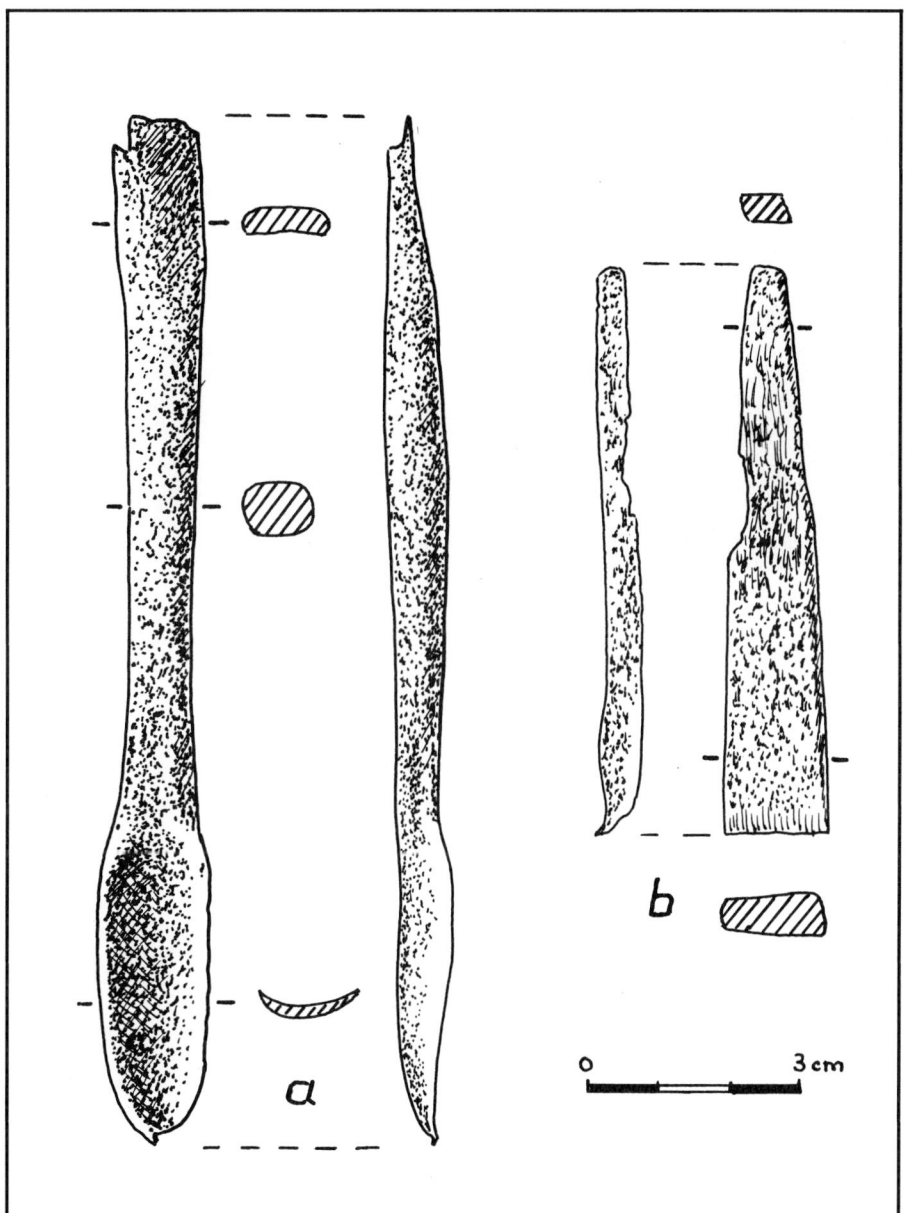

Abb. 26: Kamień-Altstadt. Bohrer a / a und Meißel b / b aus dem 12. Jh.,
Grabungsstelle 10, Fundamentsondage 11 (a); Grabungsstelle 1, Schicht III (b)
(Forschungen W. Garczyński).

Abb. 27: Wollin. Handwerkerviertel „Silberberg". Eine Werkstatt
gebaut aus einem umgewendeten Boot (Halbgrube) Mitte des 10. Jh.
(Schnitt IV, Haus 2), (nach W. Filipowiak).

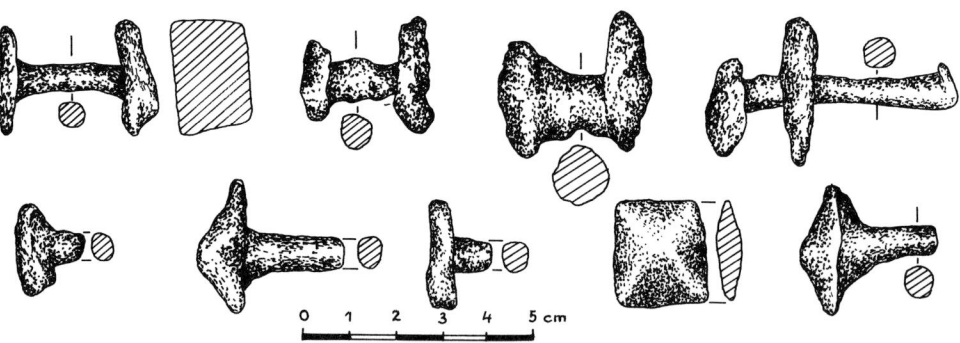

Abb. 28: Wollin-Silberberg. Eisenniete eines umgewendeten Bootes, das als Werkstatt
von Handwerkern diente, Anfang 10. Jh. (Zeichn. M. Jusza).

Abb. 29: Wollin-Stadt. Verdichtung aus Moos, Bastleinen aus dem 11. Jh.
(Grabungsstelle 4, Schicht XIII?) (nach W. Filipowiak).

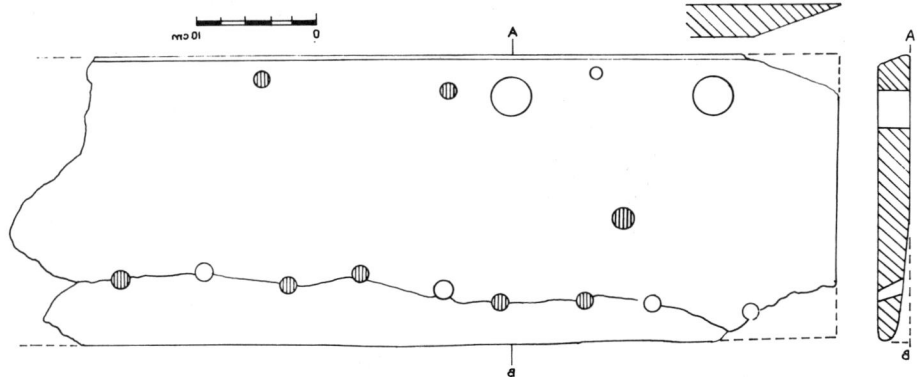

Abb. 30: Wollin-Stadt. Das Brett aus dem Schiffsgeländer (Reling) mit Öffnungen
zur Festlegung des Steuers, zweite Hälfte des 10. Jh.
(Grabungsstelle 8, Schicht XI, Hafenviertel) (Zeichn. M. Jusza).

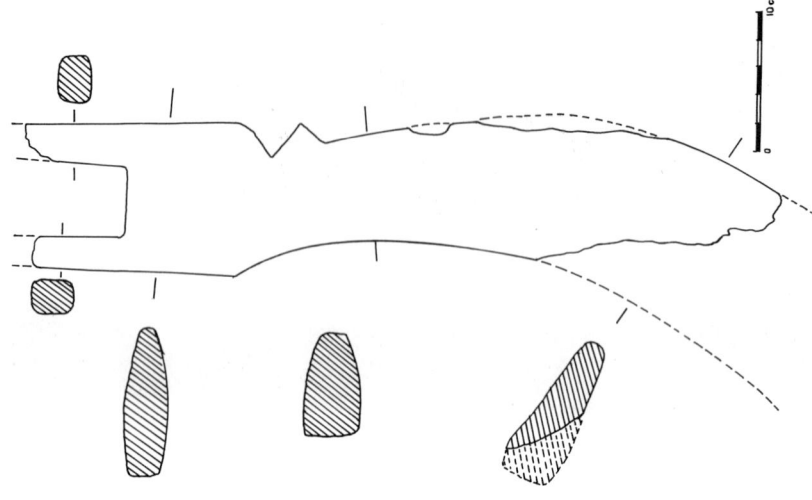

Abb. 31: Wollin-Stadt. Endung eines Stevens (?), Ende des 10. Jh.(Grabungsstelle 8, Schicht X, Hafenviertel) (Zeichn. M. Jusza).

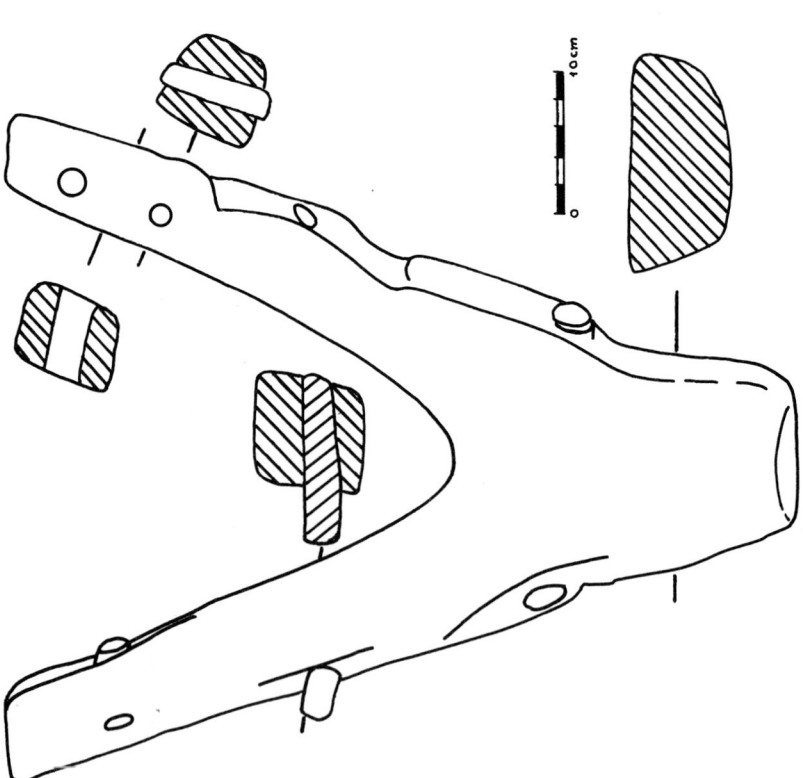

Abb. 32: Wollin-Stadt. Schiffsspante, Ende des 10. Jh. (Grabungsstelle 8, Schicht X, Hafenviertel) (Zeichn. M. Jusza).

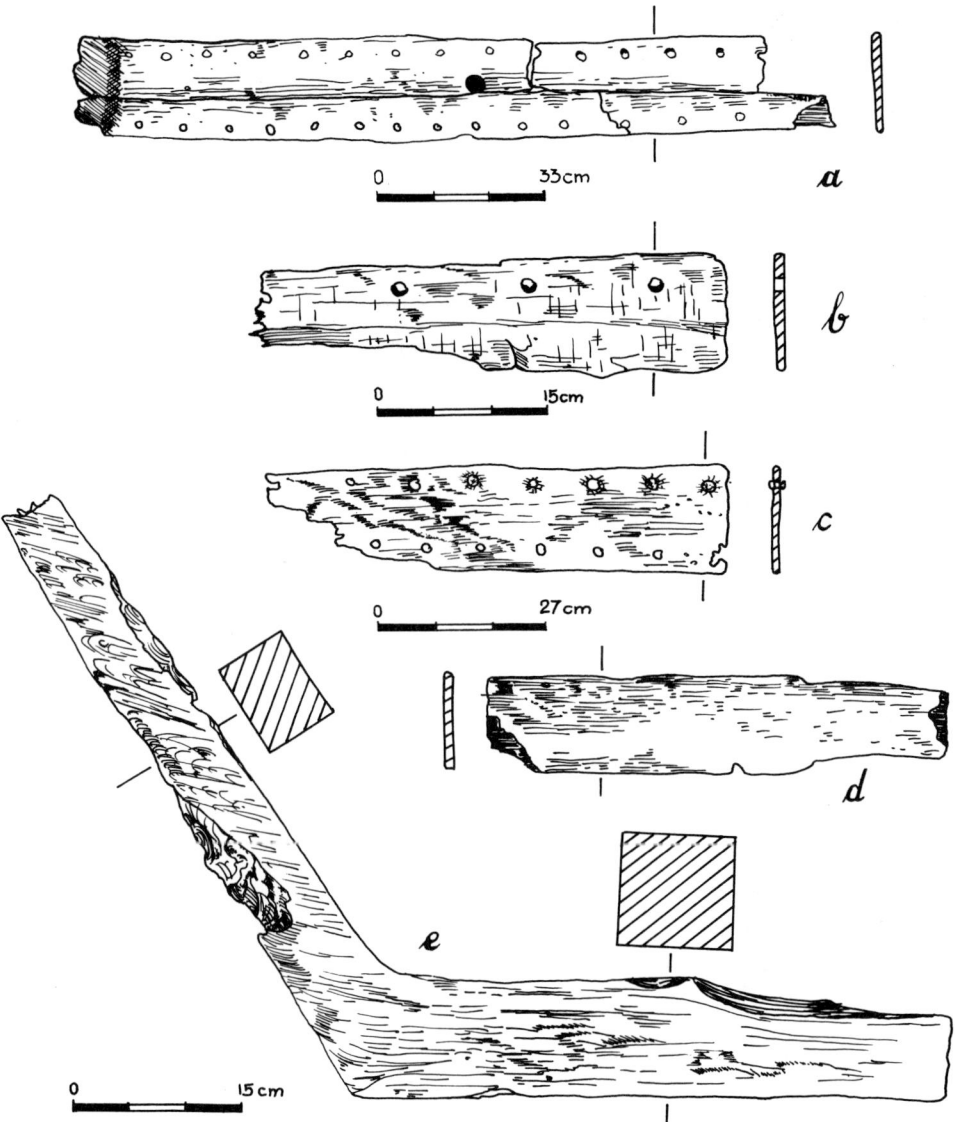

Abb. 33: Kamień-Altstadt. Bootsplanken (a—d) und Halbprodukt einer Kniespante aus dem 12. Jh. (Grabungsstelle 2, Schicht III) (Forschungen W. Garczyński).

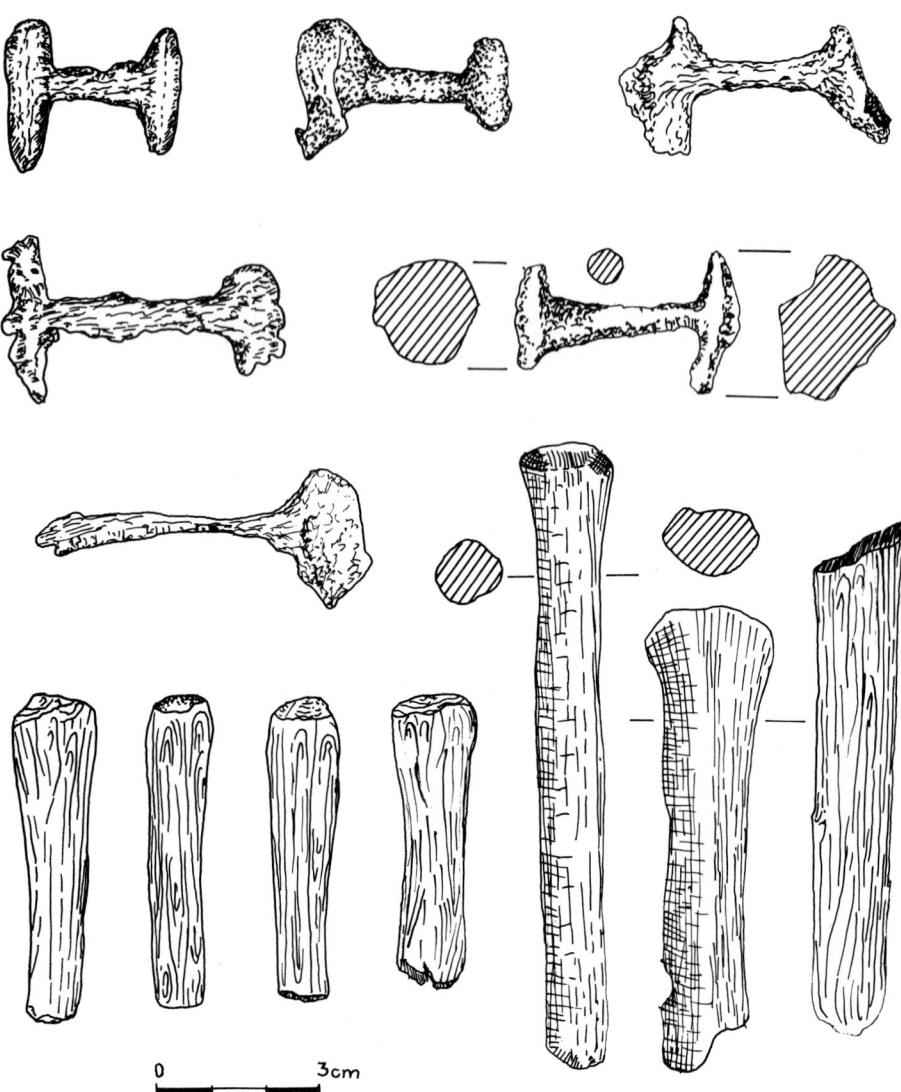

Abb. 34: Kamień-Altstadt. Eisenniete und Halbfabrikate von Dübeln aus dem 11.—12. Jh.
(Forschungen von W. Garczyński).

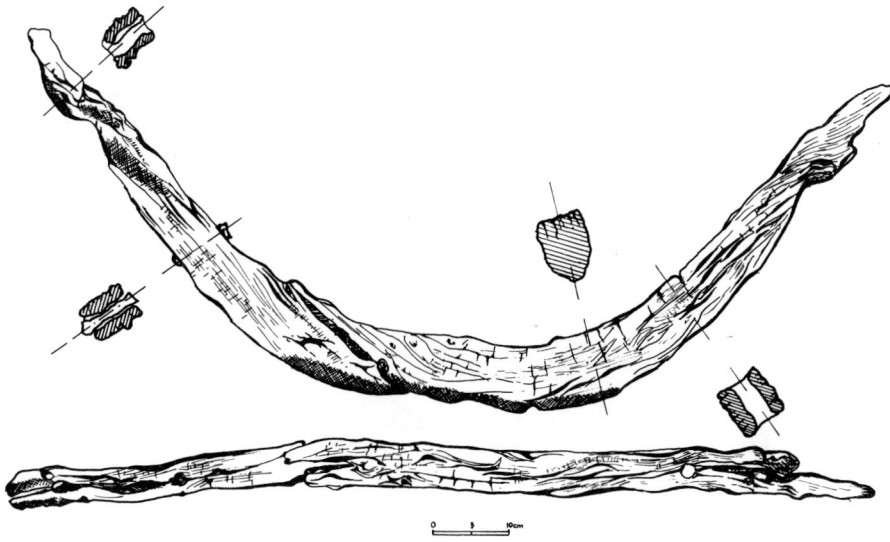

Abb. 35: Kamień-Altstadt. Wrange eines Einbaumes mit übergenagelten Bordplanken
aus dem 11.—12. Jh. (Grabungsstelle 2, Schicht IV)
(Forschungen W. Garczyński, Zeichn. L. Olczak).

Abb. 36: Wollin-Stadt. Fragment eines Sorrtaus. Herstellungsweise: Zwei dicke Geflechte
verstärkt mit einem dünnen Geflecht (Grabungsstelle 8, Schicht XI; Hafenviertel)
(Foto A. Kenke).

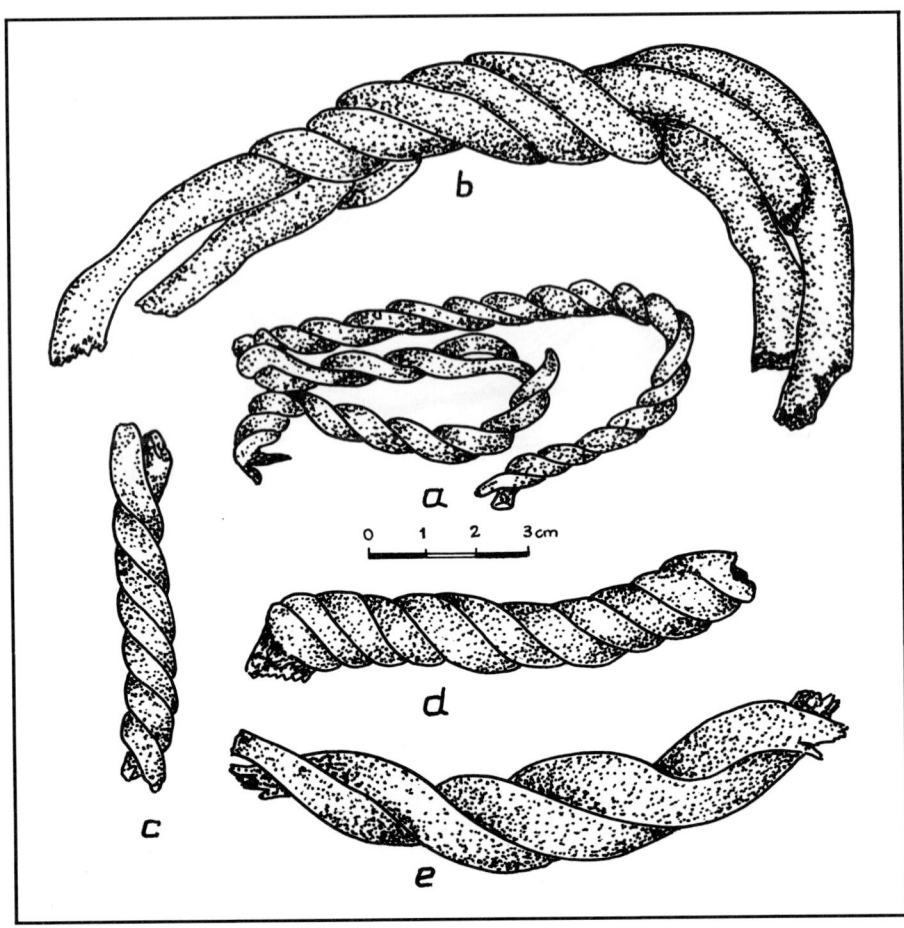

Abb. 37: Wollin-Stadt. Bastleinen und Schnüre aus dem 9.—11. Jh.; Grabungsstelle 4:
a) Schicht XX — erste Hälfte 9. Jh.; b) Schicht XVb, Ende 10. Jh.;
c)—d) Schicht XVIIb — Mitte 10. Jh.; e) Schicht XIII, Mitte 11. Jh. (Zeichn. M. Jusza).

Abb. 38: Kamieć-Altstadt. Bastleinen und Schnüre verschiedener Stärke aus dem
11.—12. Jh. (Forschungen W. Garczyński).

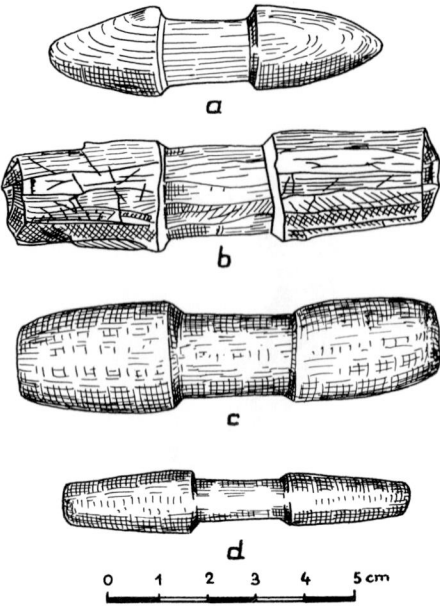

Abb. 39: Holzdübel für die Takelung
und Besegelung des Schiffes aus Szczecin und Wollin.   a) Mitte des 11. Jh.;
b) erste Hälfte des 13. Jh.;   c) erste
Hälfte des 10. Jh.;   d) Mitte des 10. Jh.
(a), b) Zeichn. M. Rulewicz, c), d)
Zeichn. M. Jusza).

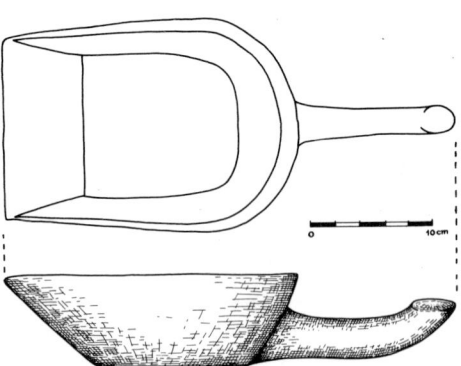

Abb. 40: Wollin-Stadt. Ösfaß für das Boot aus der zweiten Hälfte des 10. Jh.;
Grabungsstelle 8, Schicht XV, Hafenviertel (Zeichn. M. Jusza).

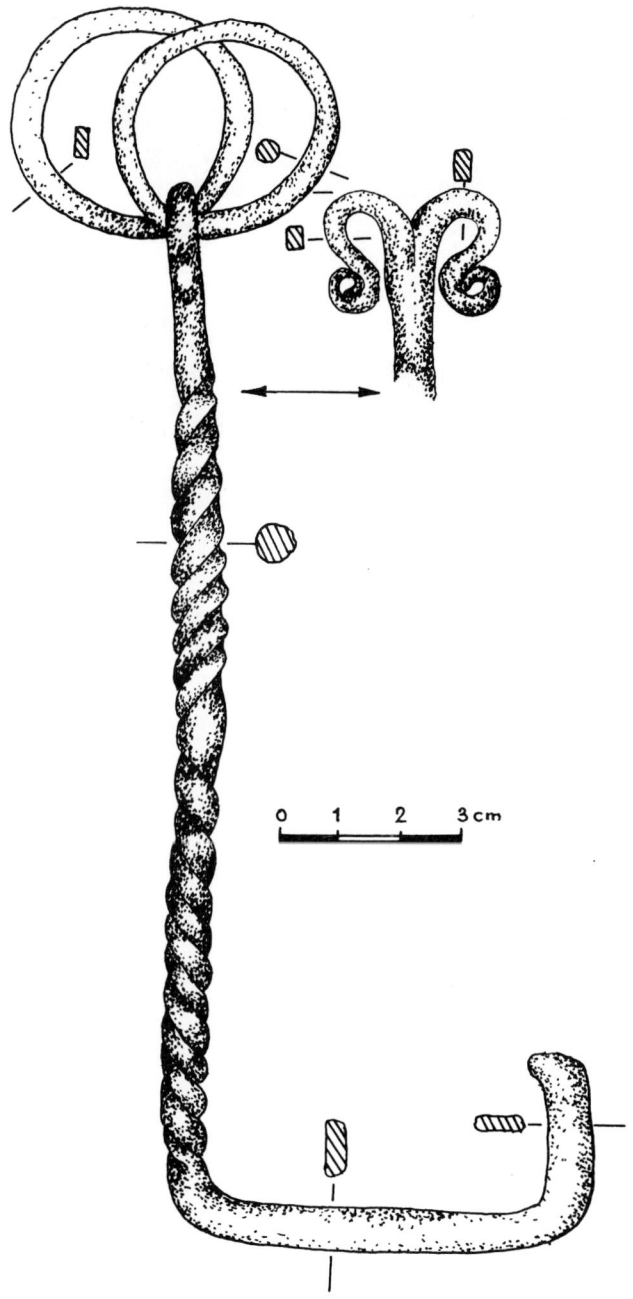

Abb. 41: Wollin-Stadt. Haken zum Anhängen eines Kessels, Wende 9. / 10. Jh.;
Grabungsstelle 8, Schicht XV, Hafenviertel (Zeichn. M. Jusza).

Abb. 42: Wollin, Galgenberg. Grab eines Verurteilten ohne Kopf mit Spuren von einem
Pfahl zwischen den Beinen, 11. Jh. (nach W. Filipowiak).

W. A. VAN ES

Der Hafen von Dorestad

Der Bitte des Herausgebers folgend zeigt diese kurze Zusammenfassung die Untersuchung des Hafens von Dorestad nach dem heutigen Forschungsstand. Unsere Kenntnisse diesbezüglich sind in zweierlei Hinsicht unvollständig. Erstens, die verfügbaren Unterlagen, die namentlich aus den Grabungen der Jahre 1967 bis 1977 aus dem Gelände von Dorestad stammen, wurden bei weitem noch nicht vollständig ausgewertet. Und zweitens konnte lediglich ein Teil von Dorestad untersucht werden. Unsere Ansichten über die Struktur und den Umfang der Siedlung in ihrer Gesamtheit sind stark hypothetisch (Abb. 1). Wir nehmen an, daß Dorestad den Charakter einer Siedlungsanhäufung hatte mit einem südlichen und einem nördlichen Siedlungskern, die möglicherweise durch eine weniger intensiv besiedelte Zwischenzone mit einander verbunden waren. Nach unseren heutigen Erkenntnissen ist der südliche Kern durch spätere Veränderungen des Flußlaufes von Rhein und Lek gänzlich verloren gegangen. In diesem Teil der Siedlungsanhäufung wäre auch eine römische Limesbefestigung — wahrscheinlich Levefanum geheißen — zu suchen, die in der merowingischen Epoche erneut genutzt wurde und als Siedlungskern bei der Entstehung Dorestads gedient haben mag. Der Umfang des südlichen Kernes ist nicht mehr feststellbar, aber braucht dem nördlichen nicht nachgestanden zu haben. Weiter ist anzunehmen, daß dieser Teil Dorestads sowohl auf dem linken Rheinufer wie auf dem rechten Ufer des Lek einen Hafen besaß. Auf letzteres weist die Erwähnung von einem *Ripaticum super Lokkia* in einer Urkunde Karls des Großen aus dem Jahr 777 hin. Dabei setzen wir voraus, daß die Gabelung der zwei Flüsse damals weiter östlich als heute lag und sich in einiger Entfernung östlich des Castellum befand. Es ist theoretisch möglich, daß beide Flüsse in der Zeit Dorestads in Höhe der Befestigung eine — schwache — Innenkurve bildeten.

Auch über den — schmalen? — Mittelteil können wenig mehr als Vermutungen geäußert werden. Es scheint eine Zone mit überwiegend agrarischer Besiedlung gewesen zu sein, die auf dem linken Rheinufer gelegen hat. Gerade an dieser Stelle muß der Fluß auch schon in den Tagen von Dorestad eine Kurve nach Norden gebildet haben, so daß dieser Teil der Siedlung an einer Außenkurve gelegen hat. Wie scharf diese damals war, ist nicht bekannt: möglicherweise war sie weniger scharf als die Abbildung 1 vermuten läßt. In diesem Fall ist hier ein Teil des Wohnareals erodiert; der Zeitpunkt der Erosion ist unsicher: wahrscheinlich überwiegend in der Zeit nach Dorestad, aber sicher vor dem Beginn des 12. Jahrhunderts, als der Krumme Rhein durch einen Damm vom Lek getrennt wurde. Es ist aber nicht ausgeschlossen, daß diese Ufererosion in dieser Außenkurve schon in den Dorestand-Zeiten begonnen hat. Daher ist es unbestimmt, ob der Mittelteil der Agglomeration eine wich-

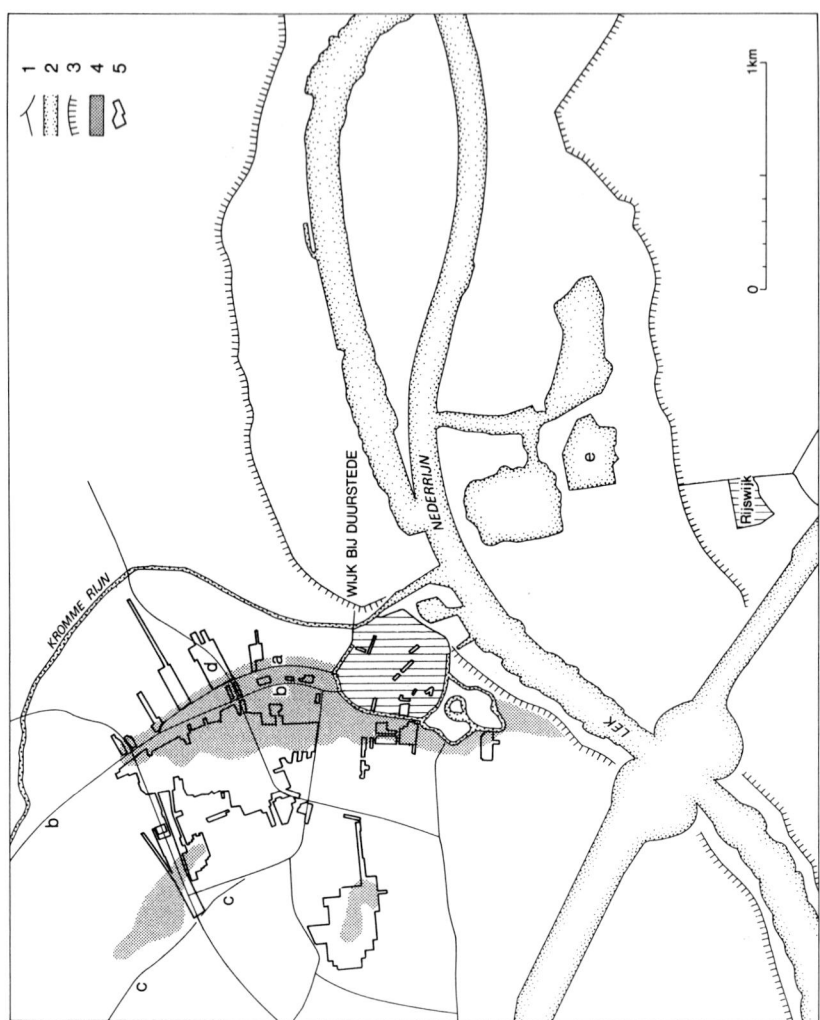

Abb. 1: Wijk bij Duurstede / Dorestad, Übersichtskarte. — 1 Wege und Straßen — 2 heutige Wasserläufe — 3 heutige Flußdeiche — 4 phosphatreiche Gebiete — 5 Ausgrabungsflächen (archäologisch bereits untersucht) — a Hoogstraat — b Cothenseweg — c Trekweg — d Ausgrabung „Hoogstraat!" — e Sandgrube und römischer Fundplatz.

tige Hafenfunktion innehatte. Der Hafen des nördlichen Kernes war an einer Innenkurve gelegen.

Allein der nördliche Teil von Dorestad ist durch die Ausgrabungen gut bekannt geworden. Er umfaßte einen intensiv besiedelten, etwa 250 m breiten Streifen, der sich vorn am linken Ufer befand: die eigentliche Handelssiedlung, wo sich auch möglicherweise die Gewerbebetriebe konzentrierten. Das davor gelegene Flußbett wurde als Hafen genutzt. Hinter der Handelssiedlung lag eine Zone mit mutmaßlich überwiegend agrarischer Funktion. Das Flußbett vor der Siedlung konnte nicht vollständig ergraben werden, wurde aber an fünf Stellen geschnitten (Abb. 2, Ausgrabungen Hoogstraat 0—IV). Diese fünf Ausgrabungen wurden nach einer heute existierenden Straße, die „Hoogstraat", bezeichnet, die ungefähr dem Verlauf des linken Rheinufers der karolingischen Zeit folgt. Allein die Ausgrabung Hoogstraat I wurde bis heute veröffentlicht[1]. Im Flußbett wurden Reste von Holzkonstruktionen angetroffen, welche das Ufer in einer Entfernung von mindestens 750 begleitet haben. Die Hafenfront von Dorestad war hier wahrscheinlich etwa 1 km lang, und vielleicht enthielt der nördliche Kern ungefähr ein Drittel der Gesamtlänge der Siedlungsanhäufung. Die Reste der Holzkonstruktionen im Flußbett stammen von einem Komplex aus ungefähr 8 m breiten Straßen, die senkrecht zum Ufer angelegt waren. Gefunden wurden die untersten Teile der Pfosten, welche die Wegdecke der Straßen fest im Boden verankerten, um sie so gut wie möglich gegen Überschwemmungen und Eisgang zu sichern. Die Wegdecke selber ist nicht erhalten geblieben, könnte aber aus Brettern oder mit Soden abgedeckten Flechtwerkmatten bestanden haben. Die Seitenkanten der schmalen Wege waren von Brettern oder Flechtwerk begrenzt. Soweit es sich ermitteln ließ, handelte es sich hier um echte Straßen, die auf der Bodenfläche angelegt waren und nicht um oberhalb des Wassers angelegte Landungsstege. Es kann aber nicht ganz ausgeschlossen werden, daß die Wegdecke etwas erhöht war. Dadurch könnten die Straßen den Anblick von — niedrigen — Dämmen geboten haben.

Der Straßenkomplex ist innerhalb von 150 Jahren, zwischen ±675 und 825, entstanden. Diese Epoche muß auch die Blütezeit des Siedlungsteiles hinter diesem Hafen — und wahrscheinlich von ganz Dorestad — gebildet haben.

Das Dorestad aus der Zeit des Münzmeisters Madelinus, der um 630 hier seine goldenen Trientes schlug, ist vermutlich im südlichen Kern beim Castellum zu suchen. Der nördliche Kern mit dem dazugehörigen Hafen wurde auch nach 825 noch einige Zeit genutzt, aber schon gegen Ende des 9. Jahrhunderts größtenteils verlassen.

Die Ausgrabungen haben deutlich gemacht, daß der Straßenkomplex in verschiedenen Phasen entstanden ist. Das Ende der Entwicklungen war ein geschlossenes Konglomerat von schmalen Wegen, das im Grabungsschnitt Hoogstraat I eine Gesamtlänge von ungefähr 200 m besaß. Abbildung 3 zeigt den Grundriß Hoogstraat I in stark schematisierter Form: die einander von

---

[1] Es, W. A. van / W. J. H. Verwers, Excavations at Dorestad 1, the Harbour: Hoogstraat I, Amersfoort 1980.

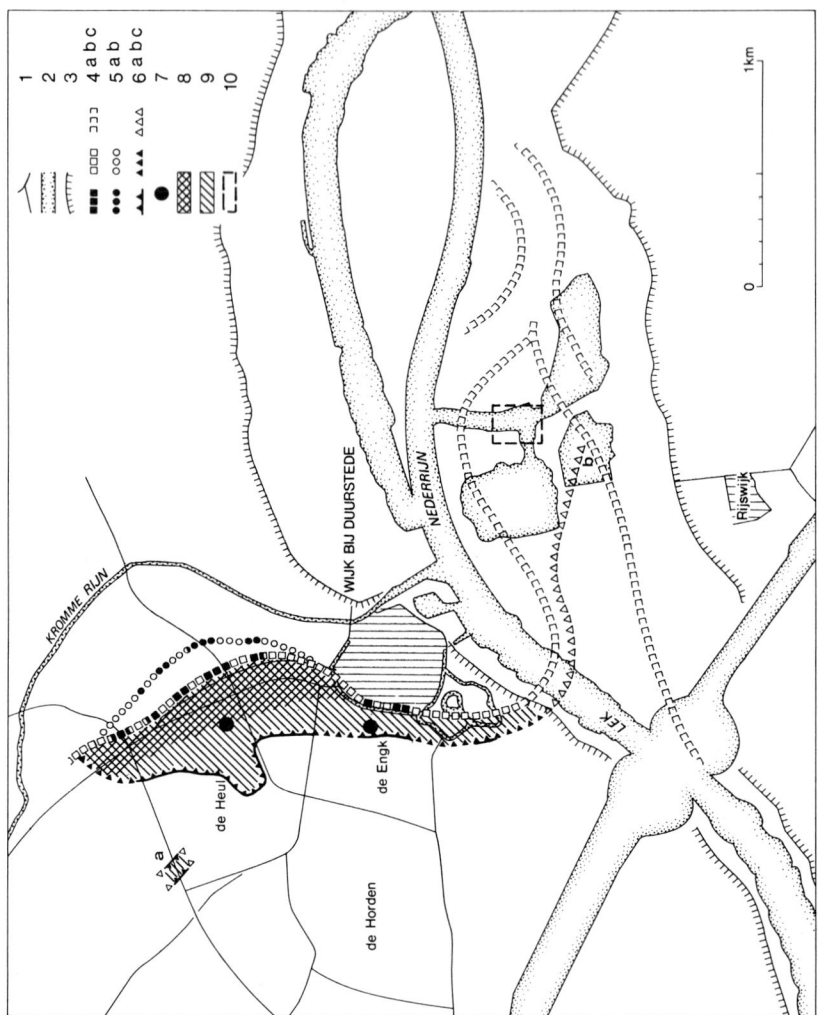

Abb. 2: Wijk bij Duurstede / Dorestad, Übersichtskarte. — 1 Wege und Straßen — 2 heutige Wasserläufe — 3 heutige Flußdeiche — 4 alte Flußläufe von Rijn und Lek (a: sicher — b: höchstwahrscheinlich — c: hypothetisch) — 5 äußerste Grenze der Hafenanlagen (a: sicher — b: wahrscheinlich) — 6 Grenzen der Wohngebiete landeinwärts (a: sicher — b: höchstwahrscheinlich — c: hypothetisch) — 7 Gräberfelder „De Heul" und „De Engk" — 8 dichtbewohntes Siedlungsgebiet — 9 weniger dicht besiedeltes Gebiet (landwirtschaftlich genutzt?) — 10 vermutlicher Platz des römischen Kastells LEVEFANVM — a karolingische Siedlung am „Trekweg" — b Sandgrube und römischer Fundplatz.

Dorestad

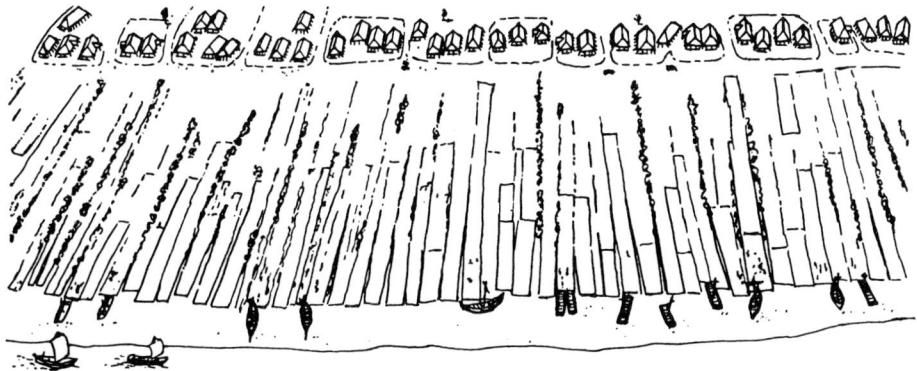

Abb. 3: Dorestad. Hoogstraat I. Rekonstruktion des Wohn- und Hafengebietes.

West nach Ost nachfolgenden Phasen wurden durch unterschiedliche Strich-
stärken angegeben. Auch wurde deutlich, welche Ursache das Entstehen des
Komplexes bewirkte: das Verhalten des Krummen Rheines. Dieser begann sich
schon bald nach Inbetriebnahme des Hafens vom linken Ufer zu entfernen,
wodurch sich die ursprüngliche schwache Innenkurve erweiterte. Zwischen
Ufer und Strom entwickelte sich eine immer breiter werdende feuchte Niederung, und zur Erleichterung des Verkehrs wurden die schmalen Wege angelegt,
die bei weiterem Zurückweichen des Flusses verlängert wurden. Der Prozeß der
Meanderbildung hat sich auch nach Dorestad noch einige Jahrhunderte fortgesetzt, bis der Krumme Rhein spätestens zum Beginn des 12. Jahrhunderts
sein heutiges Flußbett erreichte, das seitdem durch Abdämmung des Flusses
fixiert ist.

Im nachhinein hat sich Hoogstraat I nicht in allen Hinsichten als repräsentativ erwiesen. Das Ausgrabungsgelände befindet sich unter dem Maximum der
Flußkurve, und daher sind die Wege hier über eine größere Länge entwickelt
als anderswo. Mehr südlich des Schnittes Hoogstraat III scheint schon in der
Zeit von Dorestad der Strom eine größere Kraft entwickelt zu haben, und in
der Periode nach Dorestad ist der Straßenkomplex hier teilweise erodiert.
Offenbar befand sich der Punkt, wo die Innenkurve entlang der Hoogstraat
sich in eine Außenkurve wandelte, auch im 9. Jahrhundert schon nicht weit
südlich vom Schnitt Hoogstraat III. Die Schnitte Hoogstraat II und IV hatten
eine geschütztere Lage hinsichtlich des Stromes. Hier war der Straßenkomplex
weniger stark entwickelt, was aber auch auf eine geringere Wichtigkeit des
daran anschließenden Siedlungsteiles hinweisen kann. Der Schnitt Hoogstraat
0 ist ein mangelhafter Querschnitt. Die Kraft, mit welcher der Fluß hier
anfänglich das Ufer berührte, scheint ziemlich groß gewesen zu sein. Das kann
darauf hinweisen, daß der Fluß an dieser Stelle zunächst noch eine —
schwache — Außenkurve gebildet hat.

Der Zusammenhang zwischen der Struktur des Straßenkomplexes im Hafen und derjenigen der Siedlung ist noch nicht vollständig deutlich. Das ist teilweise der Tatsache zuzuschreiben, daß der Streifen unmittelbar am Fluß nur sehr beschränkt für Ausgrabungen zugänglich war, und liegt teils an der Unvollständigkeit der Auswertung der Grabungsunterlagen. Daß es einen Zusammenhang gab, ist wohl sicher; das läßt sich in großen Zügen folgendermaßen deuten. Die Straßen im Flußbett stehen in Wechselwirkung mit den Siedlungsparzellen am Ufer. Als Regel gilt, daß zu jeder Parzelle zwei Straßen im Flußbett gehörten. Bei der Auswertung von Hoogstraat I fiel auf, daß die Straßen dort zuweilen deutlich paarweise erscheinen. Die Breite der Parzellen, die quer zum Ufer lagen, muß dann ungefähr 20 m betragen haben. Die Länge ist nicht bekannt: vielleicht standen auf jeder Parzelle mehrere Häuser hintereinander. Die Parzellen waren umzäunt, und von einer dichten Bauweise konnte keine Rede sein. An verschiedenen Stellen werden auch Straßen zwischen den Parzellen zur Siedlung geführt haben. Am Ufer vor der ersten Parzellenreihe verlief ein schmaler Weg parallel zum Fluß, an welchen die Straßen im Flußbett anschlossen. Auffallend ist, daß die Längseinteilung des Komplexes von Anfang bis Ende eine Kontinuität zeigt. Daraus ist zu entnehmen, daß auch die Siedlungsstruktur in der Zeit, da sich der Straßenkomplex im Hafen gebildet hat, größtenteils unverändert geblieben ist. Über die Entwicklung nach circa 825, also nach dem Beginn der Wikinger-Angriffe, kann die Struktur des Hafenkomplexes uns keine Auskünfte erteilen. Soweit zur Zeit zu ermitteln ist, war der Hafen — verständlicherweise — mit der eigentlichen Handelszone verbunden. Beide Strukturen waren rationell geplant und scheinen an den beiden Seiten des Uferweges mehr oder weniger in ihrer Verlängerung gelegen zu haben. Es ist anzunehmen, daß eine Uferparzelle und die zwei „dazugehörigen" Straßen im Hafen in einer Hand gewesen sind.

Das oben geschilderte Bild ist möglicherweise zu schematisch: es werden sich hin und wieder Abweichungen von dem Muster ergeben haben. Eine weitere Auswertung der Grabungsunterlagen wird hier vielleicht etwas mehr Einsicht bieten. Die Gesamtstruktur des nördlichen Kernes von Dorestad war aber, sicher in der Uferzone, alles in allem zweifellos regelmäßig. Nähere Untersuchungen der Ausgrabungsergebnisse aus dem Hafengebiet werden das in Hoogstraat I gewonnene Bild ergänzen und vielleicht an bestimmten Punkten auch berichtigen. Eine Berichtigung, die nun schon erforderlich erscheint, ist folgende. Die 1980 veröffentlichte Deutung von Hoogstraat I suggeriert wahrscheinlich zu Unrecht, daß der Straßenkomplex im Flußbett schon früh in seiner Entwicklung ein geschlossenes Ende besaß. Im Gegenteil zeigt der jetzige Eindruck, daß das Straßenende zum Fluß hin Einbuchtungen zeigte, weil eine Straße des Straßenpaares im Wachstum zurückblieb, oder zwischen den Straßenpaaren Öffnungen in Form von „Gräben" existierten. Wir sind seinerzeit zu jener Deutung gelangt unter dem Einfluß der herrschenden Auffassung, daß die Schiffe im frühen Mittelalter beim Anlaufen im Hafen an Land gezogen wurden und in Dorestad vor den Enden der Straßen auf den Flußsand liefen. Es ist nun fraglich, ob dies richtig ist, und ob die Schiffe nicht — auch? — die Einbuchtungen im Hafenkomplex anlaufen konnten, um so längsseits der Straßen zu gelangen.

OLE CRUMLIN-PEDERSEN

Schiffstypen aus der frühgeschichtlichen Seeschiffahrt in den nordeuropäischen Gewässern

In den sechziger Jahren des 19. Jahrhunderts beschäftigte sich der norwegische Volkskundler Eilert Sundt eingehend mit dem Studium der norwegischen Küstenkultur. Der Bootsbau war eines der Gebiete, auf denen er Beispiele dafür sah, was er mit Inspiration aus Darwins gerade erschienenem Werk „The Origin of Species" (1859) die *Naturgeschichte der Arbeit* nannte. In Sundts Beschreibung von 1865 des nordnorwegischen Bootstyps *Nordlandsbaaden* stellt er sich vor, man könnte durch Zufall ein gesunkenes vorzeitliches Boot vom Meeresgrund heraufholen und dadurch die Urgroßmutter zur gesamten Familie von Bootstypen finden, die seinem Zeitalter bekannt waren, darunter das hübsche Nordlandboot[1].

Es war eine prophetische Rede, denn gerade zur gleichen Zeit brachten Ausgrabungen im Nydamer Moor in Dänemark Reste von 3—4 Fahrzeugen an den Tag, die im 4.—5. Jahrhundert n. Chr. zusammen mit großen Mengen von Waffen ins Moor versenkt worden waren[2]. Das große, eichene Boot, das heute im Schloß Gottorf in Schleswig steht, wurde dann auch sofort von seinem Ausgräber, C. Engelhardt, mit dem Nordlandboot in Zusammenhang gesetzt — hier war ganz deutlich die Rede von zwei nahe verwandten Fahrzeugen, obwohl die Zeitpunkte ihres Baues sie 1500 Jahre trennten[3] (Abb. 1).

Wenn man im Nydamer Moor, bei der ersten eigentlichen schiffsarchäologischen Ausgrabung im Norden 1863—64, die „Urgroßmutter" der späteren nordischen Bootstypen fand, entdeckte man bald danach im Jahre 1880 die „Großmutter" derselben Familie. Das geschah bei N. Nicolaisens Ausgrabung des berühmten Grabhügels von Gokstad mit dem prachtvoll bewahrten Häuptlingsschiff von etwa 900 n. Chr.[4]. Hier war das vollentwickelte große Ruder- und Segelschiff, das überall gebraucht werden konnte, ja sogar beim Überqueren des Ozeans. Dies wurde mit einer Kopie nachgewiesen, die 1893 in Norwegen gebaut wurde und den Nordatlantik kreuzte, um an der Weltausstellung in Chicago teilzunehmen.

Diese beiden markanten Funde, denen bald andere aus Mooren und Grabhügeln folgten, nahmen in der Auffassung von der Entwicklung des nordischen Schiffes im ersten Jahrtausend n. Chr. eine Schlüsselposition ein. Ihre schmächtige Konstruktion wurde auch als eine passende Erklärung dafür

---

[1] Sundt 1865 (1976, S. 213).
[2] Engelhardt 1865 und 1866 A.
[3] Engelhardt 1866 B.
[4] Nicolaysen 1882. Brøgger & Shetelig 1950/51.

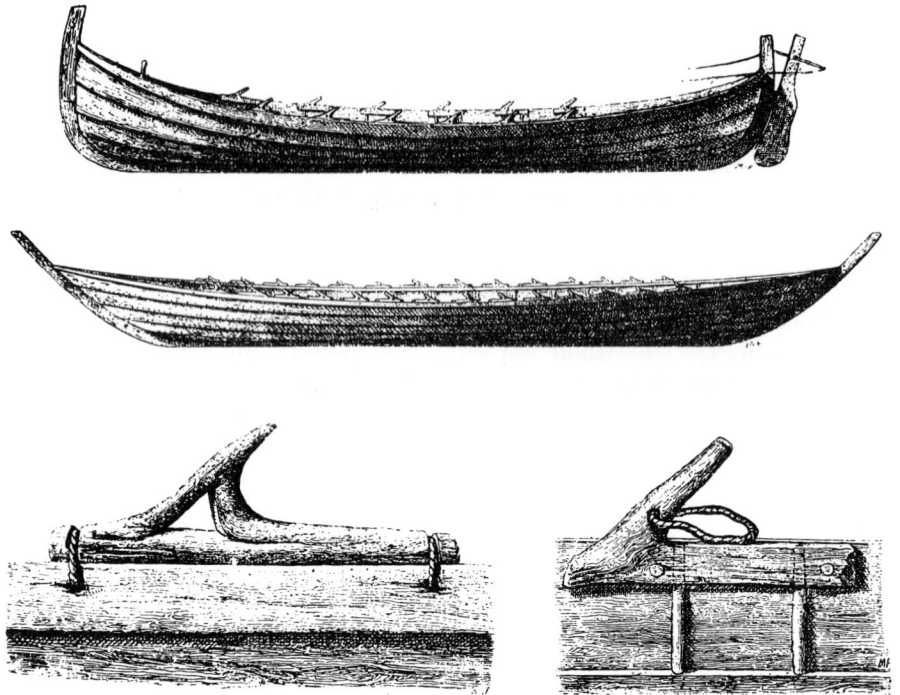

Abb. 1: Das Nordlandboot aus der Mitte des 19. Jahrh. und das eichene Boot aus dem Nydamer Moor aus dem 4. Jahrh. n. Chr., 1866 von C. Engelhardt zusammengestellt.

gehalten, daß dieser Schiffstyp nach den Vorstellungen vieler Historiker gegen Ende der Wikingerzeit der Kogge gegenüber das Terrain völlig verlor.

Alle nordischen Boote und Schiffe aus Gräbern und Mooren paßten gut in diese Entwicklungslinie hinein, die nach und nach, als neue Funde hinzukamen, mit vielen Details ausgefüllt wurde. In anderen Teilen Nordeuropas gab es keine oder nur ganz wenige Funde von Fahrzeugen aus dieser Periode, da die Sitte, Schiffe bei Opferungen oder Bestattungen anzuwenden, außerhalb des nordischen Kulturkreises mit wenigen Ausnahmen unbekannt war. Es tauchten zwar Wrackfunde an verschiedenen Stellen auf, aber nur in wenigen Fällen wurden sie sachkundig untersucht und beschrieben — und dann nicht von Archäologen, sondern von Ethnologen oder Schiffbauhistorikern[5] — denn die archäologische Tradition hatte lange kein Auge für die potentiellen Möglichkeiten der Wracks, um die frühgeschichtliche Seeschiffahrt zu beleuchten.

---

[5] In Schweden der Volkskundler Ph. Humbla (1934, 1937) und in Danzig der Schiffbauingenieur Otto Lienau (1934).

Als die norwegischen Archäologen A. W. Brøgger und H. Shetelig im Jahre 1950 das Buch „Die Wikingerschiffe, ihre Vorgänger und Nachfolger" (auf Norwegisch und später auf Englisch) herausgaben[6], setzten sie den Schlußstein für eine Epoche in der archäologischen Schiffsforschung, wo das Gokstadschiff mit gewissem Recht als Illustration des Wikingerschiffes in allen seinen Gestalten verwendet werden konnte, als Kriegsschiff flußaufwärts nach Paris oder als Emigrantenschiff auf den Hochseerouten von Norwegen nach Island und Grönland. In diesem Buch wurden viele andere Funde als die berühmten Schiffe von Gokstad und Oseberg erwähnt, aber nicht ein einziges der damals ausgegrabenen nordischen Wrackfunde aus der Periode wurde als erwähnenswert angesehen.

Seit den fünfziger Jahren unseres Jahrhunderts ist indessen eine große Anzahl neuer Schiffsfunde von Wrackcharakter hinzugekommen, und das hat die Situation radikal geändert (Abb. 2). Sie geben nicht nur, geographisch und chronologisch, eine weit bessere Deckung als die Schiffsfunde aus Gräbern

	GRAB- UND OPFERFUNDE		WRACK-FUNDE	
Bootgrabfelder	Einzelbootgräber, Mooropfer	Nordische Klinkboote	Andere
500				
			Gredstedbro (DK)	
600		Holmedal (N)		Puck (PL)
		Sutton Hoo (GB)	Hasnæs 1 (DK)	
700		Kvalsund (N)		
	Vendel (S) Valsgärde (S) Tuna Al. (S)	Bårset (N)		
800				Schuby (D)
		Oseberg (N) Karmøy (N) Fjørtoft (N) Haithabu (D)	Klåstad (N) Äskekärr (S)	Utrecht (NL) Szczecin (PL)
900	Birka (S) Kaupang (N)	Gokstad (N) Tune (N) Ladby (DK)		Graveney (GB) Ralswiek (D)
1000			Skuldelev (DK)	
			Hasnæs 2 (DK) Haithabu (D) Fotevik (S)	Orunia (PL) Egernsund (DK)
1100			Falsterbo (S) Galtabäck (S) Lynæs (DK) Ellingå (DK)	Utrecht (NL)
1200			Sjøvold (N) Kyholm (DK)	Kollerup (DK)
1300			Kalmar 1 (S)	Kolding (DK)
			Kalmar 2,3 (S) Sørenga (N)	Ijsselmeerpolders (NL) Helgeandsholmen (S) Vejby (DK) Bremen (D)
1400				

Abb. 2: Übersicht über die wichtigsten nordeuropäischen Funde von Schiffen aus der Periode 500—1400, nach Fundkategorie verteilt.

---

[6] Brøgger & Shetelig 1950/51.

und Mooren, sondern auch ein weit reicheres Bild der funktionell und regional
bedingten Unterschiede bei den Schiffstypen[7].

Es zeigt sich, ganz natürlich, daß es sich ausschließlich um Kriegs- und
Häuptlingsschiffe handelt, die in den Moor- und Grabfunden repräsentiert
sind. Das gilt vermutlich auch für die gleichzeitigen Abbildungen auf den
Runensteinen und den gotländischen Bildsteinen. Dies ist in Übereinstimmung
damit, was wir uns unter den Glaubensvorstellungen hinter diesen Fundgruppen vorstellen, aber das bedeutet, daß dieses Material nicht dazu dienen kann,
um zu bestimmen, ob andere Schiffstypen, z.B. Frachtschiffe parallel zu den
Kriegs- und Truppentransportschiffen existierten. Wir müssen uns deshalb
stets vor Augen halten, daß diese Fundkategorien nicht repräsentativ sind,
wenn wir den Zeitpunkt für eine Differenzierung der nordischen Schiffahrt mit
der Entwicklung besonderer Fahrzeugtypen für Frachtfahrt, Fischerei und
Fährenfahrt erörtern.

Wie gesagt, haben die Wrackfunde der späteren Jahrzehnte entscheidend
dazu beigetragen, ein breites und stärker variiertes Bild zu geben. In dieser
Hauptgruppe werden hier Schiffe, die an offener Küste verunglückt oder
gesunken sind, während sie vor Anker lagen, mit solchen zusammengestellt,
die als Folge von aktiven Kriegshandlungen versenkt wurden oder in Sperrungen und Ausfüllungen eingehen. Hierzu gehören auch jene alten abgewrackten
Schiffe, von denen wesentliche Teile bewahrt sind, entweder die brauchbaren
Teile, die bei Kaianlagen o.ä. verwendet werden konnten, oder die kassierten
Teile, die auf der Abwrackstelle in einer Schlammpfütze endeten.

Wenn man versucht, dieses Material auszuwerten, um die frühgeschichtliche
Seefahrt zu beleuchten, muß man sich notwendigerweise klarmachen, daß sich
auch an die Wrackfunde eine Reihe von Repräsentativitätsproblemen knüpfte
— außer der ganz entscheidenden Frage um die Provenienz des einzelnen
Schiffes und der Deutung seiner Funktion[8].

Es wird oft angenommen, daß ein Zusammenhang zwischen einem Wrack
und dem Gebiet, wo es gefunden wird, gar nicht existiert. So führt der
bekannte englische Marinearchäologe Keith Muckelroy 1978 folgendes an:

„One of the principal strengths of archaeological evidence in general is its
strong locational content — that it relates to activities being carried out in the
past at a precise spot with given environmental characteristics, in the context
of which its former significance may be assessed. This aspect is totally missing
from maritime sites, — since a wreck site can only have come into being by
accident. — And there is absolutely no clue as to where the ship may have been
built —“[9].

Sehen wir etwas näher auf diese Aussage von dem verhältnismäßig üppigen
Material an frühgeschichtlichen Schiffsfunden, die man kennt. Auf der Karte

---

[7] Katalog über Bootgräber: Müller-Wille 1970, über Wrackfunde: Ellmers 1972,
Crumlin-Pedersen 1981.
[8] Crumlin-Pedersen 1985 A,B.
[9] Muckelroy 1978, S. 217—18.

(Abb. 3) sind die Fundstätten für insgesamt 40 Fahrzeuge über 6 m Länge angegeben, innerhalb des 9.—13. Jahrhunderts datiert und vor 1987 in den südskandinavischen und norddeutschen Gebieten gefunden. Wir wollen zunächst die Relationen dieser Funde zwischen Schiffstyp und Fundkategorie betrachten (Tab. 1):

Tab. 1: Relation zwischen Schiffstyp und Fundkategorie.

Schiffstyp	Fundkategorie				Insgesamt
	Grabfund	Wrackfund			
		Sperrung, Kampf	Abwrackung	Havarie	
Mannschafts- boot	6	7	3	1	17
Lastfahrzeug	0	3	4	14	21
Andere	0	1	0	1	2
Insgesamt	6	11	7	16	40

Hieraus geht hervor, daß von den insgesamt 17 Fahrzeugfunden von Kriegsschiffs- und Mannschaftsboots-Typen sechs als Grabschiffe gefunden wurden, während 11 Wrackfunde sind: sieben in Sperrungen, drei unter den abgewrackten Schiffen und eins verunglückt. Ein ganz anderes Muster zeichnet sich bei den 21 Fahrzeugen des Lastschiffstyps, die alle von der Wrackfundgruppe kommen. Hier sind drei von Sperrungen, vier von Abwrackplätzen und insgesamt vierzehn havarierte Schiffe.

Dieses Material basiert auf so vielen Funden, daß es eine bedeutende Aussagekraft besitzt. Es zeigt sich auch schon, daß die 14 zuletzt dazugekommenen Funde (zwischen 1979 und 1986 gefunden) keine wesentliche Verschiebung in der Verteilung geben, die man aus den 26 Schiffen, die bis 1979 gefunden wurden, ersehen kann.

Es wird hier keine detaillierte Analyse dieses Materials durchgeführt, aber bei den Schiffen, die verunglückt, gesunken oder teilweise abgewrackt sind, wird untersucht, welches Muster diese 24 Fahrzeugfunde aus dem Zusammenhang zwischen einem Schiffswrack und dessen Umgebung zeichnen. Es handelt sich um die 34 Funde aus der Wrackfundgruppe minus der 10 Wracks, die in Sperrungen gefunden wurden. Unter diesen 24 Fahrzeugen sind 16 Schiffe, die auf Grund von Sturm als verunglückt angesehen werden, während ein Schiff bei Kampfhandlungen versenkt wurde (der Brander im Hafen von Haithabu) und sieben Schiffe abgewrackt sind. Von allen Wracks, die auf seichtem Wasser gesunken sind, hat man gleich nach der Havarie Teile entfernt, wenn man die Bergung des Schiffes aufgegeben hatte. Dies gilt bei Strandungen an offener Küste sowie für die Schiffe, die sanken, während sie in

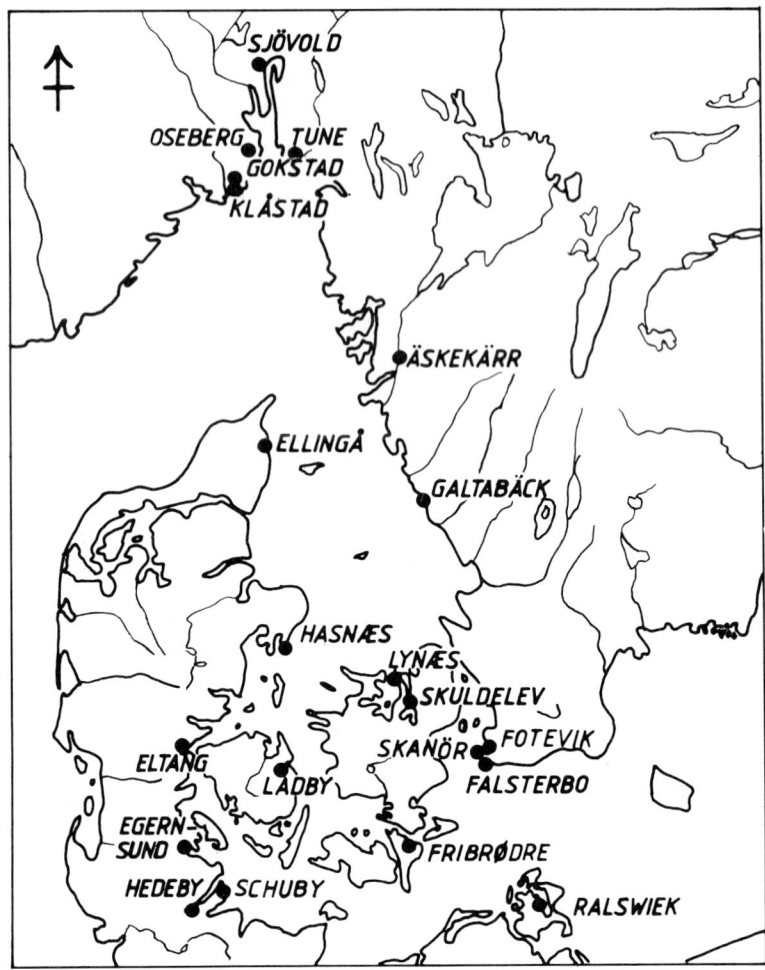

Abb. 3: Fundkarte über die im Text genannten 40 Wracks aus dem 9.—13. Jahrh. (Liste mit den 40 Namen und Jahreszahlen, gefunden/ausgegraben).

	Gefunden / ausgegraben		Gefunden / ausgegraben		Gefunden / ausgegraben
1. Tune	1867 / 1867	15. Skuldelev 5	1957 / 1962	29. Haithabu 1	1953 / 1979
2. Gokstad	1880 / 1880	16. Skuldelev 6	1957 / 1962	30. Schuby	1979 / 1979
3. Oseberg	1903 / 1904	17. Sjövold	1960 / 1964	31. Ralswiek 4	1980 / 1980
4. Haithabu G	1907 / 1908	18. Egernsund	1966 / 1967	32. Hedeby 2	1980 /
5. Galtabäck S	1928 / 1928	19. Ralswiek 1	1967 / 1967	33. Hedeby 3	1981 /
6. Galtabäck N	1982 /	20. Ralswiek 2	1967 / 1967	34. Maglebrænde	1981 / 1982
7. Falsterbo	1932 / 1932	21. Ralswiek 3	1968 / 1968	35. Fotevik 1	1981 / 1982
8. Äskekärr	1933 / 1933	22. Ellingå	1922 / 1968	36. Fotevik 2	1982 /
9. Ladby	1934 / 1935	23. Klåstad	1893 / 1970	37. Fotevik 3	1982 /
10. Eltang	1943 / 1947	24. Lynæs 1	1975 / 1975	38. Fotevik 4	1982 /
11. Hasnæs 2	1961 / 1961	25. Lynæs 2	1975 / 1975	39. Fotevik 5	1982 /
12. Skuldelev 1	1924 / 1962	26. Vordingborg	1977 /	40. Skanör	1983 /
13. Skuldelev 2	1957 / 1962	27. Kyholm	1977 / 1978		
14. Skuldelev 3	1957 / 1962	28. Kollerup	1978 / 1978		

einem Naturhafen vor Anker lagen. Es kann schwierig sein, diese letzteren von den alten, verbrauchten Schiffen zu unterscheiden, die zum Abwracken aufs flache Wasser gezogen waren, so daß man Teile davon anderswo verwenden konnte.

Wenn wir diese 24 Schiffsfunde nach dem Charakter der Fundstätte einteilen, tritt ein deutliches Muster hervor:

Tab. 2: Relation zwischen Fundstätte und primärer Verlustursache.

Fundstätte	Primäre Verlustursache			
	Havarie	Alter / Abwrack.	Kampfhandlg.	Insgesamt
Offene Küste	2	0	0	2
Naturhafen ohne Spur von Markt	5	0	0	5
Naturhafen mit Marktplatz	7	4	1	12
Fährstelle	1	0	0	1
Andere	1	3	0	4
Insgesamt	16	7	1	24

Nur zwei von den 24 Schiffen sind auf offener Küste gestrandet, während 17 von Naturhäfen oder Ankerplätzen kommen. Von diesen sehen 12 wie regelrechte Havarien aus. Man kann sich vielleicht wundern, daß so viele Schiffe verlorengegangen sind, während sie im Hafen lagen, darf aber nicht vergessen, daß von Naturhäfen die Rede ist, die einen gewissen Schutz gegen Winde aus vorherrschender Richtung gaben, die aber äußerst gefährlich sein konnten, wenn der Wind auffrischte und die Richtung wechselte. Unter solchen Bedingungen konnte man die leichten Kriegsschiffe aufs Land ziehen, während die Lastschiffe der Totalhavarie bedeutend mehr ausgesetzt waren, wie unsere Verteilung der Schiffstypen gerade zeigte.

In einer solchen Situation waren die größten unter den Lastschiffen übrigens am meisten gefährdet, da sie am schwersten und schwierig zu manövrieren waren. Deshalb kann die Anzahl der großen Schiffe unter den Lastschiffen in der Havariegruppe nicht als Ausdruck dafür angenommen werden, wie zahlreich diese im Verhältnis zu den kleineren Lastschiffen war. Die Großschiffe sind hier zweifellos überrepräsentiert.

Diese Tendenz bei frühmittelalterlichen nordischen Schiffen, in Naturhäfen zu verunglücken, hängt mit der Fahrweise zusammen, die zu dieser Zeit am meisten gebräuchlich war[10]. Man segelte bei Tag an der Küste entlang, mit Landsicht während der ganzen Fahrt, mit Anwendung des Lots suppliert, um sich gegen Auflaufen auf Riffe und Landgrunde zu sichern. Ehe die Nacht

---

[10] Schnall 1975.

einbrach, ankerte man an einer Stelle, wo es die Möglichkeit für Schutz, Frischwasser und eventuell Handelskontakt mit der lokalen Bevölkerung gab. Am nächsten Morgen fuhr man weiter, wenn das Wetter es zuließ. Diese an die Küste gebundene und unterbrochene Fahrt praktizierte der Norweger Ottar am Ende des 9. Jahrhunderts, und er berichtete König Alfred von England darüber. Von seinem Heimatort in Nordnorwegen brauchte er mindestens einen Monat, um zum Handelsplatz Sciringeshael (Kaupang) in Südnorwegen zu kommen. Das gibt eine durchschnittliche Fahrt von höchstens 2 Knoten, wenn wir mit 16 Stunden Fahrt täglich in 30 Tagen rechnen. Aber natürlich war es viel mehr üblich, still zu liegen und das rechte Wetter für die Weiterfahrt von den guten Ankerplätzen unterwegs abzuwarten.

Ottars Fahrt von Kaupang nach Haithabu wird etwas genauer beschrieben, mit Namen von den Gegenden, die er unterwegs passierte, und mit Aufschlüssen darüber, daß er nur fünf Tage für die Fahrt brauchte. Das gibt eine Durchschnittsfahrt von 5 Knoten, von 16 Stunden täglicher Fahrt aus berechnet — und das ist eine hohe Durchschnittsgeschwindigkeit, die er so viele Tage durchhielt. Wir müssen deshalb annehmen, daß er auf der ganzen Strecke guten Wind hatte und daß er täglich etwa 1/5 der Strecke oder ca. 80 Seemeilen (= 150 km) weitergekommen ist[11].

Setzen wir dies auf einer Karte ein und suchen wir dadurch einige der Ankerplätze zu finden, wo Ottar für die Nacht angelegt haben kann, werden wir zu mehreren interessanten Stellen geleitet (Abb. 4). So ist er am Abend des zweiten Tages vor Hallands Küste, wo er in der Lagune von Galtabäck Schutz vor den meisten Winden finden konnte. Indessen zeigte eine Untersuchung von zwei Wracks im Jahre 1928, die hier im 12. Jahrhundert untergingen, daß nicht alle Schiffe von hier wegkamen[12]. Ein deutlicher Beweis dafür, daß dieser Naturhafen als Treffpunkt zwischen dem Verkehr längs der Küste und der lokalen Bevölkerung gedient haben muß, ist der Name Gamla Köpstad (Alte Handelsstadt oder -stätte), den ein Hügel trägt, der zur Bucht abfällt. Es wird angenommen, daß Gamla Köpstad der Vorgänger als Handelsplatz für die Stadt Varberg, 8 km nördlich von hier, war.

Ottars dritte Tagesreise brachte ihn in die Nähe der Mündung des Isefjords an der Küste Nordseelands. Hier sind mehrere gute Ankerplätze, und von einigen von diesen haben wir klare historische und archäologische Beweise ihrer Bedeutung in der Periode, die hier behandelt wird, z.B. von Isøre, das einer der Sammelplätze der Kriegsflotte war. Von besonderem Interesse ist hier Lynæs, wo der Fund eines großen Schiffswracks aus dem 12. Jahrhundert und von Teilen von ein paar anderen Schiffen aus derselben Zeit in einer kleinen Bucht zur Lokalisierung eines Marktgebietes an der Küste der Bucht führte[13]. Nach den Ausgrabungen, die das Nationalmuseum an der Stelle vorgenommen hat, sieht es aus, als wenn der Markt in der Periode 700—1200 im Gebrauch war.

---

[11] Crumlin-Pedersen 1983/84, für andere Segelrouten vgl. Schnall 1981, Henningsen 1984, Jørgensen 1985.

[12] Humbla 1937.

[13] Crumlin-Pedersen 1979 A, Liebgott 1979.

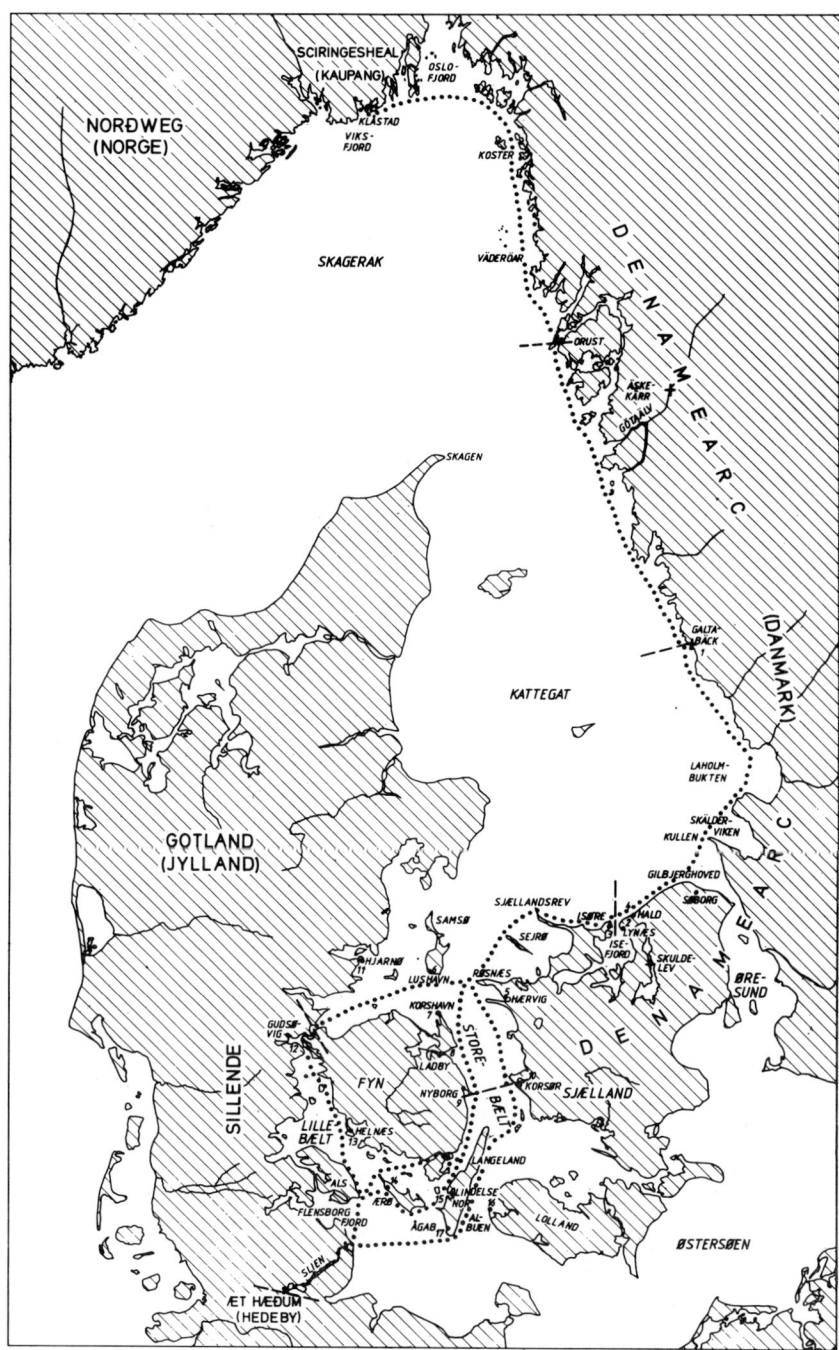

Abb. 4: Karte über die wahrscheinlichen Segelrouten und Ankerplätze für die 5-tägige Seefahrt des Norwegers Ottar von Sciringesheal nach Haithabu am Ende des 9. Jahrh. Nach
Crumlin-Pedersen 1983/84.

Daß die Schiffswracks bei Galtabäck und Lynæs Verbindung mit der Aktivität haben, die sich in diesen Orten der Küste um den Zeitpunkt der Havarie abgespielt hat, läßt sich kaum bezweifeln. Diese sind nur zwei aus einer Reihe von Beispielen dafür, daß Schiffe aus dem frühen Mittelalter selten an „zufälligen" Stellen strandeten. Havarie an der offenen Küste kommt wie gesagt nur bei 2 der 24 Funde aus dieser Periode vor, während es später weit häufiger vorkommt, Wracks an den gefährlichen Küstenstrecken zu finden, die die Schiffe zu vermeiden suchten. Von den vier Stellen, wo Mittelalterkoggen vom 13.—14. Jahrhundert als Wracks in den dänischen Gewässern gefunden wurden, liegen drei an der offenen Küste, an der Route nördlich um Skagen und durch den Sund hinunter, und nur eine in geschütztem Gewässer (Koldingfjord).

Diese Beispiele mögen wertvoll sein, um zu unterstreichen, daß das Schiffsfundmaterial nicht aus seinem Zusammenhang losgerissen betrachtet werden sollte. Ich finde es notwendig, diese Funde mit einzubeziehen, nicht nur wenn Verkehrsverhältnisse erörtert werden, sondern auch wenn man versucht, die Entwicklung des Seehandels und dessen Einfluß auf die Besiedlung klarzulegen. Ich hoffe, mit diesem Material Verständnis dafür gefunden zu haben, daß Muckelroys Aussage über eine fehlende Verbindung zwischen einem Wrack und dessen Havariestelle nicht ohne weiteres für die Funde dieser Periode gutgeheißen werden kann. Muckelroy arbeitete selbst in erster Linie mit Wracks von größeren europäischen Schiffen aus dem 17. und 18. Jahrhundert, die auf dem Weg nach Indien oder China an Englands Küsten gestrandet waren, und er achtete nicht auf das schiefe Bild, das dies seinen generellen Wertungen davon gab, welchen Begrenzungen das marinearchäologische Material unterworfen ist. In dieser späten Periode ist die Bauweise für die großen seefahrenden Schiffe gleichzeitig so internationalisiert, daß es schwierig sein kann, den Bauort eines Schiffes von den Beobachtungen der bewahrten Teile eines Schiffsbodens aus zu bestimmen. Dies schließt jedoch nicht aus, daß die Verhältnisse auch auf diesem Gebiet früher anders gewesen sein können, und daß Muckelroy sich auch hier zu absolut geäußert haben kann.

Prinzipiell ist es natürlich richtig, daß ein seefahrendes Schiff seine Tage weit ab von seinem Bauplatz beenden kann, aber in der Beziehung geht es den Schiffen genauso wie vielen anderen archäologischen Gegenstandsgruppen, z.B. Waffen, Schmucksachen und Handelswaren, die man auch weit weg vom Produktionsort finden kann. Für diese anderen Gruppen hat man durch genaue Studien von Produktionstechnik, Stilelementen, Verbreitungsmuster u.ä. die wichtigsten Typen und ihre Produktionsgebiete einkreisen und begrenzen können, und die Schiffsfunde können einer ganz entsprechenden analytischen Behandlung unterworfen werden[14].

Hier ist die ungleiche Verteilung der Schiffsfunde mit fast fundleeren Gebieten längs der Nordseeküsten natürlich ein Hemmschuh für die Analyse. Aber jeder einzelne Schiffsfund enthält eine Unzahl von Aufschlüssen über konstruktive Detaillösungen, Materialwahl usw., so daß selbst ganz wenige Schiffs-

---

[14] Crumlin-Pedersen 1985 A, Cederlund 1984.

funde einer bestimmten, gemeinsamen Bauart, die von anderen bekannten Bauweisen abweicht, innerhalb eines Gebiets die Sicherheit dafür geben kann, daß eine besondere Bautradition vorliegt.

Ich habe auf dieser Grundlage ein Modell dafür aufgestellt, wie sich die nordeuropäische Schiffbauerei in groben Linien in der frühgeschichtlichen Periode gestaltet hat. Mein Ausgangspunkt dazu ist teils die Arbeit mit den archäologischen Schiffsfunden, teils das Studium von Schiff- und Bootbautraditionen der neueren Zeit. Mein Interesse gilt speziell Beobachtungen von einigen grundlegenden Zügen bei der Tradierung der Schiffbaukunst von einer Generation zur nächsten und der Entwicklung unter dem Druck von neuen Materialien und Bedarf[15].

Dieses Studium führt nicht zu einer einzelnen, sondern zu einer ganzen Handvoll Traditionslinien, nach denen man in weit verschiedener Weise Boote gebaut hat. Diese Fahrzeuge finden ihre Form in vor- und frühgeschichtlicher Zeit längs Nordeuropas Küsten und Flüssen als Grundformen, gut geeignet für Kleinboote zum Gebrauch gerade in ihrer Region mit ihren besonderen Verhältnissen.

Vier von diesen Grundformen werden hier kurz erwähnt (Abb. 5). Die erste (A) ist das klinkergebaute Kielboot, das wir so gut von den nordischen, aber auch von den angelsächsischen und slawischen Funden kennen, und dessen

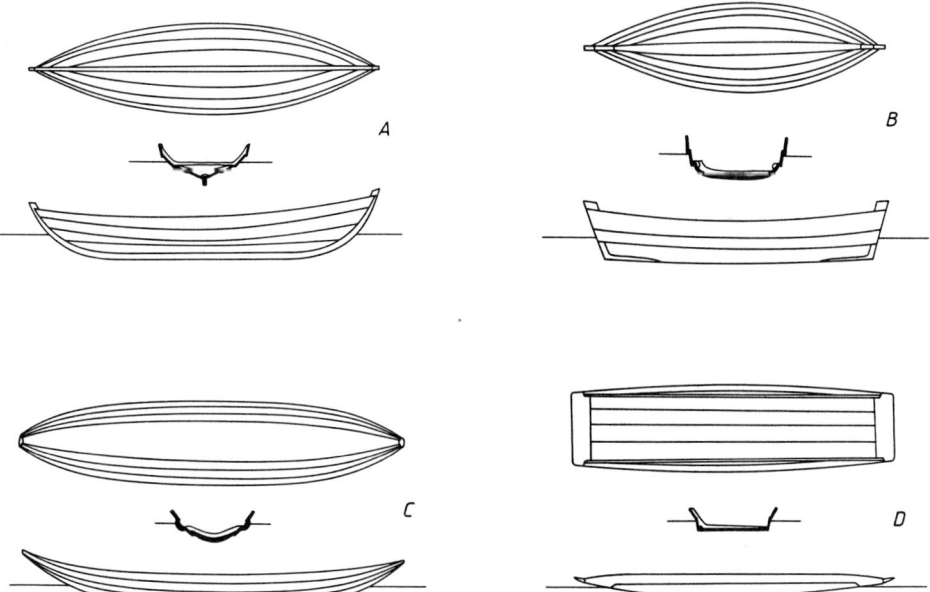

Abb. 5: Schematische Zeichnung von 4 frühgeschichtlichen nordeuropäischen Grundformen.

[15] Crumlin-Pedersen 1965, 1970/72, 1978.

nahe Verwandten, wie das Nordlandboot, noch heute längs Norwegens Küsten fahren. Die nächste (B) ist der Bootstyp mit geradem Steven und flachem Boden, den man von der mittelalterlichen Kogge wie auch in vereinfachter Ausgabe von dem *kaag*-Typ unserer Zeit kennt. Wir werden später auf diesen zurückkommen.

Nun folgt der Grundtyp (C) mit mäßig gebogenem Längs- und Querschnitt, über Planken aufgebaut, die durch die ganze Länge des Bootes verlaufen und an den Enden ohne eigentliche Steven zusammentreffen. Man kennt ihn von einem Fund in Utrecht aus dem 9. Jahrhundert und als Kleinboottyp von heute — und vieles deutet darauf hin, daß er im 13.—14. Jahrhundert die Grundlage für den zweiten Großschiffstyp der Hanseaten, den Hulk, bildet.

Der letzte der hier gezeigten Grundtypen (D) ist der flachbodige Prahmtyp. Man kann ihn in verschiedenen Gestaltungen über große Teile Europas als Fährboot und Lastenprahm von vorhistorischer Zeit bis heute verfolgen.

Es gab sicherlich andere Grundtypen von Booten in frühgeschichtlicher Zeit in Nordeuropa, die gebraucht wurden, z.B. lederbezogene Boote an mehreren Stellen um die britischen Inseln herum, aber wir kennen diese vier Grundtypen aus den archäologischen Funden sowie aus rezenten Bootstypen genauer. Sie sind in ihrer Ausformung so verschieden, daß man ohne weiteres sehen kann, zu welcher von diesen Grundformen ein gegebener Schiffsfund gerechnet werden soll, selbst wenn auch nur ein Teil des Schiffsbodens erhalten ist.

Funde von Fahrzeugen dieser Grundformen hat man an verschiedenen Stellen in Nordeuropa gemacht, wie aus Abb. 6 hervorgeht, die Funde bis zum Ende des 14. Jahrhunderts umfaßt.

Es ist aber auch wesentlich festzustellen, daß alle diese Traditionslinien innerhalb der Bootsbauerei sich bis in unsere Tage erhalten haben, mit Änderungen in der Werkzeugtechnik und der Materialwahl aber mit einer starken Kontinuität in den Konstruktionsprinzipien und in den Verbreitungsgebieten.

Daraus zeichnet sich folgendes Modell für die Entwicklung der Großschiffstypen in Nordeuropa in frühgeschichtlicher Zeit:

Als Grundlage für die Schiffbauerei erstrecken sich Jahrhunderte hindurch vier oder mehr sehr kontinuierte Bootsbautraditionen. Sie sind an bestimmte Gegenden mit spezifischen Besegelungsverhältnissen gebunden, die für gerade den oder die Bootstypen, die in diesen Bereichen gebaut werden, günstig sind.

Wenn politische und ökonomische Verhältnisse einen Bedarf für größere Fahrzeuge wie weitreichende Kriegsschiffe oder Frachtfahrzeuge erfordern, nimmt man dafür den Ausgangspunkt in dem Grundtyp, der die Basis für die Bootsbauerei in seinem eigenen Gebiet bildet. Jedoch werden die bisherigen, traditionellen Grenzen für die Größe der Boote schnell durch diese Ansprüche gesprengt, durch den Bedarf an größeren Schiffslängen für Kriegsschiffe oder für größere Lastfähigkeit bei Frachtschiffen. Um die neugeschaffenen Probleme zu lösen, wird man hierdurch zu Neukonstruktionen gezwungen, und hier ist man bereit, von der Großschiffbauerei innerhalb anderer Kulturkreise Impulse entgegenzunehmen. Man sieht es, als das nordische Schiff, vermutlich mit Inspiration von Westeuropa, geändert wird. Aus den älteren reinen Ruderfahrzeugen entstehen kombinierte Ruder- und Segelfahrzeuge zum Kriegsge-

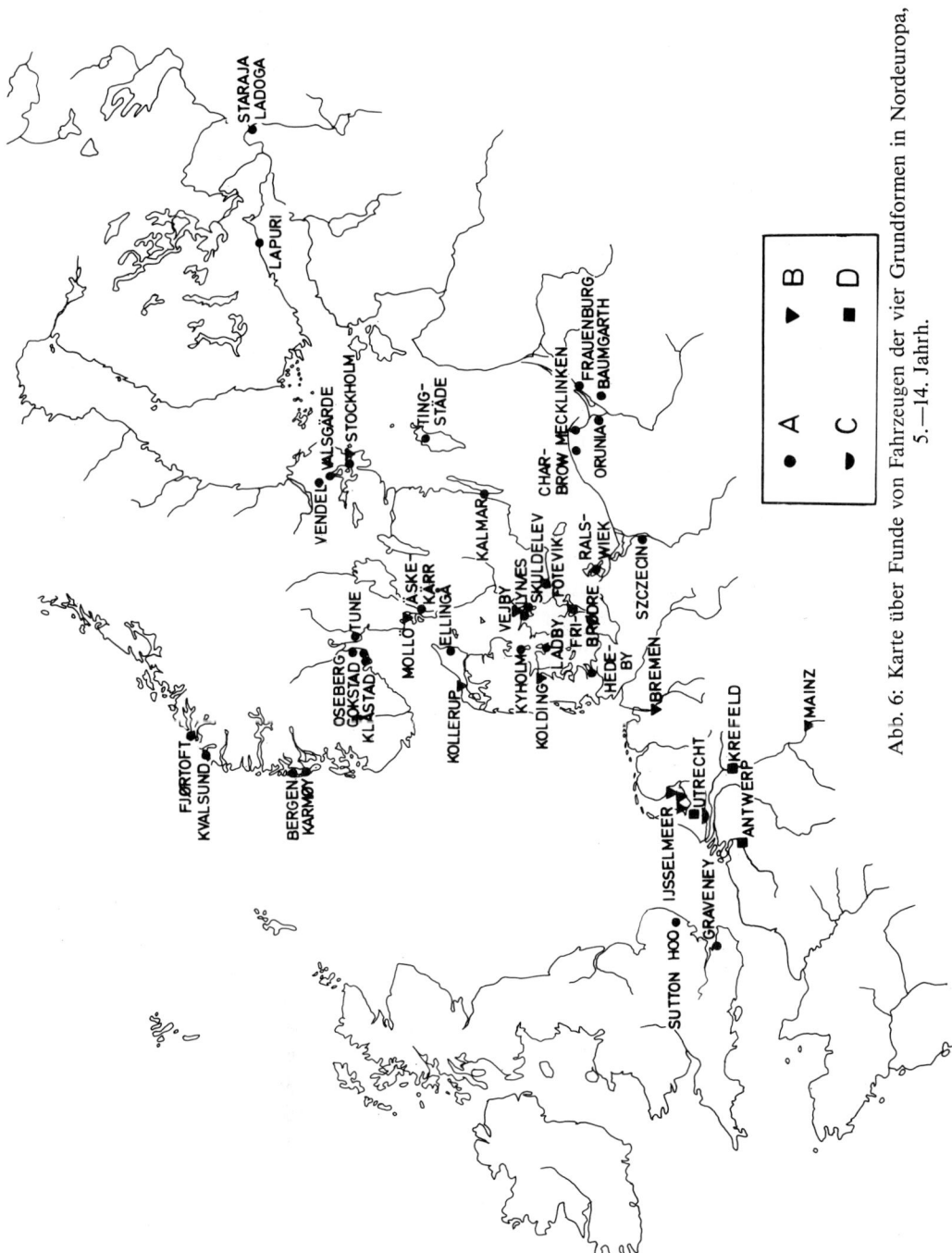

Abb. 6: Karte über Funde von Fahrzeugen der vier Grundformen in Nordeuropa, 5.–14. Jahrh.

brauch und reine Segelfahrzeuge als Lastschiffe. Und man sieht es in der konstruktiven Entlehnung, welche die Mittelalterkogge von den nordischen Schiffen übernimmt (das Kielschwein und die Klinkerbeplankung an den Schiffsseiten) oder die den umgekehrten Weg geht (imitierter Koggensteven in nordischen Schiffen). Im 15. Jahrhundert treten bestimmte Schiffe in den schriftlichen Quellen abwechselnd als Kogge und als Hulk auf. Dies zeigt, wie auch diese beiden, grundlegend verschiedenen Schiffstypen Züge von einander entlehnen, so daß man aus dem oberen Teil der Schiffe schwer sehen konnte, ob sie eigentlich vom Koggen- oder Hulk-Prinzip aus gebaut sind. Aber es bedeutet also nicht, daß es vom Anfang dieser Entwicklung an keinen Unterschied in den Bootstypen Kogge und Hulk gab. Ihre Bautraditionen gehen übrigens innerhalb der lokalen Bootsbauerei weiter, unangefochten von der konstruktiven Entwicklung der Großschiffstypen, denen sie den Namen geben.

Die Großschiffstypen wachsen also aus den wohldefinierten, lokalen Bootstypen heraus, entwickeln sich aber bald selbständig weiter, in Wechselwirkung mit anderen Großschiffstypen, so daß man am Ende des Mittelalters einen bedeutenden Grad von Internationalisierung der Großschiffbauerei erreicht hat. Aber im Mittelalter ist doch noch die Rede davon, daß die Großschiffstypen mit Sicherheit zu einem der hier gezeigten Grundtypen hingeführt werden können. Dies gibt keine eindeutige Bestimmung vom Bauplatz des Schiffes, denn Schiffe der klinkergebauten Hauptgruppe können nordisch, angelsächsisch oder slawisch sein, während sich die Koggenbauerei mit der deutschen Expansion an der Ostseeküste entlang nach Osten hin verbreitete, und gegen Westen und Süden mit dem Vordringen dieses Schiffstyps bis hinunter zum Mittelmeer.

Ein näheres Studium der angewendeten Holzsorten und konstruktiven Detaillösungen in den gefundenen Wracks gibt jedoch oft gute Anhaltspunkte, um den Bauort eines Schiffes genauer abzugrenzen. Dazu kommt, daß man hoffentlich in der Zukunft durch dendrologische Messungen am Schiffbauholz nicht nur dessen Alter sondern auch dessen Herkunftsbereich bestimmen kann.

Wenn dieses Wissen zur Bestimmung des Bauorts eines Schiffes ausgenutzt werden soll, muß man darauf Rücksicht nehmen, ob importiertes Holz, eher als lokales, zur Schiffbauerei gebraucht wurde, oder ob man Holz von abgewrackten Schiffen wiederverwendet hat.

Dies macht eine solche Analyse kompliziert aber in keiner Weise unmöglich. Aus der Konklusion her können wir auch nicht Muckelroys Aussage gutheißen, daß ein Schiffswrack keinerlei Aufschlüsse über seinen Bauort geben kann. In der frühgeschichtlichen Periode kann es eindeutig zu einer konstruktiven Grundform hingeführt werden, und bei Detailanalysen kann die Frage über den Bauort näher beleuchtet werden.

Diese Beispiele und Betrachtungen haben hoffentlich dazu gedient, um zu zeigen, daß die Schiffsfunde nicht als freischwebende Raumkapseln gesehen werden sollen, sondern als ein integrierter Teil des archäologischen Gesamtbildes. Sie ermöglichen uns nun zulctzt, dic Entwicklung der Frachtschiffe für große Fahrt innerhalb des nordischen Gebiets und auch die Geschichte des Koggentyps näher zu studieren.

Der Ausgangspunkt ist der Skuldelevfund, mit zwei wohlbewahrten und gut dokumentierten Handelsschiffen von etwa 1000, die zum ersten Mal die Möglichkeit geben, um zu zeigen, wie zwei Lastschiffe aus der späten Wikingerzeit gebaut waren und was sie tragen konnten[16].

Die Ladefähigkeit dieser Schiffe kann dadurch bestimmt werden, daß man die Wasserverdrängung bei unterschiedlichem Tiefgang berechnet, und dann das Gesamtgewicht des verdrängten Wassers mit dem Gewicht von Schiffsrumpf und Ausrüstung reduziert. Am Gleichgewichtspunkt liegt die Wasserlinie des leeren Schiffes; bei größerem Tiefgang wird eine entsprechende Ladefähigkeit erreicht. Es ist unbekannt, wie tief man normalerweise die Frachtschiffe der Wikingerzeit beladen hat, aber in der isländischen Gesetzsammlung *Grágás* aus dem 13. Jahrhundert wird angegeben, daß 2/5 der Schiffshöhe mittschiffs über Wasser sein soll, wenn ein vollbeladenes Schiff auf Hochseefahrt ausläuft[17]. Um einen standardisierten Ausgangspunkt für die Berechnungen zu erhalten, wird hier diese Grágás-Regel für alle Handelsschiffe benutzt.

Das Schiff Skuldelev 3 ist das kleinste der beiden Frachtschiffe des Skuldelevfundes. Es ist ca. 14 m lang, 3,4 m breit und 1,36 m tief und aus Eiche gebaut (Abb. 7). Die Ähnlichkeiten zwischen den Details der ursprünglichen Bauweise und denen der Reparaturen unterstützen den Eindruck, daß dieses Schiff seinen Bauort sowie seinen Heimathafen an den Ufern der Roskilder Förde hat. Es ist so wohlerhalten, daß vollständige Rekonstruktionszeichnungen ausgearbeitet werden konnten, die nur in ganz wenigen Punkten auf Parallelen zu anderen Funden basiert werden mußten.

In dieser oben beschriebenen Weise berechnet, erhalten wir eine Gesamtverdrängung vom Rumpf des Skuldelev 3-Schiffes von 7,6 m³ bei einem Tiefgang von 84 cm, bei dem das Freibord 2/5 der Mittelschiffshöhe ist. Nehmen wir an, daß das Gewicht des ausgerüsteten Schiffes 3 Tonnen beträgt, bleibt der Auftrieb von 4,6 m³ Wasser, um eine volle Last zu tragen. Diese konnte also bis ca. 4,6 Tonnen oder knapp 5 Tonnen für dieses Schiff ausmachen.

Das andere Lastschiff im Skuldelevfund ist Wrack 1, es ist 16,8 m lang, d.h. nur wenig länger als Skuldelev 3, aber bedeutend kräftiger und geräumiger gebaut (Abb. 8). Mit seinen großen Planken und Knien aus Kiefernholz kann dieses Schiff nicht innerhalb der heutigen Grenzen Dänemarks gebaut worden sein, es ist vermutlich aus Westnorwegen, wo Parallelfunde bekannt sind und wo das nötige Holzmaterial vorhanden war. Auch in diesem Fall ist das Schiff so wohlerhalten, daß eine sichere Rekonstruktion in Zeichnung möglich ist.

Wenn wir die Ladefähigkeit für Skuldelev 1 in gleicher Weise wie für das Skuldelev 3-Schiff berechnen, kommen wir, mit einem Gewicht des voll ausgerüsteten Schiffes von 10 Tonnen, zu einer Ladefähigkeit von 24 Tonnen, also

---

[16] Olsen & Crumlin-Pedersen 1969/78, Crumlin-Pedersen 1985 C.
[17] Falk 1912, S. 30.

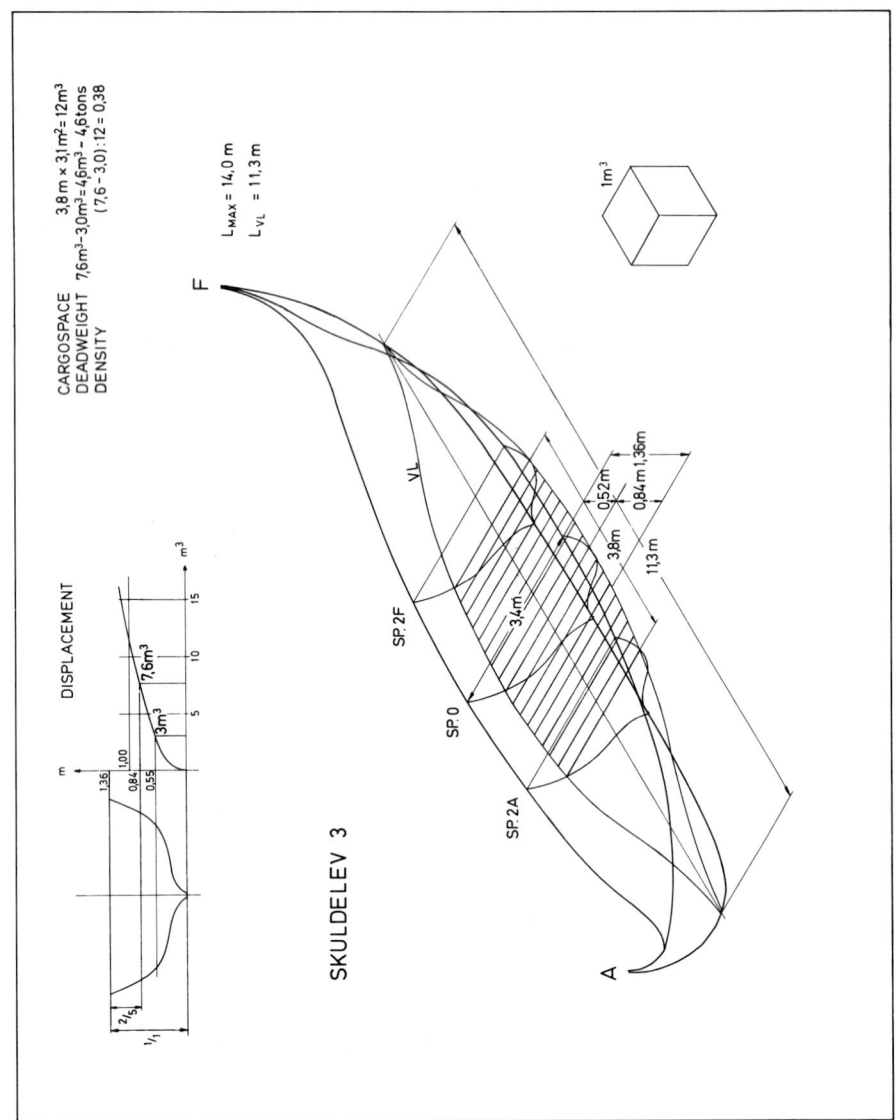

SKULDELEV 3

CARGOSPACE   3,8 m × 3,1 m² = 12m³
DEADWEIGHT 7,6m³–3,0m³=4,6m³ ~ 4,6tons
DENSITY   (7,6–3,0):12 = 0,38

L_{MAX} = 14,0 m
L_{VL} = 11,3 m

DISPLACEMENT

1m³

Abb. 7: Isometrische Zeichnung vom Skuldelev 3-Schiff mit Deplacementskurve. Der Lastraum des Schiffes streckt sich von Spant 2A bis 2F.

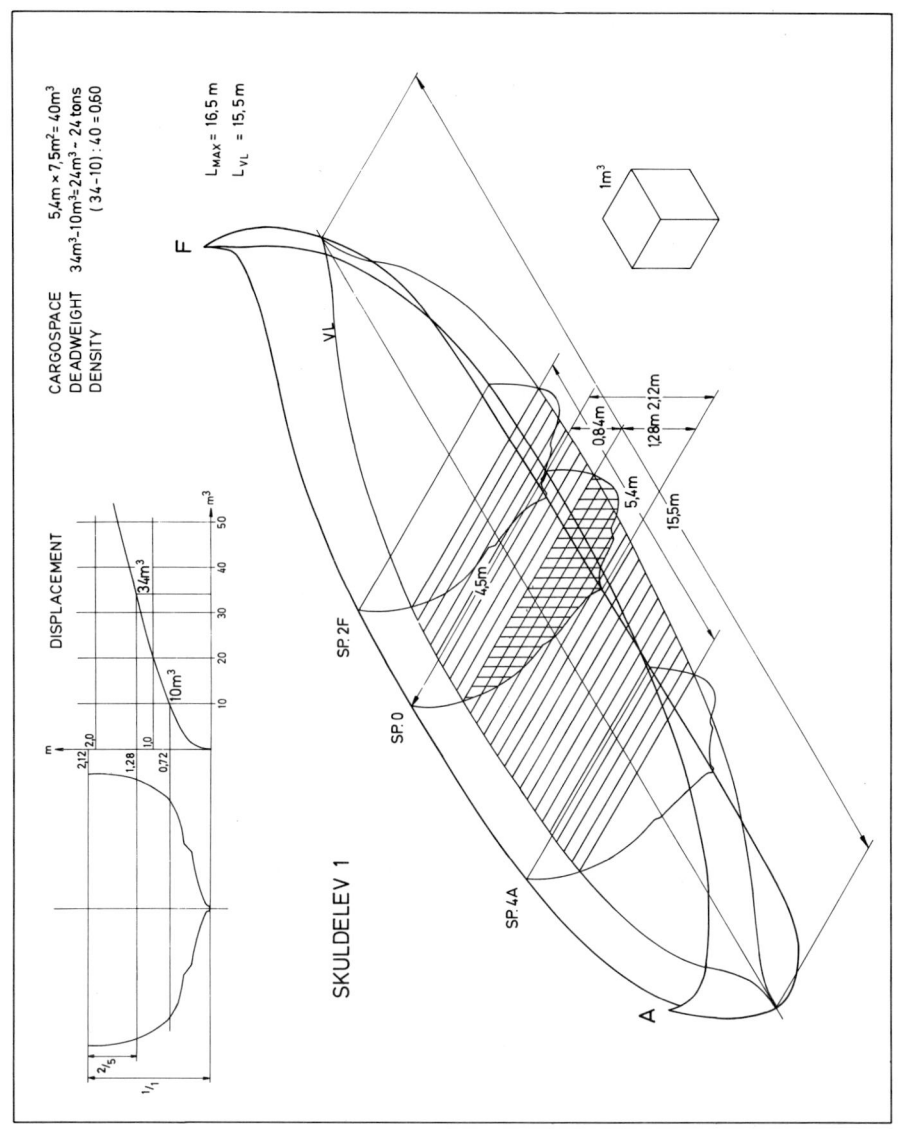

Abb. 8: Isometrische Zeichnung vom Skuldelev 1-Schiff mit Deplacementskurve. Der Lastraum des Schiffes streckt sich von Spant 4A bis 2F.

gut fünfmal soviel wie für Skuldelev 3. Das kleinere Schiff erfordert eine Besatzung von fünf Mann als Minimum und das größere sechs Mann, was eine Ladefähigkeit von 1 bzw. 4 Tonnen pro Mann für die beiden Schiffe gibt.

Diese Besatzungsangaben sind auf praktischen Erfahrungen basiert, die in den Jahren 1983—86 erworben sind, mit Kopien im Maßstab 1:1 von diesen beiden Schiffen. In der Wikingerschiffshalle in Roskilde wurde 1982—84 eine genaue Kopie von Skuldelev 3, die ROAR EGE, gebaut. Dieses Bauprojekt war ein wichtiger Teil eines umfassenden, archäologischen Experiments zur Erforschung aller Aspekte dieses Schiffes, um Bautechnik, Takelung, Seetüchtigkeit usw. zu erproben. Die bisherigen Probefahrten mit diesem sind sehr erfolgreich verlaufen[18].

Auch von Skuldelev 1 ist eine gute Kopie gebaut worden, und zwar mit modernem Werkzeug. Dieses Schiff, die SAGA SIGLAR, wurde 1982—83 auf einer alten Werft in Bjørkedal in Norwegen nach Anweisungen der Wikingerschiffshalle in Roskilde gebaut. Der norwegische Journalist und Abenteurer Ragnar Thorseth hat 1984—86 mit diesem Schiff eine Reise um die Welt durchgeführt und dabei die eminente Seetüchtigkeit dieses Schiffstyps demonstriert[19].

Diese beiden Rekonstruktionen entsprechen damit funktionellen Schiffstypen aus dem südskandinavischen Raum im 11. Jahrhundert, und die Angaben von Ladefähigkeiten dieser Schiffe müssen bei den Erwägungen über Art und Umfang des Seehandels in der späten Wikingerzeit mit einbezogen werden.

Eine Ladefähigkeit von 24.000 kg wie bei Skuldelev 1 ist recht viel, wenn wir versuchen, das Schiff mit den Handelswaren zu füllen, die man gewöhnlich in Verbindung mit dem Handel in der Wikingerzeit diskutiert, d.h. Halbfabrikate und fertige Produkte, nicht zuletzt Luxuswaren. Wenn auch schwere Lasten wie Wetzsteine, Gefäße aus Speckstein, Eisenbarren und lebendes Vieh mit einbezogen werden, bleibt noch viel Tonnage übrig, die wohl zum Transport von Massengut wie Bauholz, Korn und Fisch bestimmt war.

Dies wurde durch den Fund eines Wracks im Hafen von Haithabu 1981 ganz markant. Es handelt sich um ein mindestens 25 m langes und ca. 6 m breites Handelsschiff (Abb. 9), das eine große Knarr aus dem Ende der Wikingerzeit gewesen sein muß[20]. Eine vorsichtige Berechnung dieses Schiffes gibt eine Tonnage von Minimum 38 Tonnen, — und die steigende Tendenz setzt sich mit dem erwähnten Lynæsschiff aus der Mitte des 12. Jahrhunderts fort, das zu einer Ladefähigkeit von ca. 60 Tonnen berechnet ist.

Diese Tendenz zu ständig steigenden Größen für die nordischgebauten Hochseeschiffe kulminiert um 1300 in dem großen Schiff von der Brücke in Bergen, das schätzungsweise ca. 150 Tonnen geladen hat.

Gleichzeitig mit diesen ständig erhöhten Schiffsgrößen, die man aus den Funden von Großschiffen ersehen kann, kommen in denselben Jahrhunderten auch kleine Frachtschiffe von der Größe wie Skuldelev 3 vor. Das gilt z.B. bei

---

[18] Crumlin-Pedersen 1986, Vinner 1986.
[19] Thorseth 1986, Crumlin-Pedersen 1987.
[20] Crumlin-Pedersen 1985 C.

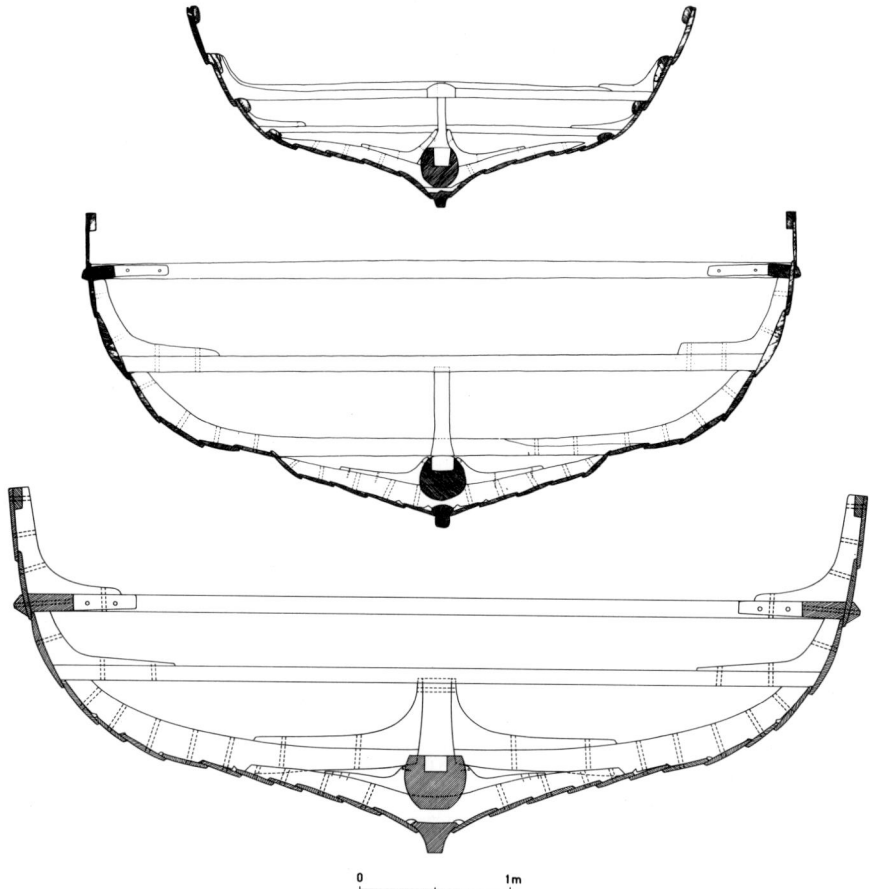

Abb. 9: Querschnitt mittschiffs für die Frachtschiffe Skuldelev 3, Skuldelev 1 und Haithabu 3.

den Funden von Galtabäck und Kalmar 1, die beide eine Ladefähigkeit von 13—15 Tonnen aufweisen. Dies zeichnet das Muster einer Spezialisierung von Schiffen für Küstenfahrt gegenüber Hochseeschiffahrt, die schon in der Wikingerzeit beginnt. Sie zeigt sich aber besonders kräftig in den folgenden Jahrhunderten mit stark erhöhten Größen bei den Hochseeschiffen (Abb. 10).

Dem gegenüber stehen die lokalen Küstenfahrer, die eine Mittelgröße von 10—12 Lasttonnen haben, die sie ungeändert Jahrhunderte hindurch halten. Spezialisierung in zwei Schiffstypen für Hochseefahrt bzw. für lokale Küstenfahrt läßt vermuten, daß auch verschiedenartige soziale Strukturen hinter den beiden Frachtfahrt-Typen stehen.

Wie alt ist wohl die grundlegende Abspaltung von Lastschiffen als ein gesonderter, funktionell bedingter Schiffstyp im Norden? Diese Frage hat einen klaren Zusammenhang mit den Fragen über den Charakter des Waren-

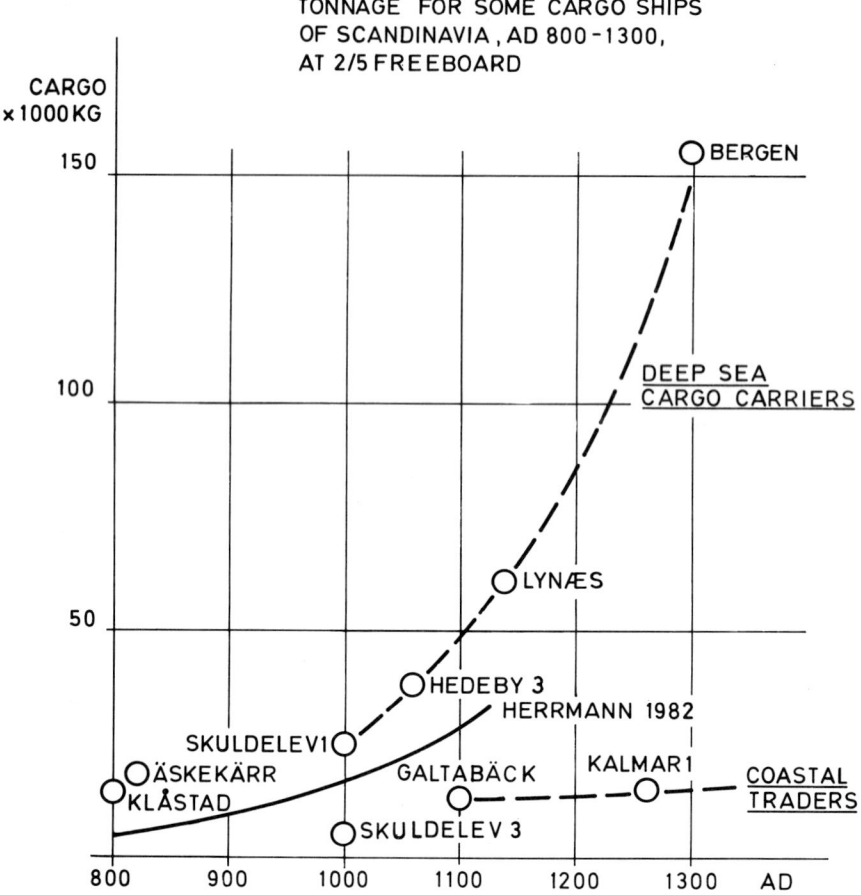

Abb. 10: Lastfähigkeit für einige mittelalterliche nordische Schiffswracks, von 2/5 Freibord und den vorliegenden Aufschlüssen über Rumpfform und Hauptdimensionen aus berechnet. Die Zahlen für die Ladefähigkeit und die Datierungen sind mit bedeutender Unsicherheit behaftet, man sieht aber deutlich eine klar dokumentierte Aufspaltung in Schiffe für Küstenfahrt bzw. Hochseefahrt spätestens um das Jahr 1000.

austauschs, — seit wann besteht im Norden ein markt-orientierter Handel? Die ältesten, sicheren Zeugnisse sind zwei Wrackfunde aus dem 9.—10. Jahrhundert: das in der Nähe von Kaupang in Südnorwegen gefundene Klåstad-Schiff[21] und das Äskekärr-Schiff[22] vom Götaelv in Westschweden. Für beide gilt, daß sich eine gewisse Unsicherheit an ihre Datierung knüpft wie auch an die Rekonstruktionsvorschläge, die für beide Schiffe vorgelegt sind. Es steht jedoch fest, daß beide Schiffe 16—18 m lange Handelsschiffe mit einer Lade-

---

[21] Christensen & Leiro 1976, Christensen 1979.
[22] Humbla 1934, Haasum 1974, S. 37—39.

fähigkeit von ca. 20 Tonnen sind, die in der frühen Wikingerzeit gebaut wurden. Weiter zurück können wir aber mit den heutigen Funden nicht kommen. Wie wir gesehen haben, kann dies wohl damit zusammenhängen, daß vorwikingerzeitliche Wrackfunde noch so selten sind. Wir sind fast ausschließlich auf Grab- und Moorfunde hingewiesen, bei denen man nicht erwarten kann, daß sie uns diesen Typ zeigen. Aber das ist also kein Beweis dafür, daß das Frachtschiff nicht schon früher im Norden existiert haben kann.

Es ist eine wichtige und noch ungelöste Frage, ob es im Norden eigentliche Lastschiffe in der Römerzeit und in der Völkerwanderungszeit gab. Um diese zu lösen, ist es jedoch notwendig, neue Funde abzuwarten und eventuell selbst potentielle Fundstätten aufzusuchen. In Westeuropa gibt es mehrere Schiffsfunde aus der Römerzeit, die eindeutig als Frachtfahrzeuge zur Fahrt auf offenem Meer und in den Flußmündungen bestimmt sind, sie sind in römischer sowie in „keltischer" Bauweise[23]. Auch vom 9.—10. Jahrhundert gibt es hier Frachtschiffsfunde wie Utrecht[24] und Graveney[25], die jedoch keine Verwandtschaft mit den konstruktiven Merkmalen der römerzeitlichen Funde haben, sich aber an die oben genannten Grundtypen „Holk" und „Klinkerboot" anschließen.

Hinsichtlich des Koggentyps sind innerhalb der späteren Jahre so wesentliche neue Funde gemacht worden, daß es jetzt möglich ist, einige Hauptlinien in der Historie dieses Schiffstyps zu zeichnen. Der entscheidende Fund, durch den man das Aussehen der voll entwickelten Mittelalterkogge kennenlernen konnte, war die Bremer-Kogge von etwa 1380, die 1962 gefunden wurde und die heute im Schiffahrtsmuseum in Bremerhaven ausgestellt ist[26]. Die Bremer-Kogge entspricht dem breiten, hohen Schiff, das von den mittelalterlichen Stadtsiegeln so gut bekannt ist, mit dem charakteristischen, flachen Boden und den hohen Seiten, die zusammen mit den geraden Steven die wichtigsten Kennzeichen des späten Koggen-Typs sind.

Seit dem Fund der Bremer-Kogge sind verschiedene andere Mittelalter-Koggen ausgegraben worden, aber nur eine von diesen, die 20 m lange Kollerup-Kogge, die 1978 in Nordjütland gefunden und ausgegraben wurde, ergibt wesentlich Neues über die Entwicklung des Schiffstyps[27]. In den schriftlichen Quellen tritt die Kogge als Hochseeschiff erstmalig um 1200 auf, und es sind viele Diskussionen darüber geführt worden, inwiefern der Typ eine hanseatische Erfindung war, oder ob er sich aus einem älteren, friesischen Schiffstyp, cog, entwickelt hat, dessen Namen man aus mehreren friesischen Texten aus dem 9. und 10. Jahrhundert herauslesen kann: in den Glossen cog-scult und cokingi[28]. Diese Texte beziehen sich jedoch offenbar auf die Organisation der Küstenverteidigung, und die cog dürfte deshalb in diesem Zusammenhang eher ein Kriegsschiff als ein Frachtschiff sein.

---

[23] Ellmers 1969, Marsden 1977.
[24] v.d. Wijk 1933, Philipsen 1965.
[25] Fenwick 1978.
[26] Kiedel & Schnall 1982.
[27] Crumlin-Pedersen 1979 B, Andersen 1983.
[28] Heinsius 1956, S. 70, Fliedner 1969, S. 39ff., Ellmers 1972, S. 70—71.

Die Kollerup-Kogge muß um 1200 oder im frühen 13. Jahrhundert gebaut worden sein. Sie verunglückte an der Nordküste Jütlands auf der Reise zwischen ihrem Heimatort, vermutlich am Unterlauf des Rheines, und den inneren dänischen Gewässern oder dem Ostseebereich. Der große Schonenmarkt mit seinem Austausch von Waren zwischen der Ostsee und den Nordseegebieten ist ein wahrscheinliches Ziel für diese abgebrochene Reise.

Der glattgebaute Boden und die geraden Steven zeigen deutlich, daß dieses Wrack eine Kogge ist, wenn sich ihre Ausformung auch in vielen Beziehungen von den späteren Mittelalter-Koggen unterscheidet. So ist die Kollerup-Kogge weit schmaler im Verhältnis zu ihrer Länge (L:B = 4,4:1) als die Bremer-Kogge (L:B = 2,8:1). Auch die Ausformung der Steven und der Mastspur variiert, die letztere noch dazu in einer Weise, die dazu beiträgt, die Verbindung nach rückwärts zu knüpfen (Abb. 11). Gerade diese charakteristische Form des Mastspants, die in späteren Koggenfunden nicht auftritt, hat ganz nahe Parallelen in einigen Fahrzeugen, die in Mainz, Brügge und London gefunden und innerhalb der ersten vier Jahrhunderte n. Chr. datiert sind[29]. Diese römerzeitlichen Schiffe haben auch andere Züge, die sie mit den späteren Koggefunden verbinden. Dies gilt besonders dem Mainz-Fund, wo Teile von ca. 10 Fahrzeugen von etwa 400 n. Chr. im Winter 1981—82 unter schwierigen Verhältnissen ausgegraben wurden[30]. Obwohl man hier von den „Mainzer Römerschiffen" spricht, ist nicht die Rede von Schiffen, die in Übereinstimmung mit römischer Bausitte gebaut sind. Der Hauptteil sind schmale Kriegsschiffe, als relativ leichte Konstruktionen gebaut, vielleicht zum Gebrauch für die Flotte der Römer, aber auf einer Bautradition basierend, die man für gewöhnlich keltisch nennt, als Ausdruck für ihren abweichenden Charakter von sowohl mediterran-römischer als germanisch-nordischer Bautradition.

Trotz der Altersunterschiede von 800 Jahren sind die gemeinsamen Züge zwischen den Mainz-Schiffen und der Kollerup-Kogge so markant, daß man sagen kann, es wäre eine geringere Veränderung von Mainz bis Kollerup als bei dem Sprung von Kollerup bis Bremen von knapp 200 Jahren. Es sieht also aus, daß die Kollerup- und Mainz-Funde zusammen uns eine Lösung in dem alten Streit über den Ursprung des Koggentyps andeuten können, ein Modell für die Entwicklung, das eine vernünftige Erklärung für die schriftlichen wie auch die archäologischen Zeugnisse geben kann:

Innerhalb des keltischen Kulturkreises entwickelte sich am Unterlauf des Rheines eine Bootsbautradition, auf technischen Lösungen basierend, wie wir sie bei den Mainz- und Brügge-Fahrzeugen sehen. Diese könnten als Kriegs- wie auch als Frachtschiffe auf den Flüssen verwendet werden, aber auch Schiffe für weite Fahrt könnten auf diese Weise gebaut werden, wie der Blackfriars-Fund in London zeigt. Die Friesen übernahmen diese Tradition für die Schiffbauerei und verwendeten sie gleichlaufend mit der Hulk-Tradition, so daß man für die weitere Fahrt nach England hulkähnliche Schiffe baute und

---

[29] Mainz: Höckmann 1982, Rupprecht 1982. Brügge: Marsden 1976. London: Marsden 1967.
[30] Höckmann 1982, Rupprecht 1982.

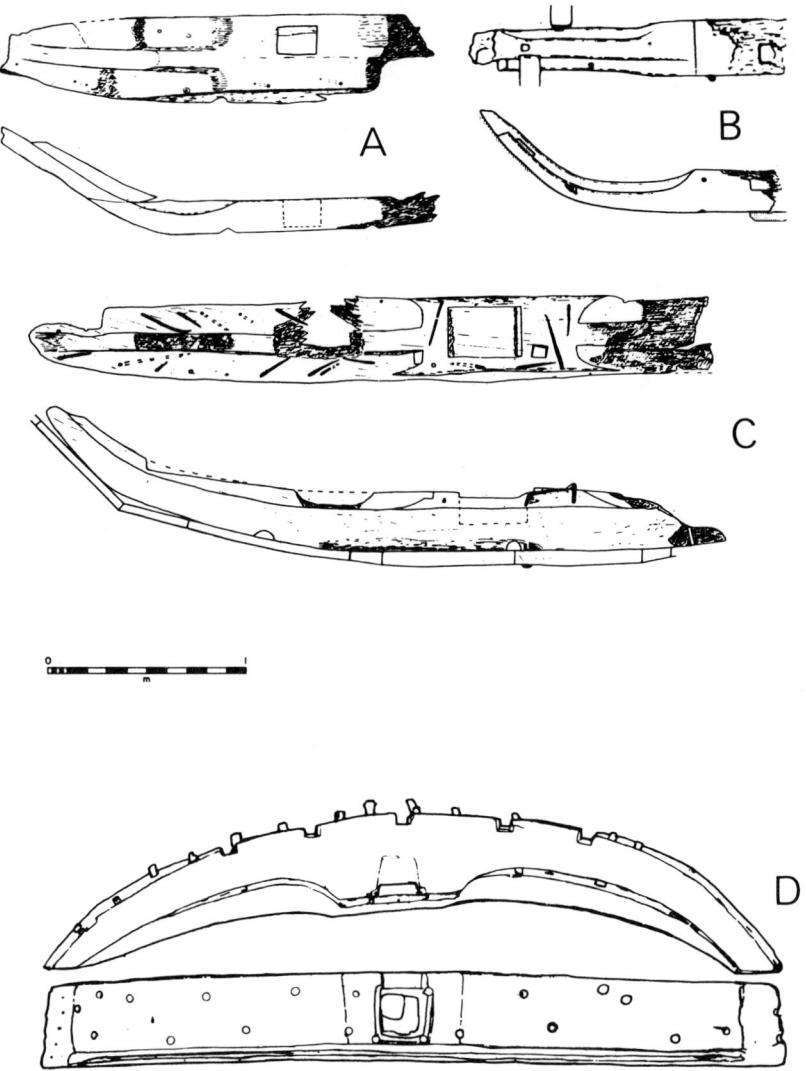

Abb. 11: Spanten mit Mastspur und Stützsprossen. **A:** Brügge (2. Jahrh.), **B:** Mainz (um 400), **C:** Blackfriars, London (2. Jahrh.), **D:** Kollerup (12. Jahrh.)

für die Küstenfahrt im Nordseegebiet und vielleicht ins Ostseegebiet hinein durch den Limfjord den *cog*-Typ als Frachtschiff anwendete. Als Küstenverteidigung gegen die vordringenden Wikinger gebrauchte man daheim Kriegsschiffe vom *cog*-Typ; diese Schiffe waren vermutlich den Mainz-Kriegsschiffen sehr ähnlich. Mit dem Anwachsen der ersten Hansestädte um 1200 wählte man diesen friesischen Schiffstyp, der speziell zum Gebrauch im Wattenmeer geeignet war. Dieser bildete die Grundlage für die Entwicklungsarbeit, die nötig war, damit die hansischen Koggen, was Ladefähigkeit und Seetüchtigkeit betrifft, dieselbe Höhe wie die nordischen Schiffe der damaligen Zeit erreichen konnten, — was sie erst um 1300 geschafft hatten.

Die Schiffsfunde können also nicht die allgemeine Auffassung unterstützen, daß die Kogge im 13. und 14. Jahrhundert als Nordeuropas dominierendes Hochseeschiff kraft ihrer Überlegenheit in technischer Hinsicht den Vorsprung über die nordischen Schiffstypen bekam. Ökonomisch-politische und nicht schiffstechnische Ursachen müssen dahinter liegen, wenn die Führerstellung, welche die nordische Schiffahrt Jahrhunderte hindurch im Ostseegebiet einnahm, im Laufe des 13. Jahrhunderts von der Kogge übernommen wurde[31].

Es werden jedoch auch in Zukunft noch weitere Schiffsfunde nötig sein, ehe wir den hier angedeuteten Entwicklungsverlauf für gesichert ansehen können. Die zukünftigen Funde werden hoffentlich auch dazu beitragen, uns ein besseres Bild von dem technischen Hintergrund für die sehr umstrittene, friesische Schiffahrt zu geben.

Literaturnachweis

Andersen, Per Kohrtz, 1983: Kollerupkoggen. Thisted.

Brøgger, A. W. & Haakon Shetelig, 1950/1951: Vikingeskipene — deres forgjengere og etterfølgere, Oslo 1950; The Viking Ships — their Ancestry and Evolution, Oslo 1951.

Cederlund, Carl Olof, 1984: A Systematic Approach to the Study of the Remains of old Boats and Ships. McGrail (Hg.) Aspects of Maritime Archaeology and Ethnography, S. 173—209, London.

Christensen, Arne Emil & Gunnar Leiro, 1976: Klåstad-skipet. Vestfoldminne 1976. Tønsberg.

Christensen, Arne Emil, 1979: Klåstad-skipet — utgravning og restaurering. Det norske Videnskaps-Akademis årsbok 1979, S. 1—6, Oslo.

Crumlin-Pedersen, Ole, 1965: Cog — Kogge — Kaag. Træk af en frisisk skibstypes historie. Handels- og Søfartsmuseet på Kronborg, årbog 1965, S. 81—144, Helsingør.

Crumlin-Pedersen, Ole, 1970/1972: Skind eller træ? En studie i den nordiske plankebåds konstruktive oprindelse. Sømand, fisker, skib og værft, S. 213—239, København 1970; Skin or Wood? A Study of the Origin of the Skandinavian Plank Boat. Ships and Shipyards, Sailors and Fishermen, S. 208—234, Copenhagen 1972.

Crumlin-Pedersen, Ole, 1978: The Ships of the Vikings. The Vikings. Proceedings of the Symposium of the Faculty of Arts of Uppsalas University, S. 32—41, Uppsala.

Crumlin-Pedersen, Ole, 1979 A: Lynæsskibet og Roskilde Søvej. Birkebæk (Hg.) 13 bidrag til Roskilde by og egn's historie, S. 64—77, Roskilde.

Crumlin-Pedersen, Ole, 1979 B: Danish Cog-finds. McGrail (Hg.) The Archaeology of Medieval Ships and Harbours of Northern Europe. BAR Int. Series 66, S. 17—34, Oxford.

Crumlin-Pedersen, Ole, 1981: Skibe på havbunden. Vragfund i danske farvande fra perioden 600—1400. Handels- og Søfartsmuseet på Kronborg, årbog 1981, S. 28—65, Helsingør.

---

[31] Crumlin-Pedersen 1983.

Crumlin-Pedersen, Ole, 1983: From Viking Ships to Hanseatic Cogs. Third Paul Johnson Memorial Lecture. London.

Crumlin-Pedersen, Ole, 1983/1984: Skibe, sejlads og ruter hos Ottar og Wulfstan. Lund (Hg.) Ottar og Wulfstan, to rejsebeskrivelser fra vikingetiden, S. 32—44, Roskilde 1983; Ships, Navigation and Routes in the Reports of Ohthere and Wulfstan. Lund (Hg.) Two Voyagers at the Court of King Alfred, S. 30—42, York 1984.

Crumlin-Pedersen, Ole, 1985 A: Wrecks as a Source for Ships and Sea Routes. 5th International Congress of Maritime Museums Proceedings 1984, S. 67—73, Hamburg.

Crumlin-Pedersen, Ole, 1985 B: Ship Finds and Ship Blockages AD 800—1200. Kristiansen (Hg.) Archaeological Formation Process, S. 215—228, Copenhagen.

Crumlin-Pedersen, Ole, 1985 C: Cargo Ships of Northern Europe AD 800—1300. Proceedings of the Second Waterfront Archaeology Conference, Bergen 1983, S. 83—93, Bergen.

Crumlin-Pedersen, Ole, 1986: The „Roar"-Project. Sailing into the Past, S. 94—13, Roskilde.

Crumlin-Pedersen, Ole, 1987: Aspects of Viking Age Shipbuilding. Journal of Danish Archaeology 5, Copenhagen.

Ellmers, Detlev, 1969: Keltischer Schiffbau. Jahrbuch des Römisch-Germanischen Zentralmuseums 1969, S. 73—122, Mainz.

Ellmers, Detlev, 1972: Frühmittelalterliche Handelsschiffahrt in Mittel- und Nordeuropa. Neumünster.

Engelhardt, Conrad, 1865: Nydam Mosefund 1859—1863. Kjøbenhavn.

Engelhardt, Conrad, 1866 A: Denmark in the Early Iron Age. London.

Engelhardt, Conrad, 1866 B: Nydambaaden og Nordlandsbaaden. Aarbøger for nordisk Oldkyndighed og Historie. Kjøbenhavn.

Falk, Hjalmar, 1912: Altnordisches Seewesen. Wörter und Sachen, Bd. IV, S. 1—122, Heidelberg.

Fenwick, Valerie, 1978: The Graveney Boat. BAR British Series 53 1978. Oxford.

Fliedner, Siegfried, 1969: „Kogge" und „Hulk". Ein Beitrag zur Schiffstypengeschichte. Die Bremer Hanse-Kogge, S. 39—121, Bremen.

Haasum, Sibylla, 1974: Vikingetidens segling och navigation. Theses and Papers in North-European Archaeology 4, Stockholm.

Heinsius, Paul, 1956: Das Schiff der hansischen Frühzeit. Weimar.

Henningsen, Henning, 1984: Vogt jer for Lappesand! Om læsekort og deres beskrivelser af danske farvande. Handels- og Søfartsmuseet på Kronborg, årbog 1984, S. 56—99. Helsingør.

Humbla, Ph. 1934: Båtfyndet vid Äskekärr. Göteborgs och Bohusläns fornminnesförenings tidsskrift, S. 1—21, Göteborg.

Humbla, Ph. 1937: Förhistoriskt klinkbygge. Galtabäcksbåten och dens rekonstruktion. Galtabäcksbåten och tidigt båtbyggeri i Norden. Göteborg.

Höckmann, Olaf, 1982: Spätrömische Schiffsfunde in Mainz. Archaeologisches Korrespondenzblatt 12, H. 2, S. 213—250, Mainz.

Jørgensen, Ove, 1985: Alfred den Store. Danmarks geografi. Odense.

Kiedel, Klaus-Peter & Uwe Schnall, 1982: Die Hanse-Kogge von 1380. Bremerhaven.

Liebgott, Niels-Knud, 1979: Telt, hytte, bod. Strejflys over Danmarks bygningskultur. Festskrift til Harald Langberg, S. 9—22, København.

Lienau, Otto, 1934: Die Bootsfunde von Danzig-Ohra aus der Wikingerzeit, Danzig.

Marsden, Peter, 1967: A ship of the Roman period, from Blackfriars, in the City of London. London.

Marsden, Peter, 1976: A boat from the Roman period, found at Bruges, Belgium, in 1899, and related types. The International Journal of Nautical Archaeology 5.1, S. 23—55.

Marsden, Peter, 1977: Celtic Ships of Europe, McGrail (Hg.) Sources and Techniques in Boat Archaeology BAR Supp. Series 29, S. 281—288, Oxford.

Muckelroy, Keith, 1978: Maritime Archaeology. New Studies in Archaeology. Cambridge.

Müller-Wille, Michael, 1970: Bestattung im Boot. Offa 1968—69. S. 5—203. Neumünster.

Nicolaysen, N., 1882: Langskibet fra Gokstad ved Sandefjord/The Viking Ship discovered at Gokstad in Norway. Christiania.

Olsen, Olaf & Ole Crumlin-Pedersen, 1969/78: Fem vikingeskibe fra Roskilde Fjord, Roskilde 1969; Fünf Wikingerschiffe aus Roskilde Fjord, Kopenhagen 1978.

Philipsen, J. P. W., 1965: The Utrecht Ship. The Mariner's Mirror, Vol. 51,1. S. 35—46.

Rupprecht, Gerd (Hg.), 1982: Die Mainzer Römerschiffe. Mainz.

Schnall, Uwe, 1975: Navigation der Wikinger. Schriften des Deutschen Schiffahrtsmuseum, Band 6. Oldenburg / Hamburg.

Schnall, Uwe, 1981: Der Schiffahrtsweg von Skiringssal/Kaupang nach Haithabu in der frühen Wikingerzeit. Deutsches Schiffahrtsarchiv 4, S. 169—182. Oldenburg.

Sundt, Eilert, 1865: Nordlandsbaaden. Folkevennen, Christiania. Neuausgabe: Verker i utvalg 7. På havet, S. 203—228. Oslo 1976.

Thorseth, Ragnar, 1986: Operation Viking. Sailing into the Past, S. 78—81, Roskilde.

Vinner, Max, 1986: Recording the Trial Run. Sailing into the Past, S. 220—224. Roskilde.

v.d. Wijk, P. H., 1933: Beschouwingen over het utrechtsche schip. Jaarboekje van „Oud-Utrecht", S. 28—47, Utrecht.

Manuskript abgeschlossen im Mai 1986.

Untersuchungen zu Handel und Verkehr der vor- und frühgeschichtlichen Zeit in Mittel- und Nordeuropa

Teil I, III, IV, VI: Bericht über die Kolloquien der Kommission für die Altertumskunde Mittel- und Nordeuropas in den Jahren 1980 bis 1983. *Teil I, III, IV* hrsg. von Klaus Düwel, Herbert Jankuhn, Harald Siems, Dieter Timpe; *Teil VI* hrsg. von Herbert Jankuhn, Else Ebel

Teil I: **Methodische Grundlagen und Darstellungen zum Handel in vorgeschichtlicher Zeit und in der Antike**

1985. 490 Seiten mit 74 Abb., kart. Abhandlungen Akademie Göttingen 143

Inhalt: *D. Timpe*, Einleitung / *U. Köhler*, Formen des Handels in ethnologischer Sicht / *B. Stjernquist*, Methodische Überlegungen zum Nachweis von Handel aufgrund archäologischer Quellen / *R. Wenskus*, Pytheas und der Bernsteinhandel / *E. Ebel*, Der regionale Handel am Beispiel Islands zur Sagazeit (dargestellt nach altnordischen Quellen) / *R. Pittoni*, Über Handel im Neolithikum und in der Bronzezeit Europas / *D. Timpe*, Griechischer Handel nach dem nördlichen Barbaricum (nach historischen Quellen) / *W. Kimmig*, Der Handel in der Hallstattzeit / *O.-H. Frey*, Zum Handel und Verkehr während der Frühlatènezeit in Mitteleuropa / *D. Timpe*, Der keltische Handel nach historischen Quellen / *F. Fischer*, Der Handel der Mittel- und Spät-Latène-Zeit in Mitteleuropa aufgrund archäologischer Zeugnisse / *H. von Petrikovits*, Römischer Handel am Rhein und an der oberen und mittleren Donau / *K. Godłowski*, Der römische Handel in die Germania libera aufgrund der archäologischen Quellen / *H. Chantraine*, Die Bedeutung der römischen Fundmünzen in Deutschland für die frühe Wirtschaftsgeschichte / *J. Kunow*, Zum Handel mit römischen Importen in der Germania libera / *P. Schmid*, Der Handel der römischen Kaiserzeit im niedersächsischen Nordseeküstengebiet aufgrund archäologischer Zeugnisse / *R. Rolle*, Der griechische Handel der Antike zu den osteuropäischen Reiternomaden aufgrund archäologischer Zeugnisse.

Teil II: **Dietrich Claude: Der Handel im westlichen Mittelmeer während des Frühmittelalters**

Bericht über ein Kolloquium der Kommission für die Altertumskunde Mittel- und Nordeuropas im Jahre 1980. 1985. 332 Seiten, kart. Abhandlungen Akademie Göttingen 144

Inhaltsübersicht: I. Einleitung / II. Seeverkehr und Schiffe / III. Die Handelswaren / IV. Die Orte des Warenumschlags / V. Die Handelsverbindungen / VI. Die Kaufleute und die Organisation des Handels / VII. Äußere Einwirkungen auf den Handel / VIII. Schlußbetrachtung.

Teil III: **Der Handel des frühen Mittelalters**

1985. 510 Seiten mit 67 Abb., kart. Abhandlungen Akademie Göttingen 150

Inhalt: *H. Jankuhn*, Vorbemerkungen / *D. Claude*, Aspekte des Binnenhandels im Merowingerreich auf Grund der Schriftquellen / *H. Siems*, Vorfragen zu einer Untersuchung über den Handel in den frühmittelalterlichen Rechtsquellen / *H. Nehlsen*, Kaufmann und Handel im Spiegel der germanischen Rechtsaufzeichnungen / *H. Roth*, Zum Handel der Merowingerzeit auf Grund ausgewählter archäologischer Quellen / *P. Berghaus*, Wirtschaft, Handel und Verkehr der Merowingerzeit im Licht numismatischer Quellen / *P. Johanek*, Der „Außenhandel" des Frankenreiches der Merowingerzeit nach Norden und Osten im Spiegel der Schriftquellen / *D. M. Wilson*, Trade between England and Scandinavia and the Continent / *A. Lundström*, Handel während der Völkerwanderungs- und Merowingerzeit in Ostskandinavien / *K. Brandt*, Die Bedeu-

Fortsetzung siehe nächste Seite

tung der Langwurten für die frühmittelalterliche Wirtschaft in der Nordseemarsch / *N. Wagner*, Das germanische Wortfeld um den Kaufmann / *K. R. Grinda*, Altenglisch *Ceap*: Zur Verwendung von Simplex, Komposita und Ableitungen / *A. Verhulst*, Der frühmittelalterliche Handel der Niederlande und der Friesenhandel / *G. Dilcher*, Marktrecht und Kaufmannsrecht im Frühmittelalter / *K. Kroeschell*, Bemerkungen zum „Kaufmannsrecht'' in den ottonisch-salischen Markturkunden / *J. Żak*, Die Handelsbeziehungen der protopolnischen und frühpolnischen Stammesgruppen auf dem Hintergrund des Handels der Westslawen.

Teil IV: **Der Handel der Karolinger- und Wikingerzeit**

1987. 818 Seiten mit 112 Abb., kart. Abhandlungen Akademie Göttingen 156

Inhalt: *P. Johanek*, Der fränkische Handel der Karolingerzeit im Spiegel der Schriftquellen / *P. Berghaus*, Wirtschaft, Handel und Verkehr der Karolingerzeit im Licht numismatischen Materials / *G. Hatz*, Der Handel in der späten Wikingerzeit zwischen Nordeuropa (insbesondere Schweden) und dem Deutschen Reich nach numismatischen Quellen / *H. Steuer*, Der Handel der Wikingerzeit zwischen Nord- und Westeuropa aufgrund archäologischer Zeugnisse / *H. Jankuhn*, Kriterien für Handelsgut im archäologischen Fundmaterial (Diskussionsbeitrag) / *P. F. Wallace*, The Economy and Commerce of Viking Age Dublin / *K.-F. Krieger*, Die Anfänge des Seerechts im Nord- und Ostseeraum (von der Spätantike bis zum Beginn des 13. Jahrhunderts) / *E. Ebel*, Der Fernhandel von der Wikingerzeit bis in das 12. Jahrhundert in Nordeuropa nach altnordischen Quellen / *K. Düwel*, Handel und Verkehr der Wikingerzeit nach dem Zeugnis der Runeninschriften / *H. Beck*, Kaufungen, Kaupangr und Köping(e) / *H.-P. Naumann*, Warenpreise und Wertverhältnisse im alten Norden / *T. Capelle*, Aktuelle Aspekte zum Handel der Wikinger / *H. Steuer*, Gewichtsgeldwirtschaften im frühgeschichtlichen Europa / *H.-W. Haussig*, Die Praxis des Warenaustausches im Warägerhandel mit den chasarischen Märkten Sarkel und Itel / *C. Warnke*, Der Handel mit Wachs zwischen Ost- und Westeuropa im frühen und hohen Mittelalter / *J. Udolph*, »Handel« und »Verkehr« in slavischen Ortsnamen / *J. Ferluga*, Der byzantinische Handel nach dem Norden im 9. und 10. Jahrhundert / *M. Hellmann*, Die Handelsverträge des 10. Jahrhunderts zwischen Kiev und Byzanz / *L. Richter-Bernburg*, Der frühmittelalterliche Handel Nord- und Osteuropas nach islamischen Quellen / *H.-W. Haussig*, Die ethnischen Verhältnisse der Spätantike und des frühen Mittelalters in Südrußland / *I. Sanness Johnsen*, Die Runeninschriften über Handel und Verkehr aus Bergen (Norwegen) / *G. Schramm*, Der Beitrag der Namenphilologie zur Rekonstruktion des normannischen Stützpunktsystems in Rußland / *C. Blindheim*, Internal Trade in Viking Age Norway / *I. Jansson*, Communications between Scandinavia and Eastern Europe in the Viking Age / *H. Jankuhn*, Schlußbemerkungen.

Teil VI: **Organisationsformen der Kaufmannsvereinigungen in der Spätantike und im frühen Mittelalter**

1989. 237 Seiten, kart. Abhandlungen Akademie Göttingen 183

Inhalt: *L. Richter-Bernburg*, Commenda und Kompanien im Handel des Islam / *H.-W. Haussig*, Praxis und Verbreitung des jüdischen Handels in Südrußland / *P. Schreiner*, Die Organisation byzantinischer Kaufleute und Handwerker / *H. Siems*, Die Organisation der Kaufleute in der Merowingerzeit nach den Leges / *E. Ebel*, Altnordische Quellen zu den skandinavischen Händlerorganisationen / *O. G. Oexle*, Die Kaufmannsgilde von Tiel / *E. Hoffmann*, Skandinavische Kaufmannsgilden des hohen Mittelalters unter besonderer Berücksichtigung der dänischen Knutsgilden / *E. Ebel*, Kaufmannsgastung im Norden (dargestellt anhand altnordischer Quellen).

Vandenhoeck & Ruprecht · *Göttingen/Zürich*